第二卷
边疆民族

法律、资源与时空建构

1644—1945年的中国

Law, Resources and Time-space Constructing: China in 1644—1945

增订本

张世明 著

SPM
南方传媒

广东人民出版社
·广州·

图书在版编目（CIP）数据

法律、资源与时空建构：1644—1945 年的中国/张世明著 . —增订本 . —广州：广东人民出版社，2022.3

ISBN 978－7－218－15402－2

Ⅰ . 法… Ⅱ . 张… Ⅲ . ①中国历史—研究—1644－1945 Ⅳ . ①K249.207 ②K250.7

中国版本图书馆 CIP 数据核字（2021）第 235737 号

FALÜ ZIYUAN YU SHIKONG JIANGOU：1644—1945 NIAN DE ZHONGGUO

法律、资源与时空建构：1644—1945 年的中国

张世明　著

出　版　人：肖风华

责任编辑：陈其伟　赵　璐
原版责任编辑：卢家明　柏　峰　林　冕　张贤明　陈其伟　喻春兰
装帧设计：书窗设计
责任技编：周星奎

出版发行：广东人民出版社
地　　址：广东省广州市海珠区新港西路 204 号 2 号楼（邮政编码：510300）
电　　话：（020）85716809（总编室）
传　　真：（020）85716872
网　　址：http：//www.gdpph.com
印　　刷：广州市豪威彩色印务有限公司
开　　本：787 毫米×1092 毫米　1/16
印　　张：207.5　**字　数**：3100 千
版　　次：2022 年 3 月第 1 版
印　　次：2022 年 3 月第 1 次印刷
定　　价：598.00 元（全五卷）

如发现印装质量问题，影响阅读，请与出版社（020－85716849）**联系调换。**

目　录

第一章　国际法的存在空间及其变迁

第一节　"国际法"一词的跨语际旅行

国际法是一条变色龙，应环境而变易，为环境所造化，而这仅从"国际法"这一术语本身游走时空过程中的变幻便可略见一斑。在这一术语跨时代传承和跨语际旅行中，国际法学的话语建构者因特定的历史语境禀赋对之加以损益、转换，由此形成共同的话语空间。笔者认为，从符号角度来看，法律制度等上层建筑堪称符号系统之一，而语言符号

格劳秀斯像

的役使对法律符号的建构至关重要，作为现代国际法可谓一种实践语言体系，而话语权力的掌握者——西方学者依凭霸权地位的言说在学术界影响至深。西方主流学术都将"国际法"的源起追溯到罗马法分为"市民法"（jus civile）和"万民法"（jus gentium）的历史事实。然而，罗马的"万民法"与近代国际法的性质大相异趣，乃"为罗马国内法之一部，即支配在罗马之外国人与罗马人及在罗马之外国人与外国人之关系，并非规定国家与

国家之相互关系"①。《奥本海国际法》（*Oppenheim's International Law*）一书中指出："依照现代使用这个词语的意义，国际法是从中世纪下半叶逐渐发展起来的。它作为一部有系统的规则，主要归功于荷兰法学家胡果·格劳秀斯（Hugo Grotius，1583—1645）。他所著的《战争与和平法》（*De jure belli ac pacis libri tres*，vol. 3）出版于 1625 年，并成为一切后来发展的基础。"② 事实上，格劳秀斯受罗马法影响，在《战争与和平法》中所使用的仍是"万民法"一词。1650 年，英国牛津大学教授苏支（Richard Zouche，1590—1661）在其《外事法与法院，或民族间法及其有关问题的说明》（*Juris et Judicii Fecialis，sive，Juris inter Gentes et Quaestionum de Eodem Explicatio*）中使用"外事法"（jus feciales）以及"民族间法"（jus inter gentes），而不采取"万民法"一词，从而向当今所谓国际法的概念更加逼近一步。1789 年，英国法学家边沁（Jeremy Bentham，1748—1832）在《道德及立法原理绪论》（*An Introduction to the Principle of Morals and Legislation*）中使用"international law"一词，这便是当今通用的"国际法"术语的肇端。边沁的好友都蒙特（Etienne Dumont，1759—1829）将"international law"译成法语"droit international"，其后意大利语译为"dritto internazionale"，德语译为"International Recht"（或者"das Völkerrecht"）。19 世纪 60 年代初，美国传教士丁韪良（Willian Alexander Parsons Martin，1827—1916）翻译惠顿（Henry Wheaton，1785—1848）《国际法原理》（*Elements of International Law*），题名为《万国公法》付梓刊行，第一次全面系统地将国际法介绍到中国，因此"公法""万国公法"成为 19 世纪下半期一直被广泛使用的国际法中文译名。丁译《万国公法》在中国出版后第二年即传入日本。丁氏在《花甲记忆》中云："此东亚知公法之始也。日本后亦得之，亦翻刻矣。"③ 汪向荣《中国的近代化与日本》一书亦对

---

① 刘达人、袁国钦：《国际法发达史》，上海商务印书馆 1936 年版，第 17 页。

② R. Jennings and A. Watts（eds.），*Oppenheim's International Law*，9th ed.，Vols. 1 and 2，London：Longman Group UK Limited，1992，p. 4.

③ William Alexander Parsons Martin，*A Cycle of Cathay，or，China，South and North：with Personal Reminiscences*，New York：Revell，1897，p. 20.

《万国公法》在日本广泛流传的情况详加考证。但中国后来使用"国际法"这一术语却是从日本回流的。1873 年，日本学者箕作麟祥（みつくりりんしょう，1846—1897）将美国法学家吴尔玺（Theodore Dwight Woolsey，1801—1889）《国际法导论》（*Introduction to the Study of International Law*）译为日文，以《国际法（又名万国公法）》命名出版，第一次使用了"国际法"这一术语。1881 年日本修改学科时，东京大学把国际法作为学科正式名称，使"国际法"一词开始普遍流行。① 日本在甲午战争后的国势日隆使大批中国学子负笈东渡，法政是当时最受留日学生青睐的专业，留日学生译介来自日本学校课程讲义的国际法诸书籍成为风尚，将流行日本的一套国际法语汇，诸如国际法、国际公法、国际私法、领海等输入中国以至迄今相沿不替。在当时的留日学生看来，"据国际公法之定义，既为国与国之间之法，故日本名曰国际公法，最为恰当。往者有仿中国译万国公法者，不适实甚"②。"国际法"这一术语从其来龙去脉可以看出与近代民族主义、民族国家的历史语境息息相关，全球性民族主义、民族国家的时空结构决定了"国际法"这一术语的指涉空间范围，而国际法的应运而生亦为全球性民族主义、民族国家提供合法性的制度保障和支援意识。

第二节　国际法存在的基础空间

近代以来生机葳蕤的国际法必有其产生的息壤和空间。笔者所谓国际法的产生空间即是指国际法赖以植基立础的根据。近代以降，这一领域素来系国际法学者争执交锋的战场。从根本上否认有真正国际法的学说并非鲜见。马基雅维利（Niccolò Machiavelli，1469—1527）的国家利

① 広部和也・荒木教夫『導入対話による国際法講義』不磨書房、2000 年、12 頁。

② 千賀鶴太郎：《国际公法》，卢弼、黄炳言译，上海昌明公司 1908 年版，第 12 页。

益说强调"国是理由"（Raison d'Etat，reason of the State），使国际义务被视为并非法律上义务而可以出尔反尔。霍布斯（Thomas Hobbes，1588—1679）的自然状态说认为，各主权国家不是共处在有组织的国际社会中，而是共处在自然状态（state of nature）中，国际间既不实行道德原则，也不实行法律规则，盛行以欺诈和暴力为特征的"野蛮的掠夺"（brutal rapacity），各国"经常嫉妒，处于格斗士的状态和姿势中，把武器互相对准着，把眼睛互相盯视着"（in continual jealousies and in the state and posture of gladiators；having their weapons pointing and their eyes fixed upon one another）[1]。黑格尔（Georg Wilhelm Friedrich Hegel，1770—1831）的对外国家说认为国家是"绝对不动的物自体即目的"[2]，国家利益乃其最高的法则，所谓"国际法"仅是属于国内法的"国家对外公法"，而不是国家间的法律。英国分析法学派创始人奥斯汀（John Austin，1790—1859）声称，"所谓国际法包含国际间一般流行的意见或观点，所以它不是正确意义上的法"，仅是一种"实定的国际道德"（positive morality）。[3]

与上述对国际法存在根据进行釜底抽薪的否定学说适成对比，更多的学者从不同角度为国际法的存在寻找理论根据，形成众声喧哗的话语空间。西方早期的国际法学者多为神学家、法律家或军人，主要从神学和法学等角度研究战争法。[4] 他们被称为格劳秀斯的先驱者。例如：维多利亚（Francisco de Vitoria，1480—1546）是西班牙所谓黄金时代活跃一时的著名神学家，在萨拉曼卡（Salamanca）执教二十余年形成萨拉曼卡学派（the School of Salamanca，又称西班牙学派），置身于西班牙殖民扩张时代促使其从伦理和道德上对地理大发现时代正在形成的国际社会交往规则进行自觉地省思，因此《神学感想录》（*Relectiones Theologicae*，1557）便是其缘事感时的心灵结晶。苏亚利兹（Francisco

---

[1]　Arthur Nussbaum，*A Concise History of the Law of Nations*，New York：The Macmillan Company，1950，p. 113.

[2]　转引自李浩培：《李浩培法学文集》，法律出版社 2006 年版，第 239 页。

[3]　李浩培：《国际法的概念和渊源》，贵州人民出版社 1994 年版，第 43 页。

[4]　松隈清『国際法史の群像：その人と思想を訪ねて』酒井書店、1992 年、7 頁。

Suárez，1548—1617）亦曾就读于萨拉曼卡大学，是耶稣会传教士，尽管其观点与维多利亚大相径庭，但其《法律及神作为立法者》（*Tractatus de Legibus AC Deo Legislatore: In Decem Libros Distributus*，1612）提出"普遍社会"的学说，"第一次试图以各国构成一个国际社会的事实为各国之间的法律的依据"①。意大利法学家贝理（Pierino Belli，1502—1575）著《有关军事与战争》（*De Re militari et de Bello*，1563），曾任军事官员的阿亚拉（Balthazar Ayala，1548—1584）在军营中写下《战争的权利和职务与军纪》（*De Jure et Officiis Bellicis et Disciplina Militari*，1582）。在意大利被认为是"真正的近代国际法之父"（the real father of the modern law of nations）的真提利（Alberico Gentili，1552—1608）于1598 年出版《战争法》（*De Jure Belli*），后被罗马教廷列为禁书。② 正是在这种学术氛围下，格劳秀斯在前人基础上博采众长的旷世名著亦题名为《战争与和平法》（*De Jure Belli ac Pacis*，1625），并申言"战争最优先"，直到英国法学家苏支（Richard Zouche，1590—1661）才开始以平时国际法为主，把整个国际法体系分成平时国际法和战时国际法加以阐述，拓展了国际法研究的时间范围。

近代国际法（Early Modern International Law）又称古典国际法（Classical International Law）或传统国际法③，为国际法的形成期，包括从 17 世纪到 19 世纪的历史时段。这时期的国际法学派可分为三派：一为自然法学派（Naturalists），代表人物有德国的普芬多夫（Samuel von Pufendorf，1632—1694）和英国的劳里默（James Lorimer，1818—1890）等人；二为实证法学派（Positivist），代表人物有苏支、宾刻舒克（Cornelius van Bynkershoek，1673—1743）、摩塞尔（Johann Jacob Moser，1701—1875）、马顿斯（Georg Friedrich von Martens，1756—1821）等；

---

① 劳特派特修订：《奥本海国际法》上卷，第 1 分册，王铁崖、陈体强译，商务印书馆 1989 年版，第 6 页。

② David Armstrong, *Routledge Handbook of International Law*, London：Routledge, 2008, p. 131.

③ 波多野里望·小川芳彦编著『国際法講義：現状分析と新時代への展望』有斐閣、昭和 57 年、7 頁。

三为格劳秀斯法学派（Grotians），又称为折中学派，代表人物有瓦特尔（Emmerich de Vattel，1714—1767）、沃尔夫（Christian Wolff，1679—1754）等。学术界惯常的看法是，被誉为"国际法之父"（the father of international law）的格劳秀斯在将前贤诸说熔于一炉而集大成时并没有臻于天衣无缝，其国际法依据的二重论，一方面把人类普遍的理性——自然法的最高法则——作为国际法的基本依据，另一方面又承认"合意"（common consent），即国家的一致同意为国际法次一级的依据，这便在某种程度上导致了其后的国际法学说分裂成两个相互对立的派别。

学术界把 19 世纪以后实证法学派骎骎乎凌驾于自然法学派的转折原因归结为，成熟的资产阶级政权在握之后需要一种新的理论代替他们革命时的自然法思想以维护其统治。笔者认为这种阐释未谛乎理，我们从上述已昭然可见国际法学并非自我封闭的体系，并非单纯的观念逻辑衍化，但学术发展史中，客观决定主观并不能卸却责任而泛滥无际地夸夸其辞，这种对学术研究的客观界定是有现实内容的特称而非泛称，受学术自体法限制，研究资料、研究氛围等特定的客观基础即具有最直接的决定作用。唯其如此，人们在这种既定的范围舍近求远的探求无疑乃舍本逐末而迹近不智。实证法学逐渐将自然法学超迈逾越而坐大居上的主要原因，在于社会经济的发展使各国交往日益密切，需要严密的技术规则，大量条约层出不穷等国际法律实践为实证法学的方兴未艾提供了广阔的发展空间，而国际法学自身的研究向纵深层面的掘进必然以实证法学为工作平台。在丰富多彩的法律实践面前，在确凿具体的法律事实面前，当代学者不再沉溺于形而上学的抽象思维，而是日益倾向于从现实社会所提供的大量资料中作出一般的概括，从高标虚蹈而每下愈况地脚踏实地进行由具象而抽象的研究。①

---

① 《庄子·知北游》："东郭子问于庄子曰：'所谓道，恶乎在？'庄子曰：'无所不在。'东郭子曰：'期而后可？'庄子曰：'在蝼蚁。'曰：'何其下邪？'曰：'在稊稗。'曰：'何其愈下邪？'曰：'在瓦甓。'曰：'何其愈甚邪？'曰：'在屎溺'。东郭子不应。庄子曰：'夫子之问也，固不及质，正、获之问于监市履狶也，每下愈况。'"现今所谓"每况愈下"典出于此，但庄子在这里所说乃是一种推求事理的研究方法。

此外，实证法学与自然法学乃自中世纪以来反神学启蒙运动一脉相传的延展，实证法学可谓自然法学名正言顺的合法继承人。无论自然法学派、实证法学派还是折中法学派，众学者均极力为国际法寻找安身立命的栖息住所，并由此奠定其理论学说的磐石之基。换言之，他们的各种言说旨意在于确定国际法的本座（借用萨维尼法律关系本座说的术语①）。早期的国际法学眼睛是向上的，受神学影响将国际法视为上帝或神创造的自然法或其一部分，其诉求依据在于天意叵测的神界。后来，自然法与神法疏离，受自然法支配的国际法目光下移，其诉求依据在于殊难确证的人类理性、道德良知等。随着实证法学派后来居上，"同意原则"取得较过去更大的力量，神意法（Divine Law）成为文物古董被送进历史记忆仓库，各国公意被贞定为国际法的根据之所在。近代国际法学中，以狄骥（Léon Duguit，1859—1928）为代表的社会连带法学派（Social Solidarity School）、以凯尔森（Hans Kelsen，1881—1973）为代表的规范法学派（Normative School）、以麦克杜哥（Myres Smith McDougal，1906—1998）为代表的政策定向学派（Policy-Oriented School）等，从其核心概念出发各陈己说，见仁见智，为将研究推进到更高深、更广阔的新境界做出了贡献。

笔者认为，国际法是法律而非道德，与道德不可混为一谈，其产生的根据不能诉求于道德良知之类空洞软弱的依凭，否则国际法的强制力只能建立于松软的沙滩。尽管西方素有所谓"黄金法则"（the golden rule）、"银的法则"（the silver rule）、"箔的法则"（the tinsel rule）、"铁的法则"（the iron rule）等不同层次的道德规范体系②，自然法学派

① 萨维尼（Friedrich Carl von Savigny，1779—1861）认为，每种法律关系都有其本座（德文为 Sitz，英文为 seat）。一个人的住所存在于一定的空间，一个法律关系的本座也存在于一个特定的空间。所以，为了探得一个法律关系所应该归属的法律，只需探得该法律关系的本座，因为支配该本座所存在的空间的法律，即是该法律关系所应该归属的法律。

② 参见 H. T. O. Rost, *The Golden Rule: A Universal Ethic*, 100, Oxford: Oxford University Press, 1986。据资料表明，17 世纪，西方人把《马太福音》第七章第十二节（Matthew 7: 12）和《路加福音》第六章第三十一节（Luke 6: 31）的论述称为"黄金法则"（the golden Rule）或"金律"（the golden law），这一　（续下注）

代表普芬多夫亦以其所谓"我们对待邻人要像我们希望他们对待我们一样"的自然法"黄金律"构建其国际法理论体系，但如是探寻国际法产生的基础未免"海客谈瀛洲，烟涛微茫信难求"①，在沙滩上修筑空中楼阁。

　　国际法作为普遍性的行为——知识体系从主体上说具有新兴性，主要是近代以来共同国际社会的形成而产生国际共同利益，而共同利益的谋求导致国际共同合意，国际法即是国际共同合意的产物，即国际社会→共同利益→共同合意→国际法。也可以说，新大陆的探求、新市场的开辟等导致新的法律部门（国际法）和新的法学思维空间（国际法学）应运而生。在近代以前，"只有各民族的相对平行的历史，而没有一部统一的人类历史"②，只有国别史，没有世界史。在沟通与交通技术发展和探索精神的推动牵引下，人类各民族自近代以来走出"蚁穴"（anthill）似的音讯阻隔时期，③摆脱井底之蛙的宿命而赋予自己的活动以新的空间。德国赫姆尼茨技术大学社会学教授狄特玛尔·布洛克（Ditmar Brock）将西方世界的全球化过程一直追溯到"漫长的

（续上注）术语开始得以使用，但起源并不清楚，且其含义随时间流逝而变化。所谓硬金属"铁的法则"是以"以眼还眼，以牙还牙"（eye for eye, tooth for tooth）为准则；所谓"箔的法则"是以"像别人应受的一样对待别人"（Treat others with the respect they deserve）为标尺，这较诸"铁的法则"是进步；所谓"银的法则"是以"自己不愿意那样被对待，就不要那样去对待别人"（Do not do to others what you would not like them to do to you），亦即儒家所谓"己所不欲，勿施于人"，这被西方学者称为"黄金法则"的消极形式；所谓"黄金法则"亦即狭义的黄金法则，是"黄金法则"的积极形式，以基督教教义"无论何事，你们愿意人怎样待你，你也要怎样待人"（Whatever you would that men should do to you, do you even so to them）为标准，其实消极形式和积极形式在实践中可以放在一起讨论。

　　①　李白：《梦游天姥吟留别》，《中华活叶文选合订本》（一），中华书局上海编辑所 1962 年版，第 87 页。

　　②　L. S. Stavrianos, *The World Since 1500: A Global History*, 4th edition, New Jersey: Prentice-Hall, 1982, p. 3.

　　③　René Grousset, *The Empire of the Steppes: A History of Central Asia*, New Brunswick, New Jersey: Rutgers University Press, 1970, p. xxii.

16 世纪"①。

的确，所谓"全球化"（globalization）、"地球村"（global village）并非我们当今遭遇的新课题，列宁那为我们所熟知的名言即已揭示了全球化的事实："资本主义如果不经常扩大其统治范围，如果不开发新的地方并把非资本主义的古老国家卷入世界经济漩涡之中，它就不可能存在与发展。"② 资料表明，波伦亚大学（Università di Bologna）教授、罗马法注释法学家巴托鲁斯（Bartolo da Sassoferrato，1314—1357）最先详细地指出建立在平等基础上的新国际社会（die auf der Grundlage der Gleicheit aufgebaute Staaten Gemeinschaft）的形成。后来，"国际社会"（the family of nations 或 société des nations）的概念不仅外部公示意义日益明晰化，而且深入人心的影响日益内在化。西方学者赫德利·布尔（Hedley Bull，1932—1985）将国际体系与国际社会两个概念加以区划，他认为，"当两个或两个以上的国家相互之间有充分的交往，而且对相互的决定有充分的影响，以使它们至少在某种程度上作为整体的部分来行动时"，一个国际体系就出现了。然而，只有当一个国际体系中的国家具有"共同利益和共同价值"，"认为它们都受一套共同规则的约束""有共同的机构运作"时，才存在一个国际社会。③

布尔尽管竭力强调国际社会与国际体系的本质差异性，认为"根据英国的国际法理论，世界因此是一个发展良好的国际体系，但至多是一个非常原始的国际社会"④，但他毕竟不曾否认国际社会的客观存在。笔者不完全同意布氏观点。正如海德格尔（Martin Heidegger，1889—1976）在《存在与时间》（Sein und Zeit）中所指出的，"寻视着在世把

---

① Ditmar Brock，Wirtschaft und Staat im Zeitalter der Globalisierung: Von nationalen Volkswirtschaften zur globalisierten Weltwirtschaft, *Aus Politik und Zeitgeschichte, Beilage zur Wochenzeitung Das Parlament*, Bd. 33 – 34，S. 12 – 19.

② 《列宁选集》第 3 卷，中共中央马克思恩格斯列宁斯大林著作编译局编译，人民出版社 1984 年版，第 547 页。

③ Huntington, *The Clash of Civilizations and the Remaking of World Order*, New York: Simon & Schuster, 1996, p. 54.

④ Huntington, *The Clash of Civilizations and the Remaking of World Order*, New York: Simon & Schuster, 1996, p. 54.

空间揭示为用具整体的空间性，而空间作为用具整体的位置向来就属于存在者本身。纯粹空间尚隐绰未彰，空间分裂在诸位置中。但具有空间性的上手事物具有合乎世界的因缘整体性，而空间性就通过这种因缘整体性而有自身的统一。并非'周围世界'摆设在一个事先给定的空间里，而是周围世界特有的世界性质在其意蕴中勾画着位置的当下整体性的因缘联络"①。与我们法学家惯常将空间视为一种空筐结构而乃至高标"场所支配行为"原则的理路不同，笔者认为胡塞尔现象学其实是彰显"行为支配场所"的另类思维，这种倒乙无疑具有分析的深刻性。尽管"国际社会"概念被创造伊始即被神圣罗马帝国深恶痛绝，认为它将瓦解统一、造成帝国的崩溃，但资本主义经济以并吞八荒、包举六合之势席卷全球，因此阿兰·伯努瓦（Alain de Benoist）指出："一件有利于理解文化全球化性质的新奇事物，即资本主义出卖的不仅仅是商品和货物，它还出卖标识、声音、图像、软件和联系。这不仅仅将房间塞满，而且还统治着想象领域，占据着交流空间。"② 一方面由于殖民式的传播性，另一方面由于意识形态对经济生态的依附性，所以近代国际体系是有形世界与无形世界浑然天成的复合空间结构，近代国际社会是活脱脱的客观定在而非杜撰虚构的乌有之乡。

日本国际法学家大谷良雄（おたによしお）即对国际社会中的共同利益概念加以厘清，按归属主体分为人类共同利益和国家共通利益，其中人类共同利益不以国家介质存在为条件，早期国际文件中主要针对人道法和人权法上的共同利益，晚近国际环境保护法关乎的环境保护利益已为举世公认，而国家共同利益则以国家介质存在为条件，包括特别国际法上的共同利益（指两国或少数国家间利害关系调整、积极利益实现有关事项）和一般及普遍国际法上的共同利益（指国际合作方面的国际公益和维持国际和平与安全秩序的一般利益）两种；按利益重要性

---

① Martin Heidegger, *Being and Time*, tr. Joan Stambaugh, Albany: State University of New York Press, 1996, p. 97.

② 阿兰·伯努瓦：《面向全球化》，王列、杨雪冬编译：《全球化与世界》，中央编译出版社 1998 年版，第 10 页。

分为死活（Vital）的利益和非死活（non-Vital）的利益。①

笔者同意玛莎·费丽英（Martha Finnemore）的观点，国家可能并不总是知道自己需要什么，也不容易被告知采取什么行为是合适、有益的；因此，国家利益并不是先定的，等着去发现，而是通过社会互动建构的，在某种程度上，国家偏好来自国家之外，并非国内需求的结果；国际体系是构成的（constitutive）、生成的（generative），为行为体建立新的利益和价值。②

在笔者看来，玛莎·费丽英的结构主义分析使我们的考量不致失于偏枯。国际社会互动关系的网络由碎片式的连缀发育生成，国家"嵌入"（embedded）在稠密的跨国和国际社会关系网中被社会化。一般说来，国家比个人更为理性（但举世皆狂的情形除外，此时大多数人已被无形的场景氛围所吸摄），这种理性很大程度上源自其被社会化的特性。国家在理性追求国家利益并与他国互动中互识进而产生认同（identity），个别意思的合致形成共通意思。日本学者将这种共通意思理解为与契约的合意相对而言的形成的合意。笔者认为，形成的合意实乃国际法产生的依据，国际习惯的形成亦必须由此种合意所认同。

关于国际法与国内法（domestic law 或称本国法——municipal law）的关系，亦即国际法与国内法的效力范围空间问题，长期以来一直是法学界连篇累牍聚讼的焦点。目前学术界（尤其是中国学术界）对这一问题的阐述存在以下偏颇：其一，将学说对立图式化的谬误。学术界将国际法与国内法关系诸学说分为二元论（Dualism）与一元论（Monism），甚至将后者进行国际法优位的一元论（又称国际法至上论——Supremacy of International Law）和国内法优位的一元论（又称国内法至上论——Supremacy of Domestic Law）的下位分类方法过于庸俗化。日本学者田畑茂二郎（たばたしげじろう，1911—2001）即尖锐指摘这种划分方法将学说对立中委任关联的妥当性问题与现实适用中的优位性

①　大谷良雄「国際社会の共通利益概念について一試論」『共通利益概念と国際法』大谷良雄編著、国際書院、1993 年、10—12 頁。

②　参见玛莎·费丽英：《国际社会中的国家利益》，袁正清译，浙江人民出版社 2001 年版，第 7 页。

问题混为一谈。① 如毛泽东所批评的甲乙丙丁开处方的八股式学风在中国目前法学界高头讲章中尤为昭著，简单罗列诸说而不分析彼此在争论中相互借鉴的复杂联系，更不考虑划分诸说与学界现实的恰切，例如凯尔森即在上述分类中无所适从，属于国际法与国内法互为至上论（Alternating Supremacy of International Law and Domestic Law）。其二，将国际法学理论与国际法实践完全隔裂开来的悖论。朱奇武指出："国际法与国内法的关系既包括理论问题，也包括实践问题，应从理论与实践两方面来讨论。"② "实践是检验真理的唯一标准"命题在中国已经深入人心，学术界目前有人提出质疑，认为：这如果针对谬误，当然可以；若是针对真理，这本身就是谬误。笔者囿于论题对这种复杂的哲学争论姑置不论，但深信理论生存的条件是必须能够产生较强的解释力，即源于实践而说明实践，否则便是毫无价值的空论，因此理论与实践的两层皮现象令人疑窦难祛。其三，用哲学的抽象论述替代法学的具体研究的泛论。周忠海云：国内法与国际法"既有区别，又互相联系"③，赵宏志云："关于国际法与国家法之间的关系，笔者认为，用哲学术语来表达，就是个别与一般的关系。"④ 其实，哲学的指导功用并不是替代效用，指导的旨意亦非误导人们惯常于如同中国古人偏好"阴阳"般大而化之的泛论。

　　近代学者黄侃指出："学问之事，一曰学理，二曰学史，三曰学证，三者阙一不能完美。"⑤ 笔者认为，目前学术界之所以众说纷纭，主要在于雾迷津逮难以找到突破口之所在，七嘴八舌浮言争执于此岸而无法渡越登陆于彼岸，而对学史的回溯反观可能使我们了悟向前沿挺进的"路径依赖"，在问题的关键要害部位撕破封锁线获致学术目的的遂行。

---

　　①　田畑茂二郎『國際法 I』有斐閣〈有斐閣法律學全集〉、1973 年、150—176 頁。

　　②　朱奇武：《中国国际法的理论与实践》，法律出版社 1998 年版，第 12 页。

　　③　周忠海：《国际法学述评》，法律出版社 2001 年版，第 106 页。

　　④　赵宏志：《论国际法与国家法的关系》，《法学与实践》1997 年第 1 期。

　　⑤　黄侃著，王庆元整理：《量守庐论学札记》上，"论治学"，冯天瑜主编：《人文论丛》（1999 年卷），武汉大学出版社 1999 年版，第 3 页。

西方哲人孔德把知识的进化分为三个时期，即所谓神学时期、形而上学时期和实证主义时期，认为实证科学才是真正意义上的科学。揆之国际法学界关于国内法与国际法关系的研究，孔德的上述言说可谓恰如其分（这里对孔德的理论本身置而不论）。在早期西方国际社会以自然法为规范各国行为准则的时代，国际法与国内法之关系问题是不成问题的问题，既可以说没有产生问题的客观要件，也可以说当时西方国际法学家缺乏这一问题意识。因为当时自然法学思想盛行其道，西方国际法学者深信国际法与国内法均以自然法为基础，这两大法律体系单一结构的正确性具有不证自明性，所以在苏亚利兹（Francisco Suárez，1548—1617）等人眼中，一元论是毋庸置疑的真理。然而，到19和20世纪以后，一方面由于诸如黑格尔等人强调国家意志主权之类哲学思潮的影响，另一方面由于近代国家立法机构的兴起，能够完全制定出国家内部具有主权性质的法律，于是国内法与国际法关系的二元论说应运而生。1899年，德国学者特里佩尔（Heinrich Triepel，1868—1946）出版《国际法与国内法》（*Völkerrecht und Landesrecht*），第一次系统研究了国内法与国际法的关系，二元论的基础遂肇定于此。特里佩尔认为，国际法与国内法存在如下两个基本差别：（1）国内法调整的是个人之间的关系或个人与国家之间的关系，国际法调整的是国家间的关系；（2）国内法的法律根源是国家本身的意志，而国际法的法律渊源是各国的共同意志（Gemeinwille）。因此，国际法与国内法为两个截然不同的法律体系，国际法规则在尚未被一国明白接受以前，不能成为国内法的一部分，也不能被国内法院适用而生效，必须经过国内法的"明定采纳"（specific adoption），或将国际法的规则特别"并入"（incorporation），这种"变形"（transformation）不仅是形式上的手续，而且是实质上的条件。① 二元论的另一代表人物安齐洛蒂（Dionisio Anzilotti，1869—1950）以不同的立足点——国内法与国际法基于不同基本原则，从而区别这两个不同的法律体系。他认为，国内法是基于"立法者的命令必须服从"（State

---

① Heinrich Triepel, *Völkerrecht und Landesrecht*, Leipzig：Verlag Anton Hain, 1899, S. 156 - 164.

legislation is to be obeyed）的根本规范之上，而国际法则奠基于"条约必须遵守"（Pacta Sunt Servanda，ie.，Agreements between States are to be respected）①，因此两者截然划分，不容逾越，绝无发生抵触的可能。

显然，国际法与国内法一元论代表人物凯尔森所谓的"根本规范"与安齐洛蒂上述根本规范的概念存在鲜明的差异。凯尔森是从先验的规范主义立场出发阐论法律体系的一致性，提出了其著名的"位阶学说"（Hierarchical Doctrine）。按照凯尔森的理论，效力是规范的特征，一个规范的效力来自另一更高的规范，而不是来自事实。不能从一个更高规范中得来自己的效力的规范，被凯尔森称之为"基础规范"（basic norm）。在凯尔森法律体系的金字塔中，决定另一个规范的创造的那一规范是高级规范（superior norm），根据这种调整而被创造出来的规范是低级规范（inferior norm），而屹立于最顶层的一个"最高规范"（或称"根本规范""原始规范"）乃一切法律规则（包括国际法）的效力根据。所以 J. G. 斯塔克（Joseph Gabriel Starke，1911—2006）指出："从原则到原则，从规则到规则，法律分析最后达到一个最高的基本规范，即全部法律的基础和根据。除了这个基本假设的规范之外，此用以决定等级中低一级规范内容和效力的根据，正是分析法学家所不敢证实的，因为法律的最早起源是由非法律因素来决定的。"② 由此可见，凯尔森所谓的"根本规范"并不像安齐洛蒂的"根本规范"具有实体的规范内容。正是在这一点上，凯尔森合乎其逻辑地提出了国际法与国内法互为至上论。因为按照凯尔森的位阶学说，既然在国内社会的最基本原理是宪法至上，而在国际社会的最基本原理则是"条约必须遵守"，所以在同一法律体系内的最基本原理，有可能属于国内法，也有可能属于国际法，取决于一定的场合。凯尔森并不支持国际法"最优先"（Primacy）于国内法的理论。在他看来，"最优先"的问题，仅仅能够决定在那些并非严格的法律因素上。笔者认为，凯尔森在这一点上被许多国际法学者批评为不可知论，其实他

---

① 安齐洛蒂的代表作为 *Corso di diritto internazionale*（Röma，1928），中文译为《国际法教程》。

② J. G. Starke，*An Introduction to International Law*，Eight edition，London：Butterworths，1977，p. 85.

是从时间和空间等因素理解国际法与国内法的复杂关系，其"根本规范"乃是富于弹性的主体性价值判断。

　　一些国际法学者批评凯尔森系从哲学角度出发分析国际法与国内法的关系，这不无道理。笔者需要进一步指出的是，这种批评尚未鞭辟入里，凯尔森研究的缺失并非由于其哲学家背景与理论偏好，凯尔森理论哲学色彩浓郁固然典型，但其所反映的现象却十分普遍，绝非孤立的个案。实际上，过去一元论与二元论的争执基本上都是纯理论的、准哲学的，尽管许多学者都被划入实证主义法学派别的范畴，然而就国内法与国际法关系问题的研究方法而言，往往却是非实证主义的，用孔德所谓"形而上学时期"指称实不为过。例如，奥地利国际法学家菲德罗斯（Alfred Verdroß-Droßberg，1890—1980）和孔慈（Josef Laurenz Kunz，1890—1970）、凯尔森都被称为规范学派的代表，主张国际法优位的一元论，就属于一种先验的国际法优位论。与凯尔森所谓"根本规范"乃一种"假设的规范"的拟制不同，菲德罗斯认为，作为最高规范的"条约必须遵守"自身就是一个客观的规范，自身即具有前定的客观的价值，不依赖人的意志而自有效力。菲德罗斯将"条约必须遵守"当作几何学意义上的公理，① 强调其直感的自明性，最终滑向自然法的思想。吴嘉生指出："若是回归到传统所认知的国际法与国内法关系的理论分析，可以发现到一般所呈现的问题就是'二元论'（dualism）与'一元论'（monism）之间的相互冲击。而这两家思想学派有一个'公共领域'（common field）可以让'国际法律秩序'以及'国内法律秩序'它们各自的维护者——国际法与国内法，能够针对相同的'主题'（subject matter）同时运作。接下来的问题是在这个'公共领域'的范畴内，'谁是主导者'（Who is to be the master?）。这样，当问题以这种方式形成时，很快地，针对争议的问题就会有一些限制产生，而某些解决的方法也会被排除。这是可以想见的。"②

────────────

　　① A. Verdroß, Le fondement du droit international, *Recueil des cours*, tome 17（1927 - Ⅲ），pp. 283 - 288.

　　② 吴嘉生：《国际法与国内法关系之研析》，台北五南图书出版公司 1998 年版，第 36 页。

　　笔者认为，国际法与国内法关系的研究应如孔德所说从"形而上学时期"摆脱出来步入"实证主义时期"。用实事求是的精神与方法实践"即物穷理"的理想应是今后全力以赴的研究取径。事实上，真正方法论意义上的实证主义研究路径在以往的诸家争鸣中方兴未艾。英国著名国际法学家劳特派特（Sir Hersch Lauterpacht，1897—1960）创立了独具特色的劳特派特学派（Lauterpacht School），"他的著作是以周密的调查和对社会历史的深入洞察为基础，然后对理论加以强有力的发展，这一特色是任何人也不能否认的"①。劳特派特从国际法认知的基本立场出发主张一元论，但其一元论乃从国家实践与裁判行为中归纳出来。J·G·斯塔克对凯尔森规范理论的不可知论性提出批评，用联邦的法体制来类推国际法与国内法的关系，从而主张国际法至上论。② 鲍里斯·莫金－格泽维奇（Boris Mirkine-Guetzévitch，1892—1955）从宪法的国际主义出发，比较第一次世界大战后各国宪法，揭示公法统一的历史倾向，从而得出国际法优位的一元论。③ 上述学者的立场都回避了法律体系总体的形而上学的认识、妥当性的委任关联之有无等问题，而是从国际法被作为国内法直接适用、国内法制定时将国际法置之度内诸事例日益增加着眼，推导出国际法的相对优位。这种理论倾向克服了一元论与二元论方法上的对立，可以称之为历史的、归纳的一元论。

　　据笔者所见，日本学者田中忠（たなかただし）对诸学说错综复杂的关系进行了梳理，④ 对我国国际法学界不乏他石攻玉的启迪功效。如果说田中氏的文章令我们在思想的密林深菁行进保持歧路亡羊的警

---

　　① 日本国际法学会编：《国际法辞典》，世界知识出版社 1985 年版，第 362 页。

　　② J. G. Starke, The Primacy of International Law, in S. Engel and R. A. Metall (ed.), *Law, State and the International Legal Order: Essays in Honor of Hans Kelsen*, Knoxville: The University of Tennessee Press, 1964, pp. 308 – 316.

　　③ Boris Mirkine-Guetzevitch, Droit international et droit constitutionel, *Recueil des cours*, Volume 38（1931 - Ⅳ）, pp. 307 – 465.

　　④ 田中忠「国際法と国内法の関係をめぐる諸学説とその理論的基盤」『山本草二先生還暦記念 国際法と国内法——国際公益の展開』広部和也・田中忠編、勁草書房、1991 年。

惕，而我国台湾学者吴嘉生《国际法与国内法关系之研析》一书则可谓从形而上学式研究突围趋赴于分析实证研究的范例。尽管吴氏的著作不乏诸般阙失，但其研究方法颇足取法，比较彻底地践履了分析实证方法的理念。吴氏认为，国际社会所形成的法律体系，若有两种法律规范同时并存，则二者间关系在理论上应有分立、同位、隶属三种关系样态。但这种假设性分类与事实上的国际法与国内法"关系分类"（Relationship Categorization）或有差异，因此吴氏将国际法与国内法关系用下列三种样态表示，即：（1）分离关系，（2）相交关系，（3）包容关系，以更正确显示它们彼此间可能存在的关系。如图所示：

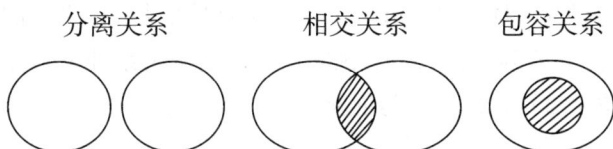

分离关系　　　　相交关系　　　　包容关系

说明：（1）每一圆可为国际法亦可为国内法，但不可同时为国际法及国内法；（2）每一圆之大小可以不加以限制。

在分离关系样态下，国际法与国内法在实际上的情形是"没有关系"，与实际不符，并将使任何二元论的观点及一元论的主张均成为没有实质意义的争论。事实上，国际法与国内法必然会有接触。国际法与国内法所发生的这种"接触"在本质上可能有以下类型：（1）排斥性接触，（2）对抗性接触，（3）调和性接触，（4）协调性接触。吴氏认为，协调性接触最恰当地说明了国内法与国际法接触的基本性质。他指出："所谓协调性接触乃是指，国际法与国内法在'交融整合'的过程当中，在彼此发生接触之时，在各自的法律体系内自行调整、去异求同，让能够在国际社会与国内社会均能适用无碍的法律原则与规范，成为'交融整合'后的'整合性法律体系'的实质内容与核心规范，使得国内秩序与国际秩序得以维持安定。也就是不论原先是国际法律体系也好，抑或是国内法律体系也好，在经过协调性的接触后，因为去异求同的交融整合之效果，造成了一个'整合性法律体系'的社会，此社会无须将其定性为国际社会或国内社会，因为这是经过‘协调性接触’后所‘交融整合’出来的‘新社会’（New Society）。它拥有国际社会与国内社会的双重特质。如此，则无须讨论一元论或二元论，更不必争议国际法优位论或国内法优位论，这些争执在这样的‘整合性法律体系’下的新社会，均成了毫无意义与价值的纷争，徒增困扰而已。”①为了解决国际法与国内法相互冲突问题，吴氏从“功能主义”（Functionalism）立场出发，在诸种理论的逼仄间隙中提出国家“暂时中止行使主权说”（Temporarily Suspending the Exercise of Sovereignty）。吴氏的研究在方法论上值得学取之处在于改变过去将“形而下”的国际法实践与“形而上”的国际法理论割裂开来的“两张皮”现象，将两者全面、有机地融为一体，真正践行了将实证分析方法一以贯之的方法论上的“一元论”。在这个意义上，国际法与国内法关系理论本体认知的更上层楼取决于方法论的变革与创新。

第三节　国际法空间内涵与外延的变迁

我国著名国际法学者王铁崖教授指出：“无可讳言，国际法是发源于西方的，它是欧洲文明的产物。近代国际法主要适用于近代欧洲国家之间的关系。”②与王铁崖持相同观点的外国学者不乏其人。规范法学派代表人物孔慈在其《变动中之国际法》（*The Changing Law of Nations: Essays on International Law*，1968）中就指出：“早期之国际法由天主教神学家所制定，其后由法律家根据罗马法制定之。此可解释国际法中许多法规，其中若干目前尚属有效，乃罗马私法规范移植于国际范围，亦可解释‘自然法’在早期国际法中占重要地位，盖此种自然法之来源乃罗马法——欧洲大陆视为‘万法之法’（Ratio Scripta）——及基督教

---

① 吴嘉生：《国际法与国内法关系之研析》，台北五南图书出版公司 1998 年版，第 167 页。

② 邓正来编：《王铁崖文集》，中国政法大学出版社 1993 年版，第 35 页。

教条。早期国际法仅生效于西欧基督教国家及教廷（the Holy See）。此种早期国际法，纯以希腊——基督教西方文化为基础。"① 美国路易斯·亨金（Louis Henkin）亦云，近代国际法"反映着它们（指欧洲国家）的基督教、资本主义和帝国主义的利益"②。他承认近代国际法起源于欧洲基督教社会（Communite Christiana）与服膺"欧洲中心论"的价值取向无涉，并非殖民主义话语霸权与殖民地学者"受殖"心态的殊途同归。马克·布洛赫（Marc Léopold Benjamin Bloch，1886—1944）在《历史学家的技艺》（*The Historian's Craft*）中说："在许多情况下，'起源'这尊守护神不过是真历史死敌的化身，或者是一种判断癖。"③但在后现代主义看来，从发生学角度的考镜源流也许是以毒攻毒的解药。

著名历史学家汤因比（Arnold Joseph Toynbee，1889—1975）在《历史研究》（*A Study of History*）中指出，欧罗巴和亚细亚的二分法，是近代西方从希腊世界接受过来的最没有什么用处的一笔遗产。据汤因比考证，"'欧罗巴'这个名词的来源比较难于确定。它可能是腓尼基的'厄列布'（ereb）一词的希腊语变体；'厄列布'一词（相当于阿拉伯语的 gharb）表示夕阳西下的黑暗的那一刹那。或者它不是腓尼基水手的航海术语的借用，而是希腊本地的词汇，可能是和'海岛'对照而言的'宽阔'的陆地（terra firma）的意思。它也许本是一位女神的名字，她的'面庞宽阔'，因为她是牛族的神"④。托波尔斯基（Jerzy

---

① 孔慈：《变动中之国际法》，王学理译，台北商务印书馆 1971 年版，第 12 页。Ratio Scripta 似应译为"成文理性"。

② 转引自王铁崖：《第三世界与国际法》，《中国国际法年刊》，1982 年，第 16 页。

③ Marc Bloch，*The Historian's Craft*，translated from the French by Peter Putnam，with an introduction by Joseph R. Strayer，Manchester：Manchester University Press，1954，p. 31.

④ 参见 Arnold J. Toynbee，*A Study of History：Abridgment of Volumes Ⅶ- Ⅹ*，New York：Oxford University Press US，1957，p. 240. 据汤因比研究，"亚细亚"这个名称，由希腊水手用来指示他们在爱琴海活动范围内出入的东面界限的大陆，是取自当时卡伊斯特河流域的一个泽地的名称。

Topolski，1928—1998）在《历史学方法论》（*Metodologia historii*，Warszawa：Państwowe Wydawn. Naukowe，1973）中则这样写道："希腊人关于空间的思考正如他们关于时间的思考一样，在本质上也不是哲理性的，而是更带有技术性的——是为了编排叙述并使这些叙述变得更为确切一些。在这个问题上，我们尤其要提一下《世界地图》（*Ges periodes*）的绘制者和地理描述的创始人米利都的赫卡泰奥斯（Hecataeus of Miletus，公元前 6 世纪末—公元前 5 世纪初），他在其《周游世界》（*Periegesis*）一书中首次划出了欧洲和亚洲的分界线，从而开创了历史著作中的这一流派。从他那时起，我们看到空间观念在希腊和罗马的历史编纂学中逐渐扎下了根。"① 据英国历史学家邓斯·海（Denis Hay）的研究，在 13 世纪以前，"欧洲"一词几乎不见于典籍，偶一用之，也不是近代以后的含义。马修·帕里斯（Matthew Paris，1200—1259）在圣·阿尔班斯（St. Albans）写的大编年史中使用过"欧洲"一词，已大体相当于今天的理解。总之，在欧洲的知识界里，使用"欧洲"这个概念是在中世纪偏后时期，而在舆论界把"欧洲"当作一个总体来探讨问题、表达意见，直至形成一种社会性的呼吁、号召，则是 19 世纪的事情。

　　欧洲文明早期即受到古典意义上的"东方"埃及、波斯等文化的熏染，而基督教对欧洲的浸淫濡化则可谓欧洲自身一体化的黏合剂。在某种意义上说，欧洲是以基督教为黏合剂的熔铸多元材料而形成的复合人工文明体。汤因比认为："'Jesus Christ'这两个非同寻常的字是基督教未诞生时希腊、罗马文明与叙利亚文明交锋的见证。'耶稣'是闪族语动词的第三人称单数；'基督'是希腊语动词的过去分词。这个复合名字标志着基督教从那两个文化的联姻中诞生并走入我们这个世界。"② 降及 14 世纪，欧洲学者在使用"欧洲"一词时，显然已反映这个地理的观念和基督教文明联系在了一起。邓斯·海得出这样的结论说："基督教的领土在这个时期（指 14 世纪中叶。——引者注）已经扩展到足

---

　　① Jerzy Topolski，*Methodology of History*，Warsaw：PWN – Polish Scientific Publishers，1976，p. 69.

　　② Arnold J. Toynbee，*Civilization on Trial*，New York：Oxford University Press，1948，p. 219.

以覆盖几乎整个大陆。维时，仅有一个地方是非基督教的，即立陶宛，因为到此时为止它从来没有信仰过基督教。立陶宛已被夹在俄国的东正教区和波兰的拉丁基督教之间了；直到 1356 年，它才由于波兰的海德维加（Saint Jadwiga，1373 或 1374—1399）① 公主与雅吉耶罗王子（弗拉基斯拉夫二世，Wladyslaw II Jagiello，1351—1434）联姻而皈依了基督教。于是 14 世纪末，基督教便渗透到欧洲的各个角落。"② 基督教不仅构型了欧洲人的空间地理观念，而且对欧洲人的时间观念建设至为攸关，所以自从贝塔维乌斯（Dionysius Petavius，1583—1652）成功地首次根据基督诞生的前后来注明事件发生日期后，这一纪年体系遂在 17 世纪已变得非常普遍。欧洲基督教世界的时空坐标维度由此雏形底定。按照孔慈的说法，近代国际法发祥地"基督教社会"的范围较日耳曼神圣罗马帝国广大，因为英国及斯堪的那维亚未加入该帝国，同时在"基督教社会"之外尚有东欧拜占庭之文化与阿拉伯——回教文化同时共存。正是由于中古基督教社会的分裂，乃有个别独立国及近代国际法的产生。近代国际法的这种原产地标记铭牌至今仍清晰可见，例如梵蒂冈罗马教廷与其他教会不同，直到今日仍为国际社会的永久分子，乃其来有自。

近代国际法具有空间范围上的自闭性。国际法院的尼日利亚法官埃利亚斯（Taslim Olawale Elias）指出："自从格劳秀斯以来，特别是 1648 年《威斯特伐利亚和约》以来，国际法在性质上和在适用上，主要是欧洲的特产。"③ 在一般的意识形态层面上，自我中心观念支配下的欧洲被视为基督教的"同文式化"，其他国家称为"非基督教国家"（Pays hors Chrétienté），属于他国之人或化外之人（outlandish people），在国际法上没有权利能力和行为能力。在学理研究层面上，16 世纪的西班牙法学家约瑟夫·阿科斯达（José de Acosta，1539—1600）在《在

---

① 其在英语和德语中作 Hedwig，在立陶宛语中作 Jadvyga，在匈牙利语中作 Hedvig，在拉丁语中作 Hedvigis。

② Denis Hay, *Europe: The Emergence of an Idea*, Edinburgh：Edimbourg University Press，1968，p. 64.

③ Taslim Olawale Elias, *New Horizons in International Law*, Alphen aan den Rijn：Sijthoff & Noordhoff International Publishers，1979，p. 21.

蛮族中布道》（*De promulgatio Evangeli apud Barbaros*）一书中，把欧洲以外的国家一概斥为"蛮族"并区分为三等①；甚至直到 1883 年洛里默（James Lorimer，1818—1890）仍在其《国际法精义》（*Institute of Law of Nations: A Treatise of the Jural Relations of Separate Political Communities*）一书中将人类分为文明人、不开化人和野蛮人三等，分别适用"完全的政治承认""部分的政治承认"和"自然的或单纯人类的承认"。按照洛里默的观点，"部分的政治承认"范围包括土耳其的欧洲和亚洲部分，以及那些未成为欧洲附庸国的亚洲古国——即波斯和中亚其他个别国家，如中国、暹罗和日本。② 在国际法实践层面上，尽管土耳其奥斯曼帝国苏丹在 1792 年以后就在巴黎、伦敦、维也纳和柏林设立了常驻使团，但到 1814 年召开维也纳会议时，"欧洲音乐会"（Concert of Europe）或称"欧洲俱乐部"的英、俄、奥、普诸国拒绝被视为"蛮族"的土耳其人与己为伍。直到 19 世纪中叶的克里米亚战争（der Krimkrieg，1853—1856）后，列强签订的《巴黎条约》（*Vertrag von Paris,* 1857）第七条才规定接受土耳其在"公法和欧洲协调"之内。因此，在当时的历史条件下，国际法被称为"欧洲国际法"或"欧洲公法"绝非厚诬之辞，③ 国际法效力空间范围是有局限性的，欧洲人亦以此在一定境界下作为秘藏法宝深局固闭。正如有学者称，第一次世界大战以前的所谓传统国际法包括一套规则，"这些规则具有：地理基础（它是一个欧洲法）、宗教伦理思想（它是一个基督教法）、经济动机（它是一个重商主义法）、政治目的（它是一个帝国主义法）"④。

安东尼·吉登斯（Anthony Giddens）曾把全球化描述为一种不分时

① 第一等是组成具有某种程度的文明的稳定而秩序井然的非基督教徒，例如土耳其人和中国人；第二等是建立在非法律基础之上的不稳定和无秩序的社会，如秘鲁人和墨西哥人；末一等是毫无社会秩序可言的吃人生番一流。

② 参见李家善：《国际法学史新论》，法律出版社 1987 年版，第 74 页。

③ 19 世纪有不少国际法著作都冠以"欧洲"字样。例如：Ludwig Klüber, *Droit des gens moderne de l'Europe*, Stuttgart: J. G. Cotta, 1819; August Wilhelm Heffter, *Das europäische Völkerrecht der Gegenwart*, Berlin: Schroeder, 1844。

④ 穆罕默德·贝贾维：《争取建立国际经济新秩序》，欣华、任达译，中国对外翻译出版公司 1982 年版，第 35 页。

间和空间的相互依存关系。不过笔者要指出的是，近代以来的全球化其实是以欧洲一体化为前导，欧洲自身内部各国的近代化进程因先进与后发而产生的时空差异和相磨相荡，证明中国学术界往往将欧洲视为铁板一块的平面化认识具有严重的片面性。如果说中国近代化道路长时间地劫难丛生，其实像俄国这样的大国近代化亦持续了很长的历史，其在俄国知识分子内心中造成的紧张关系不亚于中国知识分子在近代所遭遇的内心分裂与冲突。海德格尔说："流俗领会所通达的'时间'的种种特性之一恰恰就在于：时间被当做一种纯粹的、无始无终的现在序列，而在这种作为现在序列的时间中，源始时间性的绽出性质被敉平了。而敉平绽出性质这件事本身，按其生存论意义来看，却又奠基在某一种确定的可能的到时之中，时间性依照这种到时而作为非本真的时间性使上面提到的'时间'到时。"① 在笔者看来，时空是如海德格尔所说的与人之主体性活动不可分离的，是人的观察、虑念与行为的建构物，而人的观察、虑念与行为等又具有时间及空间的特性。在欧洲内部各国家和地区互动网络关系密切场景下，各"盆地社会"（basin social）的本质性差异在某种程度上被敉平于行为实践的时序，所以近代国际法的范围空间仅涵盖于欧洲大陆。

　　沃勒斯坦在论述现代世界体系的形成时强调"融入"和"边缘化"这两个相关的过程。所谓"融入"是指资本主义世界体系之外的国家和地区不断进入体系的过程，而"边缘化"则指世界体系不断包容新的国家和地区并重新安排他们的空间位置。② 我们从近代国际法的"外溢"历史过程可以看出，其普遍性的建构是欧洲殖民势力扩张与殖民地人民反抗和反叛两方面的产物。一方面欧洲国际法作为殖民者政治经济扩张合法性的证明武器和文化意识形态扩张的重要科目推衍到欧洲以外，另一方面殖民地人民的反抗和反叛时又往往夺取殖民者的法宝以图扭转乾坤。过去中国学术界多关注于北美独立战争，但与美国开国稍晚

---

　　① Martin Heidegger, *Sein und Zeit*, Zehnte, unveränderte Auflage, Tübingen：Max Niemeyer Verlag, 1979, S. 329.

　　② 笔者认为这种"中心"与"边缘"的关系反映在当今国际法制度层面的建构，就是许多国家组织分原始成员、新成员、观察员等等法律地位的界限。

的拉丁美洲独立战争却往往不被重视，这其实是 18 世纪末 19 世纪初波澜壮阔的美洲民族独立运动的重要组成部分。依笔者之见，美洲新大陆是欧洲殖民者最早经营的据点，并是最先反抗殖民统治的前线、最早争取独立的先驱。许多国际法学者都坚称拉丁美洲若干国家属于西方基督教会。日本学者芹田健太郎（せりたけんたろう）指出，拉丁美洲诸国当时被列入欧洲国际法共同体之一员。① 殖民地独立运动风起云涌、澎湃激荡，被孔慈称之为"反殖民主义的叛变"。按照《帝国时代》一书中的说法，"就国际政治来说（也就是，就欧洲政府和外交部的统计数目来说），按照我们今天的标准来看，当时世界上堪称具有独立主权的国家实体，其数目非常有限。1875 年前后，欧洲这样的实体不超过17 个（其中包括 6 个'强权'——英国、法国、德国、俄国、奥匈帝国和意大利——以及奥斯曼帝国），南北美洲有 19 个（其中有一个名副其实的'霸权'——美国），亚洲有四五个（主要是日本及中国与波斯这两个古老帝国），非洲也许有 3 个勉强称得上是（摩洛哥、埃塞俄比亚、利比里亚）"②。然而，第二次世界大战后，世界格局的变化可谓天翻地覆，殖民地纷纷宣告独立，非殖民化蔚为壮丽景观，到现今，世界上"独立国家已达 200 个，非殖民地化于 19 世纪前半叶首先在第一次殖民地化波涛洗礼的新大陆实现。紧接着，20 世纪后半叶在第二次殖民地化冲击下的亚洲、非洲得以实现，并且现在将要完成"③。如果说神圣罗马帝国的分崩离析造成了欧洲民族国家的形成与近代国际法的产生，那么西方殖民地体系的土崩瓦解则造成了众多第三世界国家的产

---

① 芹田健太郎「普遍的国際社会の成立——『文明』優位の清算」『現代国際社会の法と政治：深津栄一先生還暦記念論文集』浦野起央・牧田幸人編、北樹出版、昭和 50 年、89 頁。一些学者认为美洲国际法（American International Law）是另外一种与独一无二的欧洲国际法相区别的国际法体系，1863 年卡尔沃（Carlos Calvo，1824—1906）出版《欧洲及美洲的国际法理论与实践》（*Derecho Internaciona Téorico y Practico de Europa y America*）即是其代表作。

② Eric Hobsbawm, *The Age of Empire, 1875 – 1914*, New York：Vintage Books，1972，p. 25.

③ 芹田健太郎：《21 世纪国际法的作用》，宋辉译，《外国经济译评》1997 年第 1 期。

生与现代国际法的转型。在第一次世界大战前，亚洲和欧洲之间的关系从制度方面看是属于一种次要的和边际形式的"国际法"①，但第二次世界大战后，亚非拉广大殖民地国家登上国际舞台，不再是殖民者的"依附者"和"卫星国"，中华人民共和国雄踞联合国五大常任理事国之要津，由此造成了国际法空间范围的扩大和国际法空间结构的改变。

诺贝尔经济学奖得主布坎南（James McGill Buchanan）说过这样一段话："我担心，社会科学家往往在分析尚未结束之前已作出了价值判断。诚然，从根本上讲，讨论应该涉及价值观，但一经涉及价值观，讨论亦随即告终。倘若懒惰的学者一开始时就起用价值观，便很难发挥真正的研讨作用了。"② 布坎南在这里比较恰当地解决了价值判断与客观分析的关系。从布氏的观点出发推演，我们可以发现学术研究存在空间距离的位移现象，只有我们将不可避免的价值判断暂时收束藏搁，客观分析的运动才能顺利向前延伸。在许多情况下，我们经常在客观分析的道路上以为到家了便停顿下来成一家之言，其实并不到家，并不到位，所以中国谚语云"涉浅水者得虾蟹，涉中水者得鱼鳖，涉深水者得蛟龙"③，反对浅尝辄止的研究。当我们将视线继续向前延伸，我们可以发现现代国际法不仅具有空间范围扩大和空间结构改变的特征，而且其空间内容亦不断充盈。

第四节　法律地图：后现代思潮中国际法的研究取向

在崇尚理性的语境下，崇尚法治成为令人着迷的时代信仰，但这其

---

①　穆罕默德·贝贾维：《争取建立国际经济新秩序》，欣华、任达译，中国对外翻译出版公司 1982 年版，第 36 页。

②　James McGill Buchanan, *What should Economists Do？* Indianapolis：Liberty Press，1979，p. 54.

③　语出王充《论衡·别通》："涉浅水者见虾，其颇深者察鱼鳖，其尤深者观蛟龙。"参见郑文：《论衡析诂》，巴蜀书社 1999 年版，第 597 页。

实是崇尚理性的同义反复的话语丛，两者之间具有不可否认的"索引性"。唯其如此，远自日本明治年间出现的"法科万能"①的偏向，近则中国若干年前"市场经济是法治经济"口号的声震云霄，都是追扑富强的现代性转型期进行全面改革维新的社会工程大兴土木过程中的产物。现代法律可谓如"凝脂之密，秋荼之繁"，桑托斯（Boaventura De Sousa Santos）将这种法律的利维坦化称之为法律的"骆驼化"②，哈贝马斯（Jürgen Habermas）亦洞见法律对生活世界的过度的殖民化而颇有微词。③面对社会领域的迅速法律化，面对法律帝国的不断向外拓殖扩张，许多国家的大学法学专业教育"生意兴隆通四海"，法律职业者往往亦不免自我心理急剧膨胀，假托"以天下为己任"的天职使命感觉俨然以包打天下自居。然而，法律并不是包治百病的灵丹妙药，法学家和自诩为"无冕之王"的新闻记者一样，尽管在推进和参赞社会进步方面厥功甚伟，然而所面临的无奈亦是司空见惯的。

约翰·奥斯汀（John Austin，1790—1859）是实证分析法学（the analytical school of jurisprudence）的奠基者，他以"语言的正常使用"为其论证逻辑起点，是在法学中开启语言分析范式先河的先驱人物。他在伦敦大学旨在"确定法理学的范围"（The Province of Jurisprudence Determined）的讲座中对"语词的诸侯割据"局面无法姑息容忍，极力进行法学的门户清理的大扫除，以求实现"语词的帝国统一"，"描述法理学范围与其相邻领域之间的界线"。④奥斯汀认为，由于考察对象的"类似"（resemblance），由于词语的类比（analogy）式的修辞使用，这样便产生了将准确意义上的法（laws properly）和非准确意义上的法（law improperly）混为一谈的病候，形成法理学内容混乱不堪的病灶。

---

① 季卫东：《法治秩序的建构》，中国政法大学出版社 1999 年版，第 203 页。

② 桑托斯：《法律：一张误读的地图》，朱景文主编：《当代西方后现代法学》，法律出版社 2002 年版，第 90 页。

③ Jürgen Habermas, *Die Theorie des kommunikativen Handelns, Bd. 2：Zur Kritik der funktionalistischen Vernunft*, Frankfurt am Main：Suhrkamp Verlag, 1982, S. 489.

④ John Austin, *Lectures on Jurisprudence, or the Philosophy of Positive Law*, Vol. 1, R. Campbell（ed.）, Holmes Beach, FL：Gaunt, Inc., 1998 reprint, p. 82.

他指出："准确意义上的法具有命令的性质。没有命令性质的法，是非准确意义上的法。准确意义上的法和非准确意义上的法可以恰当地划分为以下四类：（1）神法（The divine laws）或上帝法（The law of God），即上帝对人类设定的法；（2）实定法（Positive law），即我们径直而严格地所谓的'法'，其构成普遍的和特定的法理学的真正对象；（3）实际存在的社会道德（Positive morality），即实际存在的道德规则，或实际存在的伦理规则；（4）隐喻或比喻意义上的法（Laws metaphorical or figurative）。"①

奥斯汀与乃师边沁一样秉承托马斯·霍布斯（Thomas Hobbes，1588—1679）的法律命令说，认为法律包含主权者、命令、制裁三个基本要素，他以眼中不容沙子的态度在法理学与伦理科学（the science of ethics，或借用边沁的术语为"the science of deontology"，即"道义科学"）之间划了一条明确的理论界限，并由此否认国际法的规则和原则具有法律的性质，将之视为"实在道德"的规则。②

事实上，奥斯汀以语言分析的方法将国际法从"法律家族"中扫地出门的理论话语在国际法学史上并非绝无仅有的特例。按照菲德罗斯的说法，"国际法"的否定者（die Leugner des Völkerrechts）的著作家行列基本上都是围绕着霍布斯和斯宾诺莎（Baruch Spinoza，1632—1677）这两颗明星而旋转，匈牙利法学家菲利克斯·索姆洛（Félix Somló，1873—1920）在1917年的《法学原理》（*Juristische Grundlehre*）中更是才气纵横地重新发挥了奥斯汀的这个学说。此外，伦德斯泰特（Anders Vilhelm Lundstedt，1882—1955）和新黑格尔派的法学家拉松（Adolf Lasson，1832—1917）、宾德尔（Julius Binder，1870—1939）等亦对国际法的法律性质（Rechtsnatur）矢口予以否定。对此，菲德罗斯提出从属法或支配法（Subordinationsrecht oder Herrschaftsrecht）与

---

① John Austin, *Lectures on Jurisprudence, or the Philosophy of Positive Law*, Vol. 1, R. Campbell（ed.）, Holmes Beach, FL: Gaunt, Inc., 1998 reprint, pp. 81 - 82.

② E. 博登海默：《法理学：法律哲学与法律方法》，邓正来译，中国政法大学出版社1999年版，第119页。

合作法或同道法（Koordinationsrecht oder Genossenschaftliches Recht）两种类型的分类，在认同罗斯（Alf Niels Christian Ross，1899—1979）提出的关于这两个范围之间的界线是流动性的观点前提下，基本上倾向于将国际法定性为合作法或同道法，认为这两个法律类型的区别只在于：支配法呈现出有制定法律和执行法律的中央机构，而在合作法，产生法律的过程在所有阶段上都要求各团体成员的协作；两者均具有制定法律和执行法律的中央机构，而在合作法，产生法律的过程在所有阶段上都要求各团体成员的协作；两者均具有法律上的拘束力。① 尽管由于诸如菲德罗斯等大批学者为国际法的生存权的据理力争而使国际法免于被奥斯汀一类打入另册、摈出界外的厄运，但菲德罗斯等亦不得不承认国际法存在天然的局限性。笔者认为，国际法的边界表现为以下几方面：

一、荏弱性

施华岑贝格（Georg Schwarzenberger，1908—1991）在 1962 年出版的《国际法的边界》（The Frontiers of International Law）与菲德罗斯《国际法》第四版（Alfred Verdross，Völkerrecht，1959）对国际法法律性质的分析具有高度相似性。与奥斯汀分析法学的路径相似，施华岑贝格极力摒弃主观性而将对国际法功能边界（functional frontiers）的阐述置于理性实证的层面，以社会与共同体的二分法为出发点，分析与此相对应的权力法（the law of power）和协调法（the law of co-ordination）的两极性，以及作为与社会—共同体杂交性的情形相对应的第三种类型的法——互惠法（the law of reciprocity）。施华岑贝格指出，在权力是至上性考虑的社会中，法律最基本的功能即在于帮助建立在权力基础上的力量等级优势的保持。国际法以不同的方法满足这一目的，例如作为国际法基石之一的附属国制度、自保和自卫原则（the principles of self-pres-ervation and self-defense）以及情势不变条款（clausula rebus sic stanti-

---

① Alfred Verdross, *Völkerrecht*, Berlin（u. a.）: Springer Verlag, 1959, S. 56 -59.

bus）原则对以自身利益为转移履行条约义务提供法律性的方便借口、国际习惯以承认等方式保持国际社会中权贵主权国家的枢纽地位等。继之，施华岑贝格又进一步证明国际法不仅是一种权力法，而且也是一种互惠法。在施华岑贝格看来，即使在战争法和中立法中，互惠原则也似乎悖反式地发挥着作用；无论古典国际法和现代国际法，国家宗教信仰、意识形态的同质性（homogeneity）往往都出于经济、教育、运输等互惠要求被抛弃。最后，施华岑贝格认为，在远离权力政治的范围，诸如禁止奴隶贸易和种族灭绝、难民安置、国际河川等领域，国际法甚至还显示出与社会法律功用迥然不同的共同体法律的痕迹，具有协调法的功能。

按照施华岑贝格的观点，国际法的局限和特殊性表现在，条约是国际法发展的主要交通工具，每个国家是其自身的警察，国际法的制裁与禁阻功能的实施具有与国内法不同的特征。国际法院和法庭在国际社会中所占据谦抑性地位的直接原因即在于受国家主权和同意原则的支配。所以，国际法在远离核心政治问题的范围内可以实现其互惠法的功能，一旦在与权力的政治密不可分时，国际社会所适用的更高层的"法则"便超出法律的界限却仍以冠冕堂皇的国际法为幌子。① 施华岑贝格分析论证的针脚线底可谓绵密周匝，细致入微。

笔者认为，在不存在立法、司法、行政三权分立的国家，司法独立尚且困难重重，备受政治的随意性干预，与国际政治密切相关的国际法在非集中化的国际社会里的柔弱乏力便可想而知。奥本海在论述国际法的强制性问题时指出："与国内法以及国内法的强制执行所可以利用的方法相比较，国际法肯定是较弱的法律。……但是，一个弱的法律仍然是法律。"②

不可否认，第二次世界大战后，国际社会出现了强行法（Jus Co-

---

① Georg Schwarzenberger, *The Frontiers of International Law*, London：Stevens & Sons, Ltd. , 1962, pp. 9 – 42.

② 劳特派特修订：《奥本海国际法》上卷，第 1 分册，王铁崖、陈体强译，商务印书馆 1981 年版，第 10 页。

gens）理论。[①] 尤其是 1969 年的《维也纳条约法公约》（*The Vienna Convention on the Law of Treaties*，VCLT）第五十三条明确规定"条约在缔结时与一般国际法强制规范抵触者无效"[②]。此外，国际组织执行行动（Enforcement Action）的约束力亦有明显加强。《联合国宪章》（*The Charter of the United Nations*）第七章的 13 个条文以较大篇幅对此言之甚详。但是，国际法的主要规范仍然是任意法（Jus dispositivum），基本仍是一种"软法"（soft law），而且在当今主要由主权独立国家组成的国际社会中，不可能有真正完全的超国家组织（supranational organization），[③] 仍是介于国家之间（among different nations）而非凌驾其上的组织。唯其如此，美国国际法学家孔慈在《变动中之国际法》（Josef Laurenz Kunz，*The Changing Law of Nations-Essays on International Law*，Columbus：Dhio State Unluiversity Press，1968）中直接指摘传统国际法的原始性，没有统一的制定、实施和执行的机关，各国平起平坐而各行其是。按照孔慈的说法，传统国际法的国际组织的"无组织"确切说是"cum grano salis"，并非谓无机构，而指其组织原始。"国际法有机构，亦有其本身之机构，但无专门机构。因之国家之机构乃同时负有国际机构之任务。此种现象，至今日仍极根固。"[④] 由于国际法具有"权能中之权能"（Compétence de la Compétence）性质，早在 19 世纪末德国国际法学者特

---

① 参见张潇剑：《国际强行法论》，北京大学出版社 1995 年版。强行法（jus cogens or ius cogens，又译"绝对法"）和"强制规范"（peremptory norms）常为国际法学者在论著中互通使用，其实两者间存在细微差别的。强行法是所有强制规范的总称，而一个个具体的强制规范则构成了强行法，故两者之间存在抽象与具体、一般与个别的关系。张潇剑总结强行法有三个特征：一是国际社会全体接受；二是公认为不许损抑；三是仅有以后具有同等性质之一般国际法规律始得更改。可参见沃尔夫冈·费肯杰：《经济法》第 1 卷，张世明等译，中国民主法制出版社 2010 年版。

② 该条约原文为：A treaty is void if, at the time of its conclusion, it conflicts with a peremptory norm of general international law. 参见 *Vienna Convention on the Law of Treaties Done at Vienna on 23 May 1969*，United Nations，2005，p. 18。

③ 梁西：《国际组织法（总论）》（修订版），武汉大学出版社 2001 年版，第 26 页。

④ 孔慈：《变动中之国际法》，王学理译，台北商务印书馆 1971 年版，第 19 页。cum grano salis 意指有保留地。

里派尔（Heinrich Triepel，1868—1946）就把国际法同上级司令官相比，其命令只有在一些下级司令官继续予以传达并通过他们的部下实行时才能实现。他明确指出："国际法需要国家法以完成其任务。没有国家法，国际法在很多方面是无能为力的。国内立法者使国际法从无力的状态获得活力。"[1] 法国国际法学者塞尔（George Scelle，1878—1961）更通过其"双重职能"（Le dedoublement fonctionnel）理论发展了这一思想。

二、粗粝性

苏联民法学界在对西方资本主义国家民法调整对象即财产关系和人身关系进一步反思和类型化时，提出了"民事法律关系"的概念，这在法学史上是具有重大意义的精神飞跃。长期以来，中国法学界对苏联的法学亦步亦趋，以社会关系即法律调整的对象作为划分法的部门的唯一标准，形成思想上画地为牢的智识禁锢。这相当于施华岑贝格在《国际法的边界》中所谓的"分析性边界"（the analytical frontiers）[2]。在改

---

① Heinrich Triepel, *Völkerrecht und Landesrecht*, Leipzig：Hirschfeld, 1899, S. 271.

② Georg Schwarzenberger, *The Frontiers of International Law*, London：Stevens & Sons, Ltd. , 1962, p. 1. 我们对法律"强制力"观念不宜过分渲染铺陈。长期以来，学术精英和普通民众的话语都异口同声地重复这样的老生常谈："没有强制的法律则是不燃烧的火，不发亮的光。"例如，意大利新康德主义法学家乔治奥·德尔·韦基奥（Giorgio Del Vecchio, 1878—1970）声称，强制力与法律是两个在逻辑上具有必然联系的概念。"哪里没有强制，哪里就没有法律。"美国法学家帕特森（Edwin Patterson）同样认为，"任何法律在一定意义上都具有某种法律制裁形式"，而且"制裁是任何法体、任何法律规定的必要特征"。然而，刘军在《法律"强制力"观念的弱化——当代西方法理学的本体论变革》一文介绍了英国新分析法学家哈特（Herbert Hart, 1907—1992）和美国新自然法学家富勒（Lon Luvois Fuller, 1902—1978）对这种以刑法为基本模式而加以泛化的主流观念提出了严厉诘难（《外国法译评》1995 年第 3 期）。另外，我们需要注意的是，法律规则的标准性（Maßgeblichkeit）或拘束性（Verbindlichkeit）并不同于其实效性（Effizienz）。事实上，"法"（Recht）屈从于"不法"（Unrecht）的情形无论在国内法还是国际法，在在皆是，使法的实效性受到毁损，然而这并不影响其有效性的主张（Geltungsansprüchen）。正如格劳秀斯所言，如果谁为了暂时的利益而违反法律，那么他"就因而为未来毁坏了他自己的太平的城堡"；即使是最强有力的民族，也只是在一个法律社会中才感到安全，因为"当一次离弃了法律的时候，一切就动摇了"。

革开放后，中国法学界长期沿用的以法律调整对象为划分法的部门的唯一标准的传统禁区被解放的思想所冲溃。有趣的是，美国后现代法学家桑托斯令人瞠目咋舌的话语实践对中国法学的部门法划分思维范式更具心灵洗礼般的解构和涤荡力量。桑托斯声称，法律是地图，成文的法律是制图学上的地图，习惯法、非正式法是内心里的地图（Law are maps；Written laws are cartographic maps；customary informal laws are mental maps）。① 在桑托斯看来，法律接纳社会现实的关系更类似于地图和空间现实的关系。地图的主要结构特征在于为完成其功能而必然地歪曲现实。地图对现实的歪曲通过比例尺（scale）、投射法（projection）和象征符号（symbolization）三个机制来实现。桑托斯力求以比例尺/投影法/象征符号的复杂范式来替代适应性/不适应性（亦即纸面上法/行动中法，law in books / law in action）的简单二元范式来分析法律与社会的关系。正如桑托斯引述康维兹（Josef Konvitz）的话说："地图虽然是最普遍的文化比喻之一，但在思想史上却一直不曾占据它应该具有的地位，这不能不是一个超级讽刺。"②

亨廷顿（Samuel Phillips Huntington，1927—2008）在 1996 年出版的《文明的冲突与世界秩序的重建》（*The Clash of Civilizations and the Remaking of World Order*）中亦引证 J. L. 加迪斯（John Lewis Gaddis）的话说："寻找穿越所不熟悉领域的道路，一般需要某种地图。"③ 而任何地图都是对现实世界的简化，即它"省略了许多事物，歪曲了一些事物，模糊了其他事物"④。一个范式就如同一幅地图，它们"都是一个抽象"。我们需要范式这样一幅地图，就在于"它既描绘出了现实，又

---

① Boaventura de Sousa Santos, *Toward a New Common Sense：Law，Science and Politics in the Paradigmatic Transition*, New York：Routledge，1995，p. 458.

② Josef Konvitz, Remplir la Carte, dans *Cartes et Figures de la Terre*, Centre Georges Pompidou，1980，p. 314.

③ Huntington, *The Clash of Civilizations and the Remaking of World Order*, New York：Simon & Schuster，1996，p. 30.

④ Huntington, *The Clash of Civilizations and the Remaking of World Order*, New York：Simon & Schuster，1996，p. 29.

将现实简化到能够很好地服务于我们的目的"①。不仅库恩自己曾明确指出范式是"一张地图",而且事实上库恩的"范式的确是一幅用来类比的具体的'图画',因为它是一种'看的方式'"②。另外,福柯亦自陈云:"我是一名地图的绘制者。"③ 库恩的范式理论和福柯所谓"地图绘制"的工作对世界思想界地图的改变是巨大的,作为后现代主义法学家的桑托斯不仅以库恩的范式理论为研究的路标,更对福柯著作中后现代主义的话语十分了然,因此,如果没有这种学术背景,桑托斯的"法律地图论"亦即成为"无地"之图了。桑托斯所谓的"投影法是法律秩序确定其运作界限(the limits of its operation)和组织其内部法律空间(the legal space)的程序",根据所采用的投影法的种类,每个法律秩序都有边缘和中心,意味着某种法律秩序的法律资本如同金钱资本的情形一样并非在其法律空间内均等分配的,这种说法与中国法学界关于法律调整对象的传统界定具有某种程度的契合。在中国法学界的法律调整对象的传统理论话语中,法律也是被视为只调整统治阶级认为重要的社会关系并且随统治阶级的关切而发生变化的。④ 不过,桑托斯关于比例尺的分析和言说却对我们反思国际法作为一个部门法的角色定位颇有启迪之功。桑托斯指出,因为地图是现实的"微缩版"(a miniaturized version),地图制造包含着世界经济的过滤,比例尺的大小制约着地图的用途,一个特定的现象只能在特定的比例尺中标识,比例尺创造着现象,比例尺的改变意味着该现象的改变。在桑托斯看来,法律景观主要可以分为三个主要的法律空间:地方法、国家法和超国家法,地方法是大比例尺的法制,国家法是中比例尺的法制,超国家法是小比例尺的法制,它们使用不同的标准决定被调整活动的主要细节

① Huntington, *The Clash of Civilizations and the Remaking of World Order*, New York: Simon & Schuster, 1996, p. 31.

② 拉卡托斯、马斯格雷夫编:《批判与知识的增长:1965 年伦敦国际科学哲学会议论文汇编》第 4 卷,周寄中译,华夏出版社 1987 年版,第 73 页。

③ 吉尔·德勒兹:《福柯褶子》,于奇智、杨洁译,湖南文艺出版社 2001 年版,第 49 页。

④ 参见孙国华主编:《法理学教程》,中国人民大学出版社 1994 年版,第 288—292 页。

和相关特征，建立不同的事实网络。按照桑托斯的观点，国际法作为小比例尺的法制贫于细节和特征，仅勾勒行为和态度，将之化约为行为的一般类型，倾向于定向和运动的调整模式，而无法像大比例尺的法制那样用于精确位置。

三、模糊性

改革开放之后，中国法学界和普通民众均存在这样一种预设成见，认为中国现行法律法规不完善，存在许多法律空缺，许多社会现象无法可依，应加大立法力度；再者，即便已经出台的许多法律法规过于粗疏，存在大量法律漏洞，缺乏可操作性和具体性，令人无所适从，因此对法律的确定奉为不二法门，冀图以此增强行为的预期理性。在对玲珑剔透的如水晶宫般圆满具足的法治国无限向往景仰的过程中，法律的确定性被用放大镜扩而广之，法律的不确定性却被所谓理性预期的眼罩所遮蔽而轻而忽之、甚至视而无睹。我国学者沈荣敏博士在《法律限度》一书中这样指出，在西方的思想中，对归纳法有一种本能的怀疑，而对演绎法则是推崇备至。"演绎法是一种发散的思维方式，是一种由里而外，由简单到复杂的思维方式，这就使得'自希腊到现代，西方哲学一直以认识论为中心，其基础是心与物的对立，认为心灵的功能是反映、描绘外部世界，刻画世界的结构和特征，哲学家的任务就是要研究人类心灵认识世界的能力、途径、方法、界线'。这样一种思维方式就需要一个边界，因为人与人之间的这种思维任其发展必然会产生冲突、碰撞，因此，对这种思维方式需要一种边界，这种边界，一是宗教，二就是法律。一开始，二者常结合出现，如教会法就是一个明显的例子。而至宗教改革，特别是近代以来，宗教与世俗相分离，宗教越来越成为个人的事务，宗教的自由空间越来越大，其法律的色彩丧失殆尽，而法律则成为了唯一的约束。法律的重要性增加了。"[1] 作者从西方思维方式宏观推论西方法治理念的至上性，又以西方语言分析哲学中"能指"与"所指"的分离理论为支点揭橥了法律的不确定性。

---

[1]　沈敏荣：《法律限度》，法律出版社 2003 年版，第 84 页。

笔者认为该作者以索绪尔（Ferdinand de Saussure，1857—1913）的语言哲学为思想资源的运思理路是正确的，不过似乎仍存在顺文演说阐发的纵深空间。正如沈博士在书中所言，"逻各斯"在西方思想传统中占据至尊地位。事实上，直到现代，许多西方学者仍认为："法律必须被信奉，否则就不会运作，这不仅涉及理性和意志，而且涉及感情、直觉和信仰，涉及整个社会的信奉。"①德里达（Jacques Derrida，1930—2004）认为，尽管在西方哲学史中存在着所有那些差异和断裂，逻各斯中心（le logocentrisme）的母题却是恒常的。但是，在西方传统哲学看到逻各斯的地方，德里达看到的是"延异"（différance）。"延异"作为德里达解构主义（le déconstructivisme）最重要的一个核心概念，是其改造法语中"différence"（差异）一词而创制翻新的名词。"不同于英语，法语没有从拉丁文 differre 这个既指空间又指时间上差异的词根引申出两个动词：defer（延宕）和 differ（区分），而两层意思由一个动词 différer 承担，它既指空间上的差异，又指时间上的延宕。同样不似英语，法语中这个兼指时空两义之差异的动词，没有它的名词形式。所以德里达的发明，意义在于给法语创造了一个同时既指时间又指空间上差异的名词。"②根据德里达的解释，延异是一种（意义）构造原则，它提出定义不依赖于实体本身而依赖于它同其他文本的肯定或否定的参照关系，意义因时间的延展而变化。在终极意义上，意义的认同永远被拖延、耽搁、推迟下去。③德里达对沈博士引述的索绪尔的思想十分推许，但又认为索绪尔"能指"与"所指"的区分虽然打破了以概念和实体为符号后援的传统语言观，却又毫不含糊地肯定了逻各斯中心主义，将自己的分析刻写在逻各斯中心主义内部。在德里达看来，解构主义主要是把传统的二者对立之间笔直的界线加以松动，让其错位或脱

---

① 哈罗德·J.伯尔曼：《法律与革命》，贺卫方等译，中国大百科全书出版社1996年版，第3页。

② 陆扬：《后现代性的文本阐释：福柯与德里达》，上海三联书店2000年版，第22页。

③ Jacques Derrida, *Marges de la philosophie*, Paris：Les Éditions de Minuit, 1972, pp. 39 – 40.

曰，从而倾斜起来，于是就避免了两极之间的正面冲突，亦即德里达所说的向传统借用必要资源以便解构该传统本身的经济策略。"延异"的意义只是在其打零活（bricolage）以"不求人方式"使用的一种上手的具有游戏性的工具，并不表达任何具体的意义，它所表示的意义是不定状态：或是意义的增殖，或是意义的亏损。不仅不存在延异的领地，而且延异还是任何一个领地的颠覆。延异所喻示的空间上的区分和时间上的延搁双重运动，同样也适用于其自身的描述。正是这样，延异作为一种无坚不摧、无孔不入的破坏力量将传统西方哲学中意义确定性的信条彻底瓦解粉碎，宣告符号的意义不可能拥有自明性状的绝对呈现，是无法确定的，而这一运动的进一步展开使得"时间空间化"和"空间时间化"，产生无穷无尽、无始无终的意义播撒（dissemination of meaning）。

德里达的解构主义这把"奥卡姆剃刀"① 锋刃凛凛所向，无疑将使我们对法律确定性的翕然宗仰迎刃而解。杰洛姆·弗兰克（Jerome New Frank，1889—1957）在《法律和现代精神》（*Law and Modern Mind*，New York：Brentano's，1930）一书中就明确声称："关于法律精确性的种种可能情况的流行观念是建立在一种错误的概念上的，法律在很大程度上曾经是，现在是，而且将永远是含混的和有变化的。"② 法律的不确定性并不是什么不幸的事件，它具有巨大的社会价值；法律的确定性只是一种神话。

法学界关于法律不确定的理论话语主要有两方面的声音：一是规范说，认为法解释问题没有正确的答案，仅存在主观的观点；一是实证说，认为法院的判决不能事先预测。作为现实主义法学先驱的美国法学

① 奥卡姆剃刀（Occam's Razor, Ockham's Razor），又称"奥坎的剃刀"，是由 14 世纪逻辑学家、圣方济各会修士奥卡姆的威廉（William of Ockham，约 1285—1349）提出的一种原理。他指出：如无必要，勿增实体（*entia non sunt multiplicanda praeter necessitatem*，entities must not be multiplied beyond necessity）。故而，奥卡姆剃刀原理又被称为"吝啬定律"（*lex parsimoniae*，the law of parsimony, law of economy），或者称为"简洁定律"（law of succinctness）。

② 转引自沈宗灵：《现代西方法理学》，北京大学出版社 1992 年版，第 314、330 页。

家格雷（John Chipman Gray，1839—1915）指出，法律规则不是预先存在的，也不是由法律适用者发现的，相反，它是由法律适用者解释制定的。因为，"制定法无法解释自身，其含义乃是由法院来宣布的，而且，正是基于法院宣告的含义而非其他含义，制定法才作为法律强加于社会"①。杰洛姆·弗兰克亦云："无论何时，在美国最高法院作出判决之前，'法律'确实是未定的。"② 与杰洛姆·弗兰克的理论倾向不同，赫伯特·哈特（Herbert L. Hart）的新分析法学对现实主义法学关于法律不确定性的观点作出了有条件的承认，提出了规则的"意思中心"（core of meaning）和"空缺结构"（open texture）的概念。其中，"意思中心"是一个意义明确而无争议的中心区域，在此区域人们不会就某事物是否为一词所指的事物发生争议；而"空缺结构"则是语言的外延涵盖具有不确定性、意义模糊的边缘区域，可见，哈特的规则概念中亦仍为法律的不确定性留有一定的缺口。③

德沃金（Ronald Dworkin）的新自然法学力图排除法律王国中恣意擅断的空间，他在《法律帝国》（Law's Empire）一书中认为法律是意义确定的行为规范，提出了"整体性法律"（integral law）的概念。按照德沃金的观点，法律不仅指规则，而且包括原则（principles）和政策（policies）等，即明确法律（explicit law）与隐含法律（implicit law）两方面，后者能保证即便是在法律规则模糊不清或者冲突甚至是在没有相应规则的情况下每一个案件都能得出一个"唯一正确的答案"（the

---

① John C. Gray, *The Nature and Sources of the Law*, New York：The Macmillan Company，1921，p. 7.

② 张乃根：《西方法哲学史纲》，中国政法大学出版社1993年版，第376页。

③ Brian Bix, H. L. A. Hart and the "Open Texture" of Language, *Law and Philosophy*, Volume 10, Number 1 ／ 1991. 2. 哈特的这一论述与威廉姆斯（Glanville Llewelyn Williams，1911—1997）在《法律与语言》［Language and Law, *Law Quarterly Review* 61（1945）179 - 195］中所言颇为相似。威氏认为，语言的核心部分，其意义固甚明确，但愈趋边缘则愈为模糊，语言边缘之处的"边缘意义"（fringe of meaning；fringe meaning）一片朦胧，极易引起争执，而其究属该语言"外延"之领域内或其外亦难确定，而法律条文亦总有临界案情（borderline case）濒临法律边缘，究竟是否属该法律条文规范的范围，亦恒难划清界限。

sole and cored solution）。然而如波斯纳所言，"具有讽刺意味的是，在德沃金的理论中，法律被界定得越宽，'法治'就变得越不确定，而不是更确定"①。德沃金的《法律帝国》为求得法官对法律的"唯一正解"而"援礼入法"，实质上是在扩充法律帝国的版图过程中模糊了其确定的边界，法律帝国中不确定性的阴霾仍然未被廓清。德沃金有一句话可谓洞中款要，即"法律的帝国并非由疆界、权力或程序界定，而是由态度界定"②。正是这种缘故，施华岑贝格在《国际法的边界》一书中理出一道地引述柯林武德（Robin George Collingwood，1889—1943）《新利维坦》（The New Leviathan: or Man, Society, Civilization, and Barbarism，1942）中的尖刻之词说，每个社会问题都可以以争论不休和诡辩的方式处置，可以解决不同意见的方法一个是将心比心地换位思考，另一个是不断努力将不同意见的情势转化为意见一致的情势。③ 在多元文化并存、价值取向各异的国际社会中，定纷止争的国际法往往在见仁见智的各执一词中成为模棱两可的游戏规则。

中国法学界关于"法律方法与法律思维"的学术讨论眼下可谓方兴未艾。2001 年西北政法学院召开"法律方法与法律思维"专题学术研讨会。后由中国政法大学出版的《法律方法与法律思维》第 1 辑可以看出这次会议上学者之间众论参差的交谈机锋。郑成良教授认为，法律思维与道德思维、经济思维、政治思维相比具有许多独特的特点：第一，法律思维以权利义务分析为线索。如果说道德的、政治的、经济的思维是一种常识性思维的话，法律思维就是一种合法性的思考。第二，法律思维强调普遍性优于特殊性。第三，合法性优于客观性。在法律思维中客观性往往为零，客观性是否需要被考虑，取决于其是否能为法律所接纳。第四，形式合理性优于实质合理性，如果形式合理性与实质合理性发生冲突而无法协调时，那么必须二者取其一，只能牺牲实质合理

---

① 波斯纳：《法理学问题》，苏力译，中国政法大学出版社 2002 年版，第 29 页。

② 德沃金：《法律帝国》，李常青等译，中国大百科全书出版社 1996 年版，第 367 页。

③ Georg Schwarzenberger, *The Frontiers of International Law*, London：Stevens & Sons, Ltd., 1962, p. 81.

性。第五，程序公正优于实体公正。第六，理由优于结论。①

　　郑成良教授由于曾在法院系统具有实践工作的阅历，所以笔者认为其概括带有当代中国鲜活的生活特色，阐述了当代中国法律思维应然抉择的薪向，直白明快。不过亦正如谢晖教授所言，这种概括似乎说的是法律思维的一种价值取向而非法律思维本身的特征。谢晖教授在对郑成良教授的概括视角提出异议后，仅仅保持最低限度的回应，但主要仍是自话的擅场，其中对"主观间性"、以法律的微观分析代替政治的宏大叙事的理论言说均不乏远见卓识。然而真正有力度的阐述见于《法律方法与法律思维》第1辑中孙笑侠教授题为《法律人思维的规律》的学术论文。从该文比较规范的先行研究状况的简要叙述可以看出，作者从季卫东《法律职业的定位》一文中以未直接指名道姓的方式介绍了日本法哲学家田中成明在《何为法之思考——检讨实践知识》（『法的思考とはどのようなものか—実践知を見直す』）一书中的概括，即教义学的性质，过去导向性，个别性，结论的一刀两断性以及推论的原理性、统一性、类型性和一般性。由于季卫东在文中仅以一则注释语焉不详地言及，而他自己又将职业法律家的思维方式的特征概括为"一切依法办事的卫道精神""'兼听则明'的长处"和"以三段论推理为基础"三个方面，并未深言其与田中成明学说的渊源，故而孙笑侠的论述基本上以季文为基础并以此文中关于田中成明的注释为思考的搜索引擎，综合二人之说并参以己见，将法律人的思维特点概括为以下五个方面的规律：第一，运用术语进行观察、思考和判断；第二，只在程序中思考，遵循"向过去看"的习惯；第三，注重缜密的逻辑，谨慎地对待情感、情理等因素；第四，只追求程序中的相对的"真"；第五，判断结论总是非此即彼地进行"一刀切"。②

　　在全球化的现实语境中，时—空压缩（time-space compression）现象已属司空见惯，对于中国法学界"法律方法与法律思维"研讨会上

_____

　　①　葛洪义主编：《法律方法与法律思维》第1辑，中国政法大学出版社2002年版，第36—40页。

　　②　孙笑侠：《法律人思维的规律》，葛洪义主编：《法律方法与法律思维》第1辑，中国政法大学出版社2002年版，第82页。

躬历其间并慨阐谠论的话语实践而言，缺席的、不在场的外国法学界的学者其实却仿佛身临其境地作为主角掌控着对这一法学共同体而言共同论域的话语权。恰如拉康（Jacques Lacan，1901—1981）所言，婴儿最初处于一种无形的状态之中，他没有边界感，与世界混为一体。中国法学界对"法律方法与法律思维"的关注标志着其从童蒙未开到自我意识的觉醒。"昨夜西风凋碧树，独上高楼，望尽天涯路。"① 中国百余年来法学界师法西方的"长程学徒生涯"实实未易毕业，在时间上仍然遥遥无期。桑托斯将法律多元主义（legal pluralism）的现象学对应物，即所谓的"法律间"（interlegality）作为后现代法律观的关键概念，指出："我们处在一个多孔的法制或法制的多孔性的时代（a time of porous legality or of legal porosity），一个迫使我们不断地转变和渗入的法律程序的多重网络的时代。我们的法律生活是由不同的法律秩序相互交叉即法律间而建构的。"② 桑托斯的"法律间"概念可以解释许章润对中国一个世纪以来法律生活中"时间的丛集"和"时间的错位"现象的描述。③

　　事实上，和桑托斯主张的与传统法律人类学的法律多元主义不同的法律多元主义一样，西方后殖民批评"三剑客"之一的霍米·巴巴（Homi K. Bhabha）亦强调与当今西方流行的"多元文化主义"（multiculturalism）和"文化多样性"的理论不同的"文化差异"模式，并从本雅明（Walter Bendix Schönflies Benjamin，1892—1940）思想启发下提出关于"时差"（time-lag）的观念，以此打破历史线进步观念。④ 如果我们使用霍米·巴巴这种"时差"概念，那么这种"时差"本身并不

　　① 晏殊：《蝶恋花·槛菊愁烟》，唐圭璋编：《全宋词》第 1 册，中华书局1965 年版，第 91 页（此词在该书题作"鹊踏枝"）。亦可参见晏殊：《珠玉词》，吴林抒校笺，江西人民出版社 1985 年版，第 82 页。

　　② Boaventura de Sousa Santos, *Toward a New Common Sense: Law, Science and Politics in the Paradigmatic Transition*, New York：Routledge, 1995, p. 473.

　　③ 许章润：《法律：民族精神与现代性》，朱景文主编：《当代西方后现代法学》，法律出版社 2002 年版，第 440—444 页。

　　④ David Huddart, *Homi K. Bhabha*, London and New York：Routledge, 2006, p. 90.

具绝对的差异歧别，表面的时间差异的底里却是真真切切的"同时性"，时差仅仅是时间被空间化后呈现的不同景象。所以桑托斯精辟地指出："空间是时—空，空间性亦即时间性。"（space are time-spaces，as spatialities are also temporalities.）在桑托斯看来，聚焦空间可以凸现作为社会斗争必要条件的共存与共时（copresence and contemporaneity），"一个法律体系是或多或少的沉积地域，一个包括不同层面的不同法律组成的地理结构，他们都共同作用却以统一的形式，都在同一时点却总是不同时间投射的顷刻聚敛"①。赖因哈特·科泽勒克（Reinhart Koselleck，1923—2006）所谓"不同时的同时性"（Gleichzeitigkeit des Ungleichzeitigen，the contemporaneity of the noncomteporaneous）的概念对掌握社会政治、法律乃至认识论的共存复杂性甚具饶益。在全球化的今天，"世界正在变小"（the shrinking of the world）所造成的"时—空压缩"现象远较我们想象的更为复杂，由于"天理、人情和国法各有疆域而又贯通一气，事实、规则和信仰彼此有别却又打成一片，形成特定地域人群的法律生活与人文空间"②，即桑托斯所言的"法律间"。

换言之，由于法律体系作为沉积地域的峰峦叠嶂、沟壑纵横的复杂地理形态，尽管"全球化"主权的大气候下坚固的民族国家的边界亦遭到某种程度的风蚀，但始终无法敉平其间畛域的折皱。因此，当中国法学界与国外法学界存在"相对时差"具有天经地义的合法性、正当性，本属其固有的天赋权利；但另一方面，笔者所要指出的是，在中国法学界与国外法学界之间亦存在"绝对时差"，由于中国法学界本身处于世界法学话语的边缘地位，加之中国法学界对国外的情况不甚摸底，会通超胜亦非一朝一夕之速效急功，故而不仅往往呈现褊狭的一隅之见，而且没有清醒的时—空维度与界线的内省把握，甚至将时间维度排除于历史定义的考虑之外，在贫弱的经验材料资源与放诸四海皆准、施于古今齐效、行诸万事不惑的理论建构诉求之间存在

① Boaventura de Sousa Santos, *Toward a New Common Sense: Law, Science and Politics in the Paradigmatic Transition*, New York: Routledge, 1995, pp. 456–457.

② 许章润：《法律：民族精神与现代性》，朱景文主编：《当代西方后现代法学》，法律出版社 2002 年版，第 439 页。

极为尖锐、紧张的矛盾。如果说中国法学界在这一问题上的论述是犹如中国画的"写意"手法，那么国外法学界的言说则可称之为"写生"手法。与中国法学界捉襟见肘的情形相对照，国外法学界凭借长期的雄厚学术资本积累多财善贾，出手不凡，以其精湛邃密的造诣和证境居高临下地莅视着中国法学界关于"法律方法与法律思维"的话语空间，使民族国家的边界不能成为中国法学界学人关起门来顾影自怜的理据。

中国法学界仅凭季卫东在《法律职业的定位》中片言只语对田中成明的理论概括的绍述，实不知田中成明的思想弥散于季卫东《法律程序的意义》《法律解释的真谛》数篇论文之中，田中成明剥茧抽丝编织的理论织物被季卫东拆线后的丝缕作为原材料又重新编织到其自出机杼的不同篇什之中。季卫东注释所揭示的田中成明的理论概述亦仅仅是这位日本著名法哲学家鸿议创论的开篇引子。

田中成明首先开宗明义地指出，法律思考构造的特质基本上必须与司法裁判制度的结构紧密关联地加以分析方能比较容易理解。首先，法律思考的核心在于，与司法裁判有关的法律适用以事实认定和法律解释为中心相对应，是以既存的一般法律规范为依据对具体的事实加以适用并使一定的法律决定具有正当性。这种与以实定法规则为准绳的方式之紧切相关的重要特征使"法律思考"不能不具有"教义学的"性质。法律思考对实定法自身的正当性不予置疑而作为权威前提全面接受，这样与受《圣经》约束的神学一样难逃教义学的宿命。其次，田中成明对法律思考中事实的正确认定的论述不像孙笑侠教授那样过分信赖法言法语对非专业思考的阻隔作用。孙笑侠教授也看到"法官坐堂问案探求事实真相不同于科学家探索真理，因为科学家探索真理不受程序、时间与空间的限制"[1]，而"法律意义上的真实或真相其实只是程序意义上和程序范围内的"[2]，但孙笑侠教授似乎更强调"大众话语带有情绪化、泛道德化和大众化的倾向，而职业话语式的法律解释则显露了理性化、

---

[1]　孙笑侠：《法律人思维的规律》，葛洪义主编：《法律方法与法律思维》第1辑，中国政法大学出版社2002年版，第93页。

[2]　孙笑侠：《程序的法理》，商务印书馆2005年版，第160—161页。

形式化、职业化的倾向"，具有阻隔大众话语的介入的作用。① 相形之下，田中成明的分析则明显圆润一些。他指出，这种法律思考中对事实的认定并不是对过去发生的历史事实的细致入微的全部栩栩如生的再现和重构，而是根据对这些事实关系的法律分析，使现实社会中诸多要因综合产生的纷争与整体的前后语境相分离，仅集矢于与法律解决有关的比较少数的二元对立的争论焦点，从法律的观点加以抽象化和单纯化。易言之，将具体纷争原本包含的政治的、经济的、心理的、道德的等方面的争议焦点置之度外，以使法律世界的自立性得以确立。这样将法律思考的对象加以限定后，那么即使第三者依据一定的方法处理各种各样问题也能够作出斩钉截铁的明确结论。因此，法律思考中割舍的情况很多，通过法律思考以解决问题仅是片面的、部分的情况，并不是对具体的纷争的全面解决。

　　笔者认为，田中成明在这里其实所论述的核心在于对与"客观事实"概念具有的不同意蕴的"法律事实"② 的认定，以求形成一个相对独立于外部环境的决策的"隔音空间"。复次，田中成明对法律思考的

---

　　① 孙笑侠：《法律人思维的规律》，葛洪义主编：《法律方法与法律思维》第1辑，中国政法大学出版社1999年版，第85页。不过，我们注意到霍尔姆斯有句名言："我们想的应当是事而不是词。"参见 Oliver Wendell Holmes, Law and the Court, in *The Mind and Faith of Justice Holmes: His Speeches, Essays, Letters and Judicial Opinions*, selected and edited with introduction and commentary by Max Lerner, Boston: Little, Brown and Company, 1988, p. 389。

　　② 笔者在《中国经济法历史渊源原论》一书中指出，由于客观事实的客观性的捕捉总是无法摒除主观性的介入，所谓"求真则真无定指，责实而实无止境"，使"历史事实"这一概念如汤因比所言，乃是经过认识主体即历史学的意识加工的客观存在，是人的意识的构造物，不可能完全"价值祛除"（value free）而具有"价值负荷"（value laden），以至于 J. 托波尔斯基写道："为了区别于作为客体的事实概念，最好把历史学进行的这种重构称为史学事实（historiographical fact）。"因此笔者将"客观事实"（即"what happened"本然意义上的历史）与"历史事实"（即"what is written about it"认知意义上的历史）相殊分。正如福柯"知识型"理论所昭示的，法学和历史学在学科底层具有共同的语法构型规则，笔者认为法学中"客观事实"与"法律事实"的厘清即是有力的佐证。吉尔兹即明确指出："法律事实并不是自然生成的，而是人为造成的。……它们是根据证据法（续下注）

"过去志向性"特征的概括被季卫东绍述成"过去导向性"。孙笑侠教授据此阐发为"遵循向过去看的习惯"，认为法官的思维总是向过去看，不求激进，甚至还表现为比较保守，遵循"老路是安全的路"（Via antiqua via est tuta，The old way is the safe way）的箴言。田中成明"过去志向性"概念的所指与孙笑侠教授以宏大而抽象的推阐论述理路言说的一种年深日久形成的守成的职业惯性及思维定式具有歧异性。田中成明所谓"过去志向性"主要是指，法律思考首要的目标是对过去发生的具体纷争进行事后的个别解决，对将来纷争当事者之间利害关系如何调整、一定的判决裁定对当事者以外人们的利害关系将产生如何一般的影响等情况，即便纳入考虑，亦仅为法律思考次要性的关注对象，这种情况的考量本身非不在通过裁判加以法律解决的范围之内。不过，据笔者所见，姑且不论中国法学界对田中成明所谓法律思考中的"原理性、整合性、类型性、一般性"等有关论理要件尚存在大面积未涉其藩的盲区，关键的认识上尚未逾越的鸿沟在于中国法学界的理论话语中没有时间维度的节限，通常都是以一种定而不移的本质主义的范式框架将法律思维特征予以凝固化、静态化。田中成明和中国学者一样对

（续上注）规则、法庭规则、判例汇编传统、辩护技巧、法官雄辩能力以及法律教育成规等诸如此类的事物而构设出来的，总是社会的产物。"（转引自梁治平主编：《法律的文化解释》，生活·读书·新知三联书店 1994 年版，第 8 页。）近年来，我国法学界对中国司法活动中将客观事实与法律事实浑然不分的制度亦大加诟责（参见贺卫方：《司法的理念与制度》，中国政法大学出版社 1998 年版，第 154 页），而在一则案例分析中的论述尤其堪称笃论："法官与历史学家所处的境地相同，即均是对以前所发生事情真相的探求。在此情况下，法官只能也必须在现有证据的基础上结合有关法律规定和证据适用原则来认定事实，这个事实就是法律事实。法律事实也许和所谓的'真实事实'有差距，但如过分追求二者同一，只会使社会在徒然付出巨大成本之后，却发现所谓的'真实事实'永远无法看清，最终能够看清楚的仍然只有法律事实，而且法律事实与'真实事实'的差距在大多数情况下是不存在或者可以忽略不计的。"（北京市高级人民法院行政审判庭编：《北京行政诉讼案例研究》，中国审计出版社 2000 年版，第 41 页。）唯其如此，无论在哲学上，还是法学或史学中，所谓"实事求是"都是出发于"实事"，着眼于"是"，而用力于"求"，其间都深刻体现着客观事物与主观能动建构的渗透。

法律思维的特征进行了现象学的描述，但他更进一步根据奥伯特（Vilhelm Aubert）的《寻找法律：通向法律的社会学路径》（*In Search of Law: Sociological Approaches to the Law*，Totowa，N. J.：Barnes & Noble Books，1983）等研究成果将法律思维的模式概括为"包摄模式"，以此与"妥协的调整模式"和"目的—手段模式"相区分。他指出：法律思考的过程从形式逻辑上讲是以用作为大前提的一般法律规范对作为小前提的具体事实加以包摄，并从中推导出判决结论的法律三段论方式为基轴加以展开，其中"要件—效果图式"在三段论法方式中占重要地位。"妥协的调整模式"的特征在于从原理上不受任何预设的规范判断构造的约束，根据特定的交易、交涉的关系人立场探求调整利害关系达成互相合意可能的妥协方案，尤其广泛适用于政治、经济领域。而"目的—手段模式"的特征在于为实现一定目的选择最有效率的手段，基于目的—手段关系的功利主义考量决定其正当性，这尤其在行政领域受到重视。正如季卫东所说，法律家的思考方式以三段论推理为基础，力图通过缜密的思维把规范与事实、特殊与普遍、过去与未来织补得天衣无缝。田中成明也认为法律思维称之为"包摄模式"。但田中成明并没有将视线局限于此，而是进一步对法律体系的变化和法律思维的现代两难境地进行深入探讨。正如季卫东在《法律解释的真谛》中所言，法律决定论的思维模式将法理解为一个自我封闭、自我准据、等级森严的体系，一切事实关系都必须而且能够包摄其中，"这是一个按照牛顿力学原理建立起来的法律空间。英国的古典分析法理学，德国的历史法学、概念法学以及普遍法学，法国的注释学派，甚至包括苏联的维辛斯基理论，都不过是同一空间景象的不同描绘而已"①。

　　然而，在现代社会中，尽管普遍主义型法依然占据主干地位，但是，不仅行政法、社会经济法等以作为实现一定政策目标为目的的手段色彩浓厚的管理型法比重增加，而且伴随市民参加政治管道的多样化，与管理型法相对抗的自治型法的支配领域扩张惊人地势头强劲。田中成明认为，与法的三种类型模式相对应，法律思维方式大体上可以分为

---

　　①　季卫东：《法治秩序的建构》，中国政法大学出版社 1999 年版，第 92 页。

"法律主义"（legalism）、"法道具主义"（legal instrumentalism）和"非正式主义"（informalism）三种思维方式。"法律主义"的思维方式尤其关注不顾法的机能（mechanism）的能力界限进入新的领域所产生的副作用，与法的守备范围任意扩张和将原理上异质的手法导入后自性的消失。但这种将普遍主义型法和包摄模式的思维逻辑与机能视为万能并排除万难将其全面贯彻的僵硬姿态招致严重的非难。法的道具主义是将法律体系、法律思维以管理型法和目的—手段模式的思想和逻辑为基调加以重构。非正式主义与法的道具主义在对普遍主义型法的形式性质的修正（非形式化）和推进与司法裁判原理相脱离（非司法化）等方面存在共通之处，但两者的意识形态背景却根本异致，前者以社会共同体的权利复兴为目的，反对法的道具主义使公权力机关肥大和强化，旨在积极利用妥协调整模式手法柔性地迎合新的法领域中多样化的社会要求。田中成明深知现代社会中已不可能将"法的道具主义"和"非正式主义"的法律思维方式拒之门外，这固然可以使传统的体质得到改善，但对纯粹的法律思考的自由价值和机能的实现不能不说会造成或多或少的牺牲，因此他认为对其间利弊得失的比较衡量、对现代社会中法律思维所承担作用的可能性和限界的准确认识，是法律家们以其独特的平衡感觉加以把握和拿捏的现代课题。最后，田中成明临深摇曳，还不断地将思考的钻头向问题的核心领域切进，对法律思维的科学化等问题进一步曲尽其妙、畅发其蕴。①

　　然而，笔者认为不宜将"法律思维"与"法学思维"混为一谈，应该给法学思维以相对自由的空间。葛洪义教授在《法律与理性——法的现代性问题解读》中指出，法律思维可以分为"法律的思考"和"根据法律的思考"两种方式，前者强调从多维视角出发，特别是从法律与社会的关系出发，运用各个科学门类的知识体系，综合地、全方位地考察法律现象，后者强调法律思维必须从现行法律及其实际运行状态出发，运用逻辑的、经验的方法解释法律的存在形式和内容。葛洪义教

---

①　田中成明『法的思考とはどのようなものか―実践知を見直す』有斐閣、1989 年、2—50 頁。

授认为，根据法律进行思考是法学作为一门独立的学科体系的基本前提，标志着法学形成了自己的研究领域和独特的思想形式，但正如马克思所说，法律的问题不能从其自身得到解决，因此这种思维也存在明显的局限性，需要与"关于法律的思考"结合起来。笔者所谓的"法学思维"即相当于葛教授所言的"关于法律思维"，而笔者所谓的"关于法律思维"实质上为葛教授"根据法律的思考"的符号所指。在笔者看来，葛教授所谓"法律思维"是"打破专业食槽"的扩张（ausdehnen）型定义，是具有合理性的，但没有妥适地解决"打破专业食槽"的具体操作进路的理论问题。

与葛教授的定义相反，德国法学家拉伦茨（Karl Larenz，1903—1993）的《法学方法论》（*Methodenlehre der Rechtswissenschaft*）对笔者所谓"法学思维"完全采取一种缩限（emischränken）型的界定处理，可以说令人折服地缜密论证了前些年中国法学界某些学者曾经主张的"构筑专业食槽"的昌昌大言。拉伦茨把法学界定为"以特定的历史形成的法秩序为基础及界限，借以探求法律问题之答案的学问（der Lösung von Rechtsfragen im Rahmen und auf der Grundlage einer bestimmten，historisch erwachsenen Rechtsordnung befaßt）"[1]。拉伦茨承认"法"是一种极其复杂的标的，如果法规范本身不是一种极端复杂的现象，会在不同的实存层面以不同的脉络关系显现出来的话，就不会时至今日有一系列不同的学科以法为研究客体而从不同角度来观察法规范，这些学科主要包括法哲学（die Rechtsphilosophie）、法理学（die Rechtstheorie）、法社会学（die Rechtssoziologie）、法史学（die Rechtsgeschichte）和法学（die Jurisprudenz，亦即法教义学——Rechtsdogmatik）。在前述各种与法有关的学科中，法学居特殊地位，因为其任务与法实务领域密切相关，其他各学科原则上均系概括地处理所有在历史上出现的法秩序，而法学则原则上针对当时、特定的法秩序，其论述之直接意义仅与该特定法秩序有关。拉伦茨指出，法史学家只能运用历史学的方法，

---

[1] Karl Larenz，*Methodenlehre der Rechtswissenschaft*，Berlin：Springer-Verlag GmbH，1991，S. 5.

法社会学家则应用社会学的方法，而法律家作为法律家而非法史学家或法社会学家时，亦须运用法学的方法。拉伦茨对"法学思考的确信之丧失"（Gewißheitsverlusten im juristischen Denken）① 不以为然，坚信法学所研究的法乃是属于规范性范畴的现象，认为与其不假思索地将一种对于其他学科而言或许恰当的狭隘的学术概念转嫁到法学上，进一步因其不能满足此概念的要求而否定法学有获得知识能力，"倒不如尝试由法的特质出发，来确定法学的特征"（die Eigenart der Jurisprudenz von der des Rechts her zu bestimmen suchen）。拉伦茨对约瑟夫·埃赛尔（Josef Esser，1910—1999）显然以 19 世纪末及 20 世纪初的构想为依据所描绘的将自己拘囿于狭隘空间的法教义学形象予以再定义，将法教义学描述为以形成某些内容确定的概念、对原则做进一步的填补以及指明个别或多数规范与这些基本概念及原则的关系为其主要任务的活动。"教义学"一词仅意味着受法律规定拘束的认识程序在这一范围内不可再受质疑，只有当法学脱逸此等拘束、一并考量事物本身的结构、独立于实证法之外时，它才不再适合"教义学"之名。拉伦茨对当今法教义学中类型的描述（die Beschreibung von Typen）、"目的性"观点（der „teleologischen" Gesichtspunkte）和价值导向的思考（wertorientiertes Denken）进行统筹兼顾、慑服整编后，使法教义学概念架构在与时俱进的增容改造后与缩限化后的"法学思维"取得一致口径尺寸设置。

　　笔者认为拉伦茨所谓的"法学思维"可以称为一种"零碎工程学"，他指出："即使在作'法律政治式'（rechtspolitisch）的论述，法学仍有其应遵守的界限，因为法学必须取向于现行法秩序的基本原则，虽然这些基本原则本身有发展可能性，同时会因历史演变而受到影响，在此意义上，这些原则对于未来具有'开放性'。假使法学不想转变成一种或者以自然法，或者以历史哲学，或者以社会哲学为根据的社会理论，而意欲维持其法学的角色，它就必须假定现行法秩序大体看来是合理的。所谓的'批判理论'（Kritische Theorie），其认定现行法不过是

---

① 这方面的观点见 Görg Haverkate, *Gewißheitsverluste im juristischen Denken: Zur politischen Funktion der juristischen Methode*, Berlin: Duncker und Humblot, 1977。

片面'支配关系'（Herrschaftsverhältnissen）的规定，亦因此否定现行
法的正当性，它不必费神审究个别规定、决定的正义内涵，因为消极的
结论已预设焉。而此种工作却恰是法学所应致力的。它所关心的不仅是
明确性及法的安定性，同时也致意于：在具体的细节上，以逐步进行的
工作来实现'更多的正义'。谁如果认为可以忽略这部分的工作，事实
上他就不应该与法学打交道。"① 不难看出，拉伦茨对政治法学以宏大
叙事代替法律的微观制度性解析不以为然，对以法律即政治为基本命题
的批判法学思潮泛滥无归深辟其谬，一种令人肃然起敬的谨慎与稳健溢
于言表。

　　然而，自从自由法学在概念法学的壁垒中突围出来后，法学便走上
了一条不归路。拉伦茨并非对"超越法律"现象视而不见，但没有像
波斯纳（Richard Allen Posner）那样极而言之。波斯纳描述说，美国昔
日法学教授待在大学之内，但往往在实务世界和学术世界之间穿行自
如，参赞法律的进化，仍属于法律职业，但如今这两者已经分道扬镳。
学界日渐左倾，而法院系统日渐右倾。各种法律评论都弥漫着今天的法
学教授对今天的联邦最高法院大法官狂轰滥炸的火药味，学术界的教授
们无意生产符合伦理的、或就此而言无意生产任何与法律实务者或任何
与法律职业有关的学术，他们花费大量时间用从经济学和哲学这样一些
领域汲取的理论来嘲笑法律。教义法学家就挤在这些各自亮出自己的锋
刃凛凛的非法学兵器的法律经济分析学家、其他法律社会科学家、贝叶
斯统计学家（Bayesians）、法律哲学家、批判法学家、女权主义和同性
恋法学家中间。许多新兴学科对教义式法律文献的研究方法和研究结果
提出了挑战，逐步侵蚀了学术性法律对于其他学术领域的自主性，凸现
了法律职业知识的狭隘性。②

　　在"国王不存、只有诸侯"的众神喧哗的语境下，法学围城内外
出入不再禁限关防重重。一方面如哈贝马斯所言，法律对生活世界过度

---

　　① Karl Larenz, *Methodenlehre der Rechtswissenschaft*, Berlin: SpringerVerlag,
1991, S. 195.

　　② Richard A. Posner, *Overcoming Law*, Cambridge, MA.: Harvard University
Press, 1995, pp. 81 – 108.

殖民化，社会领域被广泛地迅速法律化；另一方面，法律失去了自己的身份，被政治、经济和其他社会目标所分解。正是这样，法学穷变而通，其领域在过去的一个世纪里不断向一切可能的方向伸展以捕捉新的学术增长点，形成在高、宽和深三个方面全方位的长足进步，沐浴着社会科学其他领域八面来风的洗礼。阡陌划分、经界秩然的格局似乎成为明日黄花，溢出（spillouts）与渗入（spillins）代替了往昔的井水不犯河水的知识景观，"社会科学在许多领域，提供给法律者一个新的琳琅满目的工具箱"①。

　　事实上，我国法学家早在清末就质疑说："法律论果若此踞蹐天地，于现行法规定之外，不得一辞及之耶？"② 王国维在清末民初亦云："为一学无不有待于一切他学，亦无不有造于一切他学。"③ 时至今日，跨学科（interdisciplinarity）之风尤其炽盛，④ 我们可以相信法学是一个独立的学科，但不相信真正具有活力和能解决问题的法学有可能是一个自给自足的学科，不相信满足于自斟自饮的法学有可能是一个具有生命力和合法性的学科。在"胸怀造就法学家"（Pectus facit iuris consultum）⑤的理念支持下，有学者指出："法学的使命并不在罗列规则体系中的权

---

　　① Hrsg. von Arthur Kaufmann，Winfried Hassemer，*Einführung in Rechtsphilosophie und Rechtstheorie der Gegenwart*，Heidelberg：C. F. Muller Juristischer Verlag，1981，S. 200.

　　② 苣芩：《法文解释法》（译日本冈村司所著《法学通论》之一节），《法政杂志》第一年第六期，宣统三年闰六月二十五日，第 188 页。

　　③ 王国维：《国学丛刊序》，王国维：《观堂别集》卷四，《民国丛书》第 4 编，上海书店 1992 年版，第 188 页。

　　④ 瑞士心理学家皮亚杰（Jean Piaget，1896—1980）和奥地利学者埃利希·詹奇（Erich Jantsch，1929—1980）把"跨学科"（interdisciplinarity）与"多学科"（multidisciplinary）以及"超学科"（transdisciplinary）相区别，认为"多学科"是低层次的、利用多学科的知识进行研究，"跨学科"是中等层次的、多门学科间相互作用、相互补充的合作研究；"超学科"则是高层次的、不存在学科界限的统一研究。参见 Jürgen Mittelstraß，*Transdisziplinarität：wissenschaftliche Zukunft und institutionelle Wirklichkeit*，Konstanz：Universitätsverlag，2003。

　　⑤ 参见 J. W. Hedemann，Die Rechtsprechung als Tugendspiegel，*Juristische Rundschau*，Jahrgang 1951，Heft 24，S. 737 – 741。

利、义务是什么，而是要以'虚拟'的方式启发老百姓去'真实地'把握规则的价值与利益关系观、帮助老百姓透视有形的法制世界。显然，无形的法学空间能容下含蓄与虚拟，而有形的法制世界则只能接受直白与真实。"① 笔者认为，法学以兼容并蓄的胸怀欣纳其他学科的方法的主张本身毋庸置疑，问题的关键在于坚持法学的开放性的同时如何秉具其主体性而不至于冥晦不彰。否则，法学王国思想的辟展将成为其自身"空洞化"的祸阶，最终歧路亡羊，拯救法学的主体性并非危言耸听的杞忧之论。笔者认为，拯救法学主体性的解决办法是全面贯彻实施规范实证分析这一法学看家本领，只有这样才能维系法学主体性于不坠。波斯纳之所谓"超越法律"的本领正如朱苏力教授所言具有极强的学科针对性，而不是一般的和普遍的断言。波斯纳被视为"经济学帝国主义"在法学界扩张的成功典范，并不在于"超越法律"口号的声震霄汉，而在于主义贯彻得全面透彻，在适用经济学手法的广泛性和把效率作为法律解释的指针这一价值前提的彻底性两方面，均"吾道一以贯之"到具体的法律规范的条分缕析，所以这种"经济学帝国主义"的扩张虽不免有"锤子法则"之嫌，但这种扩张的确是一种"有效占领"，最终能够形成一种具有实质累积的覆盖。

①　宋功备：《法学的坦白》，法律出版社 2001 年版，第 113 页。

第二章　民族国家的发展及其理论

第一节　近代民族国家在国际法上
主体地位的确立

　　韩国学者柳炳华指出："国家是涉及所有方面的复杂的社会组织体。因此，历史、政治、法律等学术领域都从自己固有的立场对国家进行分析，其中在国际法，首先是将国家区别于其他组织体的问题，其次是合理说明国家在调整国际法律关系方面开展的所有活动的问题，最后是从国际社会发展的角度进行综合分析的问题。"① 学科之间的歧异在笔者看来并不主要取决于所谓研究客体的不同，关键在于其所依赖路径的殊途，这种依赖路径包括初始的切入方位（即立场和出发点之类）、使用方法、侧重方向等全程阶段。正是这样，奥本海默《论国家》（Franz Oppenheimer, *Der Staat*）中就曾说："我们也不用法学家的观点来观察国家，因为他们只对表面形式感兴趣。而社会学家则想察究国家社会的内容和生活。"② 抽象的法律理论推衍难免脱离具象的社会历史实相，逻辑方法和历史方法两者的结合，应在研究近代民族国家的国际法主体地位问题上具有相得益彰的效用。

　　罗曼·赫尔佐克（Roman Herzog）是当代德国著名的政治学家、法学家，于 1994 年当选为德意志联邦共和国总统，其《古代的国家——起源和统治形式》（*Staaten der Fruhzeit: Ursprunge und Herrschaftsformen*）

---

　　① 柳炳华：《国际法》（上），朴国哲、朴永姬译，中国政法大学出版社 1995 年版，第 246 页。

　　② Franz Oppenheimer, *Der Staat*, Jena：Verlag Gustav Fischer, 1929, S. 1.

以"长期设立的统治组织"为识别标准探寻早期的"国家形式"（Sta-atlichkeit）、"前国家的"（vorstaatlich）、"类国家的"（staatsahnich）诸历史雏形，分析了苏美尔神庙国家（der Sumerischen Templestaat）、日耳曼人贵族国家（Adelsstaaten）等国家形态。[①] 由于国家的起源和发展十分复杂，笔者在此只能采取类型学的方法概论西方国家法律形态的演变轨迹。

何兹全认为世界各民族古代国家最初皆为城邦国家。这种观点或许难免以偏概全，不过这对近代国际法发源地的欧洲基督教社会而言乃确乎不争的事实。希腊城邦国家是公元前 12 世纪开始的迈锡尼文明衰落的历史条件下在爱琴海地区出现的。顾准云："所谓城邦，就是一个城市连同其周围不大的一片乡村区域就是一个独立的主权国家。"[②] 吴寿彭在翻译亚里士多德《政治学》（*Πολιτικά*）的译注中解释说："'波里斯'（Polis）这字在荷马史诗中都指堡垒（城堡）或卫城，同乡郊（Demos）相对。雅典的山巅卫城'阿克罗波里斯'（Acropolis），雅典人常常简称为'波里斯'。堡垒周围的市区称为'阿斯托'（Asty）。后世把卫城、市区、乡郊统称为一个'波里斯'，综合土地、人民及其政治生活而赋予了'邦'或'国'的意义。"[③] 城邦是一个围绕中心城市的狭窄的封闭地区，它们以山脉或海洋与相邻的城邦为界。城邦的领域大小不等，除雅典、斯巴达等少数城邦国家的领域超过一千平方英里，"任何其他希腊城邦的领土是很小的，彼奥提亚（Boeotia）诸城邦，除提佛温（Sicyon）140，夫利阿斯（Philus）70，科林斯（Corinth）350，优卑亚（Euboea）八城平均 180，甚至只有一个城邦的海岛基俄斯

---

① Roman Herzog, *Staaten der Fruhzeit: Ursprunge und Herrschaftsformen*, München：C. H. Beck, 1998, S. 7, S. 147.

② 顾准：《希腊城邦制度：读希腊史笔记》，中国社会科学出版社 1982 年版，第 4 页。顾准强调，希腊城邦是"独立主权国家"，不过这里所说的"独立主权"的意义是相对的，因为按照希腊人的概念，甚至"参加"某个"帝国"内的城邦，只要有自己的法律，有自己的议事会、执政官和法庭，那么，它就还是一个城邦。

③ 亚里士多德：《政治学》，吴寿彭译，商务印书馆 1965 年版，第 110 页译注。

（Chios）只略多于300，而此岛还是最大的"[1]。汤因比指出："这些早期社会曾分裂为许多城邦国家，这些城邦国家与它们那个世界的比例并不比今天一个欧洲民族国家与世界的比例小。"[2] 笔者认为，希腊城邦的小国寡民特质，决定了其能够实施直接民主制的政治参与形式，决定了其在面临诸如波斯帝国等外部强大国家入侵或城邦内部互争时往往联盟以存，这说明城邦国家在人口、领土主权独立诸构成要件上具有鲜明的发育幼稚性与欠缺性。在城邦国家形态下，疆域呈现为一邦一城的点状星罗棋布而非平面的成片广袤版图，所以其与领土国家相对称；在希腊语中，"公民身份""公民团体"和"宪政"三个概念用同一词"Politeia"表述，这表明国家与其组成者的法律人格尚未完全分离；而希腊城邦历史上诸种联盟的客观现象又昭示其主权观念并不具有至高绝对性。

塞尔维·图利乌斯（Servius Tullius，前578—前535）进行的改革标志着罗马国家的形成。罗马国家随着逐渐扩张和征服的进行，国家形态由城邦国家向领域帝国的过渡，在罗马共和国后期实际上已告完成。汤因比认为：大一统国家基本上是消极组织，"显然是社会衰落过程的副产品，而且它们的出生证书已经明确无误地表明，它们是没有创造力的，它们只不过是昙花一现"[3]，"它们不是夏天，而是小阳春，掩盖着秋天，但已预示着寒冬"[4]。在汤因比看来，"任何大一统国家都不会包容整个地球，都达不到名副其实的大一统"[5]。罗马帝国相对于城邦国

---

① Frank Ezra Adcock, The Growth of the Greek City-State, in *The Cambridge Ancient History, Vol. III: The Assyrian Empire*, edited by Bury, J. B., Cook, S. A., & Adcock, F. E., New York: The Macmillan Company, 1925, ch. 26. 希腊城邦的人口很少，雅典在其最繁荣时期男公民不超过30000人，斯巴达的居民不超过8000人。

② Arnold Joseph Toynbee, *Civilization on Trial*, New York: Oxford University Press, 1948, p. 102.

③ 汤因比：《历史研究》（插图本），刘北成、郭小凌译，上海人民出版社2005年版，第236页。

④ 汤因比：《历史研究》（插图本），刘北成、郭小凌译，上海人民出版社2005年版，第236页。

⑤ 汤因比：《历史研究》，曹未风等译，上海人民出版社1986年版，第235—236页。

家而言，有其产生的合理性，但帝国由于具有异质的民族成分，靠强力建立和维系，凝聚力相对脆弱。在北方蛮族的大举南侵冲击下，罗马帝国逐渐衰落。罗马帝国后期基督教势力日益成为社会主流，并且并未因罗马帝国的瓦解而受挫，它作为罗马帝国的遗产被继承下来并成为查理曼帝国等崛起的重要基因，但这也造成日后欧洲社会主权之争的特殊历史背景。沈汉《西方国家形态史》中指出："从 9 世纪到 13 世纪末是欧洲的政治结构开始形成的时期。这个时期占主导地位的国家概念是一种超越时空的'世界帝国'概念。这种国家概念在查理曼接受帝国皇帝的称号时便开始出现了。查理曼建立起囊括西欧大部分地区的庞大帝国。他的帝国不同于过去的拜占庭帝国，而是一个'西部的帝国'。查理曼被称为基督教世界的帝王或王公，他为自己加上'罗马人皇帝'的冠冕。在这个时期，'西方'一词同'帝国'、'欧洲'一词同'基督教世界'（Christendom）是同义语。这时的'帝国'概念除了表示诸多国家共同臣从于皇帝外，没有其他的含义。这个时期的欧洲只是纯粹的地理概念，其疆界直到博斯普鲁斯海峡和顿河，而教皇认为'基督教世界'包括整个世界，它超出了查理曼帝国的疆域。这时的帝国概念把所有的国家都包括在其中，当时还没有民族的概念，也没有较完整的民族国家的概念。"①

　　帝国是庞然大物，但帝国的内部四分五裂的质异性更由于欧洲封建化过程而加剧。周谷城指出：中世纪欧洲的"领主区域，教会区域，城市国家都是构成地方主义的。但超乎这些破碎区域之上的，有一个精神的统一世界，即所谓基督世界也。基督世界之大，包括欧洲一切国家，与这些破碎区域恰相反。民族国家之成长，一方面把破碎的连合拢来，另一方面则又把统一的予以分裂。两个相反的过程，一使小的变大，一使大的变小，恰恰成立民族国家"②。周谷城 20 世纪 30 年代即翻译过《黑格尔逻辑大纲》，因此上述论断带有黑格尔辩证法色彩。笔者同意周谷城的观点。从欧洲国家形态演变历史来看，民族国家的确是由城邦

---

① 沈汉：《西方国家形态史》，甘肃人民出版社 1993 年版，第 38 页。
② 周谷城：《世界通史》下，河北教育出版社 2000 年版，第 641 页。

国家到帝国的否定之否定，是从帝国形态内部孕育出来的异化物。正如顾准所说，城邦政治的流风余韵，在罗马时代和欧洲中世纪时代，一直流传不衰，还对近代西方历史产生了极其强烈的影响。顾准的论断和雅斯贝斯（Karl Theodor Jaspers，1883—1969）的"轴心期理论"（Achsenzeit-Theorie）存在一定程度的契合。在西方国家历史形态的否定之否定的辩证运动过程中，历史基因尽管发生变异，扬弃的与沉淀的交织杂糅，民族国家形态中既有城邦制度民主成分的复活，亦有在城邦与帝国之间徘徊彳亍后的新定位。

汉语中的"国家"一词在英语中有三种概念相对称：一为"country"，此乃领土意义上的国家，二为"nation"，此乃民族意义上的国家，三为"state"，此乃政权意义上的国家。近代民族国家作为人们生活和效忠的基本单位，乃是在中世纪封建王朝国家的母体中逐渐孕育形成的。"中世纪晚期的法学家和学者把'status'用作政治术语，既指统治者所处的优越状况、条件和地位，也指整个王国的地位。这些人著作中的'status'，由于被后人译作'state'，引起了普遍的误解。在相当长的一段时间里，人们以为使用'status'的人已经获得了现代国家概念。其实，'state'作为现代国家概念是指'与统治者和被统治者相分离的公共权力形式，它构成了某一有限领土内的最高政治权威'。这个含义是后来形成的，'status'并不具备。而且'state'也不是从'status'直接派生出来的，这两词之间存在着其他中介词。"① 从 15 世纪后期起，在欧洲的政治语言中出现了一些新的指谓国家的词汇，如，"l'etate，der Staat""el estado"和"state"，这些新的指谓国家的词汇在其各自的语种中，都与一一对应的旧的指谓描写古代国家的词有不同的含义。当代不少西方学者认为表示国家概念的"state"一词直接来源于"estate"。例如戴森（K. H. F. Dyson）认为："英语中的'state'是'estate'一词的缩写。"② "estate"在古代法语中拼作"estat"，在现代

---

① 吴惕安、俞可平主编：《当代西方国家理论评析》，陕西人民出版社 1994 年版，第 71 页。

② Kenneth H. F. Dyson, *The State Tradition in Western Europe: A Study of an Idea and Institution*, Oxford: Martin Robertson, 1980. p. 28.

法语中拼作"état"。16 世纪英国官方用语开始使用"国家"一词，如在 1558 年颁布的《至尊法》（*The Act of Supremacy*）中使用了该词。17世纪，法国的黎塞留（Cardinal Richelien，1585—1642）、主教波舒哀（Jacques-Bénigne Bossuet，1627—1704）和路易十四频繁地使用"国家"这个词，并冠之以大写字母，以示其区别于其他法语词汇的特殊地位。到了 17 世纪初，"国家"一词在法国已成为一个基本的法学概念，包括下列含义：一个由统治者统治的领土单位，一个脱离于国王而具有连续性的王室政府及其众多的官员，一个在共同的统治者之下生活而且有一种统一的情感的共同体。

昆廷·斯金纳（Quentin Skinner）认为，现代国家概念的形成有四个最重要的思想前提：（1）政治学被看作道德哲学一个特殊的分支，它研究统治的艺术。这一点是通过反对神权统治，恢复希腊亚里士多德的传统做到的。B. 拉蒂尼（Brunetto Latini，约 1220—1294）于 13 世纪60 年代完成的《宝鉴》（*The Book of the Treasure; Li Livres dou Treasure*）首先表达了这一思想。在马基雅维利的《君主论》（*The Prince*）中，该思想达到了顶峰。（2）每个国家对外和对更高权力的独立性应得到证明。在这方面，巴托鲁斯（Bartolus de Saxoferrato，1313—1357）① 和他的学生迈出了最重要的一步，他们论证王国和城市共和国应该与神圣罗马帝国平起平坐。（3）在每个独立国家的领土内，作为立法权力和联合客体的最高权威被看作是没有敌手的。帕度亚的马西略（Marsiglio of Padua，约 1275—1342）在其写于 1324 年的《和平的捍卫者》（*The Defender of Peace; Defensor Pacis*）中宣称：一切强制性的权力在定义上都是世俗的，主教们因职务而获得的最高权威只能是教育和行道而不应具有强制性。（4）政治社会被看作仅为政治目的而存在。让·布丹（Jean Bodin，1529—1596）在《国家六论》（*Les Six Livres de la République, The Six Books of a Commonwealth*）中指出，君主应该看到为宗教而进行的战争对于巩固他们的地位没有直接关系。这四个前提归纳起来，是作

---

① 巴托鲁斯是 13、14 世纪意大利著名国际私法学者，他是"法则区别说"之集大成者，被认为是现代冲突法之父。

为政治权力的国家必须首先摆脱对宗教和帝国的依从，因为只有在这个基础上，才能进一步实现国家权力与君主权力的分离，从而形成现代国家的概念。[①]

学术界过去往往将马基雅维利视为现代国家概念的创始人。例如，沃特金斯（Frederick M. Watkins）即云：马基雅维利是在现代意义上将这一术语引入政治词汇表的人。但 20 世纪 70 年代以后，这种观点遭到了批评。文森特（Andrew Vincent）指出："我们曾经倾向于把现代意义强加给马基雅维利，而无视他对该词（state）的使用方式。"[②] 马基雅维利在《君主论》（1532 年）中的"stato"被赋予了不同于中世纪的含义。他使用"stato"这一国家概念，乃是指一个有主权的王国、一个取得人民认可的王国，但他在《君主论》使用该词时还带有含义不系统和不太明确的弱点，如他有时用以指称"地位"，有时则指"国家"。杰克·H. 海克斯特（Jack H. Hexter，1910—1996）统计，意大利文原版《君主论》中，"stato"一词使用了一百一十五次，其中一百一十次用作被动语态的主语，表明马基雅维利更关心的是君主的尊严和地位。因此，斯金纳认为，《君主论》虽然包含着向现代国家概念转变的倾向，但并未完成这种转变，向现代国家概念的转变虽然始于意大利，却是在法国完成的，让·布丹是最终完成这一转变的人。让·布丹在《国家六论》中使用过两个可译作国家的词，即 la république 和 l'etat。从其使用方式看，这两个词有着严格的区别。前者表示包括全体社会成员在内的整个国家，英文应译作 commonwealth，斯金纳反对将它译作 state；后者表示与统治者和被统治者相分离的政治权力机构，只有该词才体现了现代意义的国家，故而英文可译为 state。由是观之，近代民族国家的概念具有鲜明的欧洲色彩，它的产生背景是君权、教权与民权的不断冲突，它的含义是极其复杂的，既包含民族主义，亦引喻着民主政治。在某种意义上，主权国家其实是一个人民主权的概念，具有民主的色彩，民族独立与民主政治为不可分割的整体。正是因为如此，国家原则之发

① Quentin Skinner, *The Foundation of Modern Political Thought, Vol. 2: the Age of Reformation*, Cambridge：Cambridge University Press, 1978, p. 353.

② A. Vincent, *Theories of the State*, Oxford：Wiley Blackwell, 1987, p. 18.

展为封建割据的对立物，导致了公法概念和私法概念的区分、国家和私人的对立以及国家关系和私人关系的对立，产生了"政治国家"与"经济自由"的界限明晰化等一系列现代性产物。

菲德罗斯这样写道，中世纪的"封建君主和王公，在城市、城市国家和城市同盟以外，是一些权力之间的法律的特别主体。陶贝甚至建议对这一期间使用'权际法'的名称，然而，如果人们把这些权力之间的法律的封建法上的形式弃置不顾，这种法律就证明是国际法。这就是西洋的基督教共和国的国际法，是很多国际法主体的国际法。可是，它的多元主义综合在一个精神——宗教的统一体内"①。事实上，在中世纪欧洲自给自足的庄园经济基础上和彼此孤立、缺乏地区交流的条件，民族意识和民族感情在各地民众中间几乎是不存在的。例如，意大利最初只是一个地理名词，大家只知道自己是佛罗伦萨人或威尼斯人，并不以为是"意大利人"。反映在对外观念上，中世纪欧洲所流行的是"世界主义"意识，这种意识强调以教皇为中心的基督教世界与非基督教世界之间的区别，而不是民族与民族、国家与国家之间的差别。迟至18世纪，甚至在西欧还广泛存在各种各样的地方力量。例如，在法国，社会阶级之间的尖锐分裂以及群众对地方或省的传统忠诚妨碍了国家的统一。波旁国王不断告诫他们的臣民不要像"法国"人，而要像朗格多克、加斯科涅、勃艮第、辟卡迪以及早期法国君主获得的其他地区的人一样。忠于王朝似乎胜过忠于民族，地区的基础深厚于国家的基础。德国的知识分子与贵族和农民一样，似乎很满足于分离，所以德国被三百来个分散和独立的邦所划分。那时很少几个德国人会谈到下面这件事的可取性和可能性：把乱七八糟的德国王国、公爵领地、县和自由城市统一为一个紧凑的民族，并把一种超过他们传统地方忠心的新民族忠心灌输给它的居民。② 在1787年，一个弗吉尼亚人或马萨诸塞市民感到对弗吉尼亚或马萨诸塞的强烈皈依更甚于联邦。在1848年，卢塞恩的市民感到对其县的忠诚更甚于联邦。可见，民族主义是相对于地方主义、

---

① 阿·菲德罗斯等：《国际法》上册，李浩培译，商务印书馆1981年版，第65页。

② Friedrich O. Hertz, *Nationality in History and Politics*, New York：Oxford University Press, 1944, p. 170.

世界主义的第三者。丹尼斯·史密斯指出："晚至 16 世纪中期，帝国（例如哈布斯堡帝国）和连带附近领地的城市同盟（如荷兰共和国）二者都屹然挺立。在那个阶段并没有清晰的迹象表明民族国家即将要成为支配的形式。然而，向直接统治和民族国家转变的压力逐渐在整个欧洲占了上风。这使得各国政体经历了家产制、代理制、民族化和专门化这几个连续的阶段。"① 这表明，民族国家的产生并非一蹴而就，它经历了漫长的嬗变过程。

在向民族国家嬗变的过程中，绝对主义国家（the absolutist state）无疑具有重要的历史功绩。绝对主义（absolutism）原本特指欧洲近代历史上继等级君主制之后发展起来的中央集权的"新君主国"（马基雅维利的用语）。这种政治体制在西方学术界的另一个名称是"absolute monarchy"（德文为"die absolute Monarchie"）。马克思、恩格斯多次论述这种政治体制，但中文版的《马克思恩格斯选集》却一直将"绝对君主制"译成"专制君主制"或"专制君主国"。其实，马克思、恩格斯著作中的"专制主义"（德文„Despotismus"，英文"despotism"）一般用于"东方"，特指"东方专制主义"（又译为"东方专制制度"）。在马克思、恩格斯的经典著作中，东方社会没有封建主义，只有"东方专制主义"。所以，魏特夫（Karl August Wittfogel，1896—1988）研究马克思"亚细亚生产方式理论"（die Theorie der asiatischen Produktions-weise）、"新马克思主义"代表人物佩里·安德森（Perry Anderson）长期主持《新左派评论》（*New Left Review*），致力于研究马克思主义理论。两人分别有《东方专制主义》（*Die orientalische Despotie*，1957）和《绝对主义国家的谱系》（*Lineages of the Absolutist State*，1974）作为代表作问世。恰如马克思《家庭、私有制和国家的起源》中所说："17 世纪和 18 世纪的绝对君主制，就是这样，它使贵族和市民等级彼此保持平衡。"② 绝对主义是建立在封建贵族和资产阶级的平衡之上的一种君

---

① Dennis Smith, *The Rise of Historical Sociology*, Cambridge：Polity Press, 1991，p. 84.

② 《马克思恩格斯选集》第 4 卷，中共中央马克思恩格斯列宁斯大林著作编译局编译，人民出版社 1972 年版，第 168 页。

主政权，从封建等级制国家向近代民族国家的转变过程中，绝对主义君主政体不能不保留封建贵族的一席之地，贵族政治在君主政体中延续了较长一段时间，这对近代民族国家中民主政治的成分具有保留种子的功用。绝对主义国家的历史功绩，一方面表现为"分裂"，即对神圣罗马帝国体制的决裂与抛弃，一方面表现为"合并"，即对星罗棋布的封建公国领地的抑压与兼并。① 在向民族国家转型的历史进程中，神圣罗马帝国徒有虚表的光环，使德意志民族国家的形成所荷负的历史包袱格外沉重，以至步履维艰。吉泽布雷希特（Wilhelm Giesebrecht，1814—1889）声称："帝国使德意志人民成为一个民族。在 10 世纪，'德意志'这个名词，还是罕见的，到了 11 世纪，它已颇为普遍。它表示着强大的民族，决定命运的民族，诸民族之首的民族。"② 詹姆斯·布赖斯在《神圣罗马帝国》（James Bryce，*The Holy Roman Empire*）一书这样指出："然而，这也是初次意识到德意志民族感的时代，它显然与帝国的时代不同。由于在各方面都被驱逐，意大利、诸斯拉夫国家和勃艮第都毫无办法地丧失了，德意志（Teutschland）学会了将其本身和外邦（Welshland）区别开来。帝国成为一个比较狭小、但是比较实际的民族联盟的代表。值此之际，头衔上出现了几个显著的变化，这绝不仅仅是偶然的巧合。简单的'神圣罗马帝国'（Sacrum Imperium Romanum）之上，还加上了'条顿民族'（Teutscher Nation）。"③ 17 世纪的新教法理学家是第一批敢于嘲笑这种冒充世界君主地位的人，宣称他们的帝国只不过是一个德意志君主国，与它打交道的时候不需要有迷信的尊崇。

---

① 安东尼奥·多明戈斯（Antonio Domínguez Ortiz，1909—2003）有一段著名论述："西班牙比帝国小，比卡斯蒂利亚大。它是我们 18 世纪的杰作。它由一片星云逐渐取得坚实的形态。……到独立战争时期，我们今天所看到的作为一个民族国家的主体和象征的理想形象基本上完成了。"（Antonio Domínguez Ortiz，*La Sociedad Española en el Siglo XVⅢ*，Madrid：Consejo Superior de Investigaciones Cientificas，1955，p. 43.）

② G. P. Gooch，*History and Historians in the Nineteenth*，New York and London：Longmans，Green and Co.，1955，p. 242.

③ James Bryce，*The Holy Roman Empire*，New York：Macmillan & Co.，1932，p. 364.

1648 年签署的《威斯特伐利亚和约》（The Peace of Westphalia），终于结束了旷日持久的"三十年战争"（the Thirty Years' War），并在欧洲大陆建立了一个相对均势状态的格局，取消了罗马的最高主权和与罗马的名义联系在一起的教会和国家的学说，尽管教皇英诺森十世（Pope Innocent the Tenth，1574—1655）命令其特使对此提出抗议，以后又用"热爱主宫"（Zelo domus Dei）训令宣告其无效，但最终无济于事。《威斯特伐利亚和约》从法律上确立了主权平等和独立的民族国家所组成的国际社会，被世人公认为近代国际法产生的重要标志。不过神圣罗马帝国仍苟延残喘，只是不得不为此饮啜着自酿的苦酒。在帝国继续存在的时候，1495 年创立的帝国法院（Kammergericht）于 1693 年迁至韦茨拉尔，形同虚设，所以歌德（Johann Wolfgang von Goethe，1749—1832）作为一名学法律的学生于 1772 年造访此地时只看到它游手好闲，无所事事。"德意志宗教上与政治上的分裂，令其居民很难认识到他们的统一性。莱辛（Gotthold Ephraim Lessing）与赫尔德（Johann Gottfried von Herder）、克洛普施托克（Friedrich Gottlieb Klopstock）和维兰德（Christoph Martin Wieland）、歌德和席勒（Friedrich von Schiller）都觉得自己是世界公民。"[1] 所以，歌德曾痛心疾首地说："我们还缺少一样东西——国家。我们是唯一没有共同法律的民族，我们不能派遣代表参加列强的会议。在外国港口，也没有礼炮向德意志的旗帜致敬。我们的船只在海上航行，没有国旗，与海盗船相差无几。"[2] 面对如此支离破碎的时局，德国知识分子不能不深长忧思，因此在政治学成为世界共业之前，在日耳曼地区被建构起来的国家学（Staatswissenschaften）曾风靡一时，堪称时代之光谱的折射。黑格尔之所以对国家高度崇拜，而希特勒又之所以痴迷于世界帝国的建立，如果用现今所谓的"长时段"理论套解，实犹如草蛇灰线似断实连。

　　正如法国学者巴迪（Bertrand Badie）和本鲍姆（Pierre Birnbaum）

① G. P. Gooch, *History and Historians in the Nineteenth*, New York and London：Longmans, Green and Co., 1955, p. 60.

② G. P. Gooch, *History and Historians in the Nineteenth*, New York and London：Longmans, Green and Co., 1955, p. 139.

所说，必须把国家"理解为一项特殊的创造。它存在于时空之中"①。
沙·卡塞斯（Sabino Cassese）亦云："国家具有特定的时空性。"② 这里
所谓的时间性是指 16 世纪以来的几百年历史，空间性是指在欧洲大陆
几个国家发展起来的国家形式。法国著名学者亨利·列斐伏尔（Henri
Lefebvre，1901—1991）是"西方马克思主义"代表人物之一，他在
《论国家》（De l'État）一书中指出："通过总结经验，人们可以肯定，
现代国家、民族国家产生于欧洲，更确切地说产生于法国和英国。现代
国家通过一个漫长的孕育过程，通过法国革命诞生降世，并且由编写了
身份卡片的黑格尔加以命名。然后，它向外扩散，蔓延至全世
界……"③ 按照列斐伏尔的观点，17 世纪的英国是第一个现代民族国
家。在当时的英国，民族主义概念与个人自由和普遍参与公共事务等主
张并驾齐驱。1776 年的美国独立战争和 1789 年的法国大革命，分别成
为多民族国家民族主义和单一民族国家民族主义发展史上划时代的里程
碑。汤因比进一步揭示说："现在可以肯定的是，欧洲民族国家——在
18 世纪有法国和大不列颠参加，在 19 世纪有德国和意大利参加——只
是一个太小而又脆弱的容纳这些力量的容器。工业主义和民主主义的新
酒被装到了这些旧瓶子中，而且已将其炸得粉碎。"④ 汤因比目光敏锐
地洞见了民族国家这种空间容器与特定生产力水平与思维水平之间的关
系。"皇帝和帝国当然是古老的，但帝国主义却是相当新颖的。这个词
汇（在马克思的著作中尚未出现，马克思逝世于 1883 年）在 19 世纪
70 年代首次进入英国政治，19 世纪 70 年代晚期，它尚被视为一个新词
汇，直到 19 世纪 90 年代才陡然变成一般用语。及至 1900 年当知识分
子开始为其著书立说之时，套用最早对此加以讨论的英国自由党员霍布

---

① Bertrand Badie et Pierre Birnbaum, *Sociologie de L'É tat*, Paris：Grasset,
1979, p. 243.

② Sabino Cassese, The Rise and Decline of the Notion of State, *International Po-
litical Science Review* 1986 7：pp. 120 – 130.

③ Henri Lefebvre, *De L'État, de Hegel a Marx par Staline*, Paris：Union
Générale d'Éditions, 1976, p. 13.

④ Anrold Joseph Toynbee, *Civilization on Trial*, New York：Oxford University
Press, 1948, p. 124.

森（John Atkinson Hobson，1858—1940）的话说：'（它已）挂在每个人的嘴上，用以表示当代西方政治最有力的运动。'简言之，它是为了描述一个全新现象而设计的全新词汇。"①尽管近代国际社会中民族国家作为主体已成为定格，但它仍然受到热风冷雨的涤涮与洗礼，帝国主义的狂飙曾一度幕天席地，当下全球一体化对民族国家主权的惊涛拍岸，不过反帝反殖的浪潮日益高涨，民族独立和国家平等的观念愈形磐深，所以国际法体系的大厦虽左摇右晃却终屹立如初。

　　本来，"民族国家"仅是政治学的概念，而非法学概念。国际法学并不注重国家与民族的关系，其研究的重心在于国家作为国际法主体的法律人格，在于国家在国际法上享有权利与承担义务的资格与能力，所以"主权国家"（sovereign state）是国际法学的核心概念。不过，民族国家的概念作为政治意识形态对国际法无疑具有塑模功效，主权国家概念即以民族国家概念为张本而从法律操作实践的技术路线出发进行界说。伯

---

　　① Eric Hobsbawm, *The Age of Empire: 1875 - 1914*, New York：Vintage Books, 1989, p. 65. 帝国本是十分复杂的现象。艾森施塔特（Shmuel Noah Eisenstadt）在其《帝国的政治制度》（*The Political Systems of Empires*, New York：Free Press of Glencoe, 1963）中认为，历史上有过民族或部落帝国，如苏美尔、巴比伦、埃及、迈锡尼、腓尼基、亚述、波斯、克里特、马其顿和罗马等古代西方世界的一些帝国，西班牙征服南美以前的印加帝国，古代中国的商朝和周朝；此外，还有民族帝国，如拿破仑一世统治的法帝国，1917 年革命前俄帝国以及 20 世纪的英帝国。沃伦斯坦在《现代世界体系》（Immanuel Wallerstein, *The Modern World-System*）一书中又云："也许我们应该把 13 世纪和 14 世纪的法国看作民族国家，把 15 世纪和 16 世纪的法国看作帝国，而把 17 世纪的法国重新看作民族国家。这像是费尔南·布罗代尔的看法。"从广义上来说，如萧一山所言，"人类自有历史以来，无时不见有帝国主义之踪迹，无论为石器时代，游牧时代，农业时代，工业时代，凡一民族图向外族侵占其土地或利源，则皆帝国主义者也"（萧一山：《清代通史》下，中华书局 1986 年版，第 1018 页）。唯其如此，西方学术界有所谓"中世纪帝国主义"的概念。但狭义的帝国主义专指 19 世纪末以对外进行资本输出、占领殖民地以扩大市场等为特征进行的对外扩张活动。据考证，大约在 1901—1905 年间，中国留日学生开始广泛使用帝国主义的概念，当时一般称之为"民族帝国主义"，属从日本引进的产物。《浙江潮》刊登的《新名词释义·帝国主义》即是一个典型的例证。幸德秋水（こうとくしゅうすい，1871—1911）的《帝国主义：二十世纪的怪物》（『帝国主義：二十世紀の怪物』警醒社書店、1901 年）于 1902 年被翻译成中文。

伦知理（Johann Caspar Bluntschli，亦作
Johann Kaspar Bluntschli，1808—1881，清
季汉译为"步伦"）认为："学者往往以国
民与民族混为一谈，是瞀见也。""夫民族
者，有同一之言语风俗，有同一之精神性
质，其共同心渐因以发达。是固建国之阶
梯也，但当其未联合以创一国之时，则终
不能为人格为法团，故只能谓之民族，不
能谓之国民。"① 伯伦知理极力分梳"Na-
tion"（民族）与"Volk"（国民）两个概
念，"不以民族主义为建国独一无二之法
门"，主张"国家有机体说"。梁启超指

伯伦知理像

出，国家有机体说"不起于伯氏，希腊之柏拉图，亦常以人身喻国家，
伯氏前之德国学者，亦稍发之，但至伯氏而始完备耳。国家既为有机体，
则不成有机体者不得谓之国家"②。的确，当时"有机体"的概念与思想
在德国颇受青睐，而综观伯伦知理整个学术思想领域，其"国家有机体
说"显然具有形塑国家主体地位的企向。"法人"概念在 1904 年《德国
民法典》中首次被确立，这无疑具有划时代的意义，但笔者认为，更具
有意义的是国家概念在法，尤其在国际法上法律人格的确立，这不仅对
国际法学、行政法学、民法学至为攸关，对历史学亦影响甚巨，非此则
"法人"等法律主体概念不能产生。

---

① 梁启超：《政治学大家伯伦知理之学说》，《新民丛报》第 32 号，1903 年 5
月 25 日。按：德国历史学家梅涅克（Friedrich Meinecke，1862—1954）在 1908 年出
版的名著《世界主义与民族国家》（*Weltbürgertum und Nationalstaat：Studien zur Gene-
sis des deutschen Nationalstaates*，München：R. Oldenbourg Verlag，1908）一书中区分了
德国思想史上两个重要的范畴：文化民族（Kulturnation）和国家民族（Staatsnation）。
亦 可 以 参 见 Sylvain Coiplet，Kulturnation，Staatsnation und Wirtschaftsnation：am
Beispiel von Fichte und Herder，资料来源：http：//www. dreigliederung. de，访问时间：
2010 年 5 月 8 日。

② 梁启超：《政治学大家伯伦知理之学说》，《新民丛报》第 32 号，1903 年 5
月 25 日。

第二节　民族主义与民族国家的理论

　　关于民族国家的研究，可谓学术界引人注目且往往引人失足的题目，国外学术界在这方面的研究进展亦颇引人入胜。霍布斯鲍姆（Eric Hobsbawm）是英国马克思主义历史学派的代表人物，具有和汤因比相媲美的渊博与勤勉，他的《革命的年代：1789—1848 年的欧洲》（*The Age of Revolution：Europe 1789 – 1848*）、《资本的年代：1848—1875 年》（*The Age of Capital：1848 – 1875*）、《帝国的年代：1875—1914 年》（*The Age of Empire：1875 – 1914*）、《极端的年代：1914—1991 年》（*The Age of Extremes：The Short Twentieth Century, 1914 – 1991*）的"年代四部曲"举世闻名，在中国亦以其文采斐然与睿智闪烁而广受青睐。他的《1788 年以后的民族与民族主义》（*Nations and Nationalism since 1788：Programme，Myth，Reality*）作为关于民族国家这一论域当之无愧的扛鼎之作亦文如其人，洋溢着这位德高望重的饱学之士卓尔不凡的大家气象，胜义纷披，可圈可点。本尼迪克特·安德森（Benedict R. O'Gorman Anderson）是另一位英国马克思主义历史学派代表人物佩里·安德森（Perry Anderson）之弟，其代表作乃《想象的共同体：民族主义的起源与散布》（*Imagined Communities：Reflections on the Origin and Spread of Nationalism*）。是书不仅与霍布斯鲍姆的《1788 年以后的民族与民族主义》论域相同，而且对后者多有征引申论与臧否驳正。霍布斯鲍姆认为，民族原本是人类历史上相当晚近的新现象，而且是源于特定地域及时空环境下的历史产物，现代性（modernity）是现代民族国家的基本特征，民族主义①早于民族的

―――――――――

　　①　有这样一种说法："民族主义"（nationalism）这一词汇最早大约出现于 15 世纪初期莱布茨格大学的校园里，围绕"波希米亚人"和"非波希米亚人"的"出生地"（nations）问题曾进行了一场学术争论。争论中，双方使用了"nationalism"这个词。当时使用这个词的含义非常狭窄，只是意指莱布茨格大学的教授为了保卫相同出生地同胞的共同利益而组成的联合组织。由于中国学者互　（续下注）

建立，并不是民族创造了国家和民族主义，而是国家和民族主义创造了民族，民族通常都是建国过程中的产物，而非建国的根基。[1]与霍布斯鲍姆一样，安德森也认为民族的属性（nation-ness）以及民族主义是一种特殊类型的文化人造物（Cultural artifacts of a particular kind），这些人造物在 18 世纪末的建构，是从种种各自独立的历史力量复杂的"交汇"中自发地蒸馏提取的结果。[2]此外，安德森和霍布斯鲍姆一样尤其重视语言在民族国家建构中的作用。

　　但安德森的《想象的共同体》与霍布斯鲍姆《1780 年以后的民族与民族主义》从思维理络到研究方法均大相径庭，表现为：（1）非欧洲中心主义色彩。霍布斯鲍姆所关注的对象主要是世界上的发达地区，他将民族主义的发祥地置于欧洲，所以有学者酷评霍氏该书为典型的"欧洲中心"（Eurocentric）观点的作品。B. 安德森出生于云南省昆明市，长期效力于吉欣（George Kahin，1918—2000）开创的"康奈尔现

（续上注）相传抄，对于这种说法的出典不得而知。但笔者检索相关资料，发现这种说法不大准确。首先，"莱布茨格大学"即是著名的莱比锡大学（Universität Leipzig），可能这些研究者不懂德语，也未加查阅背景资料，所以按照英文发音进行翻译，以致令人一头雾水，不知所云。其次，这与莱比锡大学有关，但也不是在莱比锡大学发生的事情，而是因为在创建于 1348 年的布拉格大学（University of Prague）于 1409 年发生了前述中国学者所说的一场争论，由此导致该校的大多数德国教师的离开并形成新的莱比锡大学的核心部分。但汉斯·科恩（Hans Kohn，1891—1971）和克雷格·卡尔霍恩（Craig J. Calhoun）研究这一问题的专著《民族主义的观念：其起源与背景研究》（*The Idea of Nationalism: A Study in Its Origins and Background*，New Jersey：Transaction Publishers，2005）并未指出当时使用了"nationalism"一词。参见该书第 109 页。据布兰宁（Timothy C. W. Blanning）所言，"nationalism"一词系由赫尔德（Johann Gottfried Herder）在 18 世纪 70 年代后期所创（使用的是 nationalismus）。参见 T. C. W. Blanning，*The Culture of Power and the Power of Culture: Old Regime Europe 1660 – 1789*，London：Oxford University Press，2003，pp. 259 – 260。

　　[1]　Eric J. Hobsbawm，*Nations and Nationalism since 1780: Programme, Myth, Reality*，Cambridge：Cambridge University Press，1990，p. 10，p. 78。

　　[2]　Benedict Anderson，*Imagined Communities: Reflections on the Origin and Spread of Nationalism*，Norfolk：The Thetford Press Ltd. ，1983，pp. 13 – 14。

代印尼研究计划"（Cornell Modern Indonesia Project，CMIP），受康奈尔师门的道德熏陶，出于一种"逆转的东方主义"（inverted orientalism）同情殖民地民族主义，他以"入戏的观众"（le spectateur engagé）身份在印尼、泰国等地进行田野调查，竭力"以本地人观点"（from the native point of view）审视问题，所以他认为，当美洲成功的民族解放运动的时代终于画上了句号，欧洲的民族主义年代才揭其序幕，与霍氏的观点迥然不同，并视之为"地方主义"之见。（2）后现代主义的成分。尽管霍氏的著作中与后现代思潮在个别地方存在默契，但他对后现代主义质疑事实与虚构区别的相对论、"史学即文学"等主张素来不以为然，认为创造满足 B. 安德森所说的"想象的共同体"或集体需要的认同感的历史是远远不够的。① 而 B. 安德森则运用后现代历史哲学家海登·怀特（Hayden White）《元史学：19 世纪欧洲的历史想象》（Meta-history：The Historical Imagination in Nineteenth-Century Europe）的理论解析"民族认同建构"与"历史叙述"的关系，注重文本分析，力求从现代小说的结构与叙事技巧等中揭示文学作品如何"重现"（represent）人类对民族共同体的想象，具有后现代主义的某些成分。（3）心态史学的取向。在 20 世纪与美国盛行的心理史学（psychohistory）颇具殊异的心态史学（history of mentalities），由于法国年鉴学派的发扬光大，在国际学术界形成广泛影响，故而米歇尔·伏维尔（Michel Vovelle）等将历史研究领域由经济向心态这一更为深层结构的转移称之为"从地窖到顶楼"（de la cave au grenier）。② B. 安德森在《想象的共同体》中对年鉴学派（L'École des Annales）致意的痕迹依稀可见，他采取的研究路径就是类似于心态史学的手法探究集体认同的认知过程，主要从民族意识的层面而非其客观特征层面陈论申说，尽管其所谓"想象的"（imagined）共同体和"假想的"（imaginary）共同体之间富有启发性的关联，

① E. Hobsbawm, L'historien entre la quête d'universalisme et la quête d'identité, Diogène, 168, octobre-décembre 1994. 亦可参见 Eric J. Hobsbawm, Identity History is Not Enough, in Eric Hobsbawm (ed.), On History, New York：The New Press, 1998。

② Michel Vovelle, L'Histoire et la longue durée, dans Jacques Le Goff (sous la direction de), La Nouvelle Histoire, Bruxelles：Editions Complexe, 2006, p. 80, p. 103.

但"想象的共同体"并不是指称一种"虚假意识"的产物，而是经过制度化（institutionalization）和符码化（codification）后成为社会心理学上所谓的"社会事实"（le fait social）。① 霍布斯鲍姆等人于 1952 年共同创办《过去与现在》（*Past & Present*），并使其于 60 年代成为国际上声名卓著的新史学刊物，乃至可以与法国《年鉴》杂志②相媲美。③ 霍布斯鲍姆在《评论》第 1 期（1978 年冬—春号）上发表的对彼得·伯克（Peter Burke）《反思法国史学革命：年鉴学派与英国史学》的点评（Comments：Reflections on the Historical Revolution in France：The Annales School and British Social History）④ 这篇文章中就详细披露了其创办《过去与现在》时参考《年鉴》等详情，尤其介绍了他与年鉴学派心态史学之间的关联与观点的分歧，但我们从霍氏《1780 年以后的民族与民族主义》中所看到的研究途径主要是立足于社会政治史角度。（4）概念史学的特征。霍布斯鲍姆身上带有浓郁的英国博学学派的气息，《1780 年以后的民族与民族主义》虽比较简洁扼要，但以历史叙述为主，并未真正提出一个诠释性理论概念结晶体。而 B. 安德森大约受当时法国年鉴学派新生代史学家保罗·韦纳（Paul-Marie Veyne）"概念化史学"（L'histoire conceptualisante）⑤ 的影响，旗帜鲜明地提出了"想

---

① 《认同的重量：〈想象共同体〉导读》，本尼迪克特·安德森：《想象的共同体：民族主义的起源与散布》，吴叡人译，上海世纪集团出版社 2003 年版。

② 此处仅为简称。其名称变化颇为复杂。1929—1937 年杂志名为《经济与社会史年鉴》（*Annales d'histoire économique et sociale*），1939—1941 年杂志名为《社会史年鉴》（*Annales d'histoire sociale*），1942—1944 年杂志名为《社会史杂志》（*Mélanges d'histoire sociale*），1945 年杂志改回原名为《社会史年鉴》（*Annales d'histoire sociale*），1946—1993 年杂志名为《年鉴：经济、社会、文明》（*Annales. Économies, Sociétés, Civilisations*），1994 年迄今杂志名为《年鉴：历史、社会科学》（*Annales. Histoire, Sciences Sociales*）。

③ 巴勒克拉夫：《当代史学主要趋势》，杨豫译，上海译文出版社 1987 年版，第 41—42 页。

④ 参见 *Review*，Volume I，Number 3/4，Winter/Spring 1978。

⑤ 可以参见 Paul Veyne, L'histoire conceptualisante, dans Jacques Le Goff et Pierre Nora（sd），*Faire de l'histoire*, tome 1, *Nouveaux problèmes*, Paris：Gallimard, 1974。

象的共同体"的核心理论概念，轰动一时，而且利用类型学方法概括凝练了民族主义的诸种"历史类型"。（5）扩散式论证（diffusionist argument）的重心。霍布斯鲍姆的《1780 年以后的民族与民族主义》表现出偏重于对民众精英知识分子、政府当局等不同社会阶层民族主义观念的解析，对民族主义与其他社会思潮的精微曲折关系进行细腻的发幽抉奥，按全球总体势力将民族主义的发展潮流的蜿蜒走势予以历史宏观分期，避免刚性的以简驭繁的抽象和化约。B. 安德森长期受人类社会学的区域研究训练，并受传播史勃兴的影响，因此其《想象的共同体》建构了一个关于民族主义四大冲击波峰前后关联又彼此在时间上独具分别诠释价值的扩散式论证。他认为，18 世纪末、19 世纪初在南北美洲的殖民地运动为"第一波"的民族主义，此种"美洲模式"的第一波民族主义并不以语言为要素，而是一种"受到束缚的朝圣之旅"（cramped pilgrime）的共同体验所形成的民族主义。1820 年以后欧洲群众性的语言民族主义为"第二波"，因有先前的美洲与法国的独立民族国家的模本可供"盗版"（piration），故在思想和行动上均较具自觉意识。19 世纪中叶以来，在欧洲内部出现的"官方民族主义"（official nationalism）实际上是对第二波群众性民族主义稽天巨浸的反动与模仿。第四波是第二次世界大战以后在亚非如火如荼般蔓延传播的殖民地民族主义（colonial nationalism）。

B. 安德森《想象的共同体》确乎如斯坦·东尼生（Stein Tonnesson）所言是"连接现代与后现代研究途径的桥梁"①，对与萨义德（Edward Said，1935—2003）、斯皮瓦克（Gayatri Chakravorty Spivak）被誉为后殖民批评三剑客之一的霍米·巴巴的研究颇具影响，而杜赞奇（Prasenjit Duara）所著的被学术界视为研究中国问题的后现代主义史学代表作的《从民族国家拯救历史：民族主义话语与中国现代史研究》（*Rescuing History from the Nation：Questioning Narratives of Modern China*）则堪称是与《想象的共同体》的学术对话。杜赞奇的《从民族国家拯

---

① 《认同的重量：〈想象共同体〉导读》，本尼迪克特·安德森：《想象的共同体：民族主义的起源与散布》，吴叡人译，上海世纪集团出版社 2003 年版，导读第 16 页。

救历史：民族主义话语与中国现代史研究》是源自美国新政治史的学术脉络，将政治史与文化史、思想史等熔于一炉，表现出对常识性认知猛烈抨击的激进色彩。在理论渊源方面，杜赞奇的后现代主义的研究运思理路受福柯影响的痕迹灼然可见，福柯的知识考古学示例的话语分析方法、谱系学对起源论的批判等在《从民族国家拯救历史：民族主义话语与中国现代史研究》字里行间随处流光耀金。从霍布斯鲍姆的《1780年以后的民族与民族主义》到 B. 安德森的《想象的共同体》再到杜赞奇的《从民族国家拯救历史》，可以清晰地窥见从现代主义到后现代主义史学的移宫换羽情势，更可以体味其中对民族国家问题纳入考察视阈的变量越来越多的趋向。正如后殖民研究的先驱理论家夏特吉（Partha Chatterjee）在《民族主义思想和殖民地世界——一个衍生性的议论》（*Nationalist Thought and the Colonial World*：*A Derivative Discourse*，London：Zed Books，1986）中所言，尽管安德森认识到"民族"是一种意识形态的建构，但他竟然全然忽略了民族主义如何建构"民族"意识形态的具体政治过程。如果说霍布斯鲍姆和 B. 安德森的研究是对民族国家的现象学分析，那么杜赞奇的研究则可谓一种探究民族国家认同意识形态建构的内在动力的动力学诠释。

　　B. 安德森和杜赞奇都将民族国家视为现代性产物。不过需要指出的是，现代性从本质上而言是指一种对于时间进化的态度，不能单纯从形式角度和层面片面理解为现代性和现代现象仅仅是现代时空中才有的问题，必须在"过程"中去加以把握，否则现代性的本义将会被"现代"的形式（时间意义上的现代）所掩盖。和杜赞奇一样，B. 安德森对民族国家这一现代性产物的解读亦是建立在时间的理解基础之上。他认为，"区别不同的共同体的基础，并非他们的虚假/真实性，而是其被想象的方式"①。他指出："在现代概念中，国家主权在一个法定疆域内的每平方厘米的土地上所发生的效力，是完全、平整而且均匀的。但是在比较古老的想象里面，由于国家是以中心来界定的，国家与国家之间

---

　　① Benedict Anderson，*Imagined Communities*：*Reflections on the Origin and Spread of Nationalism*，Norfolk：The Thetford Press Ltd.，1983，p. 15.

的边界是交错模糊的，而且主权也颇多相互渗透重叠之处。"① 在 B. 安德森看来，随着宗教信仰的领土化和古典王朝家族的衰退，人类意识底层对世界理解的方式所发生的根本性变化造成了民族国家这种"想象的共同体"的诞生。这是因为，在本雅明所谓的中世纪那种过去和未来汇聚于瞬息即逝的、现在的、同时性的"弥赛亚时间"观念被一种"同质的空洞的时间"（homogenous empty time）观念所取代后，同时性并不是由预兆和成就所标示的纵横交织的时间，而是由时钟与日历所测量的世俗时间上的一致（temporal coincidence）。一个社会学的有机体穿越同质而空洞的时间，而历时性运动的想象观念恰是亦被设想为作为坚实的共同体，在历史中稳定地向上（或向下）运动的民族想象观念的准确类喻。按照 B. 安德森的解析，书籍在一个相当特殊的意义上是最早的现代式的大量生产的工业产品，而报纸如黑格尔所言是现代人晨间祈祷的代用品，报纸上的日期这种唯一最重要的表记提供了一种最根本的联结，即同质而空洞的时间随时钟滴答作响的稳定行进，这样便使数以千百万计的现代人可以想象不曾谋面而确信其存在的其他人的同一时间的行为。此种想象的重复性寂静而持续地渗透于现实之中，匿名地创造出现代民族的正字商标——对共同非同凡响的信心。B. 安德森的这部《想象的共同体》出版在学术界毁誉交加，他接受方方面面的诘难，在该书的修订版延伸和完善了自己的论述，在附录补写的"新时间与旧时间"中论述了第一波民族主义兴起时那种"历史的连续体"的深刻感受，将 1793 年法国国民公会（Convention Nationale）决定废除基督教历法而宣告共和国的 1792 年 9 月 12 日为一个新世界纪元的元年（Year One）之始视为这种直觉的最佳例证。继之，安德森从时间观念的转变论证了民族国家想象的变化，他认为这种第一波民族主义所造成的"最初的美好而轻率的狂喜"② 并未持续很久，由于手表大量生产，在 18 世纪的最后二十五

① Benedict Anderson, *Imagined Communities: Reflections on the Origin and Spread of Nationalism*, Norfolk：The Thetford Press Ltd. , 1983, p. 26.
② 本尼迪克特·安德森：《想象的共同体：民族主义的起源与散布》，吴叡人译，上海人民出版社 2003 年版，第 222 页。

年中，全欧洲的手表年产量已将近五十万只，而且连贯出版的报纸已成为都市文明熟悉的一部分，因此这种同质空洞的时间深刻而迅速地支配人们的想象，对社会因果关系完全世俗的、连续性的观点被普适化，历史学被建构成一个正式的学科，民族国家由此被设置于一个具有序列连续性的历史传统之中，想象为从睡梦中的苏醒。从上述不难看出，B. 安德森在附录的论述，显然力求在原先从时间观念角度将民族认同"历史化"（historicize）的基础上，使这种"历史化"本身进一步"历史化"，这种复合的双层面的"历史化"应该说使其研究再上一层楼，臻于化境。

杜赞奇与 B. 安德森关于民族国家的现代性问题的见解截然不同，他认为，现代社会的历史意识无可争辩地为民族国家所支配，民族主义的新颖之处并不在于其政治自觉，而在于其世界性的民族国家体系。按照杜赞奇的分析，如果说历史是存在的模式，是促使现代性生成的条件，那么民族国家就是始作俑者，是实现现代性的历史主体。杜赞奇批评安德森视现代社会为唯一能够产生政治自觉的社会形态，以及将民族身份认同看成现代形式的自觉。他指出，在现代社会和农业社会中，个人与群体均同时认同于若干不同的想象的共同体，这种被政治化后的认同与现代人所谓的"民族身份认同"并无太多差别，安德森这种强调民族主义意识的绝对现代创新性而将现代与前现代两极化的生硬论点，并不能从实际的记录中得到证明的基础，使民族作为现代主体性的载体事实上被否定了与过去的所有联系，忽视了对前现代政治群体的表述与现代民族之间错综复杂的互动图景，这样，安氏的观点便无所顾忌地将现在凌驾于过去之上而将自我本身屈从于黑格尔关于现代主体自觉的形而上学体系框架之下。杜赞奇将安德森的研究称之为受黑格尔传统影响的启蒙历史线性叙述，他利用保罗·利科尔（Paul Ricoeur, 1913—2005）关于历史时间的哲学阐释为思想资源，提出了所谓"复线的历史"（bifurcated history）的核心概念，以澄清民族现象与其现代化目的这一对在民族主义历史学中长期无法解决的矛盾。利科尔认为，将时间视为无限个"现在"的连续系列的这种对现象学时间的线性表述，造成了时间经验根本上的不协调。哲学上的诸多方案既不能克服时间转瞬即逝所象征的"有限之悲哀"（*the sorrow of the finite*）①，而将时间理解为一系列互无关联的瞬间的观念和另一种将时间视为永恒、往复的观念，二者之间的凿枘不合使这种时间经验的不协调变本加厉。利科尔认为历史时间提供的连续感可以减轻因时间以一系列"现在"方式流动所带来的焦虑。杜赞奇诚然承认传统的、循环的历史作为建构连续性的替代方法所带来的焦虑，较诸作为义无反顾通往未来不确定的旅程的线性历史为少，不过他更看到线性历史采取进化的叙述结构以克服线性时间经验的困境所产生的焦虑感，因为进化的事物在变化中保持着不变，这样便可以通过历史主体将未来停泊于安全的港湾。杜赞奇把这种进化叙述结构视为对线性时间困境的欲盖弥彰，进而从这种弥缝补苴的裂罅中分析其与民族主义政治之间的牵连纠葛。他指出："作为历史主体的民族从来不能完全消除过去与现在之间的困境。在某种程度上，民族国家意识形态甚至发现这种困境在政治上的可利用性。分析家很少注意到，民族实际上既存在于历史之中，又在其终结之处。它既作为贯穿历史的本质（即便具体细节佚亡殆尽）使自身合法化，同时游离于历史的控制之外——现代自我意识无论如何毕竟是历史的终结。作为历史主体，民族必须每天进行复原其民族本质的再生产事业，以稳固其作为无所不在的民族空间的透明度，尤其在面对来自内外挑战其权利主张之时。与此同时，现代文明的启蒙话语已经令所有社会不得不皈依现代性，但接受现代性与进步终究须破旧趋新。于是，民族国家一方面炫耀民族的古老永恒性，另一方面也竭力强调民族国家的亘古未有性，唯此人民——民族方能成为自觉的历史主体。"② 杜赞奇所提出的复线的历史，即旨在把握过去的散失（dispersal）的同时把握其传播（transmission）的历史。

　　笔者认为，过去国内外关于"民族国家"的研究存在一个致命的缺陷，即主要囿限于在种族、民俗、宗教、语言等意义上敷陈论说，将

---

① Prasenjit Duara, *Rescuing History from the Nation, Questioning Narratives of Modern China*, Chicago：Chicago University Press, 1995, p. 28.

② Prasenjit Duara, *Rescuing History from the Nation, Questioning Narratives of Modern China*, Chicago：Chicago University Press, 1995, p. 30.

本来具有立体性的丰富内涵的民族国家的概念片面化、干瘪化。长期以来，国内外学术界多称清代中国为"清帝国""中华帝国"，有学者甚至还认为中国古代一方面具有天下性，另一方面又具有国家性，因而是"天下国"。但钱穆力辟其谬，认为古代中国"虽曰大一统，而非向外征服，故不得谓之曰帝国"①。钱穆又云："帝国主义这名词原起于西方，中国则向来没有。……西方人称中国为大清帝国，又称康熙为大帝，西方有帝国，有所谓大帝，中国则从来没有这样的制度，和这样的思想。而我们却喜欢称大汉帝国乃及秦始皇大帝了。在正名观念下，这些都该谨慎辨别的。"② 笔者认为上述两位现代中国著名史学家所言堪称谛论，不过国内学术界将古代中国称之为"帝国"虽不对亦非无由，我们应该对这种概念混淆背后的深层原因详审慎辨。在我们看来，西方学者长期以来之所以将清朝念念有词地称为"中华帝国"以作为与西方"民族国家"相反衬和映照的"他者"的镜像、一种想象性的身份投射，本质上是以西方中心主义为出发点的类型学的型构（configuration），其潜台词是：其一，西方的民族国家有民族主义，而清朝作为帝国四分五裂没有形成民族共同体；其二，西方的民族国家是民主的、自由的，而清朝作为帝国是封建的、专制的；其三，西方的民族国家是以工商业为本位的市场经济为基础，而清朝作为帝国是以传统小农为本位的自然经济为基础。质言之，"民族国家"的概念兼摄着民族主义、民主主义和重商主义等多种西方特定风土人情的理论话语。近代民族国家的概念具有鲜明的欧洲地域色彩，它的产生背景是君权、教权与民权的冲突不断。正如列宁所说："建立最能满足现代资本主义这些要求的民族国家，是一切民族运动的趋势（趋向）。"③ 可以说，欧美最初致力于建立独立自主的民族国家的目的即在于为资本主义的发展开辟道路。唯

---

① 钱穆：《略论中国社会演变》，中华学术院编：《史学论集》，《中华学术与现代文化丛书》第3册，台北中国文化大学出版部1983年版，第12页。

② 钱穆：《中国历代政治得失》，生活·读书·新知三联书店2001年版，第160—161页。

③ 《论民族自治权》，《列宁选集》第2卷，中共中央马克思恩格斯列宁斯大林著作编译局编译，人民出版社1973年版，第508页。

其如此，霍布斯鲍姆认为，自由贸易的古典时期与白芝皓（Walter Bagehot，1826—1877）所谓的"民族创建"（nationmaking）的时代核心的同时出现，绝非历史巧合。[1]　在亚当·斯密的古典政治经济学理论中，以全世界为舞台的自由贸易主张似乎并不理会"国民经济"（national economy）的范畴，但其实不然，仅仅隐约不显而已。美国独立之初，联邦派的代表汉米尔顿（Alexander Hamilton，1755—1804）即大声疾呼将民族、国家与经济三者结合在一起。正如有学者所言，"民族主义在其最广泛的意义上，是指特定的意识形态、社会运动和政治诉求。就其起源而言，完全是现代历史的产物"[2]。现代意义上的"民族"概念其实和"国家"概念密不可分，脱离"国家"这一概念，"民族"的概念亦便丧失了历史的起源而无法定义。由于近代民族主义是资产阶级寻求获得解放的工具，其中具有民主权利的诉求，在人民主权（sovereignty rest with nation）的理念支配下，民族独立与民主政治成为不可分割的整体，所以民族主权（national sovereignty）与人民主权（popular sovereignty）两种主权互生互引，彼此激扬鼓荡，民族国家与王朝国家迥然不同，其对外标举国家主权，强调国家之间的平等独立，对内标举主权在民，强调自由民主，声称"不自由毋宁死"（Donnez – moi la liberté ou donnez-moi la mort）[3]、"专制之下无祖国"（Il n'y a point de patrie dans le despotique）[4]。按照伏尔泰的观点，祖国只是所有公民为着共同利益组成的结合体，所有公民在祖国中享有自由和权利，并将获得利益和幸福，自由和幸福是祖国的两大基石。[5]　在法国大革命中，"革命者"和"爱国者""共同者"便成为同义语，外敌入侵与专制统治被联系在一起成为举国鸣鼓共击的目标。北美十三洲移民与英王乔治

---

① Eric J. Hobsbawm, *Nations and Nationalism since 1780*：*Programme*，*Myth*，*Reality*，Cambridge：Cambridge University Press，1990，p. 25.

② 徐迅：《民族主义》，中国社会科学出版社 1998 年版，第 30 页。

③ 帕特里克·亨利（Patrick Henry，1736—1799）语。

④ 拉·布吕耶尔（Jean de La Bruyère，1645—1696）语。

⑤ 参见李宏图：《西欧近代民族主义思潮研究——从启蒙运动到拿破仑时代》，上海社会科学院出版社 1997 年版，第 83 页。

及其支持者在语言、族裔上并无二致，但依然坚持独立建国，而法兰西共和国选举英裔美籍的潘恩（Thomas Paine，1737—1809）出任国民公会（National Convention）委员而无视其语言与族裔的差异，表明欧美民族国家肇建的本质恰如梁启超所言乃在于争取自由的产物。

从欧洲近代民族主义的缘起可以看出，所谓"民族国家"其实牵涉国家主权、私人所有权、市民社会、国家与个人的关系等一系列现代法权关系的寄托与安顿。中国许多民族学学者批评西方民族国家理论"每个民族都是国家"（every nation is a state）和"一个民族只有一个国家"（only one state for each nation）等主张旨在建立单一制民族国家。事实上，"美利坚民族""德意志民族""法兰西民族"等和清末以来中国出现的"中华民族"称谓一样，具有内部多元性问题。西方国际法学上一度以"民族国家"作为国际法的基本主体，但很快就发现这一概念在法律上无法作为区分标准的含混性，因此以主权独立为标志的"主权国家"概念在国际法上将"民族国家"取而代之，但在相当长的时期内，西方之所以一直都不承认中国为"民族国家"而以"中华帝国"等用语相称，除了清王朝割地赔款丧权辱国外，原因即在于清王朝是专制主义的王朝国家，缺乏西方民族国家那样的社会动员能力，无力将全国上下凝聚为共同体以资本主义生产方式开发社会资源。迪恩·C. 蒂普斯（Dean C. Tipps）在《现代化理论与社会比较研究的批判》（Modernization Theory and the Comparative Study of Societies：A Critical Perspective）一文中指出，在经典现代化理论二分法的对比下，"在'现代的'一端，典型的情况是，民族社会（the national society）是指拥有领土的国家边界内的社会。在'传统的'一端，这个范畴的残余性质反映在包括文明、文化地区、帝国、王国和部落在内的形形色色有关事物"①。按照经典现代化理论的关键因素的剖析，民族国家的建构、政治参与的扩大、资本主义工业化的实现，都是其中重要标志。这种传统与现代的二分对比，恰恰说明民族国家与帝国的分野乃是一种具有厚

① Dean C. Tipps, Modernization Theory and the Comparative Study of Societies：A Critical Perspective, in *Comparative Modernization*, edited by Cyril E. Black, New York：The Free Press, 1976, p. 80.

度的、具有意识形态的叙事话语空间的有机构成。

族群理论的人类学开创者科恩（Abner Cohen）等曾指出，作为象征力的族群认同与政治经济的集体诉求其实是一个铜板的两面。现代政治的民主进程是从民族国家的政治塑造中衍生出来的。民族性原则最初并不是指向其他民族的利剑，它是针对暴君的。帝国是一种只有臣民、子民而没有国民、公民的国家，当人们意识到了自己是有主权的国民、公民而不愿再作臣民、子民的时候，帝国也将随之轰然崩溃，具有自由精神的人作为一个整体形成了一个政治性民族时，祖国便成为他们所栖息的国家名称，爱国者便成为自由精神的代名词。法国人正是在推翻了波旁王朝的专制统治和继续反抗君主联盟以保卫他们刚刚获得的自由之时，才感觉到自己是一个民族。现代民族主义从起源来说是与代议制的民主相关联的，或者说代议制的民主通过其特有的政治运作模式，对民族主义给予了政治上的转换。"第一阶段的民族主义不同于20世纪以来第二、三两个阶段在后发的民族国家中所出现的那种极端的民族主义，它把民族的政治主张与民主的运作程序结合在一起，使得自由主义的政治架构在民族和民主的政治关联中凸显出来，并成为民族主义的政治基础。应该看到，这种通过民主政治对于民族国家的政治诉求的洗礼具有积极意义，它至少缓解了民族主义的民族至上性情绪，把民族国家的主权转换为民主政治的选举程序原则。一个民族或一个国家的合法性并不在于它天然所具有的民族主义的正当性，而在于全体公民的政治认同，或至少是多数原则下的政治认同，一个民族国家的统治者，其权力的合法性从根本上来源于全体公民的政治认同与资格授予。"[1] 相对于传统国家的现代国家具有两个基本特性：一是民族国家，一是民主国家，前者是现代国家的组织形式，以主权为核心；后者是现代国家的制度体系，以主权在民为合法性基础。民族国家从法理上具有双重的特性：一方面作为一种国体，它的主权是这个国家的资格符号，可以由君主、国王或总统等代表；另一方面作为一种政体，它的政治权力却来自人民的

---

① 高全喜：《对民族主义的一种自由主义考察》，高全喜主编：《大国》第1期，北京大学出版社2004年版。

授权。从政治形态上来说，现代的民族国家虽然在表面形态上来说有着多种国体形式，但国体和政体在民主政治中是分立的，其权力的关键仍在于国家权力的人民授予。而这种授予的合法性与正当性，显然来自民主政治，来自民主政治运作中人民的广泛认同，或者说每个公民通过自己的政治参与而将自己的主权授予给国家来代表。民族主义所诉求的民族共同体及其合法性与正当性基础，并不单纯是一种民族至上性的自我证成。民族作为一个整体，其自身的自我证成并不具有天然的合法性，这一切说到底仍然涉及民族内部的个人与群体或者说民族成员与民族共同体的政治关系问题，而这个问题实质上显然是一个民主政治问题。民族国家要获得其主权担当者的资格，就必须得到国家公民所给予的法律上的认同，这种认同显然已是民主政治的产物，即统治者应该得到公民的承认与认同。尽管民主政治并非现代民族国家的产物，它可以追溯到几千年的古代文明社会，特别是古希腊、罗马的城邦政治，但古代的直接民主政治与现代民族国家的代议制民主政治有着根本性的不同，现代性的民主政治和宪政体制并不是古代政治的简单延续，其中有着一个现代民族国家的政治转型，如果忽视这种转型所具有的中介性意义，显然是不可能理解当今的民主政治的，更不可能理解当今的自由主义宪政体制。[①]

20 世纪以来后进国家在追求民族独立的此起彼伏的民族主义大潮中，所使用的基本理论便是西方源于民主主义的民族主义政治理论。这些深受殖民统治之苦的后发型现代化民族，在建立民族国家的运动中，逐渐抛弃了与其本民族传统政治文化相联系的王权专制思想而吸收了民主主义政治模式，并以这种民主政治的运作求得民族主义政治的合法性与正当性。西方近代民族国家的建设，可以说为亚洲、非洲等地区殖民地民族主义的播布提供了蓝本，殖民地民族主义不仅是受到欧洲强大的"漂白能力"（la capacité de blanchir）的"漂白"，而且也是安德森所谓的盗天火煮己肉的"盗版"。尽管民族主义通常极具情绪化，但激昂亢

---

① 　高全喜：《对民族主义的一种自由主义考察》，高全喜主编：《大国》第 1 期，北京大学出版社 2004 年版。

奋、云谲波诡的殖民地民族主义潮流的涌动并不完全是逞另起炉灶的一时之快，其如水赴壑般对"民族主义"向义输诚即祈望于民族独立后那种小麦如山、牛奶似海的民族国家人间天堂，殖民地民族主义的觉醒与实现维持、延续民族的认同、整合、繁荣与权力的欲求是浑然一体的，所以约翰·H. 考茨基（John H. Kautsky）指出，东方民族主义是在国家工业化意义上的非殖民化和现代化的意识形态。① 随着殖民地民族主义浪潮汹涌澎湃，目前许多国际法法律文件都从法律上承认"经济主权"作为国家主权不可分割的组成部分。再者，随着近代以来全球一体化的浪潮波澜壮阔，国际市场空间的争夺和自然资源的日益紧缺、国民经济的繁荣的目标都刺激着民族主义的冲动，经济民族主义的重要性尤其逐渐凸现。绝非像目前学术界所确信的全球一体化导致民族国家衰亡那样一维地演变发展其直如矢，而是如杜赞奇所谓的"复线的历史"那样对民族国家的弱化与强化兼具。综括上述，近代民族国家建构的一般情形可作如是观，即民族主义、人民主权与经济主权三位一体。余英时这样写道："从历史上看，我们可以说：近代中国人追求民族独立是和追求个人自主同时起步的，民族主义与民主是一对双胞胎。"② 汪精卫在清末谋刺载沣后就曾经说道："夫民族主义，与民权主义，有密切之关系。民族主义，谓不欲以一民族受制于他民族之强权。民权主义，谓不欲以大多数之人民受制于政府之强权。然所谓强权者，即政治上之权力。今号称立宪，而其目的在于巩固君主之大权，是其强权，较昔加

① 彭树智：《东方民族主义思潮》，西北大学出版社 1992 年版，第 11 页。

② 余英时：《略说现代中国民族主义与民主的关系——一个历史的体察》，洪泉湖、谢政论主编：《百年来两岸民族主义的发展与反省》，台北东大图书股份有限公司 2002 年版，第 4 页。郑永年亦有相似的看法，他说："近现代西方民族主义的崛起是两种互动的产物，即民族主权（national sovereignty）和人民主权（popular sovereignty）。对外就是民族主权，即各民族有权建立自己的独立的主权国家，并且在原则上说，各民族国家在国际事务上应当享有平等的权利；对内就是人民主权。民族主权或者国家主权处理的是国家间的事务，而人民主权处理的则是国家内部人民和政府之间的关系。再者，这两种主权是互相关联的，只有一个得到人民认可的政府才具有合法性，才有权利在国际事务上代表民族国家。"（同上，第 252 页。）

厉，其终于为民族民权两主义之敌，不亦宜乎？"① 在 1907 年 8 月慈禧召见张之洞就所谓"出洋学生排满闹得凶"一事心力交瘁而问计所出时，张之洞认为"只须速行立宪，此等风潮，自然平息"，并力言"立宪实行，越速越妙。'预备'两字，实在误国"云云。② 我们从清朝当局在民族主义巨浪排空之际企图化险为夷的弭乱之术，可以形象地看出民族主权与人民主权之间的高度关联性。不可否认，许多当时作为革命营垒成员的志士对民族国家的建构认识上并不全面。"中华民国"名词的发明者章太炎曾言自己感兴趣的仅是民族主义，对当时的资产阶级议会民主制不过随大流人云亦云而已，云："今之种族革命，若人人期于颠覆清廷而止，其后利害存亡悉所不论，吾则顶礼膜拜于斯人矣。而辍学知书之士，才识一名以上，皆汲汲于远谋，未有不以共和政体国家社会耿介于其心者，余虽踟蹰，亦不能不随俗为言。"③ 柳亚子在民国以后回忆往事时坦承，当时"大家对民生主义都是莫明其妙，连民权主义也不过装装幌子而已……最卖力的还是狭义的民族主义"④，自己得闻民权主义之后并不深以为意。柳亚子尽管在加入同盟会后思想有所变化，但从他 1907 年在《复报》上发表的《民权主义！民族主义！》一文可以看出并不懂得民权主义为何物。然而，民族主义与民主主义两者在近代中国不解之缘的证据可谓俯拾皆是，不胜枚举。例如，1903 年《浙江潮》上连载的《民族主义论》一文，认为民族主义源于法国大革命，是因为"民族主义与专制政体不相容"，卢梭《民约论》倡天赋人权的

---

① 中国第一历史档案馆：《清末汪兆铭被捕后的供单及有关史料》，《历史档案》1983 年第 10 期。亦可参见单士元：《故宫札记》，"谋刺载沣地点及汪兆铭供词"，紫禁城出版社 1990 年版，第 94 页。

② 中国社会科学院近代史研究所藏《时务汇录》（抄本），"八月初七日张之洞入京奏对大略"，转引自孔祥吉：《张之洞与清末立宪别论》，《历史研究》1993 年第 1 期。

③ 章太炎：《复仇是非论》，《章太炎全集》（四），上海人民出版社 1985 年版，第 273 页。

④ 柳亚子：《柳亚子文集：自传·年谱·日记》，上海人民出版社 1986 年版，第 3 页。

自由平等学说，是"民族主义之根蒂生也，民族主义亦无则也"[1]，"民权之进一步即为民族主义，而民权未发达则民族主义必不能行"[2]。又如，邹容在《革命军》中以种族国家和人民主权立论，主张参照美国的宪法和法律，制定新宪法和地方自治法，建立独立自由的"中华共和国"。据孙中山自述，他最初只有"民族"和"民权"两个观念，1896—1898 年在欧洲逗留了两年后，受到社会主义思潮的刺激，鉴于欧洲社会问题积重难返而思未雨绸缪，故萌生了"民生主义"的思想。孙中山认为其三民主义是集合古今中外的学说、顺应世界的潮流而在政治上所得的一个结晶品，与美国总统林肯所说的民有（of the people）、民治（by the people）和民享（for the people）是相通的，孙中山的三民主义作为当时中国民族主义理论之集大成，实质上揭橥了中国民族国家建设的蓝图和纲领。后发外生型现代化往往呈现明显的"一揽子解决"的特点，因为在落后国家与发达国家相形见绌之后百不如人的心态比较普遍，加之有早发内生型现代化的过程与结果可以充任全面现代化纲领的"盗版"底本，所以在急于求成心理驱动下力图将现代化的任务一举全功。孙中山认为"世界各国，都是先由民族主义，进到民权主义，再由民权主义，进到民生主义"[3]，而在设计中国民族国家建设的规划蓝图时则意欲"举政治革命、社会革命毕其功于一役"[4]。他指出："我

---

[1]　余一：《民族主义论》，《浙江潮》第 2 期，1903 年，第 19—20 页。有学者认为此文作者是蒋方震。相关研究亦可参见陶绪：《晚清民族主义思潮》，人民出版社 1995 年版，第 156 页。李新主编：《中华民国史》第 1 编，全 1 卷，《中华民国的创立》，中华书局 1981 年版，第 212 页。也有一些著作认为"余一"即余其锵。参见陈玉堂：《辛亥革命时期部分人物别名录》，《辛亥革命史丛刊》编辑组编：《辛亥革命史丛刊》第 5 辑，中华书局 1983 年版，第 236 页。或可参见张静庐、李松年：《辛亥革命时期重要报刊作者笔名录》，新建设编辑部编：《文史》第 1 辑，1962 年，第 94 页。

[2]　引自张益弘：《三民主义之考证与补遗》，台北恬然书舍 1984 年版，第 31 页。

[3]　孙中山：《三民主义为造成新世界之工具》，胡汉民编：《总理全集》下，《民国丛书》第 2 编，91，综合类，上海书店 1990 年版，第 220 页。

[4]　孙中山：《〈民报〉发刊词》（1905 年 10 月 20 日），广东省社会科学院历史研究所、中国社会科学院近代史研究所中华民国史研究室、中山大学历史系孙中山研究室编：《孙中山全集》第 1 卷，1890—1911，中华书局 1981 年版，第 289 页。

们推倒满清政府，从驱除满人那一面说是民族革命，从颠覆君主政体那一面说是政治革命，并不是把它分作两次去做。讲到那政治革命的结果，是建立民主立宪政体。"[1] 有学者指出，三民主义有文化心理、制度以及器物三个层次。民族、民权与民生之间的关系是，心理建设对应于民族主义，制度建设对应于民权主义，实业建设对应于民生主义。民族、民权、民生系统地回答 20 世纪中国的现实问题，民族主义解决独立的民族国家的问题，民权主义解决中国的政治制度的安排问题，民生主义则力图改变中国积贫积弱的面貌。抗战期间，何干之所著《三民主义研究》即指出："孙中山的建国计划是从另一个政治立场出发的。这就是民族民权主义的民生主义，这是用革命手段争取民族独立民权自由成功之后的建国规划。"[2] 谢觉哉当时也一方面肯定孙中山三民主义的整体性，认为如果把三民主义"直剖为数个，或横截为数段，那就会是死的"，因为孙中山本人即明确指出三民主义苟"遗其一则俱弊，举其偏则两乖"[3]；另一方面，从当时的现实出发，谢觉哉还批驳了认为"在抗战的今天，民权主义不能讲，因为妨碍政府权力的集中，民生主义不能讲，因为怕减弱政府的财政"的错误观点，分析了强将三民变成二民变成一民的危害性。[4] 孙中山三民主义作为近代中国政治思想的主要叙述话语过去被评说、现在仍被评说、将来亦必将有待于再被评说，但按照福柯所谓的话语秩序的评论原则（le commentaire），[5] 评论必须

①　中国孙中山学会编：《孙中山和他的时代：孙中山研究国际学术讨论会文集》，中华书局 1989 年版，第 1039 页。

②　刘炼编：《何干之文集》第 2 卷，北京出版社 1993 年版，第 258 页。

③　广东省社会科学院历史研究所、中国社会科学院近代史研究所中华民国史研究室、中山大学历史系孙中山研究室编：《孙中山全集》第 1 卷，1890—1911，中华书局 1981 年版，第 577 页。亦可参见邹鲁：《中国同盟会》，中国史学会主编：《中国近代史资料丛刊：辛亥革命》2，上海人民出版社 1957 年版，第 46 页。

④　《谢觉哉文集》，人民出版社 1989 年版，第 257—306 页。亦可参考《谢觉哉日记》上，1937 年 12 月 15 日，人民出版社 1984 年版，第 196 页。中共甘肃省委党史资料征集研究委员会：《甘肃党史资料》第 2 辑，甘肃人民出版社 1985 年版，第 115—121 页。

⑤　Michel Foucault, *L'ordre du Discours*, Paris：Gallimard, 1971, p.23.

第一次说出已被说过的东西，因此文本的诠释乃是新的文本，具有新的
生命力与独立性。谢觉哉等对孙中山三民主义的诠释作为中国民族国家
建设的理论话语言说，证明了民族国家概念内涵的综摄的多义性。孙中
山三民主义的民族、民主、民生"三位一体的思想"，恰如霍米·巴巴
所谓的"模拟人"（mimic man）这一概念所揭示的对西方殖民者民族
国家反射性的、被移置的投影，是摹仿者对被摹仿者整体性的类型颠
覆。我们从叙事话语的"互文性"（intertextuality）角度而言，一个叙
事话语的理解有赖于对其他叙事话语的理解，同时也有助于理解其他事
物或其他的叙事话语，将"民族国家"的话语设定在一个特定的历史
时期之中，一张"互文性关系"（intertextual relations）之网的笼罩便生
动丰赡地跃然映入我们的眼帘。无论孙中山直接称"自由"就是"民
族主义"还是高岗在抗战期间自问自答云"什么是民主？首要的条件
是农民有很多小米，也就是人民有吃有穿"①，都可以为我们指证民族
主义叙事话语的互文互训性质。本来，中国政治中就有"国以民为本，
民以食为天"的传统理念，政治民族主义、文化民族主义和经济民族主
义等都是民族国家建构中题中应有之义。所以，清末"主权"（sover-
eignty）一词最初被输入中国时往往被译为"利权"②，其间的弦外之音
耐人寻味。正如斯大林所说，"市场是资产阶级学习民族主义的第一个
学校"③。面对外国资本咄咄逼人的大举入侵，中国民族资本发展艰难
踬碍。协定关税和海关主权的倒持阿柄，不仅清廷怏怏殊不惬意，而且
引起普通民众疾视若仇。御史陈其璋的一句话代表当时颇有影响力的共
识："盖我多一商办之路，即彼少一蔓延之路；我多一商办之矿，即彼
少一窥伺之矿。"④ 清政府制定颁布的《矿务铁路公共章程》，就反映了

---

① 《解放日报》1943 年 1 月 31 日。

② 张德美：《探索与抉择——晚清法律移植研究》，清华大学出版社 2003 年
版，第 158 页。

③ 《马克思主义和民族问题》，《斯大林全集》第 2 卷，中共中央马克思恩格
斯列宁斯大林著作编译局编译，人民出版社 1953 年版，第 302—303 页。

④ 陈其璋：《请准商人自借洋款筹办铁路矿产折》，光绪二十四年六月二十二
日，《光绪政要》实业二。

民族主义感情支配下在合资开矿筑路中吸收洋股问题上的左右为难、迟回审顾。郑观应大声疾呼"商战"的口号，清末国人掀起"实业救国"的热潮，贵州茅台酒在巴拿马博览会上获奖所激发的民族自豪感，如此等等，不一而足，均构成近代中国民族主义话语实践形态的组成部分，彰显着民族国家建设的丰富内涵。

第三章　知识型：民族国家的空间框架与近代史学和法学的学科底层语法规则

第一节　楔子：梁启超《新史学》与伯伦知理《国家论》

　　在20、21世纪之交，已经融入世界潮流的中国人面对新千禧年的悄然而至回顾往昔、展望未来，对20世纪中国历史学的遗产进行清点成为对明确今后历史学发展道路的关键所在。诚然，早在1900年，一些对西方理论体认往往远胜于梁启超的留日学生就批评将"欧西诸名士竭毕生之力以发明"的公理新学"一旦尽举而归之康梁，且目为康梁之唾余，毋乃太重视康梁而自安固陋矣"①，并其后屡屡直陈梁启超抄袭日本人士的著作。但梁启超作为接引新知的先驱人物在历史上既广且巨的影响与其本身的新学功力深浅是两个层面的问题，梁启超的《新史学》即使不能誉之过甚而进行"卡理斯玛化"，但作为20世纪中国的"新史学"的风向标自无疑义。在新世纪之初回顾梁启超《新史学》可谓此正其时，不过愚顽鲁顿的我辈仍固执谬见：我们必须讲清楚梁启超《新史学》究竟新在哪里，易言之，这种"新史学"与作为"他者"的传统的所谓"旧史学"区别何在，而我们在新世纪所需要的是一种什么样的与梁启超20世纪初所倡导的"新史学"有所不同的"新新史学"，否则始终属于门外谈禅，言不及义。

---

　　①　《中国旬报》第三十五、三十六期（1901年1月15、24日）。

佛经中有"帝网重重"之说。"帝"字是自然的意思，帝网重重，犹言每一现象，在自然法中，总受其余一切现象的束缚，佛家又以一室中同时有许多灯光，光光相入设譬，亦是此意。现代学科建造的筑垒浚壑使偏而不全的知识大量创造，但近代以来诸门人文社会科学之间交相辉映的情景却层出叠现，司空见惯。台湾学者王汎森征引法国学者巴斯蒂（Marianne Bastid-Bruguiere）关于梁启超国家观念与伯伦知理的渊源关系。伯伦知理生于苏黎世，1827 年负笈求学于柏林和波恩等地，1829 年获波恩大学法学博士学位，1830 年定居苏黎世，1833 年任苏黎世大学教授、苏黎世市政法律顾问，1845 年任苏黎世大议会主席，1848 年赴德国任慕尼黑大学教授，1861 年任海德堡大学教授。他在1870—1877 年担任海德堡大学副校长，并且长期担任海德堡大学法律系主任和系务理事会委员，1861—1871 年还曾任巴登大公国第一议院成员。他的主要著作有《公法凡论》（*Allgemeines Staatsrecht*，2 Bde，München，1851 - 1852）、《德国私法》（*Deutsches Privatrecht*，2 Bde，München，1853）、《文明国家的近代国际法法鉴》（*Das moderne Völkerrecht der zivilisierten Staaten als Rechtsbuch dargelegt*，Nördlingen，1868）、《回忆我的一生》（*Denkwürdiges aus meinem Leben*，Nördlingen，1884），等等。① 伯伦知理在中国近代史上并非生疏的陌路，早在其《国家论》被译成中文之前，1880 年同文馆即在丁韪良（William Alexander Parsons Martin，

---

① 参详 Gerold Meyer von Knonau, Bluntschli, Johann Caspar. in：*Allgemeine Deutsche Biographie*（*ADB*），Band 47，Leipzig：Duncker & Humblot，1903，S. 29—39；Carolin Metzner, *Johann Caspar Bluntschli：Leben, Zeitgeschehen und Kirchenpolitil1808 — 1881*，Frankfurt am Main，Berlin：Peter Lang Verlag，2009。笔者从德文原版中检索到的资料与巴斯蒂所依据的材料有一定出入。伯伦知理的《瑞士联邦法律史：自第一永恒联盟至今》（*Geschichte des schweizerischen Bundesrechts von den ersten ewigen Bünden bis auf die Gegenwart*，Band 1：Geschichtliche Darstellung，Zürich，1849；Band 2：Urkundenbuch，Zürich，1852）在中国国家图书馆可以看到。由陈明夏译述的中村进午（なかむらしんご，1870—1939）《平时国际法》（上海商务印书馆 1913 年版）在论述国际法学流派时这样写道："伯伦知理本为瑞西人，因为德国大学教授，遂入德籍，其著书具法典体裁，重博爱主义，且主张国际法只可行于文明国间。"然而，当今中国国际法学界却将伯伦知理遗忘了。

1827—1916）的督率下翻译了步氏《文明国家的近代国际法法鉴》。中译本系译自法译本《国际法法纂》（*Le droit international codifié*），法译本译者为拉尔迪（Charles Lardy）。该书是丁韪良继翻译惠顿《万国公法》、吴尔玺《公法便览》等之后鼎力推出的又一力作，起初拟名为《公法千章》，后由董恂改名为《公法会通》。在同文馆翻译的国际法著作中，《公法会通》的翻译质量是较高的，受到 19 世纪中国知识界的广泛认可。1896 年，梁启超编纂的《西学书目表》中该书赫然在列，只是未提及作者名字。1898 年，湖南实学书局曾将该书再次刊行，此外尚有 1896 年上海鸿飞阁版、明达学社版，1898 年北洋书局版等。《湘学新报》评论该书"视韪良先生译《万国公法》，明洁过之"①，南学会誉称："中国所译诸公法皆不甚畅，惟《公法会通》一书提纲挈领，最为完善。"②

何伟亚（James L. Hevia）说，中国思想家重新审视中国的过去，主要体现在接受时间观念和组织分类，并运用"西方"新话语解释中国之"落后"，这些"与从前存在于中国的任何治史方法完全不同"③。过去中国学者即已对梁启超"新史学"之于进化论论加以阐扬。梁启超批判了旧史学将历史视为"一治一乱，治乱相循"④ 的历史循环论，认为："历史者，以过去之进化，导未来之进化者也"⑤，"吾国所以数千年无良史者，以其于进化之现象，见之未明也"⑥，所以他提出"新史学"不应以王朝更替和一姓兴亡为研究对象，而以叙述人群进化之现象为主旨，批评旧史学为"帝王将相家谱""相砍书"。由于不满旧史学以一朝为一史的书写模式，梁启超主张采取西方划分时代的概念，指出："叙述数千年之陈迹，汗漫邈散，而无一纲领以贯之，此著者读者所苦也，故时代之区分起焉。"⑦ 根据其进化史观，梁启超对中国历史

---

① 胡兆鸾：《西学通考》卷十六，光绪丁酉年长沙刻本，页三十五。

② 《南学会问答》，《湘报》第二十二号，中华书局 1965 年版，第 87 页。

③ 何伟亚：《怀柔远人：马嘎尔尼使华的中英礼仪冲突》，邓常春译，社会科学文献出版社 2002 年版，第 250 页。

④ 转引自尹达编：《中国史学发展史》，中州古籍出版社 1985 年版，第 429 页。

⑤ 易鑫鼎编：《梁启超选集》上，中国文联出版社 2006 年版，第 308 页。

⑥ 易鑫鼎编：《梁启超选集》上，中国文联出版社 2006 年版，第 306 页。

⑦ 梁启超：《中国史叙论》，《梁启超全集》，北京出版社 1999 年版，第 453 页。

进行了新的分期，即"第一上世史，自黄帝以秦之一统，是为中国之中国"，是"中国民族的自发达、自竞争、自团结之时代"；"第二中世史，自秦一统后至清代乾隆之末年，是为亚洲之中国"，是"中国民族与亚洲各民族，交涉繁赜，竞争最烈之时代"；"第三近世史，自乾隆末年以至于今日，是为世界之中国"，是"中国民族合同全亚洲民族，与西人交涉竞争之时代"。① 杜赞奇根据唐小兵的博士学位论文《历史现代性的书写：梁启超历史观研究》（*Writing a History of Modernity: A Study of the Historical Consciousness of Liang Qi-chao*），认为梁启超可能是用启蒙模式来撰写中国历史、撰写线性的进化论历史的第一位中国思想家。这种论断恐怕于史不符，不过由于时间与空间问题密不可分，从上述梁启超关于中国历史分期的表述已经可以明白看出，其线性进化的时间观念与民族国家的空间观念构成其新史学核心内容的两个维度。唯其如此，王汎森《晚清的政治概念与"新史学"》的贡献就在于对"民族国家"的空间概念装置作为"新史学"发动机枢的引擎作用洞悉曲窔。

学术界一般多从梁启超进化论史观的角度出发将"新史学"纳入"启蒙历史"（Enlightenment History）的范畴。这种"启蒙历史"又被称之为"大写历史"（History），以线性进化论、历史目的论为内核。尽管黑格尔本人反对进化论，但由于黑格尔在卡西尔所说的"无条件地拥护思想和纯理论的优越性"的启蒙时代坚信理论的不断进步，所以学术界通常认为启蒙历史学乃以黑格尔《历史哲学》为原型。② 黑格尔将绝对精神发展的"时间"维度组织为一种"空间"上的铺展世界历史发展被描述为东方世界、希腊世界、罗马世界和日耳曼世界四种世界依次更替的阶段。寻绎黑格尔的理论话语，我们可以发现：在黑格尔声称包括中国在内的东方亚洲无历史可言处于"非历史的历史"（Unhistorical History）阶段之际，推原其故，除了农耕文明被视为长期停滞不前的所谓"无计时状态"（Chronometric anarchy）之外，更重要的原因即

---

① 梁启超：《中国史叙论》，《梁启超全集》，北京出版社1999年版，第453—454页。另外，前揭梁启超《中国史叙论》的引文亦均可覆按林志钧编《饮冰室合集》，中华书局1936年版，文集之六第1—12页。

② 黑格尔：《历史哲学》，王造时译，上海书店出版社1999年版，第85页。

隐喻指称中国没有民族主义、没有民族国家这一西方如同独门秘诀般具有垄断性的现代性观念、体制，并需要西方民族国家所投界的启蒙之光。这种观点本身是与其将精神、理念的逻辑发展看作第一性而将时间上历史的发展看作第二性的"唯理智论"是若合符契的。与黑格尔如出一辙，梁启超在《新史学》中亦直言中国"无史"，将中国旧史学几乎一笔横扫殆尽，其原因即在于与其作为"他者"的旧史学以"君史"为表征的特质相决裂而义无反顾地标举"国史"这一新史学的义理内核。① 按照福柯知识考古学的方法，文献即文物，它本身成为遗迹，成为历史事件，书籍虽然以其物质个体化占有一个特定的空间，但白白地蜷缩在其小小的封闭性的六面体之中，不能成为话语分析的单位，而作者亦是具有异质性的主体，所以福柯的知识考古学不服从个人，而是以陈述在一个空间范围中腾挪施展的描述为要义。笔者并不冀图将中文"民族主义"最早使用者的桂冠归诸梁启超，但他的确是近代中国历史上倡导民族主义思想出类拔萃的先锋人物之一，他在《论民族竞争之大势》中研究了欧洲民族建国史后指出："近四百年来，民族主义，日渐发生，日渐强大，遂至磅礴郁积，为近世史之中心点。"② 民族主义有族群民族主义（ethnic nationalism）、语言民族主义（linguistic national-

---

① 其实，这里牵涉"历史"与"时间""历史时间"的概念区别问题。马克思、斯宾格勒同黑格尔一样断言东方社会"无史阶段"的现象存在，当代学者殷海光与梁启超当年所谓中国"无史"论具有某种"家族相似性"，他说："历史固然必须时间，但占时间长的民族不必就一定历史丰富。短命的天才之生命常比长命的白痴有声色。"（张斌峰、何卓恩编：《殷海光文集》第 4 卷，湖北人民出版社 2001 年版，第 276 页。）正是这样，许多美国学者和少数中国学者至今仍坚持不能因为美国建国仅三百年便遽言其历史短暂，在他们看来，美国历史比中国历史更丰富多彩、更底蕴深厚。其理据即在于此。这种观点实质在于坚持"现代性是时间开始具有历史的时间"（modernity is the time when time has a history，参详 Zygmunt Bauman，*Liquidity Modernity*，Cambridge：Wiley-Blackwell，2000，p. 110），契合于安德森在《想象的共同体》中所谓的民族国家产生伊始"新时间"与"旧时间"断裂感的作祟。

② 梁启超：《论民族竞争之大势》，下河边半五郎编辑：《壬寅新民丛报汇编》，日本帝国印刷株式会社 1905 年版，第 185 页。亦见《饮冰室合集》，中华书局 1989 年版，文集之十第 10 页。

ism）、贵族民族主义（nationalism of the nobility）、官方民族主义（official nationalism）、国家民族主义（statistic nationalism）等形形色色，但梁启超当时受伯伦知理的影响显然是国家民族主义的积极鼓吹者。在法国大革命和美国独立战争以后，"民族"在政治上的意义便彰显无遗，成为全体国民的总称，国家便被视为民族政治精神的表现，以此民族主义被卢梭称为"公民宗教"（civic religion），与爱国主义（patriotism）错综交织而无法截然厘划，"在国家＝民族＝人民这道等式中，最核心的项数显然是国家"①。正是这样，梁启超在 1899 年《清议报》发表伯伦知理《国家论》时将伯氏著作日译本第二卷译文有关"Nation"（吾妻兵治译作"族民"，《清议报》改作"民族"）与"Volk"（译作"国民"）区别的部分加以删去，奉伯氏所谓"Kein wahrer Staat ohne Volk"（无国民则无真国家）为圭臬，而麦孟华于 1900 年底《清议报》上发表的文章则声称"国家者，成于国民之公同心；而国家者，即为国民之公同体也。是以欧美政治家之公言，无政权之人民不能与以国民之称，而谓之曰：无国民者，无国家（No Nation，No State）；而国民之情感与国家无关系者，亦不能与以国民之称，而谓之曰：无国家者，无国民（No State，No Nation）。国民者，与国家本为一物，异名同实，要不能离为二也"②。1905 年，汪精卫在《民族的国民》这一部现代中国民族主义的奠基性论著中，亦在伯伦知理的观点启发下如法炮制，将民族界定为国民的共同体。在梁启超的《新史学》中，民族主义的话语与进化论的话语呈现相互牵搭、经纬交织的杂糅混合性叙述结构，堪称鼓荡梁启超所谓"新史学"风潮相辅相成的双翼。

首先，梁启超在《新史学》中开宗明义地阐述了史学在西方民族国家建构（State-building）的进化过程中的作用，指出："于今泰西通行诸学科中，为中国所固有者，惟史学。史学者，学问之最博大而最切要者也，国民之明镜也，爱国心之源泉也。今日欧洲民族主义所以发

---

① Eric J. Hobsbawm, *Nations and Nationalism since 1780: Programme, Myth, Reality*, Cambridge: Cambridge University Press, 1990, p. 23.

② 伤心人：《论中国国民创生于今日》，《清议报》第六十七册（光绪二十六年十一月一日）。

达，列国所以日进文明，史学之功居其半焉。"① 其次，如果说进化论构成梁启超《新史学》的内容，那么民族国家则是这种新史学所关注的进化现象的主体与范围。在梁启超批评旧史学"知有陈迹而不知有今务"与"知有朝廷而不知有国家"② 的弊端之间具有天然的联系，因为旧史学舍朝廷外无国家，所以"只为一代之主作谱牒，若何而攻城争地，若何而取威定霸，若何而固疆圉长子孙，如斯而已。至求其内政之纲弛，民俗之优绌，所谓寝强寝弱，与何以强弱之故者，几靡得而睹焉"③，不能探求历史进化的公理公例。再次，梁启超在《新史学》中将民族主义、民族国家视为历史进化的必然结果。王晴佳这样评论说："从理论上来看，历史进化的观念，对梁启超等人提倡民族主义思想和史学，有不少帮助。正因为有同一的时间观念，各个地区的历史都被排在一条进化发展的线上，中国的落后就凸显出来，成为不容争辩的事实。而目的论的分析方式，则让人看到，中国之所以落后，正是由于过去的历史所造成的。"④ 用梁启超自己在《新史学》的话来说，"今日俗提倡的民族主义，使我四万万同胞强立于此优胜劣败之世界乎？则本国史学一科，实为无老无幼、无男无女、无智无愚、无贤无不肖，皆所当从事，视之如渴饮饥食，一刻不容缓者也。然遍览乙库中数十万卷之著录，其资格可以养吾所欲、给吾所求者，殆无一焉。呜呼，史学革命不起，则吾国遂不可救，悠悠万事，惟此为大"⑤。

际处民族主义方兴未艾取得话语霸权、民族国家成为全球普遍性政

---

① 梁启超：《新史学》，易鑫鼎编：《梁启超选集》上，中国文联出版社 2006 年版，第 298 页。

② 梁启超：《新史学》，易鑫鼎编：《梁启超选集》上，中国文联出版社 2006 年版，第 299—300 页。

③ 梁启超：《续译列国岁计政要叙》，林志钧编：《饮冰室合集》，中华书局 1936 年版，文集之二，第 59—60 页。亦见《梁启超全集》，北京出版社 1999 年版，第 134 页。

④ 王晴佳：《中国史学的科学化——专业化与跨学科》，《20 世纪的中国学术与社会·史学卷（下）》，山东人民出版社 2001 年版，第 593 页。

⑤ 梁启超：《新史学》，《饮冰室合集》，中华书局 1989 年版，文集之九第 7 页。

体建制的年代，民族国家的现代性（modernity）不仅为西方资本主义经济发达国家所自矜，对所谓"非民族国家"而言，亦"必须自我重构为'历史性的民族国家'（historical nations）以便求得生存。此外，对进步历史的参与也向这些'未来的民族国家'透露出前进的契机：由于线性历史中的'时间'具有推进力，一旦将自己重构为完全同质的民族共同体，这些国家就能处于有利地位，通过竞争而进入'现代'"①。在优胜劣汰、适者生存的社会达尔文主义的世界环境中，梁启超将民族国家的建构视为现代性的象征，而在全力以赴臻于民族国家建构的脱胎换骨的进化历程中，"启蒙历史"模式的新史学则是产生作为现代世界民族国家体系之一部分的民族国家的媒介。如傅斯年所言，"历史之用，本在借喻于行事"②，而按照奥斯汀（John Langshaw Austin，1911—1960）语用学理论，说话就是做事（To say something is to do something）。梁启超提倡"史学革命"的语谓行为（locntionary acts）本身即以言行事，本身即是其开启民智、重铸国魂的民族国家思想资源整合建设工程的一个有机组成部分，"新史学"的功能即在于探究"新"而"历史的"民族国家自觉、自立的发展轨迹。一言以蔽之，梁启超的"新史学"乃民族国家进化史，即其所谓"国史"。

第二节　20 世纪中国史学在本质上是以民族国家的空间范围为书写框架

梁启超的《新史学》如前所述是中国近代新史学与传统旧史学的分水岭，开辟了中国近代史学的新纪元、新篇章。但是，长江后浪推前浪，世上新人催旧人。中国近代史学此后波澜壮阔，各领风骚的巨擘宗

---

① 杜赞奇：《后殖民史学》，刘东主编：《中国学术》2002 年第 1 期，总第 9 辑，商务印书馆 2002 年版，第 93 页。

② 傅斯年：《出入史门》，吕文浩选编，浙江人民出版社 1998 年版，第 123 页。

师百家争鸣，共同演奏出多声部的时代交响曲。他们张旗别帜，并非都汇集于狭义的梁启超"新史学"的大纛之下，而且梁氏本人亦非永远矗立于时代潮头浪尖而手把红旗旗不湿。一向以"新我"与"旧我"决战著称的人中翘楚梁启超，事实上在《中国历史研究法》及其《补编》已经放弃了"史学革命"的口号而代之以"史之改造"，在与胡适"整理国故"的桴鼓相应中，已从对传统旧史学深恶痛绝的激烈化情绪漩涡中超拔出来，渐趋平和，传统与现代二元对立的思维张力已明显缓和，所以我们不能把梁启超《新史学》拔高为近代史学的极规，没有必要将中国近代史学庞大的身躯生硬地塞入 1902 年梁启超《新史学》这件既短且紧的衣衫之中。相反，作为中国近代史学发轫的象征符号，我们的反省是建立在对 1902 年梁启超《新史学》所缔构的本质性的"范式"之上，所以以梁启超为标牌铭记的"新史学"从语用学上看是指称中国近代史学整体，显然是采取一种广义的扩充。对中国近代史学的发展，学术界长期以来即有不同的分类或类型学概括。1936 年，冯友兰在马乘风著《中国经济史》序言中即云"中国现在史学，有信古、疑古、释古三种趋势"，乃最早对中国史学流派作出划分的尝试。①1939 年，钱穆在《国史大纲·引论》中将 20 世纪史学分为传统派（亦可谓记诵派）、革新派（亦可谓宣传派）、科学派（亦可谓考订派）三派。他解释说："传统派主于记诵，熟谙典章制度，多识前言往行，亦间为校勘辑补。此派乃承前清中叶以来西洋势力未入中国时之旧规模者也。其次曰革新派，则起于清之季世，为有志功业急于革新之士所提倡。最后曰科学派，乃承以科学方法整理国故之潮流而起。"② 在钱穆的总结概括中，所谓"革新派"的史学随时递变又分为三期，其初为"政治革命"（指梁启超倡导的"新史学"时期），继而为"文化革命"（指钱玄同、顾颉刚等掀起的"古史辨"时期），而后乃"经济革命"

① 转引自周文玖：《我国 20 世纪三四年代的史学评述》，《史学理论研究》1999 年第 2 期。
② 钱穆：《〈国史大纲〉引论》，单纯、旷昕主编：《良知的感叹：二十世纪中国学人序跋精粹》，海天出版社 1998 年版，第 211—212 页。亦可参见何兹全：《钱穆先生的史学思想》，《何兹全文集》第 6 卷，中华书局 2006 年版，第 3213 页。

（指 1927 年以后的社会经济史研究）。王学典在《中国现代史学思潮研究》中则将梁启超《新史学》之后的史学思潮归纳为客观主义（又称实证主义）、相对主义和马克思主义三大流派。对近代中国史学流派的分类或类型学概括在相当程度上取决于话语者的主观意识，见仁见智，难期划一。此外，在林林总总的史学流派中，每个人都有自己心目中的太阳，"新史学"在胡适、傅斯年、何炳松、张荫麟、王亚南、周予同、华岗等人心目中都呈现出色色不同的形象与印契。尽管诸史家对各自的"新史学"抱道自守，管弦竞奏，但中国近代史学的发展历史并非如后现代主义者所大刀阔斧解构之后的一地鸡毛般无从收拾，并非无韵律可发覆的变奏曲，而是隐匿着统之有宗、合之有元的共同的潜存学术范式。梁启超 1902 年《新史学》所发轫的"民族国家"可以说是其中起伏跌宕的剧情主线，不绝如缕，并且扑朔迷离地表现为如杜赞奇所谓的"一种同时兼具散失与传承的二元性或复线性的运动"（a simultaneously dual or bifurcated movement of transmission and dispersion）[1]。诸如钱穆那样"一生为故国招魂"（余英时语）、在"国将不国"的年代使用"国史"一词并登高疾呼"治国史之第一任务，在能于国家民族之内部自身，求得其独特精神之所在"[2] 之类学者身上，以民族国家为空间单元本位的历史叙述结构自然昭昭若揭毋庸赘言，问题的关键在以傅斯年为代表的科学史学派和以顾颉刚为代表的"古史辨派"似乎殊非类是。

　　1923 年，顾颉刚在《读书杂志》第 9 期发表《与钱玄同先生论古史书》，阐发了其著名的"层累地造成的古史"，认为"古史是层累地造成的，发生的次序和排列的系统恰是一个反背"[3]，即"时代愈后，

---

　　[1]　Prasenjit Duara, *Rescuing History from the Nation, Questioning Narratives of Modern China*, Chicago：Chicago University Press，1995，p. 71.

　　[2]　钱穆：《〈国史大纲〉引论》，单纯、旷昕主编：《良知的感叹：二十世纪中国学人序跋精粹》，海天出版社 1998 年版，第 218 页；亦见罗义俊编：《理性与生命：当代新儒学文粹》（一），上海书店出版社 1994 年版，第 390 页。

　　[3]　顾颉刚：《〈古史辨〉第一册自序》，《顾颉刚集》，中国社会科学出版社 2001 年版，第 61 页；亦见顾颉刚：《当代中国史学》，辽宁教育出版社 1998 年版，第 177 页。

传说的古史期愈长"，"时代愈后，传说中的中心人物愈放愈大"①。正如刘起釪所言，顾颉刚的这一论断一经提出，"把一向不认为有任何问题的绝对可信的我国煌煌古史系统来一个从根予以推翻，等于是向史学界投了一枚原子弹，释放出极大的破坏力，各方面读些古书的人都受到这个问题的刺激，因为在人们的头脑里向来只知盘古以来三皇五帝，忽然听到没有盘古，也没有三皇五帝，像晴天霹雳一样太出于想象之外"②。顾颉刚大刀阔斧的疑辨古史不啻将中国历史时段中不甚可靠的一大截霍然砍去，以至于 1929 年他为商务印书馆编辑的《中学用历史教科书》所列《传说中的三皇五帝》一章就曾因"不提'盘古'，对'三皇''五帝'只略叙其事，加上'所谓'二字，表示这些话并不真实"而招致物议，戴季陶甚至出面从政坛上发出一道法律的令箭"掷地有声"地说："中国人所以能团结为一体，全由于人民共信自己为出于一个祖先；如今说没有三皇五帝，就是把全国人民团结为一体的要求解散了。"③ 他还说："民族问题是一个大问题，学者们随意讨论是许可的，至于书店出版教科书，大量发行，那就是犯罪，应该严办。"④ 顾颉刚几乎因非圣无法而被坐以"叛国罪"明正刑典，最后该书被当局查禁。

　　其实，顾颉刚历史叙述中的时空架构是十分耐人寻味的。顾颉刚古史研究旨在打破古代民族出于一元的观念、古代地域向来一统的观念、"古史人化"的观念和古代为黄金世界的观念四大偶像。他将古史中时间的因素与地理空间因素视为棋盘上的纵线和纬线，透过星罗棋布的传说故事在历史的缝隙和裂纹中反读历史，揭示了地理空间因素被转变为

---

　　① 顾颉刚：《与钱玄同先生论古史书》，蔡尚思主编：《中国文化名著选读》，浙江人民出版社 1989 年版，第 446 页。亦可参考胡适：《古史讨论的读后感》，胡明编：《胡适选集》，天津人民出版社 1991 年版，第 177 页。

　　② 刘起釪：《顾颉刚先生学述》，中华书局 1986 年版，第 104 页。

　　③ 顾颉刚：《我是怎样写〈古史辨〉的》，岳麓书社编：《文史哲学者治学谈》，岳麓书社 1983 年版，第 101 页。

　　④ 顾颉刚：《我是怎样编写〈古史辨〉的?》（下），《古史辨》第 1 册，上海古籍出版社 1982 年版，第 19 页。

时间连续的接榫，从而打破了一元论的古史传统。① 他说："我们口里常常说是'炎黄神明之胄'，又常常说'炎黄在天之灵实式凭之'，为什么我们这汉族老像'一盘散沙'，无论如何团结不起来呢?"② 在他看来，拆去古史中"伪造的体系和装点的形态而回复其多元的真面目，使人晓然于古代真相不过如此，民族的光荣不在过去而在将来"③，从而从沉湎于古代的黄金世界中解放出来，迈步蹈厉奔趋华美光灿的明天，这种对历史之锈的刮垢磨光正是重铸民族国家魂魄的必经之路。劳伦斯·施奈德（Laurence A. Schneider）将顾颉刚对民俗学的关注解读为将民间文化传统去其锈而发其莹，作为儒家文化的替代品和民族国家建立的基础，④ 是有一定道理的。我们也可以从顾氏后来在后套调查王同春生平事迹的活动清楚地得到印证。至于顾颉刚在 1934 年创办《禹贡》半月刊、组织禹贡学会，以中国最早地理文献《禹贡》为刊名，继嘉道咸年间的边疆史地学之后发起中国边疆研究第二次高潮，营建近代中国历史地理学的堂构，更是彰显了中国近代新史学以民族国家为空间单元本位的鲜明特质。

傅斯年与顾颉刚初则为形同莫逆的同窗契友，最后因学术观点等诸多原因而凶终隙末。学术界将顾颉刚作为古史辨派代表人物的同时，将傅斯年作为"科学史学派"的群伦领袖。傅氏涉足政治活动远较顾氏为深，在出入史门之际固然影响了其沉潜专精的学术成果的产出，但正如美籍华人历史学家、考古学家张光直所言："傅先生是一位历史天才，是无疑的。他的《夷夏东西说》一篇文章奠定他的天才地位是有余的。这篇文章以前，中国古史毫无系统可言。傅先生说自东汉以来的中国

---

① 参见彭明辉：《疑古思想与现代中国史学的发展》，台北商务印书馆 1991 年版，第 208—211 页。

② 顾颉刚：《三皇考·自序》，《古史辨》第 7 册，开明书店 1941 年版，第 46 页。或可参见郑良树编著：《顾颉刚学术年谱简编》，中国友谊出版公司 1987 年版，第 126 页。

③ 罗根泽编：《古史辨》第 4 册，上海古籍出版社 1982 年版，第 13 页。

④ Laurence A. Schneider, *Ku Chieh-Kang and China's New History: Nationalism and the Quest for Alterative Traditions*, Berkeley: University of California Press, 1971, p. 169.

史，常分南北，但在三代与三代以前，中国的政治舞台……地理形势只有东西之分，而文化亦分为东西两个系统。"① "他的东西系统成为一个解释整个中国大陆古史的一把总钥匙。"② 更为重要的是，傅氏作为被胡适誉为"最有组织才干的天生领袖人物"，虽被一些学术人诋为霸气十足的"学阀"，但他倾尽全力经营创办的中央研究院历史语言研究所，倡导"集团式研究"，名家辈出，堪称中国历史学研究走上科学化、现代化的标志；傅氏在 1928 年发表的《历史语言研究所工作之旨趣》一文，虽未像梁启超那样明白标榜"新史学"，也未与时俱进喊出与政治革命相类似的"史学革命"的口号，但它毕竟从一个途径将中国史学真正引上了一条新的科学化道路。③ 傅斯年认为，"近代的历史学只是史料学，利用自然科学供给我们的一切工具，整理一切可逢着的史料"，④ 反对历史观进入历史学，主张以纯客观的态度研治史学，以史料为研究对象，"上穷碧落下黄泉，动手动脚找东西"⑤，"一分材料出一分货，十分材料出十分货，没有材料便不出货"⑥，对史料存而不补、证而不疏，宁肯让历史是一个缺边掉底、折把残嘴的破罐子，亦不可将其加以整齐补苴。按照傅斯年倡导的研究路径取向，"史学的工作是整理史料，不是去扶持或推倒这个运动或那个主义"⑦，似乎其"科学史学"中不应有民族主义安身立命之所，但实际情况并非如此。

　　就根本而言，傅斯年倡导的"科学史学"本身即可谓一种旨在推

---

① 转引自何兹全：《傅斯年的史学思想和史学著作》，《历史研究》2000 年第 4 期。

② 转引自何兹全：《民族与古代中国史·前言》，傅斯年：《民族与古代中国史》，河北教育出版社 2002 年版，第 4 页。

③ 欧阳哲生主编：《傅斯年全集》，湖南教育出版社 2003 年版，第 32 页。

④ 中央研究院历史语言研究所：《国立中央研究院历史语言研究所集刊》第 1 期，1928 年 10 月。

⑤ 傅斯年：《历史语言研究所工作之旨趣》，傅斯年：《史料论略及其他》，辽宁教育出版社 1997 年版，第 48 页。

⑥ 傅斯年：《历史语言研究所工作之旨趣》，傅斯年：《史料论略及其他》，辽宁教育出版社 1997 年版，第 47 页。

⑦ 傅斯年：《史学方法导论：傅斯年史学文辑》，雷颐点校，中国人民大学出版社 2004 年版，第 2 页。

进近代中国史学现代化的运动、一种追求科学化的史学客观主义。当时的新史家们对欧洲的东方学者夐夐独造的学术成就从内心深处羡妒交加。傅斯年明确表示，"材料不限国别，方术不择地域，既以追前贤成学之盛，亦以分异国造诣之隆"①，其孜孜以求的奋斗目标，即在于"要科学的东方学之正统在中国"②，"以分异国造诣之隆"民族主义的情愫彰彰甚明，不啻为向西方汉学挑战的宣言书。傅斯年的科学史学主张确乎与民族主义思想意识具有千丝万缕的联系自不待言，但傅氏"绝非头脑简单的民族主义史学家"③。赴欧留学前，傅斯年不仅"绝不主张国家主义"，且对"五四运动单是爱国运动"一说"不赞一词"。④创办历史语言研究所之际，他又认为历史学、语言学"断不以国别成逻辑的分别，不过是因地域的方便成分工"⑤。后来，他还反对将中学历史分为本国史和外国史，指出："历史当然要有个地方范围，有地方范围，才能叙说人文演进，人事变迁之意义。外国真不成一个历史的体（entity）。"⑥ 然而，傅斯年主张将历史分为"中国史"和"西洋史"两大范畴仍未能超然于民族主义的界域之外。在他看来，这样"既可以明了西方文化因革的脉络，并可以表显中国文化的地位，因为东亚中亚的历史，大可附见中国史中，他们在文化上本是中国的四裔，在历史，也仅是中国的卫星而已"⑦。从总体而言，傅斯年的史学倾向是历史学科学化基础上的民族主义。在特殊的情况下，他甚至不惜冒险犯难撰述

---

① 傅斯年先生百龄纪念筹备会编：《傅斯年文物资料选辑》，台北"中央研究院"历史语言研究所 1995 年版，第 62—63 页。

② 傅斯年：《历史语言研究所工作之旨趣》，傅斯年：《史料论略及其他》，辽宁教育出版社 1997 年版，第 49 页。

③ Prasenjit Duara, *Rescuing History from the Nation: Questioning Narratives of Modern China*, Chicago: Chicago University Press, 1995, p. 39.

④ 傅斯年：《中国狗和中国人》，《新青年》1919 年 11 月 1 日，第 6 卷第 6 号。

⑤ 傅斯年：《历史语言研究所工作之旨趣》，傅斯年：《史料论略及其他》，辽宁教育出版社 1997 年版，第 46—47 页。

⑥ 傅孟真：《闲谈历史教科书》，《教与学》1935 年第 4 期。

⑦ 傅斯年：《出入史门》，吕文浩选编，浙江人民出版社 1998 年版，第 117 页。

《东北史纲》批驳日本学者矢野仁一（やのじんいち，1872—1970）
"满蒙在历史上非中国领土论"，竟因时间仓促缺漏纰缪较多而为缪凤
林揪住辫子，为此大受苦头却无悔初衷。所以第一部有关傅氏的英文博
士学位论文①即是以"好战的民族主义者"为题。

　　马克思主义史学思潮无疑是 20 世纪中国史学的主导潮流。从发生
学的角度而言，马克思主义史学思潮在中国的勃兴本身即如吉登斯所谓
是民族国家建构的反思性话语实践的产物。郭沫若在《中国古代社会研
究》自序中云："目前虽然是'风雨如晦'之时，然而也正是我们'鸡
鸣不已'的时候。"② 其目的正在于"唤起我们颓废的邦家、衰残的民
族"③，具有明显的以国家民族为本位的学术倾向。抗战时期，吴玉章
即推崇章太炎"国之有史久远，则灭亡之难"④ 的论说，提出："历史
科学是为民族革命和社会革命而斗争的有力工具。"⑤ 马克思主义史学
崛起之初，一则由于论战需要着力说明马克思主义关于人类社会历史发
展规律的普遍适用性，一则由于中国早期马克思主义史家在运用唯物史
观探讨中国历史的规律时存在简单化、机械化、教条主义的倾向，加之
往往不用心搜集材料而常凭借薄弱的证据立论，以致题目太大，材料太
少，多抽象地泛论"中国社会发展法则或客观规律，和世界其他各民
族、国家一样，并没有什么本质的特殊"⑥，拒绝所谓不同"国情"的
命题。强调中国历史符合人类历史上存在的普遍规律，固然对中国历史

---

　　①　参见 Alan G. Moller, *Bellicose nationalist of Republican China: An Intellectual Biography of Fu Ssu-nien*, PhD thesis Melbourne, 1979。

　　②　《郭沫若全集》历史编第 1 卷，人民出版社 1982 年版，第 10 页。

　　③　中国现代文学馆编：《郭沫若文集》上卷，"述怀"，华夏出版社 2000 年版，第 112 页。

　　④　章太炎：《原经》，姜玢编选：《革故鼎新的哲理：章太炎文选》，上海远东出版社 1996 年版，第 331 页。前揭引文亦见吴玉章：《研究中国历史的意义》，蒋大椿主编：《史学探渊：中国近代史学理论文编》，吉林教育出版社 1991 年版，第 660 页。

　　⑤　吴玉章：《研究中国历史的意义》，蒋大椿主编：《史学探渊：中国近代史学理论文编》，吉林教育出版社 1991 年版，第 659 页。

　　⑥　吕振羽：《史前期中国社会研究》（《中国原始社会史》补订本），生活·读书·新知三联书店 1961 年版，第 18 页。

学的科学化具有不可低估的重大意义，但亦正如翦伯赞当时痛陈其弊云，"新的历史学，直到现代，还是一种外来的科学，他依然是当做一种制成品，原封原样地输入中国。因此，在过去若干年间，这种外来的历史学，一到中国，便成了若干教义的集成"[①]，亟须"中国化"。而随着抗战的兴起，"学术中国化"的主张日趋流行，马克思主义史学家开始逐步纠正前一时期偏重一般性而忽视中国历史特殊性的倾向。例如，郭沫若《中国古代社会研究》被誉为中国马克思主义历史学第一部重要著作，开辟草莱之功甚伟，而后出的侯外庐《中国古代社会史》则堪称抗战时期"新历史学的古代法则的中国化"尝试的产物。与郭沫若将自己的《中国古代社会研究》视为马克思、恩格斯《家庭、私有制和国家的起源》的"续篇"相反，侯外庐则将自己的著作明确定位于《家庭、私有制和国家的起源》的"中国版"并全力以赴。抗战爆发以后，范文澜、翦伯赞、吕振羽等杰出马克思主义史学家打破传统王朝世系和上古、中古、近古、近世等笼统、模糊的旧史体例，按照马克思主义社会形态发展学说将中国历史划分为原始社会、奴隶社会、封建社会几个相继发展的不同阶段，并且力图以整个"中华民族"而非仅汉族的角度把握中国史，他们的历史诠释和书写隐含的民族国家这一结构性框架的撑柱一望可知。当然，正如许冠三所言，郭沫若、翦伯赞、范文澜三位马克思主义史学权威由于性格教养各异、入门机缘有殊，其史学在大同中实不乏小异甚至大异。[②] 例如，范文澜"述论史事固以民族大义为准绳，评论人物亦以之为尺度，如称曾国藩为'汉奸刽子手'，诋胡适为'文化汉奸头子'，并拉蒋廷黻作陪，俱是从'严夷夏之辨'着想。终其一生，在民族交涉史的处理上，从头到尾皆是以汉族为本位，即对内肯定汉族中心，对外强调中国特殊，与翦伯赞反大汉族主义的立场大异其趣"[③]。

---

① 翦伯赞：《略论中国史研究》，《学习生活》第 10 卷第 5 期（1943 年 5 月 1 日）。

② 许冠三：《新史学九十年》，岳麓书社 2003 年版，第 369 页。

③ 许冠三：《新史学九十年》，岳麓书社 2003 年版，第 447 页。

第三节　西方近代史学发展的剧情主线：
以民族国家为书写的基本单元

在中世纪的欧洲，历史书写受基督教神学观的浸染而几成布道，世界"一统"的观念确实在当时的史家头脑中深植其根。尽管中世纪的历史观念具有连续向前发展的因素，但在如本雅明所谓一种过去和未来汇聚于瞬息即逝的现在的"弥赛亚时间"（Messianic time）观念支配下，① 神圣的历史被视为各地区分散历史的中心轴，空间范围广阔的、体现人类走向天国的"天路历程"的世界史由此得以贯串一线。文艺复兴以后，不仅人文主义思潮澎湃，而且民族情感亦在历史著述中滥觞。西方近代国家学说的肇兴与马基雅维利激扬文字的鼓荡固密不可分，而恰如英国著名历史学家古奇（George Peabody Gooch，1873—1968）《十九世纪历史学与历史学家》（*History and Historians in the Nineteenth Century*）所言："当马基雅维利和圭恰迪尼使历史学超脱文学的领域，并将其与国家生活联系起来以后，历史学发展到了一个新的阶段。"② 王晴佳亦将圭恰迪尼（Francesco Guicciardini，1483—1540）的《意大利史》（*Storia d'Italia*）的出版及其广受欢迎视为民族主义史学的先驱。③ 由于民族主义思潮尚未大规模风起云涌，西方史学新旧嬗变长期呈现驳杂陆离的势态。费特（Nachlaß Eduard Fueter，1876—1928）

---

① Walter Benjamin，*Illuminations*，Hannah Arendt ed.，Harry Zohn trans.，London：Fontana，1973，p. 265.

② G. P. Gooch，*History and Historians in the Nineteenth Century*，London：Longmans，Green and Company，1952，p. 2. 其实，博古史亦具有民族主义的意识，旨在从古物的考订和鉴识中展现自身民族的辉煌历史。参见 George Hupprt，*The Idea of Perfect History：Historical Erudition and Historical Philosophy in Renaissance France*，Urbana and Chicago：University of Illinois Press，1970。

③ 王晴佳：《西方的历史观念：从古希腊到现代》，华东师范大学出版社2000 年版，第 82 页。

在其名著《近代史学之历史》（*Geschichte der neuren Historiographie*）中将 17 世纪欧洲史学传统分为四大主流，即教会史（Ecclesastical History）、种族史（Ethnographic History）、博古史（Antiquarian History）和艳情史（Historiographie galante or Romanesque），其中教会史系出于宗教分歧，而种族史则成于种族与生存空间的隔阂，都系人类社会处于重大分裂而产生的强烈感觉所致。① 另一方面，由于地理探险及大发现时代以来殖民扩张推进，这时期"世界史"和"普世史"的取向同样昭著可见。及至 18 世纪中叶，有西方史学史上第一个具有近代意义历史学派之誉的德国哥廷根学派早期代表人物施洛塞尔（August Ludwig von Schlözer，1735—1809）等均强调世界史的整体性和系统性，力求以具有崭新意义的世界史（world history）取代传统的世界通史（universal history），而其后期代表人物赫伦（Arnold Hermann Ludwig Heeren，1760—1842）则将该学派先前的世界主义观念缩小成近代欧洲国家体系的观念，以致后来又被兰克进一步扬厉推衍，其间移宫换羽的迤逦递变亦彰明较著。

19 世纪的法国历史学家梯叶里（Augustin Thierry，1795—1856）自豪地声称："恰恰是历史学给 19 世纪打下了烙印，给 19 世纪以命名，正像哲学给 18 世纪以命名一样。"② 如果说 18 世纪被当时的理性主义史家自命为"理性的时代"或"哲学的世纪"是名副其实，那么 19 世纪则无愧于"历史学的世纪"。当伏尔泰等人如普希金（Алекса́ндр Серге́евич Пу́шкин，Aleksandr Sergeyevich Pushkin，1799—1837）所言"将哲学的明灯带进了黑暗的历史档案库中"③ 的同时，不可否认的是，启蒙运动崇尚抽象与绝对准则的时代氛围并不利于历史感的形成，这个

① Hayden White, *Metahistory: The Historical Imagination in Nineteenth - Century Europe*, Baltimore：The Johns Hopkins University Press，1975，p. 59.

② 转引自张广智主著：《西方史学史》，复旦大学出版社 2010 年版，第 164—165 页。

③ 维·彼·沃尔金：《十八世纪法国社会思想的发展》，商务印书馆 1983 年版，第 34 页。或可参见阿尔塔蒙诺夫：《伏尔泰评传》，马雍译，作家出版社 1958 年版，第 80 页。

时代的趋势使史家往往满足于肤浅的探究和轻率的概括性论断，作为一种对启蒙主义思潮的直接反动，于 18 世纪末开始涌现并于 19 世纪上半叶风行的浪漫主义思潮则热情地诉诸过去，其重视历史的价值取向对西方近代史学的发展无疑注入了强劲的动力。浪漫主义兴起伊始，"尊重地方色彩"的口号在法国便不胫而走，与启蒙思想中普遍人性的观念迥然相别。基于此，浪漫主义史学家以更为广阔的时空视野考察民族文化的复杂性，扬弃理性主义非历史的形式逻辑推理，认为历史应当充分展示各国和各民族历史发展的具体特征，体现每个民族所固有的民族精神，因而尤其重视编写民族史和国别史。[①] 再者，法国大革命是欧洲大陆民族国家建构的重要里程碑，其冲击波的扩散激发了欧洲各国的民族意识，浪漫主义和民族主义实际上往往合而为一。

尽管学术界有人将浪漫主义思潮沿波探源追溯至启蒙思想家卢梭，并奉之为"浪漫主义运动之父"，但真正第一次较为系统地体现浪漫主义史学思想根本内涵的著作，实际上应首推赫尔德（Johann Gottfried von Herder，1744—1803）《人类历史哲学思想》（*Ideen zur Philosophie der Geschichte der Menschheit*）。赫尔德作为浪漫主义运动在学术上的始祖，鼓舞了德国民族主义的成长。在赫尔德身上，民族主义和自由主义精神是携手并进的。正如 J. W. 汤普森（James Westfall Thompson，1869—1941）所说，当时德国的学术土壤和精神气氛颇富生命力，因此浪漫主义的魔棒一点即把全德国变成了一个巨大的历史研究室。[②] 以雅各布·格林（Jacob Ludwig Karl Grimm，1785—1863）为例，他深受赫尔德民族文化本位思想的濡染。家喻户晓的《格林童话》（*Kinder-und Hausmärchen der Brüder Grimm*，2 Bde.，1812 – 1815）第一卷于 1812 年出版时，赫尔德就预言它将成为未来少年的一个圣诞礼物。但我们应该清楚地看到，《格林童话》的主要目的乃在于彰显丰富的民族财富，格林从语言学研究入手最终深入法律史，为后来的历史语言学研究垂仪示

---

① 张广智主著：《西方史学史》，复旦大学出版社 2010 年版，第 208 页。

② James Westfall Thompson and Bernard J. Holm，*A History of Historical Writing，Volume II，The Eighteenth and Nineteenth Centuries*，New York：The MacMillan Company，1942，p. 120.

轨，其出发点和孜孜以求的目
标都在于为民族国家的建立奠
定笃实厚重的历史基础。此
外，浪漫主义史学在法国、英
国等国家亦有明显突出的表
现。杨豫这样写道："浪漫主
义史学家围绕着中世纪民族起
源的问题展开了争论，而这场
争论反映了 19 世纪欧洲民族
国家形成的历史过程。这一过
程中，西方史学演变为民族主
义史学和自由主义史学。"①
"民族性成为浪漫主义史学的
研究主题。但是，浪漫主义学
者对民族性的解释又陷入了一
种无力自拔的循环：他们断言

雅各布·格林（右）和威廉姆·格林（左）像

各个民族不同的'天赋'造成了制度、法律、文学和艺术的特殊性。
反过来，民族性又是这些不同的制度、法律、文学和艺术的产物。"②

民族主义原型与现代民族主义之间并没有一脉相承的关联，现代民
族主义之所以不断诉求于历史传统，就是为了动员过去既存的象征符号
和感情以将民族建成领土国家。早在 18 世纪，穆拉托里（Lodovico An-
tonio Muratori，1672—1750）就在意大利着手编纂《意大利铭文汇编》
（*Rerum Italicarum Scriptores*）的鸿业。19 世纪初，德国政治家斯泰因
（Karl vom und zum Stein，1757—1831）组织"德国古代史料学会"
（Gesellschaft für altere deutshe Geschichtskunde），捐资募款，推动筹划中
世纪德国史料的出版。斯泰因表白立意动机说："我一直希望促进对德
意志历史的爱好并为它的研究工作提供便利，从而有助于保持对我们的

① 杨豫：《西方史学史》，江西人民出版社 1993 年版，第 236 页。
② 杨豫：《西方史学史》，江西人民出版社 1993 年版，第 235 页。

共同祖国和伟大祖先的挚爱。"① 他认为这样一项工作将有助于爱国主义教育的目的，正如它将有助于学术研究的目的一样。斯泰因的满腔热忱得到年富力强的学者佩茨（Georg Heinrich Pertz，1795—1876）的积极响应，佩茨带着巨大的爱国激情将毕生精力奉献于这项宏伟的事业。正如他们的座右铭所言，"神圣的对祖国的爱给了我们精神力量"（Sanetus amor patriae dat animum），举世闻名的《德国史料集成》（Monumenta Germaniae Historica，MGH）正是这种亢奋激昂的民族主义情绪鼓舞下众志成城的产物，而这一蔚为大观的史料整理工程作为德意志民族国家建构整体系统工程的有机组成部分亦不负历史所赋予的使命。

　　无独有偶，法国七月王朝的著名政治家兼历史学家基佐（François Pierre Guillaume Guizot，1787—1874）和德国的斯泰因推动史料编纂一样，也在几乎同一时期为积极推动法国的史料编纂殚精竭虑。他发起成立"法国历史学会"，擘划出版《法国史未刊文献集成》（Collection de documents inédits sur l'histoire de France）。《中世纪大不列颠与爱尔兰编年史与资料集》（The Chronicles and Memorials of Great Britain and Ireland during the Middle Ages）的编纂是同样类型的工作。② 可见，民族国家的建构是配置性资源和权威性资源并行俱进的增长过程，而历史被作为一种文化资源被充分利用；历史学家深入到档案中去寻求证据，以便支持其民族主义的成见并从而赋给它们以一种科学权威的气氛，对西方民族国家的建构发挥了重要角色。

　　霍布斯鲍姆说："学校和大学的进展是度量民族主义的标尺，正如学校，尤其是大学，是民族主义最有意识的斗士。"③ 这也许未必适用于其他时空，但对于 19 世纪欧洲而言则无疑于史相符。新式公共教育

① G. P. Gooch，History and Historians in the Nineteenth Century，London：Longmans，Green and Company，1952，p. 61.

② Georg G. Iggers，Historiography in the Twentieth Century：From Scientific Objectivity to the Postmodern Challenge，Hanover and London：Wesleyan University Press，1997，p. 27.

③ Eric J. Hobsbawm，The Age of Revolution, 1789 – 1848，New York：Mentor Books，1964，p. 166.

取代教会的功能对西方现代民族国家的结构化至为攸关，西方现代民族国家的建构正是植基立础于教育机器不断的意识形态再生产所形成的同质化空间。在欧洲，大学里历史专业的出现很大程度上与民族国家建构密切相关。在 18 世纪前期，西方史学尚未取得独立地位，历史课程在西方大学里几乎付诸阙如。英王乔治一世曾在牛津与剑桥两所大学内设立现代史讲座，但教授多不专业，且很少讲课或从来不讲。在法国，夏尔·罗兰（Charles Rollin，1661—1741）当时慨叹学校竟没有安排讲授法国史的时间，而"不知道历史，是每个善良的法国人的奇耻大辱"①。他还说自己虽然身在祖国，却像一个外国人一样。② 直到 1769 年法国学院设立历史和伦理学讲座后，历史课才被承认有权同较老的学科处于平等地位。而法国大学系统里历史专业的普遍建立则是在 19 世纪 70 年代。是时，法国甫经普法战争之败，法国的历史学家不仅自视为民族遗产的传承者，而且是"公共舆论的塑造者，肩负着用历史的教训来重建民族自豪感、使新遭耻辱的祖国寻求新生和复仇的重任"③。1810 年建立的柏林大学不仅是德国史学崛起的标志，而且对 19 世纪和 20 世纪的整个西方史学影响深远。柏林大学诞生于德国民族危机严峻之机，柏林大学创办伊始主掌历史讲坛的尼布尔（Barthold Niebuhr，1776—1831）以其《罗马史》（*Römische Geschichte*，3 Bde.，Berlin，1811 - 1832）而成为欧洲公认的学术界之王，他坚信历史研究中蕴含着伦理意义和对爱国精神的激励，民族主义是其政治哲学的主要原则。学术界认为是尼布尔最终把"处于从属地位的史学提高为一门尊严的独立科学"，但史学专业化与民族国家整合的不解之缘由此可见。西方近代史学的专业化是学术发展内部驱力与政府襄助的合谋产物，但专业化的学术精神又与其政治功能之间存在着张力。如果说浪漫主义史学家从总体上尚不能彻底

---

①　G. P. Gooch，*History and Historians in the Nineteenth Century*，London：Longmans，Green and Company，1952，p. 12.

②　G. P. Gooch，*History and Historians in the Nineteenth Century*，London：Longmans，Green and Company，1952，p. 12.

③　William R. Keylor，*Academy and Community：The Foundation of the French Historical Profession*，Cambridge，Mass.：Harvard University Press，1975，p. 3.

摆脱华而不实的业余历史研究气息，那么大学体制下历史研究的学院化、专业化必然助长具有客观主义色彩的批判史学的发展，兰克学派的出现正是继承尼布尔遗绪自然顺势的逻辑延伸。

如同黑格尔在德国古典哲学发展史上的位置一样，兰克（Leopold von Ranke，1795—1886）为自哥廷根学派开始的德国史学专业化进程写下了最后一个句号，在西方史学上被誉为"历史科学之父"。兰克对德国史学界的影响可以用汤普森的话来说："德国大部分伟大史学

兰克像

家，除少数例外，均是由他这位导师的柏林大学研究班培养出来的。将兰克的弟子列一张表读起来就像一部史学界名人录。"① 兰克近半个世纪的教育生涯造就桃李满天下，其中著名的有吉泽布雷希特、魏茨（George Waitz，1813—1886）、瓦腾巴赫（Wilhelm Wattenbach，1819—1897）、蒙森（Theodor Mommsen，1817—1903）等人。兰克弟子组成的"军团"不仅在德国高掌远蹠，称雄一时，而且至 20 世纪初几乎垄断整个欧洲史学讲坛。由兰克嫡传弟子阿克顿（Lord Acton，1834—1902）创立的"剑桥学派"堪称兰克学派在英国的分支，而法国的摩诺（Gabioel Monod，1844—1912）、美国的班克罗夫特（George Bancroft，1800—1891）和亚当斯（Herbert Baxter Adams，1850—1901）等兰克门下的外国学生均驰名于世，使兰克的学术影响力在国际上广为播布。尽管有学者考证兰克"如实直书"（Er will bloß zeigen wie es eigentlich gewesen）的名言最早出自奥地利学者施密特（Michael Ignaz Schmidt，

---

① James Westfall Thompson and Bernard J. Holm, *A History of Historical Writing, Volume II, The Eighteenth and Nineteenth Centuries*, New York：The MacMillan Company，1942，p. 187.

1736—1794），① 但正如英国当代历史学家爱德华·卡尔（Edward Hallett Carr，1892—1982）所言，恰是兰克"这句并不怎么深刻的格言却取得了惊人的成功。德国、英国甚至法国的三代历史学家在走入战斗行列时，就是这样念咒文似的高唱这些有魔力的词句的：'如实直书。'"② 古奇说："当浪漫主义的民族主义学派还在兴盛时期，兰克便给历史的理论与研究注入了新的精神。"③ 古奇所谓"新的精神"即是兰克史学"如实真书"的客观主义态度。学术界通常认为，兰克史学范式是一种叙事史范式（narrative paradigm），强调历史研究以批判地考证史料（主要是档案）为基础，以"严格按照事实叙述过去的经历，即便枯燥无味也在所不惜"为治史的最高准则。

其实，兰克被塑造成类似于我国清代考据学者般"洋考据学者"的客观主义史学或者说科学史学之父的形象，从根本上而言存在严重的误读。兰克作为西方近代史学泰斗巨擘，其思想性格具有兼容并蓄的多元性，正是他身上具有多种复杂元素的汇聚缩结，而以成其大。一方面，他尊崇超然是非、褒贬之外的"不偏不倚"（unpartheyisch），以审慎的作风和精密的判断力著称于世，另一方面，他又堪称19世纪产生的"偏见"最大的历史学家之一。在当时，热心的民族主义者感叹兰克世界主义的平静态度。诚然，兰克作为教师终生都在讲授"世界史"，但作为历史著作家，他笔下出现的却是地方史或国别史。兰克的确力图在历史发展的多样性中寻找统一性。在他看来，除了作为有机统一体的世界史之外，再也不存在其他任何世界，一种普遍的历史的生命在民族或民族集团之间不断地流传着，这不可能仅依靠限于一隅的个别民族的历史而获致其洞识。不过，在当时欧洲大陆民族国家建构的时代背景下，将国家视为具有特殊生命规律的个别生命实体，又是兰克史学

---

① James Westfall Thompson and Bernard J. Holm, *A History of Historical Writing, Volume II, The Eighteenth and Nineteenth Centuries*, New York：The MacMillan Company, 1942, p. 125.

② Edward Hallett Carr, *What is History?* London：Macmillan, 1962, p. 3.

③ G. P. Gooch, *History and Historians in the Nineteenth Century*, London：Longmans, Green and Company, 1952, p. 72.

思想中最重要的观点。他认为，历史生活的基本体现者是国家、民族和教会，三者中国家居首。在兰克史学中，国家成了公众文化所以发生的框架，被当作叙述的实体。① 兰克把浪漫主义史学家提出的基本观点，即每个时代和每个民族都存在一种占统治地位的思想、精神和观念概括为"时代精神"（Zeitgeist），将时代精神视为理解某个时代和某个民族历史发展的关键。兰克几乎为西欧各主要国家都写了一部政治史，且深信"国家之间的关系决定于它们的民族特征，没有精神的支柱和力量，任何国家都难以坚持和存在下去"②，故而其国别史著作着重分析和比较了不同国家的民族性。正如伯克（Peter Burke）在《历史学与社会理论》（History and Social Theory）一书中所说，兰克"虽未率直地拒绝社会史，但他的著作多聚焦于国家"③。正是由于兰克本人即和黑格尔一样对国家极为推崇，所以他终生恪守政治史传统，被讥为从内阁的窗户观察历史，而由其弟子充任中坚骨干的普鲁士学派，则更加旗帜鲜明地宣扬民族主义的信条，以服务于民族国家的建构为历史研究的轴心。兰克以后，历史学家的焦点进一步把自己日益缩小到仅限于国家和各个国家的政治生活，④ 强调国家的核心作用以及坚持历史研究必须紧跟档案材料，把国家抬高为关键的体制，赋予国家以中心的角色，一切其他社会和文化的方面都是附属于它的。⑤

徐则陵指出："十九世纪德之史学，有两大变迁。朗开（指兰克。——引者注）而后，德之史学界，力矫轻信苟且之弊，一以批评态度为归，嗜冷事实而恶热感情。……孰知近四十年来，普鲁士因人民爱

① 张广智、张广勇：《史学：文化中的文化》，上海社会科学院出版社 2003 年版，第 76 页。

② 斯特恩：《历史的多样性》，转引自杨豫：《西方史学史》，江西人民出版社 1993 年版，第 316 页。

③ Peter Burke, *History and Social Theory*, Cambridge, UK：Polity Press, 1992, p. 5.

④ Georg G. Iggers, *Historiography in the Twentieth Century：From Scientific Objectivity to the Postmodern Challenge*, Hanover and London：Wesleyan University Press, 1997, p. 30.

⑤ Georg G. Iggers, *Historiography in the Twentieth Century：From Scientific Objectivity to the Postmodern Challenge*, Hanover and London：Wesleyan University Press, 1997, p. 36.

国思想而统一日耳曼，史学蒙其影响，顿失朗开派精神，而变为鼓吹国家主义之文学，自成为普鲁士史学派。国家超乎万物，为国而乱真不顾也。视国家为神圣，以爱国为宗教，灭个己之位置，增团体之骄气，其源盖出于海格（Hegel）（指黑格尔。——引者注）世界精神（World Spirit）争觉悟求自由之史学哲学，及尼采之强权学说。"① 普鲁士历史学派的主要成员有达尔曼（Friedrich Christoph Dahlmann，1785—1860）、聚贝尔（Heinrich von Sybel，1817—1895）、德罗伊森（Johann Gustav Droysen，1808—1884）和特赖齐克（Heinrich Gotthardt von Treitschke，1834—1896）等。达尔曼被认为普鲁士历史学派之父，他不是第一流的历史学家，死后留下的著作不多，但却可谓第一流的鼓吹德国统一的宣传家，在其每一部著作都不遗余力地宣传在全德建立集权国家的必要性。聚贝尔师出兰克之门，但不满意兰克的客观主义态度而最终与之决裂。聚贝尔曾经云："我分析我自己，七分之四是政治活动家，七分之三是教授。"② 他强调政治是学者的天职、德国历史学家应当有一颗"民族良心"。与其说他是一位学者，不如说他是一个政客。古奇说，历史只是为聚贝尔提供进攻和防御武器的大型兵工厂。③ 阿克顿对作为普鲁士历史学派首席代表的聚贝尔这样评论道："他的著作成了帝国主义的头号典籍，他出力把一些著名历史学家组成一个守备队，他们炮制出普鲁士的和他们自己的霸权。现在他们像据守要塞那样霸占着柏林。"④

---

① 　徐则陵：《近今西洋史学之发展》，《学衡》第 1 期，1922 年 1 月。文中"海格"即是黑格尔。

② 　G. P. Gooch, *History and Historians in the Nineteenth Century*, London：Longmans, Green and Company, 1952, p. 135. 亦可参见 Christophe Duhamelle, Andreas Kossert, Bernhard Struck, *Grenzregionen：Ein europäischer Vergleich vom 18. bis zum 20. Jahrhundert*, Frankfurt/Main：Campus Verlag, 2007, S. 77。而且后者更为重要，反映了德语文献中对于本论域的最新的有力度的研究成果。

③ 　G. P. Gooch, *History and Historians in the Nineteenth Century*, London：Longmans, Green and Company, 1952, p. 137.

④ 　James Westfall Thompson and Bernard J. Holm, *A History of Historical Writing*, Volume II, The Eighteenth and Nineteenth Centuries, New York：The MacMillan Company, 1942, p. 209.

在普鲁士学派历史学家当中，德国罗伊森的成就最为显著。作为黑格尔的学生，他以自己的全部学问辩才来证明普鲁士重建德国的历史任务，其倾心结撰的《普鲁士政治史》（ *Geschichte der preußischen Politik* , Leipzig：Verlag Veit，1855/1886）运用历史解释的巨大能量巧妙地把普鲁士历史纺织成表面上看起来像是德国民族史的一张网，并常常把一些事件说得好像欧洲的政治是围绕着柏林旋转的，从而为普鲁士统一德国的大业寻找历史和理论的依据。他认为，"权力是国家生活的精髓，正如爱情是家庭的精髓、信仰是教会的精髓、万有引力是物质世界的精髓一样"[1]，主张历史著作应当维护国家的权威。普鲁士学派中最年轻最著名的成员特赖奇克和德罗伊森一样对兰克不偏不倚的客观主义态度不以为然，他嘲弄客观性是惨白的、没血肉的东西，坦承在自己身上作为一个爱国者的成分千倍于作为一个教授的成分，认为"只有一个以祖国的悲欢为自己的悲欢的雄壮的心，才能生动活泼地叙述历史"[2]。他编写历史与其说是为了纪实，不如说是为了教导。他断定社会的科学是不存在的，唯一的科学是国家的科学，而国家便是被组成为一个统一体的社会。

尽管近代西方史学流派纷呈，每个史家的史识和史法大相径庭，各个国家的史学发展情形差异难以缕述，但民族国家的参照空间始终都没有彻底地沉默和退隐。正如巴勒克拉夫所说："从兰克时代到阿克顿时代，历史学家们对于历史学的主线是政治史这一点极少怀疑，因为国家是历史演变中的主角。历史学家的任务就是叙述国家演变的事实。"[3]启蒙运动以理性主义为旗帜的史学到 19 世纪发展为浪漫主义和实证主义的史学，这个过程正好与西方民族国家的形成和发展同步。国家被视

---

[1]　James Westfall Thompson and Bernard J. Holm, *A History of Historical Writing* , Volume II, The Eighteenth and Nineteenth Centuries, New York：The MacMillan Company, 1942, p. 217.

[2]　G. P. Gooch, *History and Historians in the Nineteenth Century* , London：Longmans, Green and Company, 1952, p. 144.

[3]　巴勒克拉夫：《当代史学主要趋势》，杨豫译，上海译文出版社 1987 年版，第 17 页。

为“包括进化中的人类意愿的精神实体，因此它势必成为历史学家注意的中心”①。以叙述民族国家的兴起、沿革和发展的政治史著作成为历史学的主流。1898 年法国史学家朗格罗瓦（Charles-Victor Langlois，1863—1929）和瑟诺博斯（Charles Seignobos，1854—1942）合作出版的《历史研究导论》（*Introduction aux études historiques*，Paris：Les Éditions Kimé，1898，中译本题为《史学原论》）即将 19 世纪以政治叙事史为大宗的西方传统史学的基本原则和方法加以总结和归纳为：以过去的杰出人物为中心的、以民族国家和国家之间的关系为线索的（古代四大帝国到近代的民族国家）、以史料的批判和考证为方法的、以叙事为表达方式的职业活动。西方 19 世纪大行其道的以民族国家为中心、以社会上层精英分子的活动为主要内容的传统史学的特征，可从 1886 年创刊的具有广泛影响力的综合性史学刊物《英国史学评论》（*The English Historical Review*，HER）的创刊前言略见一斑。该前言对史学的实质内容和范围开宗明义地宣称：“国家与政治将是史学的主要题材，因为国家的活动和在国家事务中发挥了巨大作用的个人的活动通常比平民的活动重要得多。”② 和其他社会科学的发展一样，19 世纪末、20 世纪初是西方历史学的重要转折时期。概而言之，从 19 世纪到 20 世纪，西方历史哲学的发展趋势是从思辨到分析，而西方史学的发展则表现为从“传统史学”到“新史学”的转换。所谓 19 世纪西方的“传统史学”并不是一个严格的集合名词，但以民族国家为主要内容和线索的特征殆毋庸置疑。德国当时不仅是西方传统史学的大本营，而且也是现代西方新史学滥觞的策源地。事实上，正当西方传统史学即兰克及其学派发展郅隆鼎盛之际，对其的挑战也已拍案而起。而率先发难者恰是兰克的弟子布克哈特（Jacob Burckhardt，1818—1897）。布克哈特是从兰克学派营垒内部冲杀出来的反叛人物，他在兰克门下曾受到严格训练，对传统史学以民族国家为研究单元的政治史的流弊看得较为分明，故其反

---

① Ernst Breisach，*Historiography，Ancient，Medieval & Modern*，Chicago：The University of Chicago Press，1983，p. 234.

② Fritz Stern ed.，*The Varieties of History：From Voltaire to the Present*，New York：Vintage Books，1973，p. 175.

布克哈特像

戈一击对兰克学派的批判尤显深刻有力。如果说兰克是政治史家，那么布克哈特则是文化史家，其文化史观念与乃师狭隘的政治军事史传统形成强烈的反差。他说："在通常情况下，文化史（Kultrgeschichte）即是从总体上来考察的世界史，而历史则意味着事件的发展和它们之间的联系……对我们来说，这个标准包含：是什么推动世界、什么具有贯穿始终的影响。"①

面对蓬勃兴起的文化史等所带来的冲击，德国历史学家费舍尔（Dietrich Schäfer，1845—1929）于 1888 年在图宾根大学的就职演说《历史本身的研究领域》（Das eigentliche Arbeitsgebiet der Geschichte）中宣称：如果历史要有统一性和科学性，它就必须集中注意力于国家方面，应该重申生命的呼吸永远必须来自国家，没有这种呼吸，历史只是一大堆死的知识。"历史家的任务是使国家了解它的起源、它的任务和它的生活条件。"② 如果他进入了宗教或法律、文学或艺术的领域，他就必须记住：他是走在岔路上了。③ 可见，费舍尔代表当时占统治地位的传统史学的观点，将国家置于历史学的中心，认为除此之外任何一贯的历史叙述都是不可能的。费舍尔的观点引起了主张拓展历史学而将经济、社会和文化各方面均包罗在内的戈泰因（Eberhard Gothein，1853—1923）的批判回应。戈泰因强调，对于日益增长的科学，我们无须急于限制其范围，国家只是人类社团的一种形式，它可能是最大的，但一切都是必不

---

① Karl J. Weintraub，*Vision of Culture*，Chicago：The University of Chicago Press，1966，p. 158.

② Dietrich Schäfer，*Das eigentliche Arbeitsgebiet der Geschichte：Akademische Antrittsrede gehalten den 25. Oktober 1888*，Jena：G. Fischer，1888，S. 23.

③ G. P. Gooch，*History and Historians in the Nineteenth Century*，London：Longmans，Green and Company，1952，p. 536.

可少的。① 如果说费舍尔与戈泰因的争论尚属新旧史学短兵相接的交锋，那么 1891 年兰普勒希特（Karl Lamprecht，1856—1915）带着其《德意志史》（*Deutsche Geschichte*）第一卷冲进战场后，西方史学上的长达 25 年的"兰普勒希特论战"可谓旷日持久。兰普勒希特称兰克学派为旧派，他不满意兰克学派及普鲁士学派恪守的政治史传统，认为这种政治史的核心是个人史，生气勃勃的历史在这种政治史成了个别英雄人物传记的囚房。西方传统史学赋予国家以历史学中心的角色，兰普勒希特主张将历史学的题材扩大到经济、文化、精神等诸多方面，将民族（Volk）视为研究人类群体最合适的单位。正如伊格尔斯（Georg Gerson Iggers）在《20 世纪的历史学——从科学的客观性到后现代的挑战》（*Historiography in the Twentieth Century—From Scientific Objectivity to the Postmodern Challenge*）中所说："从长远说来，兰普勒希特在地方史和区域史（Landesgeschichte）方面的影响至巨，它们与国家政治的直接关系较少，因而更加倾向于探讨社会和文化方面。"②

　　19 世纪西方的传统史学以民族国家为范围、以政治为主线来撰写社会上层精英分子活动的历史，而 20 世纪西方的新史学则打破了传统史学的范式，社会史、文化史和区域史的勃然兴起可以说是传统的以兰克学派为代表的民族国家政治史一统天下格局的反动。在这一转型过程中，兰普勒希特堪称关键人物。"新史学"这个概念的最早提出者为美国历史学家威尔伯·道（Earle Wilbur Dow，1868—1946）。他在 1898 年的《美国历史评论》（*American Historical Review*，AHR）上发表《新史学的特征：评兰普勒希特的〈德意志史〉》（Feature of the New Histo-

---

　　①　G. P. Gooch，*History and Historians in the Nineteenth Century*，London：Longmans，Green and Company，1952，p. 536.

　　②　Georg G. Iggers，*Historiography in the Twentieth Century：From Scientific Objectivity to the Postmodern Challenge*，Hanover，NH：Wesleyan University Press，1997，p. 34. 亦可以参见 Harald A. Wiltsche，Ein wissenschafts philosophischer Blick auf den Methodenstreit um Karl Lamprechts Kulturgeschichte，*Archiv für Kulturgeschichte* 87/2（2005），251 - 284；Hans Schleier，Deutsche Kulturhistoriker des 19. Jahrhunderts：Über Gegenstand und Aufgaben der Kulturgeschichte，*Geschichte und Gesellschaft*，23. Jahrg.，H. 1，Wege zur Kulturgeschichte（Jan. - Mar.，1997），S. 70 - 98。

ry：Apropos of Lamprecht's Deutsche Geschichte），指出新史学虽然首先出现在美国，但起源于欧洲大陆，特别是源于德国历史学家兰普勒希特等人的思想。1912 年，美国历史学家鲁滨逊（James Harvey Robinson，1863—1936）发表众所周知的《新史学》（The New History），这被其弟子称誉为划时代的大事，是鲁滨逊为旗手的美国"新史学派"的宣言书。尽管鲁滨逊亦的确不曾全盘吸收兰普勒希特的学说，但兰普勒希特对鲁滨逊的影响是绝对无可否认的。美国史学起步较晚，且因移民国家的关系，内战前的美国史家很早就具有世界目光而不仅仅局限于国内。特纳的边疆学派虽然表现为从美国内部发现历史的倾向，在某种程度上可以说是致力于、服务于美国民族国家的构建工程，但在倡导"新史学"方面亦不落人后。美国正走向成熟的大学体制下宽松的学术环境对新史学的崛起较诸德国更为得天独厚。

罗凤礼指出："西方传统史学不仅是十分狭隘的，而且它所关注的民族国家史的真实性和科学性也是大成问题的。更有甚者，狭隘民族国家史的撰著与西方各大国日益膨胀的民族沙文主义两者之间互相影响，陷于恶性循环，不仅毒化了史学，而且为整个西方世界的大灾难埋下祸根。"[1] 因此到 20 世纪 20 年代末，新史学的倡导者鲁滨逊反对为民族主义而研究历史，认为"自从世界大战以来，主要是进化、种族主义（包括社会主义者和和平主义者的倾向）作祟，历史学把爱国者脸谱化并表现他们的光辉事迹"[2]。

从传统史学向新史学转移的趋势在西方各主要国家都程度不同地、或先或后地有所反映。以斯宾格勒（Oswald Spengler，1880—1936）和汤因比为代表的文化形态史学派即主张以"文化"和"文明"为历史考察单位。英国历史学家汤因比在《历史研究》的绪论中如是云：近几百年来，许多民族主权国家试图自给自足，实现自我发展，这种表面现象诱使历史学家们一直误把所谓的民族国家作为历史研究的一般范

---

[1]　罗凤礼主编：《现代西方史学思潮评析》，中央编译出版社 1996 年版，第 4 页。

[2]　James Harvey Robinson, The Newer Ways of Historians, *The American Historical Review*, Vol. xxxv, No. 2 1930, pp. 252 – 253.

畴，即对各个国家进行个别的、孤立的研究。事实上，整个欧洲根本就找不到一个民族国家能够独立地说明其自身的历史。无论是作为近代国家之典型英国，还是作为古代国家之典型的古希腊城邦，二者的历史都证实"历史发展中的诸种动力并不是民族性的，而是发自于更广泛的原因，这些动力作用于每个部分，除非综合考察其对于整个社会的作用，我们便无从理解它们的局部作用"①。"历史研究的可以自行说明问题的单位既不是一个民族国家，也不是另一极端上的人类全体，而是我们称之为社会的某一群人类。"② 汤因比抛弃了传统史学中基于政治疆界的国别史和断代史而聚焦于阐发各文明的形态学关系（morphological relationship），这和年鉴学派对传统史学的超越有异曲同工之妙。

法国著名哲学家亨利·贝尔（Henri Berr，1863—1954）于 1900 年创办的《历史综合杂志》（*Revue de Synthèse historique*）向传统史学提出挑战，堪称年鉴学派的源头。亨利·贝尔认为，传统的实证主义史学以政治事件为唯一内容，以考证文字档案史料为唯一方法，以民族国家的形式和发展为唯一线索，以叙事式为表达研究成果的唯一方式，只强调历史事件的独特性和个别性，因此缺乏科学性，应当创立一种新型的"综合的历史学"来取代之。1929 年吕西安·费弗尔（Lucien Febvre，1878—1956）和马克·布洛克（Marc Bloch，1886—1944）在《经济与社会史年鉴》（*Annales d'histoire économique et sociale*）的发刊词中更提出所谓"总体史"的口号，在某种意义上是对伏尔泰为代表的世界史模式的复兴，其中意旨之一即在反对传统史学把民族国家当作政治活动的基本单位因而也是史学研究对象基本单位的观点，将人类的全部活动纳入历史研究的范围。传统史学将国家抬高为关键的体制，一切其他社会和文化的方面都附属于此，而年鉴学派的历史学家们则积极扫除传统各学科之间的疆界，以便使之整合为"人的科学"（Sciences de l'homme）。唯其如此，亨利·贝尔主创的《进化与人类》丛书（Bibliothèque

---

① Arnold Toynbee, *A Study of History*, Abridgement of Volume Ⅰ-Ⅵ by D. C. Somervell, New York：Oxford University Press，1947，p. 3.

② Arnold Toynbee, *A Study of History*，vol. 1，London：Oxford University Press，1934，p. 45.

L'Évolution de l'humanité）"不再以事件为中心，也不对民族国家的政治史按编年顺序撰写，而是企图将社会和文化史置于中心位置"①。伊格尔斯指出，自 19 世纪迄 20 世纪为广大的居民群落提供了认同感的国家，从年鉴学派大部分的著作中消失了。除少数例外，年鉴学派的历史学或者是地区性的，或者是超国家的，布罗代尔（Fernand Braudel，1902—1985）的代表作《菲利普二世时代的地中海和地中海世界》（La Méditerranée et le monde méditerranéen à l'époque de Philippe II）即是明证，尽管布罗代尔最后的大作《法兰西的特性》（L'identité de la France，Paris，Arthaud，3 volumes，1986）又回到了国家史上面来，但不是以巴黎为中心，而且从各个地区的多元性的角度来界定法国的。②

　　和布罗代尔的著作一样同属大气磅礴的扛鼎力作，沃伦斯坦（Immanuel Wallerstein）的《现代世界体系》（The Modern World-System）对年鉴学派倡导的"总体史学"方法进一步加以发挥和发展，认为社会体系（诸如经济体系、文化体系、政治体系等）常常是超越国家和民族的，因此不宜以民族或国家的变迁作为研究单位，而应从一定的"世界性体系"为研究单位。沃伦斯坦超越民族国家的观察视野正是突破西方传统史学樊篱卓尔不凡的代表。至于贡德·弗兰克（Andre Gunder Frank，1929—2005）较诸沃伦勒坦则更趋极致、激进，他认为沃伦斯坦将世界体系视为现代性的表现仍不是彻底的全人类历史观。弗兰克和吉尔斯（Barry K. Gills）主编《世界体系：500 年还是 5000 年?》（The World System：Five Hundred Years or Five Thousand），后又推出其为中国学者所熟知的《白银资本：重视经济全球化中的东方》（Reorient：Global Economy in the Asian Age），将世界体系的时间向古代直追遥溯，建构起一个全人类的、连续的、相互交织的整体的世界历史图景。他在《白银资本》中这样指出："诸如我们的社会、国家、德文的民族经济

---

　　①　伊格尔斯：《历史研究国际手册》，陈海宏等译，华夏出版社 1989 年版，第 449 页。

　　②　Georg G. Iggers，Historiography in the Twentieth Century，From Scientific Objectivity to the Postmodern Challenge，Hanover，N. H. and London：Wesleyan University Press，1993，p. 57.

（Nationalökonomie）以及国际贸易相关或不相关的国际关系等等概念划分，恰恰反映并反过来误导着我们的思维，使我们首先考虑的是部分，再将其拼结为一体，仿佛我们一直生活——可能仍将继续生活——在据说是与生俱来的某些社会、政治、经济'单位'内。这类说法和术语几乎可谓体现了最为荒谬的'世界观念'，是对世界现实的想当然的演绎。"[1] 在弗兰克看来，目前讲授的世界史大多是国别史、地区史和种族史，是以地区性的、民族性的、国家的以及一个个时间段的形式叙述历史进程，因此其所描述的历史场景是分散的、片面的，使跨文明间的相互联系性和人类历史的整体性隐而不彰。尽管弗兰克与沃伦斯坦、布罗代尔等观点迥然不同，但他们在对西方史学传统的"国史"的否定和拒斥方面如出一辙。

第四节　国家的迷思：近代以来传统
社会科学的分析单位

自梁启超以后的 20 世纪中国"新史学"从本质上说是以民族国家为基本书写单位。无独有偶，西方自兰克以来近代传统史学在 19 世纪蔚成风尚的基本写作单位如前所述亦是民族国家。这两者之间绝非偶然的巧合，西学东渐的空间传播昭然显见。不宁唯是，我们还可以扩而广之地说，民族国家甚至堪称近代以来世界范围内具有受西方文化深刻影响的社会科学诸学科的基本分析单位。

西方社会科学体系的形成有两个关键时期，一为 13、14 世纪的西欧中世纪末期，一为 19 世纪末、20 世纪初。西欧早期的学科分际和中国当时一样不甚明显，许多学者都在当时知识总量有限的年代里擅胜多方面领域而成为当代众多社会科学的渊源汇集之所在。西欧中世纪可以

---

① Andre Gunder Frank, *Reorient: Global Economy in the Asian Age*, Berkeley: University of California Press, 1998, p. 38.

说仅有一门学问，即神学。所以，培根多年努力的目标就在于将科学教学正式纳入大学课程。这似乎在今天看来有些不可思议，然而事实就是如此。文艺复兴以后，欧洲世俗性的学校除"神学学科"外又添设"人文学科"，而"社会科学"则是一个相对晚出的概念，是近二三百年才从"人文学科"中分娩并发展起来的一个学科群。当代众多的"研究主题"和"学科"名称都是在 19 世纪提出的。西方近代社会科学体系的结构化与民族国家的建构密切相关，民族国家的建构是吉登斯所谓的配置性资源（allocative resources）和权威性资源（authoritative resources）同步增长的过程，资本主义市场经济具有空间上无限扩张的特性，雄厚的配置性资源为社会科学的发展提供财力的保障，而社会科学的发展本身即构成民族国家权威性资源的聚集。正如刘小枫在《现代性社会理论绪论》中所言，自然科学是现代科学之头胎生子，而"现代科学的第二胎生子（历史学）和第三胎生子（社会科学）置换了传统的神学形而上学，致力于建构关于国家、社会、法律、道德、宗教的理性化知识系统"[①]。再者，西方近代社会科学各学科分门划界（boundary-work）建立专业空间不单纯是知识论层面学术理性的产物，更是学术权力栅格化的结果。

在 20 世纪最后十年期间，沃伦斯坦受古本根基金会（the Calouste Gulbenkian Foundation）的委托和资助，组织一批来自人文科学、社会科学和自然科学的国际知名学者共同从事一项旨在探讨社会科学现状和未来的研究计划。按照沃伦斯坦等人在这项研究计划的最终报告《开放社会科学》（*Open the Social Sciences: Report of the Gulbenkian Commission on the Restructuring of the Social Sciences*）中的分析，在西方 19 世纪形成的历史学、经济学、社会学、政治学和人类学五大社会科学领域中，率先取得自律的制度化形态的学科实际上是历史学。史学虽然本身是一门古已有之的学问，但近代科学意义上的"历史学"却是自被誉为西方近代史学之父的兰克提出"Wie es eigentlich gewesen ist"开始的。19 世纪西方传统史学主要是书写以一个国家的地理边界为准的本民族历史，

---

① 刘小枫：《现代性社会理论绪论》，上海三联书店 1998 年版，第 135 页。

于是已经存在或正在确立的国家边疆目前所占据的空间范围也从时间上被回溯至过去。不仅 19 世纪西方史学是民族国家建构得心应手的工具，而且经济学的出现亦与民族国家的建构具有不解之缘。在马克思所处的时代，学者们通常致力于"政治经济学"的研究。按照沃伦斯坦等人的观点，只是到了 19 世纪，才开始出现一个叫作经济学（economics）的学科，它有时被放在法学院里，但经常都被放在哲学院里。由于 19 世纪占据主导地位的是自由经济理论，因而到了 19 世纪下半叶，"政治经济学"这个术语开始式微，取而代之以"经济学"一词。顾名思义，政治经济学标志着对国家政治行动探讨的包举综括。李斯特（Daniel Friedrich List，1789—1846）的代表作之所以取名为《政治经济学的国民体系》（*Das nationale System der politischen Ökonomie*）就是强调经济学应建立在国家利益之上，指责斯密经济学为"万民经济学"，将民族国家作为经济学分析至为攸关的基本单位。从"政治经济学"演变为"经济学"是以杰文斯（Hermann Heinrich Gossen，1810—1858）等倡导的边际主义革命（Marginal Revolution）从而奠定微观经济学基础为重要转折点，一方面是对以国家为分析单位的否定，另一方面又恰深深植根于民族国家建构过程中政治领域与经济领域二元疏离的特定历史时空背景，经营自由与政府干预的学术论争在经济学发展中一以贯之，其实质即在于为民族国家的经济活动空间勘定边界。

纪亚流（Thomas F. Gieryn）在论文中曾这样写道：科学"常常是漫长的边界纷争史上的赢家"①。19 世纪的社会科学门类的划分漂移性极其明显，学科边界的重新定义不断发生。经济学的自立门户对政治学的乘势合法化独立具有举足轻重的作用。因为政治经济学作为一个研究主题遭到贬斥，人们开始认为国家和市场是按照而且也应该按照各自不同的逻辑来运行，所以要求建立一个独立的学科来对政治领域进行科学研究。"国家"无疑是西方政治学的主题，许多论著都将 19 世纪德国的"国家学"（Staatswissenschaften）视为政治学的前身，但这两者之间

---

① 　Thomas F. Gieryn, Boundary-Work and the Demarcation of Science from Non-Science: Strains and Interests in Professional Ideologies of Scientists, *American Sociological Review*, 1983, Vol. 48（8），pp. 783 – 784.

实际上存在深刻的歧异。沃伦斯坦等在《开放社会科学》中指出：国家学的领域用现代术语来说系由经济史、法理学、社会学和经济学等几门学科混合而成，"强调不同'国家'具有历史的特殊性，拒绝采用正逐渐通行于英法两国的学科区分标准。'国家学'这个名词本身就表明，它的倡导者们正试图占据政治经济学以前在英法两国曾经占据的思想空间，从而使国家学发挥与政治经济学相同的作用，即提供至少从长远来看对国家有用的知识"①。后来，在 19 世纪日耳曼地区曾被建构起来并兴旺发达的国家学作为一门综合性学科最终被淘汰出局，国家学领域里一些较年轻的领袖人物，如马克斯·韦伯（Max Weber，1864—1920）率先建立起德国社会学年会。

　　社会学作为一门学科之所以在 19 世纪下半叶发展起来并取代德国的"国家学"，表面上似乎超越了国家的界域，但仍主要是肇端于吉登斯所谓的民族国家内部绥靖。霍布斯鲍姆指出："崛起于 19 世纪最后 20 年的社会学，正是以国家的社会整合为核心。"② 所谓"社会"（society）的概念，在许多学术著作中事实上指谓依民族国家的政治边界而定义或多或少抽象的现象，隐喻着每个社会乃存在于特定的政治边界之内。换言之，"社会"这一范畴在知识分子的话语中往往并不是一个独立于国家支配权威之外的"民权社会"（civil society），而是一个与国家、民族紧密整合为一有机体的"民族社会"（national society）。③ 从语源学角度而言，"社会"（society）一词长期以来即被社会学的开山鼻

　　① 华勒斯坦等：《开放社会科学：重建社会科学报告书》，刘锋译，生活·读书·新知三联书店 1997 年版，第 19 页。需要说明的是，Immanuel Wallerstein 通常译为"沃伦斯坦"，但《开放社会科学：重建社会科学报告书》一书的中译本采取的译名为"华勒斯坦"。本书在行文中采用"沃伦斯坦"，但注文仍用中译本的"华勒斯坦"。

　　② Eric J. Hobsbawm, *Nations and Nationalism since* 1780: *Programme, Myth, Reality*, Cambridge: Cambridge University Press, 1990, p. 85。

　　③ Michael Tsin, Imagining "Society" in Early Twentieth-century China, in Joshua A. Fogel and Peter Gue Zarrow（eds）, *Imagining the People: Chinese Intellectuals and the Concept of Citizenship, 1890 – 1920*, Armonk, NY and London: M. E. Sharpe, 1997, pp. 212 – 231.

祖如滕尼斯（Ferdinand Tönnies，1855—1936）、涂尔干（David Émile Durkheim，1858—1917）等人转化为与"共同体"（community）相对立的、政治地理空间上与民族国家相重合的整体国民社会。在当今国际学坛声名卓著的英国社会学家吉登斯即反复强调，"民族国家即是社会学家所说的'社会'。社会学文献中对'社会'一词漫不经心的使用掩盖了变迁的复杂性，而只突出了变迁所创造的那个具有边界的统一体"①。吉登斯的这一观点源自沃伦斯坦。沃伦斯坦1984年在多特蒙德举行的第22届德国社会学大会上提交论文中对"社会"这一概念从语用学角度加以缜密地分析，其中诠释拉伦兹·冯·斯坦因（Lorenz Von Stein，1815—1890）在《从法国大革命至1830年的社会概念与社会历史》（*Der Begriff der Gesellschaft und die soziale Geschichte der Französischen Revolution bis zum Jahre 1830*）导言中"社会是……整个国家学中最难的概念"（Der Begriff der Gesellschaft gehört……zu den schwierigsten in der ganzen Staatswissenschaft）② 一语尤称精妙绝伦。沃伦斯坦指出，国家学（Staatswissenschaft）包括当今德语所谓"社会科学"（Sozialwissenschaften）的主要领域（尽管两者边界并不完全重合），固然可以解释斯坦因的上述说法，但19世纪德国"国家学"一语的用法本身即有力地反映了从准国家范围理解社会科学，斯坦因著作中所谓"社会"的概念意义首先或者唯一地存在于传统的社会与国家的矛盾之中。③ 沃伦斯坦的上述观点绝非牵强附会，19世纪末的平田东助（ひらたとうすけ，1849—1925）日译本伯伦知理《国家论》即云："民族者，一民族分属数国的情况甚多，而社会，概常指居住于一国版图内之民。"④ 英国伦

---

① Anthony Giddens，*The Nation-State and Violence: Volume Two of a Contemporary Critique of Historical Materialism*，Berkeley：University of California Press，1987，p. 172.

② Lorenz Von Stein，*Der Begriff der Gesellschaft und die soziale Geschichte der Französi-schen Revolution bis zum Jahre 1830*，Verlag von Otto Wigand，1855，S. xii.

③ Wallerstein，*Unthinking Social Seience: The Limits of Nineteenth-Century Paradigms*，Cambridge，UK：Polity Press，1991，p. 66.

④ ブレンチエリー『国家論（下）』平田東助・平塚定二郎訳、春陽堂、明治22年、23頁。

敦政治学院访问学者乌尔里克·贝克（Ulrich Beck）云：民族国家社会是社会学第一时期的主要模式，社会概念仅适用于国家，社会学也被导向此模式，偏重于观察、评论一国的贫困、失业等社会现象。① 对这种以国家领土边界定义社会的社会学研究在二战后的状况言之綦详，洵为谛论确据。

19 世纪的科学主义认为，自然界存在一整套超越时空的客观真理法则，而社会科学受此影响亦将那些最具普遍意义且在表述上最言简意赅的法则视为最好的法则。但当人们扩大当下论题的涵盖与适用空间范围之际，需要悬崖勒马的危险边缘悄然将至。19 世纪西方学术界体制化的另外两个学科，即人类学（Anthropology）和东方学（Orientalism）应该说并不是以国家为中心的。具有浓厚地方性知识色彩的近代西方国际法空间适用效力在民族国家的"门槛原则"绳墨下自限过严，亚非拉所谓"不开化"地区被排斥于民族国家组成的欧洲国际公法俱乐部之外，被尊奉唯独民族国家拥有历史的西方学者视为"无历史的民族"，即便印度和中国有着漫长的纪年史（chronology），但最多只不过是一部"自然史"（natural history）。这样，对无文字的原始人类的研究构成人类学的领域，对有文字但无思辨能力人类（中国、印度和阿拉伯世界）的研究则成为东方学的领域。对非民族国家的研究，本质是与西方民族国家建构相关联的同一历史进程的有机部分，是西方民族国家进步形象的反衬和以 19 世纪西方民族国家为核心概念装置的社会科学的"剩余领域"。当 19 世纪末梁启超所说的欧洲民族帝国主义飞扬显赫之时，人类学亦在欧洲光大其传，这对后来"地区研究"的兴起和以民族国家为社会分析单位的解构在某种意义上是导夫先路。但另一方面，第二次世界大战以后，地区研究的兴起促使西方历史学以及政治学、经济学和社会学三门注重研究普遍规律的社会科学将自身的经验领域扩张到非西方世界，从而使非西方地区也开始被纳入以国家为轴心的分析模式中去，以二律背反的方式进一步固化了民族国家作为社会科学基本分

---

① Ulrich Beck, The cosmopolitan perspective: sociology of the second age of modernity, *British Journal of Sociology* (2000), Volume: 51, Issue: 1.

析单位的角色地位。

按照沃伦斯坦的观点，19 世纪制度化的西方社会科学呈现出三大特征：首先，从经验上来看，它们主要甚至全副关注的是资本主义世界经济的少数几个核心国家；其次，几乎所有学者都以他们各自国家的经验材料为研究基础；再次，研究的主流模式是经验的和具体的。以国家为基础的经验主义造成这些新"学科"局限于研究社会变化以有助于和支持国家政策。与传统的将共同体（Gemeinschaft）与社会（Gesellschaft）视为截然对立两橛不同，沃伦斯坦强调现代世界体系是分配协定义务的社会，为使其结构合法化，该社会不仅破坏了历史上既存的复数的共同体，而且创造了新共同体的网络，既不是从共同体到社会，也不是从社会到共同体，共同体（最显著的是民族国家，亦即所谓的社会）正绽现于社会化（gesellschaftliche）过程。在 19 世纪，民族国家依据庞大的社会资源形成权力集装器。因此，尽管不曾在理论上明确声称，但历史学家和社会科学家们都逐趋于将现实既存的主权国家视为社会生活得以运行其间的基本社会实体，安之若素地习惯于将一个社会的边界和一个国家的边界想象为同一。① 这样，"社会"的概念设想为我们提供某种坚实的建构基础，但反过来却终成可以随意形塑的橡皮泥，每当国家的边界改变，则拥有前置定语的社会的边界亦随之而异。所以，沃伦斯坦等人在《开放社会科学》中断言：19 世纪形成的社会科学本质上"是以一种特殊的空间性观念为基础的。按照社会科学的假定，人类生活必须要通过一组空间结构来加以组织，而这些空间结构便是共同界定世界政治地图的主权领土。几乎所有的社会科学家都认为，这些政治疆界确定了其他关键的互动领域——如社会学家眼里的社会，宏观经济学家眼里的国民经济，政治学家眼里的国家，史学家眼里的民族——的空间参数。每一个人都假定，在政治、社会和经济过程之间存在着基本的空间一致性。在这个意义上，社会科学即使不是国家的造物，至少在很大程度上也是国家一手提携起来的，它要以国家的疆界来

---

① Wallerstein, *Unthinking Social Seience: The Limits of Nineteenth-Century Paradigms*, Cambridge, UK: Polity Press, 1991, p. 246.

作为最重要的社会容器"①。总之，将"国家"视为分析的基本单元和研究对象的中轴乃是 19 世纪社会科学的特点，国家成为一个假想的无需证明的框架，作为社会科学的分析对象的种种过程便发生这种具有相对自主性的空间结构内。国家政权的力量对于作为生产知识主要场域的大学扮演着庇护人的重要角色，社会科学很大程度上成为官方改良主义的婢女，是民族国家建制下的产物。国家的边界视为构成追求理性的发展主义的自然骨架，19 世纪社会学科的划分与建构隐匿着强烈的国家主义取向，以至将国家在分析上的优先性只需假定而无须证明和反思。

　　对于这种将国家视为社会科学理所当然的分析单位理论预设，在 1850—1950 年期间，始终有一些不肯人云亦云的学者与之意见相左。他们对国家是社会科学一个如此自然的分析单位深具怀疑态度，但由于这种持异议者为数寥寥不成气候，所以这种不同意见的声音微弱不足耸动听闻，而当时对国家能动性扩张的诉求有增无减，所以国家作为社会生活的自然边界和社会科学不言自明的分析单位的地位不仅岸然屹立，而且愈形坚不可摧。从 20 世纪 70 年代以后，国家作为一个分析单位的自然性，因全球化浪潮幕天席地的世界格局的变化而遭到根本性的削弱，对国家作为社会分析的概念装置的质疑真正具有挑战攻击力。这种挑战主要来自两条战线的夹击，一是区域研究的勃兴，一是全球整体历史视野层面的突破。②

　　沃伦斯坦在《开放社会科学》中指出："在 19 世纪后期，构成社会科学的学科系统有三条明确的分界线：首先，对现代/文明世界的研究（研究再加上三门以探寻普遍规律为宗旨的社会科学）与对非现代

---

　　①　华勒斯坦等：《开放社会科学：重建社会科学报告书》，刘锋译，生活·读书·新知三联书店 1997 年版，第 28 页。

　　②　杰佛里·帕克在《地缘政治学：过去、现在和未来》中说，在 19 世纪，拉策尔（Ratzel）和契伦（Rudolf Kiellén）都认为只有民族国家这一空间实体才能构建最重要的地缘政治体系，而"一个世纪后，民族国家不再具有它从前所拥有的神圣不可侵犯的地位，这反映了这样的事实，地缘政治学不再局限于它以往的范围。相反，民族国家的作用正受到越来越大的质疑，而对高于或低于它的组织体系的可能性则产生了新的兴趣"（Geoffrey Parker, *Geopolitics Past, Present and Future*, New York：The Continuum Publishing Company, 1998, p.56）。

世界的研究（人类学再加上东方学）之间存在着一条分界线；其次，在对现代世界的研究方面，过去（历史学）与现在（注重研究普遍规律的社会科学）之间存在着一条分界线；再次，在以探寻普遍规律为宗旨的社会科学内部，对市场的研究（经济学）、对国家的研究（政治学）与对市民社会的研究（社会学）之间也存在着鲜明的分界线。这些分界线中的每一条在 1945 年以后都开始面临挑战。"① 其中最引人注目的学术创新或许便是出现了一个称为地区研究（Area Studies）的领域，"它是一个新的制度性范畴，用于把多方面的学术工作集合在一起。这个概念首先出现在二战期间的美国，在战后的十年里，它在美国被广泛地实施，随后又传布到世界其他地区的大学"②。美国等在全球范围内享有广泛海外利益的国家出于称霸世界、主宰世界的政治诉求，亟须了解不同地区的情报资料，所以所谓"中国通"、中亚专家、中东问题权威等分区域的专门人才大量应运而生，从而使区域研究渐呈兴隆之势。在区域研究中，"区域"作为分析单元较诸"国家"更不具有毋庸置疑的自明性。从根本上说，区域是根据所研究问题的性质，对连续的地表空间划分的结果，是主客观作用的结合。区域研究的方法起初多以行政区划等政治权力的建构物为确定区域单位的依据和准绳，后来人们认识到空间绝不是一无所有的"空无"，它的内部具有互相联系的网络神经彼此勾连，而成为具有统一性和灵活性的生命有机体，所以以历史、文化、语言等一致性为标准的"景观"成为区域研究的核心术语和划分区域单位的基础。继之，更富主观色彩的景象（imagination）或意象成为研究的核心目标，对社会区域的空间感觉、区域意识的阐幽发微被青睐有加。

区域研究将有关对特定"地区"进行研究的学者集合在一个单一结构之中，对 19 世纪以来社会科学学科制度化和形态化依恃的界限标准无疑实现了彻底的超越，由此使以"多学科"形象呈现的区域研究

---

① 华勒斯坦等：《开放社会科学：重建社会科学报告书》，刘锋译，生活·读书·新知三联书店 1997 年版，第 39—40 页。

② 华勒斯坦等：《开放社会科学：重建社会科学报告书》，刘锋译，生活·读书·新知三联书店 1997 年版，第 40 页。

成为对 19 世纪以来社会科学的大规模重组。另一方面，区域研究的兴起对按传统模式而制度化的社会科学以国家为中心理论前提的解构卓有成效。"区域"的概念弹性度极大，既包括一国内部某一地区，亦可指称庞大的跨国空间领域。例如，在国际政治学领域，瑞典学者赫特（Björn Hettne）和索德伯姆（Fredrik Söderbaum）提出开放性的"地区"定义，认为应超越国家中心观，重点研究"地区性"问题。他们把"地区性"分为五个递进的层次：地区区域—地区复合体—地区社会—地区共同体—地区国家，从而为建立相对独立的新地区主义理论框架奠定基础。[①] 又如，1994 年，荷兰学者汤姆·尼尔若普《全球政治中的系统与地区：对 1950 至 1991 年的外交、国际组织和贸易的一项经验研究》（Tom Nierop，Systems and Regions in Global Politics：An Empirical Study of Diplomacy，International Organization，and Trade，1950 - 1991）虽然在方法上因袭布鲁斯·M. 拉西特（Bruce Martin Russett），但将实证分析的对象从拉西特所囿于的研究单位——民族国家，转向了作为全球政治中新的政治——经济实体的地区或次系统，使人们认识到"一种非全球的、地区性的行为主体或行为类型可能已经走到了前台"[②]。

沃伦斯坦等人在世界整体历史视野层面的突破，是对"国家"作为社会科学分析单位的天然正当性的形成强劲攻击力的另外重要一翼。沃伦斯坦等本来是区域研究的学术场域过来人，对区域研究解构国家在社会科学中主体霸权地位的操作路径既继承又扬弃，既引为同盟军又矜持地独树一帜，所以沃伦斯坦等人在《开放社会科学》中对区域研究着墨甚少，主要不遗余力阐扬其"现代世界体系"的学说宗旨。其原因似乎基于如下两点：首先，区域研究尽管冲击和超越了传统社会科学的学科体制，但仍是在承认既有学科体制合法性的"跨学科"，是叠加于既有学科体制之上的复合多元学科（multidisciplinary approach），势必在实践层面进一步强化固有学科的界线，与沃氏等一体化学科的研究方

---

① 《国外社会科学前沿》2001 年卷，上海社会科学院出版社 2001 年版，第 202 页。

② 《国外社会科学前沿》2001 年卷，上海社会科学院出版社 2001 年版，第 201—202 页。

法（unidisciplinary approach）相偏颇。其次，沃伦斯坦等认为区域研究即便发挥最大效力，亦不能彻底破除民族国家的框架装置，通过把世界分割成地区进行研究测绘出的最终仍一如既往是人文学科和社会科学领域中的民族利益。沃伦斯坦等人指出："传统社会科学分析的国家中心主义取向乃是一种理论简化，它假定存在着一些同质的、等值的空间，而每一空间都构成了一个主要通过诸多平行过程而运行的自律系统。"①但事实上，国家从来就不是一个完全独立的政治实体，它自产生起就存在于国家体系之中，由该体系界定并从法律权利的自我主张与别国承认中获致合法性。就像资本主义世界经济随着时间的推移不断扩展一样，国家体系的界线作为世界经济在政治上的表现也一直处于扩展状态。沃伦斯坦等人拒斥传统社会科学将国家作为社会分析的社会—地理容器模式，认为唯一合理的分析单位应是寻求在体系结构内部的分析，并拥有足够长的时间和足够大的空间以包容各种主导性的"逻辑"，而这些逻辑"决定"了绝大部分的个别现实，同时并不将这些体系的结构设想为永恒的现象而使之历史化；② 这种分析单位应是一种典型的单位而不是各种单位中的单位，是一个"世界体系"或者说"历史社会体系"。沃伦斯坦的上述主张并不在于否定国家作为现代社会中对经济、文化和社会变迁过程具有重要意义的关键性建制，而是力图颠覆传统社会科学中将国家视为构成社会行动的自然的、甚至最重要的边界的预设结构。

项庄舞剑，意在沛公。沃伦斯坦等旗帜鲜明地否定传统社会科学以国家为分析单位的凛凛锋颖所向，归根结底是对现代性的反思。沃伦斯坦研究的直接缘起，是对当时学术界经典现代化理论的批判与修正。众所周知，以美国社会学家帕森斯（Talcott Parsons，1902—1979）为代表的经典现代化理论从结构—功能主义立场出发强调"系统"（system，又译为"体系"），将传统社会与现代社会的特征二元对立起来，对从传统到现代的进化奉为圭臬以致被称为"新进化论"。另一方面，经典

---

① 华勒斯坦等：《开放社会科学：重建社会科学报告书》，刘锋译，生活·读书·新知三联书店 1997 年版，第 91 页。

② Wallerstein, *Unthinking Social Science: The Limits of Nineteenth-Century Paradigms*, Cambridge, UK: Polity Press, 1991, p. 244.

现代化理论基本上属于民族国家转变的理论，民族国家的疆域含蓄地被视作与整个社会的疆域是相同的。正如迪恩·C. 蒂普斯（Dean C. Tipps）在《现代化理论与社会比较研究的批判》（Modernization Theory and the Comparative Study of Societies：A Critical Perspective）一文中所说，"虽然现代化的研究集中在许多不同的层次，从个人、当地社区到国家和国际等单位，但是，占有某个疆域的民族国家才在理论上具有至关重要的意义，尽管这一点并没有被明确地说出来。正是在民族这个层次上，现代化过程的各个方面才被看做是集合在一起的"①。传统经典现代化理论是沃伦斯坦批判矛头的磨刀石，逸出经典现代化理论的旧范在沃伦斯坦早期所执著的区域研究和依附发展理论中已有充分的体现。在沃氏后期成熟的世界体系理论中，与帕森斯现代化犹如融洽、轻松的进行曲般的乐观主义不同，沃氏对现代性的反思颇具力度。经典现代化理论具有社会科学"统一场理论"的话语实践，对沃伦斯坦在描述性（idiographic）和规范性（nomothetic）的主张之间开辟认识论空间无疑具有启迪作用，而经典现代化理论静态比较的缺陷，亦激发了沃伦斯坦如同吉登斯结构化理论一样将功能—结构主义的现代化理论模式予以历史化、动态化。沃伦斯坦之所以否思传统社会科学以民族国家为分析单位，固然是其对现代性反思的一方面，而更重要的是与其苦心孤诣构建的现代世界体系理论具有内在的逻辑联系，为该理论奠定一块牢固的基石。沃氏极力证明这样一个命题，即以社会学、经济学和政治学所构成的以国家为中轴的三位一体，是自由主义在资本主义世界经济体系占支配地位的意识形态的反映。这样，其反思社会科学结构体系构成其反思世界体系现代性的一个重要链条。正如邓正来《否思社会科学：国家的迷思》中所言，沃伦斯坦对 19 世纪社会科学以民族国家为分析单位进行质疑的问题意识，并非生成于他对这种学科结构的直接认识，而是生成于他对这种学科结构赖以存在和维系的现代资本主义世界经济体系的洞识。但沃伦斯坦这种"整体性"的否思所造成的结论的粗糙性

---

① Dean C. Tipps, Modernization Theory and the Comparative Study of Societies：A Critical Perspective, in Cyril E. Black（ed.）, *Comparative Modernization*, New York：The Free Press, 1976, p. 65.

无疑是其软肋所在。①

第五节 库恩与福柯："知识型"理论的启示

美国科学家库恩（Thomas Kuhn，1922—1996）的"范式"理论在中国学术界已是耳熟能详。1962 年，库恩出版了具有里程碑意义的著作《科学革命的结构》（*The Structure of Scientific Revolutions*），在该书中使用"范式"一词描述科学发展的形态结构，由此"范式"一词在全世界不胫而走，以致日本学者称这个名词在 20 世纪流行用语大奖赛中可以轻松地折桂。"范式"的英文写作"paradigm"，源自希腊文，原来包含有"共同显示"的意思，由此引出模式、模型、范例等义，特别是用在文法中表示词形变化规则，如名词变格、动词人称变化等。在库恩看来，科学革命（scientific revolutions）是极少发生的事件，常规科学（normal science）是科学研究中的常态，可以说科学的历史几乎全被作为科学共同体（scientific community）成员之间意见一致（consensus）的结果的"常规科学"时期所占有。因此，与庸俗地将库恩的形象定格为主张持续革命和过分热衷批判的无原则的"革命主义者"的激进面孔相反，库恩恰是对逻辑实证主义（Logical positivism）"因积累而得到发展"（development-by-accumulation）科学观提出严峻质疑，而强调"向心式思维"（convergent thinking）和关注科学传统重要性的保守主义者。库恩认为，波普尔（Sir Karl Raimund Popper，1902—1994）把批判看成科学的标志是不妥的，相反，只有放弃批判，确立范式，才是成熟科学的特征，也才是把科学从非科学或前科学中区别开来的标准。所谓"范式"这一概念问题，与其说是在说明科学革命，不如说是为给正常的常规研究（normal research）以特征而设想的概念工具。

无独有偶，在库恩《科学革命的结构》发表后第四年，即 1966 年，

---

① 邓正来：《否思社会科学：国家的迷思》，《开放时代》1998 年第 6 期。

福柯（Paul Michel Foucault，1926—1984）在那部佶屈聱牙但畅销火爆的哲学著作《词与物：结构主义考古学》（*Les Mots et les Choses: Une archéologie des sciences humaines*）中又提出了"知识型"（法文为 L'épistémè，英文为 episteme）① 这一著名概念。"知识型"是《词与物：结构主义考古学》的核心术语，《词与物：结构主义考古学》实际上可以说是"知识型史"或"知识型考古学"。在《词与物：结构主义考古学》中，福柯认为，那些被视为与数学、宇宙学、物理学等规范严格、体现"真理和纯粹理性"的学科相对立的非正规知识（non-formal knowledge）自身亦有其体系，有其符码规则，它们同样在一个规定的时段内为必然性所主宰，为某种规律所主宰；在不同的学科底部，在各种异质性话语和知识下面，具有某种"实证无意识"，这种实证无意识正是决定各门学科和知识的潜在条件，它是它们共同的构型规则，是它们得以显现的基础。福柯将自己研究的这种"知识的实证无意识"或"文化的基本代码"的层面别出心裁地称之为"知识型"，认为知识型可以"在一个特定的时期中，划定经验总体中的一个知识领域，规定这个领域中的认知对象的存在方式，给人们的常识提供理论的力量，决定人们对于那些视为真理的事物话语的认可"②。

在《词与物：结构主义考古学》中，福柯主要通过生物学、语言学和经济学的考察，认为自 16 世纪以来西方文化先后出现四种知识型，即 16 世纪文艺复兴时期知识型（l'épistémè de la Renaissance，词与物统一）、17 至 18 世纪古典时期知识型（l'épistémè classique，用词的秩序再现物的秩序）、19 世纪以来的现代知识型（l'épistémè moderne，词的秩序不表示真实事物，而表示人对物的表现）、20 世纪 50 年代以来的当代知识型（词只表示其他词，或用结构主义者术语说，符号仅指涉其他符号，而不指涉外界）。在知识型之间断裂（rupture）处都有典型的转变形象：堂吉诃德（Don Quichotte）标志着从文艺复兴到古典的裂

① 　Épistémè 是福柯根据希腊文 ἐπιστήμη 构成，episteme 即拉丁文 scientia，原意为科学或知识，柏拉图在《理想国》中用 epistēmē 指理性知识（算术、几何、天文学与声学），亚里士多德用它来表达科学的多样性或各种类型或等级（从诗学到实用科学到理论科学，从算术到几何学、光学）。

② 　J. G. 梅基奥尔：《福科》，韩阳红译，昆仑出版社 1999 年版，第 33 页。

变，萨德（Marquis de Sade，1740—1814）标志着从古典到现代的裂变，而尼采（Friedrich Wilhelm Nietzsche，1844—1900）则预示了当代知识型的诞生。福柯指出："直到 16 世纪末，相似性（la resemblance）在西方文化知识中一直起着创建者的作用。正是相似性才主要地引导着文本的注解与阐释；正是相似性才组织着符号的运作，使人类知晓许多可见和不可见的事物，并引导着表象事物的艺术。"[1] 因此，福柯将这种知识型描绘成"世界的散文"（la prose du monde），认为它是处在一种相似性网络中的语词和事物的统一体。当时的相似性语义网络极其丰富，但最根本的有便利（la convenientia）、仿效（l'aemulatio）、类推（l'analogie）、交感（les sympathie）四种。文艺复兴时期的人们认定上帝给万物身上留有一个记号（signature），即相似性或相互联系的记号，使得万物彼此相似。当时他们视语言为一种自然形式或者说自然界的一部分，并不将语言视为人为的符号，语言并不只是代表其他事物的工具，它有自己存在的价值，语言指涉万事万物，而万事万物也可以是指涉语言的工具，词与物一样是符号。文艺复兴的知识排列，重点在于物与物间的联结与相似，人们借丰富的联想来联系世界各层次的事物，并从中加以自由的诠释与想象，是野性的思维（pensée sauvage）。换言之，当时的学问（eruditio）和神示（divinatio），感悟互相补充，知识既不是观察，也不是论证，而是以"注释"为核心手法。[2] 文艺复兴时期的符号体系依然遵循着斯多葛派（le Stoicisme）的"三段式"规则，包括能指（le signifiant）、所指（le signifie）和联结（la conjoncture）三个维度。[3] 这样的符号是一个三维性的深度空间，文艺复兴的知识就埋藏在具有相似性的符号内部的深度空间之中，成为一种依赖于解释学的

---

[1]　Michel Foucault, *Les mots et les Choses: une archéologie des sciences humaines*, Paris: Gallimard, 1966, p. 32.

[2]　可参见 George Huppert, Divinatio et Eruditio: Thoughts on Foucault, *History and Theory*, Vol. 13, No. 3 (Oct., 1974), pp. 191 – 207。

[3]　Michel Foucault, *Les mots et les Choses: une archéologie des sciences humaines*, Paris: Gallimard, 1966, p. 57. 亦可参见 Jean-Baptiste Gourinat, *La dialectique des stoïciens*, Paris, Vrin, collection "Histoire des doctrines de l'Antiquité classique", 2000, p. 111。

具有神秘主义色彩的寓言式的深度知识。17 世纪，相似性知识型突然崩溃了，表象（représenter）知识型取而代之。福柯这样写道："《堂吉诃德》勾勒了对文艺复兴世界的否定；书写不再是世界的散文；相似性与符号解除了它们先前的协定；相似性已不足倚恃，变成了幻想或妄想。"① "在 16 世纪，相似性是与符号体系联系在一起，并且，正是对这些符号的阐释，才开启了具体认识领域。从 17 世纪以来，相似性被驱逐到了知识的周边地区，知识最低级和最低下的边缘。在这些地方，相似性与想象、不确定的重复、模糊的类推联系在一起。"② 古典时代的知识型大大修正了文艺复兴时代的知识型：分析替代了类比，比较取代了相似，系列的有限性取代了相似的无限性，完全的准确性取代了不断增长的可能性，心智活动现在是辨别、区分，而不是聚拢、吸引。古典知识型的符号系统是两段式。词（符号）与物分离了，词（符号）变成能指，物变成所指，二者之间没有任何中介，既没有需要揭示的隐蔽联系，也无须解释，能指和所指直接联系起来而保持着透明关系，表征没有自身的地盘，没有自身的空间。因此，古典时代的意义空间展现在符号系统本身，而不是像文艺复兴时代存在于符号与其对应物之间；并且在符号系统内部的意义空间出现的，也不是想象与诠释，而是逻辑与因果律。古典时期的知识都是通过反深度的符号形式表现出来，是对于外形（形象）的捕捉和描写，易言之，外在性成为知识的目标。

　　在古典时期，表征行为的缺场意味着古典时代并没有人的位置，在词与物的连接中根本不需要人这个楔子，人不是知识捕捉的对象，人还在知识的黑夜中沉睡着。古典和现代知识型的断裂发生在 18 世纪和 19 世纪之交，包括两个阶段。在第一个阶段（1775—1795 年），亚当·斯密（Adam Smith，1723—1790）、居思耶（Bernard de Jussieu，1699—1777）和威京斯（John Wilkins，1614—1672）将劳动、有机体与文法系统概念带入古典的符号系统中，造成古典知识型的不稳定；第二阶段

---

① Michel Foucault, *Les mots et les Choses: une archéologie des sciences humaines*, Paris: Gallimard, 1966, p. 61.

② Michel Foucault, *Les mots et les Choses: une archéologie des sciences humaines*, Paris: Gallimard, 1966, p. 85.

（1795—1825 年），大卫·李嘉图（David Ricardo，1772—1823）、乔
治·居维叶（Georges Cuvier，1769—1832）和弗兰茨·葆朴（Franz
Bopp，1791—1867）分别使政治经济学、生物学和语文学得以肇造创
立，这三个学科并非由财富分析、自然史和一般语法演变而来，它们摆
脱了自己的前史，变成全新的话语，知识的空间由水平性向垂直性的转
折完成，现代知识型真正揭其帷幕。与文艺复兴和古典知识型不同，福
柯没有明确提出现代知识型的核心特征。有的研究者将其概括为"历史
知识型"；但也有研究者认为，实际上"人"占据着现代知识型的中
心。也就是说，标志现代知识型的不是知识的形式，而是知识的中心问
题。① 台湾学者黄煜文指出："现代知识型虽然也表现出与古典知识型
相同的能指、所指关系，然而数理逻辑已不再是支配的原则，它的原则
在于人的存有。因此，现代知识型的知识排列乃与古典知识型迥然不
同，前者强调贯时性与纵向的空间感，后者则强调共时性与平面的空间
感。古典知识型企图建立具普遍性而无时间的符号体系表格，因而它的
知识排列平铺在时间轴上的一个时点，是个完全扁平而无限延伸的知识
薄层，全无时间性。现代知识型中的人类科学则以存有为原则，将人类
的存有放在时间轴上，观察存有由生至灭的过程，同时讨论这个过程中
的存有模式。生灭的过程依附在垂直的时间轴线上，形成一纵向的空
间，然而却非无限延伸，生与灭是其端点，这是个有限的空间。"② 相
对于文艺复兴的狂想与自由，古典时代的逻辑严密但充满无限，现代知
识型显露出紧迫而促急的性格。在抛弃了表征空间之后出现的这种知识
型中，"万物的准绳"不再是上帝，也不再是自然，而是"人"。人成
为知识的中心，产生了现代"人"的观念：人既是知识主体又是知识
对象。现代的知识汇聚回归到"人"这一起源点上，以人本身作为提
供知识（经济规律、生理机能与语言结构在其中运作）的空间，以人
为中心构成一个封闭系统。但吊诡的是，人体只是个开放的展览空间。

---

① 刘北成编著：《福柯思想肖像》，上海人民出版社 2001 年版，第 154 页。
② 黄煜文：《傅柯的思维取向——另类的历史书写》，台湾大学文学院 1990
年版，第 113 页。

让经济法则、生理机能的法则以及语言结构汇聚在人体上展现自己，人的自主性被消磨殆尽。现代人文科学是背对无意识的，但在现代知识型中，人无法摆脱"无思"（Unthought，潜意识），而这隐秘的无思领域正是知识的隐晦地带。福柯将这种情况称为"人类学的沉睡"。《词与物：结构主义考古学》的最后结论断言："正如我们思想的考古学很容易证明的，人是一个近期发明。而且他或许正在接近其终结。如果说（以前）那些（知识）格局既然会出现也必然会消失……那么我们可以断言，人将会像海边沙滩上画的一副面孔一样被抹掉。"[1] 这段话后来经常被人所引用，且浓缩化约为一句口号："人的死亡。"福柯对新的知识型语焉不详，将重点放在文艺复兴、古典时期和现代三种知识型考察上，但从福柯话语延伸轨迹不难看出，语言结构将是新知识型的原则，而新的学科应该在这个前提下产生。

福柯一生行止云谲波诡。正如《易经》中言，"君子豹变，其文蔚也"[2]。福柯思想的丕变如频闪般扑朔迷离，不过他不断发出的惊世骇俗的声音多因时而言，在前后相继的存在主义、结构主义和后现代主义三大思潮的惊涛骇浪中若即若离。从《词与物：结构主义考古学》写作的时点而言，结构主义当时以大宗的身份在法国鼓荡风潮。以索绪尔为渊源的结构主义所关注的不是意义本身，而是意义得以产生的语法规则或语言机制，它不信任经验现象，而以挖掘表象下的符号排列模式为要务，认为结构与结构之间的更迭是整体内部符号排列的"转变"而非逻辑上的延续。《词与物：结构主义考古学》1966 年最初纳入伽里玛尔"人文科学文库"出版时，福柯本拟《事物的秩序》（*L'Ordre des choses*）为名，但与当时正在刊印中的一部著作书名相雷同，故不得已选择《词与物：结构主义考古学》，而 1970 年英译本按照福柯意愿改回《事物的秩序》（*The Oder of Things*）时，副标题也由最初法文本的《结构主义考古学》

---

① 转引自刘北成编著：《福柯思想肖像》，上海人民出版社 2001 年版，第 164 页。

② 语出《周易·革第四十九》，引自徐子宏译注：《周易全译》，贵州人民出版社 1991 年版，第 268 页。亦可参见孔令河：《五经注译》上，山东友谊出版社 2001 年版，第 233 页。

改为《人文科学考古学》。《词与物：结构主义考古学》发表后，福柯被视为"结构主义家族成员"。1967 年，法国《文学半月刊》发表漫画《结构主义者草地上的野餐》，列维－斯特劳斯（Claude Lévi-Strauss，1908—2009）、拉康、巴尔特（Roland Barthes，1915—1980）和福柯"结构主义冒险四巨头"在热带丛林中赤裸上身，腰系草裙，席地而坐，正在海阔天空地纵论高谈。同年 4 月，福柯在突尼斯接受采访，声言自己至多只是结构主义的祭童（altar boy）而非主祭，"只是在旁边摇摇铃而已，使信徒行礼如仪，把不信神者赶走。事实上，弥撒早就开始了"①。

　　和索绪尔对语言（langue）和言语（parole）的区分、列维－斯特劳斯对神话和神话素的解析一样，福柯的《词与物：结构主义考古学》也是将知识的构成方式完全当成符号排列的问题来处理，以能指与所指的关系来解释知识排列的方式，并且其对知识深层结构——知识型的探索也与结构主义对各种无意识结构的探讨同声相应、同气相求，其所谓的"知识型"正是从各种知识形式中，从各种学科、理论、知识中寻找它们自身的深层语法结构。唯其如此，萨特（Jean Paul Sartre，1905—1980）抨击福柯用走马灯的方式即静止画面的连接取代历史运动。在当时结构主义极度盛行的时局笼罩之下，《词与物：结构主义考古学》布满了结构主义氛围。不过，正如汪民安所说，"如果将索绪尔语言学作为结构主义圈际运动中核心的话，福柯离这个核心最远，他站在这个运动的最外围"②。结构主义的研究由于其所崇奉共时而非贯时的原则所限没有时间的向度和意识，看不到时间的痕迹，可以说，对索绪尔和列维－斯特劳斯而言，他们所修筑的语言和神话的结构堤坝简直近乎具有超历史性，以其自身的超验性大胆地放逐了历史，抵挡了时间和历史河流的反复冲刷。而福柯并没有放弃"历史性"，他抛弃了结构主义的共时性这种教旨式的观点，将话语栽植在历史的河流中，在其固有的历史主义框架内考察话语的转换。当然，这种历史不是历史深处的

---

①　Didier Eribon, *Michel Foucault*, trans. by Besty Wing, Cambridge, MA：Harvard University Press, 1991, p. 167.

②　汪民安：《福柯的界线》，中国社会科学出版社 2002 年版，第 75 页。

历史，而是摆脱了历史的话语的历史；这种写作是抛弃了风起云涌的历史实践的历史，是历史性已降至最小值的空洞的非历史学的历史，也可说是徒具历史框架的历史写作。与福柯《词与物：结构主义考古学》从结构主义立场出发所实施的一切历史考古学挖掘相对照，库恩《科学革命的结构》从历史主义的立场出发建构"新科学哲学"（New Philosophy of Science）的范式结构。库恩作为科学历史主义的代表人物，其理论受到砥砺而新发于硎的磨刀石是逻辑实证主义。如果说逻辑实证主义关注研究科学家应该如何做，那么科学历史主义则关注描述科学家实际上在如何做；如果说逻辑实证主义聚焦于科学陈述的逻辑形式、科学定律的逻辑结构、科学理论的逻辑框架、科学推理的逻辑关系，那么科学历史主义则强调科学的内容，研究活生生的具体的科学理论是如何产生、变化并在何种社会和文化背景下发展的。在《词与物：结构主义考古学》中，福柯笔下的历史时段仅仅是知识型裂变的标志，被掏空了其全部的历史内容，而在《科学革命的结构》中，库恩通过对科学史的解读勾画出一种可以从科学研究的历史记载本身浮现出的科学观，这种科学观所描述的科学发展结构模式一般为：前范式科学（经过竞争与选择而建立起范式）→常规科学（反常与危机使范式发生动摇）→科学革命（经过竞争与选择而建立起新范式）→新常规科学→……库恩不仅在方法论上最大限度地充满丰富翔实的历史性，使其新科学哲学理论历史化，而且强调科学发展中理论预设、原则的来源背景，认为这些原则限定了人们科学活动和认识，因此任何时候科学所塑造出来的实在的图景都是历史的图景，随历史背景的变换而更改。这样，库恩与福柯将知识话语像自足密闭的疆域中自我嬉戏般断绝与整个社会语境联系的形式结构主义截然相反的取向是十分明显的。

　　库恩在《科学革命的结构》阐述自己的思想来源时这样指出："我在那些年的部分时间花在真正的科学史上，尤其是继续研究亚历山大·柯瓦雷（Alexandre Koyré，1892—1964）的著作，并且第一次接触到埃米尔·迈耶逊（Émile Meyerson，1859—1933）、海林纳·梅茨格（Hélène Metzger，1886—1944）和安纳利泽·麦尔（Anneliese Maier，1905—1971）的著作。这些人比大多数其他现代学者更为清晰地表明，在一个科学思想的准则与今日所流行的准则大相径庭的时期，科学思维会是怎样的。"① 亚历山大·柯瓦雷认为，一种理论的"技术"价值——它的解释能力——绝不是它在科学思想史上取得成功的关键所在。他非常强调"非逻辑的因素"对于人们接受或者拒绝科学理论所起的作用，成为引领库恩范式理论产生熠熠闪烁的启明星。英国历史学家赫伯特·巴特菲尔德（Herbert Butterfield，1900—1979）《近代科学的诞生》（*The Origins of Modern Science 1300—1800*）一书所提出的"更换思维的帽子"（putting on a different thinking cap）的科学革命论开辟了与库恩的科学革命论紧密相连的一条可以拾级而上的甬道。库恩循此接续踽踽前进而逐步与逻辑实证主义分道扬镳，后来又在同事指点下研读了"格式塔"② 心理学，并在探索的山阴道上偶遇路德维希·弗莱克（Ludwik Fleck，1896—1961）鲜为人知的著作《一个科学事实的发生与发展》（*Entstehung und Entwicklung einer wissenschaftlichen Tatsache: Einführung in die Lehre vom Denkstil und Denkkollektiv*，1935），使库恩意识到科学思想概念的演变应置于有关科学共同体的社会学之中。弗莱克的"思维集团"（Denkkollektive）和"思维方式"（Denkstil）概念作为遗产在库恩的"科学家共同体"和"范式"概念中所吸取。正是因为如此，库恩的范式概念具有认识论方面和社会学方面的双重性格。和福柯的"知识型"一样，库恩的"范式"论也强调"历史的先验性"，认为任何科学命题都依赖于某种先验的原则，只有借助于这些先验的原则、预设、经验才是可能的。

但库恩与福柯在这一浮浅的共性之下蕴藏着深刻的歧异：首先，福柯《词与物：结构主义考古学》的知识型理论是采取考古学方法，而考古学所要确定的并非思维、描述、形象和主题等明露暗藏在话语中的东西，而是话语本身，所以有学者指出，福柯的知识型只是处于理论的层面，另一方面又高出于世界观，盘踞于无意识的深处，而库恩的范式是高出于理论层面的。库恩自己强调："只要框架是研究的先决条件，

---

① Thomas S. Kuhn, *The Structure of Scientific Revolutions*, Chicago and London: The University of Chicago Press, 1996, p. Viii.

② Gestalt，德语"整体""完形"的意思。在心理学中，指观念或观念系统瞬间发生整体转换的意思。

那它对思维的控制就不仅是'温敦愚笨'的，而且也是必要的。"① 库
恩的辩护者玛格丽特·玛斯特曼（Margaret Masterman，1910—1986）也
说："事实上库恩从没有在任何主要场合将'范式'和'科学理论'等
量齐观。它的元范式在范围上要比理论广得多，而且其思路也先于理
论，即是一种整体的世界观。"② 其次，由于库恩科学社会学的立场和
美国实用主义传统的禀赋，所以"范式"被库恩视为"一个依靠本身
成功示范的工具，一个由于现身说法而展示的解释方式"，范式起实用
工具的器范作用是主要的、决定的，引人入胜的典型范例不是以明确的
规则昭示于人，只有通过科学实践非语言性地才能加以掌握。与此大相
异趣的是，福柯的"知识型"不属于理念的范畴，而属于形式法则范
畴，是其考古学挖掘的诸"非形式化知识"的话语实践无意识的、必然
的形式规则，因此库恩的范式与福柯的"知识型"区别即在于后者为
"无明"（无意识）状态的"百姓日用不知"的形式规则，并非认知活动
的模式，则用宗教式语言"改换信仰"（conversion）提示范式转换（par-
adigm-switch）的特征，其范式是"有明"（有意识）或"潜明"（潜意
识）人为建构与皈依迎迓的"定式"或格套，后者属于形而上之道，是
知识本身内在的排列与构成的形式语法规则，前者属于形而下之器，是
包括精神和物质两方面的科学认识工具或科学家行动松散的思维规约。

库恩以物理学专业的学术出身过渡转向而致力于科学史研究，近代
以来自然科学分化日益加剧，而库恩的"范式"概念，正同知识体系
由"science"向"sciences"转变，即同科学的专业分化密切相关。按
照库恩的观点，各个专业领域"作为科学"得以确立自己的位置，是
由其"范式"，即在这个专业领域的研究活动中获得拥有自身特点的典
型范例的科学业绩所决定的。在库恩看来，没有学科范式，就不会有严
格意义上的学术积累和思考开掘。他指出："范式代替规则将使我们对
科学领域和专业的多样性更容易理解。当有明显的规则存在时，它们通

① 伊姆雷·拉卡托斯等：《批判与知识的增长》，周寄中译，华夏出版社
1987 年版，第 326 页。
② 伊姆雷·拉卡托斯等：《批判与知识的增长》，周寄中译，华夏出版社
1987 年版，第 85 页。

常适用于非常广泛的科学团体，但范式不需要这样。分隔很远的学科的从业者，例如天文学和植物分类学的研究者，他们从迥然不同的书本中所描述的科学成就中得到教育。"①

　　库恩本是挑战逻辑实证主义企图以语言论来建立统一科学运动的反潮流者，他认为科学不是不可动摇的"万世一系"的事业，相反，科学应当是以"由不同的专业领域或者物种构成的复杂的、非系统性的结构"为特征的活动，故范式理论适宜于单一学科的话语分析。但是，福柯的知识型并不局限于某个固定学科之内，它在表面上互不联系的，不同学科底层往来穿梭并挖掘它们共同的话语语法构型规则。语言学、政治经济学、生物学等学科在主题上尽管相距甚远，各说各的，按照库恩的观点是具不同"范式"的，但这些学科、理论、知识的内在构成、组织形式、表意法则却是暗通窍曲的，在一个既定时空内具有不易看见的高度的相似性（a high degree of isomorphism between all these areas of knowledge）。在知识型的理论透视下，人们熟悉的范畴、类属开始分崩离析，学科、知识、事物的关联得以重新组合，知识话语的疆界被予以重绘。

第六节　在法学与史学之间：学科话语底层共同的语法规则

　　法学和历史学都浸淫于时代精神之中，虽然表面上看各自疆域界限清楚，但底层却是浑然一体的。其间存在学科话语底层共同的语法规则，即知识型。

　　从宏观上看，19世纪法学思潮有着和历史学相似的发展路径。在西方法律思想史上，自然法学说具有最为悠久的传统。对于迥异于大陆法系的英美普通法系的起源，R. C. 范卡内冈（R. C. Van Caenegem）将

---

①　Thomas S. Kuhn, *The Structure of Scientific Revolutions*, Chicago and London: The University of Chicago Press, 1996, 3rd edition, p. 49.

时间因素赋予极其重要的意义，认为："英格兰的普通法［区别于欧洲大陆的'共同法'（jus commune）或共同的学术法］是欧洲最早的国家法，它最早共同适用于整个王国，并由一个在全国范围内拥有初审管辖权的统一法庭加以实施。在欧洲其他地方，法律或者是全欧洲性的，或者是地方性的，而不是国家性的、民族性的。结果是，许多国家都非常悖谬地采纳了那种超越地域的'共同法'（jus commune）来为自己提供一种全国性的法律制度，而这是为纷繁复杂的地方习惯所无法提供的。"[1] 在 14—16 世纪，欧洲大陆国家出现的文艺复兴（Renaissance）、宗教改革（Religion Reform）和罗马法复兴（Recovery of Roman Law）彼此振荡氤氲，以理性主义为基础的自然法思想因而云蒸霞蔚，以罗马私法和注释法学派的著作为基础的所谓大学共同法（droit commun des universités）因而大行其道。一方面，古典自然法学强调作为"理性之光"的自然法在时空上的绝对超越性，认为人类社会生活所适用之行为规则并不限于国家和政府制定之法律，除此之外尚有适用于一切的人而非只适用于某一个人或某一时空之某一社会的普遍行为规范，但另一方面，古典自然法学家同时又是坚定的国家主权论者。这反映了民族国家建构初期的时代精神，亦堪称随后历史法学勃然而兴的伏笔所在。

随着民族国家的兴起和国家主权概念的发展，欧洲共同法便告衰退而进入历史博物馆，接踵代之的是国家法时代的肇始。对共同法扬弃性的改革不仅得到了认同，而且被视为民族精神和民族特征的明证。[2] 在 18 世纪以后，法学的视野便逐渐开始在民族或国家的框架中延展，而 19 世纪法律思想以民族主义为背景而形成者，以历史的法学派（die historische Schule）为最著。[3] 萨维尼作为德国历史法学派代表人物批判

---

[1]　R. C. Van Caenegem, *The Birth of the English Common Law*, Cambridge：Cambridge University Press，1988，p. 88.

[2]　John Henry Merryman, *The Civil Law Tradition：An Introduction to the Legal Systems of Europe and Latin America*, Stanford, California：Stanford University Press, 1985，p. 18.

[3]　杨幼炯：《今后我国法学之新动向》，《中华法学杂志》新编第 1 卷第 1 号（1936 年）。

所谓"只相信普遍适用的自然理性，不顾各民族具体历史情况及其差异"的法律幻想，认为法律不是理性的产物，而是历史中具有支配地位的民族精神所创造出来的。是时，所谓自然法法典编纂（Naturrechtliche Kodifikationen）开始大行其道。① 尽管萨维尼与蒂堡（Anton Friedrich Justus Thibaut，1772—1840）的争论针锋相对，但如果从蒂堡以制定共同的德国民法（eingemeindeutsches Zivilrecht）服务于德国统一的民族国家建构工程这一动机而言，则两人其实并无根本的分歧。

萨维尼像

　　1794 年《普鲁士国家普通邦法》（*Das Allgemeine Landrecht für die preußischen Staaten*，ALR）、1804 年法国《拿破仑法典》（*Code civil des Français，Code Napoléon*）、1811 年《奥地利普通民法典》（*Das Allgemeine bürgerliche Gesetzbuch*，ABGB）先后编纂问世。本来，法典编纂这种观念本身也可以从古代追溯其起源，然而，这一时期法典编纂必然与民族主义观念紧密相连，是由于民族国家的成立所促成的，旨在通过法典编纂体现国家的光荣。② 法国大革命的立法即秉持"单一不可分的共

————————

　　①　Diethelm Klippel（Hrsg.），*Naturrecht und Staat-Politische Funktionen des europäischen Naturrechts*（*17 – 19. Jahrhundert*），unter Mitarbeit von Elisabeth Müller-Luckner，München：Oldenbourg Wissenschaftsverlag，2006，S. 154.

　　②　"Gesetz"一词通常有三种含义：在法学中意指"法律"；在物理学、逻辑学和经济学等学科，意指"规律"；在神学中则用以指神的"规则（惯例）"。但是，"Gesetz"一词在法律中正式使用始于《奥地利普通民法典》（*Österreich Allgemeines Bürgerliches Gesetzbuch*，ABGB），其使用及确定化与民族国家的建构不无关系。具体参见 Zweigert und Puttfarken，*Zum Nationalismus der Rechtsvergleichung*，in *Festschrift für Helmut Coing zum 70. Geburtstag*，hrsg. von Norbert Horn in Verbindung mit Klaus Luig und Alfred Söllner，Bd. 2，München：Beck，1982，S. 592f。

和国"（la République une et indivisible）应拥有"单一不可分的法"（un droit un et indivisible）这样的理念。正如有些学者所说，1887 年公布的《德国民法典》草案处于这样的一个时代："在这里，民族情绪或许比以前任何时候都有魅力，民族间憎恨、民族间争议搅乱了这个时代，每个民族即使在具有同样效力的东西中也炫耀自己的独特性。"①"为了如此强烈盼望的法律统一，德国人民绝不允许根除其力量之根源。他们着迷似的且毫无耐性地不允许把他们的精神出卖到一个非德意志的法典之中。"② 无论《德国民法典》（Das Bürgerliche Gesetzbuch，BGB）还是《法国民法典》（Le code civil des Français，C. Civ. 或者 CC）的制定，都是力图缔构千古不刊的法典，成为擎举民族国家政治屋顶的支柱，而两者的面世先后速缓恰是各自民族国家建构的一部缩影。正如艾伦·沃森（Alan Watson）所言，法典化的一个基本后果便是它结束了民法传统的大一统状况，"无论一部民法典是否（很可能是）表达了民族精神，它确实导致了全国性的、或至少别具一格的地方性的法律的诞生。法典越是新颖有力，便越是如此"③。大木雅夫亦云："法典是民族理想与民族文化的一元性之体现，它以本国语文书写，并包含着民族性的法律制度和法的概念。从此以后，法就成为民族的法（national law）。"④ 而各自分离的法统被并归到单一的国家法律体系之中，法典的创造被视为本国人民天赋表现的证明和产生民族认同性的基础。在时人看来，各国法典与普通法（ius commune）相距越远，就越能成为本国民族天才的佐证和其存在价值的证明。⑤ 随着各国形形色色法典的出

① 转引自罗尔夫·克尼佩尔：《法律与历史：论〈德国民法典〉的形成与变迁》，朱岩译，法律出版社 2003 年版，第 25 页。

② 转引自罗尔夫·克尼佩尔：《法律与历史：论〈德国民法典〉的形成与变迁》，朱岩译，法律出版社 2003 年版，第 25 页。

③ Alan Watson, *The Making of the Civil Law*, Cambridge, Massachusetts：Harvard University Press，1981，p. 176.

④ 大木雅夫：《比较法》，范愉译，法律出版社 1999 年版，第 12 页。

⑤ John Henry Merryman, *The Civil Law Tradition: An Introduction to the Legal Systems of Europe and Latin America*, Stanford, California：Stanford University Press，1969，pp. 15 – 19.

现、以民族主义为基础的多样的实定法律秩序的形成，法学亦随之走向了国家化。各国在民族法律文化时期（Epoche nationaler Rechtskulturen）建立了各自的高度精密的学说和教条结构。一元化的法学（Rechtswissenschaft）遂分裂为复数的法学（Rechtswissenschaften），实定法的知识不再跨越国境。

如同历史学领域以阿克顿为代表的"剑桥学派"乃德国兰克学派的嫡传，英国在法学领域以奥斯汀为代表的分析实证法学派与德国萨维尼的历史法学及其衍诸"潘克顿法学"的关系亦有案可稽。他之所以将法律界定为主权者的命令，并将包括英国在内的实定法秩序进行全方位逻辑分析，充分昭示了当时法学的历史风尚。如同浪漫主义史学成为以兰克为代表的客观主义史学的前奏一样，德国历史法学派为近代法学的专业化和体系化奠定了基础。而且，在1846年召开第一次的"日耳曼学者大会"（Germanistenversammlung）即由作为"哥廷根七君子"之一、历史学家兰克和德国历史法学派代表人物贝斯勒、格林兄弟等人发起，这本身就表明了历史学和法学在当时的共谋关系。在历史法学派学说内部，民族性和非历史性两者既矛盾又有机联系的既存潜在的倾向，被历史法学派衣钵徒嗣所推阐扬厉。贝斯勒（Georg Beseler，1809—1888）在《民族的法律与法律人的法律》（*Volksrecht und Juristenrecht*，Leipzig：Weidmann，1843）中旗帜鲜明地提出自己的"民族法理论"（Volksrechtstheorie）纲领，认为德国继受罗马法是一个"国家民族的不幸"（nationales Unglück），导致了一个不具民族风格的"法律人的法律"（Juristenrecht）主宰天下的局面。历史法学家通过对罗马法卓有成效的研究归纳抽象出概念严格、逻辑严密的民法学说体系，潘克顿法学派（die Pandektenwissenschaft oder Pandektistik）遂由此脱颖而出，并驯至演化为概念法学（Begriffsjurisprudenz）。制定法的膨胀与概念法学的发展相生相引，法律和法学的自足性和封闭性便势所难免地如影随形。这种封闭性表现在两方面：其一将注意力集中于制定法（即国家法）而无暇他顾，使法等于法律，甚至将国家和法律视为一个事物两个名称，信奉法典之外无法源的教条；其二将视野局限于民族国家的空间范围。早在1810年，保罗·费尔巴哈（Paul Johann Anselm Ritter von Feuerbach，1775—1833）① 即严厉指责德国法学家们"所有的学术研究援引的始终只是本国的或者国产的"②。

在 17 世纪，由于欧洲法的统一性日益衰退，所谓最新法（ius novissimum）的考量受到了学者们的关注。例如，1617 年，比利时鲁汶天主教大学（Université catholique de Louvain）最先开始教授最新法，1620 年乌普萨拉大学（Uppsala universitet）开始教授瑞典法。同年，古德林（Goudeling）在比利时也出版了《论最新法》（De iure novissimo）一书。③ 1634 年，斯特拉斯堡大学也开设了这门课程。1679 年，法国根据路易十四的命令在索邦大学（L'universite Paris-sorbonne）开设了法兰西法讲座。④ 到了 18 世纪，其他国家也都先后开始了本国法教育。1707 年，威滕堡大学开设了德国法课；1713 年，意大利帕多瓦大学（Università di Padova）在学者马费伊（Francesco Scipione Maffei，1675—1755）建议下引进威尼斯法（Gius veneto）教育。牛津大学于 1758 年新设维纳英国法讲座（Vinerian Professor of English Law），剑桥大学于 1800 年开始讲授英国法；18 世纪 70 年代莫斯科大学开始教授俄国法。⑤ 尽管最初罗马法仍是基础课目，而本国法教育则是从属性的，但与当时大学体制下历史学肩负民族国家建构的重任汲汲于国别史研究的情形相仿，各民族国家的法典在 19 世纪逐步成为法学教育的中心内容，从而彻底改变了中世纪以来在欧洲各大学盛行的鄙视各国颁布的缺

---

① 著名哲学家路德维希·费尔巴哈（Ludwig Andreas von Feuerbach，1804—1872）乃其第四子。

② 茨威格特、克茨：《比较法总论》，潘汉典等译，贵州人民出版社 1992 年版，第 96 页。

③ Helmut Coing, Dieter Simon, *Gesammelte Aufsätze zu Rechtsgeschichte, Rechtsphilosophie und Zivilrecht 1947 – 1975*, 2 Bände, Frankfurt am Main：Klostermann, 1982, S. 85.

④ André-Jean Arnaud, *Les Origines doctrinales du code civil français*, Paris：Librairie générale de droit et de jurisprudence（LGDJ）, 1969, p. 45.

⑤ Helmut Coing, Dieter Simon, *Gesammelte Aufsätze zu Rechtsgeschichte, Rechtsphilosophie und Zivilrecht 1947 – 1975*, 2 Bände, Frankfurt am Main：Klostermann, 1982, S. 85.

乏统一性、系统性的法令和各地流行的习惯，而只教罗马法、教会法以及抽象的自然法的倾向。①

德国法学家耶林（Rudolf von Jhering，1818—1892）对概念法的批判，犹如历史学界布克哈特在兰克学派内部批判传统史学以民族国家为核心一般，耶林作为历史法学派的嫡系，以其早期的著作博得很高的声望，故其入室操戈的反叛震撼力极其强劲。他痛切地指出：这种民族法的学问"已经堕落到'国土法学'（Landesjurisprudenz）的田地，学术的境界，在法学上，落到同政治的境界合在一起。对于学问，这是一种卑躬屈膝的有失身份的形象！但是要越过栅栏，今后确保法学曾经长期保有的普遍性的特性，作为比较法学以另一种形式表现，这就只能依靠法学自身。它的方法将是另一种方法，它的眼界将是更广阔的；判断将是更成熟的，对资料的处理将不受约束；而表面上的丧失（即罗马法的形式上的共同性，der formellen Gemeinschaft des römischen Rechts）实际上却是对法学真正的帮助，将法学提升至更高一级的学术活动"②。耶林看到法律的民族化（Nationalisierung）所造成的拘囿，固蔽于封闭国境之内的负面效应，即各国"成文典章笨拙地试图在一小国内解决那些问题，而罗马法早已经在全球范围内以不可超越的方式实现了该问题的解决"③，提出"如果科学不决心把普遍性的

耶林像

---

① 朱景文：《比较法社会学的框架和方法——法制化、本土化和信息化》，中国人民大学出版社 2001 年版，第 52—53 页。

② Jhering, *Geist des römischen Rechts auf den verschiedenen Stufen seiner Entwicklung*, I. Teil [7/8], 1924, S. 75. 亦可参见 Konrad Zweigert und Hein Kötz, *Einführung in die Rechtsvergleichung auf dem Gebiet des Privatrechts*, Band I: Grundlagen, Tübingen: Mohr Siebeck Verlag, 1984, S. 51。

③ 转引自罗尔夫·克尼佩尔：《法律与历史：论〈德国民法典〉的形成与变迁》，朱岩译，法律出版社 2003 年版，第 10 页。

思想与民族性的思想作为同质之物一视同仁、并行不悖，就无法把握科学自身所处的世界"①。是时，试图重现由于民族国家的成立而失去的"法的伊甸园"（Legal Eden）、恢复"欧洲法"（European law）的学者尚有科沙克（Paul Koschaker，1879—1951）等人。

由于民族国家不仅是 19 世纪传统社会科学诸学科的分析单位，而且是诸学科得以建构和划分疆域的底线、准绳，所以 19 世纪末、20 世纪初风起云涌的对传统社会科学的冲击，既表现为对学科领域界线的重新定义，又表现为对以民族国家为分析单位的拒斥，两者之间息息相关。和历史学领域吕西安·费弗尔和布洛克创建年鉴学派伊始揭橥的"总体史"，强调突破民族国家中心主义和积极致力于跨学科的融合一样，民国时期我国老一辈法学家所称谓的这一时期的西方"新法学"，亦呈现越界拓地的门户开放和与民族国家为分析单位模式相疏离的发展趋向。耶林登高一呼，许多年轻法学家翕然从风，由此形成所谓自由法运动（die Freirechtsbewegung）。

最早提出"自由法学"一语的奥地利法学家埃尔利希（Eugen Ehrlich，1862—1922）在 1912 年出版的《法社会学的基础》（*Grundlegung der Soziologie des Rechts*）中明确将法律区别为国家法、法官法和生活中的法三种，对生活中的法（即活法，lebendes Recht）尤为致意。正如 K. 茨威格特（Konrad Zweigert）等在《比较法总论》（*Einführung in die Rechtsvergleichung auf dem Gebiete des Privatrechts*）中所云，当时各国法学界与自由法学派相同或紧随其后的利益法学（Interessenjurisprudenz）、法律社会学和法律现实主义（legal realism）等思潮流派，"对于以识破和粉碎国内概念体系（nationalen Begriffsgebande）和依领土区域限定作用范围的各种各样的繁琐哲学为目的而进行的批判，均作出了各自的贡献"②。一方面，自法国法学派提倡"科学的自由探究"（libre recherché

---

① イェーリング『ローマ法の精神』第一巻（1）、原田慶吉監修訳、有斐閣、1950 年、19 頁。

② Konrad Zweigert und Hein Kötz, *Einführung in die Rechtsvergleichung auf dem Gebiet des Privatrechts*, Band I: Grundlagen, Tübingen: Mohr Siebeck Verlag, 1984, S. 50.

scientifigue）、德国法学家毕尔林（Ernst Rudolf Bierling，1841—1919）等倡导"一般法学"（Allgemeine Rechtslehre）① 以来，法学与文学、经济学、伦理学、社会学等其他人文社会学科的交融趋势愈演愈烈，以至形成如今波斯纳（Richard Allen Posner）在《超越法律》（*Overcoming Law*）中所言，教义法学家被挤压在各自亮出自己的非法学兵器的法律经济分析学家、贝叶斯统计学家、法律哲学家、政治理论家、女权主义和同性恋法学家熙熙攘攘的空间缝隙之中。②

另一方面，如果说 18 世纪是自然法的世纪，那么 19 世纪则是国家法或者说实定法的世纪，而 20 世纪则是社会法的世纪。在 19 世纪这一民族法律文化时期（Epoche Nationaler Rechtskulturen），法律国家化使以民族国家的法境为分析单元的法学研究俨然不二法门。然而，与自然法学、分析实证法学鼎足而三的社会法学（Soziologische Rechtswissenschaft）的蹶然突起，对法学研究中聚焦于国家法的形式结构显然具有消解效应。19 世纪传统机械法学只承认国家成文法的法源性，而社会法学则认为国家为社会的一种形式，法律仅为社会的一种现象，是一组事实而不是一种规则体系，易言之，是一种活的制度而不是一套规范，将国家学及法律学吸收于社会学之中。③ 法国社会连带主义法学的核心人物狄骥（Leon Duguit，1859—1928）这样写道："随着年岁渐长，随着我日益浸润到法律问题之中，我越来越坚信：法律不是由国家创造的，其存在不依赖于国家，法律的观念亦完全独立于国家，法治将自身强加于国家之上，就如同其对个人所做的那样。"④ 埃尔利希亦谓："无论是现在或者是在其他任何时候，法律发展的重心不在立法，不在法

---

① Andreas Funke, *Allgemeine Rechtslehre als juristische Strukturtheorie: Entwicklung und gegenwärtige Bedeutung der Rechtstheorie um 1900*, Mohr Siebeck, 2004, S. 24.

② Richard A Posner, *Overcoming Law*, Cambridge, Massachusetts：Harvard University Press, 1995, p. 86.

③ 张鼎昌：《比较法之研究》，何勤华、李秀清主编：《民国法学论文精萃》第 1 卷，法律出版社 2003 年版，第 430 页。

④ Léon Duguit, *Traite de droit constitutionnel*, Tome 1：La règle de droit-Le problème de l'État, Paris：Boccard, 1923. 2e éd, p. 33.

学，也不在司法判决，而在社会本身。"①

　　无论霍布斯鲍姆等人将民族国家视为民族主义的产物，还是安德森称其为"想象的共同体"，都如吉登斯所说："无论实际情况如何，国家的发展必然与话语方式的形成相融合，话语方式建构性地塑造了国家权力。"② 作为民族国家反思性监控的形式的社会科学话语形式本身即具有"物化"（reification）性质，参与构成了我们当今所置身世界的社会实在的"事实性"。皮勒（Gary Peller）在《美国法的形而上学》（The Metaphysics of American Law）中提出，法律既反映它试图调整的更大的文化的价值、规范、实践和风尚，又建构于它们。③ 事实上，不仅法律是一种社会建构，而且法学与社会可以说是相互构筑的。民族国家的建构如吉登斯所言其实是一种结构化过程，这种结构化并不外在于人的实践而内在于人的日常性的不断反复，兼具使动性和制约性。法学的发展既受制于民族国家建构的历史语境结构，同时又实为在全球具有合法性和普世性的民族国家空间结构建制楔紧关键的形塑内在变量要素。自 16 世纪《威斯特伐利亚合约》以来，一方面国家取得了对封建领主的胜利，另一方面以领土为基础的国家主权观念成为国际政治的核心原则，以国家为中心的法律秩序取得了相对于亚国家和超国家领域的霸权，国家法被传统法学不加任何修饰限制词地径直称为"法"。因此，桑托斯（Boaventurn De Sousa Santos）指出："现代国家是建立在法律的单一比例尺，即国家的比例尺之下运作的假设的基础上。长期以来，法社会学不加批判地接受了这个假设。"④ 桑托斯用比例尺/投影法/象征符号的复杂范式以替代"书本上的法"（law in books）/"行动中

　　① 转引自沈宗灵：《现代西方法理学》，北京大学出版社 1992 年版，第 271页。

　　② Anthony Giddens，*The Nation-State and Violence: Volume Two of a Contemporary Critique of Historical Materialism*，Berkeley：University of California Press，1987，p. 209.

　　③ Gary Peller，The Metaphysics of American Law，*California Law Review* 73：44，1985，pp. 1151 – 1290.

　　④ Boaventura De Sousa Santos，*Toward a New Common Sense Law, Science and Politics in the Paradigmatic Transition*，New York：Routledge，1995，p. 463.

的法"（law in action）二元对立的简单范式，认为法律的发展存在三个不同的法律空间，即作为大比例法制的地方法，作为中比例尺法制的国家法，作为小比例尺的世界法。桑托斯上述申说兼摄融汇了当代法学"法律趋同化"论与"法律多元化"论聚讼公案中的不同主张。"法律趋同论"与"法律多元论"见仁见智，恰如沃伦斯坦在《开放社会科学》中所谓区域研究和世界体系理论，均系对民族国家为分析单位研究范式的超越。桑托斯鹤立侪类最富新意的睿见，在于从法律空间的互动和交叉、共存与矛盾中洞察到了当今法律趋同与法律多元论战硝烟所障蔽的突围路径，即比辨别不同的法律秩序更重要的是描述不同法制间（interlegality）或法律间（inter law）的复杂变动关系，"不是唯一从事对现存国家法制的批判，它必须发现使社会和个人压迫的更内在的和破坏性的形式经常发生的潜在的或显现的法制形式"①。这不仅为法学指点迷津，而且对其他人文社会科学不无启迪意义。

第七节　结论

综括上述，历史学和法学之间虽然如俗语所言"隔行如隔山"，但当我们越过熟悉的知识景观的界线，远离已习惯的位置感的保障进行游历实验，就会发现一个全新的空间进入视野，即学科底层实具相通的话语语法规则建构，顶戴载覆于福柯所谓的"知识型"之中。在 19 世纪传统的主流历史学和法学均以民族国家为"普遍的概念装置"（apparat allgemeiner ideen）。

香港浸会大学历史系教授鲍绍霖通过考证得出结论，梁启超《新史学》的思想主要受基佐、博克尔等为代表的文明史学派的影响。② 虽然鲍教授亦对民族主义在梁启超《新史学》中的作用有所敷陈，但似乎

---

① 朱景文主编：《当代西方后现代法学》，法律出版社 2002 年版，第 115 页。

② 鲍绍霖等：《西方史学的东方回响》，社会科学文献出版社 2001 年版，第 35—89 页。

将之视为外缘性的骈枝未予深入讨论。梁启超通过福泽谕吉受博克尔等人的文明史学派影响固然毋庸置疑，但梁启超当时西文能力的局限确如杜维运教授在《西方史学输入中国考》中所言，使其无法直接汲取西方当时的西学思潮，"现代中国历史学的发源地其实是东京"①。日本当时主要师法德国，德国当时在西方学术界俨然重镇，美国人当时如过江之鲫赴德留学，《新史学》（The New History: Essays Illustrating the Modern Historical Outlook，New York：Macmillan，1931）作者鲁滨逊（James Harvey Robinson，1863—1936）即是如此。笔者以为，在 19 世纪西方史学界诸流派之中，梁启超《新史学》文本中所昭示的思想更酷似普鲁士历史学派，以"民族国家"为核心概念装置的民族主义史学恰是《新史学》的灵魂所在。由于梁启超在日期间面对斑驳陆离的各种西方学说如行山阴道上目不暇接，正如鲍绍霖等所指正，欧洲文化史学派因与社会达尔文主义的不解之缘而使民族主义的幽灵仍然得以寄顿栖托，而社会达尔文主义当时在输入中国前卫知识分子脑际恰刺激了民族身份认同和国家观念的重新定位与边界建构，故此，尽管当时西方史学语境中不尽融洽的流派在梁启超《新史学》中却天衣无缝地编织起来。

　　"国家"是梁启超《新史学》的核心概念装置，梁启超倡导的"新史学"就其本质而言乃是"国史"。梁启超的"国家"思想受伯伦知理的影响有案可稽，② 梁启超在《新史学》发表前后，在《清议报》上刊登伯伦知理的《国家论》及在《新民丛报》上发表《政治学大家伯伦知理之学说》，其间相呼相和，相映相证，绝非纯粹的时间巧合，隐见福柯所谓"知识型"运作的玄机。伯伦知理既曾受业于法学家萨维尼，又系史坛巨擘尼布尔的学生，后来参与德国民法典制定，在教学过

---

　　① 余英时：《历史女神的新文化动向与亚洲传统的再发现》，《九州学刊》（香港）1992 年第 5 卷第 2 期。此条史料的引用本来很简单，但目前在学术界的各种引文注释中颇为混乱。其实，核对的办法很简单，此文见沈志佳编：《余英时文集》第 8 卷，下册，广西师范大学出版社 2006 年版，第 50—66 页。前揭引文见该书第 61 页。

　　② 参见郑匡民：《梁启超启蒙思想的东学背景》，上海书店出版社 2003 年版，第 170—283 页。

程中醉心于潘克顿法学，其《一般国家法》（*Allgemeine Staatsrecht*，或译为《国法泛论》）等著作灼然可见以国家为中心的 19 世纪传统法学的范型。平心而论，梁启超既是中国近代新史学无可争议的开创者，亦堪称中国近代杰出的法学家。范忠信在《梁启超法学文集》序言中云："说到中国近代法学家，人们首先想到的便是沈家本、严复。再往后举，人们会想到伍廷芳、董康、江庸、吴经熊、王宠惠等人，不会想到梁启超。其实，梁启超对中国近代法学的贡献，不在沈家本之下。"① 梁启超在法理学方面有《法理学大家孟德斯鸠之学说》《中国法理学发达史论》等著作，宪法学方面有《宪法之三大精神》等，行政法学方面有《官制与官规》等，法史学方面有《论中国成文法编制之沿革得失》《先秦政治思想史》等，国际法学方面有《西南军事与国际公法》《日俄战役于国际法上中国之地位及各种问题》等，因此沈家本主要是作为一名在朝的"立法技术性专家"，作为法学家的味道并不比梁启超强。在当时中国近代社会科学部类分萌形成的初始阶段，民族国家建构的情结横亘于心，具现于文，伯伦知理的《国家论》遂由此与梁启超的《新史学》有机衔接连贯起来。

梁启超以流质多变著称于史。他早在 1897 年的文章中即有"君史""国史""民史"的概念，② 但由于伯伦知理国家理论的影响，梁启超在《新史学》中"君史"与"国史"两极对立的歧异被进一步空前扩大和深化，与过去的话语陈述相比在本质上具有既深且巨的断裂性。邓实、黄节等清季国粹派在梁启超关于"君史""国史"的话语陈述基础上更辩彰"君学"与"国学"的区别。邓实云："痛夫悲哉，吾中国之无国学也！夫国学者，别乎君学而言之。吾神州之学术，自秦汉以来，一君学之天下而已，无所谓国学，无所谓一国之学。何也？知有君不知有国也。近人于政治之界说，既知国家与朝廷之分矣，而言学术则不知有国学、君学之辨，以故混国学于君学之内，以事君即为爱国，以功令

① 范忠信：《认识法学家梁启超》，范忠信选编：《梁启超法学文集》，中国政法大学出版社 2000 年版，第 4 页。

② 梁启超：《续译列国岁计政要叙》，《饮冰室合集》，中华书局 1989 年版，文集之二，第 59—60 页。

利禄之学即为国学，其乌知乎国学之自有真哉？是故有真儒之学焉，有伪儒之学焉。真儒之学只知有国，伪儒之学只知有君。知有国，则其所学者上下千载，洞流索源，考郡国之利病，哀民生之憔悴，发愤著书以救万世，其言不为一时，其学不为一人，是为真儒之学。若夫伪儒，所读不过功令之书，所业不过利禄之术……"① 在邓实等人"国以有学而存，学以有国而昌""一国有一国之学"等话语陈述中，民族国家的观念射影的边界轮廓是十分鲜明的。正如后来顾实为国学院起草的《整理国学计划书》所说："自昔闭关一统之世，知有天下而不知有国家。迨海禁既开，稍知西方，于是有中西对举之名词，如中文西文、中学西学、中医西医之类是也。迩来国家观念普及于人，于是国民、国文、国语、国乐、国技、国粹、国产种种冠以国字之一类名词，复触目皆是。今日学者间之有国学问题，甚嚣尘上，亦其一也。"② 从这一点上说，梁启超的《新史学》犹如一石激起千层浪，清末民初许多国学的话语生产不啻是梁启超《新史学》所引发层层涟漪的扩散。

　　需要申明的是，笔者描述近代中国以民族国家为框架的话语事实，并不企图将错综纷繁的历史风貌加以单调化处理，对自己进行这种通则性思考命题所承荷的非同小可的风险是相当明白的。福柯对传统思想史以总体性和连续性为律令的弊端的猛烈抨击，警醒我们不应以缩减话语的多样性以勾画话语总体化的一致性。按照福柯的观点，话语产生于矛盾，矛盾既不是要克服的表面现象，也不是应该抽出的秘密的原则，③正是话语之间的断裂性、差异性构成了其关联性的网络。事实上，儒家传统文化中"天下大同"的普遍主义其来有自，而清季以来民族国家的边界建构与全球一体化时空延展的"时间丛集"，又造成当时中国"空间生产"淆然纷乱的高度复杂性，加之西方杂然并呈的各种学术思想联翩而至，世界主义的超国家观念始终不绝如缕。程农即曾揭示了

　　① 邓实：《国学真论》，《国粹学报》第二十七期（1907 年），社说，第 1 页。
　　② 转引自罗志田：《国家与学术：清季民族关于"国学"的思想论争》，生活·读书·新知三联书店 2003 年版，第 394 页。
　　③ 米歇尔·福柯：《知识考古学》，谢强、马月译，生活·读书·新知三联书店 1998 年版，第 195 页。

"五四"高潮期间激进思想一度疏离民族国家话语的全球意象，使世界空间观念获得了空前的充实与激进性。① 是时，陈独秀宣称"近代思潮"是"国家的"，而"最近代思潮"是"社会的而非国家的"，许多中国激进思想都将十月革命诠释为一种具有世界意义的"社会革命"而非通常意义上的"国家革命"。虽然由于五四运动时期的世界空间感过度的激进性而昙花一现，但以国家为单位的思维框架在特定时空条件下遁形韬迹的离散性和曲折性不容忽视。

此外，对民族国家的认同并不意味必然囿局于民族国家的分析单位不能自拔，知识个体资质禀赋、价值偏好等因素的影响亦使其对社会思潮的反应色色不同，难以穷形尽相。罗志田对这种复杂的情形予以格外关注，指出："拟做新式专史的科学派确实明显受到'国家民族'观念的影响，他们拟撰的历史也的确以国家或民族为单位；而欲补修二十四史之所无或重修其中较差的断代史者，在治学上恐未必受到太多'国家民族'观念的影响，他们根本连梁启超在 20 世纪初年对'旧史学'的攻击也置诸脑后了。若从较长远的观念看，当时作为'旧史学'代表的柯劭忞之《新元史》，其时代冲击力固不如王国维的古史研究和顾颉刚发动的《古史辨》，然实际的学术成就却不容低估。"② 世界上本身不存在"放诸四海而皆准"的真理，笔者并不讳言辐射半径如此之巨的思考命题有挂一漏万的阙失。

在 19 世纪欧洲民族国家建构过程与以民族国家为单位的历史学研究写作模式相辅相成，交相辉映。正如韩国学者李润和所言，民族主义史学因为不是以世界人类或文化圈作为历史单位，而是以各民族为单位，故真正历史的开始是民族国家成立以后，尤其是关于古代史最重要的基准，其焦点也是放在"民族国家"的成立上。③ 不唯历史学如此，

---

① 程农：《重构空间：1919 年前后中国激进思想里的世界概念》，许纪霖编：《20 世纪中国思想史论》，东方出版中心 2000 年版，第 253—271 页。
② 罗志田：《国家与学术：清季民初关于"国学"的思想论争》，生活·读书·新知三联书店 2003 年版，第 395 页。
③ 关于韩国近代史学发展与民族主义问题的阐述还可以参见李润和：《中韩近代史学流派及其分期》，《学术月刊》2007 年第 2 期。

其他一些社会科学亦然，甚至流风所及连自然科学都被极端地设置了国境。① 然而，许多学者都认为民族国家并不是不证自明的分析单位，② 在许多情况下并不是一个适当的历史研究单位，对任何一个民族或民族国家能否自诩具有自成一统的且能够自圆其说的历史表示尖锐的质疑。正如杜赞奇所说，民族国家的全球体系建立了个人至少在重要方面得以在其中确认自身的民族时空向量，从根本上构建起我们对历史的理解和有关范畴。③ 从总体上说，现代社会的历史意识迄今仍无可争辩地为民族国家所支配，④ 许多历史学家将以民族国家为单位的历史研究作为先验假定（aprioristic assumption）而不试图反思其得以运行的语法规则（grammar），历史成为民族认同得以形成的最重要的教育手段。不过，这种情况在当代世界各国史学界并非万方同慨。巴勒克拉夫（Geoffrey Barraclough，1908—1984）在《当代史学主要趋势》（*Main Trends in*

---

① 在法学领域，这以纳粹时期的法学研究为典型。参见 Klaus Anderbrügge，*Völkisches Rechtsdenken：Zur Rechtslehre in der Zeit des Nationalsozialismus*，Berlin：Duncker & Humblot GmbH，1978。在自然科学领域，除了数学和化学以外，物理学界也非常明显。德国物理学家菲利普·莱纳德（Philipp Eduard Anton von Lenard，1862—1947）是 1905 年诺贝尔奖获得者，但也是一个狂热的纳粹学者。他把阿尔伯特·爱因斯坦（Albert Einstein，1879—1955）的理论称之为"犹太人的物理学"加以排斥，并在自己的教科书（Philipp Lenard，*Deutsche Physik*. München，1936，Bd. I，）上直接书以"德意志物理学"的标题，鼓吹所谓雅利安人的物理学（Arische Physik）。另一位德国诺贝尔物理学获奖者约翰内斯·施塔克（Johannes Stark，1874—1957）则站在民族性格学的立场上说："科学上的活动，只要是创造性的而不是单纯的模仿，就像一切创造性活动一样，其作风与成果都要受从事该活动的人的精神和性格上的素质所制约。由于一个民族的每个成员都具有共同的素质，属于一个民族的科学家们的创造性活动正如属于一个民族的艺术家和诗人的创造性活动一样，铭刻着民族的特质。科学绝不是国际性的，与艺术一样，它是民族所特有的东西。"（大木雅夫：《比较法》，范愉译，法律出版社 1999 年版，第 13 页。）

② 徐迅：《民族主义》，中国社会科学出版社 1998 年版，第 87 页。

③ Prasenjit Duara，Why Is History Antitheoretical？*Modern China*，Vol，24，No. 2，April 1998，pp. 105 – 120.

④ Prasenjit Duara，*Rescuing History from the Nation：Questioning Narratives of Modern China*，Chicago：Chicago University Press，1995，p. 3.

History）中这样写道：在第二次世界大战后，历史研究的基本特征之一是对 1939 年以前盛行的极端民族主义历史学的反感与厌恶，至少在欧洲，"国别史思想的可靠性看来受到事件的反驳。然而，直到目前为止，大多数历史学著作的撰写——可能至少占百分之九十——依然是以某个民族为体系。相反，随着西方对国别史的可靠性所抱的信念已经动摇，反倒是亚洲历史研究的崛起给予国别史以新生"①。"亚洲历史学家仍然竭其全力去研究本民族的社会及其成长，他们显然毫无保留地接受民族作为历史学研究的体系。另一方面，在非洲，当前的政治边界基本上全是欧洲人在 1880 年以后进行干涉时所造成的副产品，因此，将非洲历史作为一种整体来思考、或将其作为由少数重要地区组合起来的历史的趋势日益强烈。"②

经过血与火淬沥而形成的当代中国幅员广大的空间现实，始终是诸多历史现象得以产生的根源。正是这样，当代中国历史学家长期以来不像东南亚小国历史学家那样取向于"区域史"，亦不像日本历史学那样诉诸"亚洲观念"，而基本上仅以中国为单一的历史思考单位，与巴勒克拉夫《当代史学主要趋势》在 20 世纪 80 年代以前所叙述的情形的确比较吻合。

但经过最近二十多年变蛾蜕壳的学术发展，中国历史学界已经风景迥殊。正如德里克（Arif Dirlik）所说，由于中国社会目前与全球实践的高度融合，"今日的中国是一个有着多种空间性和时间性的国家，这使得后现代主义的概念与理解这个国家更加息息相关"③。国外诸如杜赞奇《从民族国家拯救历史：民族主义话语与中国现代史研究》等后现代色彩较浓的著作，"不仅对后革命社会的历史研究的方法提出了疑问，而且也对历史学家认定的空间性——中国这个概念本身产

---

① Geoffrey Barraclough, *Main Trends in History*, expanded and updated by Michael Burns New York and London：Holmes & Meier, 1991, p. 149.

② Geoffrey Barraclough, *Main Trends in History*, expanded and updated by Michael Burns New York and London：Holmes & Meier, 1991, p. 150.

③ 德里克：《后现代主义与中国历史》，刘东主编：《中国学术》2001 总第 5 辑，商务印书馆 2001 年版，第 38 页。

生了怀疑"①。在与国外学术动态声气灵通的信息时代，中国国内越来越多的学者亦开始自觉反思梁启超《新史学》以来学术界受现代国家教育和民族主义洗礼所营造出的日益趋于统一和单调的世界，从多方位对以民族国家为单位的历史书写范式予以解构。以孙歌《主体弥散的空间》为例，作者认为全球化运动所造成的一系列新的现象使得过去一向自圆其说的民族国家思维模式越来越捉襟见肘，简单化和抽象化地将国家理解为一个均质的实体，将这一相对的框架夸大为绝对的和唯一的认识途径，以致无法真正有效地介入复杂的历史，故提出以建立在思维空间里的"文化间"（这概念颇似桑托斯"法律间"的现象学描述术语）的范畴取而代之。② 其实，如果我们将视野放开阔一些，那么自 20 世纪 80 年代以来曾经或正在红红火火的文化史、社会史、区域研究与传统政治史的人气指数下降，都可以说暗示着历史学中"民族国家"作为核心概念装置的边缘化趋势。不过，我们也应该看到问题的另一个层面，即目前中国学术界所谓的"社会史""文化史"等基本上仍是现代性的产物，因为这种关于社会的观念仍然是以民族国家这样的有界实体为摹本，是一种民族国家的社会，我们历史书写的共同状态很大程度上仍然是依据民族国家的疆界来界定文化疆界和文化类型，故而"历史"仍然是在民族国家这一现代性符号下写成的，这种从国家向社会的历史书写转向，明显与传统史学范式藕断丝连，并未在理念上将长期以来已经自然化的民族国家的书写隐形框架彻底历史化。

　　列斐伏尔认为，整个 20 世纪的世界历史实际上是一部以区域国家

---

① 德里克：《后现代主义与中国历史》，刘东主编：《中国学术》2001 总第 5 辑，商务印书馆 2001 年版，第 46 页。包华石（Martin Powers）《"人民"意象变迁考》亦是一个典型的例证，作者认为欧洲中心论和民族国家所形成的成见，使人们的眼睛被遮蔽，不能看到人类丰富的五颜六色的观念形成和建构的历史，因而主张"把分析范畴从'民族'变为诸如'社会实践'这类概念，就能使我们横跨时间和空间，去追溯人们如何应对诸如世袭权力这类东西的挑战"。包华石：《"人民"意象变迁考》，李陀、陈燕谷主编：《视界》第 8 辑，河北教育出版社 2002 年版，第 21 页。

② 孙歌：《主体弥散的空间——亚洲论述之两难》，江西教育出版社 2002 年版，序言，第 2—4 页。

作为社会生活基本"容器"的历史，而空间的重组则是战后资本主义发展以及全球化进程中的一个核心问题。① 英国学者苏姗·斯特兰奇（Susan Strange，1923—1998）认为，全球化对国家理论提出了严峻的挑战，"它直接宣告了：如果说基于将国家作为最重要分析单位的西方社会科学还没有完全过时的话，但很大部分也已不合时宜了"②。在全球化浪潮汹涌澎湃的时代，对以民族国家为书写单元的历史模式进行反思是必要的，进行批判亦可以理解的，但批判如布迪厄（Pierre Bourdieu，1930—2002）所说本身就有产生话语霸权的危险。许多后现代主义者对现代主义者不遗余力加以否定，认为现代主义者以"事后诸葛亮"式以今度古的观察模糊了历史的真相，但往往自身又不知不觉中成为"事后诸葛亮"，和现代主义者一样依赖于后见之明，表现出明显的优越感而缺乏惜护前人之心，今之视前，如后之视今，或许应该多一些交谈理性，少一些盛气凌人。对以民族国家为书写单位的历史学模式的猛烈攻击意味着浪费和无效，因为"今天的全球化并不能取消民族国家的思考模式，它仅仅把这个模式拆解为更复杂的因素，又重构为具有不同功能的系统，使得我们越来越无法在实体的意义上简单地认识民族国家的当代机制"③。我们对这种模式的反思并不是为了最终将其摈弃于历史博物馆，而是为了动摇人们接受这种心安理得的状态，为了指出其并非自然而就，而始终系某种建构的结果。对以民族国家为单位的历史模式的否定并不是简单地以另外的概念范畴加以替换便大功告成，地区的、国家的、世界的多重势力交织在一起难解难分，每一个特定的社会场合尽管可以采取置括号法构成当下单独的情景空间，但均与在时空向度上更为广袤深邃的社会现象和体制建构相连，因此选择地区、国家、世界的分析单位，犹如地图学上不同比例尺之间并不具有排异性。问题的关键或者说真正具有知识生产性的话题，在于细致研究这种历史编纂学不同

① 包亚明主编：《现代性与空间的生产》，上海教育出版社 2003 年版，前言第 16 页。

② Susan Strange, The Defective State, *Daedalus* 124（Spring 1995）：55 - 74.

③ 孙歌：《主体弥散的空间——亚洲论述之两难》，江西教育出版社 2002 年版，序言第 4 页。

分析单位之间的互渗性及其底层的相关规则性。

20 世纪 80 年代以后，中国史学界随着区域社会史的兴起，对启蒙史学展示的现代化模式线性进化宏大叙事主题深携疑贰，加之后现代思潮的影响，小题材逐渐占据人们关注的中心，历史的碎片化日趋明显。如同自由主义经济学长期所尊奉的信条一样，"小的就是美丽的"亦成为社会史对抗国家政治史的圭臬，似乎非此即不足以言学术前卫性。其实，这样一种扩展秩序的将大写的"历史"（History）复数化为"小历史"（history），在当下的学术空间中是具有一定侵略性的，实具将自我话语选择上的"权利"变成影响和规模他人选择"权力"的强势意识，在本质上往往等于用一个地方史隐喻一个跨地方的历史进程，但外部大范围空间的"历史的入侵"却往往在所谓"深度描写"的名号下弥散逸失。例如，中国学术界对杜赞奇在《文化、权力与国家》（Prasenjit Duara, *Culture, Power, and the State：Rural North China, 1900—1942*, Stanford：Stanford University Press，1991）中提出的近代中国民族国家建构过程中的"内卷化"现象理论誉之甚高，这也是杜赞奇力作应该获享的殊荣，但笔者发现其理论概念与研究的区域材料血肉相连，新桂系当时在广西的基层建设即与杜赞奇描述的华北地区"国家政权内卷化"模式迥不相牟，说明以小喻大的社会史研究路径存在内在的视阈。钱穆曾以游历观光喻学术研究，谓"如游台北，中山北路，阴明山，总该看一下，却不要私家小巷到处尽去钻"[1]。此言确如暮鼓晨钟般令人警醒检视。事实上，"小地方大社会""小事件大历史"的主张不可谓错，微观史学（microhistory）与宏观史学（macrohistory）各有千秋。宏大叙事与微观区域深描的二元对立固然可以用中层理论的研究在一定程度上解决，但这种不失为明智的改善策略在泯灭宏观与微观二元对立的效用仍颇为有限，在揭示不同社会系统制度聚合（clustering of institution）过程结构化规则方面犹如铅刀之割。

近代史学的科学化诚然具有不可抹杀的历史地位，但如今蓦然回首

---

① 钱穆：《中国史学名著》，生活·读书·新知三联书店 2000 年版，第 160 页。

又会发现其对当代史学的发展，在某种程度上而言实乃一种沉重不堪的历史包袱，其对史学的羁轭效应不容低估。但是，受后现代思潮影响出现的"史学即文学"风靡一时亦存在大可商榷的余地。恰如米歇尔·德·塞尔托（Michel de Certeau，1925—1986）在《历史学操作》[L'opération historique，dans Jacques Le Goff et Pierre Nora（dir.），*Faire de l'histoire*，Paris：Gallimard，1974]中云："如果人们能够建立一套规则，控制与既定对象的生产相配的操作行动"，历史就是"科学的"。①如果说中国传统史学是梁启超所诋诟的帝王将相谱牒，那么梁启超《新史学》倡导的"国史"仍然是一种谱牒，只不过是以民族国家建设为主体和内容的谱系叙事，这种在20世纪初发轫的史学范式在20世纪末因为社会史、文化史的兴起而呈现转向新质的端倪。今后中国在21世纪的新社会史、新文化史，绝对不是受史学文学化取向主导、对叙事史趋鹜徒具形式的标举作秀所能济事，相反，以互视并观之法寻觅梁启超当年所谓的历史"显微镜"与"望远镜"之间的切换原理，会通"大历史"与"小历史"的历史结构化动态过程，也许应该是我们需要全力以赴的战略突围的方向。

---

① Lésentations du passé：Entretien avec Roger Chartier，dans Ruano-Borbalan，Jean-Claude（coord.），*L'histoire aujourd'hui*，Sciences Humaines Éditions，1999，pp. 15 – 19. 亦可参见李宏图选编：《表象的叙述——新社会文化史》，上海三联书店2003年版，第136页。

第四章 "边疆"一词在世界主要法系中的镜像：一个语源学角度的考察

第一节 语源学方法与起源论

我国语言学家胡奇光说："从语言学的起源看，哲学是语言学的摇篮，语言学（小学）与逻辑学（名学）是孪生学科。哲学的中心课题是名实问题，即语词、概念与客观存在的关系问题，这也是小学与名学的共同问题。"① 的确，我国先秦的语文研究实际上主要关注名与实的关系问题，孔子、荀子、邓析、管子、墨子对此均有论列，正如洪诚所言："汉代以后名学衰微，语言学向实际运用方面发展，文字、训诂、声音之学兴起。"② 与中国情形相似，欧洲的语源学也起源于对语词"真实意义"即名称与现实关系的探讨。王力云："语源学（etymology）的原始意义应该是'真诠学'（希腊语 etymon，真的；logos，话）。西洋上古时代著名哲学家苏格拉底、柏拉图等都探讨过的真正意义，柏拉图并且写了他的专著《Cratyle 对话集》。"③ 德国学者波特（August Friedrich Pott，1802—1887）于 1833 年出版《词源探讨》（*Etymolo-*

---

① 胡奇光：《中国小学史》，上海人民出版社 1987 年版，第 11 页。

② 洪诚：《略论中国古代语言学与名学的关系》，陆宗达主编：《训诂研究》，北京师范大学出版社 1981 年版，第 31—33 页。

③ 王力：《中国语言学史》，山西人民出版社 1981 年版，第 43 页。该词来源于希腊语 έτυμολογία，*etumoloḡa*，其中由 έτυμον（*étumon*）和 λογία（*logía*）组成。

gische Forschungen）一书，这被视为欧洲语源学走向科学化、独立化的标志。中国尽管很早即出现“词源”“字源”诸名词，但“语源”一词的产生却是相当晚近的事情。它起初是日本人用来翻译英语“etmology”一词的。据《日本国语大辞典》（日本大辞典刊行会编『日本国语大辞典』小学馆、1972—1976 年），它最早见于日本近代作家夏目漱石（なつめそうせき，1867—1916）和森鸥外（もりおうがい，1862—1922）的作品中，写作“语源”或“语原”。至于这个词是日本人借用汉语中的成词，还是用汉语的“语”和“源（原）”另造的新词，目前难以遽断，有待于进一步查考。不过，因为它是用汉字书写，意义又相当明确，易于理解，故而“出口转内销”也是自然而然之事。关于其引进的时间，仅从《中国语言学论文索引（甲编）》来看，以1907 年出版于上海的《学报》第 1 年第 3 号所载宝云的文章《国文语原解》为较早。①

“语言学转向”（Linguisic turn）被公认为 20 世纪西方哲学的基本特征之一。作为现代思想知识界享有盛誉的杰出人物，米歇尔·福柯本身如其自己所谓被事件所铭刻的表面的躯体就从系谱学意义上具有此种历史烙印。福柯曾自白其心路历程，坦言杜梅泽尔（Georges Dumézil，1898—1986）与其长达数十年没有丝毫阴影的深厚友谊。正是杜梅泽尔教会福柯以完全不同于传统诠释的方法，或语言学的形式主义的方法分析话语的内在结构，教会其用比较方法来考察不同话语之间的功能联系系统，以及如何描述一种话语的转变及其与一种制度的关系。② 唯其话语分析的技术游刃有余，所以《词与物：结构主义考古学》这一艰深的理论著作竟能不胫而走，成为风靡一时的畅销书。不过，众所周知，福柯 1971 年在《尼采·系谱学·历史》（Nietzsche，La généalogie，l'Histoire）一文中正式揭橥的所谓“系谱学”（genealogy）方法是其重要的哲学方法，以至于有学者直截了当地声称福柯的哲学“实际上是系谱学”。系谱学来自拉丁文 genealogia，法文作 généalogie。福柯的系谱

---

① 任继昉：《语源学概论》，杭州大学博士学位论文，1989 年，第 6 页。

② Michel Foucault，*The Archaeology of Knowledge*，translated by A. M. Sheridan Smith. New York：Pantheon Books，1972，p. 235.

学直接来自尼采《道德系谱学》（*Zur Genealogie der Moral： Eine Streitschrift*，Leipzig：Verlag von C. G. Naumann，1887；*La Généalogie de la morale*），"但是，尼采本人并没有明确提出一种系谱学方法论。福柯把尼采各种著作中的许多因素抽取出来，编织在一起，形成一个福柯版本的尼采系谱学方法论"①。在《道德系谱学》中，尼采反对理想意义和无限目的论的元历史展开，拒绝有关起源（Ursprung）的研究，认为起源既不是高贵的、珍稀的，也不是真理之所在，而更趋向于使用来源（Herkunft）或出处（Entstehung，英文为 emergence）。如果说本源是一个静止的稳如磐石的单一东西，那么来源则由差异网络构成。福柯融合尼采的观点而把系谱学分析描述为对追寻根源的背道而驰，指出："高贵的起源是'从一种观念中萌生出来的形而上学的蓓蕾，这种观念认为，一切事物在开端时更珍贵、更本质'。人们倾向于认为在起点上，事物是完美的；它们出自造物主之手，流光溢彩，沐浴着黎明时分无阴影的光照。起源总是先于堕落、先于肉体、先于世界和时间；它在众神之侧，讲述它的神谱广为传唱。然而，历史的开端是卑微的。"② 起源的庄严性不幸遭到历史的嘲笑，在人的入口处其实站着的是猴子，人类最初实际上是龇牙咧嘴地面对未来发展的，所以系谱学家需要历史来祛除起源幻象，其对来源的探讨"是要驻足于细枝末节，驻足于开端的偶然性；要专注于它们微不足道的邪恶；要倾心于观看它们在面具打碎后以另一副面目的涌现；决不羞于到它们所在之外去寻找它们：通过'挖掘卑微—基础'，使它们有机会从迷宫中走出"③。

　　不难看出，福柯是在力图逃避黑格尔，并"试图遵从由尼采的'谱系'概念为他勾勒的解脱出路使其逃避更加可靠"④。如果说黑格尔意义上绝对观念的历史以索赜不以人的意志为转移的普遍规律、总结某种宏大历史叙事脉络为目标，那么福柯的系谱学价值恰在于力图呈现那

① 刘北成编著：《福柯思想肖像》，上海人民出版社 2001 年版，第 238 页。

② 杜小真编选：《福柯集》，上海远东出版社 1998 年版，第 149 页。

③ 杜小真编选：《福柯集》，上海远东出版社 1998 年版，第 150 页。

④ E. G·努扬：《作为系谱学的历史：福柯的历史方法》，杨雁斌等编选：《重写现代性——当代西方学术话语》，社会科学文献出版社 2001 年版，第 92 页。

些被想象成自身一致的东西的异质性，反对历史决定论和目的论，着重凸现历史的非连续性、偶然性。在历史学家忙于认祖归宗、忙于勾画历史发展演变渐进线的当下，福柯系谱学这种关注细枝末节、断裂歧岔的"实际历史"（wirkliche Historie）无疑具有解毒剂的功效，这在本质上昭示着认知方法的趋于复杂化和细精化。因此，当我们使用语源学方法时尤其需要谨防堕入福柯挺矛直刺的历史起源论的泥潭而迷途失津，因为人类社会现象的起源绝非如同探寻长江、黄河源头般容易。任继昉博士学位论文《汉语语源学》是我国语源学史上第一部通论性著作，笔者认为该书即潜含一种"除却巫山不是云"的理论预设，将词族→词群→同族词→根词→语根步步剖解进逼而企图九九归一地确认其宗本。所以殷寄明就对任继昉关于语源学的定义不以为然，指出："该定义所表述和所列举的实例都指的是纵向上的同源词的'源'。这种同源关系犹如同一条河的上下游关系。但实际上还有横向的同源关系，犹如一水从发源之端就分为两支，甚至于多支。"① 他还指出："有的学者将语源定义为'语词的声音和意义的起源'，将语源学定义为'研究词的形式和意义来源的学科'，这些说法实际上是空洞、不科学的。语言的起源和发展，大约经历了 20 万年的历史，语词音义的起源或来源可以说是一个'死无对证'、无法说清的问题。"② 系谱学相信，来源千头万绪，绝不能还原到某个"一"上，因此我们使用语源学的方法不能掉以轻心而与历史起源论同流合污，以至于流于一种实证的学术幼稚病。

第二节 "边疆"一词在中华法系中的镜像

在汉语文中，表示国境范围的名词主要有"领土""疆域""版图"，等等。复旦大学教授葛剑雄《中国历代疆域的变迁》虽然属通俗

---

① 殷寄明：《语源学概论》，上海教育出版社 2000 年版，第 102 页。
② 殷寄明：《语源学概论》，上海教育出版社 2000 年版，第 20 页。

性小册子，但在目前中国边疆史地研究圈内影响颇大，其关于疆域与领土两个概念的区别之阐释尤引人注意，邢玉林对此亦曾予以较高评价。① 葛剑雄认为，疆域"基本上就等于现代的领土。但由于历史条件不同，它具体的含义也不完全相同。所谓疆域，就是一个国家或政治实体的境界所达到的范围，而领土则是指在一国主权之下的区域，包括一国的陆地、河流、湖泊、内海、领海以及它们的底床、底土和上空（领空）"。葛剑雄认为疆域与领土两者之间的主要差别在于以下几方面：其一，领土是以明确的主权为根据的，但疆域所指的境界就不一定有非常完全的主权归属。其二，疆域一般只指表层的陆地和水面，不像领土这样延伸到它们的底床、底土和上空。其三，领土一般有明确的界线，即使是一些未定的和有争议的地区，争议双方总有各自的界线。而疆域的界线却往往很不明确，即使当时也是如此。其四，领土的拥有者一般都有明确的领土意识，疆域的拥有者却未必有这样一种主权意识，而往往根据各自的标准来决定哪里属于自己的疆域。其五，领土或国土是对国家而言的，它的前提是国家的存在，在还没有国家存在的时间和地区自然也就不存在领土和国土。疆域则并不一定指一个国家，中国历史上出现过的一些地区性的、民族性的政权实体，甚至一些部落或部落集团，它们实际占有的、控制的地域范围都可以称为疆域。② 其实，笔者非常同意葛剑雄关于"领土"与"疆域"两词所隐喻的认知、话语范式的巨大的断裂，但笔者认为中国学术界一些人片面曲解福柯等后现代思想家强调的断裂性，在本质上与辩证思维所否定的知性思维以同一性为特质的非此即彼二元对立是不谋而合的。需要指出的是，这种断裂性具有偶然性、离散性，这种名词的约定俗成本身并未达成共守的约定誓词。从纵向历时性而言，"领土"这一概念并不具有较诸"疆域""版图"等概念因新旧而呈现的优越性，不具有强势的话语霸权地位；从横向共时性而言，中国学术界许多人惯常性地将"领土"视为国际法上的法律术语，而认为"疆域"和"版图"仅具日常用语的性质，这也

---

① 邢玉林：《1989—1998 年中国古代疆域理论问题研究综述》，《中国边疆史地研究》2001 年第 3 期。

② 葛剑雄：《中国历代疆域的变迁》，商务印书馆 1997 年版，第 7—11 页。

属于析之甚晰而言之未谛。

首先,"版图"在中国近代国际法的话语实践中仍然屡见不鲜。"版图"一词在日语中亦存在,音读为はんと,但不常用。① 在古代汉语中,"版图"一词最初狭义上仅系宫中小吏及其子弟的名籍和宫室方位图的合称。《周礼·天官·内宰》:"掌书版图之法,以治王内之政令。"② 郑玄注:"版,谓宫中阍寺之属及其子弟录籍也;图,王及后、世子之宫中吏官府之形象也。"③ 在广义上指户籍和地域图册。《周礼·天官·小宰》:"听闾里以版图。"郑玄注引《郑司农》曰:"版,户籍;图,地图也。听人讼地者,以版图决之。"④ 《论语·乡党篇》说:孔子"式负版者",孔安国注:"负版,持邦国之图籍者也。"皇侃疏:"版谓邦国图籍,古未有纸,凡所书画皆于版。"⑤ 明人丘濬在《大学衍义补》卷三十一中指出:"所谓版者,即前代之黄籍,今世之黄册也。"⑥ 所以明朝隆庆《仪真县志》即云:"邦本系民数,版图昉于生齿。周制,黄口始生,遂登其数。后世黄册之名起此。"⑦ 清人亦将户部称为版部,⑧ 职此之故也。户籍舆图在中国历史上具有特殊的功能和

① 《角川古語大辭典》第四卷曾解释说:はんと(版図,漢語)もと戸籍と地図の意で、領土、領分のこと。「而て海内擾擾として版図一に歸せず」〔今書·上〕。中村幸彦·岡見正雄·阪倉篤義編『角川古語大辭典』第四卷、角川書店、平成6年、1182頁。

② 《周礼》,崔记维校点,辽宁教育出版社2000年版,第15页。

③ 朱熹:《朱子全书》第2册,朱杰人、严佐之、刘永翔主编,上海古籍出版社、安徽教育出版社2002年版,第181页。

④ 杨天宇:《周礼译注》,上海古籍出版社2004年版,第36页。

⑤ 转引自傅克辉:《魏晋南朝黄籍之研究》,《中国人民大学复印报刊资料·魏晋南北朝隋唐史》1989年第3期。

⑥ 邱浚:《大学衍义补》上,林冠群、周济夫点校,京华出版社1999年版,第286页。(出版时书名用"浚",引用时不做更改)

⑦ 隆庆《仪真县志》卷之六,"户口考",《天一阁藏明代方志选刊》15,上海古籍书店1981年重印版,页一。

⑧ 梁章钜《称谓录·户部》引叩钵斋《官制考》:"民部亦称稼部,又称版部,又称地曹。"参详梁章钜:《称谓录》(校注本),王释非、许振轩点校,福建人民出版社2003年版,第281页。

符号意义，既是一个政权征税派役、借以存在的必要条件，也在某种意义上可谓国家的象征。故而，楚汉相争，刘邦入关之后，萧何不取金帛财物而先搜求秦朝的"图书"；西晋灭吴，孙皓舆榇衔璧，晋将王濬"收其图籍"①。在中国历史上，敌国相争，城破之后，图书版籍往往成为征服者首要的掠夺对象；而许多弱小的割据政权，为了苟且求存，亦常将自己的"诸郡贡计""经史图籍"连同名马方珍一起献纳强大的政权以示臣服。正是由于户籍舆图等具有这样特殊的功能和符号意义，因而统治者无不对此郑重其事而严密其制。宋朝王应麟《困学纪闻》引述苏辙之语云："三代之君，开井田，画沟洫，谨步亩，严版图，因口之众寡以授田，因田之厚薄以制赋。"② 陈正祥这样写道："当唐代鼎盛时期，对地图的制作非常注意。'凡地图委州府三年一造，舆版籍皆上省'。武后长安四年（704）和玄宗开元三年（715），皆总制有十道图。中央政府设有专管地图和图经的官员，并规定地方编造地图和图经的期限。"③ 清朝方文《负版行》亦云："借问此是何版图，答云出自玄武湖。天下户口田亩籍，十年一造贡皇都。"④ 随着思维从具体趋于抽象，"版图"一词被旧瓶装新酒地加以置换再造，引申为疆域、领土。宋朝陈亮《上光宗皇帝鉴成箴》云："痛兹版图，尚尔割截。"⑤ 与"版图"这样发展轨迹相同，指称疆域、领土的同源词尚有"版章""版舆"。魏源云："故知西北周数万里之版章，圣祖垦之，世宗耨之，高宗获之。"⑥ 林则徐《谕各国商人呈缴烟土稿》云："我中原数万里版舆，

---

① 房玄龄等撰：《晋书》卷三，帝纪第三，武帝，中华书局 1974 年版，第 71 页。

② 王应麟：《困学纪闻》，孙通海校点，辽宁教育出版社 1998 年版，第 311 页。亦见《民赋叙》，高秀芳、陈宏天点校：《苏辙集》第 3 册，中华书局 1990 年版，第 1054 页。

③ 陈正祥：《中国文化地理》，生活·读书·新知三联书店 1983 年版，第 27 页。

④ 转引自胡金望：《布衣自有布衣语，不与簪绅朝士同——略论方文的遗民情结与诗风》，廖可斌主编：《2006 明代文学论集》，浙江大学出版社 2007 年版，第 385 页。

⑤ 陈亮：《陈亮集》（增订本）上，邓广铭点校，中华书局 1987 年版，第 109 页。

⑥ 魏源：《圣武记》卷三，"雍正两征厄鲁特记"，中华书局 1984 年版，第 148 页。

百产丰盈，并不借资夷货。"① 对于清代版图的概念，《清史稿》是这样解释的："国家抚有疆宇，谓之版图，版言乎其有民，图言乎其有地。"② 在现代中国国际法教科书中，一般都将定居的居民、确定的领土、政府、主权视为国家构成必须具备的四个要素，可见，"版图"一词在清代的内涵并不完全等同于"领土"，实乃兼指领土与居民两方面的复合性概念，这也是中、日文的国际法学文献中对该词使用不多的缘故。

因为现代国际法中领土法和国籍法早已成为两大独立的部门法，我们隐然可从"版图"和"领土"两者使用的背后听到戛然作响的断裂。不过两者藕断丝连的延异仍然十分明显，并且长时间赓续不辍，尤其在20世纪50年代以前，中日国际法学者常常将"版图"与"领土"略无歧异地加以使用。光绪末年，卢弼、黄炳言所译日本学者千贺有雄《国际公法》就在《国际物权》一章中指出："版图（即国土）云者，即一国行对地的主权（Territorialhoheit）之畛域也，凡国法上主权所行之地，皆为国土，或曰国家之所有（Staatseigentum），虽然，不可与国有财产（Staatsvermögen）相混，盖国有财产，以国库之资格而所有，此则以主权者之资格而领有也。"③ 另外，福建侯官学生林棨编译的《国际公法精义》也使用"版图及国境""公海"与"领海"等概念，指出："国际公法上，版图之关系，征诸往史，其发达有渐，初止陆地，次及海岸，迄十七世纪以降，海陆浑浑，遍地皆有法律行焉。"④ 直到1934年，谭焯宏亦云："国家版图（Domain, Dominion）者，包含领土领海及国家范围内之空中，而与前编论述领土为国家三要素之一意义同，唯濒海之国者，有领海，离海在陆地之中者，则无之耳。国家版图所覆载

---

① 上海师范大学历史系中国近代史组编注：《林则徐诗文选注》，上海古籍出版社1978年版，第87页。

② 赵尔巽等撰：《清史稿》卷二百十八三，列传七十，中华书局1977年版，第10186页。

③ 千贺鹤太郎：《国际公法》，卢弼、黄炳言译，政治经济社1908年版，第23页。

④ 林棨：《国际公法精义》，东京闽学会光绪三十年版，第28页。

之河川湖沼，当然附着于国家领域之内，国家有绝对的支配权，不容他国之置喙也。而国家土地有连绵一地，或有散在数处者，然此不过于政治上及战术上有研究之价值，非国际公法上之问题。"① 现今国际法学者使用"版图"一词殆指领土的范围之义。杨泽伟在论述法国大革命时期领土法时曾征引 1793 年《雅各宾宪法》，该宪法宣布："领土属于国民"且"决不在并非根据居民愿望的情况下将外国领土并入自己的版图"。②

其次，"疆域"在近代中国也并非是不能登国际法大雅之堂的下里巴人的俗言俚语。殷寄明专门探讨了"疆"与"境"两个同源词的细微差异，他指出：

> "畺"和"境"，二词本义均为疆界、边界，但前者侧重于分界之处，后者侧重于地域已近临界处。反映在造字方法上和形体结构上，"畺"为指事字，用指点符号指示其分界处；"境"用声符"竟"（乐章之终尽）与形符"土"（地域）合成"已至临界处"之义。《玉篇·畕部》："'畺'，《说文》曰：'界也，从畕，三，其界画也。'亦作疆。"按，"疆"为后起本字。《广韵·阳韵》："畺"，《说文》："界也。"清徐灏《说文解字注笺》："畺、疆，古今字。"清朱骏声《说文通训定声·壮部》："畺，界也。从田，三，其界画也。指事。或从土，彊声。"《周礼·春官·肆师》："与祝候禳于畺及郊。"郑玄注："畺，五百里。"《汉书·王子侯表上》："至于孝武，以诸侯王畺土过制，或替差失轨。"颜师古注："畺，亦疆字也。""畺"有极限义，当为疆界义之引申。《隶释·汉白石神君碑》："神降嘉祉，万寿无畺。""境"，境界，疆界。《说文新附·土部》："境，疆也。从土，竟声。经典通用竟。"按《汉书·郊祀志上》"诸侯祭其畺内名山大川"。颜师古注："畺，境也。"二词可互训，同义。席世昌《读说文记》："境，《汉书》俱作竟。竟，尽也，疆土至

① 谭焯宏：《国际公法原论》，中华书局 1934 年版，第 88 页。
② 杨泽伟：《宏观国际法史》，武汉大学出版社 2001 年版，第 77 页。

此竟也。"《孟子·梁惠王下》："臣始至于境，问国之大禁，然后敢入。"《史记·廉颇蔺相如列传》："臣尝从大王，与燕王会境上。"清魏源《圣武记叙》："不忧不逞志于四夷，而忧不逞志于四境。""疆""境"二字见纽双声，阳部叠韵，音同。①

笔者认为殷寄明的分析批窾导窾而切中肯綮。"疆"字从今天看来实际上展示着划定地界的话语实践。其一指地界。如《诗·周颂·思文》："贻我来牟，帝命率育，无此疆尔界，陈常于时夏"②，疆即是界；其二指划分地界。如《诗·小雅·信南山》："我疆我理，南东其亩。"③《毛诗传》云："疆，画经界也；理，分地理也。"④ 高亨注：疆，划田界。正是"疆"原始意义上侧重于分界之处，所以"疆圉""疆隅""疆徼""疆垂""疆界""疆畛""疆畔""疆圻""疆泽"等名词迤逦孳乳而出。不过，笔者并不苟同历史起源论式固定而单一的原点溯求。1976 年出土的史墙盘，铭文中这样写着："宪圣成王，广右毅憨刚鲩，用肈毉用邦。㫗纘康王，分尹啻疆。"⑤ 这里的"疆"依笔者陋见即应指统治者所控制的国土或国土的范围。也就是我们今天所常说的"疆域"之义。《荀子·君道》中云："则是其人也，大用之，则天下为一，诸侯为臣……纵不能用，使无去其疆域，则国终身无故"⑥，这是笔者所见最早使用"疆域"一词的出处。"疆域"一词与"疆境""疆封""疆土""疆地""疆宇"等形成，是由同一语源孳生出的音义相关或相近的同源词族。

中国当代一些学者之所以蔑弃"疆域"而从众性地偏好使用"领

① 殷寄明：《语源学概论》，上海教育出版社 2000 年版，第 163 页。
② 王力：《诗经韵读》，上海古籍出版社 1980 年版，第 392 页。
③ 王力：《诗经韵读》，上海古籍出版社 1980 年版，第 309 页。
④ 马瑞辰：《毛诗传笺通释》，王德毅等编：《丛书集成续编》，112，文学类，诗总集—诗经，台北新文丰出版公司 1989 年版，第 240 页。
⑤ 此处依据裘锡圭《史墙盘铭解释》，尹盛平主编：《西周微氏家族青铜器群研究》，文物出版社 1992 年版，第 263 页。史墙盘的铭文拓片及释读亦可参见王辉：《商周金文》，文物出版社 2006 年版，第 143—147 页。
⑥ 杨任之：《白话荀子》，岳麓书社 1991 年版，第 398 页。

土"一词，主要因为"疆域"一词仅能指称空间范围，不能像"领土"一词可以表达作为主权的客体实在性。其实，这既是对"疆域"一词语义的误解，也是对国际法上"领土"概念的认识偏颇。在国际法上，按照奥本海的解释，"领土财产是一个公法名词，不应与私有财产混为一谈"。"这种区别在以前几世纪中并未明确。尽管有塞内卡所说'君主有统治权，而私人有所有权'① 的名言，君主和国家对国家领土的统治权，往往被看做与君主或国家的私有财产权同样的东西。"② 日本学者寺泽一（てらさわはじめ，1925—2003）等人则进一步指出：最早的学说是"把领土看做是统治者的个人财产，它反映了把绝对君主当做统治者的封建关系。然而在法国革命以后的国际关系中，出现了从理论上进一步对国家权力和领土关系加以说明的需要。新的理论最初就像把不动产看做是个人所有物一样，把领土看做是国家权力的客体，认为领土内的一切东西都是属于国家所有。稍后的学说则把国家领土作为构成国家概念的基本因素，认为对国家领土的侵犯不仅是对所有权的侵犯，也是对国家人格的侵犯"③。清末我国学者已从国外获致新知，清楚地认识到："国家之领土，非权力之目的物，即非领土主权之一种物权也。"④ 由此可见，领土在国际法上就是一个国家存在和发展的自然基础以及活动和行使权力的空间；对于"领土"这一概念的内涵，笔者认为"疆域"一词完全可以神圆义足地加以表达。

另外，学者往往在现代性的优越心理支配下怀疑"疆域"一词不能充分反映"领土"一词中包含的主权所有与行使的内容。笔者认为这只是一种杞忧而已。如前所述，"疆"本义就指划界分治的活动，而与"疆域"同出一辙的同源词"疆索"尤能反映按照法制治理的国土

---

① 此处系引用哲学家塞内卡（Lucius Annaeus Seneca，约前 3—65）的名言：ad Reges enim potestas omnium pertinet；ad singulos，proprietas。

② 转引自张文彬：《论私法对国际法的影响》，法律出版社 2001 年版，第 121 页。

③ 寺泽一、山本草主编：《国际法基础》，朱奇武、刘丁等译，中国人民大学出版社 1983 年版，第 218—219 页。

④ 《法政浅说报》第十五期，宣统三年，第 82 页。

之义，较诸"领土"一词可能更为精妙妥善。此语出自《左传·定公四年》："聃季授土，陶叔受民，命以《康诰》而封于殷虚，皆启以商政，而疆以周索。"杜预注："疆理土地以周法。索，法也。"杨伯峻注："疆以周索，依周制划经界、分地理也。"① 何秋涛《尼布楚考》一文中云："盖以尼布潮地画为疆索，使鄂罗斯不得越尼布潮界，界外听其捕牲也。"② "疆域"与"领土"本身并无区别，只是学术界近代以来始则出于骛新趋奇心理，继则出于人云亦云的从众心理使"领土"一词大量出没于国际法学的话语空间，而"疆域"一词则遭遇冷落以至日渐沦于边缘化地位，但这并非存在优劣殊判，主要是一种主观性的人为选择。"疆域"一词尽管未能在近代以来的中国国际法学著述中腾喧众口，但并未成为绝响消歇，仍有人对此情有独钟，并在日常生活中以高频率被广泛使用。据笔者所见，约在 1902 年版的杨廷栋所编《公法论纲》中就使用的是"国境""疆域"两词。正如福柯所说，话语不是媒介，而是事件，而历史的构成部分就是这些话语事件。在清末留日学生大量译介国际法学著作的过程中，"领土"一词在哈日潮流的裹挟下乘势大行其道，而中国固有的"疆域"一词却渐趋淡出。③

唐磊主编《现代日中常用汉字对比词典》中指出："汉语'领土'

---

① 陈戍国：《四书五经校注本》，春秋左传下，岳麓书社 2006 年版，第 2722 页。

② 何秋涛：《尼布楚考》，王锡祺辑：《小方壶斋舆地丛钞》第一帙，杭州古籍书店 1985 年版，第 425 页。亦见《清圣祖仁皇帝实录》卷一百二十四，康熙二十五年正月，台北华文书局股份有限公司 1960—1970 年版，第 1660 页。

③ 日本权威学者共同编纂的《法律大辞书》中除了"领土权"的词条外，尚有"疆界权"（キョウカイケン）的词条解释。据该词条撰者横田秀雄（よこたひでお）的解释，疆界权在英文中为 right to mark boundary，德语中为 Abmarkungsrecht，法文中为 droit du bornage，系指在所有者相异的两块土地相互邻接的场合下，相邻地的所有者向各自另一方所有者请求对共同的两地疆界设置界标的权力。因此土地的疆界系一想象线上存在着，必须依赖外形的标识加以明确，从而防止纷争。这种权利的效力包括设置界标、设置和保存界标费用平摊、有关疆界权的诉讼由法院专属管辖等。可见，"疆界权"一词在日本主要是私法上的概念，日本国际法学界仅使用其偏好的"领土权"一词。参见『日本百科全書·法律大辭書』第 6 册、东京同文馆藏版、明治 42 年至 44 年、186、264 页。

源于日语。"① 可惜仅此寥寥数字难称人意。笔者翻检日文资料，发现
"领土"（りょうど）也是日本人在近代为翻译西学著作新造之词，过
去日本古文中亦只有"领分"（りょうぶん）、"领地"（りょうち）等
词语。在日语中，"领地"与"领土"实际上在意思上并无本质区别。
但作为新造的语汇，"领土"一词一方面力求与西欧中世纪封建制度下
的所谓"领地"、日本江户时代旧大名领相区别，另一方面力求表现主
权的意志性和排他性。本来，"领"字在中国古汉语中就具有强烈的治
理、统率等含义。如《礼·乐记》"领父子君臣之节"②。领属、领御、
领统等同源词不一而足。清代漕运制度下有"领运"一职，八旗制度
下有"领催"一官。所以领有等意味极强的"领土"一词顺理成章地
被日本学人所创造出来。从目前笔者掌握的材料来看，"领地"和"领
土"在起初是可以互用的。光绪年间有书云："领地者，一国得行使其
完全统治权，于一定之地域内之范围也。在国际法上，有排斥他国统治
权而禁止其侵凌之权利。故一定之土地及沿海之区域皆谓之领地。"③
又在解释"领地主权"中杂以"领土"一词，云："一国之主权，因其
作用之方面而观察之，大别为二，所谓臣民主权，随地主权，是也。臣
民主权者，自国之臣民，不问其在内国外国，皆依本国之统治权支配
之，古来此种思想盛行。晚近以来，国家思想愈进步而主权作用之范
围，因之一变名本国之领土内即其国统治权行使之范围。凡在本国领土
内者，无论国籍何属，皆为本国统治权所支配。是曰领地主权。然领土
主权与臣民主权，非有两种主权之分。不过其观察之点相异而已。"④
而且，当时中国法学界使用"领土"一词亦非如现今专指国家主权范
围的空间。如 1906 年第 1 卷《法政杂志》所翻译《英国宪法正文》

---

① 唐磊主编：《现代日中常用汉字对比词典》，北京出版社 1996 年版、第 627
页。

② 孔令河：《五经注译》下册，山东友谊出版社 2001 年版，第 1648 页。

③ 刘天佑等编辑：《法律名辞通释》卷七，四川法政学堂绅班光绪三十四年
铅印本，第 44 页。

④ 刘天佑等编辑：《法律名辞通释》卷七，四川法政学堂绅班光绪三十四年
铅印本，第 44 页。

（即《大宪章》，*Magna Carta Libertatum*）第四条："此管理未成年相续者领土之人，惟受相当之收获，行相当之征税征役，而不得于其领土上别有征收，又不可损伤该领土内之人物……"在这段法条的译文中，"领土"的主体是个人，因此这一"领土"概念系私法上的名词，亦自显然，不可与当今国际法上的"领土"概念同日而语。

笔者同意有学者将荀子的名学思想概括为"名无固宜，名无固实，名有固善"三句话。"领土"这一名词虽然在日本和中国大陆的国际法学业界具有话语霸权地位，但这个名词的产生、部署都折射着明显的现代性色彩，其使用本身也存在严重的缺陷。2000年第3期《中国方域》发表常生禾《"中国领土"当更为"中国领域"》一文，认为我国《宪法》在序言中有坚持"领土完整"一语，这"领土"，自然是涵盖了领土、领海和领空的领域，应在地理教材和所有的公文中，将用于统辖领土、领海、领空的广义的领土，更名为"领域"，消除含"土"的合成词"领土"给人带来的在理解上的误解，不再忽视领海、领空。该文的观点虽然似乎令人耳目一新，但事实上中国法学界很早就开始使用"领域"这一概念，而且在当今台湾地区的国际法学著作中例证更是俯拾皆是，可谓已经约定俗成。1943年初版、1948年再版的崔书琴所著《国际法》是当时颇有影响的一部力作，其中这样指出，国家主权依管辖权的客体分，有领域管辖权（Territorial Jurisdiction）与对人管辖权（Jurisdiction over Person），领域包括领土、领水与领空。作者认为："领域是国家行使管辖权的空间。它所包括的部分中，以领土为最重要，领水是附于领土，而领空是附着于领土与领水的。"①

任继昉《汉语语源学》中简略阐述了语源学与思维科学的关系。一般来说，在人类思维的萌芽阶段，人们对事物的认识是具体的，随后逐渐抽象，并且不断地在这种具体——抽象——再具体——再抽象的螺旋状上升运动中获得发展。而被称为"反历史的历史学家"的福柯往往"于无声处听惊雷"，侧耳谛听历史在转折点、断裂处发出的尖锐轰鸣，他在《词与物：结构主义考古学》中揭示了语言表征行为在近代

① 崔书琴：《国际法》上册，上海商务印书馆1948年版，第89页。

西方所曾经历的划时代转型。我们可以从福柯的分析中得到这样的启示，即符码的表面之后具有庞大的支撑物并由此受到整体性的运动限制。众所周知，民族融合在中国历史上具有至关重要的地位，而中国的边疆观念正是在民族融合的历史进程中波澜起伏的。据文献记载，中国在夏朝时已有东夷、北狄、西戎、南蛮的观念和称谓。《礼记·王制》中则更详细地描述说："中国戎狄五方之民，皆有性也，不可推移。东方曰夷，被发文身，有不火食者矣。南方曰蛮，雕题交趾，有不火食者矣。西方曰戎，被发衣皮，有不粒食者矣。北方曰狄，衣羽毛穴居，有不粒食者矣。中国、夷、蛮、戎、狄，皆有安居、和味、宜服、利用、备器。五方之民，语言不通，嗜欲不同。达其志，通其欲，东方曰寄，南方曰象，西方曰狄鞮，北方曰译。"[①] 在中华民族内部尚存在此疆彼界的早期历史上，华夏民族政权逐渐形成"北塞南徼"的说法。尽管春秋时期，在广阔的黄河、长江流域，华夷杂处的局面尚十分普遍，但战国时期中原地区各族各国混为一体的速度明显加快，到秦建立统一多民族国家时，"四夷"（少数民族）居于四边的格局最终被明确地确立。本来，以城垣防遏北方民族入侵，至迟自西周起就见于记载。《诗经·小雅·出车》即云："天子命我，城彼朔方，赫赫南仲，猃狁于襄。"[②] 秦灭六国，使蒙恬击匈奴，悉收河南地，因河为塞，在原有的秦、赵、燕长城的基础上修成"万里长城"。秦乱和楚汉之争时，匈奴又渡河而南，与汉界于故塞。汉朝强盛时期，又将秦长城从令居（今甘肃永登西北）向西增筑伸延至敦煌，并在敦煌以西筑成玉门关，沿线"建塞徼，起亭燧，筑外城，设屯戍以守之，然后边境得用少安"[③]。潘齐彭在

---

① 《礼记正义》卷十二，《十三经注疏》上册，中华书局 1980 年版，第 1338 页。按，周时的东夷，主要指淮河、徐泗一带和山东半岛的某些民族，直到春秋时仍与华夏在习俗礼仪上具有显著区别。北狄是北方民族的统称，可分为两大民族系统，一为猃狁、犬戎、狄等，战国时称为胡和匈奴，一为肃慎、貊、貉、山戎等，战国时称为东胡。在西戎中，有氐羌和义渠等族称。周时在南蛮中，有荆蛮、越（又称闽）、濮几个系统。

② 姚小鸥：《诗经译注》上册，当代世界出版社 2009 年版，第 281 页。

③ 班固：《汉书》卷九十四下，匈奴传第六十四下，中华书局 1962 年版，第 3803 页。

1937年撰文指出："汉时北方之边防统称塞，南方之边防统称徼。秦筑长城，土色皆紫，故塞称紫塞，南方之徼色赤，故徼称丹徼。塞者塞也，所以拥塞夷狄也，其筑防即为上述之城障列亭；徼者绕也，所以绕遮蛮夷使不得侵中国也。"① 据笔者所见，"徼"即"边界"之义。《史记·司马相如列传》云："南至牂柯为徼。"② "北塞南徼"之说表明概念尚囿于即事指物的樊篱。正如格林（J. Grimm）所说，"我们的语言也就是我们的历史"（Unsere Sprache ist auch unsere Geschichte）③。作为《格林童话》的编者，格林尚有《德文语法》（*Deutsche Grammatik*, Göttingen, 1819, 2nd ed., Göttingen, 1822–1840）和《德国古代法律制度》（*Deutsche Rechtsaltertümer, 1828；German Legal Antiquities*）等名著贡献于世界文化遗产宝库。格林极力将历史学派的思想贯彻于语言学和法律史研究。在他看来，语言先是具体和形象的，随后才成为抽象和理性的，语言的本质就如萨维尼揭示的法律的本质，都是民族惯习、思想和精神的自然发育的结果。显然，"北塞南徼"的概念十分具象，其所载荷的历史价值过于沉重而使之最终成为历史性名词。

与"边塞""边徼"等隐括历史含义的名词相比，"边疆"一词无疑较为抽象和超脱。《左传·昭公十四年》云："好于边疆，息民五年，而后用师，礼也。"④ 尽管"边疆"在中国古代亦泛指边缘、边际，如宋代司马光《和范景仁西圻野老》云："蚕收百箔桑蔽野，麻麦极望无边疆"⑤，但大多数情况下，"边疆"都与国家相联系，专指靠近国界的领土。正是由于"边疆"一词的抽象性和超脱性，所以它能够跨越历

---

① 潘齐彭：《我国治边政策之回顾与展望》，《边疆》（半月刊）1937年第2卷第11期。

② 司马迁：《史记》卷一百一十七，司马相如列传第五十七，中华书局1959年版，第3047页。

③ 资料来源：http：//www.zweitausendeins.de/artikel/cd_roms/nachschlagewerke，访问时间：2010年6月21日。

④ 孔令河：《五经注译》下册，《春秋左传·昭公十四年》，山东友谊出版社2001年版，第2804页。

⑤ 司马光：《司马文正公传家集》卷三，《万有文库》第二集，第四五四种，商务印书馆1937年版，第26页。

史时空在当今以国际法为法律理念建构的话语实践中被用于指称英文"froniter"一词，而用"边界"指称"boundary"一词。按照笔者理解，中国学术界使用"边疆""边境""边界"三个名词时所指称的幅度是逐渐缩小而逼近于边界线的，有时"边境"一词简直径同于"边界"。不过需要指出的是，在当代中国正式法律文献中，"边境"与"国境"是存在细微区别的。《中华人民共和国刑法》第二编第六章第三节"妨害国（边）境管理罪"，其中第三百二十二条就这样规定："违反国（边）境管理法规，偷越国（边）境，情节严重的，处一年以下有期徒刑、拘役或者管制，并处罚金。"① 按照我国刑法学界的解释，国境是指我国与邻国划定的疆界，边境一般是指大陆与香港、澳门、台湾地区在行政区划上的交界，有时也指我国与邻国尚未划定而双方实际控制的边界线。

第三节　"边疆"一词在罗马法系中的镜像

在公元前 2 世纪的希腊，特修斯（Theseus）在伯罗奔尼撒和阿提卡之间竖起石柱，其中一面镌刻着"这不是伯罗奔尼撒而是爱奥尼亚"（This is not the Peloponnesus，but Ionia）。而另一方面则这样写着"这里是伯罗奔尼撒而不是爱奥尼亚"（This is the Peloponnesus，and not Ionia）。这无疑是欧洲标定国际边界的最早证据，不过这种国际边界仅是希腊城邦体制之内的。与此相似，罗马人亦用标志物标志边界，其主要源自私人所有地产的边界划分时需要确切知晓我的（meum）终于何处、你的（tuum）起自何处。在古罗马历史上，许多学者考证认为"边界"

---

① 《中华人民共和国刑法》（1979 年 7 月 1 日第五届全国人民代表大会第二次会议通过，1997 年 3 月 14 日第八届全国人民代表大会第五次会议修订，1997 年 3 月 14 日中华人民共和国主席令第 83 号公布），中国民营企业法律法规研讨会领导小组编：《中国民营企业法律法规政策指导全书》，中国法制出版社 2002 年版，第 919 页。

（limes）一词最初指称标识地产区划的道路，其后引申为通向边疆领土要塞的战略道路，进而专指与边疆平行的道路，最终亦逐渐指称边界本身。① 词典编纂学者尚未能对罗马法上有关边界的混乱取得共识。传统理解的 finis 以及 limes 都是边界线。但《弗罗因德拉丁词典》（*Freund's Latin Dictionary*）修订版将 finis 视为 boundary、limit、border 的同义词，在其复数形式上，也可以指 territory，land 或 country。对于 limes，该作者这样指出："罗马人通常在其土地上有两条宽阔和两条细窄的道路，其中从东至西的主干道称为 limes decumanus，而从北至南的主干道则称为 trans versus。"limes 的各种含义都是指两块土地财产之间由石头或木桩构成的界线、界墙。②《罗马法百科辞典》（*Encyclopedia Dictionary of Roman Law*）在实际用法的基础上加以编纂并融合近半个多世纪的研究成果，视 limes 为 fines 和 terminus 的同义词，limes 是国家的边界（有时以地区名称加以限定，如 limes Aegyptiacus），它也是两块相邻地产之间留作公用的在古代至少 5 英尺宽的空余空间。fines 是乡村地产的边界。fermini 是标明地产边界的界石。③

对罗马边疆概念的研究最为著名者应首推法国学者拉普瑞德尔（Albert Geouffre de Lapradelle，1871—1955），他的观点在后来许多学者的研究中广泛征引。在拉普瑞德尔看来，要解释边疆地区的领土概念就应该追溯到罗马。罗马历史上的边疆是有组织的运动、有系统和理性的事业，整个领土的组织受到以手中武器探索世界的边疆领土观念的支配。罗马霸权的政治现实是被占领土的边界，所谓罗马领土（ager Romanus）或古代领土（ager antiquus）边界的不断位移，甚至国土（ter-

① Sir George Macdonald，*The Roman Wall in Scotland*，Oxford：Clarendon Press，2nd ed. 1934，pp. 55–60. 亦可参见 Antoine Poidebard，*La Trace de Rome dans le Desert de Syrie，Le limes de Trajan à la conquête arabe. Recherches aériennes(1925–1931)*，Paris：Librairie Orientaliste Paul Geuthner，1934，p. 18。

② Charlton T. Lewis & Charles Short，*A Latin Dictionary：Founded on Andrews' Edition of Freund's Latin Dictionary*，Oxford：Clarendon Press，1900，pp. 751–752，p. 1066。

③ Adolf Berger，*Encyclopedic Dictionary of Roman Law*，Philadelphia：American Philosophical Society，1953，pp. 343，358–359，473，565，731–732。

ritorium）和外省（provincia）起初也是以军事边界为限，随着军团逐渐推进，民政统治取代了军事管制，但领土仍保持最初的所指，仅在法律领土（jus terrendi）的意义上有所改变。ager Romanus 和 ager Italicus 的概念，标志着共和国版图的连续性型构和指称确认罗马所有地区的总体边界（fines esse）说法的逐步形成。fines esse 有别于 limes（边界）。作为 pomerium（界限）的组成部分，罗马征服兵锋所至的 limes imperii 或 limes 是限制野蛮人于周边的自动停止线，但这种界线并非全部一切，他们并不囊括所有臣服于帝国和享受罗马式和平（Pax Romana）的国土，他们仅仅是防御线、要塞的边疆，而非划分明确归属罗马的政治界线。因此，按照拉普瑞德尔的观点，实际上有移动的政治管理界线 fines esse 和移动的军事界线 limes，两者既可以一致也可以不一致，在特定时间、特定部分，limes 可以在 fines esse 之前、之后或重合。拉普瑞德尔承认罗马人的边疆观念的确是一个复杂的问题。

首先，从罗马形成时期流传下来的作为 pomerium 的 limites 在帝国时期为某种庄重行为的目的而继续存在。帝国自身当时视为战略界线的但在某些情况下却是行政管理的边疆，或法律意义上的边疆，或兼而有之。现代意义上由平等主体划分的边疆问题对视自身为唯一权威的帝国而言是不可想象的，limes imperii 并非合意的结果，而是强加的，它们是一方自愿停止前进的简单界线。①

拉普瑞德尔关于罗马没有固定边界而仅有基于军事需要此一时彼一时不断变化、移动的边疆学说，几乎全盘被科尔德罗·托雷斯（José María Cordero Torres）接受。按照科尔德罗·托雷斯的分析，罗马法上区别 limes 和 fines，前者指为农业测量而在土地上划界，将被绥靖底定的领土加以划分，后者乃是尚未确定的界域（confine），并未绥靖但注定被征服的占领地（ager occupatorius）。帝国的领土可以说仅有 fines esse，除此之外，limes imperii 是对外防御的战略线。综观罗马历史，在领土扩张和边界不断重新界定的过程中，永恒之城（the Eternal City）

① Paul Geouffre de Lapradelle, *La Frontière: Étude de droit international*, Paris：les Éditions Internationales，1928，pp. 20 – 25.

罗马从其城市边界（limes urbanus）跃升为联盟边界（limes socialis）乃至帝国边界（limes imperii）。在断言罗马不存在现代意义上的边界的同时，科尔德罗·托雷斯也认识到诸如罗马这样的帝国有确切领土界线的必要性。他确信罗马人的观念在东方曾得到修正以满足异域文化的要求。对被保护领土（clientes territory）而言，罗马领土所不能逾越的界线是存在的，不过这些界线之存在仅仅以军事控制和征收贡赋的地方管理为目的。①

斯蒂芬·琼斯（Stephen Barr Jones，1903—1984）在1959年美国地理学会（American Geographical Society）上的演讲较诸上述学者的研究仅有略微的提升，他主要依据佩勒姆（Henry Francis Pelham，1846—1907）和巴拉德兹（Jean Lucien Baradez，1895—1969）的研究成果②加以推阐，认为：limes 并非边界，而是建立用以保卫帝国的地带，并不存在划分罗马和野蛮人的精确实在的界线，但的确具有最后的防御底线，在罗马防御线之后总有一个被称作边界国土（terra limitanae）或边界地区（agri limitanei）的地带。③

由上述可见，拉普瑞德尔及其后继者关于罗马边疆的论述本质上基于如下的假设：（1）罗马法并不覆盖含摄其与邻邦的关系或对毗邻接壤领土界线的界定；（2）罗马相信自己作为至广无外的大一统国家因此没有边疆；（3）罗马不断扩张以至其边疆仅为波动起伏的地带；（4）边疆必须建立在相关国家的承认基础上，必须加以划分；（5）罗马长城、壁垒（vallum）和栅栏是服务于军事目的的防御工事，并不构成政治和行政的边疆。

---

① José María Cordero Torres，*Fronteras Hispánicas： Geografía e Historia*，*Diplomacia y Administración*，Madrid：Instituto de Estudios Políticos，1960，pp. 62 – 63。

② 主要指 Henry Francis Pelham，*Essays*，collected and edited by F. Haverfield，Oxford：Clarendon Press，1911；Jean Baradez，Fossatum Africae，*Recherches aériennes sur l'organisation des confins sahariens à l'époque romaine*，Paris：Arts et Métiers Graphiques，1949。

③ Stephen B. Jones，Boundary Concepts in the Setting of Place and Time，*Annals of the Association of American Geographers*（AAAG），49 – Ⅲ（Sept. 1959），pp. 246 – 247.

　　在古罗马对外的国内法中，祭司法（the jus fetiale）是由专门的战和事务祭司（fetiales）在负责管理缔约、宣战、使节的派遣等国际事务中发展起来的规则。如同其他古代民族一样，罗马人很早就具有在双方宾朋（hospitium）关系诺许保证交换的名义下，与非罗马人进行私行为安排的惯例。在共和国时期，战和事务祭司法有效指导着罗马对其他在名义上独立的王国或城邦的行为以保持罗马行之有效的掌控。罗马法承认使节的不可侵犯，并对国际条约的缔约和批准加以区分。罗马市民法（the jus civile）尽管被学术界一般认为专门适用于"罗马人民"（populus romanus）或"罗马公民"（populus romanus quiritium）法律，排斥了众多在罗马进行生产、商业贸易的异邦人，但由于罗马法学家的不懈努力的抽象概括，其对契约的原理的理解等亦潜入罗马对地中海世界其他主权国家的政策。因此，在罗马人签署的国际协议中，并非完全没有体现缔约国之间的平等。在公元前 509 年、公元前 306 年和公元前 279 年，罗马共和国三次与迦太基缔结条约，主要旨在建立互惠的商业方面的利益范围。公元前 27 年，罗马由共和国时期进入帝国时期，罗马成为地中海世界的霸主，罗马法亦具有新的功能，最终产生调整异邦人与异邦人之间以及罗马人与异邦人之间的关系的"万民法"（jus gentium）概念。万民法与自然法（jus naturale）概念密切相连。有学者认为万民法并不是罗马国家之外的国家之间的法律，而是罗马私法的一个组成部分，是对罗马市民法一种富有弹性和灵活性的补充，[①] 仅仅调整罗马帝国之外的臣民或人民的事务。这种界说的划定过于严苛。罗马帝国是承认法律的领土主权管辖范围的，罗马人确信在法律基础上为各国共同利益才能签署条约、保持正常谈判，这种关系不可能被想象为不存在政治实体的乌合之众所具有。

　　其次，古代帝国多有至广无外大一统国家的臆想，但帝国对各国拥有普遍主权的主张不断被无数人们对外部世界的探索所否定。罗马在起初城邦国家之间要求在互利基础上承认对方主权的早期就积累了大量外交经验，即使后来罗马在地中海世界声称拥有永恒主权并将之付诸实

---

　　① 　曲可伸：《罗马法原理》，南开大学出版社 1988 年版，第 36 页。

践，但早期的观念和实践仍保留于外交实践之中。罗马与其他国家的关系可分两大类，一类是联盟关系，包括友邦（amicitia）、善意共和国（hospitium publicum）、联盟（foedus）和同盟（societas），另一类是依附关系，包括自治市（municipium）、殖民地（colonae）和行省（provincia）。联盟本身可分三种情形：与罗马平等、与罗马在利益上平等但在力量上超过或依附于罗马本身。① 在这种体制下，在被最终吞并到罗马帝国内部之前大多是长期由所谓保护国（clienta）统治。罗马的理想是建立一个大一统帝国，但事实上，这个理想从未实现亦不可能实现，因此罗马不得不与现实妥协，与邻国保持最起码的正常关系。在古代政府机器低度发展的情况下，由于差异较少呈现，普遍主义的观念是自然的，不足为怪，不过，其权力界限的现实和承认其他国家权力存在与当代并无二致。②

复次，国家在一个时期扩张，在另一个时期处于和平状态。不论拓地还是失地，国家不可能没有领土边界。所有国家的边界都是有变动的，不独罗马如此。有些论者认为罗马不断扩张，构成罗马国家的领土是不具有固定性的，因此罗马没有边界线而只有流动不居的边缘地带。然而，边界线是一个时区内确立的，将一个较宽泛地区内逐渐推移的线条密集群视为地带，并不意味着具体而言的每条线是实际不存在的。汤因比在《历史研究》中这样写道："只要一个文明还在生长的阶段，它的本土不但受到它的'阳光普照'，而且还可以免受野蛮势力的进攻，因为在它的周围有一条很宽的门槛或缓冲地带，在这一带地区上，只有文明放射着既长又美的光芒。而在另一方面，当一个文明已经衰落、在内部出现了分裂的时候，而在少数统治者与外部无产者之间的敌对行为不再是遭遇战而变成阵地战的时候，我们就会发现缓冲地带悄然遁迹了。从文明到蛮族的地理上的演变不再是逐步的，而变为突然的了。这两种不同的接触关系可以用两个合适的拉丁字来加以说明，一个是Limen，是门槛或地区的意思，而现在代替它的另一个字是Limes，是军

---

① F. H. Hinsley, *Sovereignty*, London：C. A. Watts & Co. Ltd, 1966, pp. 161 – 163.

② Coleman Phillipson, *The International Law and Custom of Ancient Greece and Rome*, Vol. II, London：MacMillan, 1911, pp. 46 – 151.

事界线，仅有长度而并无宽度。"① 汤因比和斯宾格勒一样都被学术界公认为历史文化形态学派的代表人物，他在《历史研究》中论述了古代希腊等历史的生长阶段充满隔裂地区（limen）或缓冲地带的事实，认为 19 世纪英国殖民势力在印度西北"所有的界线（limes）乃是和公元最初几个世纪时的罗马帝国的莱茵河—多瑙河边境在政治上属于同类性质"②。在汤因比看来，大一统帝国创造力衰退与蛮族毗邻而居，具有文化沟通作用的文化门槛（limen）变成一个互相隔离的军事界线（limes），这可以比作一个横跨不再开放的溪谷的禁止通行的拦洪坝，然而这种由人的技巧和力量形成的藐视造化的巨大纪念物毕竟靠不住，被排斥于外的蛮族所形成的水库的压力最终将冲垮这种拦洪坝，导致蛮族大举侵入和大一统国家寿终正寝。我们从汤因比的分析中可以看出，罗马帝国界线波动的地区可以说是一个地带，但这个地带是由许多界线构成的。

再次，另一个推论是，罗马视自身为世界帝国，这便隐含着罗马不承认在世界上其他国家平等性的预设。边疆是将其所分界的国家之间互相接受的，假如双方中一方不承认另一方的国家存在性，那么二者之间存在边疆的问题也就不会出现，罗马边疆也因此而不符合分界（delimitation）的标准。这实际上是不正确的，因为罗马帝国确实与邻居，如日耳曼部落和迦太基，在那里罗马的领土达到终点而其他国家开始。③

① Arnold J. Toynbee, *A Study of History*, D. C. Somervell 's abridgement, New York：Dell Laurel Edition, Vol. I, p. 465.

② Arnold J. Toynbee, *A Study of History*, D. C. Somervell 's abridgement, New York：Dell Laurel Edition, Vol. I, p. 475.

③ 姜逸樵在《天下一家》中认为，领土，在法律意义方面，是一个主权国家行使管辖权的领域，对于那些群体尚未发展成为完全的主权国或者没有能力成为完全的主权国，领土意味着一块生活地区，在那里获得生活资料而对那些侵入者是愤恨的（该书第 3 页，天下一家出版公司 1996 年版）。罗伯特·麦基夫（Robert Morrison MacIver, 1882—1970）说，在原始社会中"领土根据是没有明显规定的"，而"当部落过游牧生活的时候，我们有极端的例子：即政府与明确划分的领土相分离"（Robert M. Maciver, *The Web of Government*, New York：The Macmillan Company, 1947, p. 158）。

这也是一种相关各方的边界。边界线的根本特质首先是存在的，至于接受则可以默许或者明示。一个单边决定的边界线存在于某一时期的地表上并不一定因为其单边性而不存在。边界的公正性，或者有关边界线的另一方的合意，并不能与边界的实存性相混淆。

最后，学术界往往将罗马边疆的边墙障塞系统一律视为军事性质的产物，仅仅与罗马地表上的政治行政管理边界线间接相联系。这种关于罗马 limes 的观点的理据是令人质疑的。按照弗里尔（Sheppard Sunderland Frere）的观点，边疆线的观念是罗马历史上较晚期出现的。帝国早期边疆依赖于河流、沙漠或要塞地带。"limes"一词用作边疆概念起初意为"道路"，用于指军事道路。在奥古斯都（Gaius Julius Caesar Augustus，前 63—14）或提比略（Tiberius Julius Caesar Augustus，前 42—37）时期，limites 可能是直接通向敌方领土内的道路，但在 1 世纪下半叶，它一般可以确信系诸如斯坦盖特（Stanegate）等横向的交通道路用以连接堡垒或信号塔等军事所在据点。在多米提亚（Domitian 或

哈德良长墙

Titus Flavius Domitianus，51—96）统治下，在上部德意志已开始用栅栏加强边疆。[①] 史载，哈德良（Hadrian 或 Publius Aelius Hadrianus，76—138）"在现今德意志的南部修筑了一道路长城，将莱茵河上游与多瑙河上游连成一片。此外，他又在不列颠岛北部建造了横贯东西的'哈德良边墙'，以防御那些居住在现今苏格兰的'蛮族'侵入"[②]。但柯林武德（Robin George Collingwood，1889—1943）以确凿的史料和严密的逻辑证明"哈德良长墙"（Vallum Aelium）并不具有军事上的防御工事性质。[③] 事实上，在多瑙河和英格兰的阿格里科拉，提比略发展了在占领土地驻军的工事据点体系，此后或同时开始建筑连续的边墙、挖浚壕沟，但后者在起源即与要塞线的功能目标不同，要塞屯驻部队以防御武装敌军，连续的边墙则单纯标志罗马领土的终结处。所以有学者称罗马在不列颠的边疆包括三个要素：要塞（forts）、壁垒（vallum）和边墙（wall）。壁垒和边墙在军事上并不具有防御功能，而是边界的标志。不过，安东宁边墙（the Antonine Wall）几乎是纯粹的政治边界线。[④] 在日耳曼的 limes 中，木栅和边墙既是军事边界又是政治边界。在多瑙河地区，河流本身是服务于政治管理的边界，要塞和边墙位于罗马境内则完全以军事战略为目的。由此可见，罗马 limes 的基本目的并非出于军事，在许多情况下是政治和行政的边界。

布罗代尔作为法国年鉴学派代表人物，其"长时段"（La longue durée）理论在国际学术界广为播布。他在边界问题上的观点与其"长时段"理论一以贯之，认为：一切行政区划的界线，尤其是政治边界，一旦正式划定以后，便趋向长期固定下来，甚至永久不变，似乎就像一道永不消失的伤疤。他以法国为例，发现许多教区界线沿用了罗马统治

---

① Sheppard S. Frere，*Britannia：A History of Roman Britain*，London：Routledge and Kegan Paul，1967，pp. 127 – 129.

② Anne S. Robertson，*The Antonine Wall：A Handbook to the Surviving Remains*，Glasgow：Glasgow Archaeological Society，1960，p. 7.

③ R. G. Collingwood，The Purpose of the Roman Wall，in Vasculum，*The North Courtry Quarterly of Science and Local History*，VIII – I（1921），pp. 4 – 8.

④ Anne S. Robertson，*The Antonine Wall：A Handbook to the Surviving Remains*，Glasgow：Glasgow Archaeological Society，1960，pp. 37 – 39.

下高卢各邦的区划，它们从加洛林王朝以前开始，直到1789年革命为止，几乎原封不动地予以保留。第二代和第三代年鉴学派史学家受列维-斯特劳斯的结构主义历史哲学影响，布罗代尔本人长期与列维-斯特劳斯共事，因此以布罗代尔为代表的年鉴史学派实际上是一种典型的结构主义研究模型，不过布罗代尔与其曾有学术交往的福柯一样对结构主义都保持相对的界限，所以年鉴学派并未被当时风行一时的结构主义分析方法所融化，而基本上坚持了历史研究自身自主的地位。唯其如此，笔者认为布罗代尔关于法语中"边界"的语源学研究与福柯的路径存在某种契合。他认为："'边界'（frontière）一词原系形容词，而且从不以阳性形式出现（frontier，fromtiere），意即'面对面'。"该词很早即开始使用，在弗雷德里克·戈德弗鲁瓦（Frédéric-Eugène Godefroy，1826—1897）的《古法语辞典》［*Le Dictionnaire de l'ancienne langue française et de tous ses dialectes du 9e au 15e siècle(1881—1902)*］中，可读到居亚尔（G. Guiart，14世纪初）的一段话："Li navre vuident les frontières①，意思是说，受伤者撤离前线，来到后方。在变成名词后，'边界'表示在一条分界线的两侧面对面地相持不下的敌对双方。在这一含义上，该词长期与bornes（界）、terme（沿）、limitations（边）等一系列其他用语相竞争。它最终取代了这些用语，从此主要确指每个领土国家的外部界线。"②

第四节 "边疆"一词在伊斯兰法系中的镜像

比较法是19世纪以后逐渐形成的独立学科，它与资本主义国家的

---

① 《古法语辞典》中的这段文字其实在因特网上即可以检索到。资料来源：http：//www. archive. org/stream/dictionnairehi，访问时间2011年3月2日。但居亚尔的全名和生卒年不得其详，待考。

② Fernand Braudel，*L'Identite de la France：Espace et Histoire*，Paris：Flammarion，1990，p. 280.

全球经济扩张密切相关。法国比较法学者勒内·达维德（René David，1906—1990）认为比较法研究有助于国际之间的谅解，促进国际公法的发展。勒内·达维德的《当代主要法律体系》（*Les grands systèmes de droit contemporains*，Paris：Dalloz，1964）享誉全世界，其法系划分理论尽管遭到一些非议，但这种毁誉交加的现象本身就证明了其不容忽视的学术价值。他在书中写道："在很多人看来，似乎所有其他法系不过是些残余遗迹，随着文明的进步，将来迟早要消亡。但是，这种观点是颇为天真的优越感的产物，仅仅表达了一种假设，并不符合我们在当代世界上所能看到的实际情况。"① 尽管勒内·达维德并未像福柯一样被供奉于后现代主义的先贤祠，但比较法的视野足以令之具有反欧洲中心论的学术质素而具备"地球村"的思维空间。他反复申论说，"伊斯兰法依旧是现代世界大法系之一，继续调整着五亿穆斯林之间的关系"，伊斯兰世界仍然在很大程度上忠于其自身既有的一些法律概念。

　　杨泽伟《宏观国际法史》中主要根据阿图尔·努斯鲍姆（Arthur Nussbaum，1877—1964）的《简明国际法史》（*A Concise History of the Law of Nations*，New York：Macmillan，1947）进行纂述，认为"伊斯兰法具有一种属人性而非属地性，它强调拘束个人而不是拘束地区上的群体。它拘束作为个人或作为群体的穆斯林，而忽视他们所居住的领土。因为在一个自称为世界性宗教的体制之下，在人们之间的交往中，领土就不是一个决定性因素了。可以说，作为一种世界宗教的伊斯兰教，强调对不承认王国边界的信仰的效忠。在伊斯兰的教义中，对真主的虔诚与服从，较之种族、阶级或国家来说，是一个良好公民的唯一检验标准。"②杨泽伟由此将国际法的属人原则认定为中古时期伊斯兰国际法的重要特征，与李家善《国际法学史新论》持见相同。

　　在国际法学界，研究伊斯兰法系中领土与边界的权威首推法国学者莫里斯·弗洛里（Maurice Flory）。按照弗洛里的分析，伊斯兰的领土概念与罗马法系国家不同，只能被理解为名为"乌玛"（Umma）的社

---

① 达维德：《当代主要法律体系》，漆竹生译，上海译文出版社 1984 年版，第 29 页。

② 杨泽伟：《宏观国际法史》，武汉大学出版社 2001 年版，第 46 页。

会—宗教概念。在伊斯兰法系的语境中，领土并不是国家主权行使的范围，而是具有宗教功能。"达日·伊斯兰"（الإسلام ردا，Dar al-Islam，意为"伊斯兰之家"）仅表示伊斯兰真正信徒组成的社会的移动的范围，这个社会即是乌玛。伊斯兰法系中的领土概念既不是基于地缘法（jus loci），也非基于血缘法（jus sanguinis），而是基于教缘法（jus religionis）。在弗洛里看来，所谓阿拉伯地区就是伊斯兰国家唯一性的观念的结晶。达日·伊斯兰的界线是经常变化的，但阿拉伯领土的构成却并不如此变动不居，它包括西方意义上的若干领土国家，不过并非以具有确定边界的地理界线为基础，而是以人口、语言尤其是被视为独具特色的阿拉伯文化为基础。弗洛里认为，伊斯兰法系本身并不存在当代国际法意义上的领土主权概念，当代阿拉伯地区被划分为若干国家被视为是偏离伊斯兰教法的暂时现象，伊斯兰统一和阿拉伯统一使干预邻国领土等司空见惯的现象成为势所必然，而伊斯兰的土地或乌玛照例高于吉米人（Zimmi，被保护民）的领土，在这个意义上，伊斯兰教法并不能视划分边界为平等双方的契约行为，而是一种单务行为，边界是可以随时逾越的。①

弗洛里的观点几乎完全被菲利普·于松（Philippe Husson）②所接受。于松认为，伊斯兰法将世界划分为两部分，即达日·伊斯兰和达日·哈尔布（الحرب دار，Dar al-Harb）③，领土是由信徒构成的宗教公社"乌玛"的范围，乌玛并不是超国家的概念，而是地球上具有完全的法律效力的唯一国家，其效力所及和历史随达日·伊斯兰的范围而消涨，伊斯兰信徒的职责就是保卫这一宗教公社，以达日·哈尔布的牺牲为代价扩展乌玛的界限，"圣战"（جهاد，Jihad，亦译为"吉哈德"）

① Maurice Flory, La notion du territoire Arabic et son application au probleme du Sahara, *Amuaire Française de droit international*, 3（1957），pp. 73 – 91.

② Philippe Husson, *La Question des frontières terrestre du Maroc*, Paris：La documentation française, 1960, pp. 7 – 95.

③ 后者还包括达日·索拉（الصلح دار，Dar al-Solh, 指达成妥协的传统领土），由基督督和犹太教徒构的国家，这些国家以向伊斯兰国家纳贡为代价而求得保护。

不仅是每个信徒的义务，而且是整个宗教公社的责任。不过，于松承认伊斯兰法的"应然法"相对而言的"实然法"存在，即便严格按照《古兰经》教法理论，伊斯兰诸政权并峙而存的实践亦是可以接受的，并且由于伊斯兰法系具有的灵活性与权变性，有利于乌玛的与非伊斯兰的关系在教义是许可的，国家的存在构成伊斯兰法律秩序和国际法律秩序之间共同的因素。

笔者认为，伊斯兰教是政治的宗教或宗教的政治，伊斯兰教虽作为宗教组织而创立，但它具有政治特征。揆诸史事，伊斯兰教创立者穆罕默德尽管不善长于抽象的理论，但一直苦心经营"众信士皆兄弟"的穆斯林共同体"乌玛"，《麦地那宪章》（المدينـه صـــحيفة，*The Constitution of Medina*）即是"乌玛"的宪法，所以西方学者称其颁布的教谕为包罗万象的市民管理法令，认为"穆罕默德的遗产就是承认独一神、独一社团以及在这两者基础上建立的神权国家"[①]。然而，正如印度学者哈米杜拉（Muhammad Hamidullah，1908—2002）所说，与罗马人将世界视为罗马领地（orbis Romanus）并自命不凡地声称为"世界人类之首"（Princepas orbis terrarum populas）一样，穆斯林的目的在于将整个世界纳入伊斯兰文明，但这并不意味着与此同时否认在其法律管辖之外的人民的权利。[②] 尽管独一政府的政治组织普世理想是人们奉行的伊斯兰教规，但自公元 10 世纪起，伊斯兰教法学家就关注到了现实生活中的差异与可行性。[③] 例如，沙斐仪·阿拉·穆瓦迪（Shafi al-Mawardi，991—1031）就指出，哈里发（خليفـة，Caliph）的职责之一乃是保卫边疆，伊斯兰世界可以在海洋等自然边疆加以划分，使边界两侧的政治共同体分别领属于不同的哈里发。伊本·阿拉·拉克托卡（Ibn al-Tiqtoqa）则集中论述了"王国"（الملـك，Mulk，亦译为"穆尔

---

①　Herbert Gottschalk, *Weltbewegende Macht Islam*, Bern：Scherz Verlag，1980，S. 63.

②　Muhammad Hamidullah, *Muslim Conduct of State*, Lahore, Pakistan：Sheik Muhammad Ashraf Publishers，2nd ed，1953. pp. 73 – 133.

③　E. I. J. Rosenthal, *Political Thought in Medieval Islam：An Introductory Outline*, Cambridge：Cambridge University Press，1958，pp. 109 – 118.

克"），认为在穆斯林社会中实际的权力掌控于"艾米尔"（أمير，A-mir）① 或"苏丹"（سلطان，Sultan）之手，而不是哈里发。

"达日·伊斯兰"和"达日·哈尔布"是阿巴斯王朝（بنو عباد，The Abbadi）教法学家所创造的概念。它可以理解为：在国与国之间的关系中，不仅受《古兰经》（القرآن，The Holy Qur'an）和"逊奈"（سنة，Sunna）或"哈底斯"（حديث，Ha-dith）②，而且受"伊智提哈德"③（اجتهاد，Ijtihad）和"伊制马尔"（الإجماع'，Ijma）④ 的约束。即使在正统理论中，达日·哈尔布亦并不被视为与达日·伊斯兰处于永恒的敌对状态，尽管它不具备在平等互利基础上与伊斯兰文明相往来的法律能力，但在"自然状态"（state of nature）基础上的关系的可能性是可以接受的。沙斐仪派教法学家（the Shafi'i jurists）甚至权宜地创设了被称为"达日·索拉"的世界第三部分，对那些与伊斯兰社会订立条约的非伊斯兰社会予以地位的承认。哈乃斐派教法学家（the Hanafi jurists）不承认这种世界的三分法，强调：假如一个地区居民与伊斯兰社会订约并向其纳贡，则该地区即成为"伊斯兰式和平"（Pax Islamica）的组成部分，其人民受伊斯兰教保护，否则即是达日·哈尔布的一部分、征服的对象。按照伊斯兰教法，一地区属于达日·伊斯兰还是达日·哈尔布，取决于是否奉行伊斯兰教，而不取决于其最高统治者的宗教信仰。即使与达日·哈尔布的敌对关系，亦

---

① Sunna 意为"平坦的大道"，常指"行为""道路""传统习惯"。主要有三种含义：（1）在伊斯兰教1世纪，指流行各地的传统习惯；（2）在早期教法学派形成时期（8至9世纪），指某一学派内部公认的学说、原则、规定；（3）沙斐仪提出系统的法源理论后，指穆罕默德生前的言行，即"圣训"，亦称"先知的逊奈"。

② Hadith 意为"传述""记述"。经训的专称，指先知穆罕默德生前言行及其默认的圣门弟子言行的汇集，涉及立法的内容亦称"先知的逊奈"，属于伊斯兰教法的四大渊源之一。

③ Ijtihad 原意为"竭尽全力"，泛指教法学家运用推理、判断求得结论的思维过程。早期与意见判断同义，晚期与类比推量同义。近代亦称"独立判断"，系伊斯兰教法的辅助渊源之一。

④ Ijma 意为"公议"，指某一时代权威教法学家就教法问题形成的一致意见，被认为是不谬的，故有约束力，系伊斯兰教法的四大渊源之一。

受伊斯兰战争法的约束，如同罗马人对他国关系中遵守祭司法一样。正是基于此，伊斯兰法学家哈杜里（Majid Khadduri，1909—2007）坚持伊斯兰国际法尽管不是独立的体系但确实存在。他认为，沙亚尔（سير，Siyar）即是伊斯兰国际法，尽管仅是伊斯兰教法汇编中的一章，且用以约束伊斯兰信徒以保护其与伊斯兰正义相符合的利益，但如同罗马万民法是市民法的扩展一样，沙亚尔亦是"沙里亚"（شريعة，Sharia）的扩展，用以调整穆斯林与非穆斯林之间的关系。① 不过，我们需要指出的是，伊斯兰国际法通常以约束个人为目的，而不是以地域性的社团为对象。

爱德华·W. 萨义德（Edward Wadie Saïd，1935—2003）认为，东方学所回应的更多的是产生它的文化而不是其假定的对象，这一对象同样是由西方所创造出来的。在萨义德看来，欧洲人用其感受力居高临下地巡视着东方，东方学是一种根据东方在欧洲西方经验中的位置而处理、协调东方的方式，"东方"（the Orient）是学者的一种话语，它代表着现代欧洲近来仍属异质的东方（the East）所创造出来的东西。东方学这样一个"领域"的出现，本身即暗示着东方与西方之间的力量对比。西方的东方学使东方东方化的过程正如萨义德所言，"一道知识与权力的连续弧线将欧洲或西方的政治家与西方的东方学家联结在一起；这道弧线构成了东方舞台的外缘。到第一次世界大战结束的时候，非洲和东方所构成的与其说是西方的学术场景，还不如说是西方的特权范围"②，以致东方学的范围与帝国的范围完全相吻合。以西方中心主义为运行机制主轴的东方学，对东方编码所构造的根深蒂固的文本网络体系使东方被沾染、被控制、被侵入，往往以一种迪斯尼式的卡通漫画方法使东方面目全非，以一种文化霸权宰制知识权力使东方有口难言。我们应该看到，弗洛里和于松关于伊斯兰国际法的论述，恰恰印证了萨义德力图解构的这种欧洲东方学所人为建构的知识图景。正是这样，哈

---

① Majid Khadduri，*The Islamic Law of Nations-Shaybani's Siyar*，Baltimore，MD：Johns Hopkins University Press，1966，p. 6.

② Edward W. Said，*Orientalism：Western Conceptions of the Orient*，New York：Vintage Books，1994，p. 105.

米杜拉、罗森塔尔（Franz Rosenthal，1914—2003）和哈杜里等研究伊斯兰法系的法学家对此大不为然。弗洛里和于松以欧洲罗马法系的经验为蓝本和过滤框架，既不能移情地契入伊斯兰法系内部，又缺乏历史主义的精神，因此戴着有色眼镜观察的镜像（image）自然不免傲慢的偏见。哈米杜拉等伊斯兰法系法学家们的话语体系，尽管难免对欧洲罗马法系知识权力体系相妥协，但毕竟向西方强势的国际法学话语权发起了攻击与挑战。

哈米杜拉用历史归纳法总结了伊斯兰国际法中领土取得的模式。在哈米杜拉看来，领土主权的概念在早期伊斯兰法中并没有被发展出来，不论地域，所有穆斯林均受伊斯兰教法约束，因此伊斯兰国家按照早期伊斯兰教法可将管辖权效力覆盖及所有的穆斯林，这种状况在若干伊斯兰国家涌现后便发生了变化。哈米杜拉认为一个伊斯兰帝国的构成包括五种不同领土类型，即：（1）通常统治的地区或共管地区，（2）纳贡臣属国，（3）名义依附国，（4）保护国，（5）势力范围。不难看出，哈米杜拉依循的主要是历史法学的研究路径。哈米杜拉是伊斯兰法学家中唯一探讨过传统伊斯兰管辖权所及领土边界问题的学者。他认为，在河流为界的情况下，伊斯兰教法中关于私有地产的法律条款（即以河流中心线为界）是同样适用于两国之间边界的。至于以陆地本身为界的问题则被哈米杜拉疏简地一笔带过，仅指出这种边界以惯例或长期使用为理由提出的要求，甚至以毗邻两国之间条约的规定为依据加以确定，然而却没有征引史料支持上述论述。

据笔者所见材料，学术界目前尚无对伊斯兰国家古代条约中指称边界意思语词的比较—综合研究，"哈德"（حدّ，hadd，意为界限、限度)① 通常用于现代阿拉伯文中指称边界。最早的权威阿拉伯语辞典《阿拉伯语大词典》（لسان العرب，*The Lisan al-'Arabi*，约于 1308 年成

---

① 阿拉伯语"哈德"又指法度刑。法度刑在《古兰经》中有明确的规定，包括私通、诬陷私主、酗酒、偷盗、抢劫、叛教六类，其刑罚权在真主，法官只能依律而断，无权改变（参见马明良：《简明伊斯兰史》，经济日报出版社2001年版，第77页）。"哈德"还指教阶（参见世界宗教研究所伊斯兰教研究室译编：《十叶派》，中国社会科学出版社1983年版，第232页）。

书）中，作者曼苏尔（Ibn Al-Mandhur）将"哈德"的基本义诠释为"两个事物之间的分界"，其另一重要意义是"一个事物的极限"。在此之后，作者才对作为领土边界的"哈德"加以诠释，指出这个词可以表示"两块土地（ard）中一块的界线"，或另一种诸如"哈里姆（Haram）圣地的界线"之义。但曼苏尔大部分说的都是用"hadd"这个词象征人的行为被允许或相互的界线。[①] 但威廉·莱恩（Edward William Lane，1801—1876）在 19 世纪出版的另一权威性词典《阿英词典》（*An Arabic-English Lexicon: Derived from the Best and the Most Copious Eastern Sources*，London：Williams and Norgate，1865）扩展了"哈德"的含义，既指"一个国家或城镇的边界"，又指"毗邻""有共同边界"以及"一个地区或地带"。阿梅莉－玛丽·瓜雄（Amélie-Marie Goichon）等人在《伊斯兰百科全书》（*The Encyclopaedia of Islam*，first edition，Leiden and London，1913－1938）中的观点与拉内的解释大体相同。事实上，瓜雄等人认为"哈德"作为界限解释最早即是指"地面上的界线"（limits on the ground），由此逐渐引申指"划界"（delimitation），进而指"极限"，最终延伸到一些抽象的含义。[②] 这种词义的孳乳情形在"awasim"一词中是不存在的。这个词在早期阿拉伯语中指拜占庭帝国与阿拉伯世界的边界。与哈德不同，awasim 泛指边界线和边塞地区，包括在边塞地区的要塞，边界线本身称作 al-thughur，是军事据点所在的沿线。

　　由于笔者不习阿拉伯文，所以只能以间接的文献盲人摸象般从语源学角度论列如上。正如有学者所言，语言学的时间和历史到处充满着空白、巨大的断裂、假想的时期，语言事件是在非线性、本质上不连续的时间层面中发生的。但如果我们将语言学的方法和历史学的方法结合起来，那么我们对伊斯兰法系中"边疆"的概念也许会有更深一层的体

---

　　① Ibn-Manzur, *Lisan al-'Arab*, Beirut：Dar Sador，1955，pp. 114 – 148. Haram 原意为"禁止的"，指违反伊斯兰教法而被禁止和受罚的行为，系伊斯兰教五种行为规范之一。

　　② B. Carra de Vaux and A. M. Goichon，Hadd，*Encyclopaedia of Islam*，Vol Ⅲ，London：Luzac & Co.，1966. pp. 20 – 22.

认。笔者认为，伊斯兰教创始人穆罕默德自始即针对阿拉伯氏族部落分裂割据的状况企图以《古兰经》这一"安拉的绳索"为纽带形成统一的民族力量，伊斯兰教创立后这一目标可以说得到了充分的践履，震撼世界的伊斯兰帝国的崛起即是充分的证明。但阿拉伯的部落宗派主义始终不曾泯灭（直至当代仍遗绪尚存），随着伊斯兰教圣战的所向披靡，随着阿拉伯帝国的"新领土"日益扩张，阿拉伯帝国的分崩离析是必然之势。纳忠指出："阿拉伯人对外扩张初期，谁攻克一个地区谁就担任该地区的'埃米尔'，并兼任当地的'伊玛目'。这是在 630 年由先知穆罕默德开始实行的。后来的哈里发继承了这种制度。对外大扩张时期，被占领的地区称为'军迪'，意即'军区'。如叙利亚地区分为大马士革、京奈斯林、约旦、巴勒斯坦四大军区。每个军区设军区司令，管理军政和宗教事务。到了倭马亚王朝时代，对军区的范围重新调整扩大，改称'省区'，省区军政长官称为'埃米尔'或称'瓦利'，即'省长'或'总督'。"① 这种行政显然如世界其他许多国家古代由军管向民政过渡的边疆社会转型的轨迹相同，也与其他国家历史上地方主义的滋长情形相差无几，最终导致各边区的埃米尔和苏丹自立为王。历史上，倭马亚王朝的统治者穆阿威叶等在与拜占庭的边疆争夺中曾采取的巩固海防、边区练兵制度等，均说明在伊斯兰法系早期历史上具有明确的边疆意识和观念。史载，倭马亚王朝始终以托鲁斯山为与拜占庭领土的分界线，直到以后的阿拔斯王朝，尽管两国互相渗透，边界冲突不断发生，但以托鲁斯山为边界线的局面直至 11 世纪仍一如其旧。埃及学者艾合迈德·爱敏（Ahmad Amin，1886—1954）有这样论述："阿拉伯—伊斯兰帝国与拜占庭帝国之间的边界被称为边塞地带，从马耳他一直到幼发拉底河上游，到塔尔苏斯的边界。双方都加强边塞建设，构筑堡垒。边塞分为两部分：捷齐莱地区边塞和沙姆地区边塞，前者包括马拉提亚、济拜突拉、曼苏尔城堡、哈代斯、马腊什、哈伦尼亚、克尼塞和艾因·宰尔拜；后者包括穆西塞、艾宰奈和塔尔苏斯。"②

---

① 纳忠：《阿拉伯通史》上卷，商务印书馆 1997 年版，第 474 页。
② 艾哈迈德·爱敏：《阿拉伯—伊斯兰文化史》第 5 册，史希同等译，商务印书馆 2001 年版，第 61 页。

第五节　结论

笔者认为，加强中国边疆理论的研究目前已经成为学术界的共识，但边疆理论的研究绝非"空对空导弹"，也绝非抽象无物的"玄学"。从学术思潮的发展来看，近代哲学从思辨哲学向分析哲学的转变轨迹是昭然可见的，这亦影响到历史哲学的与时俱进，所以在 20 世纪初，沃尔什（William Henry Walsh, 1913—1986）将历史的形而上学即解释历史的历史理论称为思辨的历史哲学，而将历史的认识论即解释历史学的史学理论称为分析的历史哲学。柯林武德亦声称，哲学是反思的（reflective），其任务不仅是要思维某种客体，而且要思维这一思维着某种客体的思维。易言之，"哲学所关怀的就并非是思想本身，而是思想对客体的关系，因此，它既关怀着客体，又关怀着思想"①。柯林武德甚至将史学企图一味寻求大写的历史客观规律这种对自然科学的模仿与效颦称为"史学的自然主义"。这种学术方法论的转向表明，仅仅以一种本质主义的态度绌绎所谓历史规律毕竟是以简驭繁的化约，有可能令丰富多彩的历史本身不幸真正沦为马克思、恩格斯所批判的"形而上学"的教条。因此，笔者十分赞赏福柯的文本分析的方法。福柯曾经说过："历史学家故作远眺，暗地里却偷偷靠近充满希望的近景（这就像形而上学家，彼岸只是作为他们许诺给自己的回赠，才进入其视野）。实际上历史从近处着眼，却是为了抽身再从远处来把握（这类似医生的做法，他们凑近看是为了诊断和指示区别）。"② 在福柯看来，其谱系学不是以一种在博学者鼹鼠般眼光来看高深莫测的哲学家视域而与历史对立，但其"庞大纪念物"的确是用"不明显的、以严格方式确立起来的微小真理"垒筑的。换言之，理在事中，在大量的文本分析中呈现，

---

① R. G. Collingwood, *The Idea of History*, Oxford：Oxford University Press, 1946, p. 2.

② 杜小真编选：《福柯集》，上海远东出版社 1998 年版，第 158 页。

研究者不能以所谓的"高瞻远瞩"推诿其脚踏实地的义务，在志存高远的同时必须以鼹鼠式的在卑湿黑暗环境中进行文本分析作业，即大处着眼，小处着手。口若悬河的高谈阔论尽管可以汪洋恣肆地挥洒自如，但往往在学术行进的队列中出现安徒生笔下皇帝新装的尴尬，因此倒不如中国先哲庄子所谓"每下愈况"的方法明智。法学家斯蒂芬（James Fitzjames Stephen，1829—1894）指出，没有分析的历史是奇怪的，没有历史的分析是盲目的。[1] 这对我们当代法学的幼稚与历史学的危机可谓提供了针砭时弊、指点迷津的醒世箴言。

　　另一方面，如萨义德所言："地域的边界以一种可以想见的方式与社会的、民族的和文化的边界相对应。然而，一个人对自己是'非'外国人的感觉，常常建立在对自己领土'之外'的地方所形成的很不严格的概念的基础上。各种各样的假设、联想和虚构似乎一股脑儿地堆到了自己领土之外不熟悉的地方。"[2] 尽管全球化的浪潮幕天席地，但作为政治—法律的世界政治地图仍在主权观念的支配下如马赛克瓷片的拼图般斑斓。从文化上说，德国著名学者洪堡（Alexander von Humboldt，1769—1859）在 20 世纪早就说过："在一定意义上说，讲不同语言的人们生活在不同的世界之中，具有不同的思维体系。"而吉尔兹（Clifford James Geertz，1926—2006）更一针见血地指出我们其实都是持不同文化的土著。笔者认为，作为世界历史上诸世界帝国大一统运动的新版本，全球一体化在没有达到"书同文"的境界时，学者的绝大部分知识都是吉尔兹所谓的"地方性知识"（local knowledge）。这可以从各国学者著作和论文后面冗长繁复的注释索引中一目了然，并从无不以自身母语为主要参考文献的事实中得到证明。因为用经济学术语来说，在"信息不对称"的情况下，对于"他者"（the others）的悠谬之见不免人为地端自此始。我们在研究"边疆""边界"这类概念时，首先就面对着我们自身头脑内部的文化背景的边界线（frontiers）问题。王宾等认为："'边界线'不是国土意义上的分界，而是一种关系走向，指

---

　　[1]　参见徐爱国：《分析法学》，法律出版社 2004 年版，第 53 页。

　　[2]　Edward W. Said, *Orientalism: Western Conceptions of the Orient*, New York: Vintage Books, 1994, p. 55.

不同文化圈之间的分隔和关联。它呈交叉走向，'你中有我，我中有你'不可避免，'异'中显出'同'，'同'中包含了'异'。它又指向自然科学与社会人文各学科之间的区别和联系，反对将科学和人文决然对立。按英文语义，'边界线'也是'已知'与'未知'的分野和过渡。'边界线'可从后移从而扩大认识的视野，但'边界线'永远存在，因而文化沟通永无止境。"①在笔者看来，研究"边疆""边界"的概念问题，只有不断扩展我们头脑中的文化背景的边界线，尽可能突破"地方性知识"的局限，具有一种"地球村"的眼光，用吉尔兹例示的"深度描写"（thick description）方法切入情景化地表现聚合性的资料，理解他人的理解，叙说对象的言说（Saying something of something）。因为"边疆"和"边界"的概念作为一种表述本质上（eo ipso）乃牵连、编织、嵌陷于大量其他事物之中的，唯独不与"真理"相连（真理本身在许多学者看来只不过是一种表述），只有同情的理解才能避免欧洲普遍主义支配下东方学将异域空间转变成殖民空间的旧辙。圣维克多的雨果（Hugo of Saint-Victor，一称 Hugh of Saint Victor，1096—1141）在《世俗百科》（*Didascalicon*）中的那段话至今具有发人深省的时空穿透力："发现世上只有家乡好的人，只是一个未曾长大的雏儿；发现所有地方都像自己的家乡一样好的人已经长大；但只有当认识到整个世界都不属于自己时，一个人才最终走向成熟。"（On est d'abord celui pour qui la patrie reste douce：homme délicat，sans nul doute. Puis on devient l'homme courageux qui considère tout l'univers comme sa patrie. Mais l'homme parfait，le vrai sage，est celui pour qui la terre entière，toute terre，est une terre étrangère.）② 这种思想和吾师费肯杰教授的推参阐述的法学方法颇为契合。

---

① 王宾、阿让·热·比松主编：《狮在华夏——文化双向认识的策略问题》，中山大学出版社 1993 年版，第 3 页。

② 资料来源：http：//agora. qc. ca/reftext. nsf/Documents/Hugues_de_Saint-Victor-Hugues，访问时间：2010 年 7 月 1 日。

第五章　边疆的话语与话语的边疆：对"边疆"概念的知识考古勘察

马大正、刘逖两位学者认为，进入 20 世纪以后，中国边疆研究日益发展成为一门吸取各有关学科方法和成果的边缘学科，但至今尚处在不断发展而尚不成形的阶段。此书以作者多年积薪之渐所收集的丰富学术资料和长期细索而得自出机杼的学术识断为基础，在 21 世纪前夕系统地对百年来中国边疆研究的发展历程加以全面反思与前瞻。正如作者开诚布公地说："本书内容上存在的本世纪以来'国外学者对中国边疆的研究'的空缺和'侧重于从历史学的角度去观察 20 世纪的中国边疆研究发展历程'两个缺憾，更是期望有志于斯的学人在自己研究中予以关注与充实。"①

中国边疆史地研究源远流长，在某些特定时空背景下甚至成为"显学"而盛极一时，② 学术界通常认为中国近代以来边疆史地研究有三次大的高潮。近年来，"中国边疆学"的构筑与定名更被许多学者认为既顺于人又达于时，呼声与日俱增。但据笔者的研判，中国边疆研究目前仍居于主流学术的边缘。我们承认这是一片尚待开耕的学术新疆域，亦为许多学者矢志不渝长期驻守边缘的精神所自豪，不过我们也必须客观看到中国边疆研究在一些关键理论问题上经久不进，是造成这种不尽如人意的学术"边缘化"境遇的关键因素。中国边疆学的研究目前颇似"盲人摸象"，学者们通常均致力于具体的某一方面历史事实的考证，却不甚关注基础理论的探讨，众人交口而论"边疆"却对边疆这一概

---

① 马大正、刘逖：《20 世纪的中国边疆研究——一门发展中的边缘学科的演进历程》，黑龙江教育出版社 1997 年版，第 286 页。

② "显学"也是一个活性概念。中国古代的学问有"显学"和"隐学"两种。诸子百家的大部分著作属于"显学"，研究易理、寻找时应的则属于"隐学"。

念浑然无通透明达的卓识。班超当年立功西域曾云："不入虎穴，不得虎子。"① 学术研究对一些核心问题总是避难趋易而不直捣牙城，那么就难以在科学前进的征途上建立一形胜的要塞。吉尔兹说："你如果不试图解决问题，你就是问题。"②

依笔者之见，对"边疆"这一概念的通透明达的认知，其要领乃在于突破吉尔兹所谓"地方性知识"的束缚，超越井底之蛙式狭窄视野限制，以一种全球性的多元化的眼光臻于中西会通。在近代以来，中国学者如傅斯年等人为了与西方学术的"学战"中"与之角胜"，避免"与洋人拖泥带水"，主张在一些"全汉"的"比较纯粹中国学问"方面致力用功。章太炎在批评中国学术"预流"西方后"审边塞而遗内治"的所谓"四裔之学"发达的弊病时亦云："中国之史，自为中国作，非泛为大地作。域外诸国与吾有如战之事，则详记之；偶通朝贡，则略记之；其他固不记也。今言汉史者喜说条支安息，言元史者喜详鄂罗斯印度。此皆往日所通，而今日所不能致。且观其政治风教，虽往日亦隔绝焉。以余暇考此固无害，若徒审其踪迹所至，而不察其内政军谋何以至此，此外国之人读中国史，非中国人之自读其史也。"③ 按照中国近代新史学倡导者梁启超的说法，明末利玛窦等耶稣会士来华，带来西学新知的同时，也输入了西学方法，使中国学者的"学问研究方法上，生一种外来的变化。其初唯治天算者宗之，后则渐应用于他学"④。其实，近代以来全球一体化的实质内容之一即表现为吉登斯所说的时—空延伸水平（the level of time-space distanciation）空前提高的现代性表征，以至现场卷入（共同在场的环境）与跨距离互动（在场和缺场的连接）两者之间的关联呈现出极其复杂的情形。与"西学"相对而言

---

①　范晔：《后汉书》卷四十七，班梁列传第三十七，中华书局 1965 年版，第 1572 页。

②　克利福德·吉尔兹：《地方性知识：阐释人类学论文集》，王海龙、张家瑄译，中央编译出版社 2000 年版，第 29 页。

③　章太炎：《救学弊论》，《华国》月刊第 1 卷第 12 期（1924 年 8 月 15 日）。亦可参见姜玢编选：《革故鼎新的哲学——章太炎文选》，上海远东出版社 1996 年版，第 542 页。

④　梁启超：《清代学术概论》，中华书局股份有限公司 1954 年版，第 21 页。

的"中学"或"国学"在其进化过程中发生异化，在其自我认同肯定（identification）同时因为与西学的交融渗透亦改变自我的疆界而出现认同解构（disidentification）的移步挪位。另一方面，吉尔兹的"象征人类学"（symbolic anthropology）主张站在一个"异文化"的位置上体察人类学家自身的"本文化"的"理解他人的理解"的"深描学"，亦褫夺了本土文化的人类学者自以为是的言说优位性。基于此，我们认为，"他山之石，可以攻玉"的理念在当今学术界已显然落伍于时代发展，攻玉之石不仅是一种充分条件，更应该说是一种必要条件。学术乃天下之公器，自设畛域无异于刻舟求剑。邢玉林这样写道："欧美一些国家早在第二次世界大战前就比较广泛地探讨了边疆问题，特别是有许多专著相继问世，其内容既包括边疆的类型及划分，又包括边疆的历史作用，有的著作还从国际法的角度论述边疆问题。本世纪（这里指 20 世纪。——引者注）50 年代以来，这些国家又从边疆理论研究转为边疆实际研究，弥补了二战前研究的缺欠，在研究深度和广度上都有突破。近几年来，我邻国对边疆的研究更显旺盛的势头。"① 尽管"外面的世界很精彩"，但无奈的是，对西方的边疆理论研究一直在中国学术界乏人问津。因此，笔者不揣冒昧，希望通过一些引进与解读工作以推动中国边疆学理论的发展。

第一节　规范主义：国际法学界的话语言说

日本国际法学者栗林忠男（くりばやしただお）指出，国际上的境界历来作为与国家领域密切相连的对象加以把握，其原因在于近代国际法体系的建立过程及其法律构造的肇因。以主权国家的平等关系为基础的近代欧洲国际社会，是由过去统一的权力（神圣罗马皇帝和罗马法

---

① 邢玉林：《中国边疆学及其研究的若干问题》，《中国边疆史地研究》1992年第 1 期。

王）为背景金字塔式组织演变而来的，以各国统治权力的分配关系为基础而建立，而统治权力分配关系以土地（领域）为基础进行，地球上的地域（空间）是一国主权行使被许可或被禁止这两个范畴上区分的。因此，主权的近代国家的登场及其后发展，当然地要求确定为行使权力的具体的地理范围，故而国际法逐渐发展出国境划定的诸规则。①

　　首先，让我们对下面的国际法学文献进行解析。这一部分文献系取材于英国法学家 J. G. 斯塔克《国际法导论》（*An Introduction to International Law*，London：Butterworths，1963），其文为：

　　　　边界（boundaries）是国家领土主权最重要的表现形式之一，常被以条约明示承认，或者虽未明确宣告却得到普遍承认，在这个意义上，边界构成国家领土所有权的组成因素。

　　　　通常将边界定义为划分一国领土与他国领土的一条地面上想象中界线。这样说或许太不真实。正如一位国际法作家所说："边界不只是一条普通的界线，而是一条边境的界线。边境可以设有栏栅，也可以不设。测量人最感兴趣的可能是线。对战略家来说，有无栏栅是重要的。而对于行政首长，边界可能意味着其权力的界限。"

　　　　有些边疆地区有这样的特点，即尽管有边界线穿行其间，但此区域本身及其居民却实际上是融为一体的。与此区域有关的两个或几个国家通过条约或其他方式，可以容许在此区域内有某种特殊管理方式或习俗，如行政官员可自由穿越边界等。但在另外情况下，就会有损彼此的主权。这类有关两个或几个国家及其公民之间的、由特定条件产生的、事实上的特殊关系，有时构成一种所谓"邻居"（voisinage）关系。

　　　　边界争端曾引起过许多重要的国际仲裁，如英美之间的"阿拉斯加仲裁案"（1903 年）等。国际法院在 1959、1962 年有两起有指导性判决也是以此类争议为内容的，即"边境土地案"（比利时

---

① 栗林忠男『現代国際法』慶應義塾大学出版会、2000 年、235 頁。

—荷兰）与"隆端古寺案"（柬埔寨—泰国）。在前一案件中，法院执行 1843 年《边界专约》对该土地分配的规定，将一定边境地段判归比利时，它拒绝承认荷兰的下列论点：该专约因有错误而失效；荷兰地方官员在有争议区域行使主权的行动足以取代比利时的所有权。法院认为，荷兰的行动仅属一种行政性例行公事。在后一案件中，有争议地区是隆端古寺附近区域，因为 1904 年条约沿分水岭划的边界线与 1907 年画为地图并于 1908 年通知沙迈（现属泰国）政府的边界线不一致。由于沙迈政府与后来的泰国政府用行动明示承认了地图为准的边界线，且并未表明其与分水岭有什么特殊重要关联，法院认为，应优先适用地图，寺院地区主权应属柬埔寨。自这两个判决以来，还有两个重要的边界争端仲裁判决，一个是 1966 年阿根廷与智利之间的安第斯区域边界，另一个是 1968 年印度与巴基斯坦之间的"克什米尔仲裁案"。

在边界问题的术语中，有两个众所公认的不同概念，即"自然边界"与"人为边界"。凡划分两国以上领土的山脉、河流、海岸、丛林、湖泊与沙漠，都属于自然边界。自然边界当然还有其深刻寓意的政治内容，它指的是一国疆域伸延的终点，用以排除或抵御其他国家的界线。而人为的边界，既有特意选定的标志来说明想象中边界线走向的，也有和经纬线平行的。

最难划的是以水为界的边界线，其中又以以河流为界的最为麻烦。划界中要作出判断与解决的问题是：以河流中的什么线为界，又怎么划定等问题。一般说，对不通航的河流，如无相反的条约规定，以河中间线为边界，如有一条以上的支流，以主支流为准，边界线随着两岸的转弯而弯曲。这种称作"中间线"（median line）的对不通航河流的划法，已为 1919—1920 年和约所采纳。在通航河流里，边界线通常以最深航道的中间线为准，或者在技术上称作"主航道"（Thalweg）。1919—1920 年和约所使用的"主航道中线"，大致与"主航道"相同。

有时边界线沿着河岸，而全部河床的主权属于另一沿岸国。这种例外情况是由条约或长期和平占领定下来的。

遇有湖或内海时，则按特定的湖或内海的深度、构造和使用情况选择适宜的边界线。浅湖浅海，如果有航道的话，可以很方便地以航道为界。更普通的情况是用河流划界一样的办法，采用"中线"。还有许多用条约来专门划定的，但这大部分属任意性质，没有什么固定的模式与原则可循。①

笔者之所以不惮其烦将斯塔克《国际法导论》中关于边界部分搬字过纸地照账誊录，是因为该氏的论述基本反映了目前西方国际法学者的主流观点。据笔者检索，斯塔克 1934 年由牛津大学毕业，获民法硕士学位，于 1961 年担任英国王室法律顾问，于 1975 年任国际研究所教授，并且是《澳大利亚法律杂志》（*The Australian Law Journal*）主编。其著作除《国际法导论》外，尚有《外国私人投资的保护和鼓励》[J. G. Starke（ed.），*The Protection and Encouragement of Private Foreign Investment：Ford Foundation Seminar Papers*，Institute of Advanced Studies，Canberra，Sydney：Butterworths，1966]、《合同法案例辑》（J. G. Starke，P. F. P. Higgins and J. P. Swanton，*Casebook on the Law of Contract*，Sydney：Butterworths，1975）等。按照语言分析哲学的观点，人生活于由语言建构的世界之中，不是人役使语言，而是语言役使人，"语言是一个有巨大吸附力的陷阱式的体系，主体被语言吞并，收起了它由来已久的飞扬跋扈，在语言面前躬腰垂首"②。人在本质上犹如身陷囹圄式的语言囚徒，语言在很大程度上是人自身作茧自缚的巨大蜘蛛网。斯塔克上述文献的论述即是在既存的语言建筑物上的添附行为。他所依凭的材料有斯蒂芬·琼斯的《边界的形成》（Stephen B. Jones，*Boundary-Making：A Handbook for Statesmen，Treaty Editors and Boundary Commissioners*，Washington：Caruegie Endowment for Intemational Peace，1945）、阿达米（Vittorio Adami）的《与国际法有关的国家边界》（*National*

---

① 斯塔克：《国际法导论》（第 8 版），赵维田译，法律出版社 1984 年版，第 164—167 页。

② 汪民安等主编：《后现代性的哲学话语：从福柯到赛义德》，浙江人民出版社 2000 年版，第 7 页。

Frontiers in Relation to International Law，translated by T. T. Behrens，London：Humphrey Milford，1927）等。而斯塔克的论述又被台湾学者沈克勤编著的《国际法》所继受，[①] 显现出国际法学知识谱系中的平移与扩散脉络。由于斯塔克系英美判例法系国家的学者，其论述明显带有经验主义的色彩，注重判例的寻绎推阐。不难看出，尽管斯塔克的言说并不倾向于抽象玄思，但的确是合乎规范主义矩矱的标本。

国际法学作为一种话语的建构，凝聚着代复一代学人接力式的苦心经营。人们往往想当然地认为在国际法学中殆应最早将边疆和边界视为行使主权的领土边界，然而事实上，古典法学家，诸如贞提利（Alberico Gentili，1552—1608）和格劳秀斯等，往往更致力于对新兴民族国家人格的确定与分析。他们凝敛精神为民族国家张目，无暇究心于民族国家的边界。在国际法的知识发育形态过程中，边界问题属于后生晚辈。这一点我们可以从丁韪良所翻译的惠顿的《万国公法》中略窥一斑。是书第四章"论各国掌物之权"仅有第六节"管沿海近处之权"、第七节"长滩应随近岸"、第九节"管小海之权"、第十一节"疆内江湖亦为国土"等寥寥数处从领土主权角色言及边界问题，边界问题在《万国公法》中也始终处于核心问题的边缘化状态，其原因显然由于尚未被提上亟待学术研究的日程上来。

在西方国际法学史上，伯伦知理是较早论述边界问题的学者。按照努斯鲍姆的论述，伯伦知理的代表作《近代国际法典》（*Das moderne Völkerrecht der zivilisierten Staaten als Rechtsbuch dargestellt*，Nördlingen：Beck，1868）实际上是国际法的私人性质的编纂，当时由于国际法并不完全，伯伦知理不在"现行法"（lex lata）和"应有法"（lex ferenda）之间加以区别，而是有意识地填补了他所认为可取的观点，时人誉赞其系"今天为外交家以及一切由其职业而义务具有国际法的某些概念的人们所参考的唯一一部书"[②]。可见，伯伦知理一直在积极开拓国际法学

---

① 参见沈克勤编著：《国际法》（增订第五版），台北学生书局1970年版，第143—145页。

② Arthur Nussbaum，*A Concise History of the Law of Nations*，New York：The Macmillan Company，1947，p. 233.

的新疆域，其视野较前人更为开阔。伯伦知理对国境这一论域的处理遵循近代西方古典传统，认为国家必须具有边界。这种处理方式不将一个屏障地带的总体构成视为边界，不过伯伦知理并没有对作为地带的边疆和作为线条的边界二者加以界分，亦未对这两种情形命辞指称。伯伦知理尽管指出边界因依靠自然力量的消长而并非永恒不变，但并未对边界的形成进行探析。他将边界划分为两种类型。即：（1）划分两国的边界；（2）构成一个国家领土界线而并无他国领土存在的边界。前者如相邻两国以河流或山脉为界，后者如沿海、大型湖泊、沙漠等非毗邻国边界。

拉普拉德尔（P. Geouffre de Lapradelle）是法国国际法学家，他的代表作《疆界：国际法研究》（Géraud De Geouffre De La Pradelle, *La frontière: Etude de Droit International*, Pairs：les éditions internationales, 1928）是第一次世界大战后出版的第一部该论域的重要国际法学著作，也是目前这一论域堪称翘楚的基本参考书，即便时岁倏然而逝近一个世纪，书中的许多观点至今仍熠熠生辉，在目前学术界影响犹存。在拉普拉德尔看来，"边境"（frontière）一词通常专指具有地域范围基础的各种类型的轮廓形象。在最宽泛的意义上，它指涉现象显示出的彼此相连性，而不论是自然还是人文现象，有时甚至不具有地域基础。地理学家将边境视为人类活动的标记、集体生活的产物和国家的组织形态，而拉普拉德尔强调指出边境在法律意义上是实施法律的空间界线，是一个纯粹的政治概念。拉氏不认同政治边境源自土地界线的观点。边境历史性地具有的政治现象包括两个不同的层面。象征层面是标识或"划分"出的线条，另一个层面是边境在划界之前或之后均是在私法和公法、政治和经济上具有特殊地位的地区。边境的本质性层面是一个复合的地带。在划界前，边境具有动态性；在以条约为基础的界线标划出来后，边境呈现静态性。从国内法的角度来看，边境是在领土边缘地带专为防御和规训而设立的体制聚合。这些体制包括海关关境和军事边防等机构。因此边境是一个禁限的地带。但从另外一个视角来看，它是相邻两国之间关系接触的地带，这两个国家各自在其边缘地区均得享此利。基于此，拉普拉德尔坚持认为分隔与联系、地带与界线两方面功能都必须研究，前者为边境相邻（voisinage）性研究，后者系划界问题研究。划界问题是通过法律程序和技术手段确定国家范围所至，相邻性问题系在相关领土上划界的效果。尤其在国际法上，边境只不过是创设权利与义务的地区关系的焦点。从法律原理来看，边境是客观实存的、静止的，另一方面，从法律以外的视角来看，政治边境是变动不居的。

拉普拉德尔完全打破吕西安·费弗尔（Lucien Paul Victor Febvre）等人为代表关于早期人类传统无边界的观点，认为领土的界线是相当古老的观念。对早期人类而言，它是存在恐怖与未探索荒漠所不及的神圣界线。这种边界的神圣性是权力神圣性的直接后果，这种酋长可行使权威的界线的神圣，就如同酋长自身的神圣性一样。不过，随着权力的世俗化和人口的增长，开始启动好奇心探索外部世界的边界。① 在土地上划分边境是一种政治现象，是国家的外部标志，完全不同于私有地产的概念。早期人类即便在发展出私有地产的观念之前，亦理喻其共同体的边界所在，而当早期人类采取定居生活方式之后，这种边境获致明晰的确立。犹太人区分构成其种族边界的应然土地和在最初十二部落中与巴勒斯坦划分而产生的实然界线；埃及人在每次通过征服获得新增加王国后都惯于划定埃及国家的界线；希腊人亦同样用加工精致的界石标划他们城邦之间的界线。对边境的领土概念的精密化应归功于罗马人，不过罗马帝国的边境是军事边界，是自动停止的地界，因此被纳入公法的边境是领土组织的单边体系，并不属于有关国际事务的公法。拉普拉德尔接受了弗朗西斯·德莱西（Francis Delaisi，1873—1947）在《当代世界

---

① 拉普拉德尔的观点主要以西方学术界资料为基础建构，在这种语境中产生如是话语并不为怪。孟罗·斯密（Edmund Munroe Smith，1854—1926）《欧陆法律发达史》（系武汉大学已故著名法学教授姚梅镇根据作者生前讲授欧洲法律史时修订过的讲稿及笔记加工而成）在叙述古代日耳曼法律时亦曾这样写道："中欧方面之诸小部族，不仅各据一隅之地，壤域判然；且相互间关系极鲜，各不相通。塔西佗氏尝谓此类部族之所以分离隔绝者，实由于互相间之畏戒及山脉之阻隔，有以致之。凡在无大山或处女林等天然界线将其隔绝之处，则习惯上每一部族之间，常遗荒一大片空地，作为瓯脱地（borderland），俾二族间得借此稍有隔绝，以免发生引诱邻族人员之事实。"参详孟罗·斯密：《欧陆法律发达史》，姚梅镇译，中国政法大学出版社1999年版，第20页。

冲突》（*Les Contradictions du monde moderne*，Pairs：Payot，1925）中提出的论点，即政治边境是国际范围内的一种转型，是私法物权理论在国内法（municipal Law）中的渗透和侵入。拉氏认为，划分边境是加洛林王朝（La dynastie Carolingienne，751—987）将帝国政治理论与私法财产划分合而为一的体制，由此查理曼大帝（le Grand ou Charlemagne）后继者的领土界线便具有新的特质。划分的模式是否以地域的平等抑或种族、语言等基础为根据并不重要，本质性的事实是其划分原则引发了划界的法律问题，由此使边境不再是单边的决定，这种处置也启示了以后的国家在解决相关领土界线分歧时，采取和平手段和互相承认对方领土权利。封建时期在私法和公法方面表现出两个不同的发展特征，一方面是权力分裂碎化，另一方面是权力的统一与重组。在帝国维系其虚假的存在的同时，实际上边境这一漂浮地带比比皆是，不过这种地带不同于罗马和加洛林时期，接踵而来的是一个统一和互相扩张的时期，最终表现为飞地的交换过程，法兰西即是这种过程最典型的例证。

　　拉普拉德尔的著作继承了拉策尔（Friedrich Ratzel）的论点，认为边境是汇集两种对立势力在某中间地域作用的社会环境的过渡，冲突是相邻本质特性之一，其特性实在于变化。边境绝不是有活力生命本身的发源地，与国家腹心地带明显相异。拉普拉德尔在将边境地区划分为三个地带这一点上也与拉策尔不谋而合。两个对极地带构成相邻国家的边缘，它们之间存在的中间地带被拉普拉德尔称之为 limitrof，这一中间地带即便在边界线标划以后仍继续存在。不过，拉普拉德尔并不同意拉策尔视边界概念为"相关界限的抽象物"。因为，边界是确定国家根本利益为法律上权利的基本法律实存，并特别地以条约这种地道的法律形式中表示出来。从国家的视角来看，使界线精确是其根本性的需求，并严格加以实施；从当地民众的视角来看，界线却阻碍许多个体行动活动、妨碍正常联系。

　　拉普拉德尔拒绝将边界划分为自然边界和人为边界的分类。他认为，所有的线，包括几何学上的线条，都是连续的点。边界的划分无论在地图上还是地表上亦是如此。划界过程并不导致在地表上一条连续的界线，只能被理解为在地表上标识出一系列固定的点，只有在诸如战争等危机时期才有可能划出一条线。所有的边界线因此本质上都是人为确定的，只能被视为人类的创造物，它可以与地理学上的界线相吻合，但它绝非是一个自然事实。边界最基础的划分是人为界线本身（artificial limits proper）和衍生而来的人为界线（artificial limits which are derived）。人为界线本身包括天文学界线和几何学界线，衍生而来的人为界线包括地形线、河流/航海线和参照线。

显而易见，拉普拉德尔认为作为地带的边境和作为界线的边境是有所区分的。他视作为地带的边境本质上系地理学现象，而视作为界线的边境系法律现象。尽管如此，拉普拉德尔仍未断然跳出拉策尔式明确将地带边境视为事实的窠臼。其结果是，在区分相邻（voisinage）与边界（boundary）的同时，拉普拉德尔却聚焦于相邻的演进与管理并以此为研究边境问题的主体。在边境形成问题上，拉普拉德尔亦未落入由地带向界线直白无折演化的陷阱。他并没有声称早期人类社会只有作为地带的边境而无作为界线的边境，事实上，拉普拉德尔多处申论指出，即便在18世纪或民族国家出现以前，作为界线的边境也是存在的。不过，拉普拉德尔著作总体上还是持这样一种观点，即有效力的边界只有在"划界"之后才能存在，"划界"不能是单边的，必须有关各方均同意且载入条约。可见，拉普拉德尔这里将20世纪国际法上边界有效性的标准向上延伸到了早期的历史阶段。

拉赫斯（Manfred H. Lachs，1914—1993）把20世纪称为国际法的"新时代"（new age）。在这个"新时代"里，国际法取得了举世公认的长足进展。尽管边界争端在过去时常发生，但其解决的方式很少考虑达到解决争端的原则基础。一方面是由于边界争端本质上是领土争端；另一方面，在许多情况下，争端是在双方互相和解的政治基础上获致解决，而非严格基于法律的考量。当然，也有许多案例所涉及的通则问题，在国际法上还存在一定争议。不过马克斯·胡伯（Max Huber，1874—1960）对"帕尔玛斯岛案"（the La Palmas case，1928）裁决所确立的原则却在国际法上具有里程碑的意义。

马克斯·胡伯是瑞士国际法学家，他倾向于用社会学的方法来研究国际法，致力于对国际法的广泛基础的深入探析，讨论权力、法律和正义之间的关系，主要著作有《国际法的社会学基础》(*Die soziologischen Grundlagen des Völkerrechts*，Berlin：Verlag Dr. Walther Rothschild，1928)等。不过，他主要的贡献更在于向政府提供意见，推动国际红十字运动的发展——被称为国际红十字会 (das Internationalen Komitee vom Roten Kreuz，IKRK) 的基石。而他作为单一仲裁人对"帕尔玛斯岛案"的裁决及其中所首倡的"时际法"(Intertemporal Law) 概念在国际法史上写下了不朽的一笔。

帕尔玛斯岛又称米昂哥斯岛，位于菲律宾棉兰老岛与荷兰属地东印度群岛（印度尼西亚群岛）的纳萨岛之间，面积不足两平方英里。16世纪，西班牙人最早发现了该岛，但未对其实行有效统治，亦乏行使主权的表现。从 17 世纪起，荷兰的东印度公司即开始与该岛的人往来，并从 1700 年起将该岛变为自己的殖民地——东印度群岛的组成部分，且一直对之实施有效控制。1898 年美西战争结束后，两国于是年 12 月10 日签订的《巴黎和约》规定：西班牙将其殖民地菲律宾包括帕尔玛斯岛在内的领土割让给美国。1900 年，美国驻棉兰老岛一名军官伦纳德·武德 (Leonard Wood，1860—1927) 履迹此岛发现该岛被荷兰人占领着，悬挂有荷兰国旗。美随即向荷兰提出交涉，声称：西班牙最早发现了该岛而取得对其所有权，美国作为西班牙的"继受者"亦应享有该岛主权；荷兰则抗辩其对该岛的主权是通过和平有效的占有而取得，自己是该岛真正的主权拥有者。1906 年 3 月以后，美国与荷兰开始外交谈判，于 1925 年 1 月 23 日达成仲裁协议，决定将该岛的归属问题提交海牙常设仲裁院裁决，并共同选定马克斯·胡伯为本案独任仲裁员。

马克斯·胡伯在此实际上是解决领土争端，边界是这一争端的附带问题。不过，这一仲裁清楚地阐述了胡伯对这一问题的观点及其对各项证据的认定。按照胡伯的观点，国家必须在其领土上具有排他性权利，国家权能的实施只能在特定地域之内。精确证明主权建立的具体开始时间大可不必，只要在关键时期一直行使其主权就足够于证有据。通过缓慢的演进和逐步加强国家的控制从而建立主权是十分自然的现象。假如主权的获得是通过殖民势力对土著民国家的宗主权而建立的，那么对这种附庸国的据为己有尤其如此。如果对某一领土的主权发生争议，按惯例应细致考量哪一个国家主张的通过割让、征服、占领等方式拥有的主权权利优于另一方可能提出的抗辩权利。在审理帕尔玛斯岛案过程中，马克斯·胡伯首先面临着一个重要问题，即确定双方主张的权利所依据的法律基础。因为，在16世纪的国际法中，"发现"可以作为主张取得领土主权的有效法律基础，但自18世纪以降至20世纪初，仅仅"发现"本身已不能再创造任何有效的领土权利，国家对无主土地的单纯发现只能产生一种初步的权利或是一种不完全的权利，要取得对无主地的主权，必须在一个合理的期间内通过对该土地的有效占领来完成，对所主张主权的领土实行和平的、连续的有效统治，即国际法上所谓的"有效占领"（effective occupation）已成为领土取得的实质性因素。基于此，马克斯·胡伯提出了这样一个著名论述："一项法律事实必须根据与其同时的法律，而不是根据有关该事实的争端发生或解决时的有效法律，来予以判断。"① 这句话被认为是国际法上时际法原则经典性的表述，亦称作"胡伯公式"。据此，美荷争议双方均同意，西班牙对帕尔玛斯岛的"发现"的法律效果应当依据16世纪的国际法规则来判断。但是，胡伯公式里其实涉及三个时际的法律规则，一为法律事实发生时正在实行的法律，一为有关该事实的争端发生时的法律，一为该争端解决时的法律。②

胡伯认为，领土主权的性质表明，当对某一领土主权的法律基础产生争议时，仅仅能够证明在某一时点曾有效地取得了领土主权是不够的，尚需证明其所主张的领土主权"在必须被认为是解决争端的关键时候继续存在，而且确实存在"③。尽管西班牙在16世纪通过"发现"曾取得了对帕尔玛斯岛的领土主权，但没有证据证明在1898年将菲律宾割让给美国时，西班牙由帕尔玛斯岛的主权通过其有效地对该岛实行统治依然存在。由于"有效占领"自18世纪以来即已成为习惯法原则而

---

① Island of Palmas Case, *Reports of International Arbitral Awards*, Vol. II, United Nations, 1949, p. 845.

② 李兆杰：《国际法中的时际法原则》，《中国国际法年刊》1989年，第98页。

③ Island of Palmas Case, *Reports of International Arbitral Awards*, Vol. II, United Nations, 1949, p. 839.

取代了"发现"，所以"有某些地区既不在一国的有效主权统治之下，也没有主人，只是被保留下来作为仅凭现存的法律已不再给予承认的一国的取得权利来施加排他的影响"①，显然不符合现存的国际法原则。相反，荷兰方面从 18 世纪以来直到 1906 年争议发生时一直持续统治着该岛。而西班牙对荷兰在该岛的统治从未提出过反对，也未采取过任何行动，这说明统治是正常的。况且到 1906 年，荷兰已在该岛数次表现了国家权力，虽无充分的证据证明权力的表现是连续的，然而任何国家权力都不是每时每刻及于它的每一部分土地。胡伯在裁决中考虑到帕尔玛斯岛是一个仅有土著人居住的边远的孤岛，认定荷兰的行为已表现了其主权的存在，特别是 19 世纪中叶以后对该岛的实际主权表现尤其彰明昭著，所以胡伯根据"不得转让非属己有之物"（Nemo dat guod non habt）的法律原则最终裁定荷兰胜诉，认为美西之间的领土转让行为不能成立。不宁唯是，胡伯还在裁决中对时际法原则做了进一步的引申阐发，指出："就在连续的时期内所实行的不同的法律制度，要在一具体案件中适用的问题而言（即所谓时际法），必须区别权利的创造和权利的存在。创造权利的行为应服从权利产生时的有效的法律；同一原则要求该项权利的存在，换言之，它的连续表现，也必须与法律的演进所要求的情况相一致。"②

一般来说，领土主权是或者通过被国际法所承认的所谓自然边界，或者通过不存在争议的分界标志的公示，或者通过利益相关的邻国达成的法律协议等，在空间上被承认和划分的情势。胡伯在帕尔玛斯岛仲裁案中这样指出："在国际法兴起之前，土地上的边界必然是由国家在边界里行使权力这一事实来决定的。同样，在国际法统治下，权力之和平与连续不断的表现，仍然是确立国家间边界的最重要的考虑之一。"③

---

① Island of Palmas Case, *Reports of International Arbitral Awards*, Vol. II, United Nations, 1949, p. 846.

② Island of Palmas Case, *Reports of International Arbitral Awards*, Vol. II, United Nations, 1949, p. 846.

③ James Brown Scott ed., *The Hague Court Reports*（*Second Series*）, London：Oxford University Press, 1932, p. 93.

在特定地区连续且和平地行使国家权力为领土主权构成因素的原则，系基于考虑到历史上独立国家及其边界的这一前提条件。然而，假如不存在地形学上准确的传统习惯线，或传统习惯线具有令人质疑的余地，那么在案件争议过程中，国家权力实际连续且和平的表现即成为过硬和自然的判断标准。其次，胡伯认为一个国家与当地酋长之间合约的不断更新的事实，可以表征宗主权影响的扩展与宗主国统治的有效性。在这些合约中开示的领土可以成为解决边界争议的证据。在国际法的意义上，可以创设权利与义务的条约、协议等，尽管不同于这些合约，但这些性质的合约在国际法支配的情势下并非完全不受到间接影响。在某些情况下，它们是国际法必须加以考量的事实。胡伯指出，从地理大发现以来，殖民地领土时常通过与土著居民首脑之间合约的方式而获得。这种合约对当地居民有关的既存组织结构大体予以维持不变，但多不仅赋予殖民者以诸如垄断航运、商业特权等经济利益外，并且向殖民者拱手让渡了不与其他势力相往来、代行与其他外国人交涉的政治权力。这种合约所创设的法律关系的形式最为普遍的就是宗主国和附庸国，或所谓的殖民地保护国。在本质上，这是不平等主体间的合约，更准确地说是在当地居民自治基础上殖民地领土的内部组织形式。为了规范其他国家有关的主张，这种内部组织必须建立起权利能力以保证履行国际法所加予每个国家在自己领土上的义务，由此在土著居民国家之上宗主权就成为对抗国际社会其他成员国的领土主权的基础。所有权能既可分配于土著当局亦可分配于殖民当局，这决定在特定时段所必需的主权存在的条件是否被满足。在每个案件中都必须确认这种统治可被视为有效抑或本质上属于虚构，是及于全部抑或部分领土。

概而言之，胡伯认为，一个国家必须拥有明确的领土，而不论这些领土的边界是否已经正式形式。为确定领土所有权，与当地首领签订的合约应该纳入考虑的范围，即便这些首领并不具有国际法上的主体人格。领土权利的研判应考虑时际法。边界可以是正式划定的，也可以是自然边界或传统边界。当一领土单元的界线被视为理所当然，当且仅当这些单元是明确的，那么边界即是明确成立的。胡伯的观点是，作为地带的边境与作为边界线的边境是不同的，他并不将想象中的边界线视为作为地带的边境的伴随物。相反，地带的边境被视作覆盖双方边界线的领土，边界线从行政管理界线中诞生。这就是胡伯所反复申论的观点："如果一国没有维持适于领土的最低水平的主权活动，那么认为该国放弃了对领土的主权，而另一国则有权获得它，是合乎道理的。"① 换言之，边界线应该是有效统治管理的界线。从上述的言说可以明显看出，马克斯·胡伯的国际法学说不仅以"时际法"原则著称，其本身就是一种"时际法学"，它不仅方法上具有历史主义的特色，而且在归纳演绎法律通则的内容中充分体现了当时西方殖民势力扩张领土、瓜分世界的客观情势的"时际法"。

在国际法上，国家承认是一个重要的法律问题。关于国家承认的法律性质过去有两种对立的见解，即所谓的构成效果说和宣告效果说。构成效果说认为国家承认具有新的国际法主体的效果，具体言之，领土、国民、政府、独立等虽系国家构成的必要要素，但不是充分要素，国家的成立尚需既有国家的承认这一同意表示。宣告效果说则认为新国家的成立是一种事实，不取决于其他国家的意志，既有国家的承认只是宣告已成立的国家的存在，并非赋予其某种新的法律资格。国家承认的方式有法律上的承认与事实上的承认、个别承认与集体承认、明示承认与默示承认、有条件承认与无条件承认等方面的区别。然而，对于国家承认与边界承认的关系则在国际法学界鲜有论及。《奥本海国际法》作为享誉世界的权威著作论及了国家承认的性质，认为："一个国家给予承认是一种主要影响双边关系的单方行为，它既没有构成也没有宣示被承认的国家成为整个国际社会的成员。"② 在论及国家承认方式的类型时，《奥本海国际法》中这样写道："如果一个国家增加的某些特定领土被事实上承认而不是法律上承认，与该国有关增加的领土的官方交往以及对该领土的官方访问，也许是与事实上承认的性质相符合的，而不一定含有对该增加的领土给予法律上承认的意思；不过作为政治上的选择，

---

① Gillian Triggs, Australian Sovereignty in Antarctica：Part I，（1981）13 *Melbourne University Law Review*，pp. 123 – 158.

② 奥本海著，詹宁斯、瓦茨修订：《奥本海国际法》第 1 卷，第 1 分册，王铁崖等译，中国大百科全书出版社 1995 年版，第 97 页。

这样的交往和访问可能要保持在最低限度，或者完全避免。"①《奥本海国际法》在这里论及了国家承认与领土的有关问题，但系附带提及的枝词，语焉不详。《奥本海国际法》论述边界问题完全不曾与国家承认问题相联系，指出："国家领土的疆界，按本书早期各版的说法，是地面上想象的界线，分隔着一个国家和另一个国家的领土，或一个国家的领土和未被占取的土地，或一个国家的领土和公海。国际疆域有时被称为'边界'，虽然这个术语也可以指边界地区，可能是有争议的地区，而并非确定的线。关于某些海洋管辖区的界限的不同问题，将在后面予以论述。当然，这些海洋区域的界限，如领海、大陆架或专属经济区，有时也可以是国际疆界；但是，即使这样，它们仍应遵从以下各目所述的适用陆地疆界的法律原则和不同的法律原则和规则。此外还有领空的疆界问题，通常是参照陆地疆界加以确定的，但海洋部分的上空则通常按照领海界限确定。但是，所有这些其他疆界和界限最终都取决于陆地疆界线的位置。"②

如果说早期国际法学家无暇顾及边境问题，伯伦知理等开其先河，拉普拉德尔对边界的论述尚十分传统，马克斯·胡伯从国际法角度有明显的深入，那么《奥本海国际法》则经过多次与时俱进的修正而臻于相当完备和缜密了，已经构成国际法学研究翕然宗仰的范式性话语。但《奥本海国际法》所树立的研究范式和体系中对国家承认与边界承认仍未统筹兼顾。相对而言，尼日利亚法学家厄耶·丘克瓦拉（Anthony Oye Cukwurah，1981—1986）所著的《国际法上边界争端的解决》（*The Settlement of Boundary Disputes in International Law*）对此言之甚谛。厄耶·丘克瓦拉集中论述了一个国家的承认是否意味着对其边界的承认。他以达夫发展有限公司诉吉兰丹（Duff Development Co. Ltd. VS Government of Kelantan，1924）、福斯特诉全球投资联合体（Foster VS Globe Venture Syndicate，1900）等大量案例为基础，得出这样的结论：一个国家的国

①　奥本海著，詹宁斯、瓦茨修订：《奥本海国际法》第1卷，第1分册，王铁崖等译，中国大百科全书出版社1995年版，第111页。

②　奥本海著，詹宁斯、瓦茨修订：《奥本海国际法》第1卷，第2分册，王铁崖等译，中国大百科全书出版社1998年版，第60—61页。

际人格被另一国承认，就该事实而论（ipso facto）并不能推论承认国明示或暗示地晓知被承认国边界的状态。① 值得指出的是，厄耶·丘克瓦拉这里的主张并没有考虑是和不是争端主体之间边界的差异性，而尤为重要的是承认国为争端一方的情况。这不能不说是美玉微瑕。

国际法学对边界的研究具有以案例为中心的鲜明特征，这一方面表现了国际法学的探索性，另一方面亦是由于国际法学的实践性所决定的必然反映。除了马克斯·胡伯在帕尔玛斯岛案的裁决外，1968 年国际法院对印度—巴基斯坦西部边界（the Indo-Pakistan western boundary case）的裁决是其中曾引起国际法法理广泛讨论的案例之一，贝布莱尔（Aleš Bebler，1901—1981）法官持守的与众不同的观点，对疆界研究主题具有重要价值。贝布莱尔的观点与《奥本海国际法》的持论有以下两方面的歧异：

其一，如前所述，《奥本海国际法》已经明确指出，国家领土的疆界，作为地面上想象的界线，分隔着一个国家和另一个国家的领土，或者一个国家的领土和未被占取的土地，或者一个国家的领土和公海。我们当然不能在国际法学研究中对《奥本海国际法》奉若神明。事实上，有学者已经提出质疑："在国际法上，边界一般指的是边界线。但严格来说，国家领土的边界应是'地面'，因为国家领土是立体的，只有'面'才能将一国领土与非该国领土的地球的其他部分分隔开来，边界线只不过是边界在地球表面的直观表现而已。"② 不过话又说回来，《奥本海国际法》作为盛名鼎鼎的权威著作是当之无愧的，是书并未将边界局限于两国之间而沦于画地为牢的井蛙陋见。德国法学家沃尔夫刚·

---

① 　A. O. Cukwurah，*The Settlement of Boundary Dispute in International Law*，Manchester，New York：Manchester University Press，1967，pp. 4 – 5，25. 笔者认为，厄耶·丘克瓦拉之论甚确。因为国家认定的法律要素依《蒙迪维迪奥国家权利与义务公约》（*Montevideo Convention on Rights and Duties of States*）规定的须有"确定的领土"，但这并非指一个国家的边界必须完全划定或无边界争端。承认一个国家成立时及其后任何时候，都不意味着其必然具有精确或无争议的边界。例如 1949 年 5 月 11 日以色列被获准加入联合国时，其边界不仅尚未划定，且尚在争议之中。

② 　周忠海等：《国际法学评述》，法律出版社 2001 年版，第 182 页。

格拉夫·魏智通（Wolfgang Graf Vitzthum）主编的《国际法》（*Völkerrecht*）中与《奥本海国际法》在这一点上所见略同，并且纠正了《奥本海国际法》的缺失而更为准确，认为："国家区域有边界（对其他国家区域）与界限（对非国家区域）。由其空间本质所决定，这些界限不是线性的，而是平面的。边界将各国的管辖划分开来。从国际法上看，只有国家之间的界线，而不是国内的界线才具有意义。"① 在这里，《奥本海国际法》中所揭橥的三种情形，即：（1）一国家领土与另一国家领土之间；（2）一国家领土与未被占取的土地之间；（3）一国家领土与公海之间，被沃尔夫刚·格拉夫·魏智通主编《国际法》以"边界"与"界限"两个概念准确概括。然而，贝布莱尔法官在这一点上似乎与《奥本海国际法》存在歧见，以致稍逊风骚。贝布莱尔并没有直接论及疆界（frontier）、边界（boundary）、境界（border）是地带还是线条。他认可模糊确定的边疆地带的存在或者在中世纪曾经存在过的界标，但在一国领土界限止于何处、在与另一国领土相毗邻的具体问题上，就只将之看作边界线。他毫不怀疑地将边界线界定为两邻相国之间于此国家权力表现交汇之线。而对两国之间存在无人土地的问题却未予探讨。这显然由于在面临的特定案件中，争议双方均赞同该案中的卡奇大沼泽地（the Rann of Kutch）并非无人土地，巴基斯坦的信德（Sind）和印度在大沼泽（the Great Rann）相毗邻而有共同边界，致使贝布莱尔法官对边界线的界定出现视野上的偏而不周。

按照英国哲学家奥斯汀（John Langshaw Austin，1911—1960）《如何用语词做事》（*How to Do Things with Word*）这部言语行为论奠基之作所言，任何一个现实的言语行为都可以包含三个不同层次的目的，或完成三种不同的"做事"行为，即以言表意行为（locutionary acts）、以言行事行为（illocutionary acts）和以言取效行为（perlocutionary acts）。②

---

① 沃尔夫刚·格拉夫·魏智通：《国际法》，吴越等译，法律出版社 2002 年版，第 514 页。

② 此种译法由许国璋所采用，而周礼全在为蔡曙山的《言语行为和语用逻辑》（中国社会科学出版社 1988 年版）一书所作序言中将这三个术语分别译为"语谓行为、语用行为和语效行为"。

在奥斯汀看来，说话就是做事（To say something is to do something），我们说出一句有意义的话，同时也就是做出一个有目的行为。奥斯汀的语言哲学最终扬弃了施事话语（performative utterance）与记述话语（constative utterance）的二分法。钱穆亦曾云："言和思想和哲学，这三者均是稍有不同。言和事紧密相加，但并不即是思想。思想可和事分开，但并不即是哲学。哲学乃是思想之有特殊结构的。"① 在中国古代，人们即认识到由事定辞、由辞见事及辞与事合一不可分，故章学诚云："古人事见于言，言以为事，未尝分事言为二物也"②，认为在每一行动之中均包含了"言"与"事"，即 thought 与 event。在这里，我们可以看到贝布莱尔法官因事立说，以言行事，这种语境决定了其阐发的理论有限性，既有其深刻的"洞见"，也有熟视无睹的"不见"，同时亦证明思想线性进化论的不足为训。

其二，国际法学对通过边界条约方式进行划界的理论话语一直致力于编织规范国家行为的恢恢法网。比利时国际法学家尼斯（Ernest Nys，1851—1920）早已强调指出，国际法要求毗邻国家承担义务共同划定它们的边界，并尽可能清楚地标出边界线；边界一般是依毗邻国家缔结的条约来确定，并且通过科学工作来把条约的规定实地明确化。③ 西方国际法教科书一般的通说认为，通过缔约确定国家之间的边界，一般需要经过定界和标界两个阶段。所谓定界（delimitation），就是有关国家通过谈判，签订专门的边界条约确定国家边界，在专约、和约、割地条约以及其他类似的条约文件中，规定边界的主要位置和基本走向，并标注于地图上。所谓标界（demarcation），包括实地标界和制定边界文件。在边界条约正式签字后，由缔约国双方任命的代表组成划界委员会，根据订立条约进行实地勘测并详细而准确地

---

① 钱穆：《中国史学名著》，生活·读书·新知三联书店 2000 年版，第 42 页。

② 章学诚：《文史通义》卷一，内篇，上海书店 1988 年据商务印书馆旧版本影印版，第 9 页。

③ 周鲠生：《国际法》下册，武汉大学出版社 2007 年版，第 376 页。

确定边界的具体位置和走向，树立专门界标（木制、石砌、水泥界碑，界堆，叠标，浮标等），然后制定详细载明边界走向和界标的边界议定书与边界地图等文件。边界条约、议定书和地图是边界的基本法律文件，其内容应该一致，但由于地理情形复杂，有时也会出现不一致的情况。《凡尔赛和约》（*The Treaty of Versailles*）第二十九条曾对此规定按下列原则处理边界问题的分歧：（1）界桩位置与议定书和地图不符时，以议定书和地图为准；（2）地图与议定书的规定不符时，以议定书的规定为准；（3）议定书与边界条约不符时，以条约为准。①

　　正如拉德布鲁赫（Gustav Radbruch，1878—1949）所言，"人不能强迫沉默的法律开口说话"，只有通过对法律进行解释性运用的方法，才能完成其适用法律与解决纠纷的双重使命。1961 年由国际法院判决解决的隆端古寺案（Temple of Preah Vihear Case，又称柏威夏庙案）即

---

①　可以参考苏联法学家格·伊·童金（Григорий ИвановичТункин，Grigory Ivanovic Tunkin，1906—1993）所著教科书《国际法》（*Международное право*）的英译本中还对划界程序加以论述。G. I. Tunkin，*International Law: A Textbook*，Moscow，Progress Publishers 1986，pp. 405 – 406. 事实上，定界（delimitation）和标界（demarcation）的区分在法学界存在着远非教科书所能反映的严重分歧。这种分歧的产生一方面是由于实践中条约起草者使用"定界"（delimitation）一词与标界（demarcation）为同义词的情况比比皆是。在通常的实践中，国家之间达成确定边界或修改现存边界的协定时，条款都包括指定一个特殊的混合委员会负责将边界线在地表上的位置实地划出树立标志。但过去的案例表明，这种委员会有时被称作"定界委员会"（commission for delimitation），在某些场合又使用"标界委员会"（demarcation commissions）的概念。如，1919 年的《凡尔赛和约》英文本第三十条使用的是"boundary commission"，而法文本称为"commission de limitation"。1920 年确定波兰—捷克斯洛伐克在斯皮什（Spisz）地区边界的委员会被称为"定界委员会"（delimitation commission），1947 年波兰—苏联边界的委员会也是这样称呼的，但 1947 年苏联—挪威边界的委员会却写作："Mixed Soviet-Norwegian Commission for the Demarcation of the State Boundary Between the Soviet Union and Norway"。另一方面，在英美作品中，"决定"（determination）有时就被视为实地划定边界，即"标界"。从词源学上来说，"delimitation"一词是麦克马洪（Arthur Henry McMahon，1862—1949）所首先创造的新词。

系因所附地图与边界条约不一致所致领土争端的著名案例。① 在本案判决中，国际法院主要是根据"禁止反言"（estoppel）等原则，肯定了边界地图的效力而非边界议定书的效力，但这不能成为抽象的普遍适用原则。《奥本海国际法》则对边界条约的效力高于边界地图的规则提出异议，认为：并不存在这样的规则，而且即使有，也是不合理的，因为文字和地图一样容易出错。

所有的文本都具有互文性，易言之，其意义从来不是孤立的、封闭的、自足的，而是存在于本文和其他有关的文本之间的相互作用和联系之中。在贝布莱尔的文本编写过程中，《奥本海国际法》等作为不容熟视无睹的文献自然地被纳入视野之中，但在对通过条约划定边界的理论话语建构中，贝布莱尔显然与《奥本海国际法》及至整个国际法学界的话语言说存在别具一格的独立主张，表现出不同凡响的气质与价值。在贝布莱尔看来，边界起源的本质在于国家权力的表现。因为一个国家的边界的定义即是其国家领土的界限范围，也就是说为有关国家表现其权力的领土的界限范围。其基本理路即：一个法律上的边界即是存在着的边界，不论其被文字描述和地图描绘与否（A legal boundary is a

---

① 隆端寺位于柬、泰两国交界处的扁担山脉。根据 1904 年 2 月 13 日暹罗（泰国的旧称）和法国（当时柬埔寨的保护国）的条约，两国在扁担山脉东部地区的边界是该山的分水岭。为了确定这段地区的边界线，依条约规定成立的划界委员会于 1906 年 12 月 2 日举行会议，决定由混合划界委员会的人员沿扁担山脉勘查全部需要勘查的地方，而由划界委员会的法国工作人员负责勘查该山的东部地段。在此过程中，他们调查了隆端寺庙，1907 年，委员会中的法方负责人向法国政府报告称划界工作已完成。对两国划界最后绘制边界地图的工作，暹罗政府委托法国工作人员而未派员参加。边界地图于 1908 年完成后转送给暹罗政府。其中有一张关于扁担山脉的地图标明隆端古寺在柬埔寨一边（地图作为备忘录成为条约的附件 I）。暹罗政府对此从未提出异议和追究，而在 1934 至 1935 年期间才发现 1908 年地图所标边界线与分水岭不一致，声称按实际的分水岭线，该古寺应在泰国一边，遂派兵进驻护卫该寺。法国政府获悉此情后曾于 1949、1950 年多次向泰国政府提出抗议。柬埔寨独立后，于 1959 年 10 月依选择条款向国际法院起诉。1961 年国际法院驳回泰国异议而确立了对本案的诉讼管辖权，于 1962 年 6 月 15 日对本案作出实质性判决：判定隆端古寺在柬埔寨境内，泰国应撤走一切人员，泰国应将占领期间从古寺搬走的物品归还柬埔寨。

boundary that exists; whether it is described or not and depicted or not)，边界位于相邻国家认可之所在地点，而不问其所采取的认可的形式，它甚至可以是单边宣布的界线，诸如罗马帝国的 limes（国境线）。作为一系列提交国际常设法院（the Permanent Court of International Justice，PCIJ）、国际法院（the International Court of Justice，Cour internationale de justice，ICJ）等案件的基础，领土边界的历史权利的概念有不同的理解。但一致的观点是，边界存在于相关国家和居民接受的基础之上，相对不太看重国际法的正式划分，尤其是画界（delineation）/标界（demarcation）。这种正式划分的边界仅仅是已经存在的边界，也就是说，在分界（mark）/边境地（marchland）存在着一致认同的传统边界，往往通过明晰化（crystallization）和巩固（consolidation）而形成。只是到了现代社会，在地表上对它们进行画界和标界的实践才兴起。即便诸如 1919—1920 年《凡尔赛—日耳曼条约》（*The Treaties of Versaille and Saint-Germain of 1919 –1920*）、1946—1947 年《巴黎条约》（*The Treaties of Pairs of 1946 – 1947*）等大多数现代条约，也没有描述在这些会议上达成一致意见的所有边界，而是仅仅描述了这些边界中的修改部分。作为附件，人们可以看到描绘有整个新边界的地图。但是，按照规定，一旦描述和描绘之间存在分歧时，描述具有决定性效力。描述在这里仅仅从某种意义上说明了边界遵循有关邻国战前边界的划分，但战前边界从未逐寸逐尺描述过，而系中世纪贵族之间的传统边界。从贝布莱尔的上述申论可以看出，贝布莱尔认为通过条约划定边界较诸以其他方式确定的边界更具有优越性并无确据，与《奥本海国际法》的论述呈交光互影之象。

此外，由于现代非洲大陆民族独立运动的波澜壮阔，国际法学界对非洲边界的研究始则涓流潺湲，继则汪洋恣肆，汇聚成蔚为大观的话语主题。布特罗斯·加利（Boutros Boutors-Ghali）在《非洲边界争端》（*Les conflits de frontières en Afrique*，Paris：Éditions techniques et économiques，1973）一书中指出："非洲边界问题的特点之一，在于殖民前的非洲并没有边界，也就是说不存在划定属于一个国家权限的地区界线。因为非洲的王国都是由某些轮廓线模棱两可的地带、疆界分开的。"① 按照非洲学

---

① 布特罗斯·加利：《非洲边界争端》，仓友衡译，商务印书馆 1979 年版，第 3 页。

者阿内内（Joseph C. Anene）的说法，19 世纪非洲的传统边界有三种类型：第一类为"接触边界"，即有明显区别的文化和政治集团互相接触的地带；第二类为"分离边界"，即将各集团分隔开大家都不行使权力的缓冲地带，多半为森林、沙漠等自然环境；第三类边界是交错的，即各集团混居的地带。这一类与其称作"边界"，毋宁称之为"飞地"。至于游牧民族活动地区，逐水草而徙，使得任何边界概念反而显得多余，殆无边界可言。① 但衡诸现代意义的国家边界的概念，阿内内上述所谓的边界类型均不可同日而语。殖民主义势力入侵非洲大陆后，非洲大陆遭受西方列强的瓜分。19 世纪末 20 世纪初，西方列强肆意妄为，用专横的人为划界取代了非洲的传统边界，通常在对当地实际的风土人情傲慢无知的状况下在地图上勾画涂抹，鲁莽灭裂地以经纬度分疆划界。据苏联的非洲问题专家阿纳托利·葛罗米柯（Анатолий Громыко）的统计，非洲的边界有 44% 是经线或纬线划分的，有 30% 是按直线、弧线、曲线等几何方法划分的，仅有 26% 是由河流、湖泊或山脉构成的自然边界线。这种划法易于在地图上标出，但很难用地形测量图线表示，对实地划界、勘界和标界造成严重困难，致使许多非洲地方的实际边界线迄今依然模糊不清，产生大量无休无止的政治纠纷。② 在非洲国

----

① Joseph C. Anene, *The International Boundaries of Nigeria, 1885 – 1960: the Framework of an Emergent African Nation*, London: Longmans, 1970, pp. 5 –6.

② 当代国际法学的许多业内人士并不区分"领域争议"（territorial dispute）和"边界争议"（boundary dispute）两个概念。一般认为，边界是国家领域的界线，领域争议是其内容，边界争议是其内容的外在表现，每一个领域主张因此都意味着一条不同于未然边界的边界，每一个边界主张都意味着对位于主张边界与认为错误边界之间的领域的公开要求。这种混为一谈主要是由于两类争议在外表特征上极为相似，于是在"帕尔玛斯岛案"中，仲裁员就喻示边界和领域问题都属于领土主权这一大问题的组成部分。但国际法学界较新近晚出的理论认为这两者存在区别，表现为：其一，边界问题在相邻的两国或多国为其各自领域之间划定界线争执时而产生。在这种案件中，其共同基础是两个（或多个）国家对邻近领域均拥有合法主张，真正的问题是判定如何在它们之间进行划分。而领域问题是在一个政府实体追求在特定的地域取代或排除另一方，这种争议可能并不涉及相邻领域共同体之间的界线划定问题。因此，有关领域获得的争议是权利要求者之间的竞争，意味着一方必须完全失去被要求的权利，而边界争议则未必在特定地域涉及一方　（续下注）

家独立前的民族解放运动时期，非洲人民对待边界问题的态度与泛非主义的思想和运动密切相关。在泛非主义思潮支配下，非洲人民对西方殖民主义人为划定的边界深恶痛绝，亟欲去之而后快。1945 年的泛非大会第一次正式谴责殖民时期人为划定的边界及其对非洲统一的妨碍，而1958 年在加纳的阿克拉所举行的第一届全非人民大会则声明支持泛非主义运动，主张"帝国主义者为了分裂非洲人民、损害非洲人民而划定的人为壁垒和边界应当废除或改变"①。

　　然而，当非洲各国纷纷独立以后，非洲绝大多数国家在对待边界问题上的态度逐渐发生了根本性的转折。由于从殖民主义势力羁扼下争取民族独立的历史使命已经完成，维护国家主权和领土完整、发展民族经济的迫切任务便提上日程，将整个非洲大陆统一于一个合众国的泛非主义理想已显得不合时宜。因此，布特罗斯·加利指出："一种新的政治法律学派，目前竭力证明，非洲新的国家边界不作变动事关重大。首先，并非是殖民前的非洲独自一家不懂得严格和确切含义的边界概念，欧洲也一样，它只是后来才明白了严谨的国家边界。在民族国家诞生以前，历史上，人民仅被一些轮廓线含混不清的边界、地带所分开。政治边界是一种新的现象。第二，如果说非洲边界确实是人为的，那么应当

（续上注）完全取代另一方。其二，边界争议承认双方都有若干权利，其主要问题在于如何确定这些权利的精确边界范围，而有关领域取得合法性的争议可能不牵涉两个相邻共同体的划界，在具体适用法律规定时，领域问题适用权利获得的方式规则（即发现、先占、征服、割让或时效），而边界问题涉及的规则主要有关划定边界的操作实施与边界维持（即确定、划界、标界和管理）。厄耶·丘克瓦拉博士认为，领域争议问题都与获得领域主权相关的传统法律规定有关，这些规定问题的只有一个问题：谁拥有权利？这一权利问题必须在该权利精确边界范围作为争议被确定之前必须解决，"所有边界争议都是领域问题"（all boundary disputes are territorial questions），都会影响一个国家的领域，但这个命题的反命题则不一定为真。不过，边界争议和领域争议之间绝对的二分法也是不成立的。参见 Surya P. Sharma, *International Boundary Disputes and International Law: A Policy Oriented Study*, Bombay: N. M. Tripathi, 1976, pp. 4 - 7。

　　① 布特罗斯·加利：《非洲边界争端》，仓友衡译，商务印书馆 1979 年版，第8 页。

承认，几乎所有边界都是如此。在一个物质和精神财富日趋减少的世界上，任何国家，按其定义都是人为的。所谓自然边界（河流、分水岭、湖泊等），今天也成为可以划界的人为边界。事实上，大自然只有人们强加于它的界线。第三，大部分非洲国家是多种族。非洲历来被分成数不胜数的地方王国和犬牙交错的独立地区。说殖民主义大国通过种族分裂的手段，强行划分边界，从而加重了非洲的部族主义，那是错误的。殖民边界引起了某些种族的分裂，这倒千真万确；但是，人们也可以说，殖民边界把星星点点的无数王国和部落拼凑在一起，并引导它们超脱部族或种族的对抗，使一些国家得以产生。第四，在仍然含混不清的非洲边界上，明确划定百十公里的边界线将是一件耗资巨大、十分困难的工作。最后终于放弃了对自己边界的严格监视，而让热带的沙漠和森林来起海关人员和边防哨兵的作用，这不只是个别非洲国家。"[1] 在笔者看来，由于殖民势力在非洲大陆的所作所为已经成为非洲历史中的一部分，任何激进的反历史的行为都不能不受历史之羁，因此，非洲各国在独立以后对边界的态度，由激进的立场后退下来趋于务实温和。

在 1963 年召开的亚的斯亚贝巴会议上制定的《非洲统一组织宪章》（*The Charter of the Organization of African Unity*，OAU Charter）尽管没有直接提到边界问题，仅在第三条第三款中规定"尊重各国的主权和领土完整"，但已经明显拒绝了边界修改主义者的论点而倾向于赞成维持边界现状的原则，而 1964 年第一届非洲统一组织首脑会议的决议中，更进一步对《非洲统一组织宪章》第三条第三款加以明确的实质性解释，正式确立了关于解决非洲边界问题的三项原则，即维护现有边界不变的原则、和平解决边界争端的原则和在非洲范围之内解决边界争端的原则。在国际法上，承认现状原则意思是"根据占有的状态"或"根据事实上的状态"确定边界线的原则，而非洲政治家们和非洲统一组织对边界的不可改变的多次确认仅是对这项既存原则的证明，而不应视为他们企图创立一项新的原则，或是将一项曾经在另一块大陆适用过的原则

---

① 布特斯·加利：《非洲边界争端》，仓友衡译，商务印书馆 1979 年版，第5—6 页。

扩大到非洲。因为，在南美国家从西班牙殖民统治下独立时，即已按1810 年存在的行政区域标准设立了边界线，所以，在拉丁美洲存在着这样的占有原则："因为你现在占有，所以你继续占有。"① 尽管这一原则首先援用于拉丁美洲，但不能认为它只是一项特殊的国际法原则，它实质上是与取得独立的现象有必然联系的普遍性原则，以防止在宗主国撤离后新独立国家因边界争端互相残杀而危及其独立和稳定。尽管占有原则与民族自决原则似乎相冲突而凿枘不合，但事实上，维持非洲领土现存边界状况以避免不确定和冲突，是一种最明智的审慎选择。这项原则给予原先占有者一项以国家主权为基础的有效占领的法律权利，其主要目的乃在于保证尊重国家独立时即已存在的领土界限。当这些边界线实际上属于同一主权下的不同行政管辖区域殖民地的分界线时，这一原则的适用就将导致其成为国际边界，从而与国际法上国家继承的一般法律原则互相呼应一致。②

　　面对非洲大陆承认现状原则所形成的话语主题，贝布莱尔从自己一以贯之的学说立场予以回应。首先，贝布莱尔认为对一项不论领土界限

---

①　Michael Barton Akehurst, *A Modern Introduction to International Law*, London：Routledge，1977，p. 151.

②　国际法院大法官在布基纳法索诉马里共和国案（Burkina Faso V. Republic of Mali，1986）中讨论了维持边界现状的问题。该案法官证明，该原则事实上已经发展成当代国际习惯法普遍接受的观念，并不受民族自决权出现的影响，尤其在非洲的情景场域中，该原则明显的目的在于"阻止新国家的独立而稳定随着管理权威撤退后因边界争议而引发的自相残杀斗争的危险"（to prevent the independence and sta-bility of new states being endangered by fratricidal struggles provoked by the challenging of frontiers following the withdrawal of the administering power）。参详 Monroe Leigh, Case Concerning the Frontier Dispute（Burkina Faso/Republic of Mali）1986 ICJ Rep. 554, *The American Journal of International Law*, Vol. 81, No. 2（Apr.，1987），pp. 411 –414。该原则的应用具有凝固现存领域权利于独立之时的效果，产生如法官所指出的在关键时刻的"领域照片"（photograph of the territory）。（ICJ Reports, 1986, p. 568；80 ILR, p. 473）马尔科姆·内森·肖（Malcolm Nathan Shaw）还讨论了在欧洲议会仲裁委员会（La Commission d'Arbitrage de la Conference Européenne）对前南斯拉夫的第二号、第三号意见的宣言，认为这些意见使该原则适用于从前南斯拉夫联邦中新独立出来的国家。参详 Malcolm N. Shaw, *International Law*, 4th edition, Cambridge：Cambridge University Press, 1997, pp. 358 –360。

或其他主题的共识而言双方的身份地位问题与此无关，重要的是对已经承诺的义务是否有所违背。其次，贝布莱尔将这一问题与拉美和非洲各新独立国家在"保持占有原则"（the principle of uti possidetis juris）① 基础上确定边界相比较，认为两者极为相似。他引证 1963 年《非洲统一组织宪章》第三条所确立的原则为例，指出：尽管大多数情况下，殖民边界并不是国际条约的产物，也不具有国际意义，但在案件中，往昔殖民统治所划分的边界却被认可。

如果说非洲大陆边界问题仅仅是贝布莱尔旁敲侧击加以论列的对象，那么 A. 艾洛特《非洲的边界和法律》（Antony Allott，Boundaries and the Law in Africa）则相当专业精邃。A. 艾洛特的这篇论文被收入 C. G. 威德斯特兰德（Carl Gösta Widstrand）主编的《非洲边界问题》（*African Boundaries Problems*，Uppsala：The Scandanavian Institute of African Studies，1969）一书，在专门论述非洲边界的法律地位过程中，也涉及其他一些普遍性的重要问题。艾洛特用"边界"（boundary）指"界线"，而"边疆"（frontier）指"地带"。"地带"与"界线"两者是否相互冲突的问题未被论及。艾洛特清楚地认识到，即便游牧、随季节而迁徙或漂泊无定的社会共同体并不宣称某些特定领土属于他们，但内部边界仍是必需的。这些内部边界可能是与某些特定的地点相联系的想象的线条，或者循自然特征的连续的线条。边界可以通过习惯法加以划分，这种划分的主要内容是对所划分界线的方位所在的意识。艾洛特区别领土的取得与对所取得领土标划实际的界线，领土的取得可以通过条约、占领等达致目的，而另一方面，在地表上标划出实际的界线，则要将习惯和容忍考虑进去。领土权利和边界可以通过与当地权威首领的契约而建立，并不问这些权威首领是否具有国际法上的法律人格地位。一方面，艾洛特认为，即便与当地头人和其他统治的契约并非国际法上的条约，但有必要承认他们对某些领土的权利；另一方面，他也强调通过习惯和容忍达致当地界限的持续。但这两方面并没有被艾洛特联系在

① 李华的观点值得关注，但笔者持保留意见。李华：《Uti Possidetis 的翻译等值问题探讨》，《内蒙古农业大学学报（社会科学版）》2010 年第 1 期。

一起，也不能得出结论说边界可以完全通过习惯和容忍而达致。艾洛特没有看到地方边界在其所分界的领土地位变化时可以转变为国家边界。

第二节　现实主义边疆理论：地理学界的话语言说

一般说来，对外延广泛而内涵丰富的概念进行精密确切的界定是难之又难的事情。吴代钧在《国际地理学发展趋向述要》中即云，世界各国不存在一个地理学界内部公认一致的同一地理学（There is no one geography）。所以一位外国学者极其诙谐而又颇为睿智地这样指出："地理学就是地理学家干的工作，也就是他们想干而又被允许干的事。"（Geography is what geographers do—that is a combination of what they want to do and what they are allowed to do. ）①

尽管对地理学的精确定义殊非易事，但近代西方地理学中的"地理环境决定论"（geographical determinism）却为众所共喻。地理环境决定论思想的萌芽在古希腊时代一位佚名作者的《论空气、水和环境》和中国古代的《礼记·礼运篇》等文章中均有反映。在欧洲，16世纪法国学者让·布丹在以倡立"主权"概念而彪炳史册的同时，其地理环境决定论的思想亦在地理学思想史上长期熠熠生辉，以至于古奇在《19世纪的历史学与历史学家》中这样写道："布丹在孟德斯鸠之前指出了地理位置、气候和土壤对民族性格和民族命运的影响……在他之前，没有一位思想家对于环境所起的作用有过如此深刻的见解，而且在他以后的200年中，也没有人添加什么新的东西。"② 到18世纪，孟德斯鸠又在布丹的表述之上进一步系统化，他对地理环境的影响论述滔滔成章，在西方学术界盛名鼎鼎。他认为，一个国家疆域的大小，对其国家的政

---

① Ronald John Johnston, Paul Claval, *Geography since the Second World War: an International Survey*, Lanham, MD: Rowman & Littlefield, 1984, p. 12.

② G. P. Gooch, *History and Historians in the Nineteenth Century*, London: Long-mans, Green and Company, 1955, p. 4.

治制度影响极为重要；小国宜于共和政体，中等国宜于君主治理，大帝国宜于由专制君主治理。应该说，孟德斯鸠的观点难免具有独断论（dogmatism）的色彩。

首先，孟氏对小国、中等国以及大帝国的划分标准语焉不详。现代地理学家 H. J. 德伯里（Harm J. de Blij）依据领土的大小曾把世界上的国家分为：（1）大尺度国家（面积约 9×10^{6} 平方千米），包括中国、巴西、美国、加拿大等；（2）中尺度国家（面积约 3×10^{6} 平方千米），包括哈萨克斯坦、阿根廷等；（3）小尺度国家，诸如英国（约 2.5×10^{5} 平方千米）、荷兰（约 4.1×10^{4} 平方千米）等。[①] 但这种分类标准也是很模糊的，况且分类本身也不能说明任何实质性问题，仅告诉人们世界上的国家领土的大小差别极其悬殊而已。

其次，迄今为止的历史并不能证明孟氏的理论，美国作为一个领土广袤的民主国家便足以证伪孟氏理论的真实性。我们不能对孟氏的理论完全深信不疑，不过也应该看到，国家领土的大小确实对其政治生活产生一定的影响，小国寡民和庞然大国的政治运作势必存在显著差异。

在笔者看来，对于领土广阔的大国而言，由于面积相对巨大，边疆地区的纵深弹性幅度自然较大，国土腹心地带的防护能力就无疑会得到增强，所以在第二次世界大战期间，苏联虽遭到法西斯德国大兵压境的入侵却最终能够转守为攻并取得胜利，而在抗日战争期间蒋介石以"空间换时间"的战略平心而论也是符合中国国情的历史抉择。笔者在本书第三卷第四章中分析了中国在 18 世纪由于国土广大、战争多在边疆地区进行的情况，对当时清朝军队火炮技术轻型化、机动化演进及其最终造成西方相对中国而言"船坚炮利"的复杂原因。在《中国经济法历史渊源原论》中，笔者更引征林岗在 2000 年第 6 期《读书》上发表的《超大规模国家的近代化》中的一段话指出："超大规模国家的社会转型有它自己的独特历程，史学界讨论近代史时对这一点并未给予足够的注意。国家的超大规模会带来一连串问题，例如我们今天可以绝对肯定

[①] 德伯里：《人文地理：文化社会与空间》，王民等译，北京师范大学出版社1988 年版，第 295 页。

的一点是这个过程特别漫长。如果日本近代化的时间表是用年（year）做单位的话，中国近代化的时间表则是用年代（decade）做单位的。我猜想生活在这两个社会里的人对社会变迁有着不一样的感觉。"按照莱文（Robert Levine）《时间地图：不同时代与民族对时间的不同解释》（*A Geography of Time: The Temporal Misadventures of a Social Psychologist, or How Every Culture Keeps Time Just a Little Bit Differently*, New York: Basic Books, 1998）中的观点，每一种文化都有它自己独特的时间指纹，中国传统社会绝非是以时间为变量的恒常近乎"无计时状态"（Chronometric anarchy），但在近代化的移步换形过程中显然不可能船小好掉头，家大业大的包袱造成了转型的步履蹒跚和旷时费日。① 再次，孟德斯鸠仅仅指出了疆域大小对国家政治体制的影响，这似乎沦于单向决定论。不过，我们还应该看到国家政治体制对疆域变化的影响，而且一个国家疆域的变化往往是其政治体制活力的外部表征，是一个历史的过程，时间与空间两者是交互作用的。

最早详细研究边疆的著作首推约翰·芬奇（John Finch）于 1844 年发表的《帝国的自然边界和殖民地的新视野》。该书显然不是对同时代地理环境决定论（the theory of environmental determinism）代表人物里特尔（Carl Ritter，1779—1859）集矢于地理因素对人类历史的影响的著作加以随声附和，而是以此为其知识背景集中分析在提高民众动员力方面，大不列颠帝国具有的得天独厚的地理位置和如何有必要保证殖民地的自治。约翰·芬奇并没有区别作为地带的边疆与作为界线的边界，但他却顺便提及了当山脉不具有真正阻隔意义时，在山脉两侧的居民具有相似的文化特征。边疆的形成似乎全部都应归因于自然特征的阻隔效应，尤其是山脉的阻隔效应。按照约翰·芬奇的观点，如果将 9 世纪的世界地图与 19 世纪的世界地图相比，那么可以看出大的政治划分是几乎一致的。在大规模征服出现的地方，自然边界并不会遭到破坏，而是经过一段时间后会重新显现。约翰·芬奇并不试图对边疆进行分类，只

---

① 参见张世明：《中国经济法历史渊源原论》，中国民主法制出版社 2002 年版，第 211—214 页。

是相对灵活地讨论各种自然特征对阻隔效应的影响。①

　　英国伯明翰大学政治地理学研究者杰弗里·帕克（Geoffrey Parker）曾这样写道："传统地理学的研究集中于分析诸如气候、自然资源和地貌等地理因素对人类活动的'影响'，而地缘政治学的涉及面则更宽泛、更全面。地理空间被看成是一个整体，而在更为传统的地理学观点中被视为现存'要素'的现象的存在构成了这一整体的组成部分。所以，其研究的方式就在于对整体中地缘政治客体的剖析。基于此，地缘政治学分析可谓包容全部，而本质上看来，局部和特殊的现象就被归于对其所构成的整体

豪斯浩弗像

的解释中了。②"地缘政治学"（Geopolitics）一词源自希腊语，"Ge"或"Gaia"原意是地球之神，"Polis"则指的是古希腊的城邦国家。"Ge"的含义所指的是各种类型的人类家园，而"Polis"的意思是人的统治和组织。因此，从词源派生而言，"地缘政治学"一词指的是地球和国家以及两者之间的关系，但其含义又远远不止于此。它所强调的国家概念不单单指"位于"地球上的一种现象，而且也指"属于"地下的各类现象之一。其特征源于它是地理空间的一个部分。描述整个地球的"地理"概念涉及某一特定国家所占有的地球之一部分与地球整体之间的关系；而"政治"概念则指单个国家与其余国家的相互关系。换言之，在区域地理及政治环境和它们所构成部分的物质世界及人类整体之间，存在更为宽泛的关系。德国地缘政治学代表人物豪斯浩弗（Karl Ernst Haushofer，1869—1946）就声称，以"地缘"（geo）字首

---

　　①　John Finch, *The Natural Boundaries of Empires: And a New View of Colonization*, London: Longman, 1844, pp. 6 – 37.

　　②　杰弗里·帕克：《地缘政治学：过去、现在和未来》，刘从德译，新华出版社 2003 年版，第 9 页。

置于"政治学"（politik）之前，并非偶然，因为这字首联结了政治与地球的关系（ge 在希腊文字中等于地球）。在豪斯浩弗为代表的《地缘政治学杂志》（*Zeitschrift für Geopolitik*，ZfG）周围聚集的慕尼黑学者的研究中，地缘政治学的原则与方法被应用于心理学、药剂学与法律学等旁支学科，而他们又将地缘心理学、地缘药剂学与地缘法律学等均涵包于地学（Geowissenschafte）之内。"地

契伦像

缘政治学"一词的始作俑者契伦（Rudolf Kjellén，1864—1922）亦对其所创的这一名词界定说："地缘政治学是关于地理的有机体的国家，或者空间现象和国家的学问。因此，国家是国土、版图、领土，或者最具有特征的领域的具体地域。"①

　　在笔者看来，杰弗克·帕克关于地缘政治学与传统地理学的分野主要体现于以下两方面：其一，洪堡和里特尔虽然注意到人类活动和自然条件的密切关系，但随着两大师的去世则出现了一种反动。佩舍尔（Oscar Ferdinand Peschal，1826—1875）等企图把人完全抛出地理学，并把他们的研究局限于地、水和大气的物质方面，地理学的"二元论"（Dualismus）问题仍壅塞鬲闭着地理学。地缘政治学和政治地理学一样均消解了地理学二元论天堑似的畛域，使里特尔所谓的整体性（Ganzheit）显而张达。其二，地缘政治学在所谓"整体性"方面较诸政治地理学尤为具有空前性、彻底性与新颖性。唯其如此，杰弗里·帕克在其另一部著作《20 世纪的西方地理政治思想》（*Western Geopolitical Thought in the Twentieth Century*，New York：St. Martin's Press，1985）中曾有这样的一个简喻浅譬：地理政治学如同探讨全球天气系统的气候学，而政治地理学更像是侧重考察特定地域局部条件之细节的气象学。

　　在拉策尔的研究中，正如其不朽名著《政治地理学，或国家、贸易

---

① Rudolf Kjellén，*Der Staat als Lebensform*，Leipzig：S. Hirzel，1917，S. 46.

和战争地理学》（Fricedrich Ratzel, *Politische Geographie oder die Geographie der Staaten, des Verkehrs, und des Krieges*, München, 1897）所昭示的那样，他选择的是"政治地理学"一词来描述自己所从事的研究。皮尔西（George Etzel Pearcy, 1905—1980）在《世界政治地理》（*World Political Geography*, New York：Thomas Y. Crowell, 1948）中这样指出："地理学系人类最古学问领域之一；所以，政治地理学（若干人称为地缘政治学）的区分与其名称虽比较新颖，然而，正本清

拉策尔像

源仍系旧有的学问。如就此事言之，因政治地理学一名词，系康德（Immanuel Kant, 1724—1804）所创始，康氏于 1804 年去世后复经拉策尔于 19 世纪下半叶加以发扬。以传播的次序而言，政治地理学系由德国教育界首先完成其系统，并加以相当的重视，然后次第传入英、法、美以及世界其他各地。"① 然而，据张文奎等编著《政治地理学》，文艺复兴以后，西欧当时对国家的认识，一是通过历史学了解过去到现在的有关国家的事项，一是通过国家学的国家志了解现状，德国的加特雷尔（Johann Christoph Gatterer, 1727—1799）1775 年称后者为"政治地理学"是地理学的一个分支。1750 年，法国学者杜尔哥（Anne Robert Jacques Turgot, 1727—1781）在其论述地理与政治过程之间关系的论文中，最早地提出政治地理学这一术语。②

　　由于语句、思想、事件三者是存在分别的，从石火电光般偶尔的语句使用，到风靡一时的学术范式的形成之间经历漫长的演化。正如皮尔西所言，"事实上，所有的地理学者与大多数政治学者以及历史学者均知政治地理学与地缘政治学本系一物；因此，他们对这两个名词从未标

---

① G. Etzel Pearcy & Russell H. Fifield, eds. , *World Political Geography*, New York：Thomas Y. Crowell, 1948, Preface.

② 张文奎、刘继生等编著：《政治地理学》，江苏教育出版社 1991 年版，第 13 页。

举出任何基本区别"①。而日本学者阿部市五郎（あべいちごろう）则指出："政治地理学与地缘政治学虽同样是以国家的政治现象为研究对象。前者为地理学，属人文地理；后者为国家科学，应属政治学。"②从地缘政治学与政治地理学的奠基者契伦与拉策尔的身家背景来看，阿部市五郎的观点不能说于证无据。因为拉策尔早年系由自然科学出身而后转入地理学研究，他认为地理学是核心部分，而"政治的"——正如早期的著作《人类地理学》（Friedrich Ratzel, *Anthropogeographie*, Engelhorn, Band 1, 1882, Band 2, 1891）"人类的"一样——只是其正在研究的一门学科的特殊方面的标志而已。而出身于社会科学的契伦则把"地理"（geo -）放在前缀的位置上，尽管其思想在后来的发展中似乎更注重地理的方面，但地缘政治学实际上仅是其所设计的包括人口政治学（die Demopolitik）、经济政治学（die Ökopolitik）、社会政治学（die Soziopolitik）和权力政治学（die Kratopolitik）在内宽泛分析体系中的一个分支。但阿部市五郎的分析仍尚有一间未达。一方面，拉策尔的"政治地理学"所研究的内容与契伦的"地缘政治学"本无歧异，故此两人的思想共生关系在社会科学内部拓展了新的视野；但另一方面，政治地理学和地缘政治学之间重叠的确切的特性远不如两者之间的差别。地缘政治学代表人物之一奥托·毛尔（Otto Maull, 1887—1957）指出："地缘政治思想涉及国家的空间需要，而政治地理学只是考察国家的空间条件。"③ 地缘政治学试图借助其结论指导现实政治。在豪斯浩弗看来，政治地理学研究的是地球表面的国家分布情况及其运转的地理条件，而地缘政治学则是研究自然空间中的政治行为。而《地缘政治学杂志》的另一创办人劳腾萨奇（Hermann Lautensach, 1886—1971）将这一笼统的区分又推进一步，认为在政治地理学中国家被视为一个静态的事物，而"地缘政治学则涉及政治进程的过去和现在，基本上是动

① G. Etzel Pearcy & Russell H. Fifield, eds., *World Political Geography*, New York: Thomas Y. Crowell, 1948, Preface.

② 阿部市五郎『地政治学入門』古今書院、1933 年、3 頁。

③ 转引自 Richard Muir, Political Geography: Dead Duck or Phoenix? *Area*, Vol. 8, No. 3（1976）, pp. 195 - 200。

态的概念"①。从这些地缘政治学营垒中人的夫子自道，我们可以看出政治地理学与地缘政治学，在研究对象与方法上是具有深刻的分歧的。

如前所述，拉策尔早年系自然科学出身而后转入地理学研究，所以他在海德堡大学攻读动物学博士学位期间即已深受达尔文思想的浸染。1875 年从美国等地游历归来以后，拉氏开始在慕尼黑技工专门学校（die Technische Hochschule München）任地理学教师，开始地理学研究的职业生涯。1883 年，又继李希霍芬（Ferdinand von Richthofen，1833—1905）之后就任莱比锡大学地理学教授的教席。1882 年，他出版了《人类地理学》第一卷，1891 年该书第二卷亦公之于世。拉氏的压轴之作《政治地理学》（Politische Geographie oder die Geographie der Staaten, des Verkehrs und des Krieges）出版于 1897 年。② 全书分为九部分，分别讨论下列各论题：土地和国家的相互依存，国家的迁移和成长，国家的空间增大，国家分类上的地理位置概念，区域（空间）概念，界限，国家空间发展中的海陆间的过渡；水在国家空间发展中的作用，山地和平原在国家空间发展中的作用。拉策尔认为："多数国家学者和社会学者，把国家看成如同在空气中存在一样。这几乎与历史学者的论述相同。由国家创建的大地，只不过被他们看成大的所有地。"③拉策尔将国家视为"附着在地球上的一种有机物"④。一个国家必然和一些简单的有机体一样地生长或老死，而不可能停滞不前。当一个国家侵占别国的领土时，这就是它内部生长力的反映。拉策尔相信，作为空间有机物的国家总是想要达到它的自然界限。假使没有强大邻国的有效反对，它就会越过这些界限。根据拉策尔的看法："地理的扩张，尤其是政治的扩张，在不断地张弛、不断地进步和退缩地运动这方面，显然

———————————

　　① 杰弗里·帕克：《地缘政治学：过去、现在和未来》，刘从德译，新华出版社 2003 年版，第 44 页。

　　② 关于此书，可以参详法国著名社会学家涂尔干的精彩书评。涂尔干：《孟德斯鸠与卢梭》，李鲁宁等译，上海人民出版社 2006 年，第 326—334 页。

　　③ Friedrich Ratzel, Politische Geographie oder die Geographie der Staaten, des Verkehrs, und des Krieges, München und Berlin：Oldenbourg, 1897, S. IV.

　　④ Robert E. Dickinson, The Makers of Modern Geography, New York：Frederick A. Praeger, 1969, p. 69.

有着一种身体的特质。无论是野蛮的游牧人抑或定居的农耕者，这种运动的目的总是为着建立国家而征服空间。"①

　　人类集团和社会总是在一个自然框架的界限内发展。他们总是从一个小的核心向这些界限扩张，或者越过这些界限；总是要在地球上占据一个确定的位置；总是需要维持生存。因此，他们不能不和一定的空间区域（Raumarea）结合起来，随着人口的增加，他们不可避免地要向外扩张，直到碰上自然的、人为的阻碍为止。于是，拉策尔提出了"生存空间"（Lebensraum）这一重要生物地理学观点（die biogeographische Auffassung），指"活的有机物在其范围内发展的区域"。在拉氏的理论中，空间包含着与实际居住面积相对立的总面积观念以及人口密度在国家发展上的意义。生存空间不仅是某一国民现在生存的某一空间，并且是将来活动要从它延长、扩大的空间。易言之，领土意义上的空间的真正含义在于土地供养人口的能力方面，所谓生存空间特指一个国家为了适宜供养日益增长的人口所需要的土地。在拉氏看来，为了发展，国家必须确保充足和合适的生存空间，这是国家权力（macht）的基本组成部分。国家拥有的这种权力越多，就越有可能攫取统治地位，成为一个大国（Großmacht）乃至世界强国（Weltmacht）。拉氏深信国家的衰落多系由于对生存空间观念淡薄所致。若要成为具有影响力的国家，就必须进行领土扩张，这也是成就显赫的国家和碌碌无为的国家间差别之所在。拉策尔提出了所谓国家空间成长的七条法则：（1）国家的空间随具有同一文化的人口膨胀而生长；（2）国家领土随其他方面的发展而扩张；（3）国家通过并入较小的领土单元而生长；（4）边界是国家的边缘器官，反映一个国家的成长和实力，因此，它不是永久不变的；（5）国家在生长过程中力图吞并政治上有价值的领土；（6）一国领土扩张的动力来自比它更发达的国家，即原始国家的原动力来自对高度文明的追求；（7）领土增长的趋势是在转换过程中发展和增长的。我们从拉策尔的论述中可以看出，一方面，拉氏认为国家这一"空间有机

---

① Hückel, La géographie de la circulation selon Friedrich Ratzel, *Annales de géographie*, XV, 1906.

体"像生长在陆地上的树木一样把根牢牢地扎在土壤里，其特征将会受其领土的性质及其区位的影响，但另一方面，拉氏并没有完全接受与其形同手足的地理环境决定论，而在人—地关系（die Beziehungen zwischen Volk und Land）上尤其关注"人类分布的共变因子"①。所以美国人类学家罗伯特·洛威（Robert Harry Lowie，1883—1957）这样指出："和一些人的说法相反，拉策尔并没有夸大过自然环境的力量。实际上，他曾反复地告诫人们要警惕这个陷阱。他更不像一些地理学家把气候看成是阴暗的支配者。他之所以能不至于如此天真，是因为他认识到时间的因素……还有另外两个条件排除人们对环境作出机械的反应：人类意志的不可估量的效力和人的无限的创造能力……没有人曾比拉策尔更多地强调历史的力量。"②

拉策尔对国家疆域的理论具有浑然一体的内在逻辑体系。按照拉氏的理论，国家仅系同化作用中一种随时变化的区域，其疆域系变动的，并且国家扩展系其力量动态的标志和尺度；国家边疆问题之所以经常导致战争，即每每由于边界可能成为国家成长的障碍，这样，"生存空间""国家有机体论"（die organische Staatstheorie）与有机边疆论，便产生了逻辑上的必然关联性。③ 边疆和边界从地理学角度被拉策尔在《政治地理学》一书中详细加以阐述，其中有若干章节涉及这一论题，并在《民族学》（Völkerkunde，2 Bänden，Leipzig，Wien：Bibliogr. Institut，1894 – 1895）④ 亦曾明确加以表述。拉氏的观点对当今西方边疆理论仍具深刻影响。拉策尔认为，"疆界"围绕着国家，它由三个地带组成，其中两个地带为毗邻国家的边疆地域，另一个地带是，使两个国家

①　Robert E. Dickinson，*The Makers of Modern Geography*，New York：Frederick A. Praeger，1969，p. 64. 或可参见杨吾扬：《传统、学派与理论地理学》，《杨吾扬论文选集：地理学的理论与实践》，商务印书馆 2005 年版，第 128—139 页。

②　Robert H. Lowie，*The History of Ethnographical Theory*，New York：Farrar and Rinehart，1937，p. 120.

③　可以参见 Ratzel, Die Gesetze des rümlichen Wachstums der Staaten, 42 *Die Zeitschrift Petermanns Geographische Mitteilungen* 102 （1896）.

④　Friedrich Ratzel，*Politische Geographie oder die Geographie der Staaten，des Verkehrs，und des Krieges*，München und Berlin：Oldenbourg，1897，S. 584.

的社会和政治特征得以糅合在一起的"自主地带"。① 拉氏非常清晰地将作为地带的政治边疆和作为线条的政治边界两者区分开来，认为两者均是作为有机体的国家本质性的标志。"疆界根本就是变化的地带。政治的疆界，依于国家的扩张和缩小之不断的波动而伸缩。最广阔的疆界总是存在于最进步和文化落后的国家之间。在同阶段文化的国家之间，则疆界比较狭小。"② 没有一个种族不具备政治组织，缺乏明确的边疆是未开化国家构造的实质，边界线有意不加划定，而边疆作为幅度变化的清晰空间便得以保持。即便在半文明国家，边疆也可能不确定。国家作为整体并不依赖于其所覆盖的全部地域，尤其是接近边境的部分。只有政治中心区域这一整个结构最为本质部分是固定的。从这里，维系国家内聚的权力以各种方式通过延伸地带使其力量被得以感觉。游牧民也与定居民一样具有老家的观念意识，征服或交换把广袤的草场分配于各个部落或家庭。当游牧和农业两种全然不同的文明和生活模式相遇时，轮廓分明的边疆就会迅速形成。在此情形下，边疆被清晰地标识出来以防范草原种族，地表工事甚至边墙等固定标识也被修建产生。

另外，拉策尔还主张，自然疆界最清晰的表现在于自然界本身。假如将在地表想象之线的疆界概念置之度外，不论人们是否接受，疆界都是存在的。即便欧洲大陆无人居住，阿尔卑斯山也会把中欧与南欧区分开的。沿着山顶绵延一线的政治疆界仅仅是对既存自然现象的利用。具有障碍作用的地形特征将自动阻止人类的活动，趋向于防范其他国家越过这些界限。陆地和海洋之间的疆界一如耕地与沙漠之间的疆界具有相同功效。不过，拉策尔也指出，山脉的作用确系构成疆界和庇护所，至于成为绝对的障碍，则是鲜为罕见的。海洋对于原始民族是极大的障碍，但航运发达后，则可以变为交通的大道。拉策尔强调说，一个国家的疆界与国家的形状相呼应地变化，国家领土增长是以面的形式，疆界

---

① 英译本为 Friedrich Ratzel, *History of Mankind*, translated by A. J. Butler, London：MacMillan, 1896。

② 迪金林、霍华士：《地理学发达史》，楚图南译，《楚图南集》第 3 卷，译著，云南教育出版社 1999 年版，第 242 页。本书此处引文系笔者采用 1940 年上海中华书局版校勘。

则以线的形式变化。因此，一个小的国家比一个大的国家具有相对而言较长的疆界。拉策尔注意到了国家飞地现象的渐趋于消失，认为飞地是有必要的。国家形状的改变不是由逐日的外交活动事件所致，而是长期的趋势和重大历史变革所致。国家的中心区域会随着国家外部特征与内部功能而变迁。

对英语国家的读者们来说，拉策尔的思想在《政治地理学》发表十多年后仍"一无所知，它是一个被封闭的宝库"[①]。直到其学生森普尔（Ellen Churchill Semple，1863—1932）留学德国以后被祖述阐扬而播布于广大的英语国家世界。森普尔的代表作有《美国的历史及其地理条件》（*American History and its Geographic Conditions*，Houghton，Mifflin Co.，1903）和《地理环境的影响——以拉策尔人类地理学体系为基础》（*Influence of Geographic Environment-on the Basis of Ratzel's System of Anthropogeography*，New York：Henry Holt，1911）。从文本解读的角度来看，解读者的主观能动性是无法抑制与无法剔除的，正

森普尔像

是解读者的主观能动性使文本具有生命与活力。萨特（Jean-Paul Sartre，1905—1980）在《什么是文学》（*Qu'est-ce que la littérature?*）一文中论及读者如何"创造同时又揭示，借创造来揭示和借揭示来创造"时这样精辟地指出："对于读者来说，一切均有待开始，然一切又亦已完成。"[②] 对于读者，作品并非是两方参与创作，而是，一方面它已完成且享用不足，我们可以读了再读，即使永远不能全部领悟出已给出的意

---

① 杰弗里·帕克：《地缘政治学：过去、现在和未来》，刘从德译，新华出版社 2003 年版，第 31 页。

② Jean-Paul Sartre，Qu'est-ce que la littérature？ *Les Temps modernes*，1947，février et juillet.

义，也无妨碍；另一方面，它又依然有待在阅读过程中创造，没有阅读，它不过是白纸上的黑色标记而已。① 赫什（Eric Donald Hirsch）更进一步分析说："如果从事阐释的人不把文本看作就在那里，以供观照或运用，他将一无所思，或一无所言。文本确确实实的存在，它贯穿如一的自我同一性，都使其得以供人观照。故当意义是阐释中某种稳定性原则时，意味是拥抱了某种变化的原则。"② 森普尔虽亲炙拉策尔的馨欬，谙悉拉策尔的思想并多守其说，但她绝非是拉策尔理论话语的传声筒，其对拉策尔的著作文本与其说是简单的"解说"（explain），不如说是参以己见的"解释"（interpration）。

森普尔在《地理环境的影响》一书中解释并发展了拉策尔关于国家和国家行为的领土范围的思想，尤其强调了历史上陆地因素的重要性③："人类是地表的产物，这意思不单是说人类是大地之子，大地养育了他，给他以食物，给他以职业，还予以种种的困难来锻炼他的身体，加深他的智慧。"④ "在高山上，它给人以铁打的腿肌去攀登陡坡；在海岸边，它给人留下了弱软的腿，但却给人们以发达、有力的胸膛和手臂去掌握舵桨。在河谷中，它让他接触肥沃的土壤，但单调、平静而按时作息的生活限制了他的思想与雄心，农庄的狭小天地封闭了他的胸襟。在风尘飞扬的高原上，在一望无际的草原和干燥的荒漠中，人们放牧牛羊，逐水草而居，生活虽然艰苦，却避免了起居单调的折磨；与牛羊为伴时，可以闲情逸致地思索，而天地广阔，生活多样，他的思想博大而单纯；宗教是一神教，上帝只有一个，就像一片无垠的沙漠、草地

---

① Jonathan Culler, *On Deconstruction: Theory and Criticism after Structuralism*, Ithaca: Cornell University Press, 1982, p. 76.

② E. D. Hirsch, *The Aims of Interpretation*, Chicago: The Chicago University Press, 1976, p. 80.

③ Ellen Churchill Semple, *Influence of Geographic Environment-on the Basis of Ratzel's System of Anthropogeography*, New York: General Books LLC, 2009, p. 53. 亦可参见 Ellen Churchill Semple, The Operation of Geographic Factors in History, *Bulletin of the American Geographical Society*, Vol. 41, No. 7, (1909), pp. 422–439。

④ 转引自盛叙功：《西洋地理学史》，西南师范大学出版社 1993 年版，第 345 页。

一样地独一无二。"① "土地不仅是深入到人类的骨子里，纤维和细胞里，并且直入到他的心脏和灵魂的深处。"② 她追随其师拉策尔之后强调，对于一个富有活力的国家而言，领土的扩张不仅是不可避免的而且也是合乎需要的。扩张和进步携手向前，由于扩张的发生，"更加高级的形式"才会出现。在森普尔看来，"领土的扩张，可以滋养大量的人民……其实小国寡民正所以表示其社会组织的落后。所以文化的前进，就是供给人民所必要的土地之总量的增进的意思"③。"所谓生存竞争，就是争求空间的竞争。"④ 由于森普尔直到去世时始终是美国地理学界的中心人物，由于其呐喊力倡使"地理环境决定论"在现代美国经济地理学中一度广有市场，所以有学者称之为"近代地理学中用决定论观点阐述地球作为人类之家这一主题的集大成者"⑤。更有学者谴责森普尔在宣扬拉策尔理论过程中的走形变样，以致拉策尔被英语国家读者误视为地理决定论的祖师爷之一。其实，从语源学角度而言，希腊术语"theorein"，本身指的就是一种旅行和观察活动，由城邦派出的某人去另一个城市观看宗教的典礼，因此，"理论"是一种置换和比较的产物，是某种距离。⑥ 另外，在理论旅行的迁徙过程中，理论在另一时间和空间的掌握与接受是水乳交融的一体两相，换言之，掌握即接受，接受即掌握，能动的理论捕获过程本质上带有挹注的色彩，以致理论的旅行呈现互动的犬牙交错。基于此，笔者认为在拉策尔理论旅行过程中森普尔的加工与改造乃具有天赋的自由权和天然的合法性，不必深辟其谬。

其次，森普尔在接受了拉策尔大部分思想的同时，摈弃了其关于社会和国家有机体的理论。森普尔认为这一理论渗入拉策尔思想体系的缘

---

① 转引自金其铭、杨山等编著：《人地关系论》，江苏教育出版社 1993 年版，第 81 页。
② 转引自盛叙功：《西洋地理学史》，西南师范大学出版社 1993 年版，第 345 页。
③ 转引自盛叙功：《西洋地理学史》，西南师范大学出版社 1993 年版，第 345 页。
④ 转引自盛叙功：《西洋地理学史》，西南师范大学出版社 1993 年版，第 345 页。
⑤ 参见杨吾扬：《地理学思想简史》，高等教育出版社 1989 年版，第 158 页。
⑥ 詹姆斯·克里福德：《关于旅行与理论的札记》，叶舒宪译，李陀、陈燕谷主编：《视界》第 8 辑，河北教育出版社 2002 年版，第 23 页。

由在于，拉策尔是在赫伯特·斯宾塞（Herbert Spencer，1820—1903）对欧洲思想具有广泛影响的时代确立他的原则的。森普尔在 1911 年即认为已被普遍遗弃的这一理论已在其对拉氏理论重述过程中被予以剔出。这样似乎会在拉氏思想体系中留下一个巨大漏洞，但森普尔却不以为然，强调这一理论对于拉氏的著作而言从来都是其真正的理论内核，"它就好像宏伟建筑物周围的脚手架一样……立在那儿，在移去脚手架之后，其稳固的结构表明，这些对于整体而言是何等无关紧要"①。按照拉卡托斯（Imre Lakatos，1922—1974）的科学研究纲领方法论（the methodology of scientific research programmes，MSRP）理论，研究纲领并非单一的理论，而是由某种根本信念所支撑的整个理论系列构成，它是开放的、可调节的；此外，该纲领具有精致的结构，分为"硬核"与"保护带"两层，硬核是纲领中不可触动的深层核心假说与根本信念，硬核周围有一层必须经受检验压力的、由众多辅助假设所组成的保护带。面对反常情况，保护带可以通过调整辅助假设来消解反常，维护硬核并促进纲领通过内部的理论交替而取得进步。研究纲领有进步与退化之分，前者不断产生新预言，后者丧失启发力。森普尔并非唯师是从，而是如柯文（Paul A. Cohen）所言以后辈活泼的心态"将支持前辈著作的理论框架东摇西晃一番"②，将拉策尔理论中生物学和社会科学的联结加以检解，使生物学的类比关系让位给其他理论。她强调，拉策尔理论的目的在于在表面的不稳定中寻求恒定和共同的东西，也就是说，确立地理学的法则。她写道："变化的事件的根据仍是一成不变的稳固的地球。"③ 拉策尔已经把它置于"稳固的科学基础之上了"④。他是第一个"从现代科学观的角度"来研究这一学科的人，"并通过对全球范围

①　杰弗里·帕克：《地缘政治学：过去、现在和未来》，刘从德译，新华出版社 2003 年版，第 32 页。

②　Paul A. Cohen, *Discovering History in China: American Historical Writings on the Recent Chinese Past*, New York: Columbia University Press, 1984, p. xiii.

③　杰弗里·帕克：《地缘政治学：过去、现在和未来》，刘从德译，新华出版社 2003 年版，第 33 页。

④　杰弗里·帕克：《地缘政治学：过去、现在和未来》，刘从德译，新华出版社 2003 年版，第 33 页。

的归纳得出结论，而他的前辈们并没有把握到这些"①。

在边疆理论方面，森普尔也和拉策尔一样，区分作为地带的政治边疆和作为线条的政治边界，认为即便在游牧社会也存在征服或交换，使特定草原区域分配给单个部落或家庭的现象，缺乏明确的边疆是在未开化国家形成中的本质特征。边界是出于方便目的而采取的一种抽象界线，在这种抽象背后的现实是地带。平衡和增长的停止只有当种族边界与政治边界吻合时才会出现。所有的边疆，包括地理的、民族的、宗教的、文化的或政治的，都始终易受变更势力的影响，使它们具有变迁的特质，产生出移动、变化的边疆地带，这从其本质上是无法划分开来的。② 有助于阻止、延缓或削弱人类扩张的地理特征因此而将人们分隔开来，最终成为政治边界。一个科学的边界必须使相邻两方面的居民分开，以此减少接触和冲突，并适宜于保护其免遭攻击。早期人类只能建立并不稳固的国家以致鲜能持续久远发展出确定的边界。同化的边境地带可以包括具有历史同一性的居民的相当规模的单位。就边界的类型划分而言，政治边疆既可以为分离地带

维达尔－布拉什（左）像

---

① 杰弗里·帕克：《地缘政治学：过去、现在和未来》，刘从德译，新华出版社 2003 年版，第 33 页。

② Ellen Churchill Semple, *Influence of Geographic Environment-on the Basis of Ratzel's System of Anthropo-geography*, London：Constable，1911，p. 205.

也可以为同化地带。政治边界既可以是与障碍相重合的持久边界，也可以是无障碍的波动边界。

在森普尔极力将拉策尔理论体系建构性地诠释为"地理环境决定论"传播于英语国家的同时，拉策尔的思想在邻邦法国的理论旅行呈现大相径庭的境遇。法国近代地理学开山大师维达尔－布拉什（Paul Vidal de la Blache，1845—1918）① 早年曾潜心研究洪堡和里特尔的著作，游旅德国时又得见佩舍尔、李希霍芬及拉策尔诸地理学先辈，对拉策尔理论中环境决定论倾向提出了异议，主张自然环境的"可能主义"和"人地同权"的交互作用论，认为自然对于人类的影响不是全能的，而是可能的，不是绝对的，而是相对的。1922 年，法国历史学、年鉴学派的早期奠基者吕西安·费弗尔在《土地与人类演变：地理历史学引论》（Lucien Febvre，*La Terre et L' Evolution humaine: Introduction géographique à l'histoire*，Paris：La Renaissance du Livre，1922）中把拉策尔的立场称之为"决定论"（Le déterminisme），而将维达尔的观点称之为"或然论"（Le Possibilisme），尽管维达尔本人并未使用过"或然

---

① 保罗·维达尔－布拉什于 1872—1877 年任南锡大学地理学教授，1877—1898 年任巴黎高等师范学校地理学教授，1898 年应聘为巴黎（索邦）大学教授直至退休。他桃李满园，乔尔格（Wolfgang Louis Gottfried Joerg，1885—1952）在 1922 年描写道："在法国担任地理学教授职位的人，几乎全部都是已经去世的维达尔的学生，或者是他的学生的学生。可以说，没有另一个国家的地理学像法国这样以一个人为中心而发展起来的。"（Ramesh Dutta Dikshit，*Geographical Thought: A Contextual History of Ideas*，Prentice Hall of India：Learning Pvt. Ltd.，2004，pp. 84 - 85.）1891 年，他和马瑟尔·布迪瓦（Edmond Marcel Dubois，1856—1916）合作创办《地理学年刊》（*Annales de Géographie*），并在每期附以有关地理学出版物文献索引，饮誉学林。1923 年后，文献索引单独发行，即现今世界声名卓著的《国际地理文献》（*Bibliographie géographique internationale*，BGI）。维达尔另一重要名垂史册的贡献在于编绘出版了《维达尔－布拉什普通地图集》（*Atlas général Vidal de La Blache，Histoire et Géographie*，Paris：Armand Colin，1894）。维达尔长期致力撰著一部鸿篇巨制《人文地理学论著》（*Traite de géographie humaine*），直至去世仍未完稿，后由埃马纽埃尔·德马东（Emmanuel de Martonne，1873—1955）整理后以《人文地理学原理》（*Principes de la géographie humaine*，Paris：Éditions Utz，1922）为名出版。

让·白吕纳像

论"这个词汇。在维达尔学派阵营的主要核心人物中，让·白吕纳①（Jean Brunhes，1869—1930）是维达尔的高足，他遵循维达尔传统（la tradition vidalienne），②坚持维达尔精神（l'esprit vidalienne），虽然对拉策尔创造了"人地学"的名称评价甚高，但认为拉策尔有丰富的思想而无严正的方法，拉策尔学派的昔日信徒或现在信徒应该努力修补拉策尔的主要缺陷，努力实地观察，创立地理事实分类法。白吕纳秉持维达尔的或然论思想，在《人文地理学》（La géographie humaine. Essai de classifi-

————————

①　白吕纳是维达尔在人文地理学领域内最卓越的弟子，先后曾在瑞士的洛桑大学（l'Université de Lausanne）、法国的巴黎法兰西学院等处任教，主要著作有《人文地理学：实证分类的尝试》（Géographie Humaine: Essai de Classification positive, Principes et exemples, Paris: Felix Alcan, 1910）三卷本、《法国人文地理学》（Géographie Humaine de la France, Paris: Plon, 1920）二卷本以及与瓦洛合著的《历史地理：在陆上和海上的和平与战争地理学》（La Géographie de L'histoire: Géographie de La Paix et de la Guerre sur terre et sur mer, avec C. Vallaux, Paris: Alcan, 1921）等。1928 年，白吕纳将美国政治地理学家鲍曼的新著《新世界：政治地理问题》（Isaiah Bowman, The New World: Problems in Political Geography, New York: World Book Company, 1921）译成法文，即 Isaiah Bowman, Le Monde Nouveau: Tableau général de Géographie politique universelle, Paris: Payot, 1928。而白吕纳的《人文地理学》法文版于 1912、1915 和 1934 年一再重版和增订，其中第二版由鲍曼和 R. E. 道奇（Richard Elwood Dodge, 1868—1952）、T. C. 勒孔特（Irville Charles Le Compte, 1872—1957）译成英文于 1920 年出版。1933 年湛亚达所译白吕纳《人文地理学》中译本由世界书局出版。1935 年，我国学者任美锷、李旭旦又自鲍曼主编的勒孔德的英译本转译成中文，题名《人生地理学》，由南京钟山书局出版。此外，笔者还在国家图书馆看到台北商务印书馆 1910 年第二版的张其昀所译《人生地理学》，原著者译为白菱洛。

②　Hervé Gumuchian, Claude Marois, Véronique Fèvre, Initiation à la recherche en géographie: aménagement, développement territorial, environnement, Montréal et Paris: Presses de l'Université de Montréal（PUM），2000, p. 17.

cation positive. Principes et exemples，Paris：Alcan，1910）一书中指出："人类受自然的制约，这虽是事实，但这是间接的事实。有人高唱人类应当顺应自然，又有人否认这个见解，我们则主张两者的相互关系。严格地说，我们绝不承认自然现象之绝对的制约性，且自然现象对于人类现象影响的结果，亦不是立即就实现的，而是需要一定的时间的。……人文现象单依着地理的原因，不但难于获得完全的理解，即统一的原理，亦无由发现。"① 在白吕纳看来，如果说一切著名的人生活动都全受自然环境的控制，这未免太夸言，人类的依赖自然本来是相对的、有限制的、有条件的，硬要创造一种必然论，用地理来解释一切，结果必使人地关系的正确观念毁灭无余，而陷入不可避免的矛盾。自然是固定的，人文是无定的，两者之间的关系常随时代而变化。白吕纳在《人文地理学》中把维达尔的或然论思想进一步具体化、实证化和纲目化，把人地学的基本事实分为三种形态类别，即：（1）非生产性的土地利用（房屋、道路），（2）对动植物的驯化栽培利用事业（田地、畜牧），（3）破坏性的经济活动（植物方面的滥伐滥砍、矿物方面滥采滥挖、动物方面的滥捕滥猎）。

在森普尔《地理环境的影响》出版的同年，白吕纳《历史地理：在陆上和海上的和平与战争地理学》一书的合作者卡米耶·瓦洛（Camille Vallaux，1870—1945）②，出版了《社会地理学：土地与国家》（*Géographie sociale. Le sol et l'État*，Paris：Doin，1911）一书。该书充斥着比森普尔著作中还要多的拉策尔思想，但瓦洛在书中毫不留情地诘责了将国家视为有机体的观点和被理解为环境决定论的观点，将拉策尔著作中的德意志民族主义倾向视为主要败笔，意图以"真正的科学"（une science veritable）理解并解释政治现象的空间范围。瓦洛在观点上与白吕纳趣味相投，也属于地境环境或然论者。他认为，地理学和生物学的区别在于生物学只研究对环境的"被动"适应性，而地理学则研

① 转引自盛叙功：《西洋地理学史》，西南师范大学出版社1993年版，第351页。

② 瓦洛的著作此外尚有：*Les Sciences géographiques*，Paris：Alcan，1929；*Mers et océans*，Paris：Rieder，1932；*Géographie générale des mers*，Paris：Alcan，1933。

究对环境的"主动"适应性。他承认某种程度下的决定论，但这属于"一种广义的决定论。据其观点，自然因素的作用在人的干预下，是可以改变、减弱甚至于消失的"①。正是这样，瓦洛和白吕纳二人在其合著的《历史地理：在陆上和海上的和平与战争地理学》中极力抵制地理上的必然主义，将心理因素作为自然现象与人生活动的媒介，认为人生地理事实不能单从地理因素中求得完善的解释或相应的原理（le principe de coordination），一切人文地理学事实都包含着某种心理学问题。

关于边疆理论，白吕纳和瓦洛主要在《历史地理：在陆上和海上的和平与战争地理学》一书第四章"国家、道路与边疆"（L'état, la route et la frontière）重述了瓦洛《土地与国家》一书中的观点。该书并没有草率地将线条的边界仅仅作为一种抽象加以取消，也没有重新安排政治边界臻于完美的先入之见。疆界可以为地带或线条。以线条形式表现领土界限被视为必要，尽管这反映的仅是部分的现实。疆界并非历史事件，而是伴随民族国家出现而长期演化的结果，并且本质上是地理事实。

白吕纳和瓦洛所论述的疆界发展的步骤完全是拉策尔式的。他们认为，随着世界政治地图的完成，相邻两方间压力伴随力量的增强和覆盖面积的扩大而形成。这种压力与人口增长和土地价值提高是相平行的，并且保持同一节律。地图绘制逐渐容易，地理学的准确性逐步提高，封闭、清晰而稳定的疆界因之产生。国家的发展与疆界的发展相辅相成。这一过程中可以划分为四个阶段：第一个阶段是原初阶段，社会政治组织之间没有接邻的土地界限，而是具有宽度的边缘，因为这些社会组织并不企图与邻居接触而各自为政处于孤立状态。第二个进化阶段是在具有森严政治等级和复杂军事组织的巨型国家出现之后。当这些国家与未定居或半游牧的邻居接触时，就像古代罗马和中国所出现的情形一样，与这些邻人不可能是截然分开的战争或和睦的局势，其结果是边疆为一条宽阔地带，被在薄弱之处的堡垒链条所控制、防护。第三个阶段是政

---

① 转引自安德烈·梅尼埃：《法国地理学思想史》，蔡宗夏译，商务印书馆1999 年版，第43 页。

治分裂的封建时期，在欧洲出现了一种新型疆界，即建立控制据点使各部分得以掌控，这些坚强的据点通常位于另一个国家控制下的飞地，可能是连续的链条，也可能零星散处。作者似乎认为在前一阶段帝国时期的疆界是不毗连的，封建时期则是互相毗连而非遥遥相距。第四个阶段的疆界是现代"划定"形式，这产生于国家内部统一的全面实现。这一发展很大程度上得益于法国大革命和法兰西第一帝国彰显了飞地的无用，并赋予完整领土和同族居民的民族国家理念的具体型制。当 1814 年反法同盟宣布法国恢复到革命前的界域时，他们并不是如此行事，而是以一条连续的界线替换过去的疆界。1814 年的划定，标志着新的疆界概念的诞生。按照作者的观点，上述分析并不适宜于在非洲殖民地不充分明了地理而单纯从政治角度决定的界线，那个大陆的即兴边疆（ad hoc frontier，frontières ébaucher）是独一无二的。其实，作者由于身份背景的缘故，如拉迪亚德·吉卜林（Rudyard Kipling，1865—1936）所谓的笼罩世界其余广大地区的"黑暗埃及之夜"对西方学者而言往往一团漆黑，惘然无知，所以尽管坦言所述不适宜非洲大陆，但对中国的言说亦属天方夜谭。

白吕纳和瓦洛首次严肃地处理自然边疆概念的问题。这一问题的掊击一旦开始，此后便似乎赓续不绝，很长一段时间稍具防御功能的堡垒开始建造。在这一问题上，白吕纳和瓦洛所持的自然疆界的根据在于：首先，自然特征是物理事实，仅在某些特定场域可以提供界线标示。它们在有些情形下并不在地表产生一条明晰界线（即便在地图也是如此）。其次，它们作为保护的屏障是无效的。最后，疆界并非单纯是自然的造化，而是源于自然和包括社会政治组织的集体心理在内的社会习惯的共同作用，并且仅仅这样完备的疆界可以称之为"自然的"。同样，真正"人为的"疆界是由纯粹的政治决定而建立的即兴边疆，而不是逐渐演化的产物。在笔者看来，白吕纳和瓦洛将边疆分为演化和即兴两类，这两者实际上并不互相排斥对立，因为前者以描述和起源为基础，后者更与疆界的功能有关，只是从类型学角度可以言之成立，并非边疆本体的客观分类学。

除了演化和即兴的划分，边疆还被分为两大类：（1）紧张的边疆，

（2）沉寂的边疆。紧张的边疆是战和不定的，相邻国家的力量和资源都集中于达到领土扩张的目的。有关国家总是处于进攻或防御的态势。在这种边疆上力量贯注集中的程度与边疆附近人口密度和土地价值是成比例的。最典型的例证就是法德边疆。沉寂的边疆则是进化的周期循环在一不确定时期内停止的边疆。诸如法国和西班牙之间疆界的情形。历史的流变已从这些疆界转变方向，界线是固定的，这些疆界上变动的所有迹象都已消失。这样的沉寂的边疆是由于人口密度和土地价值的相对减弱。笔者认为，白吕纳和瓦洛著作最重要的贡献即在于将边疆划分为紧张边疆与沉寂边疆，这在此后近二十年影响了豪斯浩弗和雅克·昂塞尔（Jacques Ancel，1882—1943）。

卡尔·豪斯浩弗是德国在 20 世纪20—30 年代地缘政治学的倡导者。他既厕身戎行担任巴伐利亚军队的将军，同时亦是一名学识渊博的地理学家。担任德国驻日军事观察员的工作阅历和其他地区的广泛游历，使日本成为他日后研究世界权力地理基础的伊始机缘和终身兴趣。豪斯浩弗最喜欢的一句拉丁谚语是古罗马诗人奥维德（Publius Ovidius Naso，亦作 Ovid，前43—17 或 18）的"从敌人那里学习是我们的职责"（Fas est et ab hoste doceri）。拉策尔的思想对豪斯浩弗而言自然耳熟能详，契伦对拉策尔思想的阐扬对豪斯浩弗影响至深至巨，然而，豪斯浩弗在生命最后阶段写出的《向德国的地缘政治学致歉》（*Apologie der deutschen Geopolitik*，1945）却披陈其思想实际上是建立在盎格鲁·撒克逊地理学家的研究之上，其中特别历述艾尔弗雷德·马汉（Alfred Thayer Mahan，1840—1914）、托马斯·霍尔第奇（Thomas Holdich，1843—1929）、哈尔福德·麦金德（Halford John Mackinder，1861—1947）和以赛亚·鲍曼（Isaiah Bowman，1878—1950）等人的精神营养传导链条关系。确乎如此，豪斯浩弗一生中不仅时常将麦金德 1904 年《历史的地理枢纽》（The Geographical Pivot of History，*The Geographical Journal*，1904）奉若圭臬而引征频仍，认为那是"在所有地理学世界观中最伟大的"[1]，而且对马汉海

---

① Karl Haushofer, *Weltpolitik von heute*, Berlin: Zeitgeschichte Verlag und Vertriebsgesellschaft, 1934, S. 269.

权论深致推挹。① 豪斯浩弗的著作有《日本帝国及其地理演化》（*Das Japanische Reich in seiner geographischen Entwickelung*，Wien：L. W. Seidel & Sohn，1921）、《太平洋的地缘政治》（*Die Geopolitik des Pazifischen Ozeans: Studien über die Wechselbeziehungen zwischen Geographie und Geschichte*，Berlin：Kurt Vowinckel Verlag，1924）、《地缘政治的泛区观》（*Geopolitik der Pan-Ideen*，Berlin：Zentral Verlag，1931）、《今日世界政治》（*Weltpolitik von Heute*，Berlin：Zeitgeschichte Verlag，1934），等等。他参加建立了慕尼黑的地缘政治学研究所，1924 年成为该所刊物《地缘政治学杂志》的首任主编。他以此刊物为中心聚集了一大批地缘政治学者，包括埃沃尔德·班泽（Ewald Banse，1883—1953）、柯林·罗斯（Colin Ross，1885—1945）、约翰内斯·屈恩（Johannes Kühn）、里夏德·亨尼希（Richard Hennig）、库尔特·福温克尔（Kurt Vowinckel）和豪斯浩弗之子阿尔布雷希特·豪斯浩弗（Albrecht Georg Haushofer，1903—1945）等人②。

豪斯浩弗主要通过推理方法和直觉方法相结合以形成地理空间的世界格局鸟瞰（Weltanschauung）的形态学认知，所以他称地缘政治学为一门科学和艺术（Wissenschaft und Kunst）。豪氏以拉策尔式的分析理路将国家视为一个有机体，一个遵循生物法则的"超个体的生命体"③。这个国家有机体是地区性的，但其对成功的追求又是空间性的。这个国家在空间（Raum）中存在，而它的成长与发展需要生存空间（Lebensraum）。拥有庞大空间（Großraum）是一个强国自由与安全的关键。国

---

① 豪斯浩弗之妻玛撒（Martha Haushofer，1877—1946）将费尔格雷夫（James Fairgrieve，1870—1953）的《地理和世界权力》（*Geography and World Power*，London：Univesity of London Press，1915）译成德文，于 1925 年由豪斯浩弗撰写序言出版，此亦一证。参见 J. Fairgrieve，*Geographie und Weltmacht: eine Einleitung in die Geopolitik, deutsche Übertragung von Martha Haushofer, mit einem Geleitwort von Karl Haushofer*，Berlin：Vowinckel，1925。

② Geoffrey Parker，*Western Geopolitical Thought in the Twentieth Century*，London and Philadelphia：Taylor & Francis，1985，p. 57.

③ 杰弗里·帕克：《地缘政治学：过去、现在和未来》，刘从德译，新华出版社 2003 年版，第 46 页。

家组织必须经常通过显示它对占有空间的利用能力来证明获取更多的生存空间是合理的。在这一过程中，富有活力的国家组织还要获得更大的经济主权。正是这种自主权之争（Selbstbestimmung Streben）使那些强国与其他国家区别开来。国家的空间也要安全的边疆来保卫，而且领土越大，防御就可能越加有效。豪斯浩弗把一个国家空间结构的关键特征称为"地理政治的气压计"①，认为这些特征对一个国家成功的发展也具有重要作用。豪氏所谓的这些关键特征包括首都、国家的吸引中心、权力范围、文化动力以及边远地区的成长等。豪氏指出，地球时常被人类所重新分配，占有狭小地面的民族，很容易忘记自己的力量，不思向外扩充领土，与占有广大空间的竞争者相角逐。豪氏将此种民族称之为囿于空间的民族，而那些突破小国群立的破碎地带（Kleinstaatengerümpel）包围不断扩张的生机盎然的民族被豪氏称作跨越空间民族。

此外，豪斯浩弗还提出了一种"泛区理论"（Pan-Ideen），认为现代世界中成功的扩张将最终导致产生具有地理意义的大国组织形式，即"泛区"（Pan-Regionen）。他将泛区思想定义为"在空间中寻求显示其自身存在的超民族的全球性思想"，其中主要的泛区思想有泛美、泛亚细亚、泛俄罗斯、泛太平洋、泛伊斯兰以及泛欧罗巴思想。豪斯浩弗认为，到 1941 年为止，世界上主要的泛区是泛欧洲（Paneuropa）、泛亚洲（Panasian）、泛美洲（Panamerika）。在豪斯浩弗看来，欧洲命定的空间（Schicksalsraumen）在德国，而亚洲命定的空间则在日本。由于德国在第一次世界大战后被《凡尔赛条约》所科惩罚的屈辱，豪斯浩弗及其同事对清楚阐明在德国世界地位背后现实情况的任务，赋有一种强烈的感情色彩的承诺，他们亲身切眼目击时艰，面对部分国土被分割时新的边界在"民主身躯的创伤溃烂的外皮"上形成的局面，将《凡尔赛条约》所确立的德国周围小国群立的分裂地带，视为捆绑德国向东方的命定空间天然扩张（Drang nach Osten）的可恶的缠身蟒虫般的魔带，极力主张通过结盟而非树敌的方式按照国家的需要灵巧地进入命定

---

① Geoffrey Parker, *Western Geopolitical Thought in the Twentieth Century*, London and Philadelphia：Taylor & Francis, 1985, p. 60.

空间的理想地域。正如有学者所言，拉策尔能够"透过德国洞察人类"①，而豪斯浩弗及其杂志的认识通常只停留在德国。

弗雷德里克·松德恩（Frederic Sondern）甚至认为"豪斯浩弗博士和他的手下实际上主宰着希特勒的思想"②，"他们的观点，他们的图表、地图、数据、信息以及计划，从一开始就支配着希特勒的行动"③。在松德恩看来，豪斯浩弗实际上口授了《我的奋斗》（Mein Kampf）。诚然，希特勒《我的奋斗》采纳豪斯浩弗地理学说之处昭然可见，如该书的《东方的方向或东方的政策》一章云："唯有在这个地球上拥有足够的面积，方可保证一个国家生存的自由……国家疆界既出于人为，人力可加以改变……德国设不能成为强国，则欲退为一普通国家亦不可能。然而，欲成为世界强国，需要拥有今日对此等强国有必需的重要性的版图。"④ 详昧其言，这似乎与豪斯浩弗异口同声。豪斯浩弗一度通过鲁道夫·赫斯（Rudolf Heß，1894—1987）穿针引线与希特勒发生过联系，但现代学者通过大量确凿证据表明豪斯浩弗绝非与纳粹分子沆瀣一气。豪斯浩弗父子两度遭罹纳粹德国逮捕，其子阿尔布雷希特·豪斯浩弗被纳粹德国处决，都说明豪氏与纳粹分子之间的分歧是不言而喻的。

豪斯浩弗接受了契伦有机边疆的概念和拉策尔边界地带的学说，把边界视为人们在生活中的生物学意义上的战场。⑤ 豪斯浩弗认为，国家

---

① 杰弗里·帕克：《地缘政治学：过去、现在和未来》，刘从德译，新华出版社 2003 年版，第 44 页。

② Frederic Sondern, Hitler's Scientists, 1000 Nazi Scientists, Technicians and Spies Are Working under Dr Karl Haushofer for the Third Reich, *Current History and Forum*, June 1941. 亦可参见 Frederic Sondern, A Thousand Scientists behind Hitler, *Readeris Digest*, 1941, Vol. 6, pp. 23－27。

③ Frederic Sondern, Hitler's Scientists, 1000 Nazi Scientists, Technicians and Spies Are Working under Dr Karl Haushofer for the Third Reich, *Current History and Forum*, Vol. 1 No. 53, June 1941. 亦可参见 Mark Polelle, *Raising Cartographic Consciousness: The Social and Foreign Policy Vision of Geopolitics in the Twentieth Century*, New York: Lexington Books, 1999, p. 119。

④ 潘赛等：《世界政治地理》，彦屈远译，台北世界书局 1975 年版，第 63 页。

⑤ Karl Haushofer, Das Wissen von der Grenze und die Grenzen des deutschen Volkes, *Deutschen Rundschau*, 50 Bd., 1924, S. 237.

本质上是一种精神和理念。通过这种精神和理念，所有国民从精神上团结为有机体，成为多元的一体。所谓国家的诞生、生存与死亡，都是指称一种精神现象，不一定与世界舞台上政治实体现实的经验事实相关。国家、人类文化和有机边疆本质上不可分离，一个不存在，其余亦不能自立。人们毫不怀疑地确信国家的领土疆界是一条界线，但这条界线的存在与政治、历史和地理无关紧要。按照豪斯浩弗的观点，在直线上从来无法寻觅到生命，而只有在以相同的广泛分布的动物繁衍生息和地理特征为标志的地带、地域才可以发现生命的踪迹。在这地带中划出武断的界线并将这些地带分成名为国家的地理单元是极其困难的。理想的答案是"有机边疆"。豪斯浩弗认为，"有机边疆"（德文为 die organischen Grenze，英文为 the organic frontier）是国家的一部分，它并非稳定的、无生命的、以数学方式计算出来的理论上的线条，而是有机的、有生命的和呼吸的躯体。有机边疆本质上是边界地带，将通常人烟稀少的边疆地带或非居住空间（Anöcumene）与国家居民集中的领土或居住空间（Öcumene）区别开来的"战略划分地带"。① 这样的有机边疆是围绕居住空间的一个国家的外部边缘地区。由于这种边缘地位，有机边疆同时具有防御功能和联系功能。这种宽幅不等的地带形成了两个或多个有机文化和领土单元之间的渗透地域或分隔地域。

豪斯浩弗承认人为边界和自然边界的存在，但他反对天文和几何边界，视其为浮夸的拉丁—法语法律概念堕落的产物。豪斯浩弗并不关切告诫政治家如何行动以获致完善、公正和稳固的界线，而这总是以往界线分类的基础。豪斯浩弗将疆界问题视为仅属世界政策基本问题的相面之一，将疆界分为六种类型：（1）平衡的疆界，（2）进攻的疆界，（3）操纵的疆界，（4）防御的疆界，（5）衰微的疆界，（6）冷漠的疆界。豪斯浩弗将疆界的形成视为文化在其最适宜的领土界限的伸展。真正的疆界并不能将文化景观一分为二。文化景观是通过土壤、道路和运河的建造技术模式，通过居民的种族和语言特征而与他者相区别。识别一个

---

① Karl Haushofer, *Grenzen in Ihrer geographischen und politischen Bedeutung*, Berlin: Kurt Vowinckel Verlag, 1927, S. 52–58.

文化景观的范围，有必要收集、考量所有可利用的历史的、无机物的和生物的证据。这些证据所反映的一个民族对文化景观构型的支配性影响力之所在，就是该民族民俗的息壤之所在。

豪斯浩弗关于边疆方面论述最为集中的著作是《地理上和政治上的疆界》（*Grenzen in Ihrer Geographischen und politischen Bedeutung*，Berlin：Kurt Vowinckel Verlag，1927）一书。由于该书至今既未译成英文亦未译成法文，在西方学术引起许多批评，公允恰切者有之，失实被诬者亦不在少数。1945 年，商务印书馆曾将豪斯浩弗的 *Wehrgeopolitik*（Berlin：Junker und Dünnhaupt，1932）译成中文版《国防地理学》刊行，从该书中亦可概见豪氏边疆理论方面不乏真知灼见。豪氏在该书中这样指出："边界的状态，可以分成许多类别，有成为战线者（如第一次大战时之东线或西线），有已设置军事警备者，有仅具简单的防备者，亦有全未设防者。美国和加拿大边界，可谓全未设防，然德、法的莱茵河疆界，则未足语此，因此处仅德国未设防，法国之要塞设备，则甚为巩固，而所谓未设防的边界，则须以双方未设防为前提。此外有天然的地势之不同，有可以主动的利用边界作为战略展开地带者，有仅能被动的利用其边界作为缓冲区域者，有居于两者之间者。"[1] 豪斯浩弗又云："普通生物学原则称：即使最强者，其强度亦不过与其抵抗力最小处的强度相等。"[2] 因此，不仅理解核心地方的强度系绝对必要，而且观察和研究边界、地方（郡邑）等政治生活体之细胞组织对于防御意志和防御力量的价值亦不可忽视。在豪斯浩弗看来，自然界中所有动植物都是细胞构成，细胞通常由细胞壁、细胞质和细胞核组成。作为有机体的国家，其生理机制一如其他生物。他强调，按照拉策尔的理路，对政治生活体应分单型和复型考察，应该使每个地方每个郡邑都构成协调的单位，使之在突然转变的情况下，能支持边疆细胞所受的压力，否则其地一旦成为边疆，则被外力压迫无以自保。"一细胞，一郡邑，一地方之

---

① 卡尔·豪斯浩弗：《国防地理学》，周光达译，商务印书馆 1945 年版，第 37 页。

② 卡尔·豪斯浩弗：《国防地理学》，周光达译，商务印书馆 1945 年版，第 33 页。

自然疆界愈与历史的疆界所包括之范围相符合，以历代的区域单位为共同生活的基础之感觉愈深入于保护此区域的居民之意识中，其近于雷次儿所称之'认为适意'者，则此细胞，此郡邑，此地方抵抗力亦愈强。"① 豪斯浩弗一向重视边疆意识，在该书中，豪氏亦对此着墨甚多，他说："法国人忒诺（Ténot）著有重要书籍名边疆（*La frontière*），足以表明其无形流露的边疆感觉；——1914 年以前，每个人都在'被切开的国界'（La frontière démembrée）上，而不在'天然的国界'（Les frontières naturelles）或'中立的国界'（Les frontières neutres）上，寻找其主要重点。'印度西北边界'，转移英属印度的边疆感觉，使其注意其大陆方面之唯一致命的弱点。"② 豪斯浩弗还特别分析了地理因素对边疆意识的影响，声称："高山的疆界形状，亦能给予从事保卫此疆界的人以生理上及精神上以重大影响。试一读俾岐·音斯蒲路克（Bianchi-Innsbruck）的《四个月中提罗尔的高阿尔卑斯之疆界委员会及此会对已成疆界的破坏欲》，即可知其大概：德国疆界，不过为德国民族疆界之一部分；而自重新勘界以后，在提罗尔方面又失去自瑞士至高托鲁斯间二百平方公里。吾人现时若经行其地，须在三千公尺高的界线上，行走四日之久。当时勘界，自五月至九月尾始毕，经过累森（Reschen）关旁的庇兹拉特（Piz Lat）与白球（Weiss Kugel）③、西米劳恩（Similaun）、司徒拜耳（Stubaier）、特立部劳恩（Tribulaun）、戚勒塔勒（Zillertaler）诸地，越过高逾三千公尺的高峰四十二个，同行者有石工、开石工、双方代表、测量师、向导、挑夫，一切都在和平里进行，如果有人突然呼出警告的声音：'爱护境界石！'当使一切参与

① 卡尔·豪斯浩弗：《国防地理学》，周光达译，商务印书馆 1945 年版，第 33 页。

② 这里只是按照周光达译文原文征引，仅将其中法文夹注按照原文予以改正（由于当时印刷条件等限制，这种夹注一般都不甚准确，不宜苛责）。所引著作其实是指欧仁·泰诺（Eugène Ténot，1839—1890）的《法国新防御：边疆，1870—1882》（*Les nouvelles défenses de la France: La frontière, 1870 – 1882*，Paris：G. Baillière et cie，1882）。

③ 目前的规范译名为"魏斯山"，参见中国地名委员会编：《外国地名译名手册》，商务印书馆 2006 年版，第 809 页。

人忽然警醒。"① 由此可见，豪斯浩弗在这一点上颇似白吕纳重视心理因素，其地理环境决定论内涵是十分复杂的，不能以简约化的方式对其贴标签即告藏事。

事实上，在对边疆形成进行处理时，豪斯浩弗并不关注是自然抑或人为疆界、是阻隔抑或沟通疆界、是传统/历史疆界抑或法律/正式疆界等问题，而是视之为国家出于自身政治、军事、经济和种族需要所延伸之处。这显然令其避免落入国家疆界是由自然所决定抑或仅由法律所安排的学术争论。这确实是显著的学术突破，但另一方面又错误地认为国家的政治疆界为永恒运动和向前推进的。豪斯浩弗考察疆界问题的通则，似乎仅仅以德国为出发点和归宿。他所采纳的疆界的分类唯一基础在于一个国家（确切说是德国）如何可以最佳扩张和这个国家在这一扩张过程中将面临的疆界态势的各种类型，这与其说是界线变化方面的框架，毋宁说是领土的变化研究。

如前所述，瓦洛关于疆界变动的学说对豪斯浩弗和昂塞尔影响颇深。雅克·昂塞尔是法国著名地理学家德芒戎（Albert Demangeon，1872—1940）的学生，1930 年以关于论述马其顿及其当前进展的论文获得博士学位，主要著作有写于 20 世纪 30 年代中期的《边疆地理学》（*Géographie des frontières*, préface d'André Siegfried, Paris：Gallimard, 1938）和完稿于二战爆发第一年的《奴隶与日耳曼人》（*Slaves et Germains*, Paris：Librairie Armand Colin, 1945）。在法国被纳粹德国攻陷后，昂塞尔被捕关进坎佩尔集中营。昂塞尔的思想与豪斯浩弗的思想存在某些相似性：首先，昂塞尔和豪斯浩弗一样拒绝承认疆界的永恒性。他认为绝不能把边疆看作是永恒不变与命运注定的，相反边疆是可以变化的，而且这个变化须置于新的地理现实的基础之上。在昂塞尔看来，国家边界不构成任何绝对的障碍（barrière rigoureuse），那只不过是一条暂时的边缘地带（périphérie toujours provisoire），因此没有任何事情是天然生成的。一个国家的边界摇摆不定，不断消长，企图勾勒一个国家

---

① 卡尔·豪斯浩弗：《国防地理学》，周光达译，商务印书馆 1945 年版，第 71 页。

的历史疆界何在是徒劳无功的，正确的处理方式是以疆界为一条政治等压线（isobare politique），它暂时地确定两方压力的平衡，包括居民群体的平衡和力量的平衡。① 边界只是在两侧力量失去平衡时才显出其价值来。其次，众所周知，现代政治地理学的产生发轫之初就与欧洲文明衰落论难分难解，昂塞尔和豪斯浩弗一样对当时世界霸权的变化态势具有所见略同的明察善断。在第二次世界大战爆发前夕的著述中，昂塞尔就明确指出，尽管英联邦仍然不顾地理距离到处冒险，但它毕竟越来越受到了新的精神理想的威胁。他认为，昔日的帝国理想根本经不住越发高涨的带有理想主义色彩的民族主义浪潮之冲击，特别是在帝国的心脏区印度。和豪斯浩弗一样，昂塞尔对日本和美国在远东太平洋地区的崛起洞若观火，他对中国的东三省（所谓"满洲"）正成为精悍的日本为其拥挤的岛国人口寻找土地的天然殖民地的态势及其影响具有高度的敏感。

然而，昂塞尔的学说本质上是与豪斯浩弗相对立的，他是以豪斯浩弗为论敌的学术姿态、在与豪斯浩弗交锋中演绎自身的理论的。他将以豪斯浩弗为主将的德国地缘政治学称为"伪地理学"，认为它只不过是已经抛弃了所有科学真实性的宣传而已。昂塞尔边疆理论的重要贡献在于，他坚决反对豪斯浩弗式的研究出发点——即从如何能够最佳地重新划定疆界的角度研究疆界，否定预设存在判决疆界应然的基本原则与规范。他对豪斯浩弗的理论倾向坚决矫枉过正，集矢于疆界真实的如何形成与发挥功能的研究。他"力图建立一种公正的政治地理学，设想平等对待自然地理、人文地理、历史、政治演变，从中寻求我们现代民族是怎样形成的。这些民族的形成是如此必然，如此不可改变，它们的存在又如此受国际条约的保障。历史则向我们表明，这些民族的形成曾遭受过磨难，先是潜在状态，尔后围绕着农村基核而凝聚，而有关条约促其形成体系，但尚未达到民族的形成；或

---

① T. S. Murty, *Frontiers: A Changing Concept*, New Delhi: Palit & Palit Publishers, 1978, p.139. 亦可参见 Colin Robert Flint, *The Geography of War and Peace: From Death Camps to Diplomats*, New York: Oxford University Press US, 2005, p.31。

者相反，民族形成只是历史和人群习于共同聚居的偶然结果"①。按照昂塞尔的观点，疆界在中世纪仅是一种虚构，因为其在地图上的精确划定尚无可能，只是到文艺复兴出现翔实的地形图后，将疆界观念物质投影成为可能。② 现代社会过分的简约的发展导致了"自然的"疆界呈现可视的、精确划定的界线的形象景观。法国大革命将民族国家的概念输入政治语汇，又渐次赋予线性的疆界观念以精神的内容。许多条约在标定疆界时无不单纯出于暂时的国家利益。线性疆界的概念只是一种崇拜和迷信制图学的产物，并不能在地表上坐实。按照昂塞尔的观点，地理学家并不知晓在物理上环绕一个国家并永恒将之与他国分开的自然疆界。昂塞尔和大多数当时法国政治地理学家一样既敌视自然疆界的概念又反对"严密堤岸"般的边界之类的概念，认为边境应该是开放性的而不是封闭性的，应该让严密的观察和现实主义取代抽象的观念和对于一般法则的追寻。③ 他指出，沃邦（Sébastien Le Prestre，marquis de Vauban，1633—1707）曾在"王国周围筑起了石堡以图永保法兰西的边疆"④，但这既没有必要也不现实，因为人类与自然界一样是不断迁移运动的，应该用永远是暂时的边境来取代森严壁垒的城堡。昂塞尔把疆界划分为形成中的疆界、稳定态的疆界、扩张性的疆界、退衰中的疆界。正是由于昂塞尔和豪斯浩弗一样视疆界为变动不居的现象，所以第二次世界大战后让·戈特曼（Jean Gottman，1915—1994）曾指责这是昂塞尔在法国与德国思想之间进行媾和的不良企图。其实，昂塞尔与豪斯浩弗的交锋是法国与其东邻德国当时领土主张针锋相对的战线另一相面。为了对抗德国的领土要求和德国地缘政治学的话语权势，昂塞尔等法国地理政治学家并没有

① 安德烈·梅尼埃：《法国地理学思想史》，蔡宗夏译，商务印书馆1999年版，第99页。

② Jacques Ancel, *Geographic des frontières*, Paris：Gallimard, 1938, p. 66.

③ 笔者认为，反对宏观叙事与简约的大通则的概括，是法国学风的一以贯之的传统，后现代的代表福柯等人至今犹是，殆其来有自。这与德国黑格尔式的传统是源脉迥异的。

④ 帕克：《二十世纪的西方地理政治思想》，李亦鸣等译，解放军出版社1992年版，第104页。

以其人之道还治其人之身，而是以人文主义的方法针对莱茵河彼岸的思考提出了一些根本性的选择。在这一点上，昂塞尔的思想似乎更与哈特向（Richard Hartshorne，1899—1992）有其亲缘性。昂塞尔指出："德国地缘政治学的空间（Raum）概念是与西方的协合（groupe-ment）的思想相抵触的。"① 只有具备各自生活方式（genres de vie）的社会地域景观的结合才能最终形成民族性。昂塞尔用以民族而非领土为界限的精神边疆（frontière spirituelle）这一概念来反驳德意志莱茵的观念，提出："没有什么边界问题，只有民族问题。"②

依皮尔赛（George Etzel Pearcy，1905—1980）之说，政治生态学派将其研究目标确定为社会集团"对其所居区域自然环境的政治地理上的适应（adjustment）"，其主要研究的要素包括：（1）人类团体（渊源与成长、人种学上的特征、所占区域的空间位置及自然资源）；（2）人类用以维持其本身的经济方式（诸如资源利用的方式、社会状态与社会控制、国家的结构等）；（3）对一地区控制的部署（诸如政府的制度安排、首都的设置等）；（4）边疆境界的调整（诸如边境与环境因素的关系、边境问题争论点等）；（5）外部的适应（诸如国际集团、国外的统治、计划性活动等）。而政治景观学派认为政治地理学主要是对政治景观进行研究，其主要研究的方面包括：（1）地区（位置、心腹地区与核心、政治上的区分）；（2）内在的形态（种族、语言、宗教等方面的差异性，参政权、议会代议制及其他的分布）；（3）级权的要素（诸如疆域及其形状边界地带等）；（4）外在的形态（如国际集团、殖民地形式等）。如果说有机体理论学派的术语为"空间"（space 或 Raum），那么政治地志学派的核心术语则为"区域"（land），而政治景观学派的术语则为"景观"（Landshaft 或 landscape）。笔者认为，这种学术流派的差异源自德国地理学界的主流态势演变。

在拉策尔之后，赫特纳（Alfred Hettner，1859—1941）为了克服自

---

① 帕克：《二十世纪的西方地理政治思想》，李亦鸣等译，解放军出版社1992 年版，第 104 页。

② 安德烈·梅尼埃：《法国地理学思想史》，蔡宗夏译，商务印书馆 1999 年版，第 99 页。

然地理学与人文地理学二元论，强调区域研究，以地理区域的相互差异
（die Erkenntnis der Erdräume nach ihrer Verschiedenheit）作为地理学特有
的研究领域，主张对作为地球表面这一镶嵌结构的构成单位——区域的
差异性，依照地、水、大气、植物、动物和人的纲目采取地志学（die
Chorologie，die Arealkunde 或 die Regionale Geographie）的方法井然有序
地逐个研究介绍其各自作用、在空间上的相互联系及因果关系。然而，
赫特纳这种为作为一门独立学科的地理学提供一种折中主义的理论框架
和研究方法的做法，即遭到施吕特尔（Otto Schlüter，1872—1959）的
挑战。尽管"景观学"（Landschaftskunde）一词首见于约瑟夫·维默尔
（Josef Wimmer）1882 年《历史的景观学》一书①，但在德国，把景观
学作为地理学的概念提出来的是施吕特尔。景观学派和区域学派一样，
其基本的思想都是来源于地球表面特征的多样性，即区域差异的独特
性、个性与性质。但施吕特尔认为，地理学者应首先着眼于地球表面可
以通过感官觉察到的事物，着眼于这种感觉——景观的整体，即诸地区
差异性的整体视觉上浑然一体的协调性外貌与印象，因此赫特纳强调一
个区域的面貌如何反映自然地表的基本模式方面，而施吕特尔则注重于
赋予区域以特殊面貌的现象间的相互关系方面。赫特纳攻击景观学派为
审美地理学，声称作为生物分布科学的地理学不能在景观的外貌上，而
只能在地球表面各级区域的内部特性上找到统一性。此外，如同罗伯
特·迪金森（Robert E. Dinkinson）所言，"'自然环境'是一个抽象的
概念，因为它已经在人类创造居住地时被剧烈地改造了。在过去的 50
年内，注意力已从研究人类之家的'自然环境'转移到了研究人类集
团的创造物和工作场所的人类居住地（制约人类集团的反应的，是他们
的习惯和传统）"②。如果说在拉策尔有机体理论中尚具有贬黜人类自由
意志和其后成为森普尔申论"环境决定论"的蓝本，那么地志学派和
景观学派均以人为中心，而地志学派则稍具折中主义倾向，景观学派则

---

①　Josef Wimmer, *Historische Landschaftskunde*, Innsbruck：Wagner，1885，
S. 15，S. 193，S. 289.

②　Robert E. Dickinson, *The Makers of Modern Geography*, New York：Frederick
A. Praeger，1969，p. 131.

更强调：人类居住的大地，不单是人类活动的舞台，也是人类塑造的对象，即"文化是动因、自然条件是中介、文化景观是结果"（Culture is the agent, the natural area is the medium. The cultural landscape the result）①。用施吕特尔自己的话来说，"在地理学中，人是衡量的尺度"（In der Geographie…, ist der Mensch das Maß）②。

美国的地理学发展独具特色，有其自身的传承渊源。普雷斯顿·詹姆斯（Preston Everett James，1899—1986）《地理学思想史》（*History of Geographical Ideas*）以凝练的语言准确地分析了第一次世界大战以后一段时期内美国地理学思潮的跌宕起伏，指出：这时"有过四种值得注意的主要地理思潮：第一种思潮认为地理研究的范围应当限于集中研究人类对其自然与生物环境的适应。这种说法就是把地理学看做是'人类生态学'。第二种思潮认为地理学者应当集中力量去识别和解释地球表面各地区间观察到的差异性。这些研究就称为'方志学'，或地方、区域的研究。但方志学不应限于描述。把观察到的差异予以理性的解释，遵循着两个主要方向：一个是以时间上的变化过程来寻找发生学的解释，它导向'历史地理'以及其专业分支'连续居住'史；另一个是寻找函数解释，导向'空间的函数结构'概念。这些解释程序被引用在各种论题领域中。同时，在第一次世界大战以后的十年中，还可看到专业注意力的另一个显著转移，即从纯学术的研究转向于在实际的经济、社会和政治问题中利用地理概念与方法"③。政治生态学派、功能论学派与统一领域学派正是上述美国地理学思潮波涌浪逐的缩影。

---

①　Carl O. Sauer, The Morphology of Landscape, in *Landand Life: A Selection from the writings of Carl Ortwin Sauer*, ed. by J. Leighly, Berkeley：University of California Press，1963，p. 343. 亦可参见 Tim Oakes, Patricia Lynn Price, *The Cultural Geography Reader*，London：Routledge，2008，p. 103。

②　哈特向：《地理学性质的透视》，黎樵译，商务印书馆1963年版，第46页。

③　普雷斯顿·詹姆斯：《地理学思想史》，李旭旦译，商务印书馆1982年版，第365—366页。普雷斯顿·詹姆斯的学术成就可参见：Robert G. Jensen, Preston Everett James，1899 - 1986，*Journal of Geography*，Volume 85，Issue 6 November 1986，pp. 273 - 274。

以赛亚·鲍曼曾于 1915—1935 年任美国地理学会会长，于 1935—1948 年任约翰·霍布金斯大学校长。鲍曼是美国地理学先驱人物戴维斯（William Morris Davis，1850—1934）的高足。众所周知，在德国学术雄踞世界学坛的年代里，方兴未艾的美国学术仍未脱离边缘化地位，如戴维斯和森普尔一样的许多美国学人均负笈问学于德国。戴维斯在将德国新地理学引进美国高等学府的同时，和拉策尔一样把人类社会比拟于有机界，将社会达尔文主义引以为奥援。尽管威廉·詹姆斯（William James，1842—1910）和约翰·杜威（John Dewey，1859—1952）等人的实用主义在美国的风靡使社会达尔文主义的生存空间极其狭仄，但戴维斯的遗风依稀闪烁于其后为期不短的历史时区。哈伦·巴罗斯（Harlan Harland Barrows，1877—1960）主张，地理学应当致力于研究人类的生态，或者说人类对其自然环境的适应，即所谓"人类生态的科学"（the science of human ecology）。① 苏尔（Carl Ortwin Sauer，1889—1975）则把地理学视作方志学，视作研究地区或区域内事物的组合与相互联系的学科。

　　在第一次世界大战停战前夕，美国总统威尔逊（Thomas Woodrow Wilson，1856—1924）授权其特别助手 E. M. 豪斯（Edward Mandell House，1858—1938）上校组织一个顾问团，准备和收集和平会议所需要的各方面资料。根据政府的组织，美国地理学会将其图书馆收集的地图和各种设施集中到纽约第 153 号大街，在时任美国地理学会会长鲍曼的领导下，集中研究与战争和和平有关的政治疆界等问题。1918 年，鲍曼作为威尔逊总统顾问班子重要成员出席巴黎和会，被提名为首席领土专家，为解决边界划定问题发挥了重要作用。在重画欧洲地图时，他提出了一个重要的原则，即调整国家边界要按照不同民族所使用的语言区域来确定。此后，鲍曼依据其这段工作经历所积累的有关世界领土争执的大量笔记资料，写成了《新世界：政治地理中的问题》（*The New World: Problem in Political Geography*）于 1921 年出版，连续四次再版，

---

①　H. H. Barrows, Geography as Human Ecology, *Association of American Geographers Annual*, 1923, 13: 1 – 14.

成为政治地理学上的权威著作之一。除如前所述该书被法国人文地理学家白吕纳等译成法文外，在 20 世纪 20 年代，我国老一辈地理学者张其昀将该书译为中文，题名《新地学》刊行出版。

虽然鲍曼和德国地理政治学者一样放眼世界，虽然德国地缘政治学代表人物豪斯浩弗以鲍曼的论著为自己智慧的养料，但鲍曼与豪斯浩弗在学术立场既引为同道又微妙地保持距离，在方法上，亦不类于豪斯浩弗孜孜营构大世界的体系理论，而是和法国学者白吕纳等人一样警戒于以危险的抽象概括形式寻找宏大"法则"体系的企图，认为严格而客观地分析世界是对地理政治学上诱发的沙文主义的一个最有效的回击，因此鲍曼的《新世界》主要是政治地志学探讨区域分异的叙事模式，分国家和地区逐一论说。鲍曼在该书中指出："战争可能起自经济的竞争，或军事的威胁，但往往也可能由于国界问题的争议而触发。'国家的疆界犹如剃刀边缘，为现代和战问题、国家安危问题所系。'自从首次大战结束以后，新的国家形成，旧的版图易色。原来的八千里的国际界限，现在增加到一万里，其中三千里是新划的疆界。此种疆界的重要性，不仅在于其地理上的位置，而是在与界线位置关联的经济上、种族上、人种上和宗教上的各种因素，都有密切的关系。其中尤以经济关系最易了解，如煤田和油井都是重要而具体的问题；至于感情的关系却不易作确切的说明。时至今日，广泛的共同边界，不再是原则性的标志，而只是例外的情形，国防线须明确规定，并须合理而完整，因此当划定国界时，凡通常认为重要的原则，每每不能顾及。例如人种关系民族感情和历史主张都没有可资衡量的标准；宗教信仰并不以山脉为界，婚姻关系也不以人种区域为限。但是当界线在土地上划分时，就必须确定不移、连续不断；不能因每一细节而改变其位置。由于界线须符合于一般情况的条件，虽有其缺点，也有其优点。所以一条十分适合天然形势的界线，可能将某一种族的少数居民，与其极愿有政治上联络的多数同族相隔离。依循天然形势实在非常重要，不容加以忽视，即使是违反人种学的原则也无可奈何。同样的情形可应用到任何其他的国防线，如波兰东部的河流和沼泽，即是一例。唯现代地理学的研究，又发现多种天然形势，可资为划分永久性国界的依据。事实上，地理学知识的误用或缺欠，常常足以引起纠纷和战争。"① 1925 年以后，鲍曼又将学术注意力转向拓荒边区的研究，于 1931 年出版了《拓荒边区》（*The Pioneer Fringe*，New York：American Geographical Society，1931）一书。鲍曼在其著作中列举美国西部、加拿大、澳大利亚、南非、西伯利亚、蒙古、满洲和南美洲边疆拓荒现象，指出：20 世纪 30 年代的垦荒和上世纪的拓荒是完全不同的。那时新的拓荒者几乎完全依靠他们自己的体力，现在的拓荒者则需要最新的机器、最好的医疗设备以及和市场联结的方便交通，拓荒地带总是实验性的。据笔者所见，鲍曼是敏锐而准确地对"现代边疆开发"现象进行阐述的肇始者。

皮尔赛将哈特向视为政治景观学派的代表人，这不免将哈特向的思想简单化、静止化，没有反映出其学说的复杂性与变化性。哈特向的《地理学的性质》（Richard Hartshorne，*The Nature of Geography: A Critical Survey of Current Thought in the Light of the Past*，Association of American Geographers，Penn：Lancaster，1939）是地理学思想史上的一座里程碑，其后又根据国内外对《地理学的性质》的讨论和地理学最新发展而重新撰写的《地理学性质的透视》（*Perspective on the Nature of Geography*，Chicago：Rand McNally & Company，1959）亦系众所公认的世界名著，商务印书馆出版的中文译本，亦使哈特向对中国学人而言毫不陌生。《地理学的性质》一书的写作缘起是，由于哈特向对上西里西亚工业区的边界问题的野外调查引起了其对一般边界问题的兴趣，故他于1938—1939 年获得明尼苏达大学社会科学研究基金的资金，计划前往欧洲进行有关疆界问题的野外调查。因当时第二次世界大战爆发迫在眉睫，他作为美国地理学者带着笔记本、地图和照相机在欧洲考察疆界显然不合时宜。在维也纳滞留期间，哈特向受惠特尔西要求充实修改投稿的来信影响，放弃野外调查的计划，转而在欧洲各大图书馆收集大量文献资料，最后完成这部地理学方法论传世力作。哈特向在《地理学的性

———————

① 以赛亚·鲍曼：《世界新形势》上册，杨予元译，台北世界书局 1967 年版，第 32 页。

质》中对景观学派的长篇苛细评论历历俱在，皮尔赛之论实难令人信从。依笔者所见，哈特向受德国学者奥托·毛尔影响甚深。毛尔曾与豪斯浩弗共同主持《地缘政治学杂志》编事，但他亦是以景观学派观点研究政治地理学的代表人物之一，其著作《政治地理学》（*Politische Geographie*，Berlin：Borntraeger，1925）即从规模、形状、位置、境界等论述国家形态。另外，毛尔还特别强调功能的现实的政治地理学的研究。20 世纪 50 年代汉斯·博贝克（Hans Bobek，1903—1990）、沃尔夫冈·哈特克（Wolfgang Hartke，1908—1997）强调功能实体的社会地理学观点颇有声势。[1] 哈特向在 1935 年发表的《政治地理学的近期发展》（Recent Developments in Political Geography）一文基本上如皮尔赛所言属于政治景观学派范畴，认为政治地理学的核心是研究自然环境政治活动和组织的关系，尤其以主权国家为研究对象，对国家政治地理的研究要用描述分析（国家形态、自然和文化景观区、地区的地理联系），并解释国家的政治区（核心区的区位和范围、领土变化的趋向和特征），最后评价现有领土的区域问题（如自然和文化景观区的吻合程度）。[2] 二战以后，哈特向的治学路径发生转向。他在《政治地理学的功能的方法论》（The Functional Approach in Political Geography，*Annals of the Association of American Geographers*，Vol. 40，Iss. 2，1950）中指出，研究国家（政治地域）至少要有三个观点：（1）起源过程（genesis process）；（2）构造（structure）；（3）功能（function）。他强调以功能的方法论来研究国家，认为政治地理学的最重要课题是考察国家存在的理由，国家形成与国家观念之间的关系，分析产生能力等所谓政治上有组织的功能的成功能力。[3] 在这一方法中，哈特向尤其将对政治地域的核心地域（core area）的向心、离心作用的力的均衡作为重点，认为前者（向心

---

[1]　Peter Weichhart，*Entwicklungslinien der Sozialgeographie：Von Hans Bobek bis Benno Werlen*，Stuttgart：Steiner，2008，S. 137 – 246.

[2]　R. Hartshorne，Recent Developments in Political Geography，*American Political Science Review*，29，1（1935），pp. 785 – 804.

[3]　Dikshit，*Political Geography：A Contemporary Perspective*，New Delhi：Tata McGraw – Hill，1999，p. 30.

力）促进地域统一，后者（离心力）促进地域分化（regionalization），力的空间类型对境界及其变动有重要影响，境界（boundary）的继续存在乃有限的领域向心力大于离心力的证据，而境界变更则意味着这种力的关系产生了新的均衡。

哈特向1936年以其对上西里西亚的经典案例研究为基础而对疆界形成过程的分析，① 是第一次企图详尽阐明政治边界因循文化边界的概念。他发现地理的、人种的和政治的边界可以全然不同。从探讨某种类型疆界好坏与否、如何最佳重新划定以成为理想疆界、从长远看是否趋于地带而非界线等问题超脱出来，哈特向聚精会神地集矢于确定政治边界沿文化边界形成阶段的核心工作。按照哈特向的观点，可以划分为六种类型或阶段，即：（1）完全先行的或先成的政治边界（totally antecedent or pioneer boundaries），它们在稳固的文化景观开始之前即已形成；（2）先行性的边界（antecedent boundaries），它们在文化边界明晰性部分呈现时形成；（3）后来的政治边界（subsequent political boundary），这种政治边界建立时，与既存的文化景观相吻合；（4）叠加的—后来的边界（superimposed-subsequent boundaries），这种政治边界并不与文化景观相吻合；（5）确立的—后来的边界（in trenched-subsequent boundary），这种政治边界在建立时并不与文化景观相吻合，但文化边界因循政治边界；（6）遗留的—先行的边界（relict-antecedent boundaries），这是指文化边界一度与政治边界相一致，后来则中止了这种局面。②

哈特向并没有探讨自然疆界是否为障碍的问题，但他认可人口分布有沿此种自然疆界被分割的趋势，认为某些自然特征可以较诸其他方式提供更为持久和满意的政治边界。不过，自然划分的有效性取决于边境地区人口、技术和政治发展的状态，取决于相对地带与被划分地区本身相比较而言的生产/面积。"自然边界"的概念基本上无逻辑可言，因

① Richard Hartshorne, Geographical and Political Boundaries in Upper Silesia, *Annals of the Association of American Geographers*, Vol. 23 (1933), pp. 195 – 224.

② 亦可参见 Julian V. Minghi, Boundary Studies in Political Geography, *Annals of the Association of American Geographers*, 1963, Volume 53 Issue 3, pp. 407—428。

为它们既可以是也可以不是政治边界。自然特性的作用是变化的，其联系或分离的有效性随情景而变化。如果从自然特征边界功能的诸相面的角度加以审视，那么就可以得出更令人满意的观点。一些自然特征标明的界线被作为边界的地方，于是自然而然地划分了界线。自然防御边界①、自然的贸易障碍、自然的交通分割，随阻碍程度而异。

哈特向的疆界形成理论与德温特·惠特尔西（Derwent Whittlesey，1890—1956）等人创立的"相继占用（Sequent Occupance）说"有密切关系。相继占用说是地理决定论的对立面，在某种意义上也可以说是"文化决定论"。这一学说认为一个地区居民在其态度、目标或技术上如果有重大改变，则会产生不同的人文现象，出现区域差异。因此，曾师从詹姆斯的我国地理学家鲍觉民干脆将这一学说译为"文化史层说"②。哈特向受此影响而阐发的疆界形成阶段/类型学说较之关怀疆界应然的学说无疑是一种进步，但由于其论文仅在《美国地理学协会年鉴》（Annals of the American Association of Geographers，AAG）上有简单摘要，所以长期不受人们关注。不过，美国政治地理学家德布列杰（Harm J. de Blij）等人似乎与哈特向嘤鸣相应，不仅将边界根据所起的功能分为：（1）防御性的；（2）文化的分裂性的；（3）行政管理性的；（4）意识形态性的等，而且还根据发生学来划分为：（1）先行性的（antecedent）；（2）后来的（subsequent）；（3）叠加性的（superimposed）；（4）遗留下的（relict）。③

在 20 世纪 50 年代的研究中，哈特向对边界的阐述主要被整合到其功能理论的体系。他认为："在所有国际关系中，那些涉及领土的定位和边界确定的问题是最具明显的地理性。因此，无疑这是地理学家普遍研究的问题。可是，这类研究大多在开始时有了偏向。在起初边界分类中，地理学家首先注意的是边界画线所在地带的自然特点。这不是国际

---

① Derwent Whittlesey，Sequent Occupance，*Annals of the Association of American Geographers*，Vol. 19，No. 3（Sep.，1929），pp. 162 – 165.

② 谢觉民：《人文地理学》，中国友谊出版公司 1991 年版，第 20 页。

③ Harm J. De Blij，*Systematic Political Geography*，New York：John Wiley & Sons Inc.，1973，p. 87.

边界分类，而是与边界相联系的特点的分类。如果我们开始于研究国家地域的话，我们可以从边界名称上认清边界的主要功能：正是那条线，它被所有有关人所接受，因为所划出的这个区的一切事务都是在一个政府管辖之下，而相对的另外的区，则为不同的政府所管辖。在世界高度发达的地区，边界线的精度可达到 30 厘米。因此，要了解一个国际边界的第一件事就是，它为有关各方（即其邻国）接受的程度，以及由边界位置所确定其国籍的人口。就拿下列的国际边界来说，英国和法国的边界（包括属于英国的海峡群岛）；法国和西班牙的边界；瑞士和意大利边界（包括特朗诺边界，它从阿尔卑斯山坡一直往下几乎达到波河平原）；最后是美国和墨西哥之间的埃尔帕索东、西边界；这些边界穿过的是完全不同的自然地带。某些边界与民族分界十分吻合，某些则不是。但是从国际边界的主要功能来看，它们全都属于同一类，即它们全都被各自国家和边界地区的人民所接受。……如果我们根据边界的初步功能建立其分类系统，只是为以后再根据边界不同特点来确定该类边界的范围。例如，可以根据人口的天然隔离情况，民族的区分，以及国家边界发展的历史。总之，我们希望避免普遍流行的那种地理决定论的方式。关于国际边界的第二个问题是其分界功能被边界两边国家所坚持的程度，也就是商品和人员穿过边界线的所有活动被边界官方有效控制的程度。在研究时，地理学家当然要观察画线所通过地带的特点对控制方法的难易。"①

　　无论政治景观学派，还是政治生态学派，都比较注重从静态的角度研究政治区域中有形的因素。尽管哈特向后来超越了景观学派的樊篱，强调"向心"和"离心"的力量这些无形的因素在国家演化过程中的作用，但在斯蒂芬·琼斯之前，对有形的政治区域的研究在政治地理学中一直占主导地位。琼斯提出的"统一领域理论"（Unified Field Theory）试图从动态的角度对政治区域的有形因素和无形因素进行综合考察，其学术依据渊源于惠特尔西、哈特向和让·戈特曼（Jean Gottman）

---

　　①　转引自王恩涌等编著：《政治地理学：时空中的政治格局》，高等教育出版社 1998 年版，第 162—163 页。

三人的政治地理学思想的融合。哈特向承认流动（circulation）是克服自然障碍把国家整合起来的一种措施，但他并未将其归入向心力之列，也未讨论它在国家思想发展中的可能作用。"他似乎把流动当做经济和政治力量的一种表现来考虑，而不是作为一种第一性的力来考虑。一个已建立起来的国家肯定会对流动格局产生惊人的影响，即使流动在原先对国家地域的形成有所帮助。在哈特向的理论中，也可能承认传统形象（iconography）的作用。它既是一种向心力，有时亦是一种离心力。根据哈特向的看法，流动并不必然带来不稳定和变化。它可能有助于稳定，例如，加拿大的铁路的情况就是这样。传统形象并不总是造成稳定。大的传统形象和小的传统形象有可能导致冲突，例如，地方主义和国家主义、民族主义和国际主义，它们在传统形象上的作用就有这种可能。哈特向另一思想——国家成熟性——表示一个国家地域与国家传统形象的共存。"①

　　而在琼斯的统一领域理论中，"思想"和"国家"是一个链条的两端，该链条构成的具体环节为：政治思想（political idea）—决策（decision）—运动（movement）—场（field）—政治区（political area）。在这个链条中，政治思想的含义不单是国家思想，而是指所有的政治思想，既可以是现实国家的思想，也可以是国家形成道路上某过程的思想，甚至可能只是一种本能的聚合、无意识的表现。思想和决策在琼斯看来是行动的前奏。琼斯使用的"政治区"指所有政治上的组织起来的区域，不论它是一个民族国家、一个独立的地区，还是一个行政建制区域，所有政治区的一个共同特点是，它们都有公认的界线，虽然界线不一定是条线，也不一定就是永恒不变的。琼斯所谓的"运动"（movement）基本上就是戈特曼所谓的"流动"（circulation）。琼斯将其放在该链条中与决策相联系使其产生新的转换。每个决策都和这种或那种运动方式有关，虽然也有例外，但不可能把一切都想到。某些决策带来运动，某些决策改变了运动，某些决策则是限制了运动，某些决策

---

　　①　王恩涌等编著：《政治地理学：时空中的政治格局》，高等教育出版社1998 年版，第 210 页。

甚至是引起一种新的运动去代替或控制旧的运动。运动不一定要卷进大群人和大量的事务（它可能就只是无线电波），但是，通常情况下，人和物的运动是政治决策的结果。这些由于政治引发的运动可以看作是"流通场"。国家公路上巡逻人员运动形成一个场，军援物资的装运形成一个场，农场补贴支票发送和投递也形成一个场。琼斯吸收惠特尔西的思想，指出：场的存在既有时间尺度又有空间尺度，时间尺度有三个导数：速度、节奏、定时。如公路上的巡逻队形成一个场，但对法律破坏者和法律执行者来说，重要的是了解巡逻队在什么时候、在什么地方执勤。他们巡逻的有效时间表是定时问题。整个交通和整个交通规则可以看作是时—空场。在琼斯统一领域理论中，这种链条被形象地比喻为在相同水平高度上相互串联起来的一系列湖泊或盆地，只要进入一个盆地，就可以传到所有其他盆地。该理论在其词汇链中所表示的是一套清单（check-list），虽不可能为任何问题提供最终答案，但为人们准确的研究定位导向提供了简明实用的指南工具。例如，美国的禁酒法令作为一种思想早已有之，而第十八条修正案和禁酒法令则是最后决策，它使禁酒法令经历了从思想领域进入行动领域。禁酒法令的即期效果是造成运动中的彻底变化：酒类的合法装运停止，原料不再供给蒸馏造酒，有组织的非法运动沿新线路进行，执法官员则实行巡逻和稽查。这种运动的场内密度不是均匀的，所以该场边界也并不与美国的边界完全对应。城市的贫民窟和阿巴拉契亚谷地成为这种活动的中心。邻近国际边界地带是警察巡逻的重点区。巡逻范围在海上达到十二英里。其运动的效果在海外甚至都可被感受到。虽然国家领土未变，但是新的管理区却得以建立起来。如果法律未变，而且要严格执行，则不难想象关于领海的概念可能会变化。由于琼斯的统一领域理论解释力颇强，所以有学者指出：统一场论也使边界研究符合于政治地理学的总的模型。边界当然是两个政治区之间的一条线，但是它也是一个区域中的一条线，正如哈特向在对上西里西亚的研究时认为，边界地区却是一个场，其中位于政治区之间的线严重影响了流通。一个边界场甚至可能变成一个政治区，如同缓冲国和边疆省那样。

　　斯蒂芬·琼斯坚持以这样的原则为出发点，即不能绝对地说一种边界优于另一种边界，除非特定疆界的特定部分可以如此评判。尽管博格斯（Samuel Whittemore Boggs，1889—1954）提出的分类被琼斯重申，但这以其并不支持任何抽象理论和划分、而以将整体局势纳入正确妥适的划分考量之内为前提。疆界划分技术大体上涉及人文地理边界（anthropo‐geographic boundaries）、山脉边界（mountain boundaries）、水域划分边界（water-parting boundaries）、在沙漠中的边界（boundaries in deserts）和在森林中的边界（boundaries in forests）。就确定人文地理边界而言，主要关涉的因素有民族、语言、种族、人口调查资料、行政管理、土地利用和流通体系，诸如土地界产等既存的人文地理边界可以非常有用地被接受为国际边界，尽管这也许并不每每如此。[①] 在沙漠地区，最适宜的边界线也许是那些武断确定的界线，因为诸如山脉等自然标识的线条通常被用作道路的枢纽和人口的中心。在森林地区，疆界划分问题可以采用以土地形态、水文地理、几何学、天文学确定的点、文化特征和部族占有土地等为基础的界线。边界划分过程包括四个历史阶段：（1）领土分配（allocation of territory），（2）条约划界（delimitation in a treaty），（3）在地表上勘分界线（demarcation on the ground），（4）执行管理（administration）。

斯蒂芬·琼斯的这部著作由于范围所限——论述政治家、条约编者和边界委员会的划界工作，使之得以避免落入有关描述、形成、功能等等笼统空泛论述的陷阱，结果产生了有关十分实用的主题方面的令人敬钦的成就。不过，这部著作的论述仅仅完全在 1939 年以前适用，因为当时居民和领土构成何国之一部分、边界位于何处是纯粹的政治决定。相当多地偏离既存的人文地理边界，被视为适宜的和在边界委员会权限之内的。也许没有意识到这一点，琼斯因此将政治边界视为随各种需要而选择的重新决策努力，在疆界的每一部分，可以是以地理、历史、人类学、人种学、经济学或几何学为基础划定的各种界线之一。所以有学者说，琼斯在 1959 年 9 月《美国地理学家协会年鉴》第 49 卷上发表的

---

① Stephen B. Jones, *Boundary Making: A Handbook for Statesmen, Treaty-editors and Boundary Commissioners*, Washington DC: Carnegie Endowment for International Peace, 1945, p. 96.

《在空间和时间背景中的边界概念》（Boundary Concepts in the Setting of Space and Time）较之其《疆界划分》一书更具价值。[1]

正如 J. R. V. 普雷斯科特（John Robert Victor Prescott）所言，S. W. 博格斯在海洋疆界划分方面的贡献是如此巨大，以致琼斯和穆迪（Arthur Edward Frank Moodie，1901—1970）都倾向于踵武其学。[2] 博格斯在 20 世纪 30 年代担任美国国务院地理专家，并于 1930 年以美国代表团技术顾问身份出席海牙海洋法会议，慨阐宏论，影响极大。他关于海洋疆界的观点主要体现于其四篇举世闻名的论文中，即载于 1930 年《美国国际法杂志》（American Journal of International Law，AJIL）第 24 卷的《领海的划界》（Delimitation of the Territorial Sea）、载于 1937 年《地理评论》（Geographical Review，GR）第 27 卷的《水域疆界的定义问题》（Problem of Water Boundary Definitions）、载于 1951 年《地理评论》第 41 卷的《各国对邻接海域的主张》（National Claims in Adjacent Seas）、载于 1961 年《美国国际法杂志》第 48 卷的《国家管辖下向海区域的划界》（Delimitation of Seaward Areas Under National Jurisdiction）。[3] 博格斯于 1940 年出版《国际边界——边界功能和问题的研究》（International Boundaries-A Study of Boundary Functions and Problems）是其对一般疆界理论问题研究之集大成。他接受在边界作用和边疆地区之间的划分，但不太倾向于将边疆地带视为确实存在。边界的主要缺陷在于其界定，即使最早的边界相反亦是宽阔的边缘而非线条。博格斯认为罗马帝国时代的统治者和学者没有现代通过谈判确定的边界线的概念。地图上直到 19 世纪中叶才有线条式边界的描绘，这与其说是特别确定的领土界线的确实存在，不如说是地图绘制者使其工作在艺术上完美的呈现。沙漠边界在许多世纪中都是宽幅变化的地带组成，犹如流沙般漂

① 此文亦被笔者的学生冯永明等翻译为中文，收入笔者即将出版的《空间、法律与社会经济资源：西方边疆理论经典文献精粹》。

② J. R. V. Prescott, The Political Geography of the Oceans, London：Macmillan Press, 1975, p. 21.

③ 其中三篇被笔者的学生冯永明等翻译为中文，收入笔者即将出版的《空间、法律与社会经济资源：西方边疆理论经典文献精粹》。

移不定。边界不经过条约确定和在地表上勘分，就不能被视为明确建立的边界。除了间断的竖立的不令人注目的界标外，许多边界是人们在旅途中在地表上看不见的。[①] 尽管相邻两国已尽最大努力，边界线穿越地带内部的统一性，有时甚至超越边界居民与同一国籍远方的居民之间联系的统一性。博格斯并没有使自己过分地关注对实践目的而言早已司空见惯的所谓自然一人为疆界理论。他对疆界的划分更为模糊且详尽，具体说包括：

（1）物理类型（Physical types）

①山脉

山脉主峰（Mauntain crests）

分水岭（Water Divides）

②沙漠

③湖泊、海湾和海峡

中线（Median lines）

主航道（Principal navigable channels）

④堤岸或沿海（Banks or margins）

⑤沼泽

⑥从领水到公海的边界

⑦轮廓线（Contour lines）

（2）几何学类型（Geometrical types）

①直线（Straight lines）

②纬度平行线（Parallels of latitude）

③罗盘线或斜驶曲线（Rhumb lines or loxodromic curves）

④北极圈（Arcs of a circle）

⑤与海岸和河流的平行线（Lines parallel to a coast or river）

（3）人文地理类型（Anthropo – geographic types）

①部落边界（Tribal boundaries）

---

① S. Whittemore Boggs, *International Boundaries: A Study of Boundary Functions and Problems*, New York: Columbia University Press, 1940, p. 109.

②语言边界（Linguistic boundaries）

③宗教边界（Religious boundaries）

④经济边界（Economic boundaries）

⑤历史边界（Historical boundaries）

⑥文化边界（Cultural boundaries）

⑦私有财产边界（Private property lines）

（4）复杂或复合边界（Complex or compound boundaries）

除了上述"现象学分类"（phenomenological classification）外，博格斯还引哈特向为同调。因为边界除非与人类相联系就毫无意义，所以他又进一步采取发生学分类（genetic classification）方式将边界划分为：（1）先行边界（Antecedent boundaries）；（2）遗存边界（Relic boundaries）；（3）后继边界（Subsequent boundaries）；（4）叠加边界（Superimposed boundaries）。

从本质上说，博格斯关于古代边界地位的观点混淆了过去边界的存在与当代人对边界的理解。线性边界的法律概念在西方至少可以追溯至"limes"，罗马在若干地区建立起的边界即是线性的。博格斯对早期现代地图的制图学描绘提出批评，把制图员缺乏充分知识视为关键因素，却无视是否存在线性边界这一更为重要的层面。地图上的界线是否明确地确定的问题，与在实践中被尊重的界线实际存在的问题无关。界线的分割（abornment）程度不一是存在的，但这也对决定界线存在与否并非关键要素。边境地带和该地带在某些情况下的统一性，是社会学现象，对了解该地带居民行为具有重要性，但对该界线是否为政治和行政活动的合法界线问题也没有必然联系。博格斯对边界的划分较诸前人无疑将研究大大推进，然而亦难逃划分标准不统一的谴责。

20 世纪中期，是地理学界研究疆界问题的黄金时期，各种论著在经历第二次世界大战血与火的洗礼后如雨后春笋般破壳而出，成为战后重新描绘世界政治地图的蓝图。仅在 1944—1945 年间，除琼斯的《疆界划分：供政治家、条约编者和疆界委员之用的手册》外，还有罗德里克·皮蒂（Roderic Peattie，1891—1955）的《审视边疆：和平之桌的地理学》（*Look to the Frontiers: A Geography for the Peace Table*，New

York：Harpers and Brothers，1944）、R. 斯特劳斯－于佩（Robert Strausz-Hupé，1903—2002）的《地理政治学——为空间和权力而斗争》（*Geopolitics：The Struggle for Space and Power*，New York：G. P. Putnam's Sons，1942）、保利诺·德·阿斯卡拉特（Paulino de Azcárate）的《国际联盟和少数民族：一个尝试》（*League of Nation and National Minorities：An Experiment*，New York：Columbia University Press，1945）等。这不仅是边疆研究成果累累的丰收季节，更标志着以美国为中心的学术话语霸权时代的开启。

罗德里克·皮蒂遵循"边疆"为地带和"边界"为线条的常见划分。边界从边疆演化而来，不过作为地带的边疆继续作为文化特征的地带存在。这一地带是冲突之域，边界总处于流动的状态。边疆地带（尤其在山区）具有它们自身的个性。功能少或弱化的边界较诸森严的执行多种功能的边界更适合于人类。在罗德里克·皮蒂看来，边界代表落伍的观念，因为侵略性的民族主义对边界的施加压力消解了自然障碍的优势。单纯的政治边界仅在国家和平时期服务于行政目的，一旦和平受到影响，就成为仅仅人为制定的线条而无法抵抗侵略性国家在边疆地区的压力。基于此，罗德里克·皮蒂提出了一个令人吃惊的解决之道，即过渡地带必须像一个新的国家般分离出来。他同时还倡言，所有边界都应该国际化，不再成为主要的财政上的海关关卡。

在地理学重心从德国向美国转移权势的过程中，斯特劳斯－于佩和许多德语国家移居美国的学者一样，既早受惠于德国战前学术传统的影响，更对纳粹所毒化的学术深恶痛绝。斯特劳斯－于佩接受传统的边疆地带和边疆线的划分，仅反对德国学派将国家视为有机体的公设，边疆地带和边疆线都被视为主要是政治的产物。它们在近代以前并不存在，因为早期社会并不重视作为政治权威分界线的固定边界。当时，国家并不需要晓知其形成对外政策的范围之确切所在，甚至宁愿使之模糊化。现存的疆界是因为历史事件而出现，通常是冲突行为的结果，仅仅是两大政治权力局势之间的断限。疆界仅仅在相关国家尊重它们的范围内是稳固的。在目前，最好的疆界是最无法通过的。过去和将来最好的疆界是既能促进经济交往和交通，又符合风俗、文化、经济和地形诸方面考虑的划分。① 斯特劳斯－于佩认为豪斯浩弗对疆界的划分难惬人意，但他自己又没有提出替代性的主张。斯特劳斯－于佩的论述往往被后人所忽视，其实，他第一次强调了在建立边界线过程中政治事件的重要性，明确表述了边界只有在相关国家不破坏它们时才属稳固的学理。

地理学研究重心向美国转移还可以从让·戈特曼的研究活动略窥一斑。让·戈特曼是法国地理学者，毕业于巴黎大学，在 1939—1940 年曾为德芒戈的助手，在法国地理学谱系中属于第四代的代表人物。在第二次世界大战中，法国沦陷，让·戈特曼等法国地理学家便背井离乡前往盎格鲁—撒克逊国家寻找避难地。戈特曼到美国后，1942 年担任华府经济福利委员会的地理顾问，1946—1947 年指导纽约联合国秘书处的研究工作，1949—1952 年任国际工会区域规划委员会的主席。戈特曼作为新泽西州普林斯顿高级研究院的一名成员，曾多次应邀访问美国，长期作为美国许多著名大学的客座教授进行讲学活动。戈特曼起初专门研究法国人文地理学和地中海区各国，② 二战后转而研究经济地理和政治地理的一般理论。戈特曼的两部重要著作——《本世纪中的弗吉尼亚》（*Virginia at Mid-century*，New York：Henry Holt，1955）和《大

---

① Robert Strausz-Hupé，*Geopolitics: The Struggle for Space and Power*，New York：Putnam，1944，pp. 219－242.

② 据统计，在德国，1850—1900 年间，在大学历史学讲座的一百四十一人之中，八十七人是攻读神学或哲学的，十人攻读经济，十二人攻读地理。与此相对照，地理学在法国则是大学教师任职资格考试（agrégation）不可或缺的一部分。法国于 19 世纪末形成了被学术界所称为的"维达尔传统"。保罗·维达尔·布拉什（Paul Vidal de la Blache）的人文地理学（géographie humaine）深深影响了自费弗尔之后整个年鉴派历史学家的传统（参见 Georg G. Iggers，*Historiography in the Twentieth Century: From Scientific Objectivity to the Postmodern Challenge*，Hanover and London：Wesleyan University Press，1997，p. 53）。关切着文化与物理空间双方相互作用的"人文地理学"是年鉴派史学的一个重要部门。由于地中海地区是法国地理学者"憧憬"的地方，布罗代尔的《菲利普二世时代的地中海和地中海世界》（*La Méditerranée et le Monde méditerranéen à l'époque de Philippe II*，Paris，Armand Colin，1949）在这种学术脉络中也不例外，而且该书中所提出的长时段理论也是源于地理学名词的翻新。这只要想一想地质年代（geologic time）的侏罗纪、白垩纪等等概念就可以明白其间的关联了。

都市带：美国东北海岸的城市化》（*Megalopolis, The Urbanized North-eastern Seaboard of the United States*, New York: The Twentieth Century Fund., Inc., 1961），都是由美国约稿并在美国出版的。他不仅以法国人的身份用娴熟的英文写作而享誉卓著，更重要的是将欧洲大陆地理学家研究方法的火炬传入美国新大陆，以自己有口皆碑的学术成果为当时在美国声名不佳的"区域研究方法"立范垂式。戈特曼把政治地理所考虑的主要因素简洁地概述为"共居"（cohabitation），即在各个聚落点上一些互相依赖的单元的聚集、"分布"（repartition，即为聚集所必需的分布方法和方式）和"运输网"（réseau des accès，由过去和现在的聚集和分布方式所产生的运输网）。在 20 世纪 70 年代，戈特曼在美国从事领土概念的研究。[①]在戈特曼看来，领土面积的极大差异在任何时候、任何地点都对行为产生影响，领土面积大的国家的行为很可能具有使它们区别于小国行为的某些特征。戈特曼将国家分为"亚历山大式"和"柏拉图式"两种类型。前一种国家以那些通过征服以及觊觎全球而获得庞大领土的国家为代表，这种国家是领土型的，夺取和统治领土对其至关重要。后一种国家往往属于由一个城市加上其腹地组成的小国，夺取领土对其而言位于次要地位，其最为关注的是将自己并入一个更广阔的体系之中。换言之，前者是向心变化过程的最终产物，依据其所能控制的领土来衡量其成功，而后者的成功则以其并入更大体系中的程度为准绳戥秤。

　　戈特曼把疆界视为人为现象，认为人们建立疆界背后的基本目的在于分割，更确切说是出于防卫。[②]然而，长期以来，疆界并非不可穿越的障碍。疆界本质的真实情况在于它就定义而言是通过一个过渡和接触地带，同时又具有导致分割的特性。法律上，疆界总是一条界线，但在地理学上，它仅是一个地带。罗马人的"limes"被视为边界线，而中国长城是将政治边界线的法律概念形体化的范例。另一方面，中世纪的

---

　　①　参见 Jean Gottman, *The Significance of Territory*, Charlottesville: The University Press of Virginia, 1973。

　　②　Jean Gottman, *La Politique des Etats et leur Geographie*, Paris: Librairie Amand Colin, 1952, pp. 121 – 145.

边界（The medieval marches）则被戈特曼视为地带疆界的范例。戈特曼认为昂塞尔将疆界视为等压线实属不恰当的类比。疆界也许有时源于邻国以对方为代价的领土扩张的企图，但更正确的是，疆界的形成是由于各国行政管理组织的密切接触、和平的商业关系的发展、双方态度的保持与改变等。疆界问题在于超出边界线以外，在于领土外部现象与领土内部出现的过程之间存在的关联。边疆是与外部联系的地方，边疆线是这种接触的地点。在法律前提下的疆界穿越是由法律和政治决定的，在物理前提下的疆界穿越则是由自然条件决定的。而这种物理前提是能够改变的，诸如沼泽的排水干枯和森林的砍伐消失。戈特曼对博格斯关于疆界划分的学说表示同意，但对此没有深入论述。建立新疆界的基础（即戈特曼所谓的"分界"）随不同时代和地区而变化。戈特曼提出的标准包括自然疆界、战略疆界、王朝继承、语言、宗教、公民投票和人口交换等。从戈特曼的思想来看，疆界的地带性和线条性不再被视为彼此矛盾，或者一个为实存而另一个为虚构；相反，这被视为同一现象不同层面的标志。另外，疆界的形成，不仅是联系和分割功能相互作用的实现，而且是自然、社会、历史诸多因素的综合作用的产物。不难看出，戈特曼的思想较诸前人的确具有相当层面的突破。

　　笔者认为，西方二战后地理学界关于疆界的研究与时俱进，但没有特别声势雄壮的学派，百家争鸣，呈现一种多元化的格局。其中，有两位长期活跃于地理学界的人物值得关注，一个是 A. E. 莫蒂（A. E. Moodie），一个是埃里克·费希尔（Eric Fischer）。莫蒂关于疆界的研究主要成果有《政治学背后的地理》（*Geography behind Politics*, London：Hutchinson University Library，1947）以及他和伊斯特（William Gordon East，1902—1998）主编的《变动中的世界》（*The Changing World：Studies in Political Geography*，London：George G. Harrap & Co.，1956）。莫蒂并不满足于边疆为地带、边界为线条的区分，而且进一步分析这种区分的基础。按照莫蒂的观点，边疆是国家之间沿物理障碍的领土地带。边疆总是存在的，拥有空间延伸性，但由于其过渡性质不具有准确的界定，边疆的地位在过去和在第二次世界大战结束以后并不相同。它们在大面积土地并不属于任何国家一部分时一度是时代的普遍现象，但此后逐渐合并于诸国，至今以相邻两国之间边缘地带的形式出现。边疆现今的目的在于地理学意义上使一种物质环境与另一种物理环境相联结，换言之，从一种物理环境过渡到另一种物理环境。它们因此本质上是地理区域之间的过渡地带，而不是国家之间的过渡地带。莫蒂将边疆视为地区性的。就边疆是地球表面一部分而言，它们是自然的。当它们被归入地理学上的区域的范畴时，它们具有单独的特性。边界是线性的。现代国家的特质需要建立其地域组织上沿着准确无误的界线清楚划定的国家边界。边界是人为的，因为它们被选择、被确定和勘分，有时与物理特征相符合，有时则置之不顾。边界表示相邻国家之间的突然中断，是特意设计的分割，与自然中严格的界线没有可比性。它以一种准确无误的方式表示着一个国家行使主权的领土范围。边界是政治性的，而不是地理性的。国与国之间的界线是文化景观的现代附加物，是国家权力和权威向心力增加的缩影。直至晚近，除少数例外，国家的边界均不够明确。而现在在大多数情况下，边界不仅明确界定，而且在地表上准确勘分。莫迪接受博格斯对疆界的划分理论。他认为对自然疆界的探讨徒劳无益，因为线性边界在自然中是不存在的。尽管物理特征的确常常成为政治边界，但它们从未提供过连续和完整的划界，其优点仅在于使边境民众可以认知和熟悉，但利用现代分界手段，其他的界线也可以很容易获得这种优势。在实践中，几何学边界在非洲应该是理想的划分，尽管它们也许不一定在各国高度发达后被互相接受。人文地理学边界常常试图在过渡地区划出精确的分界线。它们的重要性在于对物理和人类的地理基础的承认，在于对民族自决国家以这些地理基础划界的暗示性承认。按照莫蒂的观点，边界线通常位于边疆之内，根据相邻国家在其扩张活动中的成功或失败而被置于边疆土地之上。这并不是人们心中有邪恶之念，只要世界上的居民坚持将自己组织成一系列的国家，边界作为法律管辖区域之间分界线就将继续是必要的。边界纠纷之所以产生，是因为：其一，仅仅自 19 世纪起确切和完备的政治边界才开始建立，其过程尚未完全结束；其二，边界是相邻两国互相施加调整能力的焦点所在。

　　费希尔在疆界方面的典范之作有《边界的性质与功能》（Nature

and Function of Boundaries）和《边界的影响》（The Impact of Bounda-ries）。这都被收入汉斯·魏格特（Hans Werner Weigert）主编的《政治地理学原理》。① 由于费希尔研究成果的问世，从重新划定边界的偏见到正确评估边疆的基本转向可以说实现了。尽管如此，人们在几十年后发现戈特曼和费希尔的论述成为法律、政治甚至有时还包括地理教科书的一部分仍存在困难，因为这些教科书继续满足于拥护寇松－博格斯－琼斯等人的流派传统。费希尔对"边疆"（frontier）、"边界"（bounda-ry）和"边境"（border）所赋予的内涵不同于以往的学者。在他看来，边疆既可以指线条也可以指地带，边界线（boundary line）和边界地带（boundary zone）的根本区别在于，前者是仅有一维的数学上的线条（尽管在地表上它可能有数英尺的宽幅），而后者是双维的。边境（bor-der）和边境地区（border-area）就是美国历史上的边疆（frontier），或指边界线向内侧延伸且逐渐与内国融为一体的地带。费希尔第二方面的研究在于遵循和改进戈特曼对地带功能和组织的分析。他认为，边界地带源自相邻两国相互接触的情形，而边界线是合法的建立和确定，不论这种建立和确定是否为其他国家所承认。边界线是人类选择和活动的产物，仅在人们建立它时才存在。在地表上使线条明显的界标依循先前已建立起来的边界，它们本身并不建立边界。明显而确定的边界概念和罗马法一样久远。费希尔甚至认为这种边界在欧洲是从古老的封建地产边界演化而来。它们的确立是近代发展的产物，边境领土变得越来越明确，直至过渡性的边疆地带几乎从地图上踪影杳然。自然特征在这种发展中并不总是具有决定性作用。边界是国家制度，人口、经济和意识形态发展在改变边界功能和边界地区价值的过程中交互作用。边界改变间断性地出现，通常是政治事件的产物。经济的、历史的、意识形态的力量有助于其稳固。边界在景观和民众生活方式中越根深蒂固，它存在的时间就越长久。其来已久的边界之所以比新近建立的边界优越，其主要原因即在于此，而不是由于地形特征所致。当然，正是边界的存在形构

① Han W. Weigert, ed al., *Principles of Political Geography*, New York：Apple-ton Century-Crofts, 1957, pp. 79－141.

了人文景观，使保留古老边界或恢复它们是可取的。新建的边界是人为的，也能随着其存在的延续获得分割的特性，但每条新建的边界都会对一些群体造成痛苦的转型，而在古老边界地区，这种产生的痛苦早已被忘怀，甚至人们从未感到过痛苦，因为边界在过去若干世纪之前仅有少数的功能。边界所导致的摩擦可以通过削减边界功能或重新划定边界的方式解决，而完全废除边界是一种乌托邦式的幻想。在边界分类方面，费希尔的观点反映了对前人论述的深化。一方面，他接受博格斯/琼斯阐发的分配（allocation）、划界（delimitation）和标界（demarcation）的确定边界的三段论，但另一方面，他并不认为这样的程序就可以使边界有效。费希尔自己的划分以接受（acceptance）为唯一标准，认为边界有四种类型：（1）完全承认的边界（full recognized boundaries），这种边界被所有国家承认。（2）部分被承认的边界（partly recognized boundaries），这种边界被进行划分的国家所接受，但不被整个国际社会所接受。这有两种情形：①在边界上出现改变的地方，但被该边界所分割的国家继续存在；②由于边界的改变，被原先存在的边界所划分的其中一国消失。（3）事实边界（de facto boundaries），这种边界存在并在实践中被承认，但不被该边界划分的一国或双方所接受。（4）虚构或主张边界（fictitious or claimed boundaries），这种边界不一定在过去以来就存在，或不与现存的边界一致，但仅仅为坚持以此划界的国家所坚持（继续被坚持）具有效力，以反对邻国对其主张边界毗邻地区拥有的主张。

第三节　历史主义边疆理论：以特纳边疆历史学派为中心

在 19 世纪中叶，不仅世界政治地图与当代相去甚远，而且世界学术的版图亦与当代学术的空间分布和科际泾渭分明。在当时世界学术体系中，英、法、德等欧洲国家是学术中心地带，北美新大陆作为殖民地的乐土在学术上并未因美利坚合众国的建立而迅速"非殖民化"，尽管拉尔夫·爱默生（Ralph Waldo Emerson, 1803—1882）在 1838 年曾发出"智力独立宣言"（Intellectual Declaration of Independence）的呼吁，但唯欧至上的学术"受殖"现象不仅是无奈的被迫选择，亦是主动的吸收摄取的结果。"就美国历史编纂学来说，特纳所处的时代相当于美国史学发展的中间阶段。前特纳时期，历史在美国不是独立的学科，而是从属于文学的范畴。"① 立国年浅的美国史学的历史源既不远，流亦不长，作为"美国史学之父"的班克罗夫特（George Bancroft, 1800—1891）所著十卷本《美洲大陆发现以来的美国史》（*The History of the United States, from the Discovery of the American Continents*）堪称美国史学开山名著，就反映了美国史学早期学派（亦称"浪漫主义学派"）注重文笔优美藻丽但史学专业色彩淡薄的特征。但到特纳（Frederick Jackson Turner, 1861—1932）进入约翰·霍普金斯大学时，历史学正成为一种专业学科，而不是仅为文学的附属物。1884 年美国历史协会（American Historical Association, AHA）成立，1895 年起《美国历史评论》（*American Historical Review*, AHR）定期出版，标志着历史学以独立的体制化姿态跻身学科之林。

此外，在前特纳时期，美国历史学不仅在学科型制上未能岸然独立，而且在思想形态上未能挺直学术的精神脊梁。美国的盎格鲁撒克逊学派（亦称"制度史学派"）盛行，以所谓欧洲"生源论"（germ theory）来解释美国制度和文化的起源，认为美国早期的历史只不过是这种"生源"在美洲环境中的发展而已，而对美国史中美洲因素和特点不屑一顾。盎格鲁撒克逊学派的中心在约翰·霍普金斯大学，其代表人物也正是特纳在约翰·霍普金斯大学的业师赫伯特·亚当斯（Herbert Baxter Adams, 1850—1901）。亚当斯将兰克学派（the Ranke school）的治史方法引入美国，在研讨班中反复宣扬其"生源论"学说，他在《新英格兰诸城镇的日耳曼起源》（*The Germanic Origin of the New England Towns*, Baltimore：Johns Hopkins University, 1882）、《美洲的萨克森什

---

① 杨生茂编：《美国历史学家特纳及其学派》，商务印书馆 1983 年版，第 15 页。

一税》（*Saxon Tithing-Men in America*，Baltimore：Johns Hopkins Universi-ty，1883）等著作中，宣称美国新教徒和古代日耳曼人因为"种族上的共同性"而具有"政治上的血统关系"[①]，这支盎格鲁—撒克逊人后裔的"特殊的质"造就了美国的民主制度。如同柯文（Paul A. Cohen）采取"内部取向"（internal approach）将中国历史的中心放在中国（centering Chinese history in China）一样，特纳摆脱其师的学术依赖路径，与"生源论"外烁式解释美国历史的欧洲中心论范式分道扬镳，认为美国制度不是从日耳曼的"特征"，也不是从黑森林（Black Forest），而是从美国的荒野来的。他不是从遗传理论出发，而是将问题置于美国情境，指出：美国的民主"的确不是由'苏耳环·康斯坦特'号载到弗吉尼亚的，或是由'五月花'号载到普利茅斯的。它产生于美国森林"[②]。"只有把视线从大西洋沿岸转向大西部，才能真正理解美国的历史。"（The true point of view in the history of this nation is not the Atlantic coast；it is the Mississippi valley.）[③] 故而有学者一针见血地指出，特纳的学说是"美国历史写作中的门罗主义"[④]。

1893 年 7 月 12 日，特纳在芝加哥举行的美国历史协会会议上宣读了题为《边疆在美国历史上的重要性》（The Significance of the Frontier in American History），从此蜚声史坛。因为这篇论文提出了著名的"边疆假说"（the Frontier Hypothesis），即"Up to our own day，American his-tory has been in a large degree the history of the colonization of the Great West. The existence of an area of free land，its continuous recession，and the ad-

---

① 加尔金：《欧美近代现代史学史》上，董进泉译，安徽教育出版社 1986 年版，第 216 页。

② Frederick Jackson Turner，*The Frontier in American History*，New York：Henry Holt and Company，1920，p. 1.

③ Frederick Jackson Turner，*Frontier and Section：Selected Essays of Frederick Jackson Turner*，With an Lintroduction and notes by Ray Allen Billington，New Jersey：Prentice-Hall，1961，p. 39.

④ Avery Craven，Frederick Jackson Turner，in William W. Hutchinson，ed.，*The Marcus W. Jernigan，Essays in American Historiography*，Chicago：The University of Chi-cago Press，1937，p. 254.

vance of American settlement westward, explain American development"①。特纳一生笔耕不辍，勤奋著述，其最重要的有四部：《新西部的兴起》(*The Rise of the New West, 1819 – 1829*, New York：Harper & Brothers，1906)、《美国历史上的边疆》(*The Frontier in American History*, New York：Henry Holt and Company，1920)、《地域在美国历史上的意义》(*The Significance of Section in American History*, New York：

特纳像

Henry Holt and Company，1932)、《1830—1850年的美国：这个国家及其地域》(*The United States 1830 – 1850：The Nation and its Sections*, New York：Henry Holt and Company，1935)。从美国历史学发展而言，特纳的"边疆假说"为美国史添誉增色，从此美国史学家可以不再是屈居

---

①　对"边疆假说"，中国学术界有三种不同的译文：(1)"直到现在，一部美国史大部分可以说就是对于大西部的拓殖史。一个自由土地区域的存在，及其继续的收缩，以及美国向西部的拓殖，都可以说明美国的发展。"(载《历史译丛》1963年第5期，黄巨兴译，张芝联校。)(2)"直到现在，一部美国史大部分可以说是对于大西部的拓殖史。一个自由土地区域的存在及其不断的收缩，以及美国向西的拓殖，就可以说明美国的发展。"(见杨生茂编：《美国历史学家特纳及其学派》，黄巨兴译，张芝联校，商务印书馆1983年版，第3页。)(3)(直到现在为止，一部美国史大部分可以说是对于大西部的拓殖史。)"可以自由进入的地区的存在及其不断的缩小，还有美国人的定居地继续向西推进，这一切说明了美国的发展。"(见雷·艾伦·比林顿：《向西部扩张：美国边疆史》，周小松等译，商务印书馆1991年版，第11页。)张芝联在1998年《读书》第9期上撰文分析上述三种译法，他认为，在第一种译法中，边疆的拓殖"可以说明"美国的发展，语势带有假设性或推测性，比较符合特纳"边疆假说"的原意，但"都"字用得不好，应删去。在第二种译法中，由于在"可以说明"之前加了一个"就"字，虽保留了译文的假设性，但把"边疆"变成了"说明美国的发展"的唯一因素，因为在这里"就"带有"仅"或"只"的含义，应删去"就"。在第三种译法中，由于把"说明"一词译成了过去时，即把"可以说明"译成"说明了"，而成为一个已被证明的真理或判断，既不符合"边疆假说"的原意，且原文动词"explain"是现在时而不是过去时，译成"说明了"是不恰当的。

克里奥王国的二等公民（a second class citizen in the land of Clio）。不过，所有这些著作和文章，其重要性都超不过他于 1893 年在美国历史协会会议上宣读的那篇彪炳史册的著名论文。查尔斯·A. 比尔德（Charles Austin Beard，1874—1948）认为，特纳提出"边疆假说"的这篇论文，"比关于这一题目所写过的任何其他文章或书都有更深远意义的影响"（more profound influence on thought about American history than any other essay or volume ever written on the subject）①。弗雷德里克·L. 帕克森（Frederick Logan Paxson，1877—1948）盛誉此文为"美国的再发现"，甚至比哥伦布更为成功，② 而罗伯特·E. 赖吉尔（Robert Edgar Riegel）甚至认为，"特纳这篇具有历史意义的论文，在公众心目中，仅仅略逊于《圣经》《宪法》和《独立宣言》的地位"③。

关于美国西部边疆这一话语主题，在特纳之前或同时的许多学者，诸如英国的亚当·斯密、意大利的 A. 罗利亚（Achille Loria，1857—1943）和法国的亚历克西·托克维尔（Alexis de Tocqueville，1805—1859）等，均从不同的角度涉及过，但简而不详，没有形成众口交论的"人人美国史"（Everyman's History of the U. S）的中心论题。④ 尤其需要指出的是，马克思和恩格斯不仅多次在他们的著作、文章和书信中提及美国西部及其"自由土地"问题，并且科学地揭示了美国西部拓殖在美国历史发展中的作用这一主题。例如，在 1878 年 11 月 25 日致尼古拉·弗兰兹维奇·丹尼尔逊（Даниельсон Николай Францевич，Nikolai Franzevich Danielson，1844—1918）的信中，在谈及当时令"经济学研究者最感兴趣的对象"美国时，恩格斯首先写道："在英国需要数百年才能实现的那些变化，在这里只有几年就发生了。"接下来，恩格

① Michael Kraus，Davis D. Joyce，*The Writing of American History*，Norman：University of Oklahoma Press，1990，p. 252.

② Frederic Paxson，A Generation of the Frontier Hypothesis，1893 - 1932，*Pacific Historical Review*，II，no. 1，1933，pp. 34 - 51.

③ Robert E. Riegel，American Frontier Theory，*Cahiers d'Histoire Mondiale*，III，No. 2（1956），367.

④ William A. Williams，The Frontier Thesis and American Foreign Policy，*The Pacific Historical Review*，Vol. 24. No. 4 1995，p. 380.

斯进一步申论说："但是研究者的注意力不应当放在比较老的、大西洋沿岸的各州上，而应当放在比较新的（俄亥俄是最显著的例子）和最新的（例如加利福尼亚）各州上。"① 可见，恩格斯对西部拓殖与美国经济发展关系的关注萦怀已久。拉策尔是对特纳影响至深的精神导师之一。特纳于 1896 年在美国历史协会宣读的论文《作为历史研究领域的西部》中，对拉策尔的新版《美国地理》（Friedrich Ratzel, *Die Vereinigten Staaten von Amerika*, Münch: R. Oldenbourg, 1893）一书，尤其是对其中《作为美国一个因素的空间》一章不吝赞词。拉策尔通过对空间意识影响的考察后，即认为西部土地的广旷为美国精神提供了某种博大开阔感，并且进而分析了西部移殖、土地开垦、资源利用等问题以及这些变化过程对美国政治的重要性。②

特纳认为，美国边疆和欧洲边疆截然不同，后者有一条通过稠密人口的、筑了防御工事的边界线，而美国的边疆是位于自由土地这一边的边缘上。特纳往往根据自己一时兴之所至对"边疆"这一术语予以界定。他时而这样写道，在美国西进运动中，"边疆是向西方移民浪潮的前沿——即野蛮和文明的汇合处"③；时而又声称，边疆乃"在实际上是自由的土地的边沿上，一个扩张着的社会的临时界线"或"一个移民正在定居的地区"，一种"社会形式"，一种"精神状态"，一个"社会阶段而不是地方"，一个"过程"，"自由土地的这一边"，一条"极其迅速和非常有效的美国化的界线"，一条"记录来自人民的扩张力量的示图线"。④ 在某些场合下，他又接受了人口普查局的定义，认为边

① 《马克思恩格斯全集》第 34 卷，中共中央马克思恩格斯列宁斯大林著作编译局编译，人民出版社 1972 年版，第 333—334 页。

② 可以参见 Mark Bassin, Turner, Soloviev, and the Frontier Hypothesis: The Nationalist Signification of Open Spaces, *The Journal of Modern History*, Vol. 65, No. 3 (Sep., 1993), pp. 473–511。

③ Frederick Jackson Turner, The Significance of the Frontier in American History, 资料来源：http://www.learner.org/workshops，访问时间：2010 年 11 月 2 日。亦可参见杨生茂编：《美国历史学家特纳及其学派》，商务印书馆 1983 年版，第 5 页。

④ 杨生茂编：《美国历史学家特纳及其学派》，商务印书馆 1983 年版，第 241 页。

疆是每平方英里人口为二至六个人的前沿地区。在 1926 年 4 月 14 日致约翰·C. 帕里什（John C. Parish）的信中，特纳更坦承，"关于'边疆'这方面的问题，我从未发表过充分的论述"[①]。

约翰·T. 朱力塞克（John T. Juricek）1966 年发表的《从殖民地时期到弗雷德里克·杰克逊·特纳时美国"边疆"这一词的用法》，对"边疆"一词在美国词汇里各种变化的含义进行了卓越探究，并评价了这些定义对特纳的影响。[②] 富尔默·穆德（Fulmer Mood）《边疆的概念：1871—1898：关于一份原始资料选目的评论》（The Concept of the Frontier，1871 – 1898：Comments on a Select List of Source Documents）[③]，主要从地理含义上叙述了特纳大概所使用的出版物中关于"边疆"一词的用法。雷·A. 比林顿（Ray Allen Billington，1903—1981）是第二次世界大战后特纳学派的代表人物，他在《美国边疆论题：攻击与辩护》（American Frontier Thesis：Attack and Defense，Washington：American Historical Association，1971）中归纳和阐释特纳著作中"边疆"概念的用法，认为特纳的著作中"边疆"有两个定义："一个定义是把边疆作为一个地理地域，另一个是作为一个过程。作为一个地方，边疆可被视作与大陆未垦殖的那部分相毗邻的一个地理地域。在那里土地与人口的比例低，自然资源非常丰富，为拥有小额财产的个人在经济和社会上上升提供一种特殊的机会。作为一个过程，边疆可以陈述为：在这个过程中，所有个人和他们的制度，通过与一种社会环境——它为他们自己通过利用相对未开发的自然资源取得进展，提供了独特的机会——发生接触而引起变化。第一个定义表明，边疆不是一条线，而是一个宽度变化不定的移民区，居住着把荒野改变成文明所需要的不同类型的人。第二

---

① 杨生茂编：《美国历史学家特纳及其学派》，商务印书馆 1983 年版，第 241 页。

② John T. Juricek，American Usage of the Word "Frontier" from Colonial Times to Frederick Jackson Turner，*Proceedings of the American Philosophical Society* 110（1966）：33.

③ Fulmer Mood，The Concept of the Frontier，1871 – 1898：Comments on a Select List of Source Documents，*Agricultural History*，Vol. 19，No. 1（Jan.，1945），pp. 24 – 30.

个定义所包含的意思是：在这个地区里随着时间和地方的不同所呈现的社会退化和进化，既取决于进入这个地区的所有个人的性质，也取决于在那里他们所遇到的环境的性质。"①

在庞杂的反特纳学说的批评家大军行列中，乔治·威尔逊·皮尔逊（George Wilson Pierson，1904—1993）则反唇相讥，指出：边疆不只是地方和人口，也就是说，不只是一个莽莽荒野和捕兽者、牧人与拓荒者的贫瘠的社会。它还是一种过程，或者更明确地说，是征服大陆的过程、西进的过程、由欧洲人变为美国人的过程。这种定义上的变化无常是否还能再容忍下去。这个问题需要十分认真地加以考虑。②

英国史学家 H. C. 艾伦（Harry Cranbrook Allen）却对此种责难不以为然，撰文指出："地方、人口和过程用一个单纯的名词'边疆'联系起来，并不意味着一切都错了或是真的发生了混乱；实际上，情况恰恰相反，使这个单词成为了解美国历史中如此众多意思的线索，这正是特纳的真正成就。有一个为中世纪史学家常运用的相似的术语好像与之极其相同，也很令人满意——这就是'边境'（marches）。它毫不困难地并且很有启发作用地令人想象出一种概念——它不仅指一种地方，而且指那个地方上的一种至关重要的人，甚至指他们用以发展一个新的和独特的社会结构的进程。事实上，英国学者使用中世纪的'边境'这个词比使用任何更为现代化的类似的词，有时更能容易地理解美国边疆这个概念。然而对特纳的这种词义学的批评，实际上被广泛地认为是对他整个论题的暗中破坏。这种概括的说法好像并没有完全被重新审查过的证据所证实。与之相反，出乎意料的是，特纳对这个词的最初运用好像并没有受到损伤。"③ H. C. 艾伦还以英国人特有的语言敏感性品味出

---

① 杨生茂编：《美国历史学家特纳及其学派》，商务印书馆1983年版，第242页。

② 杨生茂编：《美国历史学家特纳及其学派》，商务印书馆1983年版，第288页。皮尔逊的诘责亦可参见 George Wilson Pierson, The Frontier and American Institutions: A Criticism of the Turner Theory, *New England Quarterly* (NEQ) 15 (June 1942) p. 47。

③ 杨生茂编：《美国历史学家特纳及其学派》，商务印书馆1983年版，第288页。

"边疆"在英、美文化之间的细微区别。他说："美国人以一种完全不同于英国人的方式使用'边疆'这个术语。这个事实说明了边疆在美国历史中的重要性。对欧洲人来说，边疆是一条边界。它在地面上就如同在地图上一样被清楚地（通常是用铁蒺藜的铁丝网，外加武装哨兵）标划出来。但是对美国人来说，它毗邻荒野（并且一般处于向荒野运动的进程中），是一条极不明确的'拓殖地的边缘'。对前者来说，它是一条精确的界线，正式固定在那里；对后者来说，它是一条移动不定的地带，一般处于横越大陆的运动中。因此，这个美国术语的陪音最初并没有被英国人的耳朵轻易地辨别出来，但是他一旦领会到这个术语的意义，这个开放的、移动的边疆就对他的历史想象产生一种直接的和强烈的感染力。"①

　　笔者认为，在近代以来全球化普遍展开的进程中，地缘政治的边界常常被重新划分和跨越，物质—信息流在日益相对迅速缩小的世界空间里的交流空前提高，但全球化不等于一体化，不仅不同语言文化之间的边界使建立成功的语际翻译关系存在一定障碍，而且在英、美语之间由于生存环境的差异，"frontier"一词在美国与欧洲人之间所指称的对象、所呈现的意蕴都不尽相同。例如，1890 年美国人口调查局局长的报告说："直到 1880 年（1880 年在内）我国本有一个定居的边境地带，但是现在未开发的土地大多已被各个独自为政的定居地所占领，所以已经不能说有边境地带了。"（Up to and including 1880 the country had a frontier of settlement, but at present the unsettled area has been so broken into by isolated bodies of settlement that there can hardly be said to be a frontier line.）② 在这里，所谓已经消失的"边境地带"的话语以及堂而皇之正告天下的话语行动都十分耐人寻味，因为即便在汉语习惯思维中作为国家统治范围的"边境地带"竟然消失的无边境的现代美国概念（the

---

① 杨生茂编：《美国历史学家特纳及其学派》，商务印书馆 1983 年版，第 282 页。

② U. S. Census Bureau, Brief History of the U. S. Census, in *200 Years of Census Taking: Population and Housing Questions, 1790 – 1990*. 资料来源：http://www.census.gov/mso/www/bkgrnd.htm，访问时间：2009 年 5 月 6 日。

concept of frontierless modern American）也是十分令人费解的，所以美国人所谓的"frontier"必须置于其当时的语境之中，透过对作为生存环境与社会活动结晶体的语词的形成分析，才能领悟个中意义。相反，非历史和非话语地使用分析性的范畴是难以克奏肤功的。在特纳的著作中，不仅其研究的对象是边疆美国化和美国边疆化的问题，而且其所使用的术语"frontier"也是美国化的主体建构，所以特纳所谓的"边疆"（frontier）有时不免仍与欧洲的"frontier"术语原义发生搭界与勾连，出现所谓一条"极其迅速和非常有效的美国化的界线（the line of most rapid and effective Americanization）"① 等用法，但即便如此，这种视"边疆"（frontier）为"界线"强调的重心也在于该"界线"后的"极其迅速和非常有效的美国化"现象及其空间结构，亦即已经是"美国化"的英文"frontier"了，已经背离了欧洲地区"frontier"术语的原初性了，具有明显的美国制的标记铭牌。同时，我们应该看到，当我们用中文"边疆"翻译特纳"frontier"术语的时候，一方面对特纳的"frontier"术语本身是具有遮蔽性的，另一方面又是以勾里连外方式赋予其某种认知的欲望，赋予其自身经验的知识暴力，所以特纳的"frontier"被译为"边疆"是在这种褶皱中展开的，即本身与特纳的"frontier"不是政治疆界的蓝本有关，亦与中国人将"borderland"与政治疆界相连的语言翻译分配策略赋予有关。

特纳认为，以前研究美国制度史的学者们"过分注意"寻找日耳曼根源的问题，而对美国本身的因素关注"十分不够"，虽然欧洲生活方式已经"打进这个大陆"，但美国也"改变和发展了"这种生活方式，并反过来给欧洲以影响。他认为，美国思想的显著特征是依靠边疆形成的。② 起初，边疆是大西洋沿岸。真正说起来，它是欧洲的边疆。向西移动后，这个边疆才越来越成为美国的边疆。正像一层一层的堆石

---

① Frederick Jackson Turner, The Significance of the Frontier in American History, 资料来源：http：//www. learner. org/workshops，访问时间：2010 年 11 月 2 日。

② Frederick Jackson Turner, *Frontier and Section: Selected Essays of Frederick Jackson Turner*, with an Lintroduction and notes by Ray Allen Billington, New Jersey: Prentice-Hall, 1961, p. 36.

是由冰河不断地流过而积成的一样，每一次的边界都在它的后面留下了痕迹，而一旦形成定居地以后，这块地方仍然保有边界的特点。因此，边疆不断地向西部推进就意味着逐渐离开欧洲的影响，逐渐增长美国独有的特点。特纳指出，在这些接连改变的边疆里，构成边疆特点的自然界线，最初是"瀑布线"（fall line），其次是阿勒格尼山脉（the Alleghany Mountains），其次是密西西比河（the Missisipi），再次是流向大致从北到南的密苏里河（the Missourie），再其次是大约处在西经 90 度的干旱地带，最后是落基山脉（Rocky Mountains）。瀑布线是 17 世纪的边疆，阿勒格尼山脉是 18 世纪的边疆，密西西比河是 19 世纪第一个二十五年的边疆，密苏里河是 19 世纪中叶的边疆（向加利福尼亚移民的运动除外），落基山脉和干旱地带则是现在的边疆。每条边疆都是通过一系列对印第安人的战争而获得的。

在特纳看来，"美国的发展不是仅仅表现为一个单线的前进运动，而是一个在不断前进的边疆地带上回归到原始状况，并在那个地区有新的发展的运动。美国社会的发展就这样在边疆始终不停地、周而复始地进行着。这种不断的再生，这种美国生活的流动性，这种向西扩张带来

特纳笔下所描述的美国历史上的边疆

的新机会以及跟简单的原始社会的不断接触，提供了支配美国性格的力量"①。因为"自从拓殖者离开海岸翻越崇山峻岭以后，便出现了一种新的美国生活方式（a new order of Americanism）。西部和东部开始双方断绝往来"②。首先，受到边疆的残酷的考验的移民都美国化了，获得自由，融合成为一个混杂的种族，这个种族既没有英国的民族性，也没有英国的特点。总之，边疆促进了美国人民的一种混合民族性的形成。其次，在经济上，边疆的推进减少了美国对英国的依赖。再次，民族主义的兴起和美国政治制度的演变都是以边疆的推进为依据的。特纳指出："我们的政治制度史，即我们的民主制度，既不是效仿别人的，也不是简单借用的。它是各个器官在反应变化环境时发生演变和适应的历史，即一种新的政治物种的起源的历史。"③ 不过，特纳认为边疆最重要的影响却在于美国和欧洲民族的发扬。在边疆地区，家庭是自给自足的经济单位，不存在人口较稠密的定居社会之复杂情况，没有累积和传留下来的财产。由于生活在这种环境下，所以一些边疆地区强调人的权利，而替东部利益说话的政治家们则强调财产的权利。"边疆是产生个人主义的场所。复杂的社会由于蛮荒的状况突然陷入一种以家庭为基础的原始组织。其趋势是反社会的。它对控制、特别是对任何直接的控制颇为反感。"④ 在西进运动中，社会进化赋予人们适应于新的土地的新的制度、新的特性和新的价值。因此，美国文明诞生于美国西部的丛林

　　① Frederick Jackson Turner, *Frontier in American History*, New York: H. Holt, 1935, pp. 2 - 3. 亦可参见 Frederick Jackson Turner, The Significance of the Frontier in American History, 资料来源: http://www.learner.org/workshops, 访问时间: 2010年11月2日。

　　② Frederick Jackson Turner, *Frontier and Section: Selected Essays of Frederick Jackson Turner*, with an Lintroduction and notes by Ray Allen Billington, New Jersey: Prentice-Hall, 1961, p. 48.

　　③ Frederick Jackson Turner, *Frontier and Section: Selected Essays of Frederick Jackson Turner*, with an Lintroduction and notes by Ray Allen Billington, New Jersey: Prentice-Hall, 1961, p. 64.

　　④ Frederick Jackson Turner, *Frontier and Section: Selected Essays of Frederick Jackson Turner*, with an Lintroduction and notes by Ray Allen Billington, New Jersey: Prentice-Hall, 1961, p. 56.

中，粗犷艰辛的西部蛮荒生活促使真正意义上的美国人脱颖而出，使美国精神在这种民族大熔炉中得到锤炼淬砺。特纳在《新西部的兴起》一书中这样写道："荒原对于那些逃避穷困的人、不满意的人和受压迫的人总是敞着大门。如果说在东部社会条件趋于定形，那么，越过阿勒格尼山脉就是自由。"① 正是这样，和本杰明·富兰克林、托马斯·杰弗逊时代以来的许多最有文化的美国人一样，特纳顺理成章地形成了"社会安全阀"（a social safety valve）理论，即边疆起着安全阀的作用，它排除了萧条时期被夺去产业的东部工人，因而提高了东部的工资标准，并防止了如同其他工业化国家里都有的激进哲学的出现。

在威斯康星大学和哈佛大学执教期间，特纳一直开设《西部历史》的专题课，并通过"研究班"的形式培养了一大批才华横溢的美国西部历史学者，这些弟子们后来遍布美国各地大学。正如厄尔·波摩罗伊（Earl Pomeroy）所说："当 1924 年特纳在哈佛退休时，西部史似乎是欣欣向荣、备受尊敬的。特纳已训练出一批杰出的门生，其中有几位是未来的美国历史协会主席。虽然西部史仍主要是俄亥俄流域史，但他的学生已在加利福尼亚、斯坦福、俄勒冈、华盛顿和俄克拉荷马建立了前哨。"② 早在 1905 年，特纳的高足即已遍布四方学术重镇。其中著名的有俄勒冈大学的 J. 沙弗尔（Joseph Schafer，1867—1941）、得克萨斯大学的托马斯·D. 克拉克（Thomas Dionysius Clark，1903—2005）、堪萨斯大学的 C. 贝克尔（Carl Lotus Becker，1873—1945）。稍晚的有耶鲁大学的 S. F. 比米斯（Samuel Flagg Bemis，1891—1973）、芝加哥大学的 A. O. 克雷文（Avery Odelle Craven，1885—1980）等人。由于特纳对美国边疆史的拓荒性开创工作，由于特纳门徒和同道者的播布弘扬以及特纳后来自己出版著作的支撑，不仅实现了特纳初出茅庐便立下的在某重要领域里安身立命并使该领域为自己所有（One must occupy an impor-

---

① Frederick Jackson Turner, *Frontier and Section: Selected Essays of Frederick Jackson Turner*, with an Lintroduction and notes by Ray Allen Billington, New Jersey: Prentice-Hall, 1961, p. 68.

② Earl Pomeroy, The Changing West, in John Higham, ed. , *The Reconstruction of American History*, New York: Harper and Row, 1962, pp. 64 – 81.

tant area of the field and make it one's own）的心愿，而且特纳的边疆理论到 1900 年已广为流传，直到 20 世纪 20 年代末一直在美国史学界雄踞主导地位，以致在那些年代里美国历史协会被说成是一个巨大的"特纳协会"，甚至出现了《密西西比流域历史评论》（*The Mississippi Valley Historical Review*）这样著名的权威性期刊。公众和同业如此地云集而景从乐意服膺特纳的边疆理论，说明特纳的征服人心不全是智力的和个人的胜利，而他们的心悦诚服亦不完全是智力的和个人的投降。对 19 世纪末和 20 世纪初的美国人而言，农业的西部镌刻着情感上的深沉含义，正是在前所未有的都市化和工业化的生活裹挟下身不由己的美国蓦然回首品味那怡人乡愁的痛苦与焦虑的梦中故园。特纳具备代表伟大事业拥抱时代召唤的能力（ability to sound a call to arms on behalf of a great cause），而且在效果上也叩击到了美国大众读者喜好的心弦（a favorite chord for the American reading public）而引起强烈共鸣。与特纳边疆理论互为犄角、彼此呼应的学术同盟及名为"特纳之奴"（Turner's slave）的门徒构成军团劲旅。

沃尔特·普雷斯科特·韦勃（Walter Prescott Webb, 1888—1963）以《大草原》（*The Great Plains: A Study in Institutions and Environment*, Waltham：Blaisdell Publishing Company, 1931）一举成名，《伟大的边疆》（*The Great Frontier*, Boston：Houghton Mifflin, 1952）更使其思想高远深邃。赫伯特·龙金·博尔顿（Herbert Eugene Bolton, 1870—1953）的《西班牙边疆》（*Spanish Borderlands: A Chronicle of Old Florida and the Southwest*, Yale：Yale University Press, 1921）、阿瑟·P. 惠特克（Arthur Preston Whitaker, 1895—1979）的《西属美洲边疆，1783—1795 年》（*The Spanish-American Frontier, 1783 – 1795: The Westward Movement and the Spanish Retreat in the Mississippi Valley*, Boston：Houghton Mifflin Company, 1927）和《密西西比问题，1795—1803 年》（*The Mississippi Question, 1795 to 1803*, New York：Peter Smith Pub Inc., 1934）、弗雷德里克·L. 帕克森的《最后的美国边疆》（*The Last American Frontier*, New York：Macmillan, 1910）和《美国边疆史》（*History of the American Frontier*, Boston：Houghton Mifflin, 1924）、约翰·唐纳

德·希克斯（John Donald Hicks）的《西北各州的宪法》（*Constitutions of the Northwest States*，Lincoln，Neb.：University of Nebraska，1923）和《人民党的叛乱》（*The Populist Revolt: A History of the Farmers' Alliance and the People's Party*，Minneapolis：University of Minnesota Press，1931）、默尔·尤金·柯蒂（Merle Eugene Curti，1897—1997）的《美国社会的形成：一个边疆县民主的实例研究》（*The Making of an American Community: A Case Study of Democracy in a Frontier County*，Stanford，CA：Stanford University Press，1959）等，都在美国史学史上谱写了辉煌的篇章。不过，在特纳学派的学术传承统绪中，弗雷德里克·默克（Frederick Merk，1887—1977）和雷·A. 毕林顿是不能不提及的关键性人物。1924 年特纳从哈佛大学退休后，默克继承特纳的学术衣钵，讲授西进运动史，他将"显明天命""使命观"联系起来，著有《美国历史上的显明天命与使命观：一个重新的解释》（*Manifest Destiny and Mission in American History: A Reinterpretation*，New York：Alfred a Knopf Inc.，1963）、《西进运动史》（*History of the Westward Movement*，New York：Alfred a Knopf Inc.，1978）等书。雷·A. 毕林顿是默克的弟子，主要著作有《向西部扩张：美国边疆史》（*Westward Expansion: A History of the American Frontier*，New York：The Macmillan Co.，1949）、《远西部边疆：1830—1860 年》（*The Far Western Frontier, 1830–1860*，New York：Harper，1956）等，被人们称为二战后新特纳学派的代表人物。他对特纳学说加以修正和引申，承认特纳将边疆过于美化，而对"边疆"特性中诸如无法无天、奢侈浪费、反唯理性主义等消极层面未予充分关注。

　　1932 年特纳去世时，民主党总统候选人富兰克林·D. 罗斯福就曾在演说中采用了特纳边疆终结的学说。由于特纳把边疆"流动"解释为"文明"的扩张，因此"文明边疆"后来成为一个包罗万象的概念。"凡是经济、政治和社会思想的变革都可与边疆的'流动'联系起来。托马斯·D. 克拉克甚而把扩张城市界限、建设新的动力和灌溉系统、消除疾病、销售新式汽车和货物都视为新边疆。弗雷德里克·默克认为如今是科学和技术的'开放边疆的时代'。有两个历史学家甚至说，

'新边疆处处皆在，每个人必须正视有关它的问题'。边疆简直是无事不有，无所不在，变成扩张主义者的得心应手的工具了。"① 雷·A. 毕林顿分析了后特纳时代边疆假说扩大的两种情形，指出："在这批历史学家中，有的人说明了在整个19世纪里虚构的边疆与实际的边疆同时并存，有的人把假说的应用扩大到原来的文章从未描写过的其他地区和时代。"② 毕林顿的这段话从根本上道出了后特纳时代经过学者的重新建构而趋于相对主义和普世主义的两种思潮。毕林顿承认有这样两种边疆："一种是实际的边疆，在那里勤劳的拓荒农民不畏他们同胞的贪婪和自然的残酷，力争生存。另一种只是存在于美国人和一些欧洲人心目中的虚构的边疆。从18世纪起，西部的形象影响了政治家，激发了作家的想象力，并有助于这个民族形成对自己国家及世界上其他国家的态度。"③ 在后特纳时代，学者们对这种虚构的边疆的研究实际上就是对美国人的边疆观念与心态的实证研究，反映了美国史学思潮中相对主义的趋势的凸现。其中，亨利·纳什·史密斯（Henry Nash Smith，1906—1986）的《处女地：作为象征和神话的美国西部》（*Virgin Land: The American West as Symbol and Myth*，New York：Vintage Books，1957）即是这一思潮中的浪花。另一方面，韦勃《伟大的边疆》等将美国的边疆经验普世化、国际化，认为美洲边疆扩张的历史是欧洲文明向非欧洲地区扩张的历史，近代西方文明是开发世界边疆的直接结果。随着二战以后比较史学在美国的盛行，将特纳边疆理论扩而广之的倾向更臻一发不可收拾。第二次世界大战一结束，卡尔顿·海斯（Carlton Joseph Huntley Hayes，1882—1964）就在美国历史协会年会上以《美国的边疆——什么的边疆?》（*The American Frontier—Frontier of What?* ）为题发表主席演说，号召史学家扩展关于边疆的概念、扩大研究和写作的范围。他说："如今共和国的旧边疆完结了西进运动，已经在美洲大陆上

---

① 杨生茂：《探径集》，中华书局2002年版，第41页。
② 杨生茂编：《美国历史学家特纳及其学派》，商务印书馆1983年版，第267页。
③ 杨生茂编：《美国历史学家特纳及其学派》，商务印书馆1983年版，第267页。

消逝了，已经由遥远的太平洋岛屿上、亚速尔群岛上、莱茵河以及多瑙河上的新的迥乎不同的边疆所代替。我们的史学家，无论他们是否赞同我的看法，应当对至今比较忽视的地方投以更多的注视。"① 1955 年，美国历史学家鲍德温（Leland Dewitt Baldwin）这样写道：美西战争后，"美国战略和经济利益"一方面扩展到菲律宾后，最终使美国西部边疆置于中国海岸之上，另一方面扩展到加勒比海后，最终使美国东部边疆置于莱茵河畔。他对二次世界大战后的国际情势这样写道："显然，这个黎明时代是属于美国的。正如罗马人过去在地中海一样，美国人在世界各地到处出现。"② 鲍德温的这段话就可谓是对卡尔顿·海斯演说的背景的注解与说明，同时也可以说是对卡尔顿·海斯演说的呼吁的响应与践履。正是这样，研究中国问题的美国学者费正清说："19 世纪 90 年代，越过我们国内边疆之后，我们又在中国门户开放的原则下，建立了一条理论上的新边疆，我们一直在继续着这个过程。美国在亚洲的边疆与美国大平原的边疆不大相同。"③ 而欧文·拉铁摩尔也声称：自第一次和第二次世界大战以来，边疆史已经开始了一个新的时期。④

　　福柯曾经以充满吊诡的口吻这样写道："我说话，不能让我不死，相反，正是建立我之死。我写的书，是我的谋杀者。知识档案的保存，并非让死人支配活人，更不是让死人复活，而是提供例证，供活人参考。……档案处于传统与遗忘之间。"⑤ 保罗·利科尔的文本理论也与福柯的上述论断相契合，他强调，在文本中，作者的当下性不存在了，

---

　　① Carlton J. H. Hayes，The American Frontier-Frontier of What? *The American Historical Review*，1946. No. 2，p. 214. 此文已经由笔者学生翻译为中文，收入笔者主编的《空间、法律与社会经济资源：西方边疆理论经典文献精粹》。

　　② L. D. Baldwin，*The Meaning of America：Essays Toward an Understanding of American Spirit*，Pittsburgh：University of Pittsburgh Press，1955，pp. 293 – 299.

　　③ 费正清：《美国与中国》，孙瑞芹、陈泽宪译，商务印书馆 1971 年版，第 248 页。

　　④ Owen Lattimore，*Studies In Frontier History：Collected Papers 1928 – 1958*，London：Oxford University Press，1962，p. 491.

　　⑤ Michel Foucault，*The Archaeology of Knowledge*，London：Routledge，1972，p. 130.

只剩下文本和它的意义。文本成了真正独立存在的东西。重点落在了文本和它说的东西上，而不是作者要说的东西上，文本所表明的东西不再与作者意味的东西一致。① 笔者认为，费正清和拉铁摩尔的言论反映了美国历史学界随着美国国家利益的边疆不断扩展，而在新的语境中对特纳边疆理论的扩张诠释。这些诠释者既是特纳文本的读者，更是利用特纳学说的可塑性为新的出发点基地的自身文本的作者，实质上在以自身的话语杀死了特纳的学说。并且正如福柯所说，我们对真理和理性的服从，最终不过是对权力话语的臣服；我们自以为自己发现并拥有真理，其实不过是充当了权力关系的载体而已。对特纳边疆理论的扩张解释以致如恩贝托·埃柯（Umberto Eco）所说的林林总总"无限衍义（unlimited semiosis）"，都是美国独霸世界权力扩张在意识领域内的必然反应。另一方面，特纳学派在 20 世纪 30 年代的高峰期过去后就逐渐在大萧条的冲击下趋于萧条寂寥，尽管仍有毕林顿等人薪尽火传而未完全烟飞灰冷，但香火不盛乃是有目共睹的事实。正如约翰·海厄姆（John William Higham，1920—2003）指出，特纳学派在二战后力图重整河山以力挽狂澜于既倒的颓势，"复苏在很大程度上得力于社会科学家们的贡献。这一点是无疑的。经济学家和社会学家的想象力帮助我们把边疆视为影响着整个社会的成长进程的不断扩展的周界线。例如，乔治·G. S. 墨菲②和阿诺德·泽尔纳③这两个经济学家，就这样把近代的成长理论应用到特纳的一个假设的、不足征信的想法：边疆是工业上不满情绪的一个安全阀门。他们的论文卓越地论证了 19 世纪美国如何通过扩大足以支持工业化的地理面积，在投资和平均个人收入方面达到非常高的水平"④。这种重新解释是出于拯救特纳边疆学说的动机，但其结果必然是将作者杀死。

　　由于在特纳的理论中边疆被视为"魔术的青春之泉，美国经常沐浴

---

① 转引自梁慧星：《民法解释学》，中国政法大学出版社 2000 年版，第 132 页。

② 指 George G. S. Murphy。

③ Arnold Zellner，1927—2010 年。

④ 约翰·海厄姆：《弗雷德里克·杰克逊·特纳的分裂的遗产》，转引自杨生茂编：《美国历史学家特纳及其学派》，商务印书馆 1983 年版，第 201—202 页。

其中，得以返老还童"①，而且"每个时代都要根据当时最主要的条件重新撰写过去的历史"（Each age writes the history of the past anew with reference to the conditions uppermost in its own time）② 又是特纳终生恪守的治史原则，所以特纳的边疆理论的"有用性"与"有效性"在实用主义氛围强烈的美国，自然而然被政治权力人物所轻而易举地利用。1960 年，约翰·肯尼迪（John Fitzgerald Kennedy）在民主党总统提名大会上提出"新边疆"的概念。林登·约翰逊（Lyndon Baines Johnson，1908—1973）上台后，又提出"人类边疆"的概念。托马斯·D. 克拉克于 20 世纪 50 年代末在《边疆美国：西进运动的历史》（*Frontier American*: *The Story of the Westward Movement*, New York：Scribners, 1959）中宣称，如今美国没有"自由土地的边疆"了，而月球提供了新的殖民场所。果不其然，在 20 世纪 80 年代，丹尼尔·奥·格雷厄姆（Daniel Orrin Graham）等便提出所谓"高边疆"（High frontier）的新的国家战略，用所谓"确保生存"战略取代"相互确保摧毁"理论，开拓和利用空间领域发展经济和加强军事实力。③ 因此里根执政期间的"星球大战计划"和现今沸沸扬扬的美国布置全球导弹战略防御系统源源而出，不仅搅扰天下不得太平，而且使太空也不得玉宇澄清，胥以特纳边疆理论为其远慕追思的开山鼻祖。从前特纳时期美国的"受殖"现象俯拾皆是，到二战后如乔治·马立昂（George Marion）所言"今天你们若在地图上任何一处插上指针，你们就可以刺到一个美国陆军或海军上将"④ 的现实、美国为首北约东扩的凯歌猛进、美国高边疆战略的

---

① 杨生茂：《"新边疆"是美帝国主义侵略扩张政策的产物》，杨生茂、林静芬编：《美国史论文选：1949—1979》，天津人民出版社 1984 年版，第 303 页。

② Frederick Jackson Turner, *The Early Writings of Frederick Jackson Turner: With a List of All His Works*, London：Ayer Publishing, 1969, p. 52.

③ 参见丹尼尔·奥·格雷厄姆：《高边疆——新的国家战略》，张健志等译，军事科学出版社 1988 年版。

④ 乔治·马立昂：《美帝国主义的扩张》，邝平章译，世界知识出版社 1953 年版，第 34 页。按：此书中译本的书名在当时的时代背景下改变较大，其原版为 George Marion：*Bases & Empire*: *A Chart of American Expansion*, New York：Fairplay, 1948。

甚嚣尘上、美国制造的话语理论霸权浪潮的铺天盖地，恍如隔世之感与悬如天壤之别恐怕使每个人都会嘘唏喟叹不已。特纳平生酷嗜的拉迪亚德·吉卜林《先驱开拓者》（Rudyard Kipling，the Voortrekker）中诗句的谶语般应验："我们渴望天际，陌生之路蜿蜒通向"（We yearned the skyline，where the strange roads go down）①。

正如克鲁斯（Michael Kraus）所说，特纳的作品和宣讲像"一阵清新的风"（the gust of a fresh wind）将"我们历史的许多蜘蛛网（many of the cobwebs of our history）"吹拂而去。② 然而，正如中国古语所言，木秀于林，风必摧之。特纳的边疆学说的确一度不胫而走地风靡全美，但在不是东风压倒西风就是西风压倒东风的复杂多变的气象条件下，势必成为反对派的众矢之的。在这种众箭齐发中，有一语中的者，也有偏辞跑靶者。在左倾和右倾两方面的思潮夹攻之下，特纳边疆学说体系薄弱环节的边际线首先被突破，以致特纳自己的学生斯蒂芬森（George Malcolm Stephenson）都诧异于曾是毫无异议的交口赞誉的对象、并独一无二地在美国历史学家中建立以自己姓氏命名的学派的特纳"从一个历史学家的王朝皇位上跌落下来（tumbled from its throne a dynasty of historians）"③。本来，特纳是当时与比尔德、帕林顿（Vernon Louis Parrington，1871—1929）并称的美国进步学派三巨擘之一。特纳阐发了地域间的冲突，帕林顿研究了思想文化上的冲突，比尔德展现了经济利益的冲突，故而后来有人将他们的史观称之"冲突史观"。一方面，特纳固然承认，美国在"活动边疆"消失后，版图大致与整个欧洲相等，其"地域越来越变为欧洲国家的美国翻版"④，在某种意义上，它"与其说像个国家，不如说像个帝国"，是"一些地域的联合，一些潜在的

① Allan G. Bogue, *Frederick Jackson Turner: Strange Roads Going Down*, Norman: University of Oklahoma Press, 1998, p. xvi.
② Michael Kraus, Review, The Significance of Sections in American History, *Historical Outlook* 24（October 1933），p. 337.
③ Stephenson, Review, The Significance of Section in American History, *Minnesota History* 14（September 1933），p. 318.
④ Frederick Jackson Turner, The Significance of the Section in American History, in *The Wisconsin Magazine of History*, Vol. 8, No. 3（Mar.，1925），pp. 255–280.

国家的联邦"①，但另一方面，特纳更强调地域主义分歧和冲突的妥协与解决的"美国例外论"和"美国精神"，所以又和美国利益一致学派（又称新保守学派或和谐学派）保持相似的立场。

在 20 世纪 30 年代，"老左派"和其他左翼史学家的著作是美国史学界又一道亮丽的风景线，一批试图运用马克思主义解释美国历史的史学家颇为引人注目。是时，以左派自居的路易斯·哈克（Louis Morton Hacker，1899—1987）用猛烈的炮火攻击特纳，称特纳边疆假说是"钝的工具"和"梦想"，称素以注重经济研究自矜的特纳其人为"非经济的史学家"（non-economic historian），对"生产体系"一窍不通，无视阶级关系与对立，② 认为"特纳和他的追随者们是一种传统的捏造者，这种传统不仅是虚构的，而且在很大程度上是绝对有害的"③。平心而论，特纳的边疆理论确如美国左翼史学家所言对阶级冲突视而不见，对印第安人不堪言状的惨祸亦三缄其口，特纳将其研究定格于美国西部边疆，地域情结在其研究生涯中一直横亘于心，以致其学脉传人雷·A. 比林顿亦惋惜地指出：特纳固执地用那么多时间以地域论观点去研究美国历史，那是一个"悲剧"。④ 不过，正如毕林顿所说，特纳绝非"独因主义者"（monocausationist），左翼史学家对特纳视域中缺阈的抨击不免失之苛责，所以毕林顿等人无怪乎直面攻击而矢志不渝地以坚守特纳学派的理论阵地自甘。即使如此，特纳边疆学派的版图仍然日益蹙缩无赢，美国史学界"多按阶段、少按主题或地域编写历史的方法逐渐大行其道，这也许是遵从那个时代的向心的倾向"。⑤ 其实，美国史学发生

① Frederick Jackson Turner, The Significance of the Section in American History, in *The Wisconsin Magazine of History*, Vol. 8, No. 3 (Mar., 1925), pp. 255 – 280.

② Hacker, Frederick Jackson Turner: Non-economic Historian, *New Public* 83 (5 June 1935), p. 108.

③ Louis M. Hacker, Sections or Classes? *Nation*, Vol. 137. No. 3551. 26 July 1933. p. 110.

④ John Garraty, *Interpreting American History: Conversations with Historians*, Vol. 1, New York: Macmillan Company, 1970, p. 263.

⑤ Earl Pomeroy, The Changing West, in John Higham, ed., *The Reconstruction of American History*, New York: Harper and Row, 1962, pp. 64 – 81.

了从空间向时间转换的教科书编写范式。1938 年，《密西西比流域历史评论》也宣布改名《美国历史杂志》。

特纳边疆"安全阀"理论在矢如疾雨的攻击下千疮百孔，尽管毕林顿等多方设法弥缝罅漏，但笔者认为这主要应归咎于特纳理论本身的不堪叩击推敲所致。在 20 世纪 30 年代后期，美国史学家的实证研究证明，向西垦殖的移民多半是从农场到农场，或从农场到城镇，很少从城镇到农村，即使在经济不景气的年代里，有的工人离开城镇，但不是移向西部，而是返回原地。1945 年弗雷德·香农（Fred Albert Shannon，1893—1963）在《农业史》上发表《为劳工安全阀学说验尸》（A Post Mortem on the Labor-Safety-Valve Theory）一文，认为"安全阀"说法是无稽之谈，因为农民移向城市的人数远远多于工人移向农村，在城市劳工市场上经常存有剩余劳动。[①] 可以说，香农的论证言之凿凿，不仅宣判了特纳"安全阀"理论的死刑，而且在其理论寿终正寝的棺材上砸进一颗铁钉，而毕林顿等人虽喋喋利口捷给，亦在铁证如山的证据法则面前辩解终显苍白无力。连拉铁摩尔都不得不承认特纳在观察事物时常常是"本末倒置"，特纳所谓"边疆对社会所起的作用实际上正是社会对边疆的作用"。[②]

此外，特纳的边疆学说遭罹攻击也存在被诬不实之处，进攻者颇似与风车作战而误认为与巨人作战的堂吉诃德般谵妄臆说。例如，早在 1891 年特纳在麦迪逊自由协会（the Madison Literary Society）的演讲中就阐发了"封闭空间"（the vacant space）的思想，指出美国的殖民将接近结束；两年后（即 1893 年），特纳在美国历史协会会议上宣读的著名论文中根据美国人口普查局长报告宣告了"封闭空间"已是完成的事实；在 1904 年，特纳更将"封闭空间"的思想与地域主义的概念相联系，从此以后"封闭空间"概念在其任美国历史协会主席期间报告

① Fred A. Shannon, A Post Mortem on the Labor-Safety-Valve Theory, *Agricultural History* 19（January 1945）, pp. 31－37.

② Owen D. Lattimore, The Frontier in History, in Robert O. Manners and David Kaplan（ed.）, *Theory in Anthropology: A Sourcebook*, Chicago: Aldine, 1968, pp. 385－386.

的核心论题，直到 20 世纪 20 年代，在许多学科学者对马尔萨斯主义（Malthusianism）趋之若鹜的潮流中，特纳并没有胶柱鼓瑟，而是跟随这些学者惊怵于在一个缩小着的世界上人口增长与资源短缺的压力，联系自己过去多年研究美国"封闭空间"拓殖的学术经历，在相信穷变通久之方基础上又进一步阐发了其"封闭空间"的概念。然而，正如毕林顿所说，有些论者"受政治偏见的驱使，提出批评，反对特纳的'历史的空间概念'，即廉价土地时代的结束意味着在美国个人机会的结束"①。这样的批评显然昧于特纳封闭空间思想的开放性、发散性的精髓与实质，而流于浅表化和形骸化，完全以自己心目中的假想敌作为靶子，使特纳成为思想的稻草人。不过，无论如何，特纳学派的繁荣在大萧条以后毕竟已成明日黄花，边疆的神话在美国大众文化中也逐渐被祛魅化以至素面世人。约翰·海厄姆这样写道："在银幕上，西部电影的名声衰落可以回溯到 50 年代（此处指 20 世纪 50 年代。——引者注）后期，当时西部电影在好莱坞出产的影片总数中所占的比例，由四分之一跌落到不足十分之一。电视通常是落在后面的，但是它的西部风尚在 60 年代（此处指 20 世纪 60 年代。——引者注）后期也迅速消失了。"② 在 1893 年宣读论文而暴得大名的前夜，美国边疆消失了；在特纳与世长辞后，大萧条开始后异己学说也郁闷地向特纳学派发出了讣告，特纳学派也开始从在阳光地带的学术中心舞台向边缘化地位隐退。在渡涉川流不息的时间长河中，"三十年河东三十年河西"的空间转换不速而至。当然，伟人身后的影子总是很长的，特纳至今仍频繁出没于学者笔下的文本话语之间。

---

① 雷·A. 毕林顿：《美国边疆论题：攻击与辩护》，转引自杨生茂编：《美国历史学家特纳及其学派》，商务印书馆 1983 年版，第 276 页。另外，詹姆斯·C. 马林（James Claude Malin，1893—1979）《空间与历史：对特纳和麦金德的封闭空间理论的思考和航空对这种想法的挑战》（Space and History：Reflections on the Closed-Space Doctrines of Turner and Mackinder and the Challenge of Those Ideas by the Air Age，*Agricultural History*，Vol. 18，April and July，1944），对特纳封闭空间理论的研究，值得令人注意。

② 约翰·海厄姆：《弗雷德里克·杰克逊·特纳的分裂的遗产》，转引自杨生茂编：《美国历史学家特纳及其学派》，商务印书馆 1983 年版，第 203 页。

第六章 边疆理论的话语范式建构

第一节 自然疆界论

正如同任何自由的动物都坚守自己的活动地域一样，每个人的生命时空路径都是具有某种程度的地域附着性的，而国家的领土边界在各种话语中往往呈现为一种凛然不可侵犯的"圣物"的形象。即便在人的主体性地位被高度凸现的情形下，大自然的伟力仍具有举足轻重的作用。迄今许多学术文献仍将边界按其特征分为天然边界（physical boundaries）和文化边界（cultural boundaries）两种类型，前者指以自然景观中的重要特征为标志的边界，后者指以文化景观中的某种特征为依据而产生的边界。① 大化流行的鬼斧神工的奇妙形塑力量，在许多文化中均被作为强化边界合法性的缘饰性修辞。在我国清代历史上，清王朝和准噶尔王国曾兵戈相向，经年不结，及雍正十三年（1735）双方议和。为划定准噶尔王国与喀尔喀蒙古之间的游牧界，时任定边左副将军的额驸策凌于乾隆二年（1737）致噶尔丹策零的回信中称："阿尔泰为天定边界。尔父珲台吉时，阿尔泰迤西初无厄鲁特游牧。自灭噶尔丹，我来建城，驻兵其地，众所共知。其不令尔游牧者，原欲以此为隙地，两不相及，以息争端。今台吉反云难以让给，试思阿尔泰为谁地，谁能让给？尔诚遵上指定议，我必不为祸始，亦不复居科布多。又谓我等哨兵逼近阿尔泰，宜向内撤。哨兵乃圣祖时旧例，即定界，岂能不设？台

---

① 可以参考 Jan O. M. Broek, The Problem of "Natural Frontiers", in *Frontiers of the Future*, Lectures, Berkeley: University of California Press, 1941, pp. 3 – 20。

吉其思之!"① 不过，"自然边界"作为一种普遍流行的近代理论话语无疑应该以法国为其渊薮之所在。由于中西方学术信息的隔膜，中国学术界往往将法国大革命时期著名政治活动家丹东（Georges Jacques Danton，1759—1794）作为"自然边界论"的始作俑者或代表人物，对"自然边界论"的了解亦多源自法国大革命历史论著中片言只语的叙述，对此专门的深入研究目前尚付阙如。

丹东像

　　丹东是在法国大革命史编纂学中争议颇多的人物之一。法国著名史学家奥拉尔（Alphonse Aulard，1849—1928）一生都致力于为丹东辩护，称其为真正的英雄、唯一的革命巨人和爱国主义的化身；法国实证主义哲学家孔德在 1841—1854 年刊行的《实证政治体系》（Auguste Comte，*Système de politique positive：ou，Traité de sociologie instituant la religion de l'humanité*，Paris：，L. Mathias，1854）四卷本对丹东亦予以高度评价。与此相反，以马迪厄（Albert Mathiez，1874—1932）《法国革命史》（*La Révolution française*，Paris：A. Colin，1922‐1927）为代表的持反对意见的论著，则指责丹东腐化堕落、叛国通敌，斥之为阴谋家和投机分子。丹东早年来到首都巴黎后通过婚姻和花钱买到的执照成为一名开业律师，颇饶资财。这种阅历和身份背景对其后在法国大革命中的政治活动和倾向显然影响甚深。在法国大革命初期，丹东与马拉（Jean-Paul Marat，1743—1793）等人即组成哥德利埃俱乐部（Le club des Cordeliers），以其雄辩的口才和激进的政治态度而

---

　　① 赵尔巽等撰：《清史稿》卷二百九十六，列传八十三，中华书局 1977 年版，第 10381 页。此段文字不见于《清实录》，最早的出处据笔者所见为《皇朝藩部要略》卷十二。参见包文汉整理：《清朝藩部要略稿本》，黑龙江教育出版社 1997 年版，第 81 页。

名震一方。1792 年 8 月 10 日，丹东积极组织、发动和参与领导了推翻王政的巴黎第二次武装起义，并在此之后由吉伦特派（Girondins）占主导地位的立法议会临时执行委员会（Conseil Exécutif Provisoire）中担任司法部部长。在 1793 年 5 月 31 日始至是年 6 月 2 日的第三次武装起义后，雅各宾派（Les Jacobins）专政取代了吉伦特派的统治，丹东与罗伯斯庇尔（Maximilien Robespierre，1758—1794）激进政策逐渐发生政见分歧，被排挤出公安委员会（Le comité de sécurité publique），最终被以阴谋推翻共和国的罪名送上断头台。丹东的政治生涯自始至终都存在着"激进"和"温和"两种倾向和相互交织、彼此起伏的强大内部张力，基本上前期表现为激进中见温和，而后期则温和中寓含激进。这种政治态度复杂多元特征的产生，既是出于因应不同的历史场景和客观形势需要，亦体现了丹东内心深处恒定的人格特征趋向。正如奥拉尔（François Victor Alphonse Aulard，1849—1928）所说："丹东没有什么政治思想体系，他只凭理性行事，或者毋宁说仅凭历史所展现的理性行事。"①

一方面，丹东的激进性确实令吉伦特派瞠目结舌，亦确系所谓"九月屠杀"的纵容者，并以充满煽动性的语调宣称："当航船遇险的时候，船员们会把一切危害安全之物抛诸大海。同样，一切可能招致我们民族毁灭的东西，也必须加以铲除！"② 1793 年 7 月 22 日，公安委员会就波凯尔市政当局谋杀爱国者的问题，在国民公会提出了一项控告令草案。丹东对这种稀松的法律程序极为不满，他发言指出："这种做法简直是要替这帮阴谋家开脱！把他们送到革命法庭去不就完了嘛！不要宣布什么控告会了，法令写起来总是慢吞吞的。让公诉人去写法令，让法庭去迅速处理吧！"③ 但一旦权力到手或一俟形势好转，丹东又往往趋

① François-Alphonse Aulard，*Histoire politique de la Révolution française*，Paris：A. Colin，1903，p. 424.

② André Fribourg éd.，*Discours de Danton*，Paris：Societe de l'Histoire de la Revolution Franqaise，1910，p. 163.

③ Alexandre Ray，*Réimpression de l'ancien Moniteur：Depuis La Reunion Des Etats Generaux Jusqu' au Consulat Mai 1789 Novembre 1799 avec des notes explicatives*，tome17e，Paris：Henri Plon，1854，p. 183.

向于倡导宽容政策。在 1794 年因被革命政府通缉而自杀的法国著名作家尚福尔（Sébastien-Roch Nicolas de Chamfort，1740—1794）曾经说过一句名言："英国人重法而轻权，法国人则重权而轻法。"① 丹东身上亦带有这种"重权轻法"的民族性格特征。不过，丹东早年的律师职业经验亦使其能够在政治恐怖统治（Reign of Terror）存在失控的危险时，仍诉求于法律的理性和宽容。丹东明确提出"革命步调自应依据成文的法律"②，强调冷静地制定法律。1792 年 11 月 12 日，在讨论关于惩治逃亡者法律的过程中，他谴责把当时不满十六岁的逃亡者子女作为逃亡者惩治的观点，认为这种法律"是连吃人肉的家伙都会为之脸红的"③。1793 年，丹东更上国民公会大声疾唤立即就建立革命法庭的问题作出决定，在其倡议刻不容缓"采取惩罚反革命分子的司法措施"的激进主张中，他又鲜明地表达了"建立革命法庭以代替民众复仇的最高法庭"④ 的温和愿望，冀图以此"通过组织恐怖来限制恐怖"⑤。在丹东政治生涯后期，他意识到雅各宾恐怖主义作为双刃剑的负面效性，而其逐渐趋于温和的宽容主义最终使之由原先成立革命法庭的倡议者，而沦为革命法庭的被告者乃至殉身刑场。

如乔治·勒费弗尔（Georges Lefebvre，1874—1959）在《法国革命史》中所言，"如同米拉波一样，丹东是个容易冲动、贪图享乐、不讲道德和性格随和的人。他没有著述，因而我们往往把握不住他的政治思想和真实意图。作为一名老谋深算的政治家，他在作出决定前总要窥测方向。但他也表现了政治家的才华：目光敏锐、处事果断、注重实际、不择手段和擅长演说。他从不记仇和嫉妒，始终主张为行动而团结。这位平民的米拉波（革命的敌人送给他的称谓）至今仍得到法国许多中

---

① 高毅：《法兰西风格：大革命的政治文化》，浙江人民出版社 1991 年版，第 53 页。

② 马迪厄：《法国革命史》，杨人楩译注，商务印书馆 1973 年版，第 413 页。

③ 高毅：《丹东政治倾向矛盾性的再认识》，《世界历史》1987 年第 6 期。

④ 高毅：《丹东政治倾向矛盾性的再认识》，《世界历史》1987 年第 6 期。

⑤ Jules Michelet, *La Révolution française*, Vol. 4, Pair：Jules Rouff & Cie Éditions，1899，p. 462.

产者的同情，他的爱国主义、他那奋勇向前但又不作无谓牺牲的现实考虑，使人们觉得他特别亲切"①。丹东的宽容政策并无系统的理论，甚至没有形成正式的文字纲领，而其"自然边界"亦仅仅见于人们所熟知的于 1793 年 1 月 31 日发表的那段寥寥数语的演讲词："我肯定地说，用不着害怕过分扩大共和国的版图。大自然早已精确地为它划出了国界。我们从地平线的四个方位来限定它：莱茵河、大西洋、阿尔卑斯山脉和比利牛斯山脉。我们共和国的国界应当定在这里，没有任何力量能阻挠我们达到这里。"（Les limites de la France sont marquées par la nature. Nous les atteindrons dans leurs quatre points à l'Océan, au Rhin, aux Alpes, aux Pyrénées. Là doivent finir les bornes de notre République et nulle puissance ne pourra nous empêcher de les atteindre. ）② 这段演讲词被我国许多学术论著作为"自然边界论"的经典性格言，但对其历史背景和渊源多不甚了了，而丹东实则并非"自然边界论"的始作俑者，且以起源论的思维处理这一问题本身即不无可疵议之处。此段演讲词系当天国民大会通过合并尼斯案后，丹东为提议合并比利时所言。

先是，法国大革命爆发后引起欧洲各国封建君主的极大恐慌和仇视，奥地利皇帝和普鲁士国王签署宣言，号召英、俄等国一起拯救法王于危难之中，并组成联军向法国本土逼近。面对外国干涉，立法会议宣布："绝不为了征服而发动任何战争，并将绝不使用其武装力量反对任何人民的自由，这是宪法的条文，这是我们把我们的幸福与所有人民的幸福相联结的神圣愿望，我们将忠诚于它。"③ 但法国正当的防卫奥、普干涉内政的战争在敌方大军凌厉攻势下节节败退，巴黎形势危若累卵。丹东在关键时刻发表演说激励人民执戈卫国。他说："大家将要听到的警钟，不是恐惧的信号，而是向祖国的敌人发起冲锋的号角。要想

---

① Georges Lefebvre, *La Révolution française*, Paris: Presses Universitaires de France（PUF）, 1968, pp. 259 – 260.

② Abbé Grégoire, cité par Charles Rousseau, *Les Frontières de la France*, Paris: Pedone, 1954, p. 12.

③ Geoffrey Best, *The Permanent Revolution: The French Revolution and its Legacy, 1789 – 1989*, London: Fontana Press, 1988, p. 31.

战胜敌人，我们必须勇敢、勇敢、再勇敢！这样，法国才能得救。"①
1792 年 9 月 20 日法国军队在瓦尔密之战（La bataille de Valmy）中险胜
普鲁士军队。这场从军事学上看属于二流的战斗却和滑铁卢战役（La
bataille de Waterloo）、葛底斯堡战役（La bataille de Gettysburg）一样具
有决定性意义而名垂青史，实为法国革命战争中的马拉松，一举扭转乾
坤而振奋人心。此役既是旧王朝的"死榻"，也是新共和国的"摇篮"，
照卡米耶·德穆兰（Lucie-Simplice-Camille-Benoît Desmoulins，1760—
1794）之流的梦想，认为这个共和国的任务，就是把自由、平等和博爱
的思想，带到被奴役的国家中，使所有的国王都被消灭，在地球上建立
天堂！② 如阿克顿勋爵（John Emerich Edward Dalberg-Acton，1st Baron
Acton，1834—1902）所说："法国人现在发现，整个欧洲大陆都在自己
的掌握之中了；一场最初是为了拯救君主政体的战斗，却变成了扩大共
和制度的战争。这种制度是在巴黎建立的，但在瓦尔密获得了巩固。"③
如果说瓦尔密之战是一个前哨战，而此后接踵而至的热马普之役（La
bataille de Jemappes）可谓真正的正面交锋，被誉为"法军很久以来才
有的第一个值得记忆的战役"④。此后，法军挟战胜之兵威，势如破竹，
所向披靡。沿着莱茵河出击的居斯坦厄（Adam Philippe de Custine，
1742—1793）军队占领了沃尔姆斯（Worms）和美因茨（Mentz），而在
南方，萨瓦（Savoy）的群山和阳光灿烂的尼斯（Nice）沿海都已打通。
于是，法国的安全需要可以防守的、历史上形成的莱茵河的天然屏障这
一观念随之凸现。"根据 11 月 19 日的政令，国民公会对每个在为自由
而战的战斗中牺牲的人予以表扬并提供帮助。不过，吞并领土的马脚很
快就暴露出来了，政府公开承认，战争还将继续进行下去，只有这样，
才有可能满足法国的财政需求，代价则将由那些法国军队所解放的人来

① André-Fribourg, *Discours de Danton*, Paris：Librairie Hachette & Cie, 1920, p. 39.
② 参见富勒：《西洋世界军事史》第 2 卷，钮先钟译，中国人民解放军军事科学院 1981 年内部发行，第 343 页。
③ Lord Acton, *Lectures on the French Revolution*, London：Macmillan and Co. Ltd., 1925, p. 218.
④ 马迪厄：《法国革命史》上册，杨人楩译注，商务印书馆 1973 年版，第 332 页。

承担。"① 由于法军占领地区已延伸到阿尔卑斯山和莱茵河沿岸，主张
将法国的疆土扩展到所谓"自然边界"的舆论渐成声势。

早在 1791 年 2 月，博什·德·拉·纳维尔（Banche de la Neuville）
致信外交事务大臣建议根据"造物主所原始形成的地球自然划分"（the
natural division of the globe formed at its origin by the Creator）② 确定法国
边界，但当时的国民大会尚专注于抽象普遍的人权而无暇关注于疆界的
勘分，所以此议寡和无应。而在此时，"自然边界论"则在法国前唱后
吟，蔚成风尚。格雷古瓦教士（Abbé Henri-Baptiste Grégoire，1750—
1831）于 1792 年 11 月 27 日声称："绵延不绝的阿尔卑斯山将萨瓦推入
法兰西的疆域，如果它们的政府不是同一个，那将违背于自然的秩序。"
又云："法兰西是一个自给自足的整体，既然自然界到处给它设置的障
碍使之不必进行扩张，我们的利益与我们的原则契合如符。"③ 同日，
布里索（Jacques Pierre Brissot，1754—1793）在致杜穆里埃（Charles-
François du Périer Dumouriez，1739—1823）信中也谈及法国的自然边
界，认为"法兰西共和国只能以莱茵河为界"，指出："如果把我国的
边界推进到莱茵河，比如比利牛斯山隔开的只是自由的各民族，我们的
自由就万无一失了。"④ 在丹东发表其关于自然边界的著名演讲词之后
不久，卡诺（Lazare Carnot，1753—1823）更进一步论述合并比利时的
历史和自然依据，声称："莱茵河、阿尔卑斯山和比利牛斯山是法国古
老的自然边界，从这天然范围中离弃的各部分，仅仅是非法篡夺之结
果。"⑤ 由此可见，我国学术界将"自然边界论"归诸丹东显然存在蠡

---

① Lord Acton, *Lectures on the French Revolution*, London: Macmillan and
Co. Ltd. , 1925, pp. 220 – 222.

② Peter Sahlins, Natural Frontiers Revisited: France's Boundaries since the Seventeenth
Century, *The American Historical Review*, Vol. 95, No. 5. （Dec. , 1990）, pp. 1423 – 1451.

③ Fernand Braudel, *L'Identité de la France, tome 1: Espace et Histoire*, Paris:
Flammarion, 1986, p. 291.

④ 阿尔贝·索布尔：《法国大革命史》，马胜利等译，中国社会科学出版社
1989 年版，第 219 页。

⑤ Denis Richet, Natural Borders, in François Furet, *A Critical Dictionary of the
French Revolution*, translated by Arthur Goldhammer, London: The Belknap Press of
Harvard University Press, 1989, p. 759.

测管窥的局限性，造成这种现象的原因主要有三方面：一为信息的隔膜，二为丹东作为当时政坛上活动的政治家位崇名显而出言分量超越群伦，三为中国学术自身陈陈相因的学术建构。

在德国学术界，过去传统的观点多将"自然边界论"的肇端追溯至 1643 年黎塞留（Cardinal Richelieu，1585—1642）的"政治遗言"（Testament Politique）。该遗言祖本为拉丁文文本，意谓："本人执掌政柄期间，致力于恢复自然赋予法兰西之界限……务必使法兰西与高卢恰相一致，并在旧高卢的基础上，振兴新高卢。"（Le but de mon ministère，fait-on déclarer au cardinal，a été de restituer à la France les limites que la nature lui a destinées…，de faire coincider la Gaule avec la France et，partout où a existé l'ancienne Gaule，de restaurer la nouvelle.）① 但在法国学术界，这种观点遭到泽勒（Gaston Zeller，1890—1960）等人的反驳。泽勒长期在斯特拉斯堡大学（Université de Strasbourg）任教，并于 1933 年继年鉴学派创始人吕西安·费弗尔（Lucien Febvre）之后担任现代历史讲席，但与吕西安·费弗尔不同，长期对"历史事件"情有独钟而孜孜矻矻于斯，著有大量关于 16 至 17 世纪在法国东部边疆对梅斯（Metz）、洛林和阿尔萨斯征服、合并方面的论著，集矢攻击自然边界论之虚假观点，其主要论点最集中地体现于《旧政权专制与其自然边界》② 等代表作。泽勒首先通过缜密的考证得出此遗嘱系伪托之作的结论，最初源自一个耶稣会会士地理学家拉贝（Philippe Labbé，1607—1667）的著作，这个遗嘱中的思想充其量仅仅是王室食客的宣传、对黎塞留等的决策根本不起作用的孤立的浮言虚辞而已。其次，泽勒认为，亨利二世兼合梅斯和凡尔登乃出于战略需要而非边界意识形态，阿尔萨斯和斯特拉斯堡的兼并亦然，当时法国关注的目光并不在莱茵河而是在于北方、在于尼德兰等，自然边界的观念绝非旧政权政治家们的行李的组成部分。在泽勒看来，黎塞留的外交政策受机会主义的主

---

① Cardinal de Richelieu，*Testament politique*，édition critique，avec une introduction et des notes par L. André，Paris：Robert Laffont，1947，p. 524.

② Gaston Zeller，La Monarchie d'Ancien Régime et les frontières naturelles，dans *la Revue d'Histoire moderne*. 8，1933，pp. 305 – 333.

导而植基立础于王朝的"利益"原则。黎塞留当时力图帮助莱茵河地区的当地王公，从而维护法国在中部日耳曼地区的影响，他在公开的文献和私下都主张法国王权从哈布斯堡普世主义的追求中撤退。如黎塞留自己所说，这种政策的领土寓旨乃在于打开进入邻国的大门而已。[①] 因为传统的观点有两个重要的构件，一是认为"自然边界"为法国对外政策的指导原则和确定法兰西政治单位的核心术语，一是认为法国大革命时期的"自然边界论"与旧政权一脉相承，诸如索布里（Albert Sorel，1842—1906）声称"地理决定法国政治"（geography determined French policy）[②]，马迪厄（Albert Mathiez，1874—1932）则断言法国大革命时期的国民大会仅仅"将旧王朝政治的自然疆界披上红色贝雷帽"[③]。所以，泽勒的研究乃旨在对上述观点的两大构件予以彻底否定。

和泽勒持论相近者大有人在。这些学者的一个重要立论根据就是认为"君主制国家是没有自然边界的，不断增加家族的财产是君主们的理想，每一位君主都努力奋斗试图使自己留给后代的土地广于他从父亲那儿继承下来的土地。不断获取新的领地，直到遇上另一位同样强大甚至比他更强大的对手为止，这就是国王的使命。他们对于土地的贪婪，使他们根本不知边界为何物，每一君王的行为及捍卫君主制国家理念的文献中的观点都能证明这一点。最重要的是，此一原则威胁着所有弱小国家之生存，它们之所以还能维持生存，则应归功于大国之间彼此嫉妒，这些大国高度警惕着不想让任何一个变得更强大。这就是欧洲均衡的概念，构成了它们之间一次又一次的合纵连横。小国被毁灭也有可能不危及这一均衡，比如瓜分波兰。君主们看待国家的方式，跟地产主看待其森林、牧场、农地的眼光没有任何不同。他们出售国土、也交换国土

① 　Gaston Zeller，*L' Organisation défensive des frontières du Nord et de l'Est au xviie siècle*，Paris：Berger-Levrault，1928，passim.

② 　Peter Sahlins，Natural Frontiers Revisited：France's Boundaries since the Seventeenth Century，*The American Historical Review*，Vol. 95，No. 5.（Dec.，1990），pp. 1423 – 1451.

③ 　Albert Sorel，*L'Europe et la Révolution Française*，tome 1：*Les Moeurs politiques et les tradition*，Paris：Plon，1885，p. 246. Albert Mathiez，*Histoire de la Révolution Française*，vols. 2，Paris：Armand Colin，1924，p. 166.

（即为了'使边界更齐整'），而这些土地上的居民的统治权也随之变换。根据这种解释，共和国就是一种无主财产，任何人只要有能力就可以占有它。这种政策到 19 世纪达到了顶峰：1803 年的《神圣罗马帝国代表议定书》，拿破仑的国家制度，维也纳会议的决定，都是如此"①。这种观点的逻辑在于，既然传统社会只有"边疆"而无"边界"，则所谓"自然边界"的观念在当时无立锥之地。罗布代尔和吕西安·费弗尔一样都主张从较长的时段进行总体史研究，与泽勒的学术取向大相径庭，但其对"自然边界论"的阐述却与之甚为契合。布罗代尔指出，黎塞留的遗嘱诚系伪托，但"考虑到文章毕竟是由黎塞留的亲信所撰写，人们至少可以部分地相信，天然边界的提法是在法兰西的政治中枢诞生的。这种推测也许有理。不过，在 1642 年以前，从未有过类似的说法，而在 1642 年以后，则一直要等到大革命开始，才在革命文告中重新见到伪托黎塞留说过的话"②。布罗代尔坚持认为天然边界的理论依据只是在大革命时期才终于取得胜利，而且强调寻求天然边界并非法国政策的指导路线。在布罗代尔看来，君主时代的法兰西实际上并未使用天然边界这一方便的论据，"在大多数情况下，它满足于攻城略地，进行兼并，而听由别人说三道四。即便出现例外，也恰恰正是证实规律"③。布罗代尔这样写道："奥古斯丁·蒂埃里④、昂利·马丹⑤和阿尔贝·索布里⑥十分重视这一政策的连续性；我并不认为他们错了：法国革命与其说败坏了，不如说继承了旧制度的政策。自从亨利二世远征莱茵河以后（1552 年），法国处心积虑地要把开向东欧的门户关闭起来

①　米塞斯：《自由主义或和平主义的民族主义》，秋风译，夏中义主编：《人与世界》，广西师范大学出版社 2002 年版，第 87—88 页。

②　Fernand Braudel, *L'Identité de la France, tome 1: Espace et Histoire*, Paris：Flammarion，1986，p. 290.

③　Fernand Braudel, *L'Identité de la France, tome 1: Espace et Histoire*, Paris：Flammarion，1986，p. 290.

④　指 Augustin Thierry（1795—1856）。

⑤　指 Henri Martin（1810—1883）。

⑥　指 Albert Sorel（1842—1906）。

和上闩落锁。"① 布罗代尔言下之意，即是云在法国大革命爆发前很长一段时期内，并不存在以天然边界为理据进行领土扩张的现象。布罗代尔的学术影响在法国乃至全世界都堪称首屈一指，许多学者对"自然边界"的叙述都唯布罗代尔之马首是瞻。目前，阿尔贝·索布里等的传统观点已经式微，布罗代尔等人为代表的新观点已在法国成为主流，成为新的传统。学术界认为从 1694—1788 年连续编辑出版的《法兰西学院辞典》（*Dictionnaire de l'Academie Française*）均没有提及自然边界，法国当时的扩张并非有体系的意志产物，而是出于攻守的战略，法国大革命和旧政权之间在领土上没有政策的连续性和继承性。例如，约翰·麦克劳克林（John P. Mclaughlin）即云：自然边界论（Doctrine of natural frontiers）被错误地归诸前革命的波旁王朝，而其实则由某些法国和外国革命者首次宣布，在 18 世纪 90 年代，获取自然边界成为外交政策的目标。② 英国历史学家威廉·乔丹（William Mark Jordan）亦云："法国曾有过征服天然疆界的政策，但将法国推向'天然'疆界的概念，在法国大革命以前，只是几个对法国外交政策影响甚微的思想家的幻想而已。"③

布罗代尔和吕西安·费弗尔在法国人文地理学传统哺育下都不苟同于拉策尔式"地理决定命运"的地理决定论，都企图消除"自然边界论"对法国在国际政治中的遗留的负面形象。吕西安·费弗尔甚至自始即为目前法国盛行一时的心态史、表象史垂范示轨。他说："相对而言，边界（frontière）是一个新词，它指运动中的军队，与此相对的老词是界线（limite），这是丈量土地时使用的一个宽厚温和的词。边界，真正的边界是线形的，是会引起冲突的，是令古老的欧洲时时感到痛楚的极

① Fernand Braudel, *L'Identité de la France, tome 1: Espace et Histoire*, Paris: Flammarion, 1986, p. 291.

② John P. McLaughlin, Ideology and Conquest: the Question of Proselytism and Expansion in the French Revolution, 1789 – 1793, *Historical Papers*, Volume 11, issue 1, 1976.

③ W. M. Jordan, *Great Britain, France and the German Problems 1919 – 1939: A Study of Anglo-French Relations in the Making and Maintenance of the Versailles Settlement*, London: Oxford University Press, 1939, p. 170.

其敏感的神经之一；无论从施佩耶尔到克勒弗，还是南部从维桑堡到巴塞尔，莱茵河在 18 世纪末根本不是边界。"① 他认为："当两个君主驻守在自己开发的土地上，共同出资沿着地边竖立一些饰有族徽的界石，或者在河流正中划出一条理想的分界线时，边界是不存在的。当有人超越这条分界线，来到一个不同的世界、不同的思想观念、感情以及热情面前，并且感到吃惊和手足无措时，边界就有了。换句话说，将边界深深地刻在土地上的，既不是宪兵、海关，也不是堡垒后面的大炮，而是感情，是被煽动的激情和仇恨。"② 所有边界都是人为的，边界有"公正"或"不公正"之分，但要求人们讲"公道"或建议人们使用暴力的，却不是大自然。自然边界论者顽固地把莱茵河看作一条应该坚守或夺取的边界，一个应该首先夺取然后严加控制的猎物，年迈的莱茵河在漫长的岁月里在人们的心目中是一个囚徒、一个人质。

较诸吕西安·费弗尔，布罗代尔在边界问题上对长时段的强调更加明显。他这样写道：

修建防御工事不单是恐惧、忧虑和明智的反应，而且也是国家富强的证明。有些堡垒甚至威名远扬。在实现统一的进程中，这些工事是法兰西国势增强的见证。早在沃邦以前，卡佩王朝建造了罗浮宫的主塔，埃普特河谷或塞纳河谷的城堡，还有与加亚尔城堡遥遥相对的拉罗什—古伊永城堡。

一切行政区划的界线，尤其是政治边界，一旦正式划定以后，便趋向长期固定下来，甚至永久不变，似乎就像一道永不消失的伤疤。例如在法国，许多教区界线沿用了罗马统治下高卢各邦的区划；它们从加洛林王朝以前开始，直到 1789 年革命为止，几乎原封不动地予以保留。

至于国家之间的边界，其寿命之长更为众目所见。马德里或里

① Lucien Febvre, *Der Rhein und seine Geschichte*, Frankfurt/Main: Campus Verlag, 1994, S. 163 – 164.

② 吕西安·费弗尔：《莱茵河：历史、神话和现实》，许明龙译，辽宁教育出版社 2003 年版，第 181 页。

斯本对美洲殖民地领土划分所作出的决定，事先为 20 世纪的独立国家确定了各自的版图。总之，这些独立国家在诞生以前已有了边界，一些对它们并不始终合适的并且往往不合常理的边界。同样，就在眼下，独立了的非洲也在过去殖民地的边界内安置新国家，不管这些边界对它们是否合适。边界对一些国家不利，对另一些国家有利，引发了种种冲突。独立后的阿尔及利亚因边界而获益匪浅，它保留了殖民地时期建立的与非洲各地的联系，还获得了撒哈拉及其石油……

可见，历史趋向于边界的固定化，似乎边界的起因纯属偶然，但一旦与地域结合后，便扎下根子，很难移动。

然而，这些边界事先必须有足够的时间与土地相结合。我在萨瓦的住所四周曾栽插了一些加拿大扬树枝条。30 年过后，树木生长茂盛，几乎围成一道篱墙。但 30 年时间对一条边界的形成和确立还远远不够。《雅尔塔协定》在欧洲躯体上所划下的界线至今已有 30 多年时间。恐怕要过 100 年以后，才能确定这条边界能否得到巩固。①

布罗代尔认为，公元 843 年的《凡尔登条约》（Traité de Verdun）将查理曼帝国分为三部分；路易（绰号日耳曼人路易，Louis le Germanique）得到莱茵河以东的土地，此为东法兰克王国（la Francie orientale），查理（绰号秃头查理，Charles le Chauve）得到一些耳德河、索恩河和罗纳河以西的土地，此为西法兰克王国（La Francie occidentale），长子洛泰尔（Lothaire I）得到东、西法兰克王国之间的地带和在意大利的领土，并且承袭皇帝称号。《凡尔登条约》的领土划分带有很强的随意性，虔诚者路易三个儿子当时最关心的是平均分配，每人一份，他们利用河流——即单纯的地理分界线充当国界甚为便利，而这些界线实际上亦是对当时既存的或明或晦的文化、语言界线的确认，并在

————————
① 费尔南·布罗代尔：《法兰西的特性》1，《空间和历史》，顾良、张泽乾译，商务印书馆 1994 年版，第 255—256 页。

时间的流逝过程中得到巩固。布罗代尔一方面注重长时段的高瞻远瞩，认为边界的走向乃由缓慢的历史所决定，另一方面又对事件时间亦明察秋毫，认为 13 世纪初，西班牙的阿尔摩哈德、英国的安茹王朝等在扩张中被古老的国界线缠住了脚，就像赛跑运动员被横在路中间的绳索绊倒一样大摔跟斗，在与法国争夺领土的较量中遭遇挫折，古老的自然边界经受了考验，其中 1212、1213、1214 和 1216 这四个关键年代可以说一劳永逸地确定了西欧的政治地图。① 众所周知，高傲倔强、勇敢不屈的"高卢雄鸡"（Le coq gaulois）是法国人的象征，许多法国人写的法国通史教科书动辄谓"我们的祖先高卢人"（Nos ancêtres les Gaulois）云云。布罗代尔这样写道："古代高卢的边界、法兰西的最早框架和雏形系由莱茵河、阿尔卑斯山、地中海、比利牛斯山、大西洋、英吉利海峡和北海所构成。随着高卢被罗马征服，这些边界进一步得到巩固。……但我们不要以为，古代高卢的攻城略地，直抵我国的所谓'天然边界'，竟是法兰西扩张的指导原则，竟是一项遗传工程，而我国的领导人根据这项工程的指令，清醒地认识到有一块领土尚等收复。法国历代国王推行的政策，或因势利导，或随机应变，或碰碰运气。他们取得的一切成功都有一定的原因，但原因与原因素不相同，每次成功又产生了新的欲望。"② 布罗代尔通过考证得出结论：在中世纪的法国，"我们的祖先高卢人"这个口号尚不存在，在法国大革命以前，几乎从未有明确提及天然边界的言论，人们目前所能收集到的暗示性的模糊言辞，可谓凤毛麟角。由此可见，布罗代尔的考察恰恰是以长时段的研究方法否定自然边界论在法国历史上的源远流长的历史，其"长时段"的研究方式与结论之所以出现一个令人困惑的反悖，殆与其力图消解自然边界论对法国历史形象的负面效应的研究意图有关。笔者认为布罗代尔的研究具有明显的政治倾向，且表现出浓厚的本质主义的色彩，应该真正践履其长时段的研究路径而从政治学、社会学的视野分析"自然疆界

---

① Fernand Braudel, *L'Identité de la France, tome 1: Espace et Histoire*, Paris: Flammarion, 1986, p. 285.

② Fernand Braudel, *L'Identité de la France, tome 1: Espace et Histoire*, Paris: Flammarion, 1986, p. 287.

论"在不同历史时期的话语建构。

法语中边疆（frontières）与边界（limiters）的区别可以追溯至 13世纪晚期。从语源学和政治学角度言，边疆（frontière）在法语中是指站立于敌人对面，因此军事边疆意味着好战的扩张或位于线性分界线和线性边界对面的防御地带。当时的法国边疆在想象和现实中指称从一定的传统边界线（即 10—13 世纪广为人知的四条河流）的运动。中世纪的编年史家陈陈相因地以索恩河（La Saône）、罗纳河（Le Rhône）、默兹河（La Meuse）和埃斯科河（L'Escaut）作为法兰西王国和神圣罗马帝国的分际。在中世纪的想象中，此四条河流可以不用地图而很便利地描述政治单元。但到 13 世纪晚期，法兰西由四条河流"封闭"的描述受到挑战，诚然"普通人的观念"显得非常不情愿放弃旧的思维，即便降及 20 世纪亦然，但"学者的观念"因为法国版图的赢缩变化则迅速与时俱变。随着疆土的开拓和边疆的变迁，王朝需要新的话语支持其主张，历史而非自然成为对外政策决定的合法性话语。1537 年，一份匿名的备忘录主张，默兹河并非区分法兰西王国和神圣罗马帝国的边界，因为法兰西王国的若干土地和封建领主均远逾此河彼岸，法兰西王国的疆域必须以古代权利或持续不断的合法占有加以解释或理解。在16 世纪，受到意大利人文主义哲学和法学的影响，法国知识分子建构了法兰西民族过去的新形象，正如布罗代尔所说，埃斯蒂安·帕斯基埃（Étienne Pasquier，1529—1615）及其同时代人的阐幽发微才使高卢人从此真正进入了法兰西的历史。[①] 从此在高卢人的废墟重建新高卢的观念逐渐产生，与教皇权力至上主义（Ultramontanisme）相对的高卢主义（Gallicanisme）逐渐滥觞，以致所谓黎塞留政治遗言声称其秉政之目的，正在于为高卢收回大自然所指定的疆界、为高卢人找回高卢人国王、将法国置于高卢的位置上并在属于古代高卢的一切地方建立新的高卢，而昂利·马丹在《法国史》（Henri Martin, *Histoire de France: depuis les temps les plus reculés jusqu'en, 1789*，Paris：Furne-Jouvet，1865）

---

① Fernand Braudel, *L'Identité de la France, tome 1: Espace et Histoire*，Paris：Flammarion，1986，p. 289.

一书中亦云："崭新的法兰西，古老的法兰西，都奉高卢为唯一的法人代表。"①

　　不过，真正使用甚至滥用历史服务于法国君主的扩张则是在 17 世纪，时黎塞留和法国王室为法国新近征服地区的权利主张而组织力量进行研究，皮埃尔·迪皮伊（Pierre Dupuy，1582—1651）等御用史家鼓吹王朝对这些地区的权利主张源自过去某些令人质疑的同盟关系和司法管辖的习惯法，赫伯特·罗恩（Herbert Rowen，1916—1999）将这些超越于边界之外的地带称之为"王朝主义财产"（Proprietary Dynasticism）。② 当时的法国早期现代国家严格地说还不是领土性的，所谓"统治"管辖用现代概念来说还包括附属、依赖和兼有等。尽管当时法国王室的疆界以界石、河流等明确标志出边界线，但边疆地区孤立的插花、飞地等不在少数。在 17 世纪中叶，许多商业性地图都将山脉图示作为天设地造的理想政治划分，绵延的山脉、有时为河流在地图上被作为确定国家和省的边界，除非一无所有则以点或短线加以表示。在这种风气下，政府的首席制图专家尼古拉·桑松（Nicolas Sanson，1600—1667）大量发行的诸多地图固然不缺乏科学性，但受自然边界观念的诱惑，他在加利福尼利亚和非洲的地形图上可以泰然自若地无视地理客观实际，虚构山脉形成政治边界。③ 17 世纪 30 年代，在黎塞留庇护下出版的许多地图都将古代高卢的边界画至莱茵河，并将法国等同于高卢，与中世纪"高卢"与"法国"尚存在明显区别的观念相迥异，儒勒·凯撒（Gaius Julius Cæsar）的《高卢战记》（Commentarii de Bello Gallico）自 15 世纪以来被不断地出版、翻译、评注和加图，从这部奠基性的著作中，衍生了以比利牛斯山和莱茵河为自然边界的观念。按照吉登

---

　　① Henri Martin，Cité par Georges Lefebvre，*La Naissance de l'historiographie moderne*，Paris：Flammarion，*1971*，p. 186.

　　② Herbert Harvey Rowen，*The King's State：Proprietary Dynasticism in Early Modern France*，New Brunswick，N. J.：Rutgers University Press，1980，p. 3.

　　③ Peter Sahlins，Natural Frontiers Revisited：France's Boundaries since the Seventeenth Century，*The American Historical Review*，Vol. 95，No. 5.（Dec.，1990），pp. 1423–1451.

斯的观点，理解历史"中"发生的进程的努力，不仅构成了"历史"内涵的内在组成部分，而且也是改变"历史"的一种手段。此时期对高卢的发现与重构，与法国向现代民族国家过渡的实践紧密相连，"法国等于高卢"的话语既伴随法国当时的政治疆域扩张而呈弥散状态，又构成法国当时政治疆域扩张的方向引导。正是这样，法国政治文化景观中的四条河流的形象逐渐隐退，而恢复高卢自然边界的话语日益凸现，仍然从历史寻求资源而落脚于自然边界。洛林公王"好人约翰"（Jean II de France，Jean le Bon，1319—1364）在 1568 年所著《莱茵河对于国王》（Le Rhin au Roy）的小册子中写道："巴黎畅饮莱茵河水之日，将是高卢（即法兰西）功业圆满之时。"（Quand Paris boira le Rhin / Toute la Gaule aura sa fin. ）① 尽管布罗代尔声称这仅属"孤例"而非"常例"，② 但这种话语的产生必有其深厚的背景基础。如果将这一时期的话语与 14 世纪类似的法国大国主义计划相比较，我们更能看出"我们的祖先高卢人"这一观念建构的转型意义。菲力普四世时期的著名法学家比埃尔·杜布亚（Pierre Dubois，1255—1321）在《圣地的收复》（De recuperatione Terrae Sanctae）中探讨了当时国际政治的基本问题，认为法兰西国王应当充当全世界的君主的角色。在其拟订的方案中，杜布亚一开始便论述教廷应成为国王手中的驯服工具，并将这种奴役教皇的做法说成是教皇最大的幸福，接着殷切希望保证法国对莱茵河西岸的领有，至少也应领有普罗温斯和萨瓦两地，应取得帝国在伦巴底和威尼斯曾经享有的权利，通过王室的联系以掌握意大利和西班牙。③ 杜布亚的这种漫无边际的世界性霸权计划与黎塞留等人恪守的"国家利益"（Raisons D'État）原则呈现出不同的历史意味。

　　布罗代尔等人认为，自然边界论在路易十三时代并没有被黎塞留等

---

① Jean Le Bon, *Adages*, 1577. cité par A. Benoit, *Notice sur Jean Le Bon*, 1879, p. LXⅦ.

② Fernand Braudel, *L'Identité de la France*, tome 1: *Espace et Histoire*, Paris：Flammarion, 1986, p. 288.

③ Pierre Dubois, *De recuperatione Terrae sanctae*, édit. Gh. – V. Langlois, 1891, p. 51.

奉为法国政策的指导路线。笔者认为这种观点是值得商榷的。在笔者看来，亨利四世纪时期的絮利（Maximilien de Béthune, duc de Sully, 1560—1641）的思想和实践堪称黎塞留诸多施政举措的先导。絮利经常强调："只有能守得住的才是值得夺取的，国家的强盛有其限度，超过这一限度，该国即会招致敌人和妒忌者联手的勠力反对。他在其回忆录《国家经济的原则》（Les économies royales）中写道：'法国每一位国王应该想到，与其用一些他力所不及的计划，而为自己招来难以消除的仇恨和敌意，不如取得由于共同利益而与他紧密联系——这是最可靠的联系——的朋友和同盟者。'"① 这和法国著名外交家艾顿·帕斯吉在其《哲学家与国君的对话》② 中所说的名言颇为契合："你想给你的国家定一条良好的国界；那你就要先给自己的欲望定出一个恰如其分的界限。"③ 对如何确定适宜于法国的良好边界，絮利的见解既明且晰，又

---

①　В·П·波将金等编：《外交史》第 1 卷上，吴纪先、郭吴新等译，生活·读书·新知三联书店 1979 年版，第 340 页。

②　此则史料源自波将金等编《外交史》中译本，被一些论著多所引用。但由于辗转翻译，所谓"法国著名外交家艾顿·帕斯吉"及其《哲学家与国君的对话》究竟系何人何书，不免令人如坠云山雾海。检核该书中译本索引，帕斯吉在俄语中作 Паскье，笔者推断此人即是艾蒂安·帕斯吉埃（Étienne Pasquier，Этьен Паскье，1529—1615）。雨果的著名长河小说《帕斯吉埃一家纪事》（La Chronique des Pasquier, 1933—1945）长达 10 卷，即与此人家族有关。波将金原书中《哲学家与国君的对话》的俄文标题是笔者语言能力等条件所不及的盲区，但似乎应为艾蒂安·帕斯吉埃的重要著作 Le Pourparler du Prince。这方面的研究可以参见 James H. Dahlinger, Etienne Pasquier on Ethics and History, New York, Berlin, Frankfurt am Main, Oxford：Peter Lang, 2007, pp. 2, 12, 26, 39, 83。

③　В. П. 波将金等编：《外交史》第 1 卷上，吴纪先、郭吴新等译，生活·读书·新知三联书店 1979 年版，第 340 页。这和中世纪殿军和文艺复兴先驱一身二任的但丁（Dante Alighieri，约 1265—1321）主张的世界政府理论恰成鲜明对照。但丁在其《论世界帝国》（De Monarchia）中这样写道：这样一个一统天下的国家将获得永久和平，"只要是无所不有，贪欲也就不复存在，因为对象消失了，欲念也就不可能存在，一个一统天下的君主就无所不有，因为他的权限是以海洋为界；其他王国都以邻国为界，就谈不上这一点"。罗伯特·哈钦斯、莫蒂默·艾德勒主编：《西方名著入门》第 6 卷，商务印书馆、美国不列颠百科全书公司 1995 年版，第 471 页。

充满矛盾。他清楚地知道查理曼帝国的辉煌与自卡佩王朝以后法国被局限于其现时所在的狭小国界之内的压抑。他指出，在南方，法国有一条天然疆界，这便是比利牛斯山脉。他认为，使法国重享昔日的光荣，这等于要收回曾经属于它的邻近领土，即萨瓦、法兰斯孔太、洛林、海诺特、阿尔土瓦和尼德兰。"但是，要求取得这一切，而又不引起敌人的仇恨和毁灭性的战争，这是可能的吗？可是法国国王们的爱慕虚荣，对于法国来说，较之外国人的一切仇恨却更为可怕。"[①] 法国当时已经羽毛丰满：它有足够的力量，可以不怕一切人，却使人望而生畏。不过，絮利自己也向往着法国称霸于一切基督教民族。据传出自亨利四世之手的"宏伟计划"（Le grand Dessein）被一些学者认为是絮利本人的构想。该计划的内容是：使哈布斯堡王室降低到比利牛斯半岛一地国君的地位，把土耳其人和鞑靼人赶到亚洲去，重建拜占庭帝国，然后再重画整个欧洲政治地图。欧洲将分为六个世袭君主国家、五个选举的君主国家和五个共和国。在这一切国家之上，设置一个专门的合议政府，负责维护普遍和平并审理国与国之间、国君与其臣民之间的一切纠纷。基督教国家的这个特种共和国的首脑是教皇，其首相则为法国代表。这一计划的目标在于：削弱法国的敌人，加强法国的藩属国家，以一圈中立国将法国围起来；这些中立国在法律上受法国保护，而实际上则由法国控制。正如苏联学者 В. П. 波将金（В. П. Потемкина，V. P. Potemkin，1874—1946）等所著《外交史》（История дипломатии，Istoriia Diplomatii）所言，当时"以法国的内战而告终的 16 世纪长期的破坏性的战争，并不是没有留下经验。一个新兴国家的任何扩张企图，都遭到了其他国家的反击；任何掠夺的要求，更不要说对世界（就 16 世纪的范围而言）霸权的要求，都引出了一些敌对的同盟。17 世纪的政治家和外交家在总结这一经验时，得出了一系列具有国际原则意义的原理。诚然，这些原则极其经常地遭到破坏。然而也正是这种经常的破坏，在当时国际关系极不稳定的情况下，才引起了对于某种规范的需要。特别具

---

　　①　В·П·波将金等编：《外交史》第 1 卷上，吴纪先、郭吴新等译，生活·读书·新知三联书店 1979 年版，第 340 页。

有此种'规范'性质的，有'天然疆界'和'政治均势'等思想"①。从总体而言，亨利四世以及絮利的对外政策基本上仍属于现实主义，致力于为本国获取天然边界而非沉溺于对奄有诸国的辽阔梦想。唯其如此，亨利四世在 1601 年从萨瓦公国夺得比热（Bugey）和布雷斯（Bresse）等地区后曾对新臣民言："你们既然历来都讲法语，理应是法兰西王国的臣民。使用西班牙语或德语的地方，我赞成分别留给西班牙和德国，但使用法语的地方应该归我所有。"② 这种表示并不能成为否定亨利四世时期具有自然边界的证据。

继絮利之后，主宰法国政坛的黎塞留是颇受争议的人物而遭大仲马（Alexandre Dumas，1802—1870）在《三个火枪手》（Les Trois Mousque-taires）中苛责厉訾，他信奉"国家利益至上"原则，进一步与帝国至上论相对立，最终神权统治下的大一统思想成为历史遗迹。米歇尔·卡尔莫纳（Michel Carmona）在《黎塞留传》（Richelieu，Fayard，1983）中这样写道："正如法国存在着国家特殊法观念（即所谓'国家利益'），国与国关系也要符合某种秩序，这种秩序也是要由某些法律规定来支配的。"③ 如果说学术界对亨利四世是否想到过莱茵河为法国东部边界尚莫衷一是，但这种想法在黎塞留身上则了无疑问。在黎塞留的庇护下，一本题为《洛林公爵领和巴尔并入法国的最可靠手段为何》的小册子应运而生，声称："对位于莱茵河以西之领土，神圣罗马帝国皇帝并无任何权利，因为五百年来，这条河流一直是法国的疆界。皇帝的权力是建立在篡夺的基础之上的。"④ 当时的御用文人、政论家圣蒂

① В. П. 波将金等编：《外交史》第 1 卷上，史源译，生活·读书·新知三联书店 1979 年版，第 339—340 页。

② Auguste Longnon, *La Formation de l'unité française*，Paris：Auguste Picard，1922，p. 325.

③ 米歇尔·卡尔莫纳：《黎塞留传》下册，曹松豪、唐伯新译，商务印书馆1996 年版，第 647 页。

④ 王福春、张学斌编著：《西方外交思想史》第五章，资料来源：http：//www. tecn. cn/data/83. html，访问时间：2009 年 7 月 2 日。

罗·列伏尔①亦为黎塞留政策摇旗呐喊，他证明说：古代法兰克人曾征服过高卢，即位于大西洋和地中海之间并以莱茵河、比利牛斯山脉和阿尔卑斯山脉为界的广大地区，这一地域长期以来即以比利吉人、克勒特人和阿奎丹人的高卢这一名称著称。这样，圣蒂罗·列伏尔遂将阿尔萨斯、洛林、萨瓦、尼斯等法国后来凭借军事强权占领的一切地区统统纳入了法国的版图之内。他声称，一旦法国取得所有这些地方，欧洲的和平就会有所保证。② 可以说，这一时期法国对"天然边界"的要求已经有了大致的界线，而且"天然边界"的概念日趋明晰。1642 年黎塞留辞世时，三十年战争尚未结束，法国当时得到国际承认的王国边界同 1601 年相比，同亨利四世兼并布雷斯、比热、热克斯和瓦尔罗梅之后的边界相比，并没有什么变化，但黎塞留已为未来阿图瓦、弗兰德尔、鲁西永、阿尔萨斯、弗朗什 - 孔泰、洛林和萨瓦先后并入法国版图做好了准备。至 1648 年缔结的《威斯特伐利亚和约》（*Les traités de Westphalie*）终于使黎塞留的事功呈现明验著效，法国由此部分满足了其天然边界的要求，即法国获得阿尔萨斯的大部（包括布雷萨克，但不包括斯特拉斯堡），确认早年法国占领的梅斯、土尔、凡尔登仍归它所有，享有永久驻防菲利普斯堡和部分莱茵河右岸的权利，占据布雷萨克和菲利普斯堡，就为法国军队今后通向南德意志提供了桥头堡。

继黎塞留之后，马扎然（Cardinal Mazarin, 1602—1661）步武后尘，而 1659 年的《比利牛斯条约》（*Le traité des Pyrénées*）更明白地诉诸自然边界论；马扎兰在谈判该条约时特意在其第四十二款加上如下文字："比利牛斯山早年曾是高卢与西班牙的分界线，今后也将成为两个王国的分界线。"（ces monts Pyrénées qui avoient anciennement divisé les

---

① 在波将金等著《外交史》中译本所附人名索引中，此人俄译名为Шантеро-Лефевр。据笔者推测在法文中应为 Santino Lefevre，但未查寻到有关此人的资料。

② В. П. 波将金等：《外交史》第 1 卷上，史源译，生活·读书·新知三联书店 1979 年版，第 344 页。

Gaules des Espagnes［et qui］feront aussi dorénavant la division des deux mêmes royaumes.)① 这段文字并非仅仅是修饰性的浮言虚辞，亦不仅仅是军事和战略利益的遮盖面纱，而是以自然边界论为法国向比利牛斯山脉的扩张提供合法性依据、建立新的领土主张。布罗代尔引述 1752 年博米侯爵（Le Marquis de Paumy）巡视鲁西永的边界时回顾性说明——那时"曾经决定以比利牛斯山的顶峰和朝向划界，面对鲁西永内地一侧的山坡属于法国，面对西班牙各省一侧的山坡属于西班牙王国，并根据阿尔卑斯山的划界方式，遵守分水线的规则"②，认为这种做法仅仅是出于对今后比较省事的考虑而已。布罗代尔这种解释恐怕不足为训。乔治·勒费弗尔（Georges Lefebvre，1874—1959）亦否认自然边界论曾左右法国旧政权的对外政策，但并不如布罗代尔那样绝截，尚属持论比较平和允洽。他说："许多历史学家都把这种理论说成是王朝遗产和民族传统。其实，法国的历代国王似乎从未有过这个设想。曾经有几代国王向尼德兰扩张其势力，在 16 世纪前，尼德兰的佛兰德公爵曾是法国国王的附庸，尼德兰的边界曾十分靠近巴黎，甚至影响法国国王的安全。但是，到了 18 世纪，路易十五不再效法先王。由于偶然的机会，亨利二世进占了三个主教国，黎塞留又占了阿尔萨斯。但在更接近北部的地区，法国从来只求保住莱茵河左岸的几块领地。因此，所谓天然国界命定地构成法国框架的说法，大概是军事胜利的影响下产生的浪漫想法。这种影响的存在不是不容置疑的。"③

　　1661 年，"太阳王"路易十四（Louis XIV, Le Roi-Soleil）亲政，急切地渴望通过大战获取领土和荣誉，以此证实自己的伟大。1678 年法荷《奈梅根和约》（*Le traité de Nimègue*）堪称法国霸权鼎盛的标志，路易十四亦通过"移归权战争"认识到无法占有整个西属尼德兰的客

---

　　① *Traité des Pyrénées* – Articles 42，资料来源：http：//fr. wikisource. org/wiki，访问时间：2009 年 7 月 2 日。

　　② Fernand Braudel, *L'Identité de la France, tome 1: Espace et Histoire*, Paris: Flammarion, 1986, p.291.

　　③ Georges Lefebvre, *La Révolution française*, Paris: Presses Universitaires de France（PUF），1968，pp. 295 – 296.

观现实，加之受沃邦等人的影响，其战略侧重点变为保住已获得的领土。路易十四对要塞筑防的关注很大程度上出于领土安全需要。正如卡尔·冯·克劳塞维茨（Carl von Clausewitz，1780—1831）所言，"对路易十四来说，捍卫王国边疆免遭一切侵辱简直成了个人荣誉问题，即使这侵辱可能微不足道"①。1673 年，沃邦向法国最高统治者建议建立"方区"（le pré carré，又译为"边沿区"）：

> 说真的，阁下，国王必须对建立"方区"有所考虑。我不喜欢我方堡垒与敌方堡垒如此乱七八糟地混杂在一起。您不得不维持 3 对 1 的比例；您的将士因此大受折磨；您的花费有增无减，你的兵力则大为分散……如果您相信我所说的，大人，您就会明白为什么我总是主张无论是通过条约，还是通过一场成功的战争，总之，将事情搞规整，不是搞成环形，而是搞成决斗场似的。②

当时战争的后勤供给保障对军队的前进制约性很大，而且边疆地带往往成为敌方滋扰频繁的地区，加之边疆地带犬牙交错的政治归属状况使插花、飞地大量存在，所以路易十四决定通过构筑一个可防御的边疆体系以维护法兰西的神圣领土。路易及其幕僚开始将法国看作一个被围困的堡垒。如沃邦所说，法国差不多是在基督教世界各个最强国家的正中间，处于从西班牙、意大利、德意志、低地国家和英国发动打击的同等距离之内。基于此，沃邦在路易十四的支持下从 1678 年《奈梅根和约》以后，到 18 世纪初在法国周边建立起了一个完整的要塞防御体系。为了加速要塞工事建筑，沃邦曾呼吁每个有良心的法国人都应送来一筐石子和泥土。事实上，在任何地方，只要有可能，这些布有壕砦、据点

---

①　转引自 Williamson Murray，MacGregor Knox，Alvin H. Bernstein，*The Making of Strategy: Rulers, States and War*，Cambridge：Cambridge University Press，1996，p. 211。

②　Williamson Murray，MacGregor Knox，Alvin H. Bernstein，*The Making of Strategy: Rulers, States and War*，Cambridge：Cambridge University Press，1996，p. 204.

和要塞的防御工事线都会利用河流和运河之助。然而，与第一次世界大战期间的堑壕不同，这些防线主要不是意在阻止野战大军突进，而是保护自己富饶的腹地免遭敌方"追猎"。有关领土的价值，连同可得以向法国部队提供给养的财富所在，事实上决定了防御工事线的位置。守住特定地区和建造防御工事的战略和作战决定总是基于后勤考虑。① 此外，沃邦所谓的"方区"这一术语可以有两种解释：第一指决斗场所，第二含有把边界进行规整而使之合理化的意思，所以如果说黎塞留的自然边界理念仍带有自然性边界不仅作为边界，而且作为通道的中世纪思维模式，那么沃邦堡垒取代"开门政策"（the policies of open doors）而如布罗代尔所言要将门户关闭起来而上闩落锁，二者似乎大相径庭，但事实上，沃邦堡垒亦具有保护领土和作为进攻性作战桥头堡或基地的功能，即当时外交和军事语言所谓的进入敌国领土的门户。不仅沃邦本人根据前人经验将筑城分为野战筑城和永备筑城，而沃邦城堡不仅屏蔽法国的边境，而且亦达到了投射法国权势的效果，故引起当时邻国的疑惧，被人们称之为"防御性侵略"（la défense aggressive）② 乃不无道理，表现出与黎塞留政策的某种一致性和继承性。正如厄内斯特·拉维斯（Ernest Lavisse，1842—1922）所说，"直到路易十五……的条约里，'直线边界'（la frontiere-ligne）的概念尚未真正出现，国家与国家之间可以看到有大量的'飞地'穿插在一起"③。沃邦力图树立固若金汤的边界即人们所谓的"铁的边界"（la frontière de fer），还表明法国王室已开始着手对边疆地区合理化与线性化，表现出法国自然疆界论的新变化动向，即从自然疆界（natural frontier）向自然边界（natural boundaries）的政策转向。沃邦堡垒和路易十四时期所成

① Williamson Murray，MacGregor Knox，Alvin H. Bernstein，*The Making of Strategy：Rulers，States and War*，Cambridge：Cambridge University Press，1996，p. 206.

② Williamson Murray，MacGregor Knox，Alvin H. Bernstein，*The Making of Strategy：Rulers，States and War*，Cambridge：Cambridge University Press，1996，p. 200.

③ Camille Vallaux，*Géographie sociale：Le Sol et l'Etat*，Paris：Doin，1911，p. 364.

立的"故土归并法庭"（Les Chambres de réunion）均证明了从北海到莱茵河等法国所谓"自然边界"，实质上是由法国统治阶级积极的人工建构的产物。

18 世纪被誉为哲学的世纪，法国启蒙主义思想家群星璀璨，自然法的推崇蔚成风尚。对自然权的推崇在西方事实上其来有自，而在启蒙时代又与理性主义思潮联系，使当时法国的自然疆界论具有强烈的意识形态的色彩，使 18 世纪的自然疆界论成为着眼于应然状态和天赋渊源的宗教神圣命定论，向 19 世纪逐渐绽露峥嵘头角的科学疆界论的过渡期话语现象。如果与其 18 世纪的前奏割裂开来，则法国大革命时期的自然疆界论将变得难以理解。18 世纪的知识分子继承了古典人文主义的地理学话语和 17 世纪的政治文化观念，即法国应该拥有与高卢相吻合的相同山脉和河流边界。特别在哲学中，缺乏任何历史因素的界山和界河构成政治边界的观念广为流传。在孟德斯鸠（Montesquieu，1689—1755）《论法的精神》（De l'esprit des lois）中，其地理决定论与其对国家的"自然边界"（limites naturelles）的认同是相辅相成的，自然边界被其视为既是国家的权利亦为国家扩张的限制因素。卢梭（Jean-Jacques Rousseau，1712—1778）在讨论国家适宜的大小版图时亦强调政治国家的自然边界。自然边界是 18 世纪地理论著和教学的焦点问题，作为一种话语继续服务于国王。菲利普·鲍赫（Philippe Bauche，1700—1773）作为王室地理学家、王室子弟的老师，倾力于山脉和河流的地图绘制，强调山脉链条的线性特征和分水岭功能。他的侄子和学生纳维尔（Buache de la Neuville，1741—1825）继续其事业，并效力于国王地理教育，更是经常强调自然边界对政治单元的划分，声称：地球表面山脉和河流的自然划分是应该发扬光大的地理考量，因为它有助于未来国家的幸福，采纳大自然创设的恒定不变的边界，可以保障和更为有效防卫其拥有的领土边界。[①] 当时对自然边界的理性主义的、非历史的重新诠释与 18 世纪后期法国国家建设的政策转型相契合。在欧洲政治均势的

---

① Peter Sahlins，Natural Frontiers Revisited：France's Boundaries since the Seventeenth Century，*The American Historical Review*，Vol. 95，No. 5.（Dec.，1990），pp. 1423 – 1451.

主导格局下，兼并时代已经过去。正如路易十五（Louis XV，1710—1774）的外交大臣阿尔让松侯爵（Le Marquis d'Argenson）在 1765 年发表的回忆录中所说：“这不再是一个征服的时代。法国必须满足于开拓疆土的伟大。在花费如此多时间获得统治之后，应该开始认真治理了。”①

尽管法国在行政管理体制改革方面不尽如人意，但在 18 世纪下半叶致力于与邻国勘分边界的倾向却是有目共睹的。1775 年，法国外交部从战争部接管了对边疆事务的管辖权，设立下属的地形测量局进行画界，创建常设委员会与邻国谈判“条约边界”。从 18 世纪 70 年代到 80 年代，法国政府与神圣罗马帝国、瑞士、萨瓦、西班牙等达成 20 多段“条约边界”。可以说，对政治边界的“合理化”和“清理”，构成了 18 世纪后期法国疆域政策的主体内容，而为了减少领土争端和冲突，法国政府往往采取自然划分的山岳河流作为边界。例如，在法国北部和东部边疆，河流尤为政治家和划界委员会所关注。法国国王与符腾堡大公（das Herzogtum Württemberg）于 1786 年签订的条约即以杜河（Le Doubs）作为双方分界线，而杜河在 1780 年法国与巴塞尔公国的条约中亦被称为两者“固定的自然边界”②。实际上，山脉和河流作为国家间边界的自然特征，固然在地图与地面上易于辨认，且相对稳定，但当时被人们推崇的自然边界并不能消除争端，甚至往往不切实际，较诸根据管辖情形而不考虑地貌特征的人为边界，以自然地貌特征为标志的政治边界并不见得更为持久稳固。但法国对外政策即便如此，亦仍往往坚持秉承自然边界论。这在 1785 年出版的《一个亲法者的愿望》（Les Vœux d'un gallophile）中言之凿凿：“凡尔赛宫廷有个不应忽略的目标，即将法国边境扩展到莱茵河口。这条河是高卢人的自然边界，一如阿尔卑斯山、比利牛斯山、地

---

① Albert Sorel，L'Europe et la Révolution française, Tome 1：Les moeurs politiques et les traditions，Paris：Plon-Nourrit et Cie，1885，p. 313.

② Peter Sahlins，Natural Frontiers Revisited：France's Boundaries since the Seventeenth Century，The American Historical Review，Vol. 95，No. 5.（Dec.，1990），pp. 1423 - 1451.

中海及大西洋一般。"①

如果说 18 世纪法国大革命以前自然边界论虽主要服务于王朝的政治目的，但在启蒙运动影响下已开始意识形态化，那么彻底意识形态化的完成则在法国大革命期间。此前，自然边界论主要通过以下三个途径进入公众集体意识：其一，基于对古代文献考证的学术性历史著作，这类著作虽然读者群有限，但其对社会精英阶层的影响相当可观。从埃蒂安·帕基耶（Étienne Pasquier，1529—1615）的《法国研究》（*Recherches de la France*）到雅克 – 奥古斯特·德·图（Jacques-Auguste de Thou，1553—1617）的《普遍历史，1543—1607 年》（*Histoire Universelle depuis 1543 jusqu'en 1607*），自然边界论尽管不是其中的主要内容，但均俯拾即是。其二，通俗性历史著作。王室历史学家梅泽雷（François Eudes de Mézeray，1610—1683）无疑是 17 至 18 世纪的昂利·马丹，他于 1668 年出版后多次重印的《简明法兰西编年史》（*Abrégé Chronoloique de l'histoire de France*）堪称一般有文化的公众的历史圣经，其中明确告白"众所周知高卢的边界在两个大洋、莱茵河、比利牛斯山和阿尔卑斯山之间"②。这种重构对法国大革命期间的集体意识产生了深远影响。其三，中学教育。从 10 岁的小孩便开始接触凯撒《高卢战记》，他们稍大一些又被要求读斯特拉波（Στράβων，Strabo，前 63—前 20）的《地理学》（*Geographica*）。尽管自然边界论并不占据课程的核心地位，但构成代复一代年轻人的文化行李而浸润人心。因此，吕西安·费弗尔认为莱茵河作为一条边界是在《高卢战记》的砧子上锻造出来的古老神话。

---

① 例如参见李宏图：《"民族万岁"——十八世纪法国大革命中的民族主义》，《史林》1996 年第 1 期。亦可参见 Joseph Smets，Le Rhin，frontière naturelle de la France，dans *Annales historiques de la Révolution franaise*，1998，Volume 314，Numéro 314，pp. 675 – 698；Jean-Baptiste CLOOTZ ou CLOOTS，dit *Anarchasis*（1755 – 1794），资料来源：http://www.royet.org/nea1789 – 1794/notes/acteurs/clootz.htm，访问时间：2010 年 6 月 27 日。

② Denis Richet，Natural Borders，in François Furet，*A Critical Dictionary of the French Revolution*，translated by Arthur Goldhammer，London：The Belknap Press of Harvard University Press，1989，p. 757.

　　法国大革命初期，制宪会议大多数人都反对改变法国的边界。1790
年 5 月 22 日，蒙托瑞恩（Armand Marc，comte de Montmorin de Saint
Herem，1745—1792）表明政府立场："国民公会宣布法兰西民族放弃
以征服为目的的战争，决不使用暴力干预他国人民的自由。"① 著名的
1790 年 5 月 22 日"不征服"（no conquests）准则被载入 1791 年宪法，
革命者对欧洲各国信念相投者表示道义和政治上的支持，正如歌德
（Johann Wolfgang Goethe，1749—1832）所说，1790 年乃一个分水岭，
革命的法国边界不是依据自然或历史加以划分，而是以无形的自由原
则。② 有一幅 1790 年水彩画颇富象征意义，上面画着在靠近摩泽尔
（the Moselle River）的法国边界自由树上挂有这样一块牌子："敬告过
路人：这片土地是自由的。"（Passant，cette terre est libre.）③ 1792 年 4
月 20 日，法国对普鲁士、奥地利等宣战，消息不久传到斯特拉斯堡，
该城卫戍军队军事工程师鲁日·德·李尔（Rouget de Lisle，1760—
1836）在该市市长迪埃特里什（Philippe Dietrich，1748—1793）的客厅
里首次演奏了自己连夜创作的《莱茵河军队战歌》（Le Chant de l'armée
du Rhin），即《马赛曲》（La Marseillaise）。④ 另外，据吕西安·费弗尔
《莱茵河及其历史》（Lucien Febvre，Le Rhin，Histoire，mythes et réalités）
中记载，当时，"居斯蒂纳（Philippe Custine，1740—1793）将军的部
队不费吹灰之力就夺取了美因茨，后来作为法国将军结束其行伍生涯的
指挥官埃克麦耶尔（Eckmeyer）和那支小小的部队都不曾企图抵抗：莱
茵兰人立即栽种自由树，从兰道一直种到科隆，还在美因茨建立了雅各
宾俱乐部。接着，迪穆里埃（Charles Dumourier，1739—1823）在热马

---

① Peter Sahlins，Natural Frontiers Revisited：France's Boundaries since the Seven-
teenth Century，The American Historical Review，Vol. 95，No. 5.（Dec.，1990），
pp. 1423 – 1451.

② Jacques Godechot，La Grande Nation：L' Expansion révolutionnaire de la France
dans le monde de 1789 à 1799，Tome 1，Paris：Aubier Montaigne，1956，pp. 65 – 76.

③ Norman Hampson，The First European Revolution，New York：Harcourt Brace
& World，1969，plate70.

④ 可以参阅 C. E. Perrin，A Lost Identity：Philippe Frederic，Baron de Dietrich
（1748 –1793），Isis，Vol. 73，No. 4（Dec.，1982），pp. 545 –551。

普击溃帝国军队，新生的法国于是成了濒临莱茵河全部流程的国家。莱茵—日耳曼国民公会的 130 位成员在美因茨集会，宣布'从兰道到宾根的全部国土'与奥地利帝国断绝关系，最后于 21 日断然宣称：'莱茵—日耳曼人民愿意并入法兰西共和国，并向它提出这一请求'。"[1] 而正是在法军击败奥地利等国联军并将战争引向敌国时，自然边界以及自然边界论再度成为关注、争论的焦点。马迪厄一针见血地指出，此时法国之所以诉诸自然边界论，"在自卫战之后不但继之以宣传战，而且继之以征服战，这个转变是不知不觉地造成的，其中有种种原因：或为外交的，或为军事的，或为行政与财政的"[2]。

首先，正如旧宗教之以刀剑传布其福音一般，革命的法国以解放其他国家仍受专制压迫的民族为己任，积极将革命的价值理念新福音向外输出。1792 年 11 月 19 日，国民公会发出了第一号鼓动宣言书，国民公会以法兰西民族的名义宣告，它将给所有希望恢复他们自由的人民以友爱和支持，它将告知行政机关给予将军以必要的命令去支持那些在自由的事业中受到压迫的公民。[3] 同年 12 月 15 日，国民公会根据坎蓬（Pierre-Joseph Cambon，1756—1820）的议案又发布第二号鼓动宣言书，声称："我们干吗要坐等敌人来占领我们的领土？我们深知向他们发出警告是什么意思。我们将采取措施，使得战争在他们的领土上靠他们的力量来进行。"[4] 当时领导外交委员会的布里索在是年 11 月 26 日的信中称："侵略、国君的专横、王朝的野心等，均不得成为兼并领土的根据。兼并领土只有根据被兼并地区居民的意思表示。而国君们所进行的侵略则只能加强暴君制度。"[5] 布里索等人的自然边界政策与法国王政时代

① Lucien Febvre, *Le Rhin, Histoire, mythes et réalités*, Paris：Librairie Académique Perrin, 1997, p. 161.

② 马迪厄：《法国革命史》，杨人楩译注，商务印书馆 1973 年，第 266 页。

③ Geoffrey Best, *The Permanent Revolution：The French Revolution and its Legacy, 1789–1989*, London：Fontana Press, 1988, p. 32.

④ 转引自李宏图：《"民族万岁"——18 世纪法国大革命中的民族主义》，《史林》1996 年第 1 期。

⑤ B. Π. 波将金等：《外交史》第 1 卷，史源译，生活·读书·新知三联书店 1979 年版，第 516 页。

的自然边疆政策具有贯通性，但已将革命的原则杂而糅之。因为法国大革命初即根据人民主权、领土统治权、不干涉别国内部事务等原则将全民投票作为领土变更的必要前提，[1] 而此时吉伦特派为兼并萨瓦（Savoy）等地时需要将其合法性的论证，建立在既非王政时代的征服亦非占领条件下完全的公众民意支持的表示，所以自然边界论成为其理想的舆论工具，而"给宫廷以战争，给茅屋以和平"[2] 成为扩展领土俨然名正言顺的有力口号。

其次，对自然边界的诉求固然根源于 18 世纪充斥的自然为万物总仲裁者的理念，但法国革命党人以所谓自然天定为共和国边界的依据更具有现实实践的利益驱动。丹东在 1792 年 10 月 17 日讨论西班牙照会时，第一次清楚地说出了其自然边界论背后的潜含动机。丹东鼓吹"革命战争"即旨在以邻国的财力抵补巨额的战争开支，同时又把可以纳入"自然边界"的地方并进法国版图。坎蓬力图说服国民公会强迫被占领土地接受指券（asszgnats）。此外，1792 年 11 月 17 日，格累瓜尔主教（Henri Grégoire，通常称为 Abbé Grégoire，1750—1831）主张批准萨瓦人合并到法国，他预想如此可以使法国的边境缩短而巩固，关税人员亦可节省，且萨瓦人可以利用法国资本开发其自然资源。

再次，战争可以转移长裤汉对国内困难的注意力。克拉威埃（Étienne Clavière，1735—1793）在致屈斯丁（Adam Philippe de Custine，1740—1793）信中云："我们应当保持战争状态，士兵回来会增大全国的乱事而使我们失败。"[3] 罗兰（Jean-Marie Roland de la Platière，

---

① 这种观念源自启蒙运动时期的思想家。庞兹援引了格累瓜尔主教于 1792 年萨瓦合并时的讲话："遵从萨瓦自由表决的意愿，在考虑是否要将萨瓦并入法兰西共和国之前，我们应该询问自然法并且审视其在这一方面准允以及要求什么。" Norman J. G. Pounds, France and "Les Limits Naturelles" from the Seventeenth to the Twentieth Centuries, *Annals of the Association of American Geographers*, Vol. 44, No. 1 (Mar., 1954), pp. 51–62.

② 例如参见李宏图：《"民族万岁"——十八世纪法国大革命中的民族主义》，《史林》1996 年第 1 期；乔治·勒费弗尔：《法国革命史》，顾良等译，商务印书馆 1989 年版，第 246 页。

③ 马迪厄：《法国革命史》，杨人楩译注，商务印书馆 1973 年，第 272 页。

1734—1793）也说："必须把成千上万的人由我们武装起来，送出去，送得越远越好——只要他们的脚能走得到，否则他们就会跑回来杀我们的头……"①

丹东等人设想通过建立自然疆界，通过在法国的四周形成一条"共和国圈"，在自然疆界内的各民族将组成一个"大民族"（la Grande Nation）。② "大民族首先必须在它所恢复的自然疆界之中建立，正在解放的地区属于自然疆界之内，但从前它与法国的其他部分相分离，大民族的建立将依赖生活于自然疆界之中或来自有争议地区爱国者的支持，在自然疆界之中建立大民族，将鼓励其他民族按照与建立大民族及其同盟一样的原则，去建立他们自己的姊妹共和国。"③ 1793 年 6 月吉伦特派倒台后，罗伯斯庇尔反对使用兼并手段获得法国的自然疆界，以及在自然疆界之外建立"姊姐共和国"（Les républiques-sœurs）。1793 年雅各宾派宪法规定"领土属于国民"，并"庄严宣布决不在并非根据居民愿望的情况下将外国领土并入自己的版图"④。但"祖国在危险中"（La Patrie en danger）的观念又将防御性的"莱茵河屏障"（La barrière du Rhin）的主张从后门溜进。⑤ 莱茵河的观念从两方面成为中心焦点：在政治上，它是共和国爱国主义的证明，否定法国对莱茵河的权利主张即被视同于旧王朝拥护者。更富戏剧性的是，莱茵河边界过去在革命言论中曾被不加区别地被建构为"自然划定"的边界、"古代高卢的自然疆界"，而如今成为莱茵河屏障，成为反对普奥侵略的战略防御的象征。一般的自然边界均依其预想的工具性和功能性角色而被推崇，而莱茵河犹然，既无历史因素亦乏地理依据。从某种意义上来说，在民族自决的

① 马迪厄：《法国革命史》，杨人楩译注，商务印书馆 1973 年，第 272 页。

② Herbert Harvey Rowen, *The King's State: Proprietary Dynasticism in Early Modern France*, New Brunswick, N. J.: Rutgers University Press, 1980, p. 3.

③ Geoffrey Best, *The Permanent Revolution: The French Revolution and its Legacy, 1789 – 1989*, London: Fontana Press, 1988, p. 38.

④ 费尔德曼、巴斯金：《国际法史》，黄道秀等译，法律出版社 1992 年版，第 116 页。

⑤ Albert Sorel, *L'Europe et la Révolution française*, Tome 4: *Les limites naturelles, 1794 – 1795*, Paris: Plon-Nourrit et Cie, 1913, pp. 174 – 186.

新理念、对法国自然疆界的主张及现实政治等利益因素的支配三者之间互相交织错综，自然疆界论具有对话语表达与社会实践内部张力进行调制解压的作用。

以自然地理特征划分国内政区界线和国家领土边界，在世界各国都是常见现象和通行原则，"山川形便"原则在中国古代即一直不曾沉响歇绝，但都没有像法国自然疆界论成为一种绝对的教义原则，乃至弥散的意识形态。1859 年，恩格斯在柏林出版了《波河与莱茵河》(*Po and Rhine*)。他认为，所谓自然疆界和民族疆界恰恰相合，而且同时又非常明显的国家并不很多，在整个欧洲，没有一个大国境内不包括有一部分其他民族，英国是唯一真正具有自然疆界的国家。① 恩格斯此言和当时人的观点一样，都将海洋视为自然的边界。但事实上，如法国第一巴黎大学地理学教授菲利普·潘什梅尔（Philippe Pinchemel，1923—2008）在《法国》(*La France*) 第一卷中云：全部法国历史表明了它领土范围的变迁性。"法国疆域这种逐步的政治建设，使人更了解法兰西是以'自然'边界为界这一概念的相对性。这些边界不是没有'自然'的据点：在总数 5500 公里的边界中，2100 公里以上是海岸线，1000 公里同山脉吻合，并且一般是以山顶线为界（比利牛斯，阿尔卑斯），160 公里是河流——莱茵河。但是把一条河的两岸和与之毗连的平原划给两个不同的国家，这样的边界无疑是人为得无以复加了。只有北方边界不凭借任何自然因素：它的特点是从摩泽尔河至伊泽尔河，切断很多河流及其流域。然而，法国所在的这块土地丝毫不是因为它的自然地形而注定要形成一个国家。无论是在不到或超过现有边界的范围内，都可能形成完全不同的另一个政治组织。为了画成这个六边形，不存在任何必然性，人们常常强调的这个六边形的整齐和对称，与其说是属于地理学的，毋宁说是属于几何学的。"② 自然边界论之所以在法国长期不绝如缕，与其特定地理位置和地貌特征有很大关系。因为长期以来法国的大

---

① 《马克思恩格斯全集》第 13 卷，中共中央马克思恩格斯列宁斯大林著作编译局译，人民出版社 1964 年版，第 249—299 页。

② Philippe Pinchemel, *La France, Tome l, Milieux Naturels, Populations, Politiques*, Paris：Librairie Armand Colin, 1969, p. 16.

部国境线都暴露于周围强大的邻国面前，用法国著名地理学家阿勒贝尔·德芒戎的话来说，"法国肯定是欧洲各国中最少与世隔绝、最不'闭塞'的国家之一"①。尤其是法国东北地区与比利时、卢森堡、德国相连的部分，更是地势平缓，无任何天然屏障。恩格斯在《波河和莱茵河》中从军事学角度深刻分析指出："法国的北部疆界是极端不利于防御的；实际上这里是无法防守的，沃邦的要塞带并没有加强它，在目前只是它的弱点的公认和标志而已。"② 如果"把圆规的一脚放在巴黎，以巴黎—里昂为半径由巴塞尔到北海划一弧线，这时我们就会发现，莱茵河由巴塞尔非常准确地沿着这一圆弧流到它的河口。莱茵河上的各要点与巴黎的距离都相等，相差仅数德里。这也就是法国企图获得莱茵河疆界的真正的现实的理由。如果莱茵河属于法国，那么在同德国作战时，巴黎就真正成为国家的中心了。由巴黎向受威胁的疆界（不论莱茵河还是汝拉山）所引的一切半径，长度都是相等的。凸出的圆弧到处朝向敌人，敌人不得不在这个圆弧的外面进行迂回机动，而法国军队却可以沿较短的弦运动而赶过敌人。几个军团的作战线和退却线等长，极其利于它们进行向心退却，而能在预定进行主要突击的地点集中，其中两个军团来对抗还处在分散状态的敌人。如果法国人占有了莱茵河疆界，法国的防御体系，就自然的条件而论，就将属于被维利森将军称为'理想的'、再好不过的那一类疆界了"③。地理位置的开放性促使法国在欧陆致力于寻求一种维护本土安全与稳定的"天然疆界"，尽量把国家边界延伸到更远的地方，以便为保卫法国本土获得较大的纵深地带。

霍布斯鲍姆在《革命的年代》（Eric Hobsbawm, *The Age of Revolution: Europe, 1789 – 1848*, London: Weidenfeld and Nicolson, 1962）中这样写道："在政治地理方面，法国大革命宣告了欧洲中世纪的结束。经过几个世纪的演变，典型的现代国家是受单一最高权力当局根据单一

---

① 菲利普·潘什梅尔：《法国》上册，叶闻法译，上海译文出版社 1980 年版，第 27 页。

② 《马克思恩格斯全集》第 13 卷，中共中央马克思恩格斯列宁斯大林著作编译局译，人民出版社 1985 年版，第 249—299 页。

③ 《马克思恩格斯全集》第 13 卷，中共中央马克思恩格斯列宁斯大林著作编译局译，人民出版社 1964 年版，第 249—299 页。

的基本行政和法律体系所治理，领土是连成一体并有明确边界的完整区域。（法国大革命以来，也设定国家应代表一个单一'民族'或语言集团，但在这个阶段，有主权的领土国家尚不包含这层意思。）尽管典型的欧洲封建国家有时看起来也像是这样，如中世纪的英国，但当时并未设定这些必要条件。它们多半是模仿'庄园'而来。好比'贝德福公爵庄园'，既不意味它必须在单一的区段，也不意味它们全体必须直接受其所有者管理，或按同样的租佃关系持有土地，或在同样的条件下租佃，也不一定排除转租，也就是说西欧的封建国家并不排除今天显得完全不能容忍的复杂情况。然而到了 1789 年，大多数国家已感受到这些复杂情况是一种累赘。一些外国的领地深处在另一个国家的腹地之中，如在法国的罗马教皇城阿维尼翁（Avignon）。一国之内的领土发现自己因历史上的某些原因也要依附于另一个领主，而后者现在恰好是另一个国家的一部分，因此，用现代词汇来说，它们处于双重主权之下。［这类国家在欧洲的唯一幸存者是安道尔（Andorra）共和国，它处于西班牙乌盖尔（Urgel）主教和法兰西共和国总统的双重主权之下。］以关税壁垒形式存在的'边界'，存在于同一国家的各个省份之间。神圣罗马帝国皇帝有他自己几个世纪积攒下来的公国，但它们从未充分实行同一制度或实现统一。［哈布斯堡家族的首领，直至 1804 年前，甚至没有一个单一的称号可以涵括他对自己全部领土的统治（他只是奥地利公爵、匈牙利国王、波希米亚国王、蒂罗尔伯爵等等）。］此外，他还可对形形色色的领土行使皇帝权力，从独立存在的大国（如普鲁士），到大大小小的公国，到独立的城市共和国，以及'自由帝国骑士'，后者的领地常常不超过几英亩，只是恰好没有位居其上的领主。每个这类公侯国本身，如果足够大的话，通常也呈现出同样缺乏的统一领土和划一管理，它们依据的是家族遗产的逐块占有、分割和再统一。结合了经济、行政、意识形态和实力考虑的现代政府概念，在当时尚未被大量采用，于是再小的领土人口，都可组成一个政府单位，只要其实力允许。因此，特别是在德国和意大利，小国和迷你国仍大量存在。"① 然而，随

---

① 艾瑞克·霍布斯鲍姆：《革命的年代：1789—1848》，王章辉等译，江苏人民出版社 1999 年版，第 115—117 页。

着法国大革命的冲击和其后拿破仑战争的涤荡，这种现象得到很大改观。在法国大革命期间，带有激情和狂热的自然疆界论被引入政治功利谋算，爆发出巨大的能量。正如恩格斯所说："无论如何，从战略上整化各国版图并根据全球防御的河流线来确定它们的疆界的思想，在法国革命和拿破仑创立了运动性较大的军队，并带领这些军队横扫全欧洲以后，更加受到重视了。"[①]

不过，我们并不企图将法国的自然疆界论描述为一种线性历史（linear history）。相反，这是一种存在多元的竞争声音的复线历史（bifurcated history）。法国大革命期间反对自然疆界论的声音不容听若罔闻，但这并不构成有些法国历史学家否认自然疆界论在此期间对历史发展的重大影响的证据。此外，相同的人在不同的情形下出尔反尔的现象亦不乏其例。热月政变后，国民公会里的热月党公开嘲笑雅各宾派对外政策的纯防御性的目的，并通过罗伯斯庇尔的政敌布尔敦（Léonard Bourdon，1754—1807）之口宣称，必须占领些耳德河、马斯河、莱茵河三河口，占领所谓"大自然本身"为法国规定的疆界。在当时，法国普通民众渴望和平，但又不情愿放弃革命期间合并的诸如阿维尼翁、比利时、莱茵河左岸、巴塞尔、日内瓦、萨瓦及尼斯等被称之为法国"天然疆界"内的领土。1794 年 7 月 16 日，曾经主张自然疆界论的卡诺发表意见称："如果我们愿意，我们可以在莱茵河岸种植自由之树，使法兰西恢复过去高卢的领土。这个理论尽管十分诱人，不过，它最好应该被放弃，因为如此扩张领土，法国只能削弱自身而埋下无尽的战争种子。"[②] 1795 年督政府建立后，卡诺作为在军事战场的失利和五百人院温和派的影响下督政府核心人物，几乎逐渐放弃了"自然疆界"政策。1799 年雾月政变后，一代枭雄拿破仑大权独揽之后，东征西讨，征服大半个欧洲，尽管可以理解为越过"自然疆界"来保护法国的

---

① 《马克思恩格斯全集》第 13 卷，中共中央马克思恩格斯列宁斯大林著作编译局译，人民出版社 1962 年版，第 262 页。

② Denis Richet, Natural Borders, in François Furet, *A Critical Dictionary of the French Revolution*, translated by Arthur Goldhammer, London：The Belknap Press of Harvard University Press, 1989, p. 759.

"天然疆界"，但实际上"自然疆界论"已被置之度外。不过，正是在拿破仑战争期间，源自法国的"自然疆界论"反而被敌国所接受并作为反法同盟的武器。① 拿破仑声称法兰西共和国是不可抗拒、不可征服的，并把法国喻为"万兽之王"，不是"卫星"，而是"太阳"，是其他欧洲国家的"仲裁者"。他多次说"法兰西像太阳"一样，也很难说不是路易十四自封"太阳王"的翻版。不过，此前封建君王们是围绕着帝王们的个人权益或者是封建王朝贵族的权益而争斗，而拿破仑则是在国家利益、民族利益的名义下来行事的。拿破仑宣称："我一直为民族及其利益进行统治……这是全法国都知道的，法国人民爱戴我。我说的法国人民，意思是指这个民族。"② 正是在主宰欧洲的思想指导下，拿破仑把那根试图标志其辉煌战绩的"旺多姆圆柱"（La colonne Vendôme）沉重地压在了法兰西民族身上。

随着拿破仑的兵败权颓，1814 年《巴黎和约》达成，法国的边界又压缩至 1792 年时的状况，而在拿破仑百日政变和滑铁卢战役之后，法国更失去了其 1789 年以后兼并的领土，除蒙特利阿、牟罗兹、康塔（Le Comtat Venaissin）和阿维尼翁以外。波旁复辟王朝于 1815 年将莱茵河左岸归还德意志联邦，因此法国乃开始将莱茵河视为"无限渴望而被丧失的目标"。至 1833 年，即便诸如夏多布里昂（François-René de Chateaubriand，1768—1848）这样的王党分子也只能仰羡往昔共和国的

---

① 有学者认为拿破仑从思想和行动上基本上继承、发展并实践了以天然屏障为疆界的扩张主义目标。这种观点提出的理据有：1796 年，拿破仑在意大利战役中连连重创奥地利军队，在迫使撒丁签订停战协定之后，9 月 5 日，拿破仑在蒂罗尔曾告示民众："我们来到这儿不是为扩大本国的领土，大自然已经让莱茵河和阿尔卑斯山限住我们的边界，正如蒂罗尔被它用来作为奥地利王室领地的边界一样。"[《拿破仑文选》（上），陈太先译，商务印书馆 1980 年版，第 135 页。] 1797 年底，拿破仑以征服意大利的英雄身份凯旋巴黎。12 月 10 日，在督政府为他举行的欢迎大会上，拿破仑宣称："你们已经成功地建立了伟大的国家，它的领土疆界就是自然向它提供的疆界本身。"严双伍：《法国精神》，长江文艺出版社 1999 年版，第 87 页。

② 上海师大历史系世界史组编译：《关于拿破仑》，上海师范大学历史系世界史组 1975 年刊印，第 335 页。

边界，回首高卢一度曾戴有"日耳曼的蓝色围巾"莱茵河。① 奥古斯丁·蒂埃里在 19 世纪 30 年代如此写道："可以说，即使为军事胜利所陶醉，尽管民众和个人遭遇理想危机，国家坚定不移追求的只是维系我们的自然边界。无论我们的命运如何，收复自然边界的念头从未泯灭：它完全是民族的、历史的。"② 在蒂埃里的笔下，自然边界是从高卢的活水源头乃至于路易十六、法国大革命均不变的追求，当下只是不幸被暂时压抑了。19 世纪中叶，自然疆界论得到更为广泛的传播，大规模走入学校教育和普及性历史读物，带有政治传教色彩的历史学家将此视为不言而喻的教义。另一方面，自然疆界继续被视为军事战略目标，军官和军事工程师在 19 世纪所写的大量备忘录均将法国对外政策利益与自然疆界相联系。拿破仑三世于 1860 年合并萨瓦，即从不曾将其合法性建立于政治学上的民族性，而是诉求于法国沿阿尔卑斯山自然疆界的军事利益。1871 年普法战争后，阿尔萨斯（贝尔福除外）和洛林的一大部分被划归德国，法国民众对莱茵河左岸权利的主张，又使自然边界论在民族主义的话语中获得新的意义，以致美国官方在 1918 年对美国总统威尔逊"十四点"中谈到阿尔萨斯—洛林问题时亦承认："应注意现在法国有一股强烈的舆论，要求'1814 年的疆界'，而不是 1871 年的疆界。"③ 至 19 世纪 20 至 30 年代，随着第一次世界大战战败国德国在莱茵河地区的逐步军事化，自然边界论成为法国意识形态的一部分，被建构为与德国主张的神圣罗马帝国为罗马帝国直接延续的意识形态相抗衡。布罗代尔曾经这样写道："对于莱茵河边界，德国人只是在较晚的时候才向我们提出异议。弗里德里希二世曾讲过一句奇怪的话（至少听来不太顺耳）：'只要手里拿上一张地图，就可以清楚地看到，法兰

---

① Peter Sahlins, Natural Frontiers Revisited: France's Boundaries since the Seventeenth Century, *The American Historical Review*, Vol. 95, No. 5. (Dec., 1990), pp. 1423 – 1451.

② Gaston Zeller, Histoire d'une idée fausse, *Revue de synthése*, vol. 11, 1936, pp. 118 – 119.

③ Interpretation of President Wilson's Fourteen Points, 资料来源：http://www.mtholyoke.edu/acad/intrel, 访问时间：2009 年 7 月 2 日。

西王国的天然界限似乎一直伸展到莱茵河，这条河流似乎生来即是为了将法国与德国隔开。'"① 直到 1813 年，德国的反应才在恩斯特·摩里茨·阿伦特（Ernst Moritz Arndt，1769—1860）的《颂歌》（Lieder für Teutsche）中得到表现："莱茵河是德国的大河，而不是德意志的边界。"（Der Rhein，Deutschlands Strom，aber nicht Deutschlands Grenze.）② 在 19 世纪，德国和法国学者在以莱茵河为自然边界问题上屡屡笔讼不绝。事实上，对自然疆界论的诉求遗迹迄今仍依稀可见，只是目前法国的教科书、辞典和历史普及读物从对法国自然疆界的描述，转而为更为中性的法国六边形的叙述话语而已。法国六边形国的形象也是一个建构的过程。1616 年雅克·韦特尼（Jacques de Fonteny，1570—1616）宣布法国是一个圆形边界国家；1657 年，彼得·黑林（Peter Heylyn，1599—1662）则指出法国的形状近乎正方形。此后，《法兰西大辞海》（Charles-Joseph Panckoucke，Le Grand Vocabulaire François，tome XI，Paris：C. Panckoucke，1770）所作的五角形的描述③、地理学家埃利泽·勒克吕（Elisée Reclus，1830—1905）所持的八角国的见解等不一而足。④ 将法国正式描述为六角国家首见于 1873 年埃米尔·勒瓦瑟尔（Émile Levasseur，1828—1911）的地理学著作，到 20 世纪 50 年代，"六角国"（l'Hexagone）在学校课本、百科全书等广泛被接受，并在戴高乐执政时期经过官方确认和宣传取得了正统地位，暗示和谐、平衡、稳定和恒久等特性，成为法国整体外在性与内部社会单元和谐统一的象征。相对中立的"六角国"形象从两方面提供了中和：一方面，六角国代表一种传统和自然的单位，一种基于文化和自然的同一性；另一方面，它使民族共同体自决的主张与国家追求防御战略主张之间趋于平

---

① Fernand Braudel，L'Identité de la France, tome 1：Espace et Histoire，Paris：Flammarion，1986，p. 291.

② Fernand Braudel，L'Identité de la France, tome 1：Espace et Histoire，Paris：Flammarion，1986，p. 291.

③ 参见 Nathaniel B. Smith，The Idea of the French Hexagon，French Historical Studies，Vol. 6，No. 2（Autumn，1969），pp. 139－155。

④ Samuel Van Valkenburg，Elements of Political Geography，New York：Incorporation of Prentice-Hall，1940，pp. 30－31.

衡。因为它潜含多重性解释可能性，在二战以后法国政治文化中，六角形成为有争议性的象征便不足为怪。①

自然疆界论是流质性的法国政治文化中不断呈现的富有能量的表象。自然疆界的含义变动不居，或从地理或历史上加以界定，或指为进攻性的奋武边陲或克制性的防御界线，或为普遍性的一般描述，或为特定的政治主张，在法国民族国家建构过程中具有不尽相同的政治功能。在 17 世纪，自然疆界论受到历史的型范，以便形成统一国家的观念，尽管黎塞留和路易十四明确表示力图使法国恢复到高卢的自然疆界，但自然疆界的观念仍服务于其政策，并构成正在形成的领土国家的军事战略。在 18 世纪，随着这一理念成为启蒙运动时期的政治改革的组成部分和法国国际权势的沉降，自然疆界论的表象失去了其好战和历史的色彩。法国大革命一方面保留了启蒙运动中对自然疆界的诠释，同时自然疆界又被政府意识形态化。

第二节　科学疆界论

从本质上说，自然疆界论的意识形态化与近代理性主义思潮的勃兴密切相关，是近代自然法理念的泛化和表象。尽管启蒙思想家对形而上学和宗教加以猛烈抨击，但各种启蒙理性的学说均对现代价值的普适性深具诚信，认为理性和科学的增长对社会进步具有至为攸关的意义。启蒙运动如福柯所言使"理性"的政治权力增殖而散布于所有社会领域，以致最终充满整个日常生活空间而导致"权力的病症"。此外，科学作为理性主义思潮嫡长子日新月异，人们的生存状态越来越倚重于科学技术。1899 年，一位英国博物学家即声称："19 世纪经历的科学进步较人类先前所有世纪经历的还要多。"② 科学技术的突飞猛进令人目不暇接，

---

① Peter Sahlins, Natural Frontiers Revisited: France's Boundaries since the Seventeenth Century, *The American Historical Review*, Vol. 95, No. 5（Dec., 1990）, p. 145.

② 斯塔夫里阿诺斯：《全球通史：1500 年以后的世界》，吴象婴、梁赤民译，上海社会科学院出版社 1999 年版，第 245 页。

亦使人对此顶礼膜拜，于是科学迷信和技术万能的倾向油然而生。海德格尔（Martin Heidegger，1889—1976）将近现代归结为"技术时代"（das technische Zeitalter），认为其虽然肇端于笛卡尔的理性主义，但其思想根源则可追溯至柏拉图理念论。哈耶克（Friedrich August von Hayek，1899—1992）在 20 世纪 40 年代初所写的《科学主义与社会研究》（*Szientismus und das Studium der Gesellschaft*）一文中，更将社会科学及人文学科简单搬用和效法自然科学家的语言与科学方法的现象称之为"科学主义"（Szientismus），向人们发出了沿着科学技术凯歌奋进的大道上可能滑入谬误深渊的警告信号。① 按照索雷（Tom Sorell）的界定，"科学主义是一种信仰，它认为科学，特别是自然科学，是人类知识中最有价值的部分——之所以最有价值，是因为科学最具权威性、最严密、最有益"②。易言之，科学主义乃是将科学作为一种信仰而不是作为工具，将科学提升为价值—信仰体系，系狭义的科学（与技术）对人文社会科学的规训和霸权。在一些学术论著中，科学主义被划分为认知科学主义（cognitive scientism）和社会科学主义（social scientism），前者强调数学等自然科学的典范性意义，后者彰显科学对社会改良和制度建设的根本性意义，故而约翰·齐曼（John Michael Ziman，1925—2005）曾剀切直言："政治的唯科学主义的最宏伟的形式，就等同于技治主义。"③

　　当科学俨然以宗教的姿态君临一切时，任何事物仿佛与之沾边搭界都会大为添色增辉而灵光神效。"科学疆界论"的产生既是科学宗教化的产物，亦是为疆界合法化所涂彩施绘的话语建构。维托里奥·阿达米（Vittorio Adami）认为，狄斯雷利（Benjamin Disraeli，1st Earl of Beaconsfield，1804—1881）最先使用了"科学疆界"（scientific boundary）

---

　　① F. A. Hayek, Szientismus und das Studium der Gesellschaft, in: *Mißbrauch und Verfall der Vernunft*, Tübingen: Mohr Siebeck, 2004, S. 3 ff.

　　② Tom Sorell, *Scientism-Philosophy and the Infatuation with Science*, London and New York: Routledge, 1991, p. 1.

　　③ 约翰·齐曼：《元科学导论》，刘珺珺等译，湖南人民出版社 1988 年版，第 269 页。

这一术语。①

储安平《政治上的英人与法人》认为，英国政治不崇信抽象的观念，与法国政治先理论而后实际的风格迥然不同，盖英人最注重者是"行动"，所以他们即便有相当之抽象能力，亦因过于注重行动而使抽象能力日渐衰退，反之，法人有敏捷的智慧、巧妙的辩才、优美的辞令，但在实行上，由于精力过多花费于思想，虽在行动之时，亦未停止其思想，瞻前顾后，反不免常露怯懦畏葸之态。在外交和殖民方面，英国殖民的性质是经济的、物质的，所注重的对象是物而不是人，包括殖民地资源的开发、市场的扩张和原料的攫取等，不像法国那样往往追求所谓的"光荣"以致骛虚名而失实利。正是由于英人注重实际的利益，所以英人对殖当地的一切宗教、教育等尽量予以"自由"，而且在和殖民地人民争斗中，只要不损害其统治该殖民地主权的根本命脉，英国在许多方面在必要时进行让步的现象并不乏其例。② 正如马汉在其名著《海权在历史上的影响》（Alfred Thayer Mahan, *The Influence of Sea Power upon History*）一书所言，"假如周密的管理监督，殖民手段的审慎应用，对殖民地的勤谨照应等可以使殖民事业易于扩张的话，则英人在这种有系统有组织的能力方面，其天才实逊于法人；但是成为世界上的伟大的殖民者却是英人而非法人"③。"英国成为了一个伟大的殖民国家的那种不凡的可惊的成功，这个事实是非常易于解释的，其主要原因还是由于英国国民性中的两大天赋：（1）英国的殖民者很自然而且欣然地在他的新国土上安居下来，使他的利益与当地的利益一致，他们虽然对于他们的祖国怀有着一种动人的记忆，但并不汲汲于渴望回去。（2）当英

---

① Vittorio Adami, *National Frontiers in Relation to International Law*, translated by T. T. Behrens, London: Oxford University Press, 1927, p. 19. 哈姆利（Sir Edward Bruce Hamley, 1824—1893）将军最先界定了"科学的疆界"这一术语的战略性定义。此术语及其定义均出现于1878年。

② 储安平：《政治上的英人与法人》，张新颖编：《储安平文集》上册，东方出版中心1998年版，第442页。

③ 储安平：《政治上的英人与法人》，张新颖编：《储安平文集》上册，东方出版中心1998年版，第447页。

人一到了那块新国土后，立刻甚且很本能地在各方面努力去开发新土地上的资源。前一点使英人有异于法人，在殖民地上的法人是永远那样渴望地回到他们本来的快乐的家园去；后一点使英人有异于西班牙人，西班牙人的兴趣和野心的限度，使他们不能充分发展他们的殖民土地。"①

　　1815 年的大英帝国由不同的、受伦敦控制的领土组成，其中包括加拿大、"澳洲"的一部分、印度、好望角以及西印度群岛的大批岛屿。在随后的数十年中，有"世界工场"（the workshop of the world）之称的英国凭借当时世界上最发达的工业，将琳琅满目的商品倾销于各地，伦敦为当时世界上当之无愧的金融中心。列宁对此曾这样写道："地球上没有一块土地不处在这个资本的魔掌之中，没有一块土地不被英国资本用千百条绳索缠住。"② 海上武装力量、工商业竞争优势地位和广袤的海外殖民地，构成了大英帝国龙骧虎步的雄霸气象。到 1880 年，殖民地面积扩大到 770 万平方英里，人口 2.6 亿，1899 年又增至 930 万平方英里，人口 3 亿多。1914 年，英国占有殖民地面积达 1300 多万平方英里，比它本国的面积大 100 多倍，殖民地人口近 4 亿，等于本国人口的 9 倍。米字旗飘扬在世界各地，英国的土地每时每刻都在沐浴阳光，"日不落帝国"之谓折射出英国人的隆盛与自豪。英国经济学家 W. S. 杰文斯（William Stanley Jevons，1840—1882）如是云："北美和俄罗斯平原是我们的玉米地；芝加哥和敖德萨是我们的粮仓；加拿大和波罗的海是我们的林场；澳大利亚和西亚是我们的牧羊地，阿根廷和北美的西部草原有我们的牛群；秘鲁运来它的白银，南非和澳大利亚的黄金流到伦敦；印度人和中国人为我们种植茶叶，而我们的咖啡、甘蔗和香料种植园遍及西印度群岛；西班牙和法国就是我们的葡萄园，地中海是我们的果园……我们洋洋得意、充满信心，极为愉快地注视着帝

---

① 储安平：《政治上的英人与法人》，张新颖编：《储安平文集》上册，东方出版中心 1998 年版，第 447—448 页。

② 《战争和革命》，《列宁全集》第 24 卷，中共中央马克思恩格斯列宁斯大林著作编译局编译，人民出版社 1985 年版，第 372 页。

国的威风……"① 可以说，凭借经济实力和经济联系而形成的世界性帝国，是大英帝国所表现出的史无前例的突出新特质。

英国殖民扩张并非简单的线性发展历史，而是充满不同话语竞争的曲折的内外互动复线历史。约翰·劳尔（John Lowe）在《英国与英国外交：1815—1885 年》（*Britain and Foreign Affairs, 1815 - 1885*）中指出："美洲殖民地人民于 1776 年决定不再效忠英王，这一独立行动使人相信，随着殖民地的成熟与发展，他们将不可避免地追求独立于英国。19 世纪 20 年代，南美西班牙殖民地人民的起义似乎也佐证了英国自己的经历。1782 年北美殖民地取得独立之后，英美之间的贸易实际上得到了增长，这一发现加速了英国继续对殖民地进行政治统治的幻想的破灭，也使得为了宗主国的利益而控制殖民地贸易的整套制度变得毫无意义。因此，经验似乎证明了亚当·斯密的正确性。在 1776 年出版的一本叫《国富论》的书中，亚当·斯密抨击了'旧殖民制度'的限制性立法，例如《航海法》（*The Navigation Acts*），支持自由贸易原则，该原则最终随着 1846 年《谷物法》（*The Corn Laws*）的废除而在英国取得了胜利。但是，在此前的几十年中，殖民地似乎只是被视为大英帝国的一笔有价值的资产而已。与之相反的是，在维多利亚时代中期，殖民地渐渐被认为是一种财政负担——是'戴在脖子上的石磨'（millstones around our necks）。即便像新西兰这样的小殖民地也被视为'我们在艰难时世中不幸的负担'，因为其管理（与防务）费用要由英国承担。由此出现了殖民地可能从英国'分离'出去的言论，特别是曼彻斯特自由经济学研究所的教条主义发言人的言论。1865 年发表的一份精选的委员会报告也希望我们从西非海岸'最终撤退'。从 1868 年至 1870 年是出现'反帝国主义高潮'（the climax of anti-imperialism）的时期。"②

---

① William Stanley Jevons, The Coal Question：An Inquiry Concerning the Progress of the Nation, and the Probable Exhaustion of Our Coal-Mines, 资料来源：http：// www. econlib. org/library/YPDBooks/Jevons, 访问时间：2010 年 7 月 2 日。亦可参见 Paul Kennedy, *Rise and Fall of Great Powers*, New York：Random House, 1987, pp. 151 - 52。

② John Lowe, *Britain and Foreign Affairs, 1815 - 1885：Europe and Overseas*, London：Routledge, 1998, p. 6.

笔者不同意约翰·劳尔的上述诸多论断，但我们在以下几点有共识：（1）英国殖民扩张固然建立在对殖民地的资源摄取基础之上，但殖民体系的维系并非是无须任何成本的；（2）随着英国殖民扩张的推进，巨大的政治地理空间的非均质性必然增强，母国与殖民地的中心—边缘二元结构在动态发展中孕育出日趋明显的疏离感；（3）国内自由主义的消长盈虚与外部殖民体系的变化息息相关。在英国自由主义改革的影响下，昔日对殖民地过于残暴的高压手段在相当程度上得以弃置，英国当局更重视从殖民地获取实际利益而不是形式上的权力，标榜在"自由和自愿"基础上处理大英帝国内部关系，从而赋予某些殖民地以自治权；（4）长期以来，英国的政治家、理论家以及普通大众每每将帝国的防卫开支与英国人的税收负担联系起来。例如，1850 年，有人即撰文称自己所处的"是一个痛恨税收的时代"①，反帝国主义或主张母国与殖民地脱钩的所谓"分离主义"（separatism）一直不绝如缕，而激进的帝国主义者（imperialist）和温和的殖民地改革者（the colonial reformer）亦各执己见，竞相争鸣。储安平复云："英人之加入政党，绝大多数都不是为了一种抽象的主义或者一种纯粹的思想上的信仰，他们重视的还是实际利益。因为英人重视实际利益，故贵族地主，中产商人以及农工阶级，易纳入于二三政党而无另立一帜之需要。因为英人重视利益，故在英国，若某甲为保守党党员，其子若孙亦常与其父若祖同隶一党；党籍在英国许多家庭里，竟变成了一种传统性或继承性的事实。当狄士累利（Disraeli）② 的小说中的那个年轻的英雄 Coningsby 追求着一种新的信仰时，他的祖父即咆哮着：You go with your family，Sir，like a gentleman；you are not to consider your opinion，like a philospher or a po-

---

① Klaus Eugen Knorr, *British Colonial Theories, 1570 – 1850*, Toronto：University of Toronto Press，1963，p. 351.

② 指 Benjamin Disraeli, 1st Earl of Beaconsfield, 1804—1881 年，著名作家，两度出任英国首相。其小说被视为维多利亚时代文学的典范，有《西比尔》（*Sybil, or The Two Nations*，1845）和《维维安·格雷》（*Vivian Grey*，1827）等。《科宁斯比》（*Coningsby, or The New Generation*）是本杰明·狄士累利于 1844 年发表的小说，阐明"青年英国"这个集团的志向和抱负。其小说大多属于"命题小说"（roman à thèse）。

litical adventure。曾有人指出一件可注意的事实，即 1790 年托利党的见解和 1890 年辉格党的见解完全无异，而当我们披读近代英国的历史时，早已发现保守党未必保守，自由党也未必激进，有时恰巧相反。1867年德贝·狄士累利（Derby-Disraeli）内阁①所提的伟大的改革法案，比之激进的伯来脱（J. Bright）② 所曾要求者尤超过甚多。德贝并谓他不拟让自由党独占了一切改革的方法。这种事实足以帮助说明英国的两个政党不一定是两个政见不同的团体，而实为两个比赛行动的选手。"③储安平的这篇经典论文中的总结和分析颇具卓识睿见。

在 19 世纪，英国的托利党（Tory）往往被视为地道的保守主义，而与之对立的辉格党（Whig）则在人们心目中是自由主义的代表。但事实上，这两个党的党纲都随时变化，两者均擅长于把政敌的理论武器夺为己用，以占据意识形态的制高点。事实上，正如格拉斯顿自己所说："观念的虚饰与夸张不是这个国家的任何一个政党所具有的特点。两大政党都主要由那些具有英国人的内心及英国人的情感的人们所组成。在每个党的内部都存在着政治原则和倾向上的重大歧异，这些歧异之大，较之人们所注意到的将一党中较为温和的那部分人与另一党中相同的部分分开来的歧异要超出很多……但是，尽管英国的两大党在总体轮廓上的差异，并不比相同元素在每一党中的某种不同分布所造成的差异更大，他们（这里指两大党。——引者注）还是易于受到有利或不利的影响，而他们的基本特征也很容易被过度夸大，而其所以被影响或被过于夸大的原因，则在于某些可以被称之为偶然的环境或情形的东西。"④ 在 19 世纪 40 年代，围绕《谷物法》的废除及自由贸易原则的实施问题，保守党内部最终发生严重分裂，一者为以德比爵士（Freder-

<hr>

① 原书错讹，不是一个人，应为"德贝－狄士累利内阁（Derby-Disraeli Ministry）"。

② 指 John Bright，1811—1889 年。

③ 张新颖编：《储安平文集》上册，东方出版中心 1998 年版，第 442—443页。

④ John Morley, *The Life of William Ewart Gladstone*, Vol. I, London：Macmillan & Co., Ltd., 1903, p. 574.

ick Arthur Stanley，16th Earl of Derby，1841—1908）和 40 年代迅速崛起的狄士累利等为代表的保守党多数派，一者为支持取消保护政策的保守党内部自由贸易派，被称为"皮尔派"（Peelites）。皮尔较早便从政坛退隐、去世，皮尔派实际上如有学者所言为"没有皮尔的皮尔派"[1]，人少力薄。作为皮尔派核心人物的格拉斯顿是时徘徊于保守党的边缘，在 1849 年的一份家信中称："我们没有党，没有组织，也没有党鞭（whipper-in）。在这样的情况下，作为一个团体，我们无法发挥很大的持久影响。"[2] 而狄士累利早年竞选活动时亦曾表示，既不赞成托利党的政策，但又不能屈尊去加入辉格党。所以，狄士累利对传统的托利党亦不完全认同，当狄士累利最终进入托利党阵营时，他已经准备着借托利党的台阶来改造旧党了。狄氏指出："在一个进步的国家里，变化是不断的。问题不在于你是否应阻挠这些不可避免的变化，而在于这些变化是依照人民的方式、习惯、法律和传统来进行，还是依照抽象的原则、任意的决定和教条来进行。"[3] 正是这样，狄士累利领导的保守党内阁主导的诸多改革法案被人们认为，保守派在五年中对工人所做的一切，超过了自由派在半个世纪内所做的事情。因此，将英国自由党与保守党的对外政策简单地视同两种对立的模式是不足为训的，政党并不理所当然地构成话语分析的单元。

著名国际关系史学家路德维希·迪哈沃（Ludwig Dehio，1888—1963）如是云："在法国大革命之前，英俄之间的敌意就已达到战争的边缘，只是由于对共同敌人拿破仑的恐惧，才使相互间的敌意降至次要地位，而拿破仑的崩溃则使敌意再次显现。"[4] 拿破仑战争后，俄国开始

---

① J. B. Conacher，Peel and the Peelites，1846 – 1850，*The English Historical Review*，Vol. 73，No. 288（Jul.，1958），pp. 431 – 452.

② 李义中：《从托利主义到自由主义：格拉斯顿宗教、政治观的演讲》，中国社会科学出版社 2005 年版，第 149 页。

③ William Flavelle Monypenny and George Earle Buckle，*The Life of Benjamin Disraeli, Earl of Beaconsfield, Volume II.* 1860 – 1881，London：John Murray，1929，p. 291.

④ Ludwig Dehio，*The Precarious Balance：The Politics of Power in Europe 1495 – 1945*，London：Chatto and Windus，1963，p. 177。

重点瞄准两个新的战略目标——近东和中亚，其锋芒直指奥斯曼土耳其帝国，并构成对英国帝国东方贸易通道以及印度安全的直接威胁，以致英国和俄国都各自把对方看作天然的敌人。是时，英国政界广泛流行着恐俄顽症，认为："俄国是一个必须经常加以监视的国家，是一个像不合群的野兽一样的国家，一个像彗星一样不走正轨的国家，一个唯一置身于欧洲国家体系之外，因而能够坐视这个体系瓦解的国家，这个潜在的敌人这样独处一方，明显地处于居心叵测的孤立状态，就使英国公众的恐俄症愈益严重了。"① 1836 年，约瑟夫·休谟（Joseph Hume，1777—1855）在下院辩论海军预算时评论说："白厅和唐宁街尊敬的绅士们谈论俄国是如此之多，以至于他们害怕这个被自己创造出来的怪物。"② 此外，在 19 世纪的大部分时间里，英美之间亦时起龃龉，直到 1867 年加拿大自治领建立，英国出于对英属北美殖民地安全的考虑，每每忧戚加拿大被美国所兼并之虞。学术界通常认为，在 19 世纪 70 年代，英国自由党人政府在中亚倾向于采取"闭关政策"（close border policy），主要强调巩固在印度的殖民统治而不采取进一步的扩张行动，而保守党人则强烈主张所谓"前进政策"（forward policy），要求"占领阿富汗从而把英印边界推进到中亚去"③。自由党在 1868 年大选中获胜后，格莱斯顿（William Ewart Gladstone，1809—1898）内阁政府的政策受到狄士累利的冷嘲热讽，狄氏将格莱斯顿政府比喻为"一座座已经熄灭的火山"④，攻击格莱斯顿损害了英国的利益。在 1875—1878 年的东方危机早期，第二次出任首相之职的狄士累利扶植土耳其以反对俄国。土耳其正规部队杀戮保加利亚平民的"保加利亚惨案"被披露后，格莱斯顿要求把土耳其从欧洲的"累赘行李"中清除出去，并在议会中

① 欣斯利：《新编剑桥世界近代史》第 11 卷，中国社会科学院世界历史研究所译，中国社会科学出版社 1987 年版，第 780 页。

② G. Graham, *The Politics of Naval Supremacy: Studies in British Maritime Ascendancy*, Cambridge: Cambridge University Press, 1965, p. 89.

③ Syed Abdul Quddus, *Afghanistan and Pakistan: A Geopolitical Study*, Lahore, Pakistan: Ferozsons Ltd., 1982, p. 91.

④ 霍利迪：《简明英国史》，洪永珊译，江西人民出版社 1985 年版，第 118 页。

攻击狄士累利的政策是"我所知的最自私和最愚蠢的。从帕麦斯顿开始的这种自私与愚蠢今年在狄士累利这儿有了十倍的发展"①。正是这样，学术界认为，如果狄士累利把帝国主义当作保守党的保护对象，那么，格莱斯顿因为受殖民战争的巨大耗费及其非道义的影响，而采取的著名的反帝国主义立场与之针锋相对。格莱斯顿曾有过担任殖民大臣的经历，他认为英国要在"自由和自愿"的基础上处理大英帝国内部的关系。这在他 1855 年 11 月 12 日发表于曼彻斯特的演讲词（An Address delivered to the Members of the Mechanics Institute, at Chester, November 12, 1855）中昭然可见。他宣称："经验已经证明：如果你们想加强殖民地和这个国家之间的联系，如果你们想看到英国的法律在殖民地受到尊重以及英国的各种制度在殖民地被采用并且受到珍爱，那么，请千万不要将它们与武力和强制——经由我们之手、从远离殖民地的地方运用到对殖民人民的命运的干涉上的武力和强制——的恶名相连。保卫他们免受外部入侵，为他们管理对外关系，这都是些属于与殖民地建立联系之事。但是，至于这种联系能否持续存在的问题，还是留给殖民地人民自己去做出决断。我预言：倘若你们将决断的自由留给他们，则他们希望与英格兰的大名分离的日子何时将会来临就很难预料了，这是因为他们希望借助与我们的联系以分享英格兰之名的伟大。你们将会从他们所具有的这种感情中发现维持我们彼此之间联系的最可靠的保证……热爱和尊崇英格兰之名将是他们的自然的意向，而这种尊崇是迄今为止你们所能拥有的最佳保障——不仅是使他们继续作为英王的臣民的最佳保障，也不仅是继续使他们把作为英王臣民的这种状态变成一种忠诚誓言的最佳保障，还是使这种忠诚誓言成为最珍贵的誓言，亦即发自人的内心深处的誓言的最佳保障。"② 格莱斯顿推行的政策赋予某些殖民地以一定程度的自主权，殖民地与宗主国的离心倾向亦如影随形，被狄士累

---

① 转引自王皖强：《狄士累利与东方危机时期的英国政治斗争》，《史学月刊》2001 年第 2 期。

② Quoted in John Morley, *The Life of William Ewart Gladstone*, Vol. I, London: Macmillan & Co., Ltd., 1903, p. 363. 亦可参见 Erich Eyck, *Gladstone and Britain's Imperial Policy*, London: Routledge, 1966, pp. 185 – 215。

利指责为"分离主义"。

迄今许多学者将 19 世纪中期称为"小英国"时期（the period of "Little England"），曼彻斯特派（the Manchester School）的分离主义纲领主张解除对殖民地的约束，而使之自立门户以便母国的沉重财政负担得以息肩，此运动的顶峰约出现于 1870 年格莱斯顿内阁时期。但我们认为，格莱斯顿的观点殆不能简单地与科布登（Richard Cobden, 1804—1865）和布赖特（John Bright, 1811—1889）为首的曼彻斯特派的观点等同而视以致了无分殊。1878 年，格莱斯顿即坦承，帝国情绪可谓与每一个英国人是与生俱来的；1881 年，他更直言不讳："尽管我们反对帝国主义，但我们却深爱着帝国。"[①] 事实上，正是反帝国殖民主义的格莱斯顿把英国人带到了埃及，而且其反对帝国扩张的立场并没有得到其所有阁僚的支持，很难判断其观点究竟在多大程度上代表自由党。

列宁在 1916 年所写的《帝国主义是资本主义的最高阶段》中指出："在 1840—1860 年英国自由竞争最兴盛的时期，英国居于领导地位的资产阶级政治家是反对殖民政策的，他们认为殖民地的解放和完全脱离英国，是一件不可避免而且有益的事情。麦·贝尔在 1898 年发表的一篇论述'现代英国帝国主义'的文章中指出，在 1852 年的时候，像狄士累利这样一个一般说来是倾向于帝国主义的英国政治家，尚且说过：'殖民地是吊在我们脖子上的磨盘。'到 19 世纪末，成为英国风云人物的，已经是公开鼓吹帝国主义、肆无忌惮地实行帝国主义政策的塞西尔·罗得斯和约瑟夫·张伯伦了！"[②] 列宁的这段话对中国学术界影响颇大，也反映了国外学术界对狄士累利思想转变的主流认识。狄氏所谓"殖民地是挂在我们（指英国）脖子上的磨盘"一语的另一种解释是：当时，保守党两次执政，但时间均非常短暂，难以有较大作为。长期的在野生活迫使狄士累利进行深刻反思，认识到传统的"托利主义"已经过时，必须调整保守党的政治策略以适应新形势，打破自由党的政治

---

① 霍布豪斯：《自由主义》，朱曾汶译，商务印书馆 1996 年版，第 50—51 页。

② 《帝国主义是资本主义的最高阶段》，《列宁选集》第 2 卷，中共中央马克思恩格斯列宁斯大林著作编译局编译，人民出版社 1995 年版，第 641—642 页。

优势，因此狄士累利在议会活动中灵活善变，不止一次向激进派暗送秋波，联合激进派反对自由党政府扩充军备和冒险性的外交政策，故有将殖民地喻为悬诸于项的磨盘的惊人之言，以致激进派领袖布赖特（John Bright，1811—1889）一时不识个中玄妙，云："狄士累利先生可以说是在为托利党变魔术。要是在印第安人当中，他会被称为巫医的。"① 狄士累利作为长期在英国政坛中沉浮的政客难免应机豹变而往往判若两人。约翰·劳尔说："狄士累利不是理想主义者，他是个机会主义者，所追求的是对当时有利的任何政策，同时如德比所言像一个'外国人'，用势利的方式关注着威望上的成功，他的演出技巧就仿佛当时的庞奇卡通片一般自然。"② 但如果将狄士累利所谓"磨盘"一语与1867年提出议会改革法案等联系起来，视为其为达到权力的"滑竿"顶端的灵活性投机之举，那么我们不难发现这种一以贯之的"投机之举"本身即表明上述的论证具有无法消除的内在矛盾。另一方面，对1872年2月狄士累利发表的著名的水晶宫演说所表现出的帝国主义论调，学术界则又有人认为，狄士累利对帝国并无兴趣，帝国仅仅是狄士累利达到政治目的手段，他所关心的并不是提出巩固或扩张帝国的新政策，而是要在国内赢得政治支持，且所阐明的主张不过是一些老生常谈而已。因为保守党人当时力争使本党成为一个极力支持英国民族主义的政党，狄士累利认为对帝国的热情支持可能是一个民族主义纲领的有效部分之一。

在水晶宫演讲中，狄士累利谴责自由党人40年来企图瓦解大英帝国，标榜保守党是唯一支持帝国的政党，号召建立一个不仅能够激发人民的自豪感，而且能够赢得世界尊重的国家。他以反问的句式对英国民众说："你们是乐意做一个富有舒适的英国人，受欧洲大陆种种原则的约束然后终其一生，还是愿意做一个伟大的国家、一个帝国的臣民？"③ 学术界普遍将此次演讲视为狄士累利从早期以殖民地为"挂在我们脖子上的磨盘"

① 车吉心主编：《世界著名外交家传》，山东友谊出版社2000年版，第206页。

② John Lowe, *Britain and Foreign Affairs 1815 – 1885: Europe and Overseas*, London: Routledge, 1998, p. 74.

③ 李强：《试析19世纪末英国的帝国崇拜热潮》，《乐山师范学院学报》2010年第1期。

的冷漠转向"新帝国主义"（New Imperialism）的标志，称之为"不列颠帝国崛起的现代理念著名宣言书"；而对此不以为然者，则贬之为"挫败辉格党人"的投机行为。狄士累利只是在看到帝国主义将给保守党带来政治利益时，才对帝国表现出浓厚的兴趣。狄氏两种截然相反的论调均被殊途同归地解释为出于选战利益的投机行为，而狄氏究竟为所谓"不列颠帝国主义之父"抑或反帝国主义者遂成为众说纷纭的历史人物。

约翰·莫利（John Morley，1838—1923）在《格莱斯顿传》（*The Life of William Ewart Gladstone*，3Vols，London：Macmillan，1903）中对狄士累利的"磨盘说"进行爬梳考据，认为狄士累利在19世纪70年代以前对殖民地未曾留意于心，与曼彻斯特派的分离主义具有共识，只是在发现作为帝国主义倡导者可以有机会赢得政治资本后才改变过去的主张，"帝国"只是一个聪明的政治家嗅觉出的那种深藏于内心深处的民族自豪感而提出的口号。在莫利看来，狄士累利执政期间对帝国统一方面敛手无为即是他从未真正关注殖民地的明证。部分与狄士累利同时代人亦有相同的记述。例如，戈德温·史密斯（Goldwin Smith，1823—1910）是分离主义运动的理论家代表，在其晚年即曾云狄士累利一直对殖民地殊为轻忽，而自由领袖人物格兰特·达夫（Grant Duff，1829—1906）亦这样写道：只是在希望英国在欧洲舞台上发挥巨大而高调的作用意义上，狄士累利堪称一个帝国主义者。但事实上，上述同时代人评论的客观性颇令人质疑，且用于支持断言狄士累利为分离主义者的直接证据仅有三条：其一，在水晶宫演说中，狄士累利抨击自由主义，提出应赋予殖民地以自治权，坦承自己认为与殖民地的联系纽带已经分崩瓦解。其二，狄士累利于1852年致内阁马姆斯伯里勋爵（Lord Malmesbury，1807—1889）信函称："这些可恶的殖民地在未来几年内也将独立，是挂在我们脖子上的磨盘。"其三，时任财政大臣的狄士累利于1866年致首相德比信函称："我们为并不统治的这些殖民地负重何用之有？"① 在他看来，英国在其不再统治的北美殖民地驻军是"不合法之

---

① A. G. L. Shaw, A Revision of the Meaning of Imperialism, *Australian Journal of Politics & History*（AJPH），Volume 7，Issue 2，November 1961，pp. 198—213.

极"。他要求一旦 1866 美国国会选举之后立即将大部分英国军队撤回。但我们仔细分析第一条史料可以发现，这并非意味着狄士累利赞同殖民地与英国的分离，并不能作为狄士累利认为帝国统一已经失败了，这只不过是狄士累利试图将分离主义标签归诸其政党的部分言论，且与史事不符，狄氏在夸大自由党政策的同时也导致其自身反对的夸大。

至于 1852 年广为人知的"磨盘说"只是针对北美殖民地的即兴之辞，乃当时激愤于国际渔业"亏本生意"问题所言。而在此两个月之前，狄士累利在英国普选前夕对其选民的演说中即警告"我们的殖民帝国应否保持和加强"的问题已处于危若累卵之境。就第三条史料所谓"重负说"而言，亦系缘起于防卫美国对英属北美的进攻问题。当时的美国内战使美英关系恶化，随着战争即将结束，许多观察家都预测胜利后的美国联邦军队将攻击无险可守的英属北美脆弱的诸省，加拿大安全岌岌可危，作为母国的英国为与其利益甚微的殖民地庞大防卫开支烦心不已，力图寻求某种全身而退的解脱之策，故而狄士累利有"重负"之谓，不过我们应该看到，狄士累利同一封信中尚基于使殖民主义者在"其爱国的萌芽状态被压碎"，实属不合理的现实而赞同暂时加强在北美的英军驻防，足见狄氏的目标并不放弃英属北美，而只不过欲图"强化一个自治政府的自我发展"以分荷英国沉重的财政负担而已。

与"磨盘说"和"重负说"相比，狄士累利一生中萦怀于帝国保持的证据比比皆是。他和大多数托利党人都对殖民地自治政府将危及帝国联系纽带深以为忧，于 1840 年谴责自由党人之"非民族化"（dena-tionalizing）英国，不过他亦寄希望于"民族特征可以拯救帝国"。当《谷物法》废除后，狄士累利复忧虑殖民体系的破坏，他确信不列颠不久有必要采取类似于关税同盟（Zollverein）的"帝国联盟"形式重建殖民体系。1849 年，殖民大臣厄尔·格雷（Henry George，third Earl Grey，1802—1894）决定实施英属北美殖民地政府自治政策后，狄士累利惊怵于此举对帝国在殖民地权威的打击，反对对帝国的削弱，谴责一时的经济幻想，敦促下院不要牺牲财富最稳定的源泉和权力最可靠的支持。狄士累利在 19 世纪 50 年代建议斯坦利（Edward George Geoffrey Smith‑Stanley，14th Earl of Derby，1799—1869）与改革者合作，对议会中吸收殖民地代表方面延宕不前大为失望，抱怨唯政治经济学家的教条和抽象的钻牛尖者之是从而破坏了殖民体系，指出建立新的帝国关系刻不容缓。到 1855 年，除在南非以外，所有英语殖民地均被赋予自治权，这些殖民地方面脱离帝国的诉求消失了，不过英国本土的许多人又为此愤愤不平，因为他们放弃了所有的帝国益处却保留了殖民地防卫方面的财政开支等负担。在 19 世纪 60 年代，美国对加拿大的威胁等令英国人更加意识到帝国的责任苛重，戈德温·史密斯分离主义纲领帝国主义者、殖民地改革者和分离主义者均认为有必要使殖民地自己提供防卫，但他们的动机和出发点各不相同。分离主义都将自我防卫视为最终解散帝国的步骤之一，另一方面，帝国主义者和殖民地改革者却将通过削减殖民地开支，作为拯救殖民地联系纽带和消除英国本土民众对殖民抱怨的措施。狄士累利无疑与后者灵犀相通。1862 年，他警告说帝国的存在过去被殖民地方面受压迫的感觉所威胁，也可能会因为母国感到包袱过于沉重而受到损害。他在嗣后对"殖民重负"抱怨即是英国人对殖民地不耐其烦的表征。由此可见，狄士累利 1872 年水晶宫演说可谓其来有自，并非突如其来对帝国主义浪潮的响应，没有证据表明水晶宫演讲是仅仅作为机会主义者的狄氏拾人牙慧的产物。

　　狄士累利在水晶宫演说中提出了保守主义的三个目标：维护国家的制度、捍卫英帝国以及改善人民的生活状况。第一项目标显然是老托利主义关注自由、秩序、法律和宗教的延续，而后两项则是狄士累利为保守主义新增的内容。狄士累利针对当时国内两极分化现象尖锐指出，英国"同时存在着两个民族——富裕的民族和贫穷的民族"①，力图调和阶级矛盾进而促进民族认同、激发公众民族主义的共鸣，另一方面又迎合英国人对帝国根深蒂固的自豪情绪，以扩展保守党的政治发展空间，其内、外政策之间存在高度的关联性，反映出民族主义与帝国主义之间复存的混合性。水晶宫演说的大部分内容要点在其 1862 年"帝国巩固大方略"中实际已有明确表述。狄士累利试图使帝国的大氅加诸托利党

---

　　①　巴巴·拉沃德、雷内·杜博斯主编：《只有一个地球》，国外公害资料编译组译，石油化学出版社 1974 年版，第 29 页。

而将自由党贬斥为分离主义者，这无疑是 1874 年选战中最终将"小英国论者"淘汰出局的成功因素之一。但托利党对自由党所谓"分离主义"的指责并未能延续很长时间，因为自由党便迅速摆出了殖民地改革主义者的姿态，1872 年秋格莱斯顿的殖民大臣金伯利（John Wodehouse，1st Earl of Kimberley，1826—1902）等充满帝国意味的言论使托利党几乎在此问题上无可挑剔，而此后自由党人又杜撰了两个将在辩论中具有彻底生命力的词：狄士累利被控犯有"扩张主义"和"侵略主义"之罪。平心而论，狄士累利在 19 世纪 70 年代的帝国主义如同其在 50、60 年代所谓"分离主义"一样被夸大其辞。斯坦利·斯坦布里奇（Stanley R. Stembridge）指出，狄士累利并非是"新"帝国主义倡导者，其所谓主张扩张并未逾越帕麦斯顿（Henry John Temple，3rd Viscount Palmerston，1784—1865）的窠臼。[1] 因为帝国的逻辑就是扩张的逻辑，而帝国的战略难题即在于过分承担义务和过分扩张，狄士累利并非如格莱斯顿所抨击的那样追求无节制领土抱负。狄士累利和格莱斯顿之间的辩驳归根结底在于大英帝国的边界应该底定在何处以及如何底定。这由此便产生了"科学疆界论"的话语空间。狄士累利任首相后以"帝国国家"（Imperial country）倡导者自居，于 1875 年以超凡的敏锐目光从埃及国王赫迪夫手中购买了苏伊士运河的股票，又于次年提议修改皇衔法案使维多利亚女王加冕为印度女皇，并放弃格莱斯顿政府在阿富汗边境"高明的无所作为"策略以求获得"科学疆界"（scientific frontier）。

印度作为大英帝国在东方最大的属地，被曾任英国殖民、贸易、内政、海军、军需、陆军、空军、财政及国防大臣和首相的丘吉尔（Winston Leonard Spencer Churchill，1874—1965）誉为"英王皇冠上真正最为光亮而珍贵的宝石"[2]。尽管不同时代的英国人对印度的态度是复杂而不断变化的，但从 18 世纪到 19 世纪中期，无论托利党还是辉格党，都不曾怀疑过印度对于帝国的价值。例如，1868 年，著名的激进分离

---

[1]　Stanley R. Stembridge，Disraeli and the Millstones，*Journal of British Studies*，Vol. 5，No. 1，Nov. 1965.

[2]　Jawaharlal Nehru，*The Discovery of India*，Delhi：Oxford University Press，1999，p. 438.

主义者戴尔克（Sir Charles Wentworth Dilke，1843—1911）指出："从更广阔的英帝国观点来看，丧失印度将是对帝国贸易的粉碎性打击。"①保守党领袖在1899—1905年期间出任英印总督的寇松云："只要我们统治印度，我们就是世界上最强大的国家，而如果我们丢掉了印度，我们的地位就将一落千丈，只能沦落为一个三流国家。"②他说："印度帝国处于地球上第三个最重要部分的战略中心。……但是，没有比在它对远近邻邦的命运所起的政治影响上，以及它们的盛衰系于印度这轴心的程度上更看得出它的中心支配地位了。"③此外，如历史学家彼得·马歇尔（Peter Marshall）等所言，"殖民地的防卫一直是不列颠资源与财政的流失通道，只有印度是个显著例外，在印度几乎能够征招无限的军队，而且这种军队主要花印度人的钱，而不是英国纳税人的钱。此外，英印军队还能服务于帝国从红海到中国的军事目的，而同时期帝国从魁北克到悉尼的殖民地却要靠英国士兵来防卫"④。

英国既然将印度视若至宝而苦心经营，自然将其视若禁脔而不容他人染指。由于印度次大陆南部有印度洋为天然屏障，英国的警惕主要针对北部的亚洲大陆。鉴于历史上印度的主要入侵者均来自中亚，英国遂把俄国在中亚的扩张视为对英属印度的主要威胁。按照马克思的论述，自彼得一世开始，俄国的扩张由地域性蚕食转向世界性侵略，不遗余力地夺取出海口，将目标从推翻某个既定范围的权力提升到追求无限的权力。1824—1854年间，俄国人征服了直到锡尔河的哈萨克草原，从而首次进入中亚。渴求荣誉和晋升的俄国地方指挥官野心勃勃，不断开疆拓土。恰如寇松所言："由于缺乏实际的障碍，由于所面临的敌人对生命的统治是劫掠，而且他们除了失败外不懂得外交上的逻辑，所以，俄

---

① Klaus E. Knorr, *British Colonial Theories: 1570 – 1850*, Toronto：University of Toronto Press，1963，p. 364.

② Lawrence James, *The Rise and Fall of the British Empire*, London：Little，Brown，1994，p. 204.

③ George Nathaniel Curzon Curzon, *Problems of the Far East: Japan, Korea, China*, London：Longmans，Green & Co.，1894，pp. 9 – 10.

④ 彼得·马歇尔：《插图本剑桥大英帝国史》，樊新志译，世界知识出版社2004年版，第26页。

国正像地球理应要绕太阳转一样，不得不前进。"[1] 在克里米亚战争（the Crimean War，1853—1856）失败后，俄国对欧洲的外交政策和远东事务的影响受到削弱，遂更进一步将侵略政策的重心转移至中亚。因此，寇松如是说：沙俄"在（侵略）铁链上铸就的每一环本身，已和下一环交缠在一起。正如从奥伦堡到草原迈开了第一步，紧接着必然是塔什干的征服"[2]。19 世纪 60—70 年代，俄国相继征服中亚的布哈拉、希瓦和浩罕三个汗国，在被征服的土地上设立土耳其斯坦总督区，中心在塔什干。俄国解释其扩张行为说："与亚洲邻国发生接触时，保持边界安全的方法是把它们征服下来。"[3]

俄国的扩张，直逼被英国外交家所称"印度花园的城墙"的阿富汗边境，令英国人时感如芒刺在背。正如一位学者所形象比喻的，中亚可以比作一个水库，它的水源来自暗流，水库里的水不时地、且是说不清是什么时候会溢出，以至泛滥到它的临近地区。科特曼（John Coatman）曾这样描述印度西北边疆："西北边疆，正像发生的那样，是世界上我们英国人会遭受重大打击的少数地区之一。它就像是一个拳师的太阳穴或牙床骨，在那儿挨一下打就会一败涂地。西北边疆的问题……不但有着利害关系，而且是一种对我们有着痛苦的、生死攸关的利害关系。"[4]《新编剑桥世界近代史》第 11 卷对此的叙述明显有些偏颇，声称："印度政府从来都无意于进行侵略，也就是说，它仅满足于印度天

---

① Andrew Porter（ed.），*The Oxford History of the British Empire*，*Volume* Ⅲ：*The Nineteenth Century*，Oxford and New York：Oxford University Press，1999，p. 6. 亦可参见斯塔夫里阿诺斯：《全球通史：1500 年以后的世界》，吴象婴、梁赤民译，上海社会科学院出版社 2002 年版，第 393 页。

② George N. Curzon，*Russia in Central Asia in 1889 and the Anglo-Russian Question*，London：Frank Cass & Co. Ltd.，1889，pp. 318 – 319.

③ Francis Henry Skrine and Edward Denison Ross，*The Heart of Asia*：*A History of Russian Turkestan and the Central Asian Khanates from the Earliest Times*，London：Methuen，1899，pp. 418 – 419.

④ Coatman，The North-West Frontier Province and Trans-Border Country under the New Constitution，*Journ. Royal Central Asian Soc.*，London，Vol. XVⅢ，July，1931，p. 335.

然边界的安全，除此以外，别无他求。然而，它不时地为可能出现的危险而感到不安，并倾向于对被夸大了的危险采取过分的安全措施。后来，伟大的索尔兹伯里勋爵①曾把这种心理状态描述为主张去占领月球以防止来自火星的袭击。"② 印度人 D. R. 曼克卡尔（Dinker Rao Mankekar）曾经这样写道："英帝国主义曾是那一时代最强大的国家——它皱一皱眉头其他国家都不能漠然置之。尽管这样，他们还唯恐在什么地方出现某种纰漏，竭力将其殖民地印度的国防安排得无懈可击。他们在印度四周建立了广阔的安全区。它的防御要塞实际上东到新加坡西至亚丁。"③ 拉铁摩尔对英属印度疆界问题的分析颇具洞见，指出："在征服印度的时候，英国逐步推进到一个弧形的内陆自然边界。在达到这一条边界之前，每一次政治权力和土地的获得，都是一种有利的积累，逐步扩展一个帝国，并有一个自然的中心。但达到了这个边界之后的发展，就出现不利的东西了。因为它会演变为脱离中心的分裂势力。在这一点上，印度的内陆边疆颇类似于中国的长城边境，它必然分成两个不同的部分，一个是西北边疆，另一个是东北边疆。"④ 在拉铁摩尔看来，印度西北边疆极像中国的长城边疆，包含诸如"内蒙古"那样的诸多部落及小邦，这些部落或小邦包括统治较严和统治较松两种情形，这种情形一直延伸到杜兰线（Durand Line）；而沿印度东北边疆的情势则大相迥异，分隔印度与中亚及西藏的山脉既高且险，没有在军事上被入侵的危险，东北边疆可以说是死的边疆，英国人把西藏边疆视为一个阻拦思想意识的边疆。

为抗衡俄国南下扩张，"前进政策"最初由托利党政府首先提出，在 1830 年以后由继任的辉格党政府所采纳，辉格党外交大臣帕麦斯顿

---

①　指 Marquess of Salisbury。

②　欣斯利等：《新编剑桥世界近代史》第 11 卷，中国社会科学院世界历史研究所译，中国社会科学出版社 1999 年版，第 576 页。

③　Dinker Rao Mankekar, *The Guilty Men of 1962*, Bombay：Tulsi Shah Enterprises，1968，p. 6.

④　Owen Lattimore, *The Inner Asian Frontiers of China*, New York：American Geographical Society，1940，p. 235.

最初在中亚问题上并无政策可言，但 1833 年以后随着俄国在中亚影响日益扩大，前进政策遂被帕麦斯顿所奉行不逾。不过，正如《新编剑桥世界近代史》第 11 卷所揭示的那样："有些'英—印'军人和文官主张英国人也应向前推进，以对付招招进逼的俄国人，这样，将来确定实际接触线时，这条线就可以尽可能远离印度本身。但他们并没有这样做，因为他们害怕遭到俄国军事力量的直接攻击，或者是因为他们夸大了阿富汗的帮助或波斯的友谊所起的作用。印度事务大臣领导下的印度参事会很有影响的成员亨利·罗林森爵士①多年来一贯坚持认为，英国应进入克拉特的基达、阿富汗南部的坎大哈和阿富汗西部的赫拉特，这样，英国人就可以'越过现有的疆界，在最易接近的攻击线上，构筑一系列第一流的要塞'。他的理由是：印度是一个被征服的国家，因此，必然总是有'一定程度的不满'积郁在人们心里，只要有一个敌对的欧洲大国煽动，就会燃起扑不灭的大火。"② 在 19 世纪后半期，英国对印度西北边疆的政策在谨慎与冒险主义之间摇摆，支持前进政策者坚持印度的防卫应将边界推进至兴都库什山的自然屏障，以便使阿富汗（或至少其一部分，诸如赫拉特）完全处于英国控制之下，而自由党的政策则基于前进政策不道德、不可行的研判，坚持印度河构成印度的自然边界和阿富汗应被保留为英、俄之间的缓冲国，主张最好用诸如阿富汗等依附于英国的第三势力将英、俄隔开。苏联学者安东诺娃主编《印度近代史》（К. А. Антонова, *Новая и новейшая история Индии*, Новая история Индии, М., 1961）这样写道："70 年代中期，由于资本主义列强瓜分世界的斗争普遍尖锐化，英国的阿富汗政策添加了极其明显的侵略性。英国帝国主义者在印度的西北边界发动了新的进攻以后，有意识地散布关于俄国威胁的谎言，企图在社会舆论面前为自己辩解。殖民主义者把自己的侵略行为解释为必须建立所谓科学的印度疆界，就是说，同兴都库什山这样的天然屏障相符合的疆界以及能够保卫印度免受

---

① 指 Sir Henry Rawlinson, 1st Baronet, 1810—1895 年。

② 欣斯利等：《新编剑桥世界近代史》第 11 卷，中国社会科学院世界历史研究所译，中国社会科学出版社 1999 年版，第 791 页。

同俄国邻接所致危害的疆界。"①

马丁·刘易斯（Martin W. Lewis）和克伦·维根（Kären E. Wigen）指出："国家像大陆一样被具体化为全球地理的自然而基本的建筑材料构件，而不是被视为实际上是一种建构的、偶然的甚至通常被强加的政治地理单位。"② 阿富汗位于中亚、中东及南亚的交汇地带，对阿富汗来说，地理即命运。在历史上，印度—雅利安人、塞族人、安息人、希腊人、匈奴人、突厥人、阿拉伯人和蒙古人等先后进入过阿富汗地区，或者以此为长途迁徙中转歇足的旅店，或由此而长期栖止焉。不断发生的大规模民族迁徙和战乱，以及相对封闭而地貌景观千变万化的地域内形成的种族、部族和家族，构成了传统阿富汗社会最基本的结构单位，在以共同在场交互性活动为主的社会整合结构中，国家是抽象的、遥远的，而部落和家族才是具体和最值得效忠的，"阿富汗"一词作为现代地域概念是相当晚近的创造。正是这样，地理学家奈杰尔·艾伦（Nigel J. R. Allan）感喟曰："阿富汗是一个空间，而不是地方。"（Afghanistan is a space，not a place.）③ 他说，阿富汗作为民族国家概念的廓清，关键在于理解19世纪主要殖民大国在追求坚固边疆过程中形塑兴都库什领土的作用。拥有核心、主体地域、边缘的扩张中的帝国难以确定边疆，对于英国这样没有确定边疆经验的岛国尤其如此。④ 英国利用政治欺诈、军事暴力和金钱使印度次大陆边缘内讧不已的土著封建领主臣服，其间充斥殖民与反殖民的对抗和妥协乃至共谋。

1838年，英国发动第一次侵略阿富汗战争，将立场亲俄的多斯特·穆罕默德（خان محمد دوست，Dost Muhammad，1793—1863）赶下台，扶持亲英的沙·苏亚（Shoja Shah，1780—1842）取而代之，但穆

---

① 安东诺娃主编：《印度近代史》，北京编译社译，生活·读书·新知三联书店1978年版，第788页。

② Martin W. Lewis and Kären E. Wigen，*The Myth of Continents：A Critique of Metageography*，Berkeley：University of California Press，1997，p. 8.

③ Nigel J. R. Allan，Defining Place and People in Afghanistan，*Post-Soviet Geography and Economics*，2001，42，No. 8.

④ Nigel J. R. Allan，Defining Place and People in Afghanistan，*Post-Soviet Geography and Economics*，2001，42，No. 8.

罕默德支持者顽强抵抗，战争持续至 1842 年，最终以英军撤出喀布尔时全军覆灭而告终。第一次侵略阿富汗战争令英国当局此后长期为之受累，故而英国历史学家屈维廉（Trevelyan, George Macaulay, 1876—1962）称此后英国对阿富汗执行了新的政策，即让阿富汗成为在俄国亚洲属地和不列颠之间的一个缓冲国。时值自由党执政，加之在 1857—1859 年民族起义以后，印度国内的严峻复杂局势亦使英国暂时难以在印度边界进一步扩张，英军第一次侵略阿富汗战争促使阿富汗各部族产生了过去缺乏的统一感，而战争造成的生命和财产损失亦加深了他们对外来势力的不满。此次战争后重新上台的穆罕默德与英国冰释前嫌而借助英国支持致力于阿富汗统一，处于俄、英两大势力夹缝中的阿富汗统治者对外部势力既抗拒又引为奥援，俄国和英国既打又拉的压力与引力，使阿富汗统治者的心理左摇右摆。狄士累利主张"前进政策"意味着强势英国力量对喀布尔—坎大哈边疆的布置，亦即当时人所共知的考虑到合适地理结构的"科学边疆"。① 1878 年，英国发动第二次侵略阿富汗战争，并于次年与阿签订《甘达马克条约》（The Treaty of Gandamak），使英国获得了干涉阿富汗并控制其外交的权利，将阿富汗的古腊姆（Kurram）、比欣（Pishin）等地区和开伯尔（Khyber）等几个重要山口划归印度。狄士累利断言，该条约为"印度帝国获得了一条精确的和适当的边界"②。格莱斯顿上台后曾一度否定保守党狄士累利政府的全部阿富汗政策，但阿富汗国内反英斗争的蔓延和英俄之间矛盾的加剧，使狄士累利政府的一些政策和政绩又悄然被保留下来，而自由党政府的中和亦使英国在阿富汗的行动更臻于所谓"理性"。就英国利益而言，第二次英国侵略阿富汗战争后被支持掌握阿富汗政权的阿布杜尔·拉赫曼（خان رحمان عبدر, Abdur Rahman, 1840?—1901）可谓最佳人选，他一方面坚定而富有实力，致力于对四分五裂的部族的统一和阿富汗的现代民族国家建设，另一方面亦能在一定限度容忍英国对阿富汗

① Nigel J. R. Allan, Defining Place and People in Afghanistan, *Post-Soviet Geography and Economics*, 2001, 42, No. 8.

② 马宗达等：《高级印度史》下册，张澍霖、夏炎德、刘继兴等译，商务印书馆 1986 年版，第 899 页。

外交事务的控制及英国以阿富汗为缓冲国的政策。阿富汗现代民族国家的形成，是英俄两大列强争夺以阿富汗为缓冲国和阿富汗本土政治势力抗拒殖民统治、追求国家独立的内外互动产物。正是在拉赫曼统治时期，阿富汗由包围其南北的两大列强主宰划定了其现代国家边界。无怪乎有学者认为阿富汗就其起源而言是"一个纯粹偶然的地理单位（a purely accidental geographic unit）"①，在很大程度上与大国霸权战略有关。

"空间转向"是众所周知的20世纪后半叶知识界最引人注目的事件之一。学术界开始刮目相看政治和人文生活中的"空间性"，把以前给予时间和历史的青睐纷纷转移到空间上来，认为长期以来历史性被赋予太多的特权，把空间列入时间名下的做法极为普遍，以致吞没了审视空间思想的相等权力而令其鸦雀无声。这种话语相信："至少在当今世界，向我们'隐匿结果'的是空间而不是时间，空间为从实践和理论上理解现状提供了最具启发性的批评视点。"② 因此在亨利·列裴伏尔和福柯等看来，致力于空间知识是梳理现代复杂世界的方式。这种空间转向并不是否定历史想象已被证明的力量，也不是以某种空间主义来替代历史主义，只不过试图打开历史想象的边界，其中心在于对空间和社会关系的关注。唯其如此，福柯坚持其由空间、知识、权力三维辩证法关系构成的"话语三角形"（disoursive triangle）而呈现出慑人心扉的思想犀利性。亨利·列裴伏尔的名作《空间的生产》（Henri Lefèbvre, *La Production de l'espace*, Paris：Anthropos, 1974）亦将空间实践（la pratique spatiale）、空间表征（les représentations de l'espace）和表征性空间（les espaces de représentation）三位一体化。列裴伏尔认为空间是一种历史性的生产，既是社会存在的中介，又是其结果，另一方面，如列裴伏尔所言，"权力，维护依附与剥削关系的权力，并不固守于一个明确的战略性的'阵线'，它不同于地图上的边境线或地面上的战壕。权力处

① Arif Hussain, *Pakistan：Its Ideology and Foreign Policy*, London：Routledge and Kegon Paul, 1966, p. 115.

② Edward W. Soja, *Thirdspace：Journeys to Los Angeles and Other Real-and-Imagined Places*, Oxford：Blackwell Publishers Inc. , 1988, p. 165.

处皆是，无所不在，充满整个存在"①。理解阿富汗国家政治地理空间的产生，必须考察 19 世纪英、俄大国的霸权利益斗争和阿富汗各阶层对殖民势力的拒迎。

在 19 世纪后半期，英国的战略家们逐步提出了所谓"拱卫印度安全"的"三个缓冲区、两个同心圆和一个内湖"的战略思想。三个"缓冲区"中，第一个就是"英国管理下的西藏，保证印度不受中国威胁"；第二个是印度洋，使"印度洋沿岸的国家在英国的控制之下"；第三个是"阿富汗，它挡住了沙皇俄国"。两个同心圆中，内圆就是印度西北边境的部落地区—尼泊尔—锡金—不丹—阿萨姆邦—印度东北边境的部落地区，外圆就是波斯湾的酋长国—波斯—阿富汗—西藏—泰国。一个内湖就是英国控制的印度洋。例如，寇松在导致阿富汗形成过程中即提出过三重边疆的空间构想，第一重边疆位于沿加伯特上尉（Captain H. Garbett）探险过的兴都库什山山脊一线，第二重边疆为喀布尔的英国使节依条约所驻扎地域，第三重边疆位于开伯尔山口。在寇松这种空间规划（spatial planning）之前，俄国于 1885 年占领阿富汗西部的潘狄绿洲（the Panjdeh Oasis），时已控制阿富汗外交的英国立即与俄国交涉，双方经过讨价还价签订《俄阿边界议定书》，西部阿富汗边界从佐勒菲卡尔山口始，而潘狄绿洲划归俄国。马宗达等认为："经过这次和解以后，俄国和英国政府间的关系改善了。1886 年划界委员会的工作结束，俄国—阿富汗从乌浒河到佐勒菲卡尔山口的边界正式划定。接着有过六年不间断的和平。但在 1892 年因俄国要求整个帕米尔高原，争端又起。最后于 1895 年达成协议，正式确定了这个地区的边界线。英国与俄国间对于亚洲帝国的长期角逐，暂时告一段落。英国牢牢地掌握住阿富汗，俄国的势力则进一步向东方发展。"② 在解决俄阿边界之后，英国当局鉴于印度西北与阿富汗之间的普什图（Pashtun）山地部落劫掠骚扰频仍而深以为患，亟欲图寻求分而治之的一劳永逸之

---

① Edward W. Soja, *Thirdspace: Journeys to Los Angeles and Other Real-and-Imagined Places*, Oxford: Blackwell Publishers Inc., 1988, p. 32.

② 马宗达等：《高级印度史》，张澍霖、夏炎德、刘继兴等译，商务印书馆 1986 年版，第 901 页。

策。1893 年由莫蒂默·杜兰（Mortimer Durand，1850—1924）率领的英印使团抵达喀布尔与阿富汗政府谈判划界事宜时，阿富汗国王阿布杜尔·拉赫曼反对将普什图山区部落加以分割，警告称："如果你把他们（山区部落）从我的领土上搞走，他们对你和我就都毫无好处。你和他们会打个不停，或发生其他的麻烦，他们还将经常进行劫掠。"① 英方采取"刺刀策略"和"钱袋策略"相结合的威胁利诱手段使阿富汗政府接受了《杜兰协定》，同意阿富汗的东南边界北起帕米尔高原的萨雷阔勒岭，穿过赫尔曼德河以南的荒芜沙漠地区，向西南延伸至伊朗高原的科希马利克高地，此即著名的"杜兰线"。阿富汗国王阿布杜尔·拉赫曼由于不愿接受分割普什图同胞的事实，倾向于认为"杜兰线"只是划出了责任区，而不是国际边界，但在公开场合他没有否认"杜兰线"是国界。一个明显的例证是，1897 年 6 月莫赫曼德和阿弗里迪人在"杜兰线"英印一侧发动大规模反英暴动，英国人指责阿布杜尔·拉赫曼是暴动的主要鼓动者，拉赫曼却否认他与"越过边界"去支持暴动的阿富汗士兵有任何联系。阿布杜尔·拉赫曼的儿子哈比布拉（Habibullah，1872—1919）继位后，为自身统治现实利益，也承认了"杜兰线"。

但殖民势力"科学边疆"的分割，正如女诗人玛丽亚·马内斯（Marya Mannes，1904—1990）所说："边界从心脏划过/被陌生人用平静明断的笔/当我们惊惧地看着边界流血时/地图上线条的墨水亦变得殷红。"② "科学边疆"的话语实践，呈现出理性与非理性，当时的历史遗留问题遂成为迄今仍棘手难决的争端的孽祸种缘。英国炮制的"杜兰线"，是将普什图山地部落置于掌控之下的双刃战略措施。首先，通过勘定"杜兰线"将普什图山地部落一分为二，其次通过策划山脊地貌的所谓"科学边疆"占领战略据点封锁关键山口，通过控制三百万牧民在低地和高地牧场之间逐草而牧的季节性转场路线，"杜兰线"限制

---

① 转引自邱建群、李惠：《"普什图尼斯坦"问题的历史由来》，《辽宁大学学报（哲学社会科学版）》2003 年第 6 期。

② 资料来源：http://www.e-ariana.com/ariana/eariana.nsf/allDocs，访问时间 2005 年 7 月 2 日。

了普什图人的自治，推进了对两侧山地人间接影响的新形式。特别是1899 年寇松就任印度总督后，采取了一套被人们称为"撤退和集中的政策"①，他的策略和"前进政策"派有相通之处，积极修筑从奇特拉尔通向白沙瓦的公路，另一方面又命令大批驻防英军逐渐从开伯尔山口、库拉姆河谷地、瓦济里斯坦和部落地区普遍撤退，但保留了若干据点，而且在查克达拉、马拉坎德与达尔盖修筑了要塞，英军撤退的地区由英国军官指挥下的部落军队或武装警察接替。英国为防止"杜兰线"内外部落联合，每每推行部落等差政策，一如中国历史上中央王朝将边疆少数民族划分为"生番"与"熟番"一样。用拉铁摩尔的话来说："这颇类似于中国的长城边疆政策。"② 拉铁摩尔在《中国的亚洲内陆边疆》中将英国在印度的"闭边政策"视为一种严格的边界概念，即绝对的对内限制并对外摒除，认为英国所谓的"前进政策"事实上等于否认存在严格的边界概念，其结果造成了两个边界，一个是所谓行政边界，将印度主体的正式行政制度与部落区域分开，一个是将山地部落与阿富汗分开的杜兰边界，在主体边界（或行政边界）以外的不规范的边疆地区内，统治的方法可以从"桑德曼制度（Sandeman system）"的协商和仲裁（以及提供津贴）到近于闭边政策的"不干涉兼济以惩罚性征讨"③ 制度。应该说，拉铁摩尔的上述分析颇具洞见，揭示了英国殖民者的栅格化空间权力技术的内在转化动态机制。1891 年，达科斯塔（John A. Dacosta）专门出版了题为《科学边疆》（*A Scientific Frontier, or, The danger of a Russian Invasion of India*，London：W. H. Allen & Company，1891）的专著，此为对英国当时"科学边疆论"最全面详尽的诠释和阐扬。而在 1899—1905 年任英国印度总督的寇松，不仅是对科学边疆论产生深刻影响的实践者代表人物，而且其被国外学者所谓边

① Ainslie T. Embree（ed.），*Pakistan's Western Border Lands*，New Delhi：Vikas，1977，p. 16.

② Lattimore，Owen. *The Inner Asian Frontiers of China*. New York：American Geographical Society，1940，p. 235

③ Lieut Colonel C. E. Bruce，*Waziristan 1936 – 1937：The Problems of the North West Frontiers of India and their Solutions*，Candler Press，2007，p. 2.

疆研究不可绕开而广为征引的著名演讲《论边疆》（The Romanes Lecture 1907 – Frontiers），则堪称对科学边疆论进行了高度凝练的总结性理论概括。

寇松像

寇松对于熟悉中国近代史的人们并不陌生，因为英国第二次侵略西藏战争与其密切相关，国际上目前不时鼓噪的"西藏独立论"的主张亦每每以寇松的片言只语作为"历史依据"。寇松出身于英国贵族家庭，早年就读于以培养政治家而蜚声世界的英格兰最大、最有名望的贵族公学——伊顿学院（Eton College），开始 19 世纪其阶层典型的养成教育和训练，表现出与众不同的才智。伊顿学院毕业后的寇松顺利进入牛津大学，曾担任牛津大学学生联合会主席，此职位的获得者被时人认为是未来政治家的苗子。寇松在伊顿和牛津期间以口才出众知名，对政治饶有兴趣，依其出身地位而自然地倾向于保守，开始与当时和未来的诸多英国政治精英建立起关系网络。寇松从牛津毕业后即投奔保守党魁索尔兹伯里担任其私人助手。1886 年保守党选举获胜后，索尔兹伯里出任首相，寇松在其举荐下进入议会，先后历任印度政务次官（Undersecretary of state for India）和外交政务次官（Undersecretary of foreign affairs）。1882 年，他赴地中海地区进行漫长的游历，以增加他素来在帝国事务方面的知识储备与经验阅历。此后在 1888—1893 年期间，他又先后游历考察俄国的中亚地区、波斯、阿富汗、帕米尔地区、日本、中国（包括西北和东北）、朝鲜、印度支那、暹罗等地，并且根据自己的游历考验经历、凭借自己的优美文笔和独立思考潜心撰述，有意识地推出了《俄国在中亚》（*Russia in Central Asia in 1889 and the Anglo-Russian Question*，London：Frank Cass & Co. Ltd.，1889）、《波斯和波斯问题》（*Persia and the Persian Question*，London：Longmans，Green & Co.，1892）、《远东问题》（*Problem of the Far East*：*Japan*，*Korea*，*China*，London：Longmans，Green & Co.，

1894）三部力作，以便为自己在外交和殖民地领域的仕途发展奠定基础。寇松的这三部颇具分量的著作及其对亚洲局势的分析和研究，以及对英国在亚洲战略思想的反省，在英国政界和军界产生了极大影响，寇松由此树立起其在世界范围内相当长时期内被人们公认的东方问题权威专家的形象，寇松本身亦自觉其担纲大任的时间已为期不远，他于1898 年被任命为英国印度总督被英国政界同仁视为水到渠成。这一职务给寇松以广阔的空间展现其惊人的行政才能，不啻如世界上大国的君主或首相一般纵横捭阖。

　　1898—1905 年担任英国历史上最年轻的印度总督的阅历，对寇松政治生涯留下了难以估量的影响，英国在印度的统治被认为在其任职总督期间达到顶峰。1905 年，寇松因与其必须对之负责的政治同僚基奇纳（Horatio Herbert Kitchener, 1st Earl Kitchener, 1850—1916）之间日益恶化的争论而难堪地辞职回国。在这一段时间，在政治上怏怏不得志的寇松担任牛津大学名誉校长，遂有其关于边疆的著名讲座文本的产生。① 在第一次世界大战期间，他在阿斯奎斯（Herbert Henry Asquith, 1852—1928）和劳合·乔治（David Lloyd George, 1863—1945）联合内阁中任职。在 1919—1924 年任外交部部长期间，寇松主持洛桑会议（the Conference of Lausane），反对法国占领鲁尔区，为道威斯计划（the Dawes Plan）关于解决德国战争赔款铺平了道路。此外，1920 年苏波边界划分的"寇松线"亦是与其颇为著名的外交行动相关联的产物。斯坦利·鲍德温（Stanley Baldwin, 1st Earl Baldwin of Bewdley, 1867—1947）任首相后，寇松结束了其政治生涯，不久即离开人世。

　　寇松自其政治生涯之初即热衷于帝国事业，这也是他在保守党讲坛反复老生常谈的话题。他视英国为罗马帝国的继承人，认为：帝国是英国制度完美的体现，俄国是实现英帝国事业的主要敌人，俄国的版图扩张如树干的年轮般不断膨胀，俄国的铁钳总有一天会拔掉英国在中亚的一颗颗牙齿。基于对俄国扩张意图的判断，他提出应该以印度为中心在

---

　　①　此文已经由笔者学生翻译为中文，收入笔者主编的《空间、法律与学术话语：西方边疆理论经典文献》（黑龙江教育出版社 2014 年版）。

亚洲与俄国全面抗衡，声称在未来英俄战争中是"印度，而不是英国，将成为帝国的心脏"①，"我们失去所有的领地后仍生存下去，但如果失去印度，我们的太阳就会陨落"②。寇松指出：印度的地理位置越来越把她推到国际政治的前线，她越来越成为英帝国的战略前线。"印度像一座要塞，两边有辽阔的海洋作壕沟，在其他方面有大山作城墙。在那些有时并非不能逾越、而是易于突破的城墙外面，延伸着一条宽窄不等的斜坡。我们不想占领这个斜坡，也不能坐视它被敌人占领。让它留在我们的同盟者和朋友手中也行，但是如果我们的对手偷偷爬上斜坡，呆在城墙脚下，我们就得进行干预，因为任其下去，就会越来越危险，可能有一天要威胁到我们的安全……谁要是在印度只把守城堡，而不往远处看，那他就是一个目光短浅的指挥官。"③ 寇松在其《远东问题》中断言，中国已经不能起到防堵俄势力南下的缓冲地带作用，因此在就任印度总督以后力主以印度为基地向中国推进，改变西藏的国际地位，使之成为英国保护下的"缓冲国"。他在 1901 年 6 月 11 日致印度事务大臣汉密尔顿（Lord George Francis Hamilton，1845—1927）的信中云："对于我们来说，跨越喜马拉雅山并占领它（指西藏。——引者注）这是一种疯狂的想法。但是重要的是，任何人也不能占有它。它应当成为印度与俄帝国间的一个缓冲。如果俄国人来到了这座大山，她就会立即与尼泊尔人搞阴谋。这样在我们的北部就会出现第二个阿富汗……我的意思是，西藏，而不是尼泊尔必须成为我们竭力要建立的缓冲国。"④ 寇松为了把西藏变为英国保护下的"缓冲国"，在信中还别有用心地把中国在西藏的主权（sovereignty）称之为"宗主权"（suzerainty），并且

① 吕昭义：《英属印度对中国西南边疆政策综述》，《中国边疆史地研究》1995 年第 3 期。

② Kumud Biswas, Lord Curzon and the Partition of Bengal, October 30, 2005。资料来源：http：// Boloji. com，访问时间：2010 年 11 月 29 日。

③ 内维尔·马克斯卫尔：《印度对华战争》，香港南粤出版社 1976 年版，第 16 页。

④ 《汉密尔顿信函》，寇松致汉密尔顿，1901 年 6 月 11 日，转引自吕昭义：《英属印度与中国西南边疆（1774—1911 年）》，中国社会科学出版社 1996 年版，第 217 页。

把这种宗主权描述为"一种宪法的虚构、一种政治上的矫饰，只被利用来作为障碍"①，从而成为公开鼓吹中国在西藏没有主权论的始作俑者。汉密尔顿研究寇松在该信中提出的主张后认为"颇有侵略味道"，在复信中说了一句意味深长的话，即："西藏只不过是政治棋盘上最小的卒子，但是车、马、象都想得到它。"② 英国内阁当时从英国在全球争霸的整体外交格局考虑，对寇松的计划持相当审慎的保留和克制态度。然而如国会议员吉布森·鲍里斯（Thomas Gibson Bowles，1841—1922）讽刺寇松时所言："一个野心勃勃的总督，当他看到世上的人都在兼并领土时就说道：'我要干一个更漂亮的，我兼并的不是领土，而是活佛，我要弄一个神来为我服务，这就是我为我的国家所要干的。'"③ 正是为了将西藏纳入英国控制之下，寇松授意荣赫鹏（Francis Edward Young-husband，1863—1942）发动了第二次英国侵藏战争。

　　寇松在牛津大学关于边疆的著名演讲中，首先阐述了边疆问题的重要性，指出：尽管边疆为文明世界的各国外交机构主要关注的目标之一、约五分之四的条约或公约的主要客体，尽管边疆政策作为政府科学的分支之一至关重要，较诸其他政治或经济因素对国家的战和更具影响力，但尚无专门的著作和论文将这一主题作为整体认真探讨。正是错误的边疆政策导致了庞大的拿破仑帝国的崩溃，否则联军绝不可能进入巴黎。目前，现代地理学著作日益认识到政治地理的重要性，国际法论著的编纂中也开始用一定篇幅论述边疆问题，边界官员在学会或杂志上偶尔亦会讲述其经历，但这些例外并不能改变边疆研究的总体空白状况。边疆实为现代战争与和平、国家生死存亡问题的关键一环。边界的完整

① 参见 Barry Sautman，June Teufel Dreyer，*Contemporary Tibet：Politics，Development，and Society in a Disputed Region*，Armonk，New York：M. E. Sharpe，2006，p. 292。亦见 S. M. Burke，*Mainsprings of Indian and Pakistani Foreign Policies*，Minneapolis：University of Minnesota Press，1974，p. 148。

② 《汉密尔顿信函》，汉密尔顿致寇松，1901 年 8 月 22 日，转引自 Alastair Lamb，*Britain and Chinese Central Asia：The Road to Lhasa，1767 to 1905*，London：Routledge & Kegan Paul，1960，p. 262。

③ 《英国议会辩论记录》第 41 卷，第 149 页。转引自吕昭义：《英属印度与中国西南边疆（1774—1911 年）》，中国社会科学出版社 1996 年版，第 209 页。

性之于国家如同保护家园是个人最为关切的问题。随着人口飞速增长和经济需要新的出口，大国扩张尤形迫切和必要。随着地球上土地几乎都已各有所归，对所剩无几的无主土地的争夺自然异常激烈。所幸这一过程正趋于自然的终结。当所有空白之地都被占满而边疆都被界定后，问题又会呈现另一种形式：老的大国仍彼此为边疆而发生争执，仍然会蚕食和兼并其孱弱邻邦的领土，边疆战争不会消失，但为夺取新的处女地或衰微国家继承权的角逐将会减少。寇松认为当时已经过了转型期，接下来的将是较少的争端状态，边疆更符合国际法律秩序。

寇松在演讲中强调保持边疆的抽象概括科学性必须采取审慎的态度。寇松指出，一个拥有容易识别的自然边界的国家较诸没有这种优势的国家，更有防御能力，其国家生存更为稳固。一个拥有海疆的国家，特别是假如其同时拥有海权时，诸如不列颠群岛，将较诸仅有陆疆而需大量军队防御的国家处于更强大的地位。群山环绕的国家是最为完全的内陆国家，此乃政治地理的常识。另一方面，寇松又强调在概括和总结地理因素对边疆的影响、边疆特征等时不能仓促地加以论断，否则将是不科学的，因为相同的原因在不同的地域、不同的时代可能产生迥异的结果，事实上许多因素都在同时发生作用，地理位置或环境仅为其一。寇松接受了自然边疆与人为边疆的类型划分方式，并认为这是最科学和准确的划分。自然边疆在寇松的演讲文本中被划分为：（1）海洋，（2）沙漠，（3）山脉和河流，（4）森林、沼泽和湿地。寇松分别解析这些自然边疆在不同场景下的功能变化和正负效应，尤其关注在科学技术迅猛发展对自然边疆的影响。例如，寇松认为，在所有自然边疆中，海洋最不受损、最少可变性且最具效力，沙漠直到现代以前作为屏障的不可穿越性都胜过于海洋，但近期以来，沙漠作为边疆已丧失其恐怖的力量的大部分。假如平坦的荒漠有坚实的基础，铁路的修建将是轻而易举之事。再如山脉固可立即并且容易识别，山脉主脉或分水岭固然是最佳的、最公平的分界线，一般不会发生地形变化，不需要仪器加以确定，但世界上许多山系，诸如喜马拉雅山脉和安第斯山脉，其主脉山脊线与分水岭并不一致。随着铁路、隧道、电报等现代科学技术的广泛应用，山脉屏障作用在许多情况下亦被消除。

　　寇松在论述山脉作为自然疆界时，特别对"科学边疆"着重加以阐释指出：在一些情况下，山脉屏障也许不是绵延成行的一道或数道山梁，而是蔓延几英里甚至上百英里宽的地带的山峰或山包群，该地域居民也许独立不羁。印度普什图边疆大部分均是如此，其边疆地形特征使山区的居民在攻击平原居民方面有得天独厚的优势。为了扭转这种优势而转移之于边界这一边的强势政府，遂导致了对众所周知的"科学边疆"的追求。寇松对"科学边疆"加以诠释，声称：这种边疆结合自然和战略的力量，通过将进出两方面的关卡置于防御一方手中，迫使敌对方在能够使用通道前必须征服该通道。寇松曾谦恭地谈及科学到现在已取代了自然与理性而成了被尊敬的主体，指出："宣称某一确切的边疆学曾经甚或可能得到发展毫无用处可言，因为没有一条法则可能适用于所有的民族或人群、所有政府、所有疆土或所有思潮……但基本的趋势却是向前而非向后发展；傲慢自大与视而不见不再高高在上；先进因缘于科学性知识；民族学与地形学的考虑已经明确地发生作用；法理学的作用日渐增加；并且民族意识也日渐掺杂其中。因此，最近经常成为战争缘由的边界可能会转换成和平的工具及表象。"①

　　在分析人为边疆过程中，寇松表现出明显的历史主义和现代主义并存交织的倾向。他首先指出，人为边疆可以分为古代和现代两种类型，其间的区分并非源于原则问题而是方法问题，大体反映不发达社会和文明社会要求的不同。不发达社会并不依赖自然特征以确定其占据或征服的界限，仅仅希望保护其边界免遭外部入侵，通常或竖立屏障或修建壕沟。在古代历史上，木栅、封堆等常见的边疆类型与其说关注分界，毋宁说是关注防御。中国的长城、罗马帝国的哈德良长城等都主要在于以最有效方式防护其边疆免遭恐怖而日益加剧的野蛮民族的威胁，而并不在于划分和勘定帝国占领的领土。因此，这些城墙或屏障有时是建立起来作为行政管理边疆，有时又远远超越于行政管理边疆之外。寇松认为尽管这种结构性屏障，在漫长岁月里所起到的如设计初衷那样的拒敌效

---

　　① Lord Curzon of Kedleston, *Frontiers*, The Romanes Lecture, Oxford: The Clarendon Press, 1908, pp. 53 – 54.

果基本属于一种想象，但以此嘲讽这些建筑物徒劳无功则是极其错误的。① 中国长城千余年来几经修筑，堪称杰作，尽管屡屡被游牧民族突破或绕过，但它在数世纪使北方蒙古民族与中国内地汉族相隔离，是防止走私和征税的财政关卡，是检查通行证件和逮捕罪犯和疑犯的警察关卡，它更多的是一条防御侵越警戒线而不是边疆。

寇松是提出将西藏变为"缓冲国"的始作俑者，因此他在演讲中论述人为边疆时纵横古今，对中间地带（the Intermediary or Neutral Zone）等进行了非常充分的阐述。他认为，这是接触地区的分隔边疆，有时其为夷为平地、空无人烟的国家旷土，有时其为敌体之国领土间存在争议的地带，情形不一而足。在中世纪，作为查理曼（Charlemagne，742/7—814）和奥托大帝（Otto I., der Große，912—973）确定政策的一部分，"边区"（Mark or Marches）的发展形态因相同的原因应运而生，在法兰克王国和日耳曼王国开始逐渐普遍化，这些"边区"原本为了保卫帝国边疆免遭斯拉夫人的侵扰和分隔与外部的接触，由边疆侯爵（Margraves，Markgraf）统治，后来这些边区侯爵获得了独立国家的地位，或如勃兰登堡大公那样自己登上帝位，或成为日耳曼联邦自治成员。这种古代和中世纪的中立地带或分离地带开创了明确的中立领土、国家或地带的现代观念的先河。两者的目的都是相同的，即在于使造成分离避免敌体之间的接触发生冲突，但操作方式并不相同，不发达社会首先通过制造空旷之地以防止占据，然后由专门代表此目的权威和力量加以占据从而形成中立地带，而现代国家建立缓冲带则通过外交条约并寻求国际调停。现代强国之间中立地带的建立十分武断且每每不循常规，明显出于避免接触的目的，亦常常为未来的若干主张而避免外交困难或做有效解决缓图之计。寇松以英国和美国在北美扩张的历史为例证明人为缓冲地带的无效性。他这样写道：英国征服加拿大和密西西比河以东全部领土后，乔治三世（George Ⅲ）于 1767 年发布敕令禁止向著名的"瀑布线"以西移民，将阿巴拉契亚山脉以西保留给印第安人，并同时通过购买土地建立起印第安人和欧洲殖民者居住区之间的缓冲地

---

① 参见本书第三卷第一章第一节。

带，但敕令墨迹未干，阿巴拉契亚山脉已被移民突破。后来美国亦继承英国政策建立缓冲带，但均被移民浪潮冲荡无遗，从而导致延续至今的"保留地制度"（the Reservation System）。继之，寇松分析了缓冲国引发国际法上利益范围（the Sphere of Interest）条款的关系，他尤其以西藏当时的英俄大国的斗争为例加以说明。连寇松自己都承认，缓冲国的格局容易加强外部阴谋以及该国内部的无政府状。最后，寇松将现代国家常见的人为边疆划为三种类型：（1）依经纬线确定的纯粹的天文学边疆，（2）连接两点的数学几何线，（3）以某些既存的、人为的特征或标志为参照物确定的边疆。在寇松看来，这些现代人为边疆的共同特征，是为政治上的便利目的所采取的形式，置地形、民族特征于度外，适应于社区或部族权利尚未定型的新诞生国家。

中国有一种古老的传统观念：每一个作家均有完整的人格，而其全部著述均为其完整人格的体现。用通俗的话概括，即"文如其人"。中国传统考据学正是以这种"人格观念"为基础发展出了一系列考据方法。但事实上文不如其人的现象比比皆是，福柯的《知识考古学》也使我们知道话语分析并不能以作者为天然的单位，同一作者在不同的语境中可能出尔反尔地变化自己的述行。更何况有学者曾经指出，寇松的人格构成如船舰的密水舱部分，没有一个朋友可以按照其意志如愿以偿地穿越一间密水舱来到另一间，他只能进入他和寇松具有共同兴趣的那一部分船体。[①] 寇松复杂的人格构成往往呈现出的不是一个"单数"的寇松，而是一个"复数"的寇松，他留给世人的印象是散乱的。在发动第二次英国侵藏战争和在与清政府交涉时，寇松表现出的蛮横无理已定格于历史之中，而寇松在牛津大学讲坛对当时欧洲列强殖民主义的深刻揭露亦颇足令人惊诧。寇松在牛津大学罗马讲座演讲的第四部分分析了 19 世纪下半叶欧洲列强对非洲、亚洲无主或无防土地的争夺而衍生的各种扩展边疆的制度权变。他追溯了保护国制度的渊源，解释了毗邻英属印度北部边疆有关保护国制度的实践，尤其自己在任职期间对"杜兰线"一侧普什图山地居民的政策，对西方列强提出的"势力范围"

---

① Sir Ian Malclom, George Curzon, *The Quarterly Review*, No. 485, July, 1925, p. 1.

(the Sphere of Influence) 和 "背后地理论" (the Theory of Hinterland) 的产生经过进行了比较权威的叙述。在这一部分演讲中，寇松的态度是比较理性的，对这些殖民主义制度权变不能说不是一种深入的揭露，但这种揭露总体上是无批判性的，或者在其批判性矛头仅指向其他列强时，这种批判性恰又成为其对大英帝国殖民事业辩护的充分理由。寇松在演讲中用相当篇幅钩玄提要地介绍了美国边疆学派的核心观点内容，即在美国移民不断向西迁移过程中，北美不再是英国式的而是美国式文化，在森林中，在边疆人的征途中，在激烈的冲突中，在开垦的艰苦中，美国民族得以诞生，充满活力的民主和洋溢着激情、勇敢、坚强、自信的崭新民族气质得以形成和升华。

　　寇松演讲文本中介绍的上述内容，显然是当时美国著名历史学家特纳的观点，但一向以骄傲目无余子著称的寇松似乎自觉自己才是在边疆问题研究的第一权威，因此将特纳的名字按下不提。寇松在演讲中之所以对美国边疆学派的主要观点进行概述，目的正在于为其鼓吹大英帝国做伏笔。他几乎模仿特纳的口吻这样说道：在世界的另一半，在各种各样的艰难困苦中，大英帝国正塑造不列颠特质，而不列颠特质亦正在创建大英帝国。在帝国多样态的边疆地区，无论是印度边境荒凉的高地，还是喜马拉雅山常年不化的冰雪、波斯或阿拉伯地区烫灼的黄沙、非洲的赤道地带密林，在不断地与自然和人的斗争中，责任的熔炉和自助的铁砧锻铸了一班边疆人的性格，边疆地区诞生了许多伟大的军事荣誉，边疆官员将性命攥在自己手中，而感到祖国的荣誉亦掌握于自己的手上。边疆线被寇松视为一个帝国的成功和这个民族维护帝国意志的关键所在。寇松理想中的大英帝国边疆官员的素质包括语言的品位、科学的训练、强壮的伟魄等，他将自己描绘成这种理想人格的化身，号召牛津大学莘莘学子响应帝国边疆神圣召唤共同编织由所向披靡的精神和不屈不挠的勇气构成的民族锦绣画卷，用寇松的话来说，"沿着上千英里的遥远疆界，都将出现我们 20 世纪的边防骑士（Marcher Lords）"①。寇

---

　　① Geoffrey Parker, *Western Geopolitical Thought in the Twentieth Century*, London and Philadelphia: Taylor & Francis, 1985, p. 33.

松的演讲虽然刻意笼罩一层科学和理性的华衣，但最终的结语仍情不自禁为帝国殖民事业直言不讳地进行辩护。寇松也倡导在 20 世纪领土有限的世界里以和平方式解决争端，相信"科学和知识胜于无知"，科学知识可以使边疆能够被转变为和平的工具和标记，但他所钟情的"缓冲地带"如斯特劳斯－于佩所言从来都不是解决边疆问题真正令人满意的答案。斯特劳斯－于佩认为，寇松式的缓冲地带尽管通常被伪装为和平地区，而实际上仍是一个对抗地带，其所分开的国家利益和野心并未因之而发生实质性改变。与其说是边界使国家之间的交往更为便利，不如说是"边界使一个稳定的世界秩序更加完善"①，斯特劳斯－于佩引用莱德（Lionel William Lyde）的观点指出，理想的边疆应具有有益于和平交往的地理特征，而不是阻止或妨碍交往。

　　尽管寇松对现代边疆划分实践存在的若干问题不无微词，但他受当时理性主义思潮影响坚信今胜于昔的进化论。他的演讲文本从以下几方面认可了现代边疆实践的进步性：其一，历史上大量的各种边疆或用于保护领地或用于限制国家的野心，除植根于坚若磐石的自然特征者之外，现代具有科学性的边界几乎全部取代了边疆的原始形态，这种边界建立在条约规定之上，受国际法保护，可以防止语义两歧。其二，较诸利用自然等，越来越多的仪器设备和工具被用于边疆的选定。首先，划界的理念（the idea of a demarcated Frontier）本身在本质上是现代观念，这在古代社会几乎未曾得见。在亚洲这个人类居住最古老的大陆，对接受固定边界线存在一种强烈的本能的反感，这部分源自人们的游牧习惯，部分由于厌恶精确安排，是一种典型的东方思维，更多的是希冀从未确定而不是已确定的边疆获得更多弹性的财富，除非欧洲强迫或干预从未进行勘分界线殆不为诬。即便在欧洲，直到 18 世纪中叶，条约文本中亦不曾语及边疆划分委员会。现在各国政治家讨论边疆问题之前，一般都先任命分界委员对地理、地形、民族等收集资料和实地查勘，预为准备，而真实实地划界时，双边委员会委员往往被赋予执行任命合理

---

　　①　杰弗里・帕克：《地缘政治学：过去、现在和未来》，刘从德译，新华出版社 2003 年版，第 154 页。

的自由度，对部落和村镇居民跨界用水、放牧，对边界居民选择居住国，对不引起武装冲突的边境跨界追捕劫犯等，进行充分考量和煞费苦心的周密安排。其三，边疆问题的仲裁引入超然第三方的个人或国家进行仲裁的制度变化。这种方式是在半个世纪前或更短时间创立的，其范围和潜力均方兴未艾，仲裁人可以为一个国王亦可以为国际知名法学家。其四，海牙国际法院已经建立。寇松指出，断言那种极其科学的边疆已经或可能涌现是毫无用处的，因为没有所有国家民族政府、气候都适用的法则，边疆的进化也许是一种艺术而不是科学，其形式和特征变幻多端，不过总的趋势是前进而非后退。

在 18 世纪后半叶到 19 世纪，自然科学方面惊人的巨大进步，促使形形色色的思想家做出这样的推测：若将同样的方法应用到个体和集体的人类行为中，可能也会产生巨大的进步。受到这种科学主义思潮洪涛巨浸的影响，作为科学知识一个分支的"关于和平的科学"（Irenology）在 19 世纪遂得以发展起来。[1] 标有这一题目的书籍大量出版甚至获奖。关于"科学的疆界"的话语就是在这一国际政治研究大背景下的产物。当时，全球正值殖民地的分割与吞并之际。这种"科学的疆界"被视为一种符合理性的疆界，最终会使同一地理区域内的所有其他疆界成为科学上不正确的疆界。所分配的领土份额的相对价值取决于某种"客观的"标准，如人口出众率、人口的数量和素质，等等。19 世纪 70 和 80 年代，英国的公众舆论严肃地讨论过"科学的疆界"问题。在梅特涅的建议下，维也纳会议指定了一个特别统计委员会。该委员会负责依据人口的数量、素质和类型这些"客观"标准来估价讨论中的领土，[2] 将领土的划界等同于数学演算。"自然疆界"的概念在 16、17 世纪曾有过战略的和政治的内涵，被法国革命者和拿破仑解释成地理学上的"正确的"疆界，却不曾有过科学的内涵。在科学主义盛行一时的年代，中亚科学探险蔚成风尚，但是科学与大国政治利益相关联，科学边疆的划定

---

① 可以参见 Joseph Gabriel Starke, *An Introduction to the Science of Peace* (*Irenology*), Leyden：A. W. Sijthoff, 1968。

② Hans Joachim Morgenthau, *Politics among Nations: The Struggle for Power and Peace*, New York：Alfred A. Knopf, 1985, p. 44.

从一开始就不可能是科学的，科学其实被不同的政治、经济利益所绑架。所谓"科学边疆"在过去一直处于流动状态，无论在事实还是那些致力于超越印度自然边疆寻求科学边疆的支持者头脑中，对于这条科学的边界应该划在何处的见解大相径庭。以寇松为例，边界的制定在其演讲中很大程度上是单边性的，科学的疆界只带给某一方一项显然不能为双方共同所有的优势，只有强大、睿智、公平的帝国主义国家才能创建完善的边界。如果边界果如其倡言的那样成为和平的工具及表象，那么它也只是更适宜于英国统治下的和平（Pax Britannica）。尽管在当时许多研究者绞尽脑汁对于"科学边疆"进行各种设计，然而，"科学的"边疆一直就是水中之月，可望而不可即。[①] 就此而言，科学边界带给某一方一项显然不能为双方共同所有的优势，科学边疆论实际上是一种科学的乌托邦主义。

第三节　相互边疆论

欧文·拉铁摩尔（Owen Lattimore，1900—1989）生于华盛顿，但不满周岁便随父母漂洋过海来到中国。其父先后任教于上海南洋公学、北京京师大学堂和天津北洋大学。拉铁摩尔于 1912 年被送到欧洲读书，直到第一次世界大战结束后因未能升入大学，加之经济拮据，遂返回中国，在外国人开办的商行、保险公司、报社任职。他努力学习汉语，广泛接触中国社会各阶层人士，丰富的阅历和生活经验对其后的学术道路伸延奠定了厚实的基础。1926 年，他从呼和浩特出发随商队穿越黑戈壁抵达新疆，后与从苏联境内前来会合的妻子游历了中亚地区。这次游历的成果即是 1928 年出版的《通向土耳其斯坦的荒漠道路》（*The Desert Road to Turkestan*，London：Methuen，1928）一书。拉铁摩尔的这一

---

① Henry Bathurst Hanna，*India's Scientific Frontier：Where Is It? What Is It?* New York：Adegi Graphics LLC，2006，p. 87.

处女作的发表，坚定了其向学之志，被美国社会科学研究理事会（the Social Science Research Council，SSRC）认为"相当于"已攻读了一个博士学位，且此次游历提供了一些新的地理学和其他方面的信息，使拉铁摩尔获得一笔奖学金在 1928—1929 年以研究生身份在哈佛大学人类学系进修。1930—1932 年期间，拉氏利用美国社会科学研究理事会、古根海姆基金会（John Simon Guggenheim Memorial Foundation）和哈佛—燕京学社提供的资助，前往中国东北、内蒙古等地区进行游历和调查，先后发表了一系列论著，包括《满洲：冲突的摇篮》（*Manchuria, Cradle of Conflict*，New York：Macmillan，1932）、《满洲的蒙古人》（*The Mongols of Manchuria: Their Tribal Divisions, Geographical Distribution, Historical Relations with Manchus and Chinese, and Present Political Problems*；with maps. New York：John Day，1934）。1933 年夏，拉氏回到美国，在太平洋关系学会（Institute of Pacific Relations，IPR）的季刊《太平洋事务》（*Pacific Affairs*）杂志社担任编辑工作，积极将该刊办成各种对立意见公开讨论的场所。是年，拉氏因在中国北部边疆的游历及论著荣获费城地理学会金奖。1934 年，拉氏作为《太平洋事务》通讯编辑携家返回北京，数次游历于内蒙古，开始撰写其代表作《中国的亚洲内陆边疆》，此书于 1940 年在纽约出版。1937 年，美国《美亚》（*Amerasia*）杂志记者菲利普·贾菲（Philip Jacob Jaffe，1897—1980）等邀请拉氏作为向导和翻译陪同赴延安访问，在此次红色之旅中会见了毛泽东、朱德与周恩来等中共领袖人物。七七卢沟桥事变后，由于不可能在日军占领下的北京继续从事《太平洋事务》编辑工作，在时任美国约翰·霍普金斯大学校长的著名地理学家以赛亚·鲍曼的帮助下，拉氏在该校佩奇国际关系学院（Page School of International Relations）获得一个教职席位，并同时继续兼任《太平洋事务》编辑。

1941 年春，经美国总统助理劳克林·柯里（Lauchlin Currie，1902—1993）的安排以及霍普金斯大学校长鲍曼的荐举，拉铁摩尔成为由罗斯福提名、由蒋介石任命并支付薪金的政治顾问。尽管拉铁摩尔由于不是华府核心人物和蒋氏心目中的最佳顾问人选，蒋氏仅就一些宏观问题向拉铁摩尔咨询，基本上顾而不问，未让其参与重要决策，但拉铁摩尔恪守食人之禄、忠人之事原则，对太平洋战争初期的战况作出了比较准确的预期分析并竭诚相告。1942 年，美国在珍珠港事件后正式对日宣战，其外交、财政、金融、陆军和海军各部门都同中国建立了直接联系，拉氏甚感作为一个独立的非官方顾问继续留驻重庆多所不便，遂辞职返美就任战时新闻局亚洲司司长，同年获英国皇家地理学会金奖。1944 年，他陪同美国副总统华莱士（Henry Wallace，1888—1965）率领的使团访问了西伯利亚、中国和蒙古。1945 年春，拉铁摩尔辞去战时新闻局的工作，恢复了自己在霍普金斯大学的教职。在此期间，他撰写了《亚洲的决策》（*Solution in Asia*，Boston：Little，Brown and Company，1945），作为大西洋月刊社丛书的一种由小布朗公司出版，后又应该出版社要求撰写了续集《亚洲的局势》（*Situation in Asia*，Boston：Little，Brown and Company，1949）。《亚洲的决策》等论著提出了游离于美、英、苏三大国范围外的亚洲自由区的设想，即由中国、蒙古、朝鲜、菲律宾、泰国等国组成自强自立的自由区，加强国与国之间合作，并在大国之间斡旋，以使亚洲得到和平、稳定、发展、繁荣。该书成为当时美国的畅销书，为美国人形成新的亚洲观开辟了新视野。关于中国，他认为战后中共将拥有优势，主张国共两党和各派势力合作治国。关于日本，他主张

拉铁摩尔刁着长烟卷，与麦卡锡（上右）在听证期间很少说话

实行废除天皇的占领政策，甚至将天皇流放到中国去。拉铁摩尔关于中、日问题的设想受到美国保守派的强烈攻击。另外，拉铁摩尔于1944 年出版的《中国简明史》（Owen Lattimore，Eleanor Holgate Lattimore，*China：A Short History*，New York：W. W. Norton，1944），按年代

顺序论述了直至二战结束为止的全部中国历史。书中许多材料大多取自于《中国亚洲内陆边疆》，同时也反映了拉铁摩尔 1941 年接触中国政治后的一些观点，可以说，它是拉铁摩尔中国历史研究成果的结晶。该书用近一半的篇幅论述了近代以来的中国，比较侧重阐述中国在世界和亚洲的地位，在最后一编中还指出了现代中国的发展趋势，并就美中关系发表了自己的见解。该书为了使美国人容易理解，采用了与美国历史相比较的叙述形式。由于通俗易懂，在当时曾被作为美国人了解中国的启蒙读物，仅向太平洋战区的美国士兵就发行了十万册。而且该书也以内容新颖和鲜明震动了日本汉学界，被吉川幸次郎（よしかわこうじろう，1904—1980）称为"恐怕是划时代的概论书"。1948—1950 年期间，拉铁摩尔为佩奇国际关系学院聘请了迪鲁瓦·呼图克图①、贡布扎布·杭锦（Gombojab Hangin，1921—1989）②、乌如贡格·敖嫩（Urgunge Onon，亦作 Peter Onon）③ 三位蒙古人从事蒙古问题研究，出版了《蒙古的民族主义与革命》（Owen Lattimore, Sh. Nachukdorgi, *Nationalism and Revolution in Mongolia*, New York：Oxford University Press,

---

①　迪鲁瓦·胡图克图又名喜木札色楞布，蒙古扎萨克图汗部人，1882 年生，在各种资料中转写不一，有 Diluwa Khutughktu, Dilowa Khutuhktu, Diluv Khutagt, Diluwa Hutukin, 等等。可以参见札奇斯钦海而保罗：《一位活佛的传记：末代甘珠尔瓦·胡图克图的自述》，台北联经出版社 1983 年版，第 174、182—183 页；Lionel Stanley Lewis, *The Cold War and Academic Governance：The Lattimore Case at Johns Hopkins*, New York：State University of New York Press, 1993, p. 50. Stephen Kotkin, Bruce A. Elleman, *Mongolia in the Twentieth Century：Landlocked Cosmopolitan*, Armonk, New York：M. E. Sharpe, 1999, p. 52。但最为详尽的阐述还是，Owen Lattimore, *The Diluv Khutagt：Memoirs and Autobiography of a Mongol Buddhist Reincarnation in Religion and Revolution*, Wiesbaden：O. Harrassowitz, 1982。

②　参见中国人民政治协商会议太仆寺旗委员会文史资料委员会编：《太仆寺旗文史资料》第 2 辑，1990 年内部发行，第 99—100 页。

③　有些著作标注为"乌尔金吉·欧农（Urgenge Onon）"，参见矶野富士子整理，吴心伯译：《蒋介石的美国顾问：欧文·拉铁摩尔回忆录》，复旦大学出版社 1996 年版，第 188 页。一说认为 Urgunge Onon 和 Peter Onon 乃系两人，参见史筠：《关于美国的蒙古学会》，蒙古史研究参考资料之九，中国蒙古史学会 1980 年刊印，第 12 页。

1955）。

　　然而，正当拉铁摩尔事业上如日中天之际，麦卡锡（Joseph R. McCarthy，1908—1957）旋风使拉氏成为不幸的猎物。1950 年，美国共和党议员麦卡锡两次发表爆炸性的演说，史称"惠林演说"（Wheeling speech），指控国会内有 57 个共产党人、205 个威胁国家安全的嫌疑分子。作为一个毫无强大政治势力保护的学者，拉铁摩尔被指控为潜伏在美国的苏联间谍头目、导致"丧失中国"（the "Loss of China"）的美国远东政策的主要策划者、美国共产党的领导人之一。参议院外交委员会以泰丁斯（Millard Evelyn Tydings，1890—1961）为首席的政府雇员忠诚审查委员会（又称泰丁斯委员会，the Tydings Committee）经过三个月审查，最终作出了《反驳麦卡锡参议员告发国会内有共产主义渗透和影响的报告》，排除了对拉氏的莫须有罪名，但接踵而至的次年参议院司法委员会国内安全委员会（又称麦卡伦委员会，the McCarran Committee）对太平洋学会的调查又使拉铁摩尔横遭覆盆之冤，诸如魏特夫更是落井下石，令拉氏长期为此耿耿于怀。是时，"麦卡锡主义不仅横冲直撞于国会调查，也张牙舞爪于行政和司法部门的一系列行动中。甚至于美国公众在麦卡锡主义登峰造极之时也对它不无青睐"[1]。而斯坦利·I. 库特勒（Stanley I. Kulter）教授更指出："麦卡伦在这个时期对法律、政治和意识形态的颠倒滥用使麦卡锡相形见绌。"[2] 此次麦卡伦听证会俨然是一场美国宗教裁判，打破了麦卡锡时代学术界免于国会调查的先例，将冷战的滚滚寒流带进了校园。由于在美国再也无法进行学术研究和授课，拉铁摩尔不得不在垂暮之年远走他乡，离开美国，前往英国利兹大学（University of Leeds）汉学系任教，该系后来在英国成为最大的汉学系。1963 年，他的论文集《边疆史研究》（*Studies in Frontier History: Collected Papers, 1928 – 1958*, London；New York；Oxford University Press；Paris：Mouton，1962）在荷兰、美国

---

[1]　韩铁：《福特基金会与美国的中国学（1950—1979）》，中国社会科学出版社 2004 年版，第 21 页。

[2]　Stanley I. Kutler, *The American Inquisition: Justice and Injustice in the Cold War*, New York：Hill and Wang, 1982, p. 184.

和英国出版。1969 年当选为蒙古人民共和国科学院外籍院士。1971 年当选为乔玛①学会荣誉会员。20 世纪 70 年代中期以后，他因年事甚高逐渐减少社会活动，但仍孜孜于学术研究，于 1989 年在美国逝世。

余英时认为，美国著名历史学家费正清早年来到中国后受拉铁摩尔、蒋廷黻的影响颇深，拉铁摩尔地缘政治研究的许多新观点"恰好可以和费正清关于'东南沿海的贸易与外交研究'计划互相补充"②。的确，除赫德（Robert Hart，1835—1911）和马士（Hosea Ballou Morse，1855—1934）对费正清早年研究的中国史观影响刻骨铭心以致费氏称马士为其精神上的父亲之外，蒋廷黻堪称对费正清早期中国史观产生定型作用的关键人物，而拉铁摩尔对当时初到中国的费氏的影响亦不容忽视。拉氏是费正清在当时千变万化的北京外侨社会中最感兴趣的人。《费正清对华回忆录》中称，拉氏"在 1940 年发表的巨著《中国的亚洲内陆边疆》（*Inner Asian Frontiers of China*）后来赋予我如今仍在探索的概念"③。拉铁摩尔夫妇于 1949 年出版的《中国简明史》在当时风靡一时，而费正清于 1948 年出版的《美国与中国》（*United States and China*，Cambridge，MA：Harvard University Press，Foreign Policy Library，1948）作为个人正式出版的第一部著作亦畅销美欧，多次获奖，成为后来美国中国学的"圣经"。费氏的这部袖珍式著作不仅在体例和结构上大致与拉铁摩尔的《中国简明史》存在相似的取径，而且广泛借用了包括拉铁摩尔在内美国一些新近专家撰写的专著的学术成果。在麦卡锡主义旋风侵袭下，费正清和拉铁摩尔一样同病相怜，被指责为"披着学者外衣的共产党同路人"和所谓"丢失中国"的四个约翰之一——其余三人为谢伟思（John Stewart Service，1909—1999）、戴维斯（John Paton Davies，1908—1999）和范宣德（John Carter Vincent，1900—1972）。费氏在听证会上公开为拉铁摩尔等辩护，可谓嘤鸣其友。应该

---

①　Sándor Krösi Csoma，1784—1842，匈牙利人，欧洲藏学的奠基人。

②　余英时：《费正清的中国研究》，付伟动、周阳：《西方汉学家论中国》，台北正中书局 1993 年版，第 2—3 页。

③　费正清：《费正清对华回忆录》，陆惠勤等译，知识出版社 1991 年版，第 45 页。

说，拉铁摩尔和费正清均为美国中国学的开拓者，两者的学术和当时乃至现今美国的中国学学风一样均表现出明显的经世取向，带有强烈的服务于美国当局政治决策的色彩。

与费正清相比较，拉铁摩尔是一位名副其实的"徒步历史学家"，其研究一般都建立在实地考察和调查的基础上。拉铁摩尔接受正规高等教育的时间仅一年，但他之所以能够无大学学位而跻身著名学府大牌教授之列成为中国史研究的权威，很大程度上得益于其游历和勤奋。他被誉为当时"唯一一位曾在内蒙古、新疆和东三省这些中苏之间的边境广泛游历的美国人"①，著作源源不断而出，用中国名言"行万里路，读万卷书"形容拉氏实不为过。恰如费正清所说，拉铁摩尔的想象力把他的现场观察和已知的事实融合在一起，建立历史理论的城堡。而费正清的研究则颇注重对档案资料的研究。费氏早年的学位论文即建立在对伦敦档案馆、华盛顿国会档案馆等有关中国的档案材料基础上，1932 年到北京后又在蒋廷黻指导下系统查阅《筹办夷务始末》。费氏 1935 年对怡和洋行档案的高度重视亦为其明证。费氏的学风在目前美国的中国学研究中清晰可见。拉铁摩尔在回忆录中如是云：20 世纪 30 年代上半期，"来京的许多美国青年学者可能已经读过我出版的著作，因此便来拜访我。我总是乐于见他们，但我很快发现自己不能提供他们期待的那种原始资料或指导。比如费正清（John Fairbank）对中外约章和海关史之类的东西感兴趣。我对此一无所知。在他的回忆录《心系中国》（*China Bound*，1982）中，他自己写道，他了解中国学者和知识分子，但不了解真正的人民群众——农民。而这正是我所了解的。这些汉学家接受的训练与我的知识背景大相径庭"②。拉铁摩尔由于不完全是书斋型学者，擅长与中国社会三教九流人物的交往，所以对自己颇能了解中国社会底层的农民而自矜。他在回忆录中指出："我研究中国的第一个方法仅仅是应付生活中的普遍问题。这与其他外国学者的做法大相径

---

① 矶野富士子整理：《蒋介石的美国顾问——欧文·拉铁摩尔回忆录》，吴心伯译，复旦大学出版社 1996 年版，第 72 页。

② 矶野富士子整理：《蒋介石的美国顾问——欧文·拉铁摩尔回忆录》，吴心伯译，复旦大学出版社 1996 年版，第 39 页。

庭，他们同多少身居上层的人士接触，然后试图发现下面在发生什么事。"① 拉铁摩尔认为，亚洲的政治是由一个常数和许多个变数组成的方程式，不变的因素是农民对地主的反抗。他在考察近代中国的命运时总能够把更多的目光投向占人口大多数的农民，重视民众的力量。如果将拉铁摩尔《中国简明史》和费正清《美国与中国》中对太平天国运动的不同评述加以比较，两人之间的判别便一目了然。与费正清受马士"蓝皮史学"影响关注于中西方两种对抗文化之间的冲突不同，阶级对抗论是拉铁摩尔学术思想中的重要柱石和线索之一。

平心而论，拉铁摩尔在政治倾向上较诸费正清更为左倾，这也是拉铁摩尔在麦卡锡主义肆虐时期遭受冲击更为严重的原因。正是拉铁摩尔在此冲击中饱受迫害以至于在偌大的美国无立锥之地而不得不移居英国，由于美国此时政治地位和经济实力都无可置疑凌驾于老大的英国之上，拉氏的此次"出走埃及"实意味着从学术权力中心向边缘的撤退。而此时费正清尽管亦处境不妙，亦因麦卡锡主义而岌岌自危，但毕竟在巨浪惊天的风波中化险为夷。费正清之所以后来能够成为美国中国学界无人匹敌的头号人物，与其在占有哈佛大学这一学术制高点不无关系，而曾经无论在成名时间和知名程度都在费氏之先的拉铁摩尔则大为黯然失色，实有其复杂的学术政治地缘学因素。加拿大约克大学政治学教授保罗·埃文斯（Paul Evans）长期致力于费正清研究，认为：费正清并不是一个严密的思想家，他对中国的认识和立场不是一成不变的，他的有关论述有时甚至是模棱两可的。无论把费正清作为历史学家看待，还是把他作为政策问题专家看待，其最重要的贡献都不在于他提出了哪些具体的学术思想和哪些具体策略上的意见，而是在于他所探索的课题和开拓的事业以及由此而产生的影响。实际上，费正清正如徐国琦所言既有其学，又有其术，系学术兼备一身。所谓学，乃指其学问和教学；所谓术，乃指其出色的行政组织能力。② 费正清自己分析指出："从我的背景来说，我出身于一个传教士家族，不过，他们的影响完全是潜意识

---

① 矶野富士子整理：《蒋介石的美国顾问——欧文·拉铁摩尔回忆录》，吴心伯译，复旦大学出版社 1996 年版，第 14 页。

② 徐国琦：《略论费正清》，《美国研究》1994 年第 2 期。

的，且与中国无关。我受的教育几乎完全是非宗教性的，现在我所信仰的宗教就是哈佛大学，以及它在世俗社会中所代表的一种精神。也就是说，我把我的信仰寄托在他们正在开展的、致力于培养心灵自由活动的各个科研机构。"① 费正清性格中传教士的布道精神使其诲人不倦，以哈佛大学得天独厚的地利为孕育英才的肥沃土壤，加上当时福特基金会雄厚资金的支持，采取与哥伦比亚大学在研究项目上注重未来积累的安排策略不同的所谓"砸坚果而食之"的思路致力于专著出版，故有"学术企业家"（Academic entrepreneur）之誉，造就了一大批研究成果和人才。李欧梵在文章中这样写道："费教授是当年美国汉学界的'太上皇'，此乃举世公认，我们学生私下也常用他中间的名字——King 为绰号。"② 费正清不仅仅是一个有成就的学者，更重要的是，后人可能超过费正清的学术成就，但无人能像费正清这样在美国过去的五十多年内始终成为中国学研究的中心或领袖，是人所共知的"中国学之父"。③从 20 世纪 50 年代起，哈佛大学东亚研究中心开始有计划地出版"东亚研究丛书"（the Harvard East Asian Monographs Series），至 60 年代末，共出版一百四十卷，其中有关中国研究的著作占一百二十四卷，特别在1970 年和 1971 年成绩最为突出的时期，几乎达到一个月出版两部专著的程度。至 20 世纪 70 年代，哈佛大学培养的东亚专业博士研究生可谓桃李满天下，已占据全美近 80 年大学的讲坛和研究要职，彼此犄角呼应。这些学生在各自的岗位上不啻为费正清学术的"传送带"，费正清的思想和影响，通过这些学生不仅传播到政府部门和新闻媒介，而且传播到世界各地的许多大学。有人评论说费正清所创立的学派只有法国年鉴学派可以媲美。

　　然而，任何学术范式的形成既是学术研究趋于成熟的标志，亦意味着学术话语权势的确立。学术范式的确立实具昂贵的成本代价，尽管托马斯·库恩声称科学研究每每为在一定范式支配下的常规研究，但从此

---

① 费正清：《费正清对华回忆录》，陆惠勤等译，知识出版社 1991 年版，第 5 页。
② 李欧梵：《我的哈佛岁月》，江苏教育出版社 2005 年版，第 34 页。
③ 参见徐国琦：《略论费正清》，《美国研究》1994 年第 2 期。

范式下获得超越便不能不如同炼狱般艰难。① 费正清所建立起来的号称
"东亚王朝"的庞大学术王国，实际上使费正清建立在中国东南沿海通
商口岸外贸历史研究基础上的"冲击—反应"模式（impact-response
model），掩蔽了早期美国中国学以拉铁摩尔等人为代表的内陆边疆史研
究的传统，彰显出学术话语建构中的学术权力与资源因素的运作。在笔
者看来，早期美国中国学起码至少存在两个不同的学术传统脉络，即中
国东南沿海口岸史和中国内陆亚洲边疆史。除拉铁摩尔注重内陆亚洲边
疆史之外，与费正清、斯卡拉宾诺（Robert Anthony Scalapino）并称为
美国"三大中国通"的著名学者鲍大可（Arthur Doak Barnett，1921—
1999）在民国年间亦曾足迹遍及中国西部宁夏、青海、西康、新疆等
地，其晚年仍钟情斯土，撰有《中国西部四十年》（*China's Far West:
Four Decades of Change*，Bouldler：Westview Press，1993）一书。然而，
正是由于费氏一系列学术传承济济多士，拉铁摩尔一系列的内陆亚洲边
疆史研究后来相形见绌。费正清一系列学术传承在多元学术话语竞争场
域中的胜出，使后来的学者从其理论框架的影子中走出不免颇费周折。

　　费正清的学术观点在漫长的学术生涯中是存在变化的，我们固不得
将其简单地刻板化理解为主张"冲击—反应"论的"西方中心主义"，
但拉铁摩尔的中国内陆亚洲边疆史观确堪称费氏学术观点的解毒"抗
体"。费正清和拉铁摩尔都可谓一生"魂系中华"，是典型的亲华主义
者（Sinophipist），费氏亦强调不能用所谓的普遍标准（universal stand-
ards）来衡量中国，甚至因致力发展中国学被人怀疑为"中国第一主义
者"（China Firster），但其"冲击—反应"模式体现了一种"外因决定
论"则是不争的事实。后来费氏的学生柯文（Paul A. Cohen）解构乃师

---

① 英国经济学家威廉·斯坦利·杰文斯曾批评过一种"权威的有害影响"。
他认为，当思想被人们普遍接受之后，经过一段时间便会在公众的头脑中固定下
来，新的从业者必须投入时间和精力去学习现行的技术或思想，并且在某一种操作
程序中获得一种既得的满足，尽管这是一个自然的进步，但所接受的思想可能会变
成教条；由这些教条主义而产生的智力僵化，以及对相反观点的不宽容，会阻碍思想
的进一步发展。参见小罗伯特·B. 埃克伦德、罗伯特·F. 赫伯特：《经济理论和方
法史》，杨玉生、张凤林译，中国人民大学出版社 2001 年版，第 485 页。

"冲击—反应"模式而倡导"中国中心观"，主张采取"内部取向"，使用移情方法（empathetic method）从一种西方中心色彩较少的新角度来看待中国历史，从紧紧裹着西方理念的这层"文化皮肤"中抽脱出来进入中国史境（Chinese context），寻求中国历史自身的剧情主线（storyline）。有意思的是，早在柯文之前，拉铁摩尔即具有这种内部主义的移情主张。据他回忆，他从 19 岁那年就开始"把我的中国同事作为我们，而不是作为他们来考虑"①。他批评一些美国学者在研究中国问题时存在"一种美国式的过分简单化的倾向，在理解亚洲问题时表现得特别幼稚和褊狭，主张'为了要估计中国在整个人类编年史上的巨大利害关系和重要意义，我们必须把中国内部发展的主要事实弄清楚'"②。拉铁摩尔的研究以中国内陆亚洲边疆历史研究为切入点，即在于通过对这一地区历史和现实的细微考察，逐渐深入到中国历史的内部，在历史的空间上向人们展示中华文明的发展史。③ 拉铁摩尔 1940 年前的边疆问题研究如其自己所言存在两个不足之处："夸大中国历史上的边疆因素的倾向"，换言之，就是"过多地论述了入侵和征服，而过少地评价中国内部的发展过程"；深受斯宾格勒（Oswald Spengler，1880—1936）所谓"文明的青年期—成熟期—衰老期这种'形态学'的恶劣影响"④，但这些倾向在 1940 年以后得到自觉的矫正。我们固不能遽然断言拉铁摩尔毫无西方中心主义色彩，但其身上及作品观点中透露出的这种气息显然比较稀薄，且拉铁摩尔对中国内陆亚洲边疆史的高度重视及其对中国历史的内部与外部因素互动的研究视野在目前后现代主义、后殖民主义思潮盛行的语境下尤具弥足珍贵的启迪价值。如果我们把柯文

---

① 矶野富士子整理：《蒋介石的美国顾问——欧文·拉铁摩尔回忆录》，吴心伯译，复旦大学出版社 1996 年版，第 14 页。

② 欧文·拉铁摩尔：《中国简明史》，陈芳芝等译，商务印书馆 1962 年版，第41—42页。

③ 参见陈君静：《大洋彼岸的回声：美国中国史研究考察》，中国社会科学出版社 2003 年版，第 93 页。

④ 参详毛里和子：《论拉铁摩尔》，张静译，樊守志校，中国社会科学院近代史研究所编：《国外中国近代史研究》第 5 辑，中国社会科学出版社 1983 年版，第 52 页。

的一个核心思想概括为"在中国发现历史",那么拉铁摩尔的研究则可以激发我们更进一步"从中国边疆社会发现历史"(笔者有时表述为"从游牧社会发现历史")①,从边疆社会解构长期在中原汉族中心观支配下的正统历史叙事。尽管逝者如斯而时光不会倒流,尽管各种洋洋盈耳的口号已令人产生本能的抵触,但笔者仍情不自禁呼吁:回到拉铁摩尔!

　　和布罗代尔一样,无论费正清还是拉铁摩尔都往往被一些学者批评缺乏理论体系、不注重理论的建构。这种指责既对亦错。一般的历史学家都偏重于具体的历史叙述而不喜好骛求空疏抽象的理论思考,且费正清、拉铁摩尔、布罗代尔等从根本上都对抽象的理论保持一定的距离甚至怀疑和警惕心理,不急于把研究成果理论化,以灵活务实的态度对待既存的理论资源,但另一方面,他们作为名声显赫的学者处于学界的领军人物的地位和其丰富的实证性经验研究所积累的基础,又使他们每每致力于数量有限的理论探讨。从理论渊源而言,费正清的"冲击—反应"模式受到汤因比"挑战与回应"之说的影响,当时在美国学术界风靡一时的"现代化"理论对费氏的"冲击—反应"模式留下了深刻的烙印。有学者将费氏的理论模式视为一个"韦伯式命题"的产物。据考证,费氏早期代表作《美国与中国》就中国问题所作的多学科分析,部分的是依据费正清所记录的其他学科的权威学者们对中国区域性研究发表的见解。他曾请国际和区域研究专家委员会(Faculty Committee on International and Regional Studies)的三位成员卡尔·弗里德里希(Carl Joachim Friedrich,1901—1984)、爱德华·梅森(Edward Sagendorph Mason,1899—1992)和塔尔科特·帕森斯(Talcott Parsons,1902—1979)用一些选择得当的词句把政治学、经济学和社会学的基本原理分别概括出来,然后在其各自的演讲中用更为简明的方式,把这些原理运用于说明中国的具体情况。特别值得关注的是,韦伯学说的传播者帕森斯在此项工作中发挥了重要作用。在这一过程中,费正清自承学

---

　　①　2007年11月,笔者在法国巴黎大学法律系作为答辩委员参加梅凌寒(Frédéric Constant)的博士学位论文 Le droit mongol dans l'État impérial sino – mandchou (1644—1911):entre autonomie et assimilation 答辩会,就进一步阐释了这一观点,并提出"从游牧社会发现法律"。

到了许多新知识，了解了这几位学科带头人所代表的各学科的最基本的方法。①　费氏于是以简明的方式把这些原理运用于说明中国的具体情况，以致费正清的"冲击—反应"模式在某种程度上可以说是帕森斯从传统到现代的现代化理论之翻版，而其源头则可以追溯至韦伯。

与此相对照，拉铁摩尔的理论资源主要是地理政治学的"心脏地带理论"（Heartland Theory）。汪晖认为，拉铁摩尔"对以长城为中心的边疆区域的描述包含了深刻的历史洞见，但另一方面，他的'内亚洲'描述是美国中国研究中的'沿海—内地'模式的雏形，也是'海洋史观'的投射"②。作品一旦离开作者，就意味着"作者之死"，而作品的出版问世仅意味着"形式上"的完成和诞生，而本质上仍属于未完成的作品，作品的真正生命力在于读者的解释力。"作者之死"使得读者能够和正文有更自由的交往。迦达默尔（Hans-Georg Gadamer，1900—2002）曾云，对于所有文本来说，只有在理解过程中才能实现由无生气的意义痕迹向有生气的意义转换。经典的永恒不仅仅在于超越具体化的时间和空间，还在于经典作为事物自身是在读者的参与观照下持续地涌现其新的意义，其中读者在阅读时每每将自己的生命经验投射于文本之中，读者是经典生命力得以延续的媒介。事实上，读者与作者心灵相接触、相融合、相共鸣之际，恰既是会旨得意的瞬间，又是忘象忘言的扬弃时刻，所谓"得意在忘言，得象在忘言"者是也。此外，作为客体的正文的意义会随着读者的能力和欲求而扩大，读者的理解本身是一个独立的事件。在当今后现代思潮影响下，对文本作者至高无上的权威崇敬已受到漠视，而在"理解万岁"口号下对读者的解释权利的尊重却日益成为共识。汪晖对拉铁摩尔学术思想的诠释自有其理据：首先，拉铁摩尔的访问和研究本身是海洋力量深入到遥远的内陆边疆的明证；其次，在分析长城沿线的历史互动时，拉铁摩尔曾明确地区分出"前西方"（pre-Western）与"后西方"（post-Western）两种不同因素，

---

①　参见李帆：《韦伯学说与美国的中国研究——以费正清为例》，《近代史研究》1998 年第 4 期。

②　汪晖：《现代中国思想的兴起》上卷第二部，帝国与国家，生活·读书·新知三联书店 2004 年版，第 611 页。

并把这两种因素的交互作用看作是塑造新的边疆关系的基本动力。在这一视野中，以往中国社会的持续变动——种族关系、国家制度、经济制度、风俗文化和移民结构等因素的变动——主要不是远洋贸易或跨海征服，而是一种"内亚洲"的运动，一种大陆内部由北向南的运动。与此相反，"海洋时代"（Maritime Age）是欧洲资本主义及其海外扩张的代名词：在西方和日本的侵略、占领和扩张之下，铁路、工业、金融等来自海洋的新因素把旧有的边疆关系扩展到更广阔的范围，以至如果不能找到新的范畴就无法描述这种既新又旧的历史关系。不过笔者认为拉氏的中国内陆亚洲边疆史诚然很大程度上和费正清一样，关注西方和日本的经济政治和军事力量的外部因素诱发的中国社会现代化变革，但它与其说是费正清等将西方影响力自沿海口岸向内陆腹地延伸的"冲击—反应"模式的前奏，不如说是两种不同的竞争话语模式，与其说是"海洋史观"的投射不如说是"陆权思想"的变异。

自19世纪末以来，沙俄和英国殖民势力分别自北和南两个方向在中亚地区交汇、交锋，所谓"大国游戏"（英文为 The Great Game，俄文为 Большая игра）由此拉开序幕。然而当时的中亚世界对沙俄和英国而言尚属知之甚少的黑幕世界。由于信息的不对称，英国每每杞忧沙俄从中亚某一通道出其不意兵临南亚次大陆。印度著名文学家泰戈尔（Rabindranath Tagore，1861—1941）在《回忆录》（Jeevan Smriti，1916）中如是言："当父亲在喜马拉雅山的时候，英国政府拿来吓人的老妖怪，俄国的侵略，变成人们惶乱的话题。有些好意的太太们，对我母亲把这逼近的危险，在想象的情况中扩大了一番。我们怎能晓得俄罗斯人会从哪一条西藏通路，忽然像毁灭的彗星一样闪击进来呢？"① 当时人心惶惶的"恐俄症"情形由此可见一斑。为了在这场所谓"大国游戏"的博弈中获得更多的胜算概率，英俄两国当局纷纷组织或鼓励当时对中亚地区的探险和考察，其他各国的介入更是对此推波助澜。于是，19世纪末20世纪初，昔日沉寂的中亚荒漠和中国西北地区遂成为各国探险家光顾的热点和充满吸引力的磁场，各种名目的探险队、测量

---

① 卓如编：《冰心全集》第6卷，海峡文艺出版社1994年版，第404页。

队和考察队纷至沓来，以填补"地图（欧洲版）上的空白"，仅 1876—1928 年间到达中国西北地区的探险队就达 42 支之多。有学者将这一时期的中亚大陆探险称为与哥伦布时代地理大发现等相媲美的"第三次世界大探险浪潮"，认为是数世纪以来地理大发现的余波。普热瓦尔斯基（Никола́й Миха́йлович Пржева́льский，Nikolaï Mikhaïlovitch Prjevalski，1839？—1888）的考察受到俄国政府的支持；斯坦因（Aural Stein，1862—1943）的考察系出自大英博物馆和英印殖民政府的资助，时任印度总督的寇松为其解决探险经费、在办理签证等方面关怀无微不至。伯希和（Paul Pelliot，1878—1945）亦同样与法国殖民政治需要相联系，其所属的法国远东学院（L'École française d'Extrême-Orient，EFEO）设于越南河内即其明证。拉铁摩尔写道："19 世纪末，在帕米尔高原、喀喇昆仑及西藏探险的诱因之一，就是害怕那里有一条可供炮兵及运输车辆使用的通道。这种恐惧消除之后，东北边疆可以说是死的，而唯一的要求就是要维持这个死的状态。只要中俄两国的势力能够被摒于这个地区之外，英国便可以保持沉默，一年可以节省几百万英镑的军费。"[①]这对当时中亚探险发轫诱因可谓最精辟的诠释。

事实上，"大国游戏"一词最早提出者康诺利（Arthur Conolly，1807—1842）上校即是 19 世纪在中亚一直进行的"发现事实真相"间谍活动的积极参加者。这种当时英国依仗海洋、俄国凭借陆地为争夺世界"不动产"的大国游戏在中亚等地区的展开被人们称为"鲸和白熊的决斗"。如果说马汉的海权论是基于近代以来英国海权的辉煌和在世界统治地位的追慕，那么在马汉之后 15 年进行写作的麦金德（Halford Mackinder，1861—1947）则是陆权论者，其"心脏地带理论"则基于英俄之间海权和陆权的对抗现实，以及英国作为一个海洋国家对大陆强国崛起特有的担心。1904 年，麦金德在英国皇家地理学会宣读《历史的地理枢纽》（Geographical Pivot of History）一文，最早提出了"心脏地带"这一战略概念，不过"心脏地带"只是作为一个描述术语而不

---

① Owen Lattimore，*Inner Asian Frontiers of China*，New York：American Geographical Society，1940，p. 236.

是专门术语偶然提到的，当时文章中更多使用的是"枢纽地区"和"枢纽国家"的表述。该文将世界划分为三个区域，一为欧亚大陆中心的一片由草原和沙漠构成的内陆区域，一为由围绕欧亚大陆的边缘陆地形成的"内新月形地带"，包括德国、奥地利、土耳其、印度和中国，一为由近海岛屿、南北美洲、澳大利亚等构成的"外新月形地带"，由海路可以到达，被称为边缘地带。麦金德认为欧亚大陆中心的内陆区域是一个巨大的天然要塞，三面（除西面外）山系环绕，且河流主要流入内陆湖泊或北冰洋，因而历来系海上人无法到达的区域。各种游牧民族在历史上一直控制着这片广袤且人烟稀少的区域，他们对于自身所面临的周期性爆发的地理问题和社会经济问题的通常反应是黩武主义，这里的自然条件及马和骆驼的机动性使他们能不断汇集起强大的军事力量，从而对边缘地区造成严重的威胁。

麦氏根据历史上欧亚大陆中心地带的游牧民族对边缘地区的压力程度，将古典时代后的历史划分为三个时期，即前哥伦布时代、哥伦布时代、后哥伦布时代。前哥伦布时代的特征是欧洲被围在一个狭窄区域内，且不断受到来自内陆中心草原的游牧民族的威胁；16 世纪的地理大发现使世界进入了哥伦布时代，新航路的开辟使欧洲得以从海上迂回到游牧民族的后方，从而抵消了中心地带的战略优势；但进入 20 世纪后（后哥伦布时代），技术发展使欧亚大陆中心地区同边缘地区的力量对比再次发生了根本的变化。把东欧地区结合进来是麦金德思想在 1904—1919 年期间所发生的一个重大变化，麦金德用了两个反问句阐明了他要得出的结论："当我们考虑对这个广阔的历史潮流所作的迅速回顾时，不是觉得明显地存在着某种地理关系的持续性？欧亚大陆上那一片广大的、船舶不能到达、但在古代却任凭骑马牧民纵横驰骋而今天又即将布满铁路的地区，不是世界政治的一个枢纽区域吗？"① 1919 年，麦金德出版的《民主的理想与现实》（*Democratic Ideals and Reality: A Study in the Politics of Reconstruction*，London：Constable and Co. Ltd.，

---

① Halforg J. Mackinder, The Geographical Pivot of History, *The Geographical Journal*, Vol. 23, No. 4, 1904.

1919）进一步发展了其枢纽地带理论，并将"枢纽地带"的概念正式更名为"心脏地带"。

　　和枢纽地带相比，麦金德界定的"心脏地带"的范围有所扩大，一则向南扩展到中亚细亚山地，一则向西扩展到黑海和波罗的海水域。如此，曾经抵制了欧洲帝国主义统治的唯一重要的国家——中国的大部分也位于心脏地带之内，尽管只有新疆和蒙古西部地区位于枢纽地区之内，而从易北河到亚德里亚海之间的东欧地区亦被囊括在心脏地带之内。麦金德之所以要把东欧地区结合到这一心脏地带之内，其原因在于此时的德国已取代俄国成为海上人安全的主要威胁。1943 年，麦金德在《全世界与赢得和平》（Mackinder, The Round World and the Winning of the Peace, *Foreign Affairs*, July 1943）一文中对其"心脏地带理论"又进行了第三次修正。美国地缘政治学家尼古拉斯·斯派克曼（Nicholas John Spykman, 1893—1943）有"美国的豪斯浩弗"之誉，和麦金德在学术上都属于"地理战略论"（Geostrategy），在其 1942 年出版的《世界政治中的美国战略》（*America's Strategy in World Politics: The United States and the Balance of Power*）和 1944 年出版的《和平地理学》（*The Geography of the Peace*）中，对美国马汉的海权论、拉采尔的空间论和麦金德的陆权论进行综合修改和发展，提出了其著名的"陆缘地带学说"（the Rimland Theory）。在他看来，麦金德"心脏地带理论"中内新月形地带（即"心脏地带理论"周围的外缘地区）拥有大量的人口、丰富的矿产资源和农业资源，相反，心脏地带固然面积辽阔，战略位置重要，但其荒凉、偏僻、环境恶劣和在广阔的陆地边缘上易受攻击亦不容忽视。基于此，斯派克曼认为主宰世界的关键地区不在心脏地带，而在陆缘地带。他依照麦金德提出了如是战略名言：谁控制陆缘地带，谁就能统治欧亚大陆；谁统治欧亚大陆，谁就能控制世界。

　　由上述可见，麦金德的"心脏地带理论"固然不是借助于对马汉海权说的否定来论证自己的三段论公式，但的确系在当时世界上大多数国家的统治者和英国人尚沉湎于海权神话时基于"后哥伦布时代"陆狼（Land-wolf）和海狼（Sea-wolf）角逐的国际权势分布图景的理论概括，尽管当时亦存在不同的声音，但其影响之广泛和深刻乃众所周知的事实。在笔者看来，历史学和地理学的学科分界线在拉铁摩尔身上是根本无法厘清的，作为历史学和地理学一身二任的拉铁摩尔当时深受麦金德"心脏地带理论"的影响，其学说实际上是一种"后海洋史观"。拉铁摩尔第一次从内蒙古经新疆到中亚的游历之所以以印度为终点，并由此乘船赴伦敦而在英国皇家地理学会发表演讲引起轰动，在拉氏本人和当时的世人都以此为与斯坦因等人中亚探险一样的壮举，其处女作《通向土耳其斯坦的荒漠道路》之所以使其一举成名，亦因学术界认为其"带来了一些新的地理学和其他方面的消息"①。此后许多地理学会对拉铁摩尔的褒奖均说明拉氏的游历被视为当时中亚探险的延续。将没有大学学历的拉铁摩尔接纳到霍普金斯大学任教的鲍曼校长乃是著名的地理政治学家，拉氏长期任职于太平洋学会机构刊物《太平洋事务》，虽然标举以太平洋之名，但熟悉地缘政治学史的人们都会不难理解此与豪斯浩弗学术思想的联系。

　　杰弗里·帕克写道，拉铁摩尔"完全接受了麦金德关于哥伦布时代行将结束、新的陆权时代即将来临的推断，认为对于人类大部分来说，海洋统治时代与其说是一个成功的时代，不如说是一个压迫和不平等的时代。亚洲大陆国家代替西方大国将导致世界资源分配上的极大平等性。他推测，随着'殖民地时代的结束和一个新的世界时代的出现'，大陆国家完全适得其所。这个大国将以位于苏联和中国之间的'亚洲内陆的十字路口'为中心。随着航天时代的到来，它将成为世界空中通讯的自然'十字路口'。因此，他不像麦金德那样，而是以一种积极的态度来看待大陆大国的崛起，认为，'一个稳定而又进步的世界秩序必须包含了大的亚洲国家的基本观念，亚洲被渗透并从边缘向中心发展的时代已告终结，一个发展位于中心或接近中心并且其发展效力向边缘辐射的新时代已经开始'。半个世纪前，拉铁摩尔的同胞马汉看到了被视为海上世界'麻烦'的亚洲所发生的变化，这是一个拉铁摩尔曾极力反对的观点。他指出，'控制的时代正在消失，我们的问题不在于如何控

---

　　① 矶野富士子整理：《蒋介石的美国顾问——欧文·拉铁摩尔回忆录》，吴心伯译，复旦大学出版社 1996 年版，第 20 页。

制这种发展，而在于如何使我们适应之'"①。拉铁摩尔是地理政治学发展史上的关键人物，其著作对游牧社会的关注、频频出现的铁路等现代技术引发的内陆亚洲局势的变革、将新疆称之为"亚洲的枢纽"等，均明显可以看出麦金德"心脏地带理论"（或"枢纽地带理论"）的折射影子。② 学术界将拉铁摩尔和麦金德等人归列为"心脏地带理论"的代表人物是恰如其分的。

由于拉铁摩尔缺乏正规的学院教育经历，加之其思维往往呈发散状态，其学术研究有时就被那些意欲诋毁他的人们贬低为非学术性，但事实上，拉铁摩尔的著作理论思辨色彩颇为浓厚，每每表现出卓尔不群的洞见睿识。1988 年，牛津大学重刊拉铁摩尔的经典著作《中国的亚洲内陆边疆》，西藏边界问题英国专家兰姆（Alastair Lamb）撰有导论，明确指出：该书是一部理论性的著作，而不是一部引经据典的考证之作。兰姆所言堪称不刊之论。特别是 1955 年拉铁摩尔参加在罗马召开的史学第十届国际会议，其提交的论文《历史上的边疆》（The Frontier in History）③ 更展现出一般边疆理论的研究趋向。拉铁摩尔指出："当一个社会共同体占据某地域时，边疆便被创造出来。自此，随着该社会共同体的活动和成长，或者另一社会共同体的影响，边疆随之发生变迁和形成。因为历史由社会发展的记录构成，所以对于历史学家来说，随着社会共同体的发展而不断变迁的边疆遂具有至关重要的意义。"④ 他将边疆看成是反映某个社会发展和变化的镜子，力图通过这面镜子透视某个社会的实质。拉铁摩尔有一句经典名言，即："对于汉族是边缘的

---

① Geoffrey Parker, *Geopolitics Past, Present and Future*, New York：The Continuum Publishing Company, 1998, p. 141.

② 迈克尔·克拉克的论文《中国在中亚的后 911 战略》（Michael Clarke, China's Post-9/11 Strategy in Central Asia, *Regional Outlook Paper* No. 5, 2005）对此所持观点与笔者相同。

③ 此文已经由笔者学生翻译为中文，收入笔者主编的《空间、法律与社会经济资源：西方边疆理论经典文献精粹》。

④ Owen Lattimore, The Frontiers in History, in Owen Lattimore, *Studies in Frontier History, Collected Papers, 1928 – 1958*, London：Oxford UP, and The Hague：Mouton & Co. , 1959, p. 469.

长城地带，对整个的亚洲内陆却是一个中心。"（the Great Wall，which for the Chinese was a periphery，became for all Inner Asia a focus.）[1] 拉铁摩尔一方面不仅从空间上集矢于中国内陆亚洲边疆的研究，而且在历史发展的时间进程上力图从各阶级间的对抗斗争和相互关系的变化大胆地把握中国历史。因此，拉铁摩尔和龚自珍、魏源等人虽然都关注于中国西北边疆地区，但他们之间实存在不可通约的"天堑"，殆龚、魏的思想因时差关系是欧风美雨在鸦片战争前后自海上登陆初期的产物，且属于拉氏所谓"次殖民主义"范畴，而拉氏的学术研究如前所述系"后哥伦布时代"的反思，目的在于颠覆以中原汉族为中心的正统观念。换言之，拉氏与龚、魏等人的思想貌合神离，一则南辕，一则北辙，实际上是两条平行轨道上方向相反的运动。

拉铁摩尔采用类型学（typology）方法将历史上的边疆分为两种类型，一种为具有共同特性的两个社会共同体之间的边疆，一种为具有不同性质的两类社会共同体之间的边疆。在发展过程中，当同一特性的社会共同体合并时，无论由于征服抑或双方合意，其变化主要是规模上的改变，而特征上的改变则不甚明显。但两个社会共同体在性质上根本不同时，则情形便大相径庭。此时，如果社会活力和制度能力相差悬殊，那么弱势的社会共同体可能会被强势的社会共同体简单地征服；如果两者在性质上迥然相异而在力量对比上难分轩轾，则其结果是新的社会共同体不仅人多地广，而且在性质上往往与合并的两个社会共同体均不尽相同。此外，一个扩张的社会共同体占领某一领地后，将其部分居民驱逐而非纳入其自己的体系之中，则撤退的原住民迁移到新的领地后亦可能建立另一种新型的社会制度。拉铁摩尔长期致力于中国的内陆亚洲边疆研究，因此其对历史上边疆的类型学概括很大程度上建立在此基础之上。他认为，中国以黄河中游为发源地的农耕文明向北方和南方拓展经济空间的过程中面临的自然条件等因素不同，由此形成不同类型的边疆。蒙古高原大体上可以划分为三个地带（尽管这些地带有时因高度、

---

[1] Owen Lattimore，*The Inner Asian Frontiers of China*，New York：American Geographical Society，1940，p. 475.

沙化等因素而呈现交织状态）：起初，农民放弃灌溉而将命运托付于降雨，满足于广种薄收；其次，是一个较诸单纯依赖于种植更为安全的混合经济地带；再次，畜牧业为唯一理性选择的经济地带。在公元前 4 世纪，当汉族人扩散到达蒙古高原的开阔前沿，将过去几个世纪称为"野蛮人"的各种"落后"社会共同体、部族向北驱逐时，这些部族尚不属于真正的草原游牧民族。如果汉族人继续深入到灌溉农业必须放弃的地带，他们就会改变其成为日趋密集的定居农业民族的既定进化趋向，而开始向相反方向退化形成人口稀疏的粗放经济。因为汉族如过于深入草原环境，就会与中国本部相分离，而倾向于草原少数民族化，向心式的政治发展由此转变为离心式的丧失。中原王朝不容许这种变化，于是试图对其扩张划定界线，他们试图达到的停止界线便是长城。许多世纪以来，沿着北方长城边疆，中国不但抵御外来的侵略，也限制自己的人民向外发展。中原地区的扩张力量，在南方只是逐渐的土地拓展，而在北方则变成帝国的征服、统治以及操纵。基于此，拉铁摩尔认为，中国过去的扩张分为三种类型，即长城以北式有限扩张、南方式非有限扩张和西方式渗透，并由此得出结论：中国南方的边疆如同法国和意大利之间边疆一样，是性质相同的两个社会共同体之间的边疆（可以称之为 A 型），是以流动性和融合性为特征。在南方，随着汉族的扩张，山野及亚热带丛林都被改变为沿河而居、稻作耕种的中国式景观，汉族人口繁衍，并不断将接触到的"蛮夷"转变为汉人，以至于不仅土地成为中国土地，而且社会仍然是中国社会。中国北方的边疆如同西藏和印度之间的边疆一样，是性质不同的两个社会共同体之间的边疆（可以称之为 B 型），是以静止性和排斥性为特征。诚然，B 型边疆事实上不可能永恒静止，它被轮番演绎的蛮族入侵和汉族向外企图征服或归化蛮族的出征挞伐所逾越，只不过长城作为边疆在观念上是静止固定的。长城可以说是中原王朝企图稳定边疆的一种努力，用以限制汉族的活动范围，并隔绝草原民族。由此可见，拉铁摩尔的研究并不因为具有北方情结而着重于长城地区以致忽视了云南、贵州等地区，主要是每个人的知识储备不同，拉氏对南方不甚了解，所以论述起来不免显得薄弱，甚至畸轻畸重。

拉铁摩尔在论述中国北方的 B 型边疆时分析了线性边界概念中的限

制或隔绝如何转变为边疆社会地带的动态过程，指出：一个确定而稳定的边疆的想法，即长城边疆观念，植根于中国整体结构之内，中国的国家利益要求一个固定的边疆以包括真正适宜中国的东西而摒绝不符合中国范式的事物。长城就是这种将不能包括者剔而除外的信念的表现。但长城作为绝对固定的边疆的理念事实上不可能完全实现，它只是一个大略的边疆。建筑长城预设的前提是：一个社会或国家可以用一条确定的界线划定其占有的土地，但亚洲内陆边疆的一个重要特征即是非线性的。北部中国伸入内陆亚洲是通过一系列地带，且这些地带的边界并非了然明显。如果草原边缘是纯粹的沙漠或像长江以南地区一样是一个"无限发展的边疆"，它就有可能以更为坚定的方式奉行中国农业经济及社会的原则，但问题在于，将长城之外非中国式的生活完全隔绝既不可能，亦难以像南方那样通过稳步发展中国范式吸纳非汉族，因此这种边疆的各区域大体上呈现为一种混合的生活方式，既有草原部落趋向中国范式的倾向，亦有汉族边民脱离中国范式的倾向，并会建立起当地的财富与权力标准，不可避免发展壮大、扩展范围。拉铁摩尔这样写道："为了防止边疆强人背叛中国并侵略中国内地，或脱离中国投向草原发展——这两种情况都差不多——从而破坏财富及权力的向心性，就必须使边疆的发展成为中国内地产生的向外发展的工具。事实上，汉族向草原边疆的发展，自然是由中国的中心产生出来的。但是，侵入草原本身的企图，却是由于边境新的不规则发展的刺激，而并非中国本身的正常要求。"[1] 拉铁摩尔认为，内蒙古具有超越于其民族及文化重要性的地域重要性，既是中国在强盛时期向外扩张政治和文化效果最昭著的地区，亦是草原征服者入主中原的始发线。此概念构成拉氏对中原王兴替循环与草原民族自身内部循环两大系统互动关系的分析基础。拉铁摩尔在对汤因比《历史研究》的批判与借鉴基础上将内蒙古地区称为"部落入侵的贮水池"（reservoir of tribal invasions）[2]。

---

① Owen Lattimore, *Inner Asian Frontiers of China*, Oxford：Oxford University Press, 1992, p. 483.

② 亦可参见 Owen Lattimore, *Manchuria: Cradle of Conflict*, New York：The Macmillan Company, 1932, p. 31。

拉铁摩尔在其所谓"边疆风格"（Frontier style）方面的阐发颇为引人注目、发人深省。首先，B 型边疆的过渡地区居民同时利用汉族的农耕技术与草原的畜牧技术，不过农耕方式是有变异的，要不太精细、中国式，而畜牧方式亦需略做调整，要不太粗放、游动性过强，这种边疆混合社会在生产方式上不可能归入严格意义的草原社会或汉人社会。其次，拉氏认为，在沿着面对蒙古草原的边疆，汉族企图以不同的方法，建立一个确定的政治界线，以分隔中国的农业与草原的游牧。政府移民由于成本昂贵难以持久，所以政府鼓励边疆的汉族在给予必要的支持下自求生存，但当政府无力或无暇顾及时，处于夹缝中的边疆汉族便会在性质和利益上成为半少数民族，以至与游牧民族浑然无别。经年累月戍守屯兵于边，使军队将士以军功致显而获得利益：他们意识到自己成为维持中国与草原间的平衡的力量后，左右逢源的骑墙策略便应运而生。"对他们必须要有贸易、补贴、爵位，否则那些首领及其部下还是行抢掠之事更为有利。如果能够把他们安排妥当，远方的部落便会来归附，要求同样的待遇，从而深化这一边缘地带。这样，汉族守军及游牧附庸的缓和，便会发展成一个有力的混合社会，并以投入草原独立部落为要挟，要求更多的权益与补贴。"[1]

拉铁摩尔通过对中国古代和现代印度西北边疆的个案分析，敏锐地捕捉到了具有独立性的边疆社会利益与中央利益在许多情况下的不协调情形。他把边疆利益和边疆意识（边疆居民的政治忠诚）联系起来作为分析边疆风格形成的关键因素。以对中国东北地区的边疆意识分析为例，拉铁摩尔这样写道："当问题是移居口外——而非移民海外——之时，人们会产生某种与华侨类似的体验。最初是感到失去了长城的保护，因而缺乏安全感。其后，一旦定居下来，又感到自己已处在高于中国的位置上。他不再受长城的保护，而长城所保护的正是中国；长城使他和同伴与之分离的正是中国。这就是说，地域情感部分地取代了种族的或民族的情感，这一变化令人费解，但意义深远。"[2] 具体说，这种

① Owen Lattimore, *Inner Asian Frontiers of China*, Oxford：Oxford University Press，1992，p. 500.

② Owen Lattimore, *Manchuria: Cradle of Conflict*, New York：The Macmillan Company，1932，p. 8.

地域情感集中表现为一种"夷"、汉皆有的特殊社会心理，即回过头来，将中国视为可征服的希望之乡。"冒险家们背对中国而向荒野进发，而其成功的标志，却是能掉转身来，作为特权发源地之特权居民的一员，面向中国；于是，中国取代荒野之地成了'希望之乡'，成了财富的源泉和行使权力的合适场域。"①

拉铁摩尔在《中国的亚洲内陆边疆》中尝试解释满人对汉人的称呼"Nikan"一词，认为"Nikan"源于中文的"Han"，即"汉人"的意思，而"Ni"这一音节可能来自汉语的"逆"，"Nikan"可能最初在满人中使用时是"叛逆汉人"的意思。在拉铁摩尔看来，吴三桂降清乃因"冲冠一怒为红颜"的传统观点忽视了吴三桂本人乃是东北"汉边"人的事实。"作为一个高级军官，他在那里一定有重要的产业及家庭关系，也还会有许多已经降清的旧友。因此，在北京已告沦陷的极端纷扰中，投降清朝显然是他的一条出路。清朝也早就为这种叛变涂上了漂亮的色彩，待他们如招募的军人，而不是俘虏。这个解释与后来吴三桂的反清并不冲突，因为其降清目的，是要从满族手中夺取那个满汉集团，使汉人控制在满洲颇为重要的'汉边'地区。"②拉铁摩尔对吴三桂作为一个边疆军事人物的特殊心态的解读颇具洞见。他把边疆居民的政治忠诚暧昧性和变动性作为一般原理渗透于其许多论著的叙述之中，类似于当今心态史的做法，开辟了边疆研究中过去无人涉猎的新空间。在拉铁摩尔看来，边疆居民都处于一种边缘地位。例如，当一个边疆因向货物进出口征收关税时，在边境双方的居民从事走私贸易便是十分正常的，而边疆居民对自身国家的政治忠诚便因其与境外的非法贸易的经济利益在情感上大为改变。他们不可避免地建立起自己的社会关系和共同利益。边境双方的居民彼此来往，成为相对于他们各自民族和国家而言为"他们"的"我们"群体。正是在这种意义上，边境双方的居民尽管不是正式制度规定，但在功能上是被认可的混合社会共同体，边境

---

①　Owen Lattimore, *Manchuria: Cradle of Conflict*, New York: The Macmillan Company, 1932, pp. 60–61.

②　Owen Lattimore, *Inner Asian Frontiers of China*, Oxford: Oxford University Press, 1992, p. 133.

居民的政治忠诚暧昧性往往彰明较著而在历史上举足轻重。

如果将拉铁摩尔的思想与美国边疆学派代表人物特纳的论著相参照，我们便不难发现两者之间的学术联系。特纳认为，边疆是"野蛮和文明的汇合处"，"一部美国史大部分可以说是对大西部的拓殖史"，美国对边疆拓展也就是"文明"的扩张，它的发展就是"在不断前进的边疆地带回复到原始状况，同时在那个地区又出现新的发展的运动。美国社会的发展就是这样始终不断地周而复始地进行着"。特纳极力阐述边疆人（frontier men）在边疆环境中行为方式的样态和因为西进运动而形成的"美国因素"，这正是拉铁摩尔所谓"边疆风格"（the frontier style）的学术渊源。拉铁摩尔自己也坦承特纳的观点对所有边疆史研究者都具有启迪意义，并扩而广之认为特纳所描述的"边界居民"（man of the border）的双重性在中国的长城边疆、俄罗斯的哥萨克边疆、排挤斯拉夫人的日耳曼边疆都可以得到明证。拉铁摩尔引述美国历史学家康马杰（Henry Steele Commager，1902—1998）的评述称特纳"并不是边疆史学家……而是擅长于从边疆照观美国的历史学家"[1]。从拉铁摩尔的论著中可以看出，他对特纳边疆学说的批评是十分切中要害的，他的视野亦远比特纳更为广阔，但特纳作为其学术探索的精神导师的影响可以说于其论著字里行间俯拾皆是。

国内外学术界长期以来对畜牧业的起源问题存在不同意见。一种意见认为畜牧业先于农业，如摩尔根就认为东半球的农业是在畜牧业发明之后才出现的，当时人们种植谷物，乃是为了饲养家畜。另一种意见则认为畜牧业从农业中分离出来是非常晚近的事情。拉铁摩尔即持这种观点。在《中国的亚洲内陆边疆》中，拉铁摩尔这样写道：在蒙古草原，"相对'纯正'的游牧社会形态并不是游牧活动的基点，相反，它代表一种极端，一种在宽泛的多样化变动过程中产生的极致。'最初'的游牧民的经济和文化是一混合状态，他们甚至亦不是单一的族群。有些人是从农业中国的边缘进入草原的，有些人则来自中亚绿洲的边缘及西伯

---

① Robert A. Manners，David Kaplan，*Anthropological Theory*，Brunswick，N. J.：Transaction Publishers，2007，p. 385.

利亚与东北森林的边境。"① 拉铁摩尔用类型学方法把人类前工业文明的经济分为原始混合经济、畜牧业经济、降雨农业、灌溉农业四种情形。畜牧业经济是在人口分散基础上以粗放为特征，与农耕民族人口集中基础上的精细特征相反，尤其与灌溉农业有天壤之别。拉铁摩尔所谓"严格意义的"游牧等概念都还是比较宽泛的，他所谓的游牧经济的极端状态（the extreme of normadism）实际上是一种韦伯所谓的"理想类型"，但拉铁摩尔借助这种类型学方法厘清了畜牧业经济中"畜"的阶段和"牧"的阶段，或者说从畜牧业向游牧业转变的历史事实。拉铁摩尔的研究主要集中在中国的亚洲内陆边疆。蒙古高原及中亚其他部分充分发达的游牧生活方式通常被称为中亚游牧方式，他对中国蒙古草原游牧经济的判读，很大程度上得益于对中亚地区的深入了解和毕士博（Carl Whiting Bishop，1881—1942）等人提供的考古资料。此外，《中国的亚洲内陆边疆》从时间上而言主要集中在秦汉历史，司马迁《史记》中匈奴"不胜秦，北徙"② 的记载对拉氏的思想具有至关重要的导引作用，再加之受特纳对边疆人在边疆生存环境中变异的论述的影响，拉铁摩尔认为，乘马的游牧经济技术起源颇晚，而且是在中国外围边疆地带，半游牧民族从草原边缘地带向草原腹地深入后撤，才令真正的游牧民族产生，其与农耕文明的界线才真正截然分殊。他说："司马迁所记载的从戎、狄到胡、匈奴的层序，在顺序上至少与我们推测的旧少数民族被进化的汉族逼到草原边缘，变成新少数民族或真正游牧民族的过程相同。"③

拉铁摩尔始终致力于以一种内部主义视角研究中国的亚洲内陆边疆，但更为难能可贵的是，他还表现出将中国内地的王朝循环与草原游

---

① 雅诺什·哈尔马塔主编：《中亚文明史：定居文明与游牧文明发展（公元前700年至公元250年）》第2卷，徐文堪、芮传明译，中国对外翻译出版公司2002年版，第111页。

② 司马迁：《史记》下，卷一百一十，匈奴列传第五十，中华书局2005年简体字版，第2211页。

③ Owen Lattimore, *Inner Asian Frontiers of China*, Oxford：Oxford University Press，1992，p. 448.

牧社会的历史循环两大系统联系起来，考察内外互动情形的思考取向。事实上，拉铁摩尔前述关于蒙古草原游牧社会起源的论证即其明证。① 他认为，长城边疆地带是草原部落团结与分裂循环的一个因素，也是中国王朝兴亡循环的一个因素。中国的主要的核心利益需要一种封闭的经济、一种自给自足的社会和一个绝对的边疆，但边疆的内在本质所包含的力量会使边境倾向草原，这种情况强迫整个中国要全力以赴维护该边境，边疆地区的局部利益使绝对边疆的理想模型的边缘变得错综复杂，使其无法将中国和亚洲内陆两个世界截然分开。中国农业和社会的进化，对草原边境民族产生压力，从而促成真正草原社会的形成。在这个意义上，游牧循环至少有一部分是中国循环的结果。另一方面，游牧社会一经形成后，游牧循环所造成的力量及使之能够以独立的形式影响中国的历史循环。拉铁摩尔对这两大系统循环的内外互动关系的分析，包含以下递进的演绎推阐层面：（1）从理论上而且仅仅在理论上可以推论畜牧社会的范围是相当有限的。即当一位伟大的游牧首领累积的牲畜多到死亡的价值损耗足以抵消繁殖的价值增加时，则进一步的积累便得不偿失，超过某个函数点之后，经济体系内部的剩余价值既不能消费，又不能储蓄保存，该首领如果能在其力所能及的范围内拥有或控制的牲畜数量为最大值，且目力所及又无敌对势力威胁时，便无动力扩展其权力基础，因而他的权势便趋于稳定而反对进化。他的牲畜以及在他的保护下放牧自己的牲畜或为其放牧的臣属，表明社会集中的最大限度。由于这种集中既已达到利润最大化，则通过分散以追求预期利润便自然地应运而生。该大规模的集中遂趋于分裂为较小的集中，而当这些分散的单位又再一次试图通过聚集最大化达到财富增值时，一个新的循环阶段

---

① 拉铁摩尔亦每每将这一思考取向贯穿于其对中国南方式边疆的论述。例如，他指出，当南方少数民族在汉族势力挤压而撤退时，其实头人却大受其益，因为部落结构更为严密，而头人权威更为提高。他们通过组织撤退和指挥对汉人的反击，而成为真正的头人，在撤退的共同体中获得过去未曾获得的威望。另一方面，为了使汉族和少数民族能够共处共存提供制度和传统的保障，他们代表部落的权威亦被中国政府所承认，并被赋予中介人的地位和世袭权力，以确保整个部落对土司的长久臣服。

又周而复始了。（2）拉铁摩尔认为，上述推论尽管在追溯游牧社会历史趋势上具有一定的理论价值，但它主要是基于对游牧经济的"封闭世界"的假定之上，而这种封闭世界是根本不存在的。一旦游牧经济开始发展后，势必会出现农民与牧人之间为占有沿边疆分布的中间地带的使用权的竞争。正是因为如此，边疆地区在这种竞争与角逐中具有政治上的重要意义。边疆风格的原理在任何历史时期都可以从正反两面加以阐明：当边疆或边疆各区域在脱离中国过程中，它固然趋向于分裂中国而阻止统一，但它同时却可能是被吸摄入草原的统一运动，另一方面，当边疆倾向于中国时，它可能既是对中国的统一的推动，又是使草原部落或部落的一部分脱离草原的运行轨迹而依附于中国的分化。（3）拉铁摩尔将阶级分析的观念扩展到对边疆局势的解读。他指出，战争并非游牧民族"必要"的伴随现象，这一点与农业社会是相同的。每一种生存在和平之中的社会都要保持和平，因为它承认一种规则，每一种规则在战争中崩溃时，其不发生作用而崩溃的原因在于社会的发展与变革，以致不同社会阶层对应该接受和建立的新规则各执己见。因此，战争每每爆发于一个社会的边缘地带，由最不典型及最不规范的阶级所引起。而被接受为典型和规范者每每是与该社会成长起来的被视为"旧秩序"的社会群体的利益投射。如果真正的草原游牧制度源自草原边缘上的非典型的半游牧社会，那么从中游离出来的采取严格草原生活方式的那部分人则代表了一种新秩序，势必会或强或弱地反对代表旧秩序的混合经济。只有当他们的游牧生活方式完全脱离农业而独立并在其最适宜的地理环境中确立起来后，它才转变成为一种"旧秩序"。拉铁摩尔认为，在整个草原游牧制度中，存在着固有的多样性与不稳定性，经常地把它从极端的状态拉回到初始的草原边缘的混合文化状态。游牧民族之征服中国，并不是起源于大草原，而是来自草原边境。易言之，征服者不是纯粹的典型的游牧民族，而是邻近亚洲内陆边疆的混合文化民族。边疆人了解草原和中原的权力结构，可以灵活运用其知识在边疆冲突的生存环境中大展才华，不过边疆地带的首领巨魁在这时期往往极力保护其既有权利而不轻易冒险，敢于冒险一搏的是中小贵族，如成吉思汗和努尔哈赤等，其家庭联系使他们认识权力并渴望权力，而家庭地位上的式微又使他们非冒险不足以获致权力，使草原和中原一统天下的游牧民族王朝之肇造正出于他们的缔构。（4）当边疆战争长期不能结束时，一部分游牧人则会利用他们的移动能力离群索居于草原深处，以避开不同社会秩序的政治战争。他们疏离于繁盛游牧经济所获得的奢侈品，重新恢复在纯粹草原的艰险环境中的生存状态，这意味着草原历史变化新循环的起点。在拉铁摩尔看来，草原历史循环的新启动的另一可能性在于，当强大中原王朝向边疆地带扩张或"游牧人"王朝入主中原后被驱逐回到游牧生活的根本地带，这样，游牧民族被压缩成较小但更为有力量的核心团体而占据着最容易负隅拒拒汉族势力的土地。

拉铁摩尔关于中国内地王朝循环和草原游牧社会历史循环两大系统互动关系的分析，与吉登斯关于"在场"和"不在场"的时空关联结构的探讨颇为类似和契合。当然，以擅长在理论丛林中穿行的吉登斯引入生命周期、例行化等时间地理学建构的复杂理论体系，从总体上与拉氏的学说并无可比性。拉铁摩尔为分析中国的边疆结构和区域结构以至 15 世纪大航海（the Great Navigations）之前整个旧世界的普遍情形，以军事行动的统一、统一行政管理下的集中、经济结合三个项数提出了地理范围的下列关系式：（1）军事行动的半径大于行政管理的半径。在征服后超过领土的内径范围添附于国家，而征服所达到的外径尽管可以通过掠夺或强迫纳贡以获利，或以击溃蛮族聚集对国家构成的威胁为目的，但却不能永久兼并。（2）地区性的行政管理每每强于全国性的行政管理。国家的稳固与相似行政管理各地区之间复制的现实密切相关。在王朝兴衰鼎革的历史循环中，即便王朝崩溃后的混乱时期，也有一些区域保持稳定，并且从这些地区有可能再次"回归"于统一的国家。（3）经济结合的范围最小。在拉铁摩尔的这种关系式分析中，交通技术的因素至关重要，并认为工业化是唯一可以真正整合以农业为主的社会和以畜牧为主的社会之桥梁，将现代中国边疆的新变化一以贯之地置于内外互动的时空情景结构中加以分析，提出：伴随西方势力渗透，铁路等现代交通技术的出现对中国边疆社会与内地一体化趋势加强无疑具有重要意义，但一种新的地域分裂主义亦迅速增长，因为每一条铁路，特别在它与外国资本支持的工业及商业活动有关时，就形成中国旧地理区域内的另一个势力范围，而且在改变着这个区域内的土地经济单位及行政单位。整个中国社会因此受到外来势力的控制。拉铁摩尔在分析这种外力因素作用与中国边疆政治关系时进一步讨论了其所说的"次帝国主义"（secondary imperialism）问题，以其犀利的记者文风这样写道："军阀政客不能在正面阻止西方帝国主义的政治及经济自条约口岸及沿长江侵入，就把这种压力的一部分转移给内陆边疆。他们采取了一部分西方办法，取得了早期汉族所没有的力量，并将他们自己曾蒙受其苦的一些做法施之于更为软弱的人们。"[1] 尽管我们对拉铁摩尔的观点不尽赞同，但他对中国边疆社会的内外互动场景运斤成风的细腻分析的思维取向，值得当下的中国边疆民族研究认真加以借鉴。

---

[1] Owen Lattimore, *Inner Asian Frontiers of China*, New York：American Geographical Society, 1940, p. 234.

第七章　嘉、道、咸时期边疆史地学的 繁荣与经世致用思潮的复兴

　　清代史的研究中，嘉、道、咸三朝的研究相对是一个薄弱的环节。除发表过一些关于白莲起义、鸦片战争、太平天国革命方面的论著外，

魏源画像

嘉、道、咸时期的社会变迁、知识分子的群体心态、清廷统治集团内部的格局、学术思潮的趋向等问题，则有待大力探讨。清代边疆史地学的研究成就超越前代，许多记载和研究边疆史地的著述都是前所未有的开创凿空之作。尤其在嘉、道、咸时期，清代边疆史地学方面的著述更是种类繁富，体制斑斓。这时期潜心于边疆史地学研究的学人如群星璀璨，交相辉映，涌现了祁韵士、徐松、洪亮吉、龚自珍、魏源、张穆、何秋涛、姚莹、沈垚、俞正燮等一大批硕学之士。梁启超在《中国近三百年学术史》中这样说道："此数君者时代略衔接，相为师友，而流风所被，继声颇多，兹学遂成道光间显学。"① 就目前的研究状况来看，研究清代边疆史地学的论文寥寥无几，而高质量的、宏观理论性较强的研究成果更属凤毛麟角，难

---

① 梁启超：《中国近三百年学术史》，中国书店 1985 年版，第 321 页。

得一见。本章试图从嘉、道、咸时期经世致用思潮的复兴，分析当时边疆史地学繁荣的原因。

第一节　历史的回溯

地理资料大量积累于历史著作之中，这是东西方地理学史上的一个通例，而地理学寓于史学更为中国传统学术的特点。在我国最古老的历史著作《尚书》《春秋》等书中，就分散地记载了一些零星的地理资料。西汉的司马迁是我国杰出的史学家，壮年时具有丰富的旅游经验，熟悉许多地方的山川形势，在《史记》中创设《河渠志》《沟洫志》《大宛列传》等篇目，不仅使中国传统地理学依附于正史成为固定相传的格局，而且在中国地理学史上出现了最早记载边疆和域外地理的专篇《史记·大宛列传》。两汉时代，由于中原王朝开展对我国北方匈奴族的战争、通西域、通西南夷等政治军事活动，以及中西交通的发展，所以人们的地理视野得到扩大，地理知识得到丰富，我国边疆史地学研究正式肇始于此。继《史记》之后，班固的《汉书》对西域、蒙古高原、西南及云贵地区、南海、东北等我国边疆地区的历史、地理、民族分布、山川物产、风土人情等情况都进一步作了翔实的记述，我国边疆史地学研究得到了进一步发展。中国边疆的形成与演变经历了一个漫长而复杂的历史过程，这一历史过程的总体势态是，内地与边疆地区的联系日益密切，汉族与边疆少数民族的交流日益频繁。魏晋南北朝以降，记载我国边疆经略、边疆地势、区划沿革、驻防兵制、政教措施、民族政策、边臣疆吏的典籍代代不乏，富赡充牣。例如东晋法显的《佛国记》、隋朝裴矩的《西域图记》、唐朝玄奘的《大唐西域记》和樊绰的《蛮书》以及官修正史《隋书·琉球记》、宋朝的《旧唐书·吐蕃传》、元朝丘处机的《长春真人西游记》、明朝在奴儿干都司所在地特林树碑勒石所留下的《永宁寺记》《重建永宁寺记》等，都是我国人民在共同缔造统一多民族国家的历史过程中积极探求新知而传诸后世的宝贵文化遗产。历史悠久、文献浩繁、延绵炳蔚、开拓性强，可以说是中国边疆史地学研究的优良传统，是中国历史悠久、生生不息的传统"大文化"在中国边疆史地学研究这一"小文化"上的射映和镜像。

到清代前期，中国的历史疆域最终确立下来，其版图西达葱岭以西和巴尔喀什湖北岸及其西南，东到库页岛，北抵西伯利亚南部萨彦岭和外兴安岭，南及南沙群岛。清统治者顺应历史发展潮流，剪除边疆割据势力，采取"齐其政而不易其教，因其俗而不易其宜"的民族统治政策，设置理藩院作为管理边疆民族事务的中央机构，在边疆地区派官驻军，建立驿站，辟治交通，发展边疆经济，在边境地区画界分疆，设立卡伦，规定戍守官兵定期巡边，出现了"不管是明、宋、唐、汉各朝代，都没有清朝那样统一"① 的局面。随着清代多民族国家的统一和清朝对边疆的勘定，加之社会经济的逐渐恢复和发展，清代边疆史地学研究的兴起因而具有可能性。为了维护边疆地区的稳定，清朝统治者必须了解边疆的历史地理，以便服务于对边疆地区的施政决策。这种客观形势也提出了研究边疆史地的迫切要求。康熙帝统一台湾，驱逐沙俄在东北的侵略势力，平定噶尔丹之乱，对统一边疆、巩固边防做出了贡献，并且派外国传教士白晋（Joachim Bouvet，1656—1730）、雷孝思（Jean-Baptiste Régis，1663—1738）和中国测绘人员大规模测绘了包括边疆在内我国全部领土，完成了我国测绘史上的空前壮举。由于康熙年间准噶尔部贵族叛乱尚未彻底平定，当时在西北地区的测绘仅抵哈密而未再往西，所以乾隆帝平定准噶尔、大小和卓的叛乱之后，先后两次派人到天山南北两路继续进行测量，承继乃祖乃父的余绪而踵事增华。值得一提的是，在乾隆年间对天山南北的测量过程中，刘统勋随队参加，将沿途山川地名考验纂录，后来扩充编成了《皇舆西域图志》和《西域同文志》两部著作。由此可见，清代统一多民族国家的进一步巩固和发展是清代边疆史地学兴起的前提条件之所在。冯尔康在《清史史料学初稿》中说，乾隆时彻底解决新疆蒙古人（厄鲁特）的问题，清朝政府要巩

---

① 周恩来：《关于我国民族政策的几个问题》，《人民日报》1979 年 12 月 31 日。

固在内外蒙古、新疆、西藏、青海等地区的统治，感到对这些地区了解不够，而有关文献也太少，于是下令拿出档案，派人撰修《蒙古王公功绩传表》，翻译《蒙古源流》。[①] 清朝统治者出于自身统治的需要，由官方修纂了为数不少的边疆史的著作，对清代边疆史地学的兴起起了推波助澜的作用。我们应该看到西北边疆史地学的知识话语与清王朝版图空前广大所带来的政治权力运作实践之间的关系是错综复杂的。尽管祁韵士将自己的代表作命名为《藩部要略》潜含着远绍梁份《西陲今略》的遗踪之意，然祁韵士著书缘起显然是奉伊犁将军松筠之命编纂《西陲总统事略》。龚自珍开始研究"天地东西南北之学"，"于西北两塞外部落、世系、风俗、山川形势、原流分合，尤役心力"，[②] 也与其在任内阁中书期间协助程同文校理《会典》中"理藩院"一门和青海、西藏各图，及其任礼部主客司主事期间掌管外藩朝贡的仕宦生涯有关。所以，边疆史地学在这一时期的发达不唯是士大夫经世取向的结果，亦是清王朝帝国知识工程的重要部分，不仅开拓了人们的时空视界和思维空间，而且为中国近代爱国之士在探索民族复兴道路提供了运动和制度的思想萌芽。

清朝政权是中国专制主义中央集权制度的高度发展形态，其统治覆盖力及于边疆各地区。按照清朝法律的规定，重于流刑的刑罚有迁徙、充军、发遣三种。从顺治初年到乾隆初年，罪犯多被遣戍到尚阳堡、宁古塔、齐齐哈尔、三姓、喀尔喀、科布多等地方安插。乾隆年间彻底平定准噶尔叛乱、大小和卓叛乱之后，才有遣戍到伊犁、乌鲁木齐、巴里坤等地的情况。在被遣戍到边疆服役的大臣中，一些好学的谪宦、知识分子写下了一些笔记体裁的著作。这些著作虽然并非系统而审慎的研究，但在很大程度上引起后来清人对边疆史地学的浓厚研究兴趣，也为后来的研究提供了丰富的资料。其中，吴桭臣《宁古塔纪略》和杨宾《柳边纪略》即是典型的例子。顺治十四年（1657），吴桭臣的父亲吴

---

①　冯尔康：《清史史料学初稿》，南开大学出版社 1986 年版，第 143 页。《蒙古王公功绩传表》即通常所说的《蒙古王公表传》，全称为《钦定外藩蒙古回部王公功绩表传》。

②　《龚自珍全集》，上海人民出版社 1975 年版，第 604 页。

兆骞遣戍宁古塔，后来生吴桭臣于戍所。康熙六十年（1721），吴桭臣撰写《宁古塔纪略》，根据自己亲身经历生动描述了当地的自然地理景观。杨宾的父亲杨春华是康熙元年（1662）遣戍宁古塔的，康熙二十八年（1689），杨宾出关省亲，就其沿途见闻写了《柳边纪略》一书，该书于地理沿革、风土景物、语言习俗无所不记，较之《宁古塔纪略》更为详细。

在建立于自给自足的小农经济基础之上的清代中国传统社会中，地主阶级、知识分子是社会文化象征符号的使用者，而且往往能够被组织进官僚机器的大网之中，实行全国性的广泛交往，具有流动性，因此成为社会各区域之间执行着主要联络功能的组织力量。清代前期有些边疆史地著作还出自清朝守边大臣、出使官员之手。康熙帝御驾亲征噶尔丹时，高士奇作为文学侍从曾经随行，撰写了《扈从纪程》一书，对蒙古高原及西北一些地区的地理情况描述颇多。康熙五十一年（1712），清政府派内阁侍读图理琛等前往额济勒河（今伏尔加河），探望我国西北卫拉特蒙古的土尔扈特部，图理琛归国后著有《异域录》一书，以地理为纲，日月附见，也涉及我国边疆史地的一些情况。康熙六十年（1721），黄叔璥奉使巡视台湾，其所著《台海使槎录》一书记载台湾的地理形势、山川气候、土壤、农作物种植、器用、婚嫁、丧葬以及明末郑成功建政的情况，是我国第一部关于台湾地理情况及风土人情的考察报告和详细记述。雍正十年（1732），王世睿由成都经雅安、打箭炉、理塘、巴塘、洛隆宗、江达到拉萨，后来在《进藏纪程》一书对沿途的自然地理和人文地理都有生动而具体的记载。这类清朝官员在游宦任职或奉节出使过程中根据所见所闻写成的著作数量相当可观，由于均系足履目睹而笔之于书，所以具有极强的实录性，在清代边疆史地学的发展过程中占有不容忽视的地位。

许多研究者由于受潜意识的影响而存在这样一种片面观念，即认为清代边疆史地学的发展应归功于汉族知识分子，甚至在承认外国同时期侵略者对清代边疆史地学的研究成果的时候，都未能对我国少数民族在清代边疆史地学方面的贡献予以应有的肯定和评价。实际上，这是一种很不应该的严重疏漏。我们姑且不论清朝与作为少数民族的清廷最高统治者大力倡导之间的密切关系，诸如图理琛、苏尔德、松筠等满族、蒙古族清廷官员所撰写的有关边疆史地的著作，就是从生活在边疆地区的少数民族学者对自身居住区的史地研究来看，也是可以和汉族知识分子对清代边疆史地学的贡献相媲美的。边疆地区文化为中国传统文化的重要组成部分，边疆文化与内地汉族文化共同构成中国历史上多姿多彩的传统文化。清代边疆史地学这一领域里曾经留下了汉族和少数民族学者共同耕耘的足迹。汉族和少数民族学者以智慧和汗水共同浇灌培育了清代边疆史地学这一朵美丽的奇葩。历史事实充分表明，作为生活在广大边疆地区主人的少数民族学者是清代边疆史地学研究的重要力量。成书于康熙元年（1662 年）的《额尔德尼·脱卜赤》（即《蒙古源流》）是蒙古鄂尔多斯部萨冈彻辰（俗作萨囊彻辰）撰写的蒙古史巨著，记述了从蒙古的兴起到清初之间蒙古的社会生活和各民族之间的关系、僧俗封建主的特权、喇嘛教在蒙古的传播等情况。锡林郭勒盟西乌珠穆沁人衮布扎布在 18 世纪编写的《恒河之流》一书，除记载古代蒙古历史外，对清初蒙古地区的划分盟旗、王公世袭及其爵位、谱系也作了详细的叙述。在清代前期，维吾尔族学者穆罕默德·沙迪克·喀什喀尔撰写了一部称誉史林的历史专著——《和卓传》，该书记述了从阿帕克和加攫取叶尔羌汗国政权起，到波罗泥都在清朝支持下取得天山南部六城统治权之间发生在维吾尔地区的历史变迁。此外，穆罕默德·沙迪克·喀什噶尔著有一部考据性的著作《艾萨毕里凯夫》，作者旁征博引，论述了吐鲁番地区艾萨毕里凯夫麻扎的来历，驳斥了围绕这座麻扎的种种荒谬传说，立论堂皇，理路井然，堪称不朽佳作。藏族学者在清代前期王统记、传记、寺庙志、地理志、年表等各种体裁的著作林林总总，蔚为大观。五世达赖喇嘛（ngag dban blo bzang rgya mtsho）的《西藏王臣记》（Bod kyi deb ther dpyid kyi rgyal movi glu dbyangs）、第巴桑结嘉措（sangs rgyas rgya mtsho）的《黄琉璃》（dgav ldan chos byung vaidurya ser po，又称《黄琉璃宝鉴》《格鲁派教史黄琉璃》）、松巴堪布益西班觉（sum pa mkhan po ye shes dpal vbyor）的《如意宝树史》（chos vbyung dpag bsam ljon bzang）和《青海史》（mtsho sdon gyi lo rgyus sogs bkod pavi tshangs glu gasr snyan zhes bya ba bzhugs so）、多卡夏仲·索仁旺杰

（mdo mkhar zhads drung tshe ring dbang rgyal，在一些著作中亦作"朵噶夏仲策仁旺杰"）的《颇罗鼐传》（mi dbang rtogs ngrdzod）①　和《噶伦传》（dir gah yu rin du ja navi byung ba brjod pa zol med ngag gi rol mo，简称 bkar blon rtogs brjod）、五世班禅罗桑班丹意希（blo bzang dpal ldan ye shes）的《香巴拉路引》（Shambhalavi lam yig）等在学术界久负盛名，甚为后世学者所推重。我们在上面所提到的，仅是清前期少数民族学者所撰写的著作中的很小一部分，不过我们足以清楚看出少数民族学者对清代边疆史地学所作出的不可磨灭的贡献。少数民族学者在边疆地区生活，受边疆地区的文化环境熏习熙载，对自己居住栖息的历史和山水景物的体认较诸汉族学者更为深刻，其所记载的边疆历史地理情况的资料价值自然不言而喻，许多在汉文文献中阙然全无的材料，在少数民族语言文献中有言之凿凿的记载。

由于科学技术的不发达、交通工具的落后和自然条件的限制及观念意识的拘囿，长期以来，中国与西方欧洲国家的接触少之又少。但这种情况在明清时代随着西方势力的骎骎东向而为之丕变，中国与西方的关系进入了一个新的历史阶段。西方国家的使臣、外交官、传教士相继来到中国的边疆和腹地，他们在向本国神教廷的报告、与亲朋好友的信件、自己的日记和游记等各种体裁的文献中记载了许多有关我国边疆历史地理情况。这类文献作品有比利时传教士南怀仁（Ferdinand Verbiest，1623—1688）的《鞑靼旅行记》（*Voyages de l'empereur de la Chine dans la Tartarie，ausquels on a joint une nouvelle decouverte au Mexique*，Pair，1685）、法国人张诚（Jean-François Gerbillon，1654—1707）的《对大鞑靼的历史考察概述》（*Relations du huit Voyages dans la Grande Tartarie*）②、德国旅行家伯格曼（Benjamin von Bergmann，1836—1907）

---

①　其藏文全名为《吉祥勇武之人传记：世间皆喜故事》（dpal mivi dbang povi rtogs brjod pa vjig rten kun tu dgar bavi gtam），以拉萨木刻本传世，长达 395 页。1981 年四川民族出版社有铅印本。汤池安将此书译为汉文，1988 年由西藏人民出版社出版。

②　亦题作 Relations de huit voyages en Tartarie faits par ordre de l'empereur de Chine。

的《卡尔梅克游记》（*Benjamin Bergmann's nomadische Streifereien unter den Kalmüken in den jahren 1802 und 1803*，Riga：C. J. G. Hartmann，1804）、意大利传教士德斯得利（Ippolito Desideri，1684—1733）的《西藏纪事》（*An Account of Tibet: The Travels of Ippolito Desideri of Pistoia, S. J., 1712 – 1727*，edited by Filippo de Filippi，with an introduction by C. Wessels，London：Routledfe and Sons，1937）、英国人托纳尔（Samuel Turner，1749—1802）的《出使西藏札什伦布寺记》（*An Account of an Embassy to the Court of the Teshoo Lama in Tibet; Containing a Narrative of a Journey through Bootan, and Part of Tibet*，London：G. And W. Nichol，1800），等等。不可否认，西方人士有的在我国边疆地区传教或者进行其他活动时可能别有用意，甚至他们的我国边疆地区的记述带有为西方殖民扩张的鲜明的色彩，然而，一个历史人物行动的客观影响在一定条件下可能超越其卑鄙而狭隘的行为动机。如果我们将当时西方人士的这些记载置于中国边疆史地学发展历程中加以观照，就不能对此进行绝对的否定。

第二节　嘉、道、咸时期边疆史地学研究者的趣缘集合体

一枝独秀不是春，万花盛开春满园。一个学者可能在学术上戛戛独造，创造出空前绝后的业绩，不过众多才华横溢的学者由于师承关系、志趣相投、观点一致而汇集成为一种学术流派，则更能在历史的戥盘上显示出其分量。从社会学的角度来看，人们在反复的接触与互动过程中，彼此之间加深了解，建立了思想感情，就有可能不约而同地走到一起，而形成非制度性的初级群体。我们认为，在嘉、道、咸时期，中国学术界存在着一个研究边疆史地学的趣缘集合体，这一集合体成员之间关系融洽，有着高度的心理相容性。他们互相切磋边疆史地，取长补短；或者聚集在一起进行娱乐活动、共同欣赏自然景色。他们的成就地

位不尽相同，大致有两种情况：一种中过进士、做着官兼当学者，一种是穷儒，平生不过为人作幕或教书而已。从这个社会群体的成员互动分布状况，我们可以看出他们彼此之间的强烈认同感。

祁韵士，字鹤皋，山西寿阳人，生于乾隆十六年（1751），他的研究工作揭开了嘉、道、咸时期边疆史地学繁荣的序幕。李兆洛也是清代嘉、道、咸时期研究边疆史地学成绩斐然的学者之一，从他称誉祁韵士的代表作《藩部要略》一书开创性价值而言，我们就可以看出祁韵士在开启嘉、道、咸时期边疆历史研究一股新学风方面的先导地位。祁韵士在乾隆四十八年担任国史馆纂修，负责《外藩蒙古回部王公表传》的编写工作，积八年之功，大量翻检各种原始档案资料，爬罗梳剔，最后使该书得以最终完竣。这一段艰苦的研究工作对祁韵士后来学术功底的奠定、学术风格的形成影响深远。嘉庆十年（1805），祁韵士在任户部主事期间因宝泉局亏铜案的牵连被遣戍伊犁，伊犁将军松筠本身就是一个很热心边疆史地研究的官员和学者，对祁韵士极为器重，乃请他编纂《伊犁总统事略》。祁韵士受命后博访周咨，跋涉万里，到各地进行实地考察，定稿后以《西

李兆洛像

陲总统事略》一名印行。与此同时，祁韵士还撰写了《西陲要略》《万里行程记》《西陲百咏》等著作。

祁韵士中进士后在翰林院任编修期间，曾与洪亮吉等人数日一聚，讨论商榷上下古今之事，极朋友之乐。洪亮吉长于祁韵士六岁，与祁韵士一样也曾在嘉庆年间被遣戍伊犁，著有《天山客话》和《伊犁日记》两书。

祁韵士的儿子祁寯藻官运亨通，在道光、咸丰年间身居要津。他邀

请张穆校核其父祁韵士的遗著《藩部要略》，这便引发了张穆撰写《蒙古游牧记》的设想。张穆，字石州，自署月斋居士，与祁家有姻亲关系，张穆的三嫂即是祁韵士的女儿，所以祁寯藻请张穆校核《藩部要略》乃属情理之中的事。张穆认为，《藩部要略》是一部纪年体的西北边疆历史著作，"自来郡国之志与编年纪事之体相为表里"①，应该写一部论述蒙古各部落盟旗历史和地理的著作。张穆的这一设想得到祁寯藻的大力支持，遂于道光十七年（1837）开始编纂，致力十年，至道光二十六年（1846）初稿基本形成，还剩最后四卷尚未排比就于道光二十九年（1849）溘然长逝了。咸丰二年（1852），张穆的好友何绍基将《蒙古游牧记》初稿和其他诗文遗稿交给何秋涛。何秋涛，字愿船，福建光泽县人，与张穆是心孚意契的挚友。他在接到张穆遗稿的次年将诗文杂稿部分转交张穆的门生，自留《蒙古游牧记》一稿，终不离身，历时十年补辑、校改该书，由祁寯藻醵金付梓，刊行问世。一言以蔽之，祁韵士、张穆、何秋涛三人的学术研究之间存在着一种绍述故人未竟事业的赓续关系。

祁韵士编定的《伊犁总统事略》在嘉庆二十年（1815）由徐松受将军松筠的委托进行重修。徐松，字星柏，北京大兴人。他在实地考察新疆南北两路的过程中"每携开方小册，置指南针，具记山川道里，下马录之，至邮舍，则进仆夫驿卒台弁通事，一一与之质证，经年风土备悉"②，于嘉庆二十五年（1820）撰成《伊犁总统事略》12卷。松筠将该书奏进后，道光帝阅后赐名为《新疆识略》，付武英殿刊行，并召见徐松，详细垂询西域形势，赏其以内阁中书之职。③徐松利用重修《伊犁总统事略》进行考察时所积累的资料，撰写了《西域水道记》这一

---

① 张穆：《蒙古游牧记》，张正明、宋举成点校，山西人民出版社1991年版，祁寯藻序。

② 支伟成：《清代朴学大师列传》，岳麓书社1986年版，第465页。

③ 道光帝欲知哪些信息？史料中没有明确记载，但我们知道，此前不久，即嘉庆二十五年（1845）七月，嘉庆帝去世不久，张格尔即纠集布鲁特人骚扰边境。刚刚即位的道光帝之所以召见徐松，就是要从刚从新疆回来的徐松那里了解第一手的材料。

成名之作。《新疆识略》凝聚着祁韵士和徐松共同的心血，体现了当时学者一个接一个将边疆史地学推向前进的不懈努力。

徐松从新疆戍所获释回京后，受到道光帝的召见，一时在京城声名大噪。当时，沈垚来给徐松家做门下客，见面后向徐松请教耶律大石河中府及元代和林所在地，徐松给他出示一本《长春真人西游记》，该书上有徐松自己对金山西南山川道里的考证，徐松让沈垚再作一篇考证和林的题跋。于是沈垚拿张德辉的纪行来考证邱处机的《长春真人西游记》，并参考各种史传加以疏释，撰成《长春真人〈西游记〉金山以东释》，洋洋洒洒，使精于古代地理的显宦程恩泽大为折服。沈垚，号子敦，浙江乌程人，其所著《新疆私议》成书于道光八年（1828），论述了新疆安定对维护国家边防巩固的重大意义，提出了发展边疆地区经济的建议。徐松对此书评价极高，说："某谪戍新疆，凡诸水道皆所目击，然犹历十年之久，始知曲折。沈垚闭户家居，独以故纸堆中搜得之，非其绝大识力，曷克有此？"[①] 沈垚当时只不过是一介寒儒而已，徐松乃为之在京师官宦名士中延誉称扬。张穆与沈垚的关系，也是濡沫相染、生死相济的心腹之交。沈垚在道光二十年（1840）去世，张穆为之殡棺野寺、哭奠成礼而去，将沈垚的遗稿哀辑整理，编辑成《落颿楼文集》，足见感情之深厚。

明代文人结社的风气极盛，声势极大。清政府为了维护自己的专制统治，严厉禁止文人结社订盟，故而有清一代的文人结社活动趋于寂寥，与明代的情形迥然不同。当然，文人官僚之间诗酒酬唱的风气还是

徐松画像

---

① 张燮：《沈子敦哀词》，转引自翟忠义：《中国地理学家》，山东教育出版社 1989 年版，第 342 页。

没有衰减。北京作为清朝的首都，熙熙攘攘，四方学者文士汇集于此。他们有的科举高中，进入翰林院；有的或受聘，或游学，也驻足辇毂之下。这些人互相结识攀交，讲学论道，吟诗衡文，具有同类文化意识，很容易形成一些自发性的初级群体。张穆在道光十九年（1839）应顺天府乡试被斥退场后便绝意功名，定居北京宣武门外潜心读书著述。而众所周知，宣武门外自清初以来就是中级以下官僚以及翰苑词林多卜居于斯的地方，嘉庆年间著名的宣南诗社就曾在这里留下许多佳话，此外，与张穆、沈垚、

张穆画像

徐松等人过从甚密的户部侍郎程恩泽即是宣南诗社的成员之一。我们绝不是说张穆等人与宣南诗社并无关系，只是想说嘉、道、咸时期边疆史地研究者的趣缘群体和宣南诗社一样都是当时京师文人樽酒论文的宴游聚会的文化氛围下的产物。张穆在《落颿楼文集序》中回忆说："子惇留京师，为桐城姚伯印总宪校国史地理志，寓内城，间旬出相访，则星伯先生为烹羊炊饼，召余共食，剧谈西北边外地理，以为笑乐。余尝戏谓子惇生鱼米之乡，而慕膻嗜麦；南人足不越关塞，而好指画绝域山川；笃精汉学，而喜说宋辽金元史事，可谓'三反'。子惇闻而轩渠，以为无以易也。"[①] 张穆等人寓切磋学术于聚会之中，相互启迪，增长学识，开阔眼界。尽管张穆开玩笑说沈垚具有"三反"的特征，可张穆自己实际上又何尝不是如此呢？这反映了当时边疆史地学繁荣的时尚。沈垚也记载了某次徐松在陶然亭宴请同好的情景，他这样写道："天气晴和，微风散馥，酒醋以往，书扇作画，哦诗联句，读文踏歌，

---

① 张穆：《月斋文集》卷三，"落颿楼文稿序"，咸丰八年刻本，页十八至十九。此文亦见任访秋主编：《中国近代文学大系：1840—1919》第3集，第10卷，散文集1，上海书店出版社1991年版，第744—745页。

极其兴之所至，可谓乐矣。夕阳将堕，客犹未散，垚先归，步出亭，清风扼于疏木，恍若鸾凤之音自天而降，不觉胸中郁滞，一时消融顿尽，而心之灵明，又以虚而将有所受，夫乃叹胜地良辰、友朋会集之不可少也。"①　何绍基曾在一首诗中回忆当年众人聚会时的情景云："星伯徐丈人，名重天禄阁。洎为绝塞行，专究舆地学。李（申耆）张（石洲）与魏（默深）沈（子敦），同时考疆索。争斠元广轮，西域及朔漠……当时谭艺欢，我皆闻其略。"②　何绍基又有诗一首记述这群学者在北京寒夜中讨论学问的情景："酒光烛影方熊熊，议论飙发开我蒙。忽然四座寂无语，天倪道昧相冲融。纸窗夜半明华月，开门飞满一天雪。"③正是在这些学者衔杯酒、论古今、析疑辨的过程中，清代边疆史地学研究日趋蓬勃发展。

张穆与魏源的友情非同于一般的泛泛之交。据记载，道光二十一年（1841）秋，张穆从《永乐大典》中绘出一幅《元经世大典西北地图》，送给魏源，魏源将其收入自己所编辑的《海国图志》中。刘禺生在《世载堂杂记》一书中指出，道光、咸丰年间西北史地学研究盛行时，谈辽、金、元史地者，京师以张穆为滥觞；论东南、西南海史地者，以魏源为先河。这句话是颇有道理的。魏源，字默深，湖南邵阳人，他所著《圣武记》一书充分利用了当时的边疆史地学的研究成果，对边疆地理的考证叙述十分详尽，是清代边疆史地学发展中的重要里程碑。经过魏源的整理和记载，复杂的清代边疆民族史在《圣武记》中有了一个比较清楚可靠的蓝本。魏源与龚自珍的关系早就为人所共知。龚自珍，字璱人，号定庵，浙江仁和人，自幼有志于四裔之学，然而在仕途上却始终郁郁不得志。在龚自珍的朋友当中，徐松和程文同是与其关系

①　沈垚：《落颿楼文集》卷二，"陶然亭燕集记"，《丛书集成新编》78，台北新文丰出版公司 1985 年版，第 128 页。

②　何绍基：《东洲草堂诗抄》卷二十九，"题吴称三所藏大兴徐氏尺牍册"，同治六年长沙无园刻本，页七。亦载郭嵩焘：《郭嵩焘日记》第二卷，同治时期，湖南人民出版社 1981 年版，第 614 页。

③　何绍基：《东洲草堂诗抄》卷五，同治六年长沙无园刊本，页十六。亦可参见何绍基：《东洲草堂诗集》上，曹旭校点，上海古籍出版社 2006 年版，第 161 页。袁行云：《许瀚年谱》，齐鲁书社 1983 年版，第 55 页。

比较深的两个，他们都是龚自珍在任内阁中书时的同事。徐松情况前已述及，至于程文同也长于舆地之学，时人并称"程、龚"。龚自珍曾协助程文同校理《会典》中的"理藩院"一门及青海、西藏各图。程文同死后，龚自珍无限悲伤，深感少了一个良师益友，精心构思编撰《蒙古图志》，惜由于多种因素不克完成。龚自珍在礼部主客司任主事期间，掌管外藩朝贡，得以稽考边疆史地的便利条件，这段经历对其研究边疆史地获益不浅。《西域置行省议》是龚自珍在长期研究后得出的远见卓识，反映了龚自珍在边疆史地学方面造诣之深、用力之勤。

姚莹，字石甫，安徽桐城人，在道光初年到北京后就与魏源、龚自珍等人结为好友，直到鸦片战争后十年仍同魏源保持着联系。他在边疆史地学方面的代表作有《识小录》《东槎纪略》和《康輶纪行》等。《识小录》是姚莹在广东期间研究中外史地著作的札记。书中对蒙古、新疆、西藏的历史、地理、民族风俗、宗教信仰以及中俄边界的沿革和走向、边防哨卡的设置和驻军等做了一一记述。《东槎纪略》在边疆史地学方面的成就超过了《识小录》，是研究台湾史地的早期著作之一。《康輶纪行》详细记述了作者于道光二十四年至二十六年间先后两次奉使入藏的始末，对西藏的山川形势、风土人情、诸教源流以及与西藏接壤的国外周边地区的情况，均做了详细考辨。姚莹的边疆史地学著作宏富，不愧为当时众多研究边疆史地诸学人中的佼佼者。

张穆的好友除何秋涛、徐松、沈垚、魏源等人之外，还有俞正燮。俞正燮，字理初，安徽黟县人，比张穆长二十岁，跟张穆一样都在边疆史地学方面卓有建树，都与程恩泽来往密切。俞正燮所著《癸巳类稿》的第八卷为《驻扎大臣原始》，记叙清廷安定蒙古、新疆及西藏的经过；第九卷有《台湾府属渡口考》，记叙清廷收复台湾的经过以及蔡牵起义，为当时的台湾现代史，有《澳门纪略跋》，则为对澳门历史的研究。当初，张穆多次向俞正燮请教学术问题，俞正燮对张穆十分欣赏，认为他谦虚好学，难能可贵，乃与之订交，张穆对俞正燮极为恭敬，尊之为先生。张穆在自叙其写《魏延昌地形志》的缘起时有这样一段话："穆初读《水经注》，即谋博征典籍，撰为义疏。黟俞君理初教之曰，'是当先治地形志'。取而读之，苦其芜乱。大兴徐星伯叩以（魏）

俞正燮画像

《志》分卷之由，亦茫无以对。殚心钩稽，退写为图，图成始恍然曰：'此非北魏之志也'……"①从这段话中可以看出，作为学长的俞正燮对张穆的指点津梁以及向徐松的质疑促使张穆潜心研究的情况。俞正燮的十五卷余稿就是由张穆编定的，取名为《癸巳存稿》，收入张穆为杨尚文所刻的《连筠簃丛书》。很清楚，没有很深厚的友谊，一般人是不会这样做的。

嘉、道、咸时期的许多边疆史地著作之所以能够不因岁月的流逝而保持自身的学术价值，这不仅是由于那些原作者殚精竭虑、呕心沥血的结果，也是由于一些同时代具有边疆史地学方面的精湛造诣的校订、补辑者辛勤劳动使之臻于完美有关。虽然他们的研究题目往往相同，如俞正燮有《俄罗斯佐领考》和《俄罗斯事辑》、张穆有《俄罗斯事补辑》、魏源有《国朝俄罗斯盟聘记》、何秋涛有《朔方备乘》，虽然他们彼此提供学术研究的资料，但那种欺世盗名、掠人之美、在学术界门户之见森严、拉帮结派的污浊习气在他们身上丝毫未曾沾染。以研究《元圣武亲征录》为例，张穆最初从徐松那里得到一个相传为钱大昕转抄来的抄本，后从翁方纲家得到一个藏本，张穆乃用这两个本子点勘了一遍，该书因多次传抄而荒谬百出，读起来如行荆棘

---

① 张穆：《魏延昌地形志》（抄本）自序。亦见张穆：《𦙆斋文集》，附石州年谱，民国山西省文献委员会编：《山右丛书》初编，11，山西人民出版社 1986 年版，页二十一。

中，时时牵衣挂肘，于是张穆便将该书拿给友人们传看，友人都知难而退，无法卒读，只有何秋涛不畏其难，一字一句加以疏通笺证，每隔十来天便将最新的考订成果见示于张穆，交流学术思想，最终撰成《校正元圣武亲征录》一书，张穆为和何秋涛取得这一学术成就深感高兴。我们从这一事件可以得出以下几点认识：一是当时研究边疆史地的学人治学刻苦认真；二是他们之间联系频繁，并不把珍贵的学术资料匿不示人而据为私有；三是他们在别人超过自己时不嫉妒。总之，他们的学术成就卓然不朽，他们的高风亮节也光照千秋。嘉、道、咸时期的边疆史地研究者的趣缘集合体之间是一种全渠道式的交往，其交往的媒介是志向、兴趣的相近，而这一点也决定了这一趣缘集合体的价值定向。处于这个社会群体内部互动关系网结上的各学友的构成，是一种等比组合，即他们的社会地位尽管有显宦和寒士之别，却都属于知识分子的范畴，贵不骄贱，富不厌贫，敦切友朋，相互推挹，而且大部分人在政治上不甚得意，处于政治边缘化的地位，濡沫相染，生死相济。他们之间的学术交往是一种催化剂，他们在多方面的双方交流中相互协作、鼓励，获得自己所需要的各种精神养料，不至于因孤身独处而孤陋寡闻，一些学者或者在校订其他学者的著作中萌蘖孕育出新的著作，或者在研究过程中得到其他学者精神上的支持和资料上的帮助，这样便容易形成一种整体效应，产生了嘉、道、咸时期边疆史地学繁荣昌盛的局面。

第三节　嘉、道、咸时期经世致用思潮的复兴

儒家学说在中国根深蒂固，源远流长。它在长期的历史发展过程中沉淀于人们心理的底层，以政治、伦理、道德等方面的规范充实和巩固了传统的宗法制和等级制，是中国传统社会上层建筑中的统治思想。"内圣外王"是中国儒家的传统文化理想，内圣外王之道是中国传统哲学的主题。由于儒家传统思想从一开始就具有宗教因素与政治性因素的交融合一，所以"修齐"与"治平"、"正心诚意"与"齐家治国"、

亦即所谓"内圣"与"外王"往往呈现出两极性的歧异关系。《礼记·大学篇》集先秦儒家内圣外王思想之大成，其中三纲领（明明德、亲民、止于至善）和八条目（格物、致知、诚意、正心、修身、齐家、治国、平天下），不但是一个最体系化的理论构架，而且勾勒出了实现这一理想的具体步骤。内在心性修养、即"内圣"与外在政治社会事功、即"外王"的两极性歧异关系，使中国学术很早便有"内圣"与"外王"两条发展路径。儒学自始即是一种有体有用之学，这一点决定经世思想在中国历史上一直不绝如缕，即使在强调内圣之学的派别占据优势的时候，经世意识为个体修养及宇宙本体的研究所淹没，但经邦治国的目标从未公开放弃过。换言之，无论遭遇如何，儒家原始的"用"的冲动从未完全消失过。

　　"经世"一词最早见于《庄子·齐物论》中"春秋经世，先王之志"[①] 一语。章炳麟认为这里的"经世"二字应作"纪年"来解释，我们认为这是正确的。东晋葛洪《抱朴子·审举》一书中有这样的话："故披《洪范》而知箕子有经世之器，览九术而见范生怀治国之略。"[②] 这是我们目前所见到的在意思上接近于"经世致用"的最早用法。有趣的是，儒家虽然很早就含有经世致用、倡导实务的思想但没有首先提出这一概念，而最早在"经世致用"的意义上使用"经世"一词的却为属于道家的葛洪。在明代，王阳明的弟子王畿认为，儒家之学务于经世，经世之术有两方面，主于事者和主于道者，主于事者以有为利，必有所得而后能寓诸庸，主于道者以无为用，无所待而无不足。从字面来看，王畿似乎十分肯定经世致用，然而稍加分析即可见他所说的只是一种"无用之用"，与我们今天所说的"经世致用"的含义大相异趣。不过，明代中叶以后，"经世"这个概念越来越被人们所广泛认同、接纳，其内涵和外延最终得以明晰和确立。这是中国思想发展演变的"内在理路"（inner logic）所致的结果。

　　在宋代，程朱理学兴起，将原始儒学所讲的"正心诚意修身齐家"

---

　　① 　王世舜主编：《庄子译注》，山东教育出版社 1984 年版，第 38 页。
　　② 　葛洪：《抱朴子外篇全译》上，庞月光译注，贵州人民出版社 1997 年版，第 335 页。

提到空前的本体高度，以此作为整个社会纲常秩序以及官僚体系的维系力量，使儒学的重点转到了"内圣"一面，致使连"拯民水火、救人饥渴"等原始儒学的"外王"的政治内容也被赋予以"内圣"的准宗教性质，成为所谓"对人的终极关怀"，即对人如何悟道、如何能成为圣人的关注。理学以"内圣"为本，以"外王"为末，认为必须先"正心诚意"然后才能谈得上"治平"，并且有"内圣"自有"外王"，"内圣"可以脱离甚至必须脱离"外王"而具有独立自主的价值和意义，"外"或"治平"是"内"或"修身""正心"之类的直线延长或演绎。这样，经世致用的观念被讲学论道所湮没不彰，正心诚意成了一切外在事功的根本和源泉。诚然，二程、朱熹和王阳明也讲求事功、注意时务甚至本身就有赫赫事功，但这并不能改变其理论明显只是"内圣"之学的本质。这种"内圣"之学必然导致鄙弃事功，往往脱离现实，高谈性理，把人生意义的追求指向内在的完善和超越。此外，儒学内部的智识主义和反智识主义的对立在宋代理学中就已经存在，不过宋代理学还基本上包括了"尊德性"和"道问学"两方面而大体不堕于一边。到了明代，王阳明学说的出现把儒学内部反智识主义的倾向推拓尽致。由于王阳明的"致良知"之教企图直接把握住人生的道德信仰，并在这种信仰里面安身立命，把知识问题看成是外缘的、与道德本体没有直接关系的，所以尽管王阳明本人并不采取反知识的态度而希望把知识融入信仰之中，但这种理论对"道问学"和"尊德性"之间的畸轻畸重势所难免流入反智识的路向，造成王学末流虚言"良知"、尽废学问、轻视"闻见之知"的风气。

自儒学在秦汉以后沿着孟荀指引的"内圣"和"外王"两个路线而分道扬镳，入世—经世的精神始终是伦理—政治型的中国文化一以贯之的传统精神。与宋明理学着重发展孟子内圣之学并臻于登峰造极的同时，与其相反相成地阐扬荀学"外王"路线的知识派也列出堂堂之阵，高擎经世致用的大旗，对宋明理学鸣鼓而攻之。南宋的陈亮、叶适一反朱陆以理气心性为中心的学术路线，以政治、军事、经济等社会实际问题为出发点，不讳言事功，具有浓厚的经世意识，只是在理学风靡一时的环境中不占主流。但明代中叶以后，儒学在体、用、文三方面都发生了变化，儒学的重心从内圣的道德本体转到了外王的政治社会体制，从着眼于形而上的、绝对的道德本体的内省转向外王方面实际事功的讲求，从"尊德性"转向"道问学"。这样，如同先秦子学、两汉经学、魏晋玄学、隋唐佛学、宋明理学一样为各个时代的独特思潮，明清实学悄然崛起。这种实学思潮鄙弃理学末流的空谈心性，在一切社会文化领域提倡"崇实"，其代表人物有明代的罗钦顺、王廷相、黄绾、王艮、何心隐、李贽和清代的王夫之、黄宗羲、顾炎武、傅山、方以智等人。嘉、道、咸时期，魏源、龚自珍等人从考据学的网罗中挣脱出来，以敏锐的目光注视各种社会现实问题，讥切时政，诋毁专制，倡言变革，又重新恢复了清初经世致用的学术路线。

　　这样便存在着一个值得人们探究和深思的问题：经世致用在 18 世纪难道真的夭折、失踪了吗？清初顾炎武等人的经世思想与嘉、道、咸时期经世思想复兴难道真的存在一个断层、一条鸿沟吗？明清之际的儒学因自身内在的发展要求和受外在的刺激而出现向"道问学"和"经世致用"学术思想转变的趋向，理学争论的战火蔓延到文献研究方面，使清初的经学考证直承宋明理学的内部争辩而起。到清代中叶，考经成为风气，"道问学"取代了"尊德性"而在儒学占主导地位，这时候的考据学虽然发扬了儒家实事求是的致知精神，却同时也不免使"道问学"和"尊德性"越来越疏离，既不可能直接关系"世道人心"，也不足以保证个人的"成德"，许多考据学者为考据而考据，缺乏清初实学家表现出的那种爱国主义热情和关心国家、同情民瘼的经世胸怀及针砭时弊的实学精神。如果说，"通经致用""明道救世"是充溢着阳刚之气的清初学术的灵魂，那么乾嘉考据学则可以说是学者逃避政治迫害、曲意折屈而成的一种变态学问，其精神是畏怯的、不健康的。清朝统治者实行文化专制主义政策，采取高压手段掮制作为全社会智识程度最高，而且标格以天下为己任的传统知识分子的思想，使现实乃至历史的政治成为不可谈论的禁区，数代鸿儒皆做寒蝉而折入追究名物训诂之精微的考据一途。尽管如此，经世意识仍然深藏在儒学的底层。儒家学说中"内圣外王"的思想锻造了中国知识分子的节操和入世精神，中国士人在人生上似乎普遍采取"忧以天下，乐以天下"的态度，具有一种执著的对国家民族命运的忧患意识。中国儒家知识分子在数千年中无一在原则上反对以学术经世，连在乾嘉学人中最称谨饬的第一流大学者钱大昕也在序明人一部作品时，发挥儒学经世之旨不免情见乎词，以实用为尚，而戴震及其扬州学派所流出的经世意识更是学术界早有公论的。一些考据大家当时在整理与研究古代历史文化方面的巨大成就往往掩盖了他们的政治卓识。例如，《广雅疏证》的作者王念孙就曾被人视为一位经学家而已，然而清人在整理其著作时发现其写的大量政事奏疏及治理河道诸论，感叹地说："即先生之文以求先生之学，更即先生之学以见先生之经济，则先生岂仅以文人传哉！又岂仅以经师学人传哉！"① 作为浙东史学殿军的章学诚不但明确提出了"史学所以经世"的响亮口号，而且全面发挥了"六经皆史"的观点，其经世思想彰彰甚明，毋庸置疑。事实表明，经世致用思想只是作为一种潜质埋藏在考据学家古色古香的学术外壳内罢了，一旦到社会危机暴露、文化专制有所松动的时候，就会显而张达。它犹如一岁一枯荣的离离荒草有着自身的生长规律，尽管无情野火可以将其焚毁，可是冰解雪融之际，其埋藏于沃土中的种子又会绽出新绿。嘉、道、咸时期经世致用的复兴与考据学并非毫无瓜葛，两者存在着潜移默化的联系，我们应该把这时期经世致用思想的兴起看成求实、求真学风顺应历史发展而实行否定之否定的产物。乾嘉考据学的误区在于"得筌而忘鱼"，使"经世致用"失落于"道问学"之中，嘉、道、咸时期经世派与汉学经验主义者的分野，则在于以是否学术与政事两位一体为旨归和重求"道问学"与"经世致用"的整合。在这时期经世派知识分子身上，汉学考证缜密的品质仍然没有消蜕。必须指出，汉学的衰微与经世思潮复兴这一嬗递是昭然可见的，不过它绝非突然而来，有着逐渐而复杂的量变过程。总之，我们不能过分凸现某些事实的同时忽视一些不易察知的现象，否则就会对历史实相产生偏执，难以抉发历史发展的来龙去脉。

清代学风在嘉、道、咸时期由客观主义、古典主义转向功利主义、

① 王念孙：《王石臞先生遗文》，夏良林序，罗振玉辑印：《高邮王氏遗书》，江苏古籍出版社 2000 年据上虞罗氏辑本影印版，第 116 页。

现实主义，经世致用思想再度抬头。对于这一点，学术界都有目共睹，无可争议，只是有些学者仅将视野集中于对魏源、龚自珍、刘逢禄、庄存与等人经世思想的研究，未能对这股思潮作一整体而加以全面探求。其实，经世致用思想在社会矛盾尖锐的嘉、道、咸时期并不为少数思想先进的知识分子所独有，执持这种思想的人实繁有徒，经世致用思潮在当时可以说是众流赴壑，百川归海，不同学术流派、不同社会阶层的人们都以经世致用为思想出发点，企图挽救清王朝统治大厦于将倾。我们看到有这样一条资料：道光十五年（1835），刚刚步入仕途的清朝官员张集馨奉诏应见，"是日，南河水涨，圣心大不愉悦。军机复召，第二次余入，帝询问履历差事毕，令读有用之书，无徒为辞章所困也。'汝试思之，辞章何补国家，但官翰林者，不得不为此耳！'又询及里居，帝大声曰：'汝南边年年闹水，将如之何？'……上曰：'汝在家总宜读经世之书，文酒之会，为翰林积习，亦当检点。'上首颔余出，遂逡巡而退"[1]。在当时，各种棘手难决的社会问题摆在统治者面前，连清廷最高统治者道光帝也觉察到辞章之学的了无益处，要求官员留心经世之计，以求为维系日趋衰微的王朝统治服务。经世致用思想如狂飙般席卷整个社会的情形便可想而知了。

如前所述，"内圣外王"是中国传统文化的理想人格，这便决定了中国古代知识分子强烈的政治意识，同时也意味着中国古代教育基本上是一种官本位的教育模式。这是因为，知识分子内在的德性与仁义，要外化为理想社会，最主要最简捷的途径就是跻身官场，所以中国古代知识分子往往拥挤在学而优则仕这条出路上，必须依附于皇权—官僚系统的政治结构，缺乏独立人格意识。只有这样，他们才能兼济天下，否则一旦不直接参与实际政治，就只能独善其身。这样，中国知识分子除了有一些"先天下之忧而忧，后天下之乐而乐"的经邦治国之才外，也不乏一味只知干禄仕进者，一旦步入仕途后便争权夺利，尔虞我诈，人情世故关系极为严重。嘉庆、道光以下，知识分子被蚀之深，无知无

---

[1]　张集馨：《道咸宦海见闻录》，杜春和、张秀清整理，中华书局 1981 年版，第 21 页。

德之甚，比明代有过之而无不及，造成清朝政治机构的严重机能障碍。官吏渎法贪冒、柔靡浮滑、吏治泄沓不堪闻问、尸位素餐者比比皆是。在这种情况下，自然灾害频仍，财政拮据，反政府武装斗争此起彼伏，海警四起，军问沓至，天灾与人祸交加，内忧与外患相逼而来。社会局势如一泓荡泊，敏锐的中国知识分子目睹时艰，一反乾嘉考据学的媚古之习和株守章句的狭小格局，发扬儒家面向现实改造环境的外在性格这一积极面去应付清政府"日之将夕，悲风骤至"① 的时局变化，力主道、学、用合一，于是，经世的思潮在 18 世纪以后便从传统士人普遍的一种对国事的关怀发展为对钱粮、刑谷、河运等实务的探讨。另一方面，中国传统官本位教育模式在清代中叶以后造成了士人生产过剩的现象，士人为一个不断增长的变量，各级官职却为一个大体恒定的常量，皇权—官僚系统的政治结构容纳不了拥挤在学而优则仕道路上的众多士子，腐败的取士制度和官员铨选制度又往往不能秉公甄拔，使许多具备匡济之才的士子落拓蹭蹬，常遭摈斥而不获见用。但这种遭遇反而不至于使他们独立的人格失落在皇权—官僚系统的政治关系之中，能够以批判者与建设者的姿态走向经世致用，影响社会选择、促进文化发展和社会进步。由此可见，历史的发展表现出了这样的内在联系：即内圣外王的理想人格——官本位教育模式——利禄和才者沉却不得志——官僚机构的腐化等秕政、时代呼唤处于政治边缘化的士人挽救民族危亡——在受内圣外王理想人格铸模的士人头脑中并没有归于澌灭、并没有音沉响歇的经世致用思想勃然而兴。

在嘉、道、咸时期，倡言经世致用思想的各种人物风云际会，有阳湖派文人洪亮吉、张惠言等，有今文经学派的魏源、龚自珍等，有桐城派文人姚莹等，有湖湘学派的曾国藩、罗泽南、刘蓉、胡林翼等，有致力于边疆史地学研究的张穆、何秋涛、沈垚等人。由于他们的地位、政治倾向、学术渊源、个人经历等各不相同，所以他们的救世主张也不尽一致，他们的经世致用思想有各自的个性特征。例如，曾国藩在桐城派

---

① 龚自珍：《尊隐》，石峻等编：《中国近代思想史参考资料简编》，生活·读书·新知三联书店 1957 年版，第 15 页。

"义理、考据、辞章"的基础上加入了"经济"的内容，强调学以致用，但他注重个人修养的问题，一生道貌岸然，其经世思想带有浓厚的道学家的色彩；李鸿章更多地着眼于本身直接的政治经济利益，透露出明显的市井气息；至于左宗棠的经世思想则带有较多的"书生气"，他不拘守一家一派，兼取程朱、陆王及早期汉学的各有关成分，形成了自己务实际、重事功的经世思想特色。过去，学术界对曾国藩等位居封圻的高官显宦的经世思想讳而不言、视而不见，这是不够客观的。笔者认为，嘉、道、咸时期的经世致用思潮与清初经世思潮的重要区别之一，即在于这时期经世致用思潮倡导者成分驳杂不齐，不像清初倡言经世致用的代表人物那样社会角色大略相近。其次，这时期的经世致用主要是地主阶级知识分子的应变思想武器，救亡图存是这时期经世实学的主要内容，清初进步思想家反思的中心问题则是明何以衰何以亡的原因。再次，这时期复兴的经世致用思潮不是简单的对清初经世思潮的复归，已经开始向中学为体、西学为用的方向发展。我们应该看到，曾国藩、左宗棠、李鸿章等人是嘉、道、咸时期经世思潮倡导者中重要一翼，随着时间的推移，经世的旗帜逐渐转移到这一部分人手中，使经世实学由变革之学变为"制民之学"，曾国藩等人的经世思想是不容回避的问题，我们不能把他们与龚、魏等人等量齐观，也不能只字不提，否则便不能赅括当时经世致用思潮的全貌，得到的仅为管窥之见。

第四节　嘉、道、咸时期边疆史地学诸学人经世致用思想分析

陆宝千曾这样论述：自嘉庆以后，"白莲教痈溃于腹地，张格尔变乱于西北，英吉利凭陵于东南。士大夫懔于商羊石燕之警，惧有梁顷压侨之祸，于是自陇亩而至庙堂，相与讨论朝章国故，古今利病，边陲离合，绝域政教。而史学兴焉，而经世之音振焉。喁于相望，遂与明末遗老相桴鼓矣。故吾人于嘉道史学，得以数语结之曰：其起因，为汉学之

途穷思变；其助缘，为内忧外患之所激；其精神，则明末遗老经世之心之复苏也"①。这一段议论确乎鞭辟入里，指出了嘉、道、咸时期边疆史地学研究的精神乃是经世致用。经世致用不但是这时期研究边疆史地学诸学人的初始动机和最终旨归，也是这时期边疆史地学繁荣昌盛的推动力，这时期研究边疆史地学的诸学人在其研究过程中始终都贯穿了经世致用的思想，经世致用思潮与这时期边疆史地学的繁荣之间存在着高度相关性。

　　嘉、道、咸时期研究边疆史地学的诸学人之所以力主经世致用，是因为他们对当时国家和民族所处的历史时代有深刻的自觉和体认，对政府的腐败堕落、国运的危殆感到栗栗畏惧，认为不振衰起弊将导致国家和民族的衰亡。嘉庆以后，清政府的统治大厦已如危楼敝庐将沦于洪浪寒潮，虽尚未圮毁倒塌，大多数人仍酣睡未觉，但冷气已经阵阵袭人，有识之志惊怵于桐叶之凋，敏锐地觉察到山雨欲来风满楼的预兆。龚自珍以其犀利、大胆的笔触将清王朝末世的脓疮无情刺破，他认为，清朝统治的隆盛时代已经终结；虽然其"文类治事，名类治世，声音笑貌类治世"，内部却朽蠹溃烂了。② 不仅龚自珍看到了这种世运的潜移，张穆也作如是观，他说："方今良法美意，事事有名无实。譬之于人，五官犹是，手足犹是，而关窍不灵，运动皆滞。"③ 两相比较，张穆与龚自珍的话不仅在语气上而且在句式上何其相似！天下兴亡，匹夫有责。这时期研究边疆史地学的诸学人直面社会现实，心系国家民族的盛衰，著书慷慨识时忧，不再像考据学家们那样终日埋头故纸堆中与国计民生相离甚远。他们中有许多人早期也对考据学颇为致力。在学术界崇尚考据的时代，家家许郑，人人贾马，流风余韵所被，他们自然不能不受到一定的濡染。魏源在年轻时便向汉学家胡承珙等人求教，对段玉裁的弟子陈奂治《毛诗》的成就十分钦慕，自己也写过一些声音训诂方面的文章，但他后来并未拘囚锢蔽于考据学之中，而是跳出其窠臼，倡经世

---

① 陆宝千：《清代思想史》，台北广文书局1978年版，第321页。

② 《龚自珍全集》，上海人民出版社1975年版，第6页。

③ 中国社会科学院近代史研究所近代史资料编辑组编辑：《鸦片战争时期思想史资料选辑》，中华书局1961年版，第92页。

以谋富强，讲掌故以明国事，崇今文以谈变法，究舆地以筹边防，成为
开一代新风的先驱。沈垚早年虽一度沉浸于名物训诂之学，但后来自知
以前支离琐悉之非，接受好友的忠告并在信中说："垚始用心于琐屑纷
颐之处，颇亦自知其误究名物而弃微言，指示病根至为痛切，垚当以为
座右铭。"① 从此，他开始改变旧的学风。沈垚的这位好友名叫张履，
在历史上不见经传，然而却能剀切指正沈垚治学的偏颇倾向，表明考据
学当时受到许多人的鄙弃、经世致用的主张并非空谷跫音。张穆在与他
的信函往来中也认为，应该在帖括外更治一有用之书，先求一二事贯彻
首尾，然后自验其材之所近，并入一途，大小必当有成，并说这才是本
领，而饾钉袜线，不足称道。张穆的这封信与其说是劝诫他人，不如说
是在阐明自己治学的门径和志向。

　　为什么边疆史地学在当时会成为一门经世致用的学问呢？笔者认为
可以从以下两方面来分析：

　　一是与中国非宗教、重经验的实用理性紧密相关。中国自古就有重
史的传统。中国史学自汉代从经学中分化出来而成为一门独立的学科之
后，其向人们的实践活动提供历史经验的社会价值就为人们所注重。特
别是在明清以后，中国文化思想的历史走向表现为由经学而史学，即着
眼于具体的历史意识而替代抽象的心性玄谈。王夫之强调以"势"来
看待"理"和"天"、顾炎武提出"经学即史学"、钱大昕主张"经史
不二"而将"史"提升到与"经"完全相等的地位、章学诚"六经皆
史"的著名命题，都是从准宗教性的伦理本体论走向近代现实性的表
现。这一思潮在进一步肯定和确认史学的借鉴社会功用的基础上，又含
有化"经"为"史"的倾向，赋予史学以求"道"必经的门径的学术
地位，使经世必须究心于史、尤须注重当代之史的观念，成为悬诸日月
不可改易的定论。边疆史地学对治理边疆、巩固边防等方面具有很强的
实用性。在清代，边疆史地学的研究一向富于经世致用的优良传统。清
初广阳学派的创始人刘献廷认为，学者研究问题的最终目的应该是学以

① 沈垚：《落颿楼文集》卷八，"与张渊甫"，民国 7 年吴兴刘氏嘉业堂刊
本，页四。亦可参见《续修四库全书》编纂委员会编：《续修四库全书》1525，集
部·别集类，上海古籍出版社 2002 年版，第 458 页。

致用，经济天下，而不应当仅仅满足于书本知识的一知半解，咬文嚼字。尽管其好友顾祖禹写的《读史方舆纪要》亦以经世致用为鹄的，但刘献廷仍觉得该书详古略今，用来读史固然大有帮助，探求当今的情形则尚须历练。可是对于梁份经过实地考察而历时六年才完成的关于西北边疆及其周围地区的地理书籍——《西陲今略》，刘献廷赞誉不已，称之为"有用之奇书"，并说"此书虽限于西北一隅，然今日之要务，孰有更过于此者"①。由此可见，边疆史地学中贯穿经世致用思想的学风在清代历来有之，经世致用的学风在清初边疆史地学研究中就被人们所推崇。即使在乾嘉考据学如日中天之际，经世致用这面旗帜在边疆史地学领域也没有被掩卷起来，依旧猎猎飘扬。以杨应琚编纂《西宁府新志》等西北边疆史地著作为例，他虽然仕宦得宠，却能把著述与探索治国治民的方法紧密结合在一起，通过叙史、考史来为现实政治服务，希望有助于清政府在西北边疆地区的长治久安。无怪乎杭世骏高度评价说："以文字之役窥，公精笔削，密鉴裁，所以论公似矣，其所以知公也浅。若夫纾庙堂之忧，筹定远之策，斯一编也，则公精神之所存，而经世大业出其中。"② 在这里，杭世骏以经世为第一性，以学术为第二性，学人对边疆史地学研究的价值取向是十分明白的。正是由于上述原因，所以在嘉、道、咸时期经世致用思潮复兴之际，边疆史地学能够较早乘势崛起，迸射出绚丽的光芒。有人曾经说过，清初西北史地学家梁份的《西陲今略》仅涉及武威、张掖一带，祁韵士将自己的代表作命名为《藩部要略》，似有意远绍梁份的遗踪，而《藩部要略》内容的宏远则胜过《西陲今略》。笔者认为这种说法可以征信。徐松在道光年间就是受到刘献廷在研究《水经注》上创新见解的影响，通过实地考察后才著成《西域水道记》的。由是观之，清初注重经世致用的边疆史地学家与嘉、道、咸时期研究边疆史地学的诸学人之间可谓一脉相承，后者是前者的发扬光大。

　　二是如果说边疆史地学本身经世致用的"自性"是其在嘉、道、

　　① 刘献廷：《广阳杂记》卷二，汪北平、夏志和点校，中华书局1957年版，第66页。

　　② 杨应琚：《西宁府新志》卷首，乾隆十二年刊本，杭世骏序。

咸时期形成一股研究热潮的内因，那么嘉、道、咸时期边疆地区的累卵之危则使带有经世致用色彩的边疆史地学待缘而生。是时，清朝结束了景运隆盛的时代，西北边疆发生了张格尔勾结外力的叛乱，作为天然屏障的东南海疆又出现殖民者接二连三的叩关，俄国对中国东北和蒙古虎视眈眈，英国对西藏居心叵测，使具有士大夫精神的中国知识分子忧心如焚，亟筹御侮保边之策。早在 1820 年张格尔开始叛乱，龚自珍即迅敏地针对这次叛乱献策，写了《西域置省议》一文。与此同时，清廷内部有人认为新疆悬远难守，留兵少则不敷战守，留兵多则难继度支，主张放弃喀什噶尔、英吉沙、叶尔羌、和田四城，因此沈垚写了《新疆私议》来阐明自己的观点。关于《圣武记》的撰写缘起，魏源在该书序言中说得十分清楚，西北边疆的攘扰动荡和东南海氛不靖，是促使他拿起笔来从事边疆史地著述的原因。何秋涛《朔方备乘》的问世也不例外，它与俄国对我国领土的蚕食鲸吞、第二次鸦片战争的风云变幻息息相关。嘉、道、咸时期边疆史地学的繁荣是历史的产物，历史发展提出了研究边疆史地学这一时代性重大课题，边疆安危问题历史性地成为充满爱国心的知识分子注意的焦点。总起来看，边疆史地学在嘉、道、咸时期的繁荣不仅是由于学术自身的某些特质及其内部运动所致，而且也是当时边疆岌岌可危的局势使然。正如李鸿章在何秋涛《朔方备乘序》中述："且夫三代之时，王畿不过千里，征伐不出五服，犹可执不勤远略之说也，而圣已忧之，必为之图，设之官，著之于书，使周知而预为之防，如此其至。况封建既废，关市已通，轮舶火车，瞬息万里，异域遐方，迩若咫尺，顾乃局守堂室，视听曾不及乎藩篱，是岂可久之计哉！"[1] 何秋涛等人已经认识到清朝闭关锁国、自居一隅已经不可能，西方势力的强大已使清朝边疆面临严峻挑战，为此，这些学人抽思绎虑，深探博求，在边疆史地学这一研究领域倾注了大量心血，结出了累累硕果。

这些在边疆史地学领域里纵横驰骋的学人意气风发，以经世致用为

---

① 黄彭年：《陶楼文抄》杂著一、二，沈云龙主编：《近代中国史料丛刊》第三十六辑，356，台北文海出版社 1968 年版，第 650 页。

治学圭臬。姚莹平素讲求经世致用之学，不为詹詹小言。他在《康輶纪行》中说："中国书生狃于不勤远略，海外事势夷情，平日置之不讲，故一旦海舶猝来，惊若鬼神，畏如雷霆，夫是以偾败至此。"[1] 鸦片战争期间，中国知识分子对外部局势如盲如聋，这给姚莹留下了深刻的印象，为了雪耻图强，姚莹更加努力研究边疆及域外史地。姚莹明确宣布，他喋血饮恨而撰写《康輶纪行》的目的有两个，一是使同胞了解少数民族的情况，采取恰当合适的边疆政策；二是使同胞对外国侵略者的情况习见习闻，知其虚实，然后徐筹抵御强敌之道。在早于《康輶纪行》写成的《东槎纪略》的序言中，姚莹阐述自己的撰述意图说："余以羁忧，栖迟海外，目睹往来议论区划之翔实，能明切事情，洞中机要；苟无以纪之，惧后来者习焉不得其所以然。设有因时损益，莫能究也。乃采其要略于篇，附及平素论著涉台政者，而以陈周全之事终焉。世有审势察机之君子，尚其有采于兹！"[2] 姚莹的这段话诚恳真挚，其经世致用之心溢于言辞。从《东槎纪略》和《康輶纪行》的序言中可以看出，姚莹的经世致用之心越到后来越发殷切。

经世致用是嘉、道、咸时期边疆史地学研究的一种风尚，学问为实用是这时期研究边疆史地诸学人共同的箴言。姚莹如此，张穆、何秋涛等人亦然，更不用说龚自珍和魏源将"治史"与"治世"合而为一了。张穆不像姚莹、何秋涛那样有过直接参与政治的经历，他是一个纯粹的学者，但这丝毫没有影响他经世致用学术思想的发展。"缀古通今，稽史籍，明边防"，是张穆撰写《蒙古游牧记》的主要着眼点。内外蒙古，浩瀚千里，是我国北部边防要地，了解其山川厄塞险夷，对巩固国防具有重要意义。张穆在《蒙古游牧记》中详细记载其山川城堡，即意在"志形势也"，以备国家缓急之用，表现了拳拳爱国之心。何秋涛更加清楚、具体、条理化地阐明了自己编写《朔方备乘》的经世致用意图，即"宣

---

① 姚莹：《复光律原书》，《东溟文后集》卷八，《中复堂全集》，沈云龙主编：《近代中国史料丛刊续编》第六辑，51，台北文海出版社1974年版，第770页。

② 姚莹：《东槎纪略》，《台湾文献丛刊》7，台湾银行经济研究所1957年版，自序。

圣德以服远人""述武功以著韬略""明曲直以示威信""志险要以昭边禁""列中国镇戍以固封圉""详遐荒地理以备出奇""征前事以具法戒""集夷务以烛情伪"。一句话，何秋涛编写《朔方备乘》就是为清政府提供制定我国北部边疆防卫计划所必需的历史和地理资料。

在嘉、道、咸时期边疆史地学诸学人当中，经世致用思想最为宏博深邃的应首推龚自珍和魏源。他们的思想倾向于应时致用的实用主义和思维方法的自由解放，以"通经致用"的实学思想为武器抨击"俗学"趋空蹈虚的顽症，主张应该贯通经术、政事、文章于一体，而以经术政事为本为旨，代表了儒家与时推移的经世精神的发挥。他们的经世致用思想渗透着实用理性的思维方式，企图通过对边疆史地学的研究来寻找拨乱之道、匡时之策。龚自珍长于西北舆地之学，以朝章国故世情民隐为学问的质干；魏源"读书期有用，削札记《圣武》"①。经世致用的旗帜在他们手里举得最高，他们的经世致用思想的境界和水准冠于其他同辈学人，这使他们成为时代的巨人、经世派的群伦领袖。

我们说经世致用是嘉、道、咸时期边疆史地学诸学人学术实践活动的指导思想，然而这并不意味着他们的经世致用思想无轩轾之分。在清代边疆史地学诸学人均以经世致用为价值取向的前提下，他们的思致趋向并非毫无二致，深者见深，浅者见浅。每个人的个人经验、社会地位、认知能力的差异性，都对他们的经世致用思想的衍生有明显影响。祁韵士、徐松、俞正燮等人尽管都奉行经世致用的学术宗旨，但他们在这方面的论述往往不多见，与姚莹、龚自珍、魏源等人相比不能不说稍逊一筹。在这时期的边疆史地学诸学人中，沈垚一生命运最为坎坷，屡试不第，颠顿困苦，常常衣食不周，依靠为他人捉刀代笔谋生，最后于全浙老会馆在贫病交加中惨然而逝。应该说，沈垚能够写出《新疆私议》这样的辉煌之作，能够提出"文之适用不适用，非由于古不古"②

---

① 孔宪彝：《对岳楼诗续录》卷二，"怀人三十二首·魏默深进士"，咸丰六年刻本，页二十。相关研究或可参见李瑚：《魏源研究》，朝华出版社 2002 年版，第 560 页；黄丽镛编著：《魏源年谱》，湖南人民出版社 1985 年版，第 135 页。

② 沈垚：《与徐星伯中书论〈地理书〉（论〈安澜志〉）》，谭其骧主编：《清人文集地理类汇编》第 5 册，浙江人民出版社 1988 年版，第 443 页。

这样的高论灼见，的确非常了不起。不过我们可以清楚地看到，沈垚一生连生计问题都无法保证，寄人篱下的社会经济地位不能不使他把主要精力放在解决生存第一需要的满足之上，不能不影响他对现实重大政治问题的深刻观照。沈垚的经世致用思想不能与龚、魏相伯仲，显然与他经济极端贫困和英年早逝的个人身世有关。嘉、道、咸时期边疆史地诸学人有共相，可是有共相不等于有一相，共相之中包含有殊相，我们既要看到他们均具有经世致用思想的相同性，又要具体地分析各自经世致用思想个性特征。总起来看，这时期边疆史地诸学人都赞成实效论，其经世致用思想都渗透着实用理性的思维方式，企图通过对边疆史地学的研究来寻求拨乱之道、匡时之策。

第五节　嘉、道、咸时期边疆史地学的经世致用效应

在嘉、道、咸时期，研究边疆史地的诸学人怀抱着经世致用的思想，著书立说，引古筹今，使边疆史地学研究密切与当时的社会现实相联系，因而这时期边疆史地学的研究成果能够产生出一定的社会功用来。一般说来，社会科学的功用可以分为现实型、历史型和自赏型三种情况。现实型功用的研究是指对现实的难题作出了解答，推动了文化时效发展的创造活动，历史型功用的研究是指对纵向序列的文化发展或前或后做出了成就的活动，而自赏型功用的研究则是一种使用价值难以实现的负创造活动。乾嘉考据学主要属于历史型和自赏型功用的研究，嘉、道、咸时期边疆史地学主要属于现实型和历史型功用的研究。边疆史地学、经世致用的观念都与中国实用理性的思维方式传统相吻合，容易为受传统文化濡染的中国人所吸收。而且，边疆史地学在嘉、道、咸时期的繁荣是时代的产物，即时代对加强边疆史地学研究提供了社会需求，意味着边疆史地学的研究成果在发挥社会功用方面应该广有市场。尽管当时的大众传播手段比较落后，但这时期边疆史地学的研究成果或

者由政府出面加以刊布，或者由诸学人想方设法加以付梓印行，从而得以对社会产生或大或小的效应力。

张穆的《蒙古游牧记》写出来后，祁寯藻称赞说："是书之成，读书者得实事求是之资，临政者收经世致用之益，岂非不朽之盛业哉。"①这并非过誉之辞。林则徐在谪戍新疆的途中，随同出关的行李很少，却用大车七辆载书二十箧，其中就有祁韵士的《总统西陲事略》、和瑛的《三州辑略》等边疆史地方面的著作，以供考察新疆的各种情况。可见在鸦片战争后不久，边疆史地学的研究成果就被用于指导实践活动，对林则徐在新疆历勘南疆垦地、倡导兴修水利、讲求防边强边之策提供了帮助。自鸦片战争后，我国进入一个多事之秋，新疆在近代史上发生了多次内部战争与对外交涉，徐松的《西域水道记》一书，或作用兵的参考，或作划界的根据，都曾起了重要作用。左宗棠年轻时努力钻研经世之学，阅读了大量有关历史地理学的著作，从顾炎武的《天下郡国利病书》、顾祖禹的《读史方舆纪要》、齐召南的《水道提纲》到徐松的《汉书西域传补注》等，无不朝夕稽究，有所心得，便作成笔记。社会科学的共识为政治体系的操作者所吸收后，可以提高政治体系操作者的科学素养，帮助操作者观察分析复杂的社会现象，从而做出准确的判断和科学的决策。左宗棠后来运筹帷幄，指挥清军征讨阿古柏，收拾金瓯一片，抗击俄国侵略，表明嘉、道、咸时期边疆史地学繁荣的意义不仅在于活跃了学术堂奥的氛围，而且在于拓展了人们的明空视界和思维空间，启迪一些爱国之士相继走上探索谋求国家复兴的道路。

另一方面，这时期边疆史地学经世致用的社会效应并没有得到最大限度的发挥。这是因为：

其一，守旧势力强大，研究边疆史地学诸学人寡不敌众，只不过是守旧社会意识弥漫的云海中显露出的一群孤岛。据史料记载，当时许多士人对祖国西北形势漠不关心，龚自珍常常向他们宣传自己的见解，希望能引起重视，然而"先生口谈西北舆地形势，舌若翻澜，坐客茫然，

① 张穆：《蒙古游牧记》，沈云龙主编：《中国边疆丛书》第一辑，8，台北文海出版社1965年版，祁寯藻序，第3页。

则执营妓絮语"①。在万马齐暗的现实社会，那些倡导经世致用思想的先进者的大声疾呼未能唤醒清王朝末世守旧知识分子的憬然觉悟。姚莹也痛切地指出，当时许多守旧知识分子对家国之事尚且视为无关休戚，一窍不通，对边疆和域外更是坐井观天，视四裔如魑魅，愚昧无知，浑浑噩噩。不仅如此，社会文化的惯性情力还总是企图规整那些倡导经世致用思想的先进者而使之变为庸常，他们对"怀未然之虑，忧未流之弊，深究古今治乱得失，以推之时务、要于致用者，必迂而摈之，且以为狂恠"②。龚自珍是一个掌故罗胸、壮志凌云的巨才，年轻时锋芒毕露，深信天生其才必有用，但被守旧人士目为"狂士"、称为"龚呆子"，最后不得不遗憾地自嘲道："荷衣便识西华路，至竟虫鱼了一生。"③ 他不得不在花月冶游之间、谈佛说法之际排遣内心的痛苦和失望，全然没有青年时遇见刘逢禄后"从君烧尽虫鱼学，甘作东京卖饼家"④ 那种冲天英气和如海豪情。

其二，从理论上说，社会科学的成果主要用于改造社会的实践活动。社会科学成果的推广和应用，需要进入权力机构的计划、方案和政策，需要有行政权力的保证，而以社会科学为职业的研究者本身没有行政权力，不能自主地进行社会改造活动的试验，也不能自主地去推广自己的研究成果，所以社会科学成果的社会化过程较诸自然科学更为艰难，就实质而言，"立功"比"立言"在中国传统知识分子心理天平上的重量更大，"立言"只是在"立功"的目标不能达到的情况下退而求其次的末端。嘉、道、咸时期研究边疆史地的诸学人之所以转向这一领域的研究的原因之一，就是因为他们往往"立功"无路，有的沉抑下僚，有的在科举考试中铩羽而归，不能一秉于公的科举和官员铨选制度，使这批人处于政治边缘化的地位，这本身意味着他们研究边疆史地学是一种"经世"的次优选择。因为这时期边疆史地学诸学人无不希

① 孙文光等编：《龚自珍研究资料集》，黄山书社1984年版，第47页。
② 李兆洛：《养一斋文集续编》卷一，"许蔬园诗序"，道光二十三年活字印二十四年增修本，页三。
③ 龚自珍：《龚定盦全集类编》卷十六，世界书局1937年版，第367页。
④ 《龚自珍诗文选》，孙钦善选注，人民文学出版社1991年版，第17页。

望通过仕途来实现经世的抱负，而政治边缘化的现实与兼济天下的理想将他们置于深刻的困境，他们在通过研究边疆史地学以摆脱这一困境的过程中推动了自身的进步，建立起自我的社会价值，但这种社会价值的实现已不是原始的理想化状态。"人微言轻"是他们研究成果的必然结局。在中国传统政治体系结构下，他们研究成果的用废与否，在一定程度上系于统治者实权派之手，他们人微言轻，难以在政治舞台上发挥自己研究成果的功用，因此，他们政治边缘化的地位匡定了他们研究成果经世致用的有限性。此外，研究成果还具有二重性：一则维护现存的社会制度，为清政府提供匡时救弊之策；一则带有批判性质，对统治者的失误不无讥评之处，而这种研究成果的批判性质逸出了处于清朝末世的统治者狭小心胸的心理承受能力，理所当然被统治者置而不顾。

其三，任何人都在某些方面受到时代的束缚，正如在另一方面得到时代的优惠一样。历史给经世致用思想的复兴和边疆史地学的繁荣提供了条件，但这些条件并不是具足无缺的。在嘉、道、咸时期，清朝统治已经不以人的意志为转移地腐败下去，加之外侮不断，戎马仓皇，统治者根本不可能充分利用边疆史地学的成果来保国御敌、振衰起弊。1858年，清廷统治集团内部围绕《天津条约》的换约问题发生意见分歧，咸丰帝动摇于主战、主和两派之间，举棋难定。正在此时，主战的兵部尚书陈孚恩向咸丰帝推荐了何秋涛早已草成的《北徼汇编》，受到清廷最高决策者咸丰帝的重视。然而，该书呈献上不久英法联军就攻进北京，咸丰帝懦弱地避难承德，该书也在英法联军焚烧圆明园的大火中化为灰烬。一部用以供清廷统治者制定关于《天津条约》换约问题政策的"经世之书"，尚未来得及发挥效用就被强迫清廷同意《天津条约》的侵略者付之一炬，这是多么可悲的历史调侃啊！

边疆史地学的"用"的希望寄托在愚蠢无用的清朝统治者身上，自然不能"致用"。令人浩叹的是，魏源的《海国图志》和《圣武记》在中国往往被束阁覆瓿，而在日本却发挥了经世致用的奇功巨效。魏源的这两部著作问世后，被日本很快加以引进，促进了日本思想界对世界知识的了解和追求，给日本人提供了反侵略斗争的经验，如暮鼓晨钟，摄人心扉，在日本倒幕派人士思想中激起了层层涟漪。日本明治维新中

的著名人物佐久间象山（さくましょうざん，1811—1864）、吉田松阴（よしだしょういん，1830—1859）、桥本左内（はしもとさない，1834—1859）等都受到过魏源著作的影响。吉田松阴当时说，魏源《海国图志·筹海篇》议战、议守、议和，切中肯綮。假如清政府全部采纳，完全足以制服英国侵略而抗衡俄、法。仅从这种意义上来说，日本受魏源《海国图志》和《圣武记》影响后开始明治维新，走上了资本主义道路，然而中国自己的研究成果不能被自己的政府利用、不能挽救自己国家的衰落，却在异国的土地开花结果，这又是多么残酷的历史悲剧啊！

　　在内忧与外患、保守与变革的交叉压力下，嘉、道、咸时期边疆史地学诸学人带着历史的感悟和时代的意识，倡导经世致用之学，规切时弊，不再像过去的考据学家那样一味进行丛脞细碎的纯学术研究，而是以研究成果的实用为价值标准，在中国学术发展史上写下了光辉的一页，为后人留下了宝贵的精神财富。这时期边疆史地学的繁荣局面，不仅是人—时关系契合——即边疆史地学顺应了时代的客观要求——的产物，也是人—人关系融合的产物。由于边疆史地学经世致用效应缺乏一些社会条件的支持和配合，所以没有得到最大限度的发挥，其中清王朝制度的腐败是这些学人经世之才难就的根本原因。

第八章 正统的解构与法统的重建：
对清代边疆民族问题研究
的理性思考

陈寅恪指出："一时代之学术，必有其新材料与新问题。取用此材料，以研求问题，则为此时代学术之新潮流。治学之士，得预于此潮流者，谓之预流（借用佛教初果之名）。其未得预者，谓之未入流。此古今学术史之通义，非彼闭门造车之徒，所能同喻者也。"① 僻处西陲的鸣沙石室訇然洞开使学者们大开眼界，故而引发陈寅恪如上醍醐妙论。在渺见寡闻的笔者看来，预流者，除如陈寅恪所言，要与时代共进退，要跟随历史步伐和潮流而不株守陈说、因循故旧，此外亦可作预见事机而引导潮流解。凡事预则立，不预则废，此乃不刊之论。我们在当下对清代边疆民族问题的研究态势和发展路径进行理性思考，是十分必要和有益的。

第一节 清代边疆民族政策研究的四次突破

清代的边疆政策是中国边疆史地学传统研究项目，不少学者均致力于此，形成繁富的研究文献。据笔者看来，这一领域的研究在 20 世纪学者赓续相继的接力式努力下产生了四次突破。

---

① 陈寅恪：《陈垣敦煌劫余录序》，《金明馆丛稿二编》，《陈寅恪文集》之三，上海古籍出版社 1980 年版，第 236 页。

一、第一代学者观点：对清代边疆民族政策失之苛责

清代历史研究本来就起步较晚。辛亥革命时期，"排满"思潮充盈洋溢，对清代历史自然难以公允。真正以学术的眼光严肃地全面研究清代历史，应该首推孟森、萧一山等先驱人物。然而如黄冕堂云："上列学者或由于时代局限，或由于传统的史观和史法，其著史大都重朝廷而轻社会，重政治而轻经济。其在政治史的求索中，则又往往崇奉英豪而鄙夷群众，倾注上层以至宫廷争夺变故，言及不阶级和阶级斗争。至若民族关系，由于受传统的夷夏之辨思想束缚，是非瞀乱亦在在有之。"[1]对于清代边疆民族政策，在清史研究兴起初期，学者多失之苛责。例如，学者们认为清政府对蒙古等民族实行了愚禁政策，采取禁汉官入蒙、禁汉人入蒙垦种、禁蒙人习汉字汉语等治蒙政策，欲其愚弱，欲其鄙陋，并禁止蒙汉联合。另外，这些学者还批评说：清廷故意优崇喇嘛教，"高其衔称，厚其待遇，免其赋役，畀以实权，使举蒙古全族男子不论为贵族为属民，皆以披剃为其职志，佛门广开，佛海迷茫，使穷其一生于往世来生，于今世无复知所追寻，喇嘛又禁娶妻，必无子嗣，朝廷之优崇喇嘛，盖使蒙人自愿为僧，而自绝其后"[2]。总之，这种观点认为，清廷以喇嘛教曳蒙古勇武之气，以教义平其杀伐斗狠之习，故意优崇喇嘛，高以仪节，厚以资赏，华其庙宇，使蒙人举族男子投入佛寺，舍身为僧，使之自绝其种于佛国，其居心叵测，乃欲使蒙人灭族亡种。谭惕吾写道："满清以异族入主中国，版图辽阔，仅逊元朝，国内种族又极复杂，因鉴于元朝之统治不善，纷乱取亡，更惕于明代之边祸之盛，故首创划清中原与藩属之界限而异其治理，当时藩属含有三族，就地理言之，为内外蒙古、青海与西藏，而内蒙逼处肘腋，民性强悍，在清室视之，实为心腹之患，故于统治内蒙之政策亦特别讲求，综而言之，可分四类：一曰羁縻政策，以牢笼内蒙之人心；一曰削弱政策，使

---

[1]　黄冕堂：《清史学录》，黄冕堂：《清史治要》，齐鲁书社1990年版，第1页。

[2]　林垩辉：《清朝内蒙古放垦之研究》，台北中国文化大学史学研究所硕士学位论文，1980年，第44页。

内蒙渐趋衰败；一曰隔离政策，以防止内蒙与中原及他族之联合，一曰愚禁政策，以阻碍内蒙之进化。"[1] "综观上述四项政策——羁縻、削弱、隔绝、愚禁——满清之对于蒙人，实无异加以重重之枷锁与陷阱，使其永无翻身之望。"[2] 民国时期的许多著作即便承认有清一代二百年间在抚绥蒙藏边疆地区问题上的积极效果，认为不无上下协和、兵戍简练等善政可指，但更多的却是对清朝权术的诛心之论。其实，这种过分贬低清代边疆民族的观点既有现代人对于古人的优越感，又有后人对于胜朝的否定确立自身正当性的动机，不足为取。清代有所谓"南不封王，北不断亲"的国策。清军入关后，八旗兵因长期丰衣厚禄而不堪倚重，如果果真照上述史家说的那样清廷愚禁蒙古、甚至灭绝蒙古，那么清廷又怎能使蒙古披坚执锐而供驱使呢？诚然，清廷治蒙政策中羁縻与防闲兼而有之，但决不可以以偏概全、倒次为主。

二、第二代学者观点：对清代边疆民族政策评价过高

改革开放后，清史学术研究步入正轨。戴逸教授主编的《简明清史》言简意赅，成为一座里程碑式的标志性著作，其中关于清代边疆民族政策部分的论述出自马汝珩教授。马汝珩教授通晓俄、日、英等诸文字，长期以来对厄鲁特蒙古史精研勤探，在卡尔梅克学这一研究领域内的造诣冠绝一时。马汝珩教授在《简明清史》中评陟清代边疆民族政策之时，正当其研究撰述的高峰期，横刀立马，激扬文字，意气方遒；其在《简明清史》中的论断堪称字斟句酌，凝聚着他对这一问题的深思熟虑的结晶，在一段时间内为许多学者所引述和认同。这一观点具体化和深化的产物就是中国社会科学出版社出版的《清代的边疆政策》。这部颇具分量的学术著作是马汝珩、马大正主编，由中国人民大学清史所和中国社科院边疆中心的学者勠力同心所完成。马汝珩教授认为，清朝统治者在边疆政策中，执行了一条比较明确的基本方针，概括而言，

---

① 谭惕吾：《内蒙古之今昔》，《亚洲民族考古丛刊》第六辑，第 56 种，台北南天书局 1987 年版，第 42—43 页。

② 谭惕吾：《内蒙古之今昔》，《亚洲民族考古丛刊》第六辑，第 56 种，台北南天书局 1987 年版，第 51 页。

就是"恩威并施"和"因俗而治"①。的确，清政权本身是由少数民族——满族的上层贵族所建立，它和另一个重要的少数民族——蒙古族结成了密切而持久的联盟，另外又吸取了前朝民族统治的经验，制定了比较完整而行之有效的民族政策，逐步加强了对边疆少数民族地区的管辖。如马汝珩教授在《简明清史》中所言，"清代的民族统治政策是比较成功的，在一定程度上增强了民族之间的团结，促进了边疆地区的经济、文化发展，维护了国家的统一，为今天中华人民共和国的辽阔版图奠定了基础"②。尽管马汝珩教授在《清代的边疆政策》中对清代边疆民族政策的失误亦曾直陈其弊，较《简明清史》中的观点有进一步的发展，但基本上仍对清代边疆民族政策誉之过甚。

三、第三代学者观点：从社会学角度审视清代边疆民族政策得失

这种观点主要以笔者的《清代西藏开发研究》为代表。笔者认为："清前期边疆民族统治政策的成功，一向为学者们所称道、赞誉。就我们的观点而言，我们是对清前期边疆民族统治政策的成功深感佩服的，但从一些史料来看，我们觉得清前期的边疆民族统治政策似乎仍然存在着一定的缺憾。"平心而论，清政府边疆政策在鸦片战争以前的失误在于片面追求社会稳定而牺牲社会发展。稳定与发展是辩证统一对立的两个方面。"在中国传统文化中，社会目标价值观念体系包含多种尺度，

乾隆御笔"绥丰符念"

---

① 马汝珩、马大正主编：《清代的边疆政策》，中国社会科学出版社 1994 年版，第 57 页。

② 戴逸主编：《简明清史》第 2 册，人民出版社 1984 年版，第 209 页。

但最重要的则是'天下太平，长治久安'。孔子就曾经直接表达了'安'与'和'作为社会目标超乎其他一切的至上性。道家、法家等尽管关于治道的学说互有歧异，但在希望天下太平这一点上，却基本上所见略同。因此，稳定和谐的社会便成为中国封建地主阶级政治家们所追求的目标，封建君主的贤愚功过均以社会的治乱为准绳来加以评判。清王朝作为一个封建王朝，自然也把国家臻于安宁和平作为自己孜孜以求的鹄的。"① 对清政府来说，第一要务是保持边疆地区的安定宁谧，而开发建设边疆地区则是次要的事情，因而对后者往往重视不够。笔者认为清政府采取了以安定为社会控制目标的边疆民族统治政策。

四、第四代学人观点：从边疆看中原的视角转换

这种学术观点集中体现在云南教育出版社出版的"西南研究书系"，尤其是其中杨庭硕和罗康隆合著的《西南与中原》一书。"西南研究书系"的总序就认为，面对今日的世界格局，中国文化中古老的"一点四方"结构以及传统的"汉文化中心"史观也和西方世界的所谓"欧洲中心主义"一样，作为一种"轴心时代"的产物，理应结束其原有的历史使命了。"西南"一词无论是狭义还是广义，都已隐含了一个视角前提，即以中原汉文化为中心，是中原汉文化的西南（西南方、西南部）。相对来说，"西南"是一种他称。正如欧洲人把华夏称为"远东"而华夏则自称为"中国"一样，只有将他称和自称摆在一起并且在二者基础上再生产一种新的"第三人称"，我们的认识（无论对华夏还是对西南）才可能更为完整，结论才更为确切。杨、罗二人更在《西南与中原》中进一步阐发说，传统上，研究西南与中原的关系，中原是主体，西南则是陪衬，往往只是为了解决中原所遇到的问题，而且这样的问题牵涉西南时，才对西南的相关内容进行研究。其实，"西南与中原的关系，从公正的立场上看，应当是一种双向导通的活动，即中原施加其影响于西南，同时西南也施加其影响于中原，双方的作用就全

---

① 张世明：《清代西藏开发研究》，中国人民大学清史研究所 1990 年内部油印本，第 1—2 页。

局而言应该对等。"① 杨、罗二人的研究反对单向地从中原看边疆，认为，在中原与西南的关系史上，代偿开发执行的时间最长，对今后的影响亦极为深远。所谓代偿开发是指一个发展程度较高的民族，凭借其政治、经济、军事势力的积累，将自己固有的文化移植到与该文化极不适应的生存生境。由于生存生境的不相适应，开发工作往往是按低效运作，并靠不断的财政补充以维持这种开发。这种不断补助的外加经济资助就是所谓的代偿力。虽然《西南与中原》并不以清代边疆民族政策自限，但标志着对传统边疆观念的解构。②

木兰秋狝图（兴隆阿绘）

---

① 杨庭硕、罗康隆：《西南与中原》，云南教育出版社1992年版，第89页。

② 从中原看边疆的视角往往会给研究者造成某些认知上的盲区。比如，研究清史的学者过去多从汉族的眼光审视清朝最高统治的民族政策、疆域观念，将乾隆下江南炒得沸沸扬扬，或者将南巡、北狝作为互不关联的两个问题，没有看到清朝统治者自身的角色定位。事实上，南巡和北狝在清朝最高统这心目中是同等并重的。又如，在汉族人的历史认知中，人们常常厄于见闻，只知道汉藏关系史上文成公主入藏这一事件。但是却有一段历史曾长期鲜为人知：松赞干布即位之初，为了巩固王位，首先就迎娶了象雄公主李底曼（li tig man）作为王妃，而且还依仗这种婚姻关系取得了象雄的支持，镇压了王朝内部的反对力量。此后，随着毛丰翼展，松赞干布已是雪山草原上矫健的雄鹰，正欲拍击长空、鹏程万里，不愿再受象雄的掣肘，就相继同尼泊尔和唐帝国建立了亲戚关系，迎娶了尺尊公主（khri btsun kong jo）和文成公主（wun khreng kong jo）。在一般人眼里，松赞干布的王妃只有尼泊尔的尺尊公主和唐帝国的文成公主，实际上，在尺尊公主、文成公主之前更有早行人——象雄公主李底曼。松赞干布迎娶尺尊、文成二位公主也颇具深意。以是论之，这种认知的改变需要历史观念的改变，从边疆少数民族语言文字入手扎扎实实研究材料，就能逐渐矫正过去的一些偏颇之见。

　　清代学者赵翼曾赋诗曰："李杜诗篇万口传，至今已觉不新鲜。江山代有才人出，各领风骚数百年。"① 其实，现代学术研究的推陈出新周期已大大缩短，新观点的层出不穷已是司空见惯的寻常凡事。美国当代著名科学哲学家希拉里·普特南（Hilary Putnam）在真理问题上反对传统的真理符合说的外部主义哲学观，把这种真理符合说称为所指相似论。他对真理做了这样一个规定：真是合理可接受性的一种理想化，或一种理想的可接受性。具体地说，我们可以假定有一些"认知上的理想状态"，一旦陈述在这种状态下被确定为正当的，它就是"真"的。"认识上的理想状态"就像物理学中的"无摩擦平面"一样，虽然我们永远不能真正得到，但我们可以永远向它进逼。普特南反对真理的符合说，否认先有一个独立的外在的对象，然后有一个对之加以模拟的理论即"真理"。因为，在普特南看来，有时不相容的理论实际上也可以互相转译（Sometimes incompatible theories can actually be intertranslatable）。② 尽管我们对普特南的真理观并不奉为圭臬而持谨慎态度，其理论本身就具有不稳定性而被许多哲学界业内人士视为不足为训，但对于我们检视清代边疆民族政策的研究发展轨迹无疑具有启发意义。西方哲学家罗素（Bertrand Arthur William Russell，1872—1970）就曾云：一种哲学往往是另一种哲学的解毒剂。在法学界，博登海默（Edgar Bodenheimer，1908—1991）等倡导的统一法学运动与往昔庞德（Roscoe Pound，1870—1964）的各派"大联合"和哈特（Herbert Lionel Adolphus Hart，1907—1992）等人主张的"兼收并蓄"不同，认为分析法学派、社会法学派、自然法学派等 20 世纪产生的各色关于法的性质和功能的理论，都是关于法律的整个真理的局部光照，"法律是一栋大厦，里面有许多的大厅、房间、凹角和角落。要想用探照灯同时照亮每一个房间、凹角和角落是极为困难的，特别是由于技术知识和经验的限制而

　　①　赵翼：《瓯北诗钞》卷二十八，"论诗绝句"，转引自黄丙明选注：《古代诗歌选读》，湖南人民出版社 1979 年版，第 82 页。

　　②　Hilary Putnam，*Reason，Truth and History*，Cambridge：Cambridge University Press，1981，p. 73.

使照明系统不适当，至少不完善时尤为如此"①。尽管普特南批评库恩等真理相对主义者显然无视科学发展中不同理论之间的"会聚"，但库恩自己也辩白说前后相继的理论之间存在不通约性（incommensurable）和不可翻译性，但两者间仍有可比较性和部分交流性。清代边疆民族政策研究观点的四次革新，其实是一种"革心"（即观念的革命，学术上的"革命"多源自"革心"），是一种如黑格尔所说的"奥夫黑本（Aufheben）"②，存在着粘连性而"抽刀断水水更流"。

第二节 对中国史学上正统观的解构

笔者认为，《西南与中原》的论说对从事边疆问题的业内人士颇有振聋发聩之功效，是对传统清代边疆研究范式的颠覆。清代边疆研究的传统范式追根溯源便是中国史学上正统观的遗绪。

钱穆在《中国史学发微》中指出，中国历史的内容，大体上可分为三统，一曰血统，二曰政统，三曰道统。"综合上述之血统、政统、道统三者而言，政统既高于血统，道统又高于政统，三者会通和合，融为一体，乃成为中国历史上民族文化一大传统。惟其有此一文化大传统，乃使五千年来中国长为一中国，中国人则长为一中国人。历久而不变，与时而弥新。古今新旧，则长融和在此一传统中。"③ 有些学者不明就里认为血统在任何现代文明社会都不占重要地位，但钱穆在这里是指称中国宗法家族映射的深刻血统之观念与精神，并不能视为于理未

---

① 博登海默：《法理学——法律哲学与法律方法》，邓正来译，中国政法大学出版社1999年版，第225页。

② 目前汉语中流行朱光潜将德语 Aufheben 译为"扬弃"，但基于德语中有三层意思：a. 取消，b. 保存，c. 升华，"扬弃"却只包含上述第一和第三种含义，而黑格尔是在兼顾这三种意思而形成其辩证法的重要概念，然而若改译为"扬存弃"又恐不合汉语习惯，因此钱锺书在《管锥编》卷二作音译"奥夫黑本"以使三位一体性具足不损。

③ 钱穆：《中国史学发微》，台北东大图书公司1989年版，第107页。

惬。钱穆亦论及政统与正统的关系。在我们看来，政统，是指适于我国多民族的特点，符合于我国多民族发展的政权统治的授受系统；道统，是指适合于古代发展的学术思想的授受系统。为了获致全面的认识，我们有必要对血统、政统、道统、治统、学统、法统等中国传统予以综合省察，在其互动中予以全面把握。

被誉为"中国史家革命之父"的梁启超力言："中国史家之谬，未有过于言正统者也。"① 梁启超认为："正统之辨，昉于晋而盛于宋。"② 清代著名学者顾炎武则云："正统之论，始于〔晋人〕习凿齿。"但饶宗颐在《中国史学上之正统论》从观念史的角度对中国历史上正统观念的发生、衍化和争论的历史实相进行全面系统的考察，他认同欧阳修"正统之说始于《春秋》之作"的论断，认为："中国史学上之正统说，其理论之主要根据有二：一为采用邹衍之五德运转说，计其年次，以定正闰；唐人自王勃以后，《五行应运历》《正闰位历》等书，以至宋初宋庠之《纪元通谱》，皆属此一系统，宋儒则深辟其谬，惟《唐书·王勃传》但存其端倪而已。另一为依据《公羊传》加以推衍，皇甫湜揭'大一统所以正天下之位，一天下之心。'欧公继之，标'居正''一统'二义。由是统之意义，由时间转为空间，渐离公羊之本旨。然对后来影响至大。温公谓'苟不能使九州合为一统，皆有天子之名而无其实也。'东坡谓'正统云者，犹曰有天下云尔。'（明徐一夔引此说）皆从空间立论。"③ 饶宗颐认为正统论可分为时间、空间两范畴。在笔者看来，饶宗颐不仅在正统论的肇始问题上与欧阳修所见略同，而且在思想上也对欧阳修的正统观予以深切的同情。欧阳修批判了讨论正统问题时出现的"昧者之论"与"自私之论"，开辟了正统理论的新天地。所谓"昧者之论"，是指用五德终始说作为理论基础的带有神秘主义和天命

---

① 梁启超：《新史学·论正统》，《饮冰室合集》，中华书局 1989 年版，文集之九，第 20 页。

② 梁启超：《新史学·论正统》，《饮冰室合集》，中华书局 1989 年版，文集之九，第 21 页。

③ 饶宗颐：《中国史学上之正统论》，上海远东出版社 1996 年版，第 74—75 页。

观的正统；所谓"自私之论"，是指史家在作史时为本朝争正统，偏私本朝。的确，早期的正统观即正闰观。闰是农历一年十二月以外的月份，所以闰有非正常意思，以正为正，以闰为不正。"其应用到封建王朝的更替上，便成为对中原王朝的正统的承受系统和非正统承受系统的一种理论。这种思想源之于邹衍的'五德终始'说，并经过《吕氏春秋·应同》对五德的五帝解说，到汉朝董仲舒加以具体运用和加工在理论上则更加系。"①

对于五德终始说，学术界的研究文献繁富，其中顾颉刚的《古史辨》第5册考证精详，实在令人豁然开朗、茅塞顿开。顾颉刚说："五行，是中国人的思想律，是中国人对于宇宙系统的信仰，二千余年来，它有极强固的势力。"邹衍根据五行相生相胜推演为五德始终，创为帝王更迭之循环说。所谓五行相生，是指木生火，火生土，土生金，金生水，水生木；所谓五行相胜，是指水胜火，火胜金，金胜木，木胜土，土胜水。根据顾颉刚的研究，西汉末《世纪》对五德相胜的次序作了改造，土木金水火的次序，变成了木火土金水的顺序。"这个系统是从什么地方开始的呢？大家不知道。然而大家都沿用它，无论作古史的和作通史的都依照着它。我们现在看到的历史书，从皇甫谧的《帝王世纪》直到吴承权的《纲鉴易知录》，没有不这样写的。它是成了正统了！它是成了一个偶像了！它是成了大权威者了！"② 无论如何，我们必须承认"正闰观"是一种先验的历史联系观点，是一种带有政治神话色彩的王朝易服变色的预言论。

但是，正如蒙文通所说，正闰论"其义独盛于东晋南宋二代"，自有其不可忽视的"微意"。蒙文通一针见血地指出："正闰论者，固政治民族主义也。"③ 按照饶宗颐的观点，唐宋以后正统观由时间范畴向空间范畴转移，这种标示出"正统"空间理念的"一统"一词见于

① 张博泉：《中华一体的历史轨迹》，辽宁人民出版社1994年版，第84页。

② 顾颉刚：《古史辨》第5册，《五德终始说下的政治和历史》，上海古籍出版社1982年版，第453—454页。

③ 蒙文通：《肤浅小书》，转引自柳诒徵：《国史要义》，中华书局1948年版，第66页。

《史记·李斯传》及《始皇纪》。不过顾颉刚在《古史辨》中说，邹衍的学说，除了最有名的五德始终说外，还有"大九州说"也曾发生过很大影响。据此，我们对饶宗颐将中国历史上正统论的理论根据划分为两个系统持怀疑态度。再者，饶宗颐对这种正统论由时间向空间的转移的原因在笔者看来语焉不详。这大概是饶宗颐的研究囿于史学史的论域限制不能旁涉过远所致。① 在笔者看来，正统观本身就是一体两相，既是史学观，又是华夏观（或者说边疆观），即京剧术语所谓"两门抱"。作为正统与非正统的"正闰观"，同传统的"华夷观""中外观"是不可分的。明初方孝孺作《释统》上、中、下三篇和《后正统论》一篇，是为明代论正统最著名的论文。方氏在《后正统论》中开宗明义地指出应当以《春秋》要旨作为判断是不是"正统"的标准，具体而言就是"辨君臣之等""严华夷之分""扶天理，遏人欲"。这和明人丘浚以所谓"华夷之分""君臣之正""父子之心"乃正统之辨标准的言说相似。方孝孺据此提出历史上"有天下而不可比于正统者三：篡臣也，贼后也，夷狄也"②。方孝孺将少数民族入主中原的王朝称之为"变统"。梁启超将中国历史上争辩正统的标准归纳为以下六种：一曰以得地之多寡，而定其正与不正也，凡混一宇内者，无论其为何等人，而皆奉之以正，如晋、元等是；二曰以据位之久暂，而定其正与不正也，虽混一宇内，而享之不久者，皆谓之不正，如项羽、王莽等是；三曰以前代血胤为正，其余皆为伪也，如蜀汉、东晋、南宋等是；四曰以前代之旧都所在为正，而其余皆为伪也，如因汉而正魏，因唐而正后梁、后唐、后晋、后汉、后周等是；五曰以后代之所承者、所自出者为正，而其余为伪也，如因唐而正隋，因宋而正周等是；六曰以中国种族为正，而其余

---

① 台湾学者雷家骥在《中古史学观念史》中对饶氏的论断提出批评，认为辨章学术不当笼统言之，习凿齿正统论为糅合"一统"（空间的统合问题）与"继统"（时间的承传问题）二者的学说，指出："盖正统的问题，不如一般所想象的简单，实牵于开统、继统两方面，而继统方面则又纠缠了内继、外继、遥继诸问题，就内继问题而言，统之观念借寓于斯之统纪，而依宗法的理论原则展开。宗法所成立之统即宗统，对王室而言亦即国统，这也是国体所在。"雷家骥：《中古史学观念史》，台北学生书局 1990 年版，第 163 页。

② 方孝孺：《逊志斋集》卷之二，宁波出版社 2000 年版，第 58 页。

为伪也，如宋、齐、梁、陈等是。[1] 中国的史家在鼎革之际，往往著史立说，以正统为衡量政权合理性的标准，贬谪僭逆，以正君臣父子之义；又往往于国沦于异族铁蹄之下时，沿夷夏之防的边界论正伪之分，并以正统之论申国族之义。如果我们不依循饶宗颐的部划而把正统观分为史学正统观和民族正统观，那么梁启超和顾炎武所谓正统之论始于晋并非未谛。

就笔者所知，目前学术界研究正统论可以有三种取向：一为以知识分子为主，如余英时《士与中国文化》中的《道统与政统之间》和罗志田发表在《学人》第11辑上的《夷夏之辨与道治之分》；二为以史学史为主，如饶宗颐《中国史学上之正统论》和杨念群发表在《学术思想评论》第4辑上的《中国历史上的"正统观"及其"蛮性遗留"》；三为以边疆民族史为主，如张博泉《中华一体的历史轨迹》。无论任何一种取向，都将宋代欧阳修和司马光等人的正统论视为"在传统内的转变"（change within its tradition）的重要里程碑。笔者认为，欧阳修和司马光的正统论之凸现并非偶然。从中国历史哲学的演进来看，中国的历史观从自然史观进入伦理史观，便确立了中国较早就没有给神学史观留下一片隙地之传统。日本有学者曾言，对于中国而言，佛学的传入，相当于一次个性解放的思潮。我国现代学者李亚农也认为"不能不承认佛教在当时是一种代表进步的力量"。佛教的本体论史观给了中国这个"早熟的儿童"以青春的活力，但"这一活力在唐末便就又迅速衰退了。中国的佛教也就从峰巅上走下来——被中国化了的禅宗，最后宣布了理性思辨在古代中国只配有的命运"[2]。宋代以后中国史观是一种实用理性史观。从中华民族融合的历程来看，中国古代正统观的发展可以分为由中原地域正统观到汉民族正统观、再到中华民族统一正统观三个阶段。[3] 中国古代正统观与中国古代各民族发展的定型化历程是分不开

---

① 梁启超：《论正统》（1902年7月5日），《梁启超文集》，北京燕山出版社1997年版，第238—239页。

② 谭元亨：《中国历史哲学演进新析》，《现代哲学》1994年第4期。

③ 胡克森：《论中国古代正统观的演变与中华民族融合之关系》，《史学理论研究》1999年第4期。

的，亦与边疆民族的自我意识的觉醒息息相关。笔者同意罗志田的观点："秦汉以后夷夏之辨的开放与封闭，犹如一个钱币之两面，共存而成一体。其主流是文化至上，体系开放，但就具体场合情景言，则当下的政治考虑常能左右实际的开放与封闭。"因此，"正统论之渊源，固可追溯到《公羊传》的'正月，大一统'（隐公元年）及邹衍的'五德说'。但真正地讲究起来，恰是在天下并不大一统，且朝代兴替频繁到五德说已难解释之时。"① 但罗志田的立足点仍然是以汉族为中心和立足点，因此在笔者看来是不彻底的。正是由于民族格局的变异和史学观念的衍化，所以欧阳修的正统观具有如杨念群所说的双重变化，即一方面正统观完成从时间向空间的转移，另一方面"正统论"开始了从"预言"向"资治"功能的转变。②

黑格尔曾说，一只断手不成其为真正意义上的手。的确，中国古代思想体系必须从整体结构去把握，一旦肢解开来则只能产生一隅之见。尤其宋以后，正统论的历史哲学层面和夷夏民族观念层面更是浑然一体，难分难解，并且与道、治观念盘根错节地相纠葛而令人治丝益棼。根据余英时的研究，中国古人讲道治关系起源甚早，其系统化远早于正统论。余英时是从"道"与"势"或者说知识分子所秉持的"思想的信念"（intellectual convictions），与统治者政治权力之间的分殊与合和来检视道统、治统问题。③ 学术界一般认为，最早提出道统问题的唐代韩愈。他在《原道》中首次提出了一个圣人传道的统绪，而以尧开其端。但罗志田认为，"道统、治统作为专有名词，应是在南宋以后之事。钱大昕以为'道统'二字连用始用于与朱熹同时的李元纲之《圣门事业图》，其第一图即云'传道正统'。不久后朱子即大讲道统。过去所

---

① 罗志田：《夷夏之辨与道治之分》，陈平原、王守常、汪晖主编：《学人》第 11 辑，江苏文艺出版社 1997 年版，第 75—106 页。

② 参见杨念群：《中国历史上的"正统观"及其"蛮性遗留"》，《学术思想评论》第 4 辑，辽宁大学出版社 1998 年版，第 1—28 页。

③ 参见《道统与治统之间》，余英时：《士与中国文化》，上海人民出版社1987 年版，第 84—117 页。

谓正统，实际上说的都是治统"①。如钱锺书在论述正统问题时所说，华夷非徒族类（ethnos）之殊，而亦礼教（ethos）之辨。② 在我们看来，正是由于存在这种天然的联系，宋以后道统作为专有名词出现并与正统论相合和便是理所必然，势所必至，清儒论学统，如《学统》一书按正统、翼统、附统、杂统、异统，将两千余年间"道术""学脉"分为五类，以尊正统、辟杂统、黜异统为职志，则是对道统研究的细密化和精致化，但多局限于汉宋之争、紫阳（朱熹）与阳明（王守仁）之歧异等。

　　我国历史上的正统观和现代国外学者的"征服王朝论"尽管不能同等视之，但在精神实质上有相通之处。"征服王朝论"是魏特夫提出的。对于魏特夫，中国学者一般都耳熟能详。他在《东方专制主义》中研究马克思关于"亚细亚生产方式"（Asiatic mode of production, AMP）思想，并提出了所谓"治水社会停滞不前"（the stagnation of the hydraulic world）理论。③ 他在第二次世界大战后从法西斯集中营出来后从伦敦转道美国，潜心研究中国历史，于 1949 年与中国著名史学家冯家升合著《辽代中国社会史》（With Feng Chia-sheng et al., *History of Chinese Society, Liao, 907–1125*, New York：Macmillan Co., 1949），由此享誉西方汉学界。他认为，中国古代北方游牧民族入主中原后建立的游牧民族的政权，有两种结局：一是文化落后的游牧民族为汉族高度发展的文化所吸引，醉心于汉族文化，最后丧失了游牧民族的特点，逐渐被汉族所吸收、同化。在魏晋南北朝时期出现的政权就属于这种情形，尤其以拓跋鲜卑建立的北魏为典型代表，这称为"渗透王朝"（Dynasties of Infiltration）；二是没有屈服于汉族文化的诱惑，自觉地抵制汉族人的文化影响，保存自己的生活方式，从而避免了被汉化的命

---

　　① 罗志田：《夷夏之辨与道治之分》，陈平原、王守常、汪晖主编：《学人》第 11 辑，江苏文艺出版社 1997 年版，第 75—106 页。

　　② 舒展选编：《钱锺书论学文选》第 1 卷，花城出版社 1990 年版，第 198 页。

　　③ Karl Wittfogel, *Oriental Despotism：A Comparative Study of Total Power*, New Haven：Yale University Press, 1957, p. 371.

运，如辽、金等，这称为"征服王朝"（Dynasties of Conquest）。魏特夫把我国历史分为两个系列的王朝，即：由汉人所建立的王朝，属于帝制王朝；由北方民族所建立的王朝，属于渗透和征服王朝。[①] 魏特夫的"征服王朝论"提出在国际上曾风靡一时，江上波夫（えがみなみお，1906—2002）的"骑马民族"理论本身在日本广有市场，但当魏特夫的"征服王朝论"问世后，日本的"骑马民族论"者发现这种理论比他们的"骑马民族论"还要深刻得多，于是"骑马民族论"便与"征服王朝论"合而为一，诸如田村实造（たむらじつぞう，1904—1999）、村上正二（むらかみまさつぐ，1913—1999）等都翕然膺服。[②] 日本东亚研究所编纂的《异民族统治中国史》（『異民族の支那統治史』大日本雄弁会講談社、1944 年）就是在田村实造等人专题论文的基础上形成的，认为东亚历史（鸦片战争以前）的一般形势，就是南北抗争史，中国有史以来三分之一的时间处于异民族的统治之下，清朝统治者对于社会文化政策也作了细致的考虑，特别是对待汉人知识分子的思想战，历代皇帝都是亲临奋战。在思想战中特别致力于以下三点：（1）克服华夷思想；（2）树立正统思想；（3）鼓吹忠义思想。日本对魏特夫"王朝征服论"的学说继受（Theories Rezeption）之外，在美国，尽管欧文·拉铁摩尔就中国历史上的"非汉征服政权"的理论和关于游牧民族与中国关系的经典分析，于 1989 年受到托马斯·巴菲尔德（Thomas Jefferson Barfield）"共生论"的反驳，但据罗友枝（Evelyn Sakakida Rawski）所见，现在许多学者反对那种在 20 世纪论说中的"清"与"中国"的合二为一，强调满族中心观对于重新评价清帝国的重要性。[③] 笔者认为，"正统观"是我国古代传统社会的产物，既具有封闭性又具有开放性，但开放性是主流，伴随着边疆各民族主体意识的

---

① Karl Wittfogel, *History of Chinese Society, Liao, 907 – 1125*, with Feng Chia-sheng et al., New York：American Philosophical Society, 1949, pp. 1 – 32.

② 亦可参见田村实造『中國征服王朝の研究』上册、京都中西印刷株式會社、1964 年。

③ Evelyn S. Rawski, Reenvisioning the Qing：The Significance of the Qing Period in Chinese History, *The Journal of Asian Studies*, Vol. 55, No. 4, Nov., 1996.

逐渐自觉而趋于变质；"王朝征服论"是外国学者以"第三人称"的立场曲解中国统一多民族国家形成的断见。两者如硬币的两面，都不能对我国统一多民族国家历史框架具有令人信服的解释力。

到20世纪初，也就是清末辛亥革命运动以前，出现了"中华民族"这个名词，标志着传统"正统观"的重大解构。中华民族是中国各民族的总称，包括历史上和现在的各民族在内。"中华民族"这个名称体现了中国各民族整体上的民族认同。① 尤其在反对大汉族主义的史观过程中，传统"正统观"更进一步为学术界所摒弃。翦伯赞就曾敏锐地指出："中国的历史家，过去以至现在，都是以大汉族主义为中心处理中国的历史。因此，过去以至现在的中国史著述，都不是中国史，而是大汉族史。"② 回顾大陆学术界近50年来研究民族关系的历史，笔者认为新中国成立后，20世纪50、60年代主要围绕民族识别这个中心，以研究民族关系的"民族差异"为主，70年代末以来主要以中华民族整体性为研究的重点，这样民族关系中的"求同研究"便十分突出。费孝通把现存的民族关系概括为"中华民族的多元一体格局"这一理论，引起国内外学术界的瞩目，为研究我国历史上民族关系提供了一个清晰的轮廓。中华民族作为一个自觉的民族实体，是近百年来中国各族人民反抗外国侵略的血与火的斗争淬砺而成，但作为一个自在的民族实体则是几千年的历史过程中的客观存在。中华民族是"多元"和

---

① 有人认为，中华民族并不构成一个民族，因为各族的语言文字、宗教信仰、风俗习惯各不相同。另有人则认为，中华民族已构成一个民族，虽其族源、语言、宗教习俗不同，但长期处在一个统一国家中，经济联系密切，政治上文化上相互认同。汉族和各少数民族既有不同的特性，又有相同的共性。中华民族是更高层次上的民族构成，但不排斥各民族的差异性。台湾有一位边疆民族学专家林恩显，在和大陆学者进行交流时，建议大陆学术界吸收台湾学术界族群研究理论。台湾学术界习惯上认为，中华民族可以称为"民族"（nation），其中包括的数十个兄弟民族称"族群"（ethnic group）。所谓"族群"是指同一民族中具有不同地区性或其他特殊从业、生活方式等特点的人们群体，所以这种"族群"不一定是目前大陆所确认的56个民族。我们对台湾学术界的理论应予以关注，做进一步的研究探讨。

② 翦伯赞：《略论中国史研究》，蒋大椿主编：《史学探渊：中国近代史学理论文编》，吉林教育出版社1991年版，第854—855页。

"一体"的辩证统一，"一"存在于"多"中，"多"使"一"绚丽而丰富，"一"使"多"团结而巩固。我们应该用民族平等的观点去研究不平等的民族关系史，应该承认汉族是中国历史上的主体民族。如果否认汉族作为主体民族的历史地位，则中国历史就仿佛成为由许多民族组成的一幅百衲被，中华民族是不会成为"一体"的。另一方面，我们必须如古人所言"战战兢兢，如履薄冰"，怵惕于传统的"正统论"意蒂在我们潜意识的深层作祟，必须转换过去单向的学术视角而实现"中原—边疆"交汇的视界融合，在美国的清代历史研究中，长期以来费正清的"冲击—反应"模式（impact-response model）占统治地位。费正清和邓嗣禹合编的《中国对西方的回应》（*China's Response to the West：A Documentary Survey，1839–1923*）中就说："西方的影响，在改变了（近代）中国人的生活和价值观念。"[1] 而 70 年代以后，美国的中近史研究进入"第二波"，一个以"传统—现代模式"（tradition- modernity model）为主轴的模式骎骎然成为史学的主流，但此模式"基本上是'冲击—反应'模式的放大"（essentially an amplification of the impact response paradigm）[2]。柯文将前辈著作的理论框架东摇西晃一番，认为这种研究范式是由于种族中心主义造成的歪曲，主张把中国历史的中心放在中国（Centering Chinese history in China），对"冲击—反应"模式采取直接迎战的态势。笔者认为，美国中国史学界（尤其是清史和中近史）的"中国中心观"（China-centered history）反对"欧洲中心观"[3]，与后现代主义对现代诸价值理念的解构是一种文化大潮的折射，对我们解构清代边疆民族史研究中的"中原中心观"不无启迪意义。

---

① 　John K. Fairbank and Ssu – yu Teng, *Chain's Response to the West：A Documentary Survey 1839 – 1923*, Cambridge, MA and London：Harvard University Press, 1954, p. 5.

② 　Paul, A. Cohen, *Discovering History in China：American Historical Writings on the Recent Chinese Past*, New York：Columbia University Press, 1984, p. 133.

③ 　欧洲中心观源起可参见本书第三卷第一章。

第三节　开拓边疆研究新格局的路径：
概念化史学的可能性

　　清代边疆民族历史研究应该说具有渊源深厚的学统，但在目前中国学术主流中却处于边缘化状态，成为大多数情况下主流学术视野中的蛮荒之域，推究厥由，原因固然很多，但笔者认为，中国边疆学研究多专注于实证的考据，研究工具陈旧落后而不甚致力于理论的构建，以致本身与美国边疆史研究同样具有膏腴沃壤的中国边疆学研究，至今没有如美国以特纳为代表的绵延久远、蜚声遐迩的"边疆学派"的崛起。

　　周予同在抗战期间把清末以来中国新史学家分为两类，即"史观派"与"史料派"。① 余英时在研究中国现代史学的发展时，也以"史料学派"与"史观学派"来区分其主要潮流的趋势。② 中国现代史学有三大主要潮流，一为实证主义，强调科学的史学就是一门与自然科学一样精确的科学，主张科学的史学就是结论的客观性和方法的科学性；一为相对主义史学，反对把历史学与自然科学等同化的倾向，认为科学的史学就是一种系统化的知识体系或寻求法则；一为马克思主义史学，强调唯物史观是唯一科学的历史观。实证主义史学代表人物有傅斯年、胡适等，如傅斯年提出"史学即史料学"，胡适为了避免讲"国粹"被人讥为"国渣"而使用"国故"（national past），把清代乾嘉考据学者所惯用的"先归纳后演绎"的方法述古而翻新，改革为"大胆的假设，小心的求证"。相对主义史学的代表人物有何炳松等人。马克思主义史学代表人物有郭沫若、吕思勉等人。

　　事实上，中国现代史学的上述三大思潮都受到国外史学思潮的影

---

① 周予同：《五十年来中国之新史学》，《学林》1941 年第 4 辑。亦见朱维铮编：《周予同经学史论著选集》，上海人民出版社 1983 年版，第 513—573 页。

② 余英时：《中国史学的现阶段：反省与展望》，《史学评论》创刊号 1979 年。

响。众所周知，兰克被称为在欧洲"以科学态度和科学方法研究历史的第一人"，被尊为"近代科学历史学之父"。兰克在其名著《拉丁和条顿民族史》(*Geschichte der romanischen und germanischen Völker von 1494 bis 1514*，1824) 序言中提出"展现历史的真情"(Wie es eigentlich gewesen ist)① 的治史原则，往往被认为是实证主义史学昭布天下的宣言。但美国学者斯特劳特（Cushing Strout）指出：美国的史学家在"Wie es eigentlich gewesen ist"这一号召下集合在德国旗帜之下，"但是他们所拥戴的领袖却与真正的兰克很少有相似之处。兰克之从事历史研究是出于哲学的和宗教的兴趣。他喜欢讲通史而不讲狭窄的题目。……但兰克的美国信徒却和他截然异趣，他们已不加批判地膜拜在科学的神龛之前。事实上他们是根据自己的形象而塑造了另外一个兰克"②。应该说，斯特劳特的上述分析是具有慧眼深识的。据笔者从德文文献中所见，德国史学一向对"时代精神"(Zeitgeist) 情有独钟，兰克亦认为每个时代都有其主导理念，都有其"趋向"(die Tendenz)，历史的根本任务是通过个体直觉地理解整体精神，即历史运动的"主导理念"(die führenden Ideen)，这是兰克历史主义方法论的核心所在。因此流传在我国的兰克的形象类似于我国清代考据学的"洋考据学者"其实是一种似是而非的误读。在笔者看来，兰克毋宁说类似于清代乾嘉考据学嚆矢的王、黄、顾、武之流的巨擘。实证主义史学尽管与实证主义哲学有密切关系，但两者在旨趣上是明显大相径庭的。在孔德实证主义哲学中，实证研究并不与理论研究相对，但历史学家满怀热情地投身于实证主义纲领的第一部分，即确定事实，但对实证主义纲领的第二部分，即构成规律，却趑趄不前。兰克的弟子、德国著名实证主义史学代表人物蒙森即是其例。1898 年由法国著名历史学家朗格罗瓦（Charles-Victor Lang-

---

① 原文为：nicht das Amt die Vergangenheit zu richten, die Mitwelt zum Nutzen zukünftiger Jahre zu belehren, sondern bloß zu zeigen, *wie es eigentlich gewesen ist*. Helmut Berding, *Aufklären durch Geschichte: ausgewählte Aufsätze*, Göttingen：Verlag Vandenhoeck & Ruprecht，1990，S. 20。

② 转引自余英时：《历史与思想》，台北联经出版事业公司 1987 年版，第 12 页。

lois，1863—1929）和塞诺博斯（Charles Seignobos，1854—1942）合著的《历史研究引论》（*Introduction aux études historiques*，Paris：Hachette et Cie，1898）成为实证史学的理论总结。① 总之，兰克的客观性原则并不意味着对事的简单陈述，但实证主义史学理论基础是奠定在兰克的假象（the image of Ranke）之上，认为史家应当追求价值中立的历史事实（free value facts of history）。② 然而，由于历史认识的相对性和主观参与性，使所谓"历史事实"如汤因比所言，乃是经过认识主体即历史学的意识加工的客观存在，是人的意识的构造物，不可能完全"价值祛除"（value free）而具有"价值负荷"（value laden）。波兰历史学家 J. 托波尔斯基写道："为了区别于作为客体的事实概念，最好把历史学进行的这种重构称为史学事实（historiographical fact）。"③ 正是这样，历史相对论（historical relativism）对实证主义史学进行了犁庭扫穴式的扫荡和冲击。布洛克曾提出其著名公式："通过过去来理解现在，通过现在来理解过去（Comprendre le présent par le passé，comprendre le passé par le présent）"④。在反对实证主义史学，在反对所谓"叙述史学"（L'histoire récit）的过程中，法国的"年鉴学派"（L'École des Annales）张旗树帜，高标"问题史学"（L'Histoire Problème）的大纛而营垒自固。在美国，鲁滨逊于1912年出版的《新史学》也反对史光下的守旧

---

① 雷家骥在《中古史学观念史》中指出，中国史学一名确立于 4 世纪初期的石勒，至 6、7 世纪独立成部，中国史学在司马迁以降有一个持续约三百年的新史学运动，以致纪传体著作得以奠定及几乎独尊，而最关键的是史学观念，即司马迁"通古今之变，究天人之际，成一家之言"的学术宗旨和网、考、稽三段论的史学方法使史学独立于经学，且名副其实地既考之行事（ascertaining of facts）又稽其道理（discovery of facts），属于定证主义的范畴，堪称"实录主义"。这种比较应该说是言之有理的。参见雷家骥：《中古史学观念史》，台北学生书局 1990 年版，第 19—46 页。

② Georg Iggers，The Image of Ranke in American and German Historical Thought，*History and Theory*，Vol. Ⅱ No. 1，1962，pp. 17 – 40.

③ Jerzy Topolski，*Methodology of History*，translated by Olgierd Wojtasiewicz，Dordrecht：D. Reidel Pub. Co.，1976，p. 220.

④ Jacques Le Goff（sous la direction de），*La Nouvelle Histoire*，Bruxelles：Editions Complexe，2006，p. 44.

精神（the conservative spirit in the light of history），强调"历史是维新的人的武器，他应该从守旧派的手里夺过来"①，主张以未来为历史学所树的球门。② 英国的柯林武德反对实证主义史学对自然科学的效颦，称之为"史学的自然主义"，认为"历史学就是过去经验的重演"（re-enactment of past experience），以致有人讥抨其史学方法专靠艺术上的移情（empathy）。③

历史哲学是超历史的，不能取代历史学研究。马克思曾经指出："如果把这些历史发展过程中的每一部分都分别加以研究，然后再把它们加以比较，我们就会很容易地找到理解这种现象的钥匙；但是，使用一般历史哲学理论这一把万能钥匙，那是永远达不到这种目的的，这种历史哲学理论的最大长处就在于它是超历史的。"④ 波普尔（Karl Raimund Popper，1902—1994）在《历史主义的贫困》（The Poverty of Historicism）中不遗余力地抨击所谓总体论（Holism），反对乌托邦工程学而主张"零碎工程学"（piecemeal engineering），指出："任何一部写了出来的历史都是这个'总体'发展中的某个狭隘方面的历史，而且甚至于就在那个所选的特殊的、不完全的方面，也总是一部很不完备的历史。"⑤ 但笔者认为波普尔集中火力猛攻马克思主义不免存在自己塑造一个"思想的稻草人"的假想敌并进行抨击的意味，因为孙子兵法不应对那种如年轻将军赵括纸上谈兵而丧师败绩者负责。问题的关键在

---

① Robinson, *The New History: Essays Illustrating the Modern Historical Outlook*, New York: The Macmillan Company, 1912, p. 252.

② 翻译鲁滨逊《新史学》的我国著名历史学家何炳松的主张即出于此。他在1927 年发表于《史地丛刊》第 2 卷第 1 期的《新史学导言》中云："历史底的目的，在于明白现在底状况，改良现在底社会，当以将来为球门，不当以过去为标准。"参详刘寅生等编：《何炳松论文集》，商务印书馆 1990 年版，第 62 页。

③ R. G. Collingwood, *The Idea of History*, Oxford: Oxford University Press, 1946, p. 282. 德国历史学家齐美尔（Georg Simmel，1858—1918）就公开说历史理解的方法是一种"移情"（Einfühlung）形式。

④ 《马克思恩格斯全集》第 19 卷，中共中央马克思恩格斯列宁斯大林著作编译局编译，人民出版社 1965 年版，第 131 页。

⑤ Karl. R. Popper, *The Poverty of Historicism*, London: Routledge & Kegan Paul, 1967, p. 72.

于柯林武德所说的"剪刀加糨糊的历史学"（Scissors-and-Paste history）① 这种摘录和拼凑经典著作的权威证词而建立的历史学，将马恩论断作为理论的预设信手拈来进行贴标签式的抽象推导，弁髦等视，不复研求，以批判的武器代替武器的批判，以致成为思想上的"旁客"。在笔者看来，本来"史识剪刀"并非如有些学者所诟责的那样可怕，如果运用恰当，则有可能"二月春风似剪刀"（贺知章语）而出现学术上的"领异标新二月花"（郑板桥语）的景观，但如果运用得不恰当，则的确对历史事实具有极大的疮痍戕害力。这恰如法学家常云菜刀杀人并非菜刀有罪的道理一样。

　　笔者对中国社会科学院原副院长丁伟志的观点极为钦敬。他指出："把特殊这一范畴引入历史研究有着重要的方法论意义"，因为"它排除了'一般'与'个别'的绝对性、终极性，而以中介的地位表现出相对性、居间性。对于更具体的个性来说，它是抽象的共性，对于更抽象的共性来说，它是具体的个性"②。丁伟志的论断对于历史学的定位是相当准确的，很接近于默顿（Robert King Merton，1910—2003）的"中层理论"（middle-range theory）。默顿是美国社会学家，他认为："社会系统的一般理论远离特定的社会行为、社会组织和社会变迁，已不能解释我们观察到的现象，而对于特定事件的详尽而系统的描述又缺乏整体的概括性，中层理论则介于两者之间。"③ 在默顿看来，中层理论与"有限理论"（Limited theories）的说法相似，社会学研究者往往将自己精力不屈不挠地投身于并无成功希望的包罗万象的综合体系的营构，以致20世纪社会学成为昔日庞大的哲学体系的翻版，花样繁多，体系壮观，而灼见贫乏，但事实上"社会学要有中途驿站"④。这种中

---

　　① R. G. Collingwood, *The Idea of History*, Oxford：The Clarendon Press，1948，p. 257.

　　② 丁伟志：《历史是多样性的统一》，《历史研究》1983年第2期。

　　③ 罗伯特·金·默顿：《论理论社会学》，何凡兴等译，华夏出版社1990年版，第55页。

　　④ 语出英国社会学家托马斯·汉弗莱·马歇尔（Thomas Humphrey Marshall，1893—1981年）在1946年2月21日举行的就职演讲。引自罗伯特·金·默顿：《论理论社会学》，何凡兴等译，华夏出版社1990年版，第69页。

层理论建立在抽象程度较低的基础之上，具有明确界定的操作化概念，与经验世界保持联系，使之不至于悬置于空洞的概念之中，成为巨型理论与低层经验研究之间的衔接层带。我国香港学者阮新邦把社会科学的理论分为实质理论（substantive theory）、宏观理论（marco theory）和后设理论（meta theory）三个层次，其中的实质理论是指一些用以解释较特定范围的社会现象的理论。① 这与默顿的中层理论有相似之处。中国古代小说中有所谓"乾坤袋"，但这对于有限理性的人而言毕竟不切实际。王国维就曾说，"吾侪当以事实决事实，而不当以后世之理论决事实"②，"伟大之形而上学"是可爱而不可信的。③ 事实上，默顿的"中层理论"和年鉴派史学也在某种程度上意趣相投，在前面我们已经说过年鉴史学是在反实证主义史学的废墟上破茧而出的，而默顿提出的"中层理论"也是不满足于纯粹实证；"在重视分析方面，年鉴派史学重视微观、个案，立足时代，'中层理论'也致力于系统解释而又有意限制自己的范围和抱负"④。笔者同意杨念群所说美国清史和中国近代史几十年来的发展轨迹是从费正清当年"冲击—反应"模式庞大而抽象的理论框架向横、纵切割的研究领域转型是应用"中层理论"的例证，表现出对有效半径较大的理论框架的怀疑倾向和对带有囊括性的理论框架的抵触情绪，但笔者对美国清史和中国近代史中关于"市民社会理论"如鼎之沸的讨论如杨念群所言为应用"中层理论"的范例不以为

---

① 阮新邦：《后设理论、个人观与社会科学本土化》，《中国社会科学季刊》（香港）1996 年夏季卷，总第 15 期。

② 刘寅生、袁英光编：《王国维全集》，书信，中华书局 1984 年版，第 46 页。或可参见姚淦铭、王燕主编：《王国维文集》下，"致林泰辅（1）"，中国文史出版社 2007 年版，第 533 页。

③ 《静安文集续编·自序二》，《王国维先生全集》初编，第 5 册，台北大通书局 1976 年版，第 1899 页。亦见林文光编：《王国维文选》，四川文艺出版社 2009 年版，第 198 页。相关研究或可参考刘恒：《王国维评论》，百花洲文艺出版社 1997 年版，第 20 页；辛冠洁等主编：《中国近代著名哲学家评传》下，齐鲁书社 1983 年版，第 31—32 页。

④ 何怀宏：《一个学术的回顾》，赵汀阳、贺照田主编：《学术思想评论》第 1 辑，辽宁大学出版社 1997 年版，第 535 页。

然。其实，这种赶时髦的人云亦云与中国近代史学中的"以经评史"貌异实同。孔飞力（Philip Alden Kuhn）对美国目前这种流行的"概念史学"早已提出质疑，他说："（公众空间）有时候看起来是一种崇英心态（Anglophilie）下的资产阶级的伊甸园。我们不得不怀疑它是否有足够的历史实质，作为与中国历史比较和互相参考的基础。……我们必须特别小心，不要把一种目的论的观点投射于明清时期的中国。"①

美国的清史和中国近代史研究受法国年鉴学派的影响是鲜明的。法国年鉴学派的新生代史家保罗·韦纳（Paul Veyne）提出了"概念化史学"（L'Histoire conceptualisante）的口号，认为，在缺少概念的情况下，会使史学沦为印象主义。印象主义的危险到处可见，尤其是在文化史的领域中。他指出："历史的进步表现在对非事件性的东西的解释和使其概念化之上，正是这种系列概念使史学有别于历史小说和史学资料，如果史学只是还事物本来面目而不是分析的话，那就用不着史学写作了。一部《战争与和平》或新闻纪录片就足够了。"② 韦纳的"概念化史学"仍没有脱离出年鉴学派的范式之外。因为年鉴学派的创始人 L. 费弗尔（Lucien Febvre，1878—1956）1933 年在法兰西学院开第一堂课时就曾希望后人能给他以这样的评价："他很关心概念和理论：关心概念，是因为科学仅在思维的独特创造力的推动下前进；关心理论，是因为理论从来不能把自然现象的无限复杂性一览无遗，它只是科学始终不渝地扩展人类思维的视野时所逐级攀登之阶梯。"③ 目前法国的新史学也在试图避免两方面的危险：一方面是避免拼凑理论体系，另一方面又避免像实证史学派那样单纯相信经验。其实质也是采取类似"中层理论"的中庸策略。

---

① Philip Alden Kuhn, Civil Society and Constitutional Development, dans *La société civile face à l'État dans les traditions chinoise, japonaise, coréenne et vietnamienne*, Paris：École Française d'Extrême-Orient, 1994. 本书引证使用的中译本为孔飞力：《公民社会与体制的发展》，李孝悌、沈松桥合译，台北"中央研究院"近代史研究所编：《近代中国史研究通讯》第 13 期，1999 年 6 月。

② 保罗·韦纳：《概念化学》，J. 勒高夫等主编：《新史学》，姚蒙译，上海译文出版社 1989 年版，第 88 页。

③ Jacques Le Goff（sous la direction de），*La Nouvelle Histoire*, Bruxelles：Editions Complexe, 2006, p.65.

正如韦纳所说"概念化"只是马克斯·韦伯"理想类型"（ideal types）的另一种说法，这堪称坦言直陈。笔者由于接触德语国家文献较多，对德国学风的这种"类型学"印象极为深刻。除马克斯·韦伯的"理想类型"外，马克思的社会形态的理论构架亦受此学风的浸染，在德国经济学中，W. 欧肯（Walter Eucken，1891—1950）的"形态学"（die Morphologie）和"经济秩序"（Wirtschaftsordnung）为核心的方法论更为弗赖堡学派奠定了完整的思想基础。[①] 这是一种由历史事实归纳绅绎出概念化的思想结晶的治学之道。有学者说，国外的社会学家如韦伯是比较善于创造概念的，而托克维尔却不怎么在意概念，他的风格是明白晓畅的。出身于德语国家的熊彼特亦提出"洞识"（vision）与概念分析工具的区分，并举例说，凯恩斯（John Maynard Keynes，1883—1946）对

---

① 类型学方法和分类学方法各有所长，亦各有所短。类型学主张分类的多样性和可选性，排斥单一的分类形式。"类型学的总体分类一般是多层次逐级完成的。它每次只摘取对象一两个特征因素，考察这些因素在不同对象中的分量，而不管它们与其他因素的整体联系。最后形成的是一个由这些分类组成的多维分类系统。相比之下，分类法是一种尽可能照顾对象各种自然特征整体联系的直观分类框架。"从本质上而言，类型学与分类学的区别在于前者为归类，后者为分类。分类法是一种静态方式，而类型学是一种动态方式，适合研究大量过渡形态和中间形态。在西方，"类型学"带有浓厚的德国学风，马克斯·韦伯便以"理想类型"作为研究社会和解释现实的一种概念工具。马克斯·韦伯是比较善于创造概念的社会科学家，以致被一些西方学者称为唯名论者（nominalist）。他建立理想类型的思想动机之一，在于避免当时流行的历史学派个别化和特殊化的研究方法的缺陷，体现着当时德国历史法学向概念法学转变的时代风尚。马克斯·韦伯认为，科学本身在一定意义上说即是一种抽象，任何科学系统都不可能将现实中的所有个别现象囊括无遗，通常使用的概念工具或因过于宽泛而使其丧失某些现象的某些具体特征，或者由于过于狭窄而无法包容相关的现象，因此他致力于理想类型的建立以摆脱上述困境，克服关于社会的一般理论模型的短处（缺少特殊性）而又不丢弃其优势（共性的发现），为历史性研究和比较性研究提供一个灵活的方法。马克斯·韦伯所说的理想类型极其近似于自然科学研究中所使用的理想模型，作为现实的某种变异形式与现实本身保持有一定的距离。正如殷海光所说："'理想范型'是同位于'理论结构'（theoretical construct）的元项。这样的元项是一个逻辑建构。这样的逻辑建构虽然在实际世界里是没有的，可是一个真诚的历史事件的研究者必须以它为范型而趋进。"（《五四的隐设和再现》，《殷海光全集》卷十五，台北桂冠图书公司 1990年出版，第 1480 页。）

他当时经济过程的特殊"洞识"最迟在 1919 年即已形成，到 1936 年《就业、利息和货币通论》（*The General Theory of Employment, Interest and Money*，Cambridge University Press，1936）完成，他只是在致力于寻求对此一洞识的定型化、概念化。由此可见，概念化史学对史学科学化具有重要意义。

关于史与论的关系问题，我国史学界在"先论后史""以论带史""史论结合"和"论从史出"等观点中进行笔斗舌战，争论不休。但笔者认为目前不是史论要不要结合的问题，而是这个"论"要如何论的问题：是泛泛而谈的浮言空论式的感想，还是概念化的具有可操作性的理性分析。在法学发展史上，19 世纪中叶以降，概念法学（Begriffsjurisprudenz）派由半封建性的德国历史法学中集中各种"但书"发展起来，但自耶林以后，自由法学运动（Freirechtliche Bewegung）蓬勃兴起，其实质是一种社会法学运动。尽管如此，概念法学的历史功绩亦不可磨灭。笔者认为，至少在目前情况下，史学的概念化是具有进步性的。当然，这绝非是如孔飞力所批评的那种乱套胡用的"概念史学"，更非混迹于时髦的新名词的胡言乱语而"学不新，而唯名词之新"新名词运动，因为这样更加使原本一些清楚的学术无谓构衅而"巴尔干化"，造成虚火空耗的学术争论。清代边疆民族史的研究唯有如曾国藩所言"扎硬寨，打死仗，多条理，少大言"，才能真正使一些"思想火花"形而上地成为"理论形态"。

第四节　中华法系的法统重建问题

与倡导"中国中心观"的柯文等所反对的"欧洲中心观"相仿，中国目前主流学术界和普通民众过去往往在潜意识深层受"中原汉族中心论"的影响，考虑问题时多将边疆少数民族置之度外，或者主要是从边疆少数民族社会外部而不是从其社会内部进行观察和思考，甚至不少在边疆地区的少数民族学者和民众亦不知不觉受汉族中心史观的濡染而难以彻底摆脱出来。过去许多著作和论文（包括我们自己的科研成果）往往集矢于研究中央王朝对边疆少数民族地区的羁縻等统治政策等，属于一种外围式的研究，而在研究边疆少数民族社会历史时比较缺乏一种"内部视角"，加之由于档案文献条件和研究者语言条件的限制，使研究边疆地区社会内部历史变迁的难度系数极大，许多研究者望而却步，以至于这方面的研究成果比较罕见。因此，对边疆少数民族社会内部的深层研究显然亟待加强，以矫正过去认知上的诸多偏差。笔者认为过去的研究大多属于"外史"（external history），侧重于从中原地区的角度出发研究边疆与内地之间的相互关系、中央王朝对边疆地区的施政等问题，而不是从边疆社会内部发现历史的内史（internal history）。诚然，古人云"不识庐山真面貌，只缘身在此山中"，但如果不深入山中探险，也难悉无限风光在险峰的妙旨。我们倡导"内史论（internalism）"，并不是取消"外史论（externalism）"，而是希冀补充"外史论"、矫正"外史论"的偏失并通过把"外史论"转变为"内史论"将研究引向深入，而从研究领域的拓展而言，则又是使中原中心的内史目光延伸到外围的外史。美国法律史学中的"赫斯特革命"（the Hurstian Revolution）[1]，使研究领域走出了就法律论法律的"法律盒子"，把法律内史转变为法律外史，不再仅仅是研究法律自身的演变，而且要探讨这种演变和社会、经济、意识形态、政治等外在因素之间的关系，并对法律的功能和社会作用作出解释，从而使法律"黑盒子"变成了奥利弗·霍尔姆斯（Oliver Wendell Holmes，1809—1894）大法官所说的法律"魔镜"，让我们从中看到的"不仅是我们自己的生活，而且是过去所有人的生活"[2]。

　　当今国际法学界对法系理论卓有成就的学者，当首推法国人勒内·达维德。他把世界各国的法律制度划分为大陆法系、普通法系、社会主

---

　　[1]　Ron Harris，The Encounters of Economic History and Legal History，*Law and History Review* 21．2（2003）：297－346. 詹姆斯·威拉德·赫斯特（James Willard Hurst，1910—1997）是美国威斯康星大学法学院教授，现代美国法律史的开创人。

　　[2]　Kermit Lance Hall，*The Magic Mirror：Law in American History*，New York：Oxford University Press，1989，p. 3.

义法系和其他法律制度（包括伊斯兰法、印度法、远东法和非洲法）。勒内·达维德的法系划分理论目前为西方学者所普遍接受，但亦为不少人所诟病，因为任何划分都包括母项、子项、依据三要素，勒内·达维德招致物议的阙失即在于划分标准不统一。不过勒内·达维德在《当代主要法律体系》中早就明白指出："我们不必同提出过各种分类的作者们进行任何论战。""这种争论使人们耗费了不少笔墨，但并无多大意义。'法系'的概念没有与之相对应的生物学上的实在性，使用它，只是为了便于讲解，为了强调在各种法之间存在的相似和相异之处。"①中华法系的研究可以分为两个时期，第一个时期，五四运动以后，随着西方学术思想的传入，"法系"（legal family）和"中华法系"的概念亦为中国学术界所接受，并与中国传统的文化优越自豪心理结合在一起，使得对"中华法系"的研究成为法制史学界乃至整个法学界的热门课题，当时参加讨论的代表人物有居正、程树德、丁元普和陈顾远等。第二个时期，是 1980 年以后，1980 年陈朝璧在《法学研究》第 1 期发表《中华法系特点初探》一文，首次将半个世纪以前的中华法系问题再次提到研究日程上来。自此，学术界对中华法系的研究论著不胜其述，参加讨论的代表人物有张晋藩、乔伟等。总起来说，中华法系研究的突破不甚明显，唯近年来郝铁川《中华法系研究》的研究视角颇值得注意。他认为，中华法系的基本价值观念包括法典的法家化、法官的儒家化、百姓大众法律意识的鬼神化。尽管郝铁川对百姓大众法律意识鬼神化的解读尚有待商榷而不够谛当之处，但他将研究视野超越官方典籍与精英阶层而进入民间社会，这不能不说是一种跳出过去窠臼的佳兆。对于中华法系的特点，过去学术界有两种观点：一以张晋藩为代表，将中华法系的主要特点归纳为：（1）以儒家学说为基本的指导思想和理论基础，但也融合了道、释的某些教义；（2）出礼入刑，礼刑结合；（3）家族本位的伦理法占有重要地位；（4）立法权与司法权始终集中于中央，司法与行政合一；（5）民刑不分、诸法合体与民刑有

---

① René David, *Les grands systèmes de droit contemporains*, Paris：Dalloz, Neuvième édition, 1988, pp. 22 – 23.

分、诸法并用；（6）融合了以汉民族为主体的各民族的法律意识和法律原则。对于上述概括，乔伟甚为不满意。他认为，中华法系的特点与中国封建法律制度的特点之间有相通之处，但不能划一个等号。后者着眼于其阶级属性，而前者则着眼于其民族属性。中华法系的基本特点是礼法结合，大体经历了西周奴隶制国家的礼法并用时期、自春秋战国到秦朝的弃礼任法时期、汉朝以后直到明清的礼法合流时期。

　　武树臣教授指出："法统"和"法体"作为法律实践活动的价值基础和宏观样式构成了法律文化的两个侧面。武树臣所谓法统其实是指中国传统法律文化的价值基础。法学界一般认为，由于中国历史文化传统的原因，中国法律本位基本上以集体主义为主，其中经历了殷商的"神本位"时代，西周、春秋的"家本位"时代，战国、秦朝的"国本位"时代，西汉到清朝的"国、家本位"时代，国民党政府时期的"国、社本位"时代，新中国成立初期到"文化大革命"结束时期的"阶级本位"时代。[①] 与此相对比，西方尽管早期亦曾有氏族本位、家本位时代，尽管 20 世纪以狄骥为代表的社会连带法学派等亦曾激烈反对个人本位主义，但西方法律文化的"剧情主线"是"个人本位"的。由于社会主义市场经济秩序应建立在生产资料的社会主义公有制和公民个人积极进取的主观能动性的基础之上，因此，以往以垂直式权力为核心的"国家本位"已不适用，而西方近代以"私有财产神圣不可侵犯"和"契约自由"为旗帜的"个人本位"亦不符合中国国情，在新的历史条件下，中国应确立的新式"法统"是构筑双向的"国家与个人本位"（即"国、民本位"）的法律革命，其实自清末新政修律，中华法系已趋于崩溃，如有学者就指出"蠲旧图新，舍己从人，尽弃祖宗的法度，而仿西洋的成规，当时主持其事者，用心虽苦，但我国数千年的法统，从此已奄奄一息"[②]，大陆法系的引进对中华法系的旧传统形成革命性的变化。在新中国成立后，中国共产党用革命的暴力手段打碎旧的国家

---

　　① 参见武树臣等：《中国传统法律文化》，北京大学出版社 1994 年版，第147—688 页。

　　② 林咏荣：《礼刑合一的作用及其评价》，潘维和等：《中西法律思想论集》，台北汉林出版社 1984 年版，第 209 页。

机器，废除国民党反动政府的"伪法统"，作为国民党政府统治之法律基础的六法全书体系在中国大陆上被废除，新中国成立初期法制建设受苏联影响甚巨，20世纪中国的第三次法律革命肇端于1978年底中国共产党十一届三中全会召开，以"八二宪法"为标志，其实质在于实现从传统的计划经济体制下的人治型法律秩序向现代市场经济体制下的法治型法律秩序的历史性转型，即近年来法学界所讨论热烈的"法治现代化"。从上述可见，中国的新法统的重建正处于历史的转折十字路口。

要重建新法统，必须深刻理解和体认中华法系的旧法统，其理至明。然而乔伟等将中华法系的基本特点概括为礼法结合，这显然具有浓厚的"历史本质主义"的色彩。既然乔伟认为中华法系的特点是指其民族属性，那么中国是统一多民族国家的历史基本事实却被置之度外，边疆众多的少数民族却又被目无余子地在正统论史观的支配下熟视无睹，这岂非自相矛盾？与乔伟当时所见不同的张晋藩，由于曾用力甚勤地撰写过《清入关前国家法律制度史》，所以在中华法系的特点研究中注意到边疆少数民族法律文化的成分，但在整个法学界寂寥寡合，并且张晋藩自身亦未对中华法系与边疆少数民族的关系予以深究，亦非从边疆的视角审视中原的历史和法律文化。

目前美国的清史和中国近代史研究中突出对地域（territorial unit）的把握对我们的启迪在于，古代中国在空间的辽阔性及其所呈现的差异感表明正统史观的不合理性，中国的传统（包括法统）并非铁板一块，区位研究所倡导的社会史分析无疑对摆脱总体论是一剂良药，在中华法系法统的研究中，边疆少数民族的缺席和空场的局面不能再一仍其旧。思想的边界不应该以人为的地域划分，我们不能将自己的思维仅仅定格集中于中原地区法律文化的本质主义宏大叙事。基于此，笔者认为清代边疆民族地区法制的研究对于中国新法统的重建、对中华法系法统认知的重构极具重要意义。

日本学者岛田正郎（しまだまさお，1915—2009）毕业于东京大学部东洋史学科，为明治大学教授、法学博士，主要著作有《辽代社会史研究》（島田正郎『遼代社会史研究』巖南堂書店、1978年）、《东洋法史》（『東洋法史』明好社、1975年）、《清末近代的法典的编纂》

（『清末における近代的法典の編纂』創文社、1980 年）、《北方欧亚法系研究》（『北方ユーラシア法系の研究』創文社、1981 年）等。岛田正郎在其长达数十年的研究中得出这样一个结论，即："与居住在湿润亚洲的农业民文化为基础的'中华法系'相并列的还有以居住在干燥亚洲的游牧民文化为基础'蒙古法系'——或扩大称之为'北亚法法系'亦可，东方二大法系，绝非过言。"[1] 20 世纪 80 年代初，潘世宪以其通晓日语的缘故率先在中国大陆改革开放伊始，对岛田正郎的观点予以照观评骘，毫不客气地抨击岛田说："这种'东方二大法系'的说法，并非由于岛田正郎对法制史常识的无知，而是他别有用心的恶意捏造。"[2] 潘世宪为维护国家主权完整与领土统一，以学术研究为阵地，其精神令人景仰不已。正如潘世宪所言，岛田正郎对法制史常识绝非无知，其《东洋法史论集》（『東洋法史論集』）达六七帙之巨，包括《清朝蒙古例研究》（『清朝蒙古例の研究』創文社、1982 年）、《明末清初蒙古法研究》（『明末・清初モンゴル法の研究』創文社、1986年）等，粲然可观，以致仁井田陞（にいだのぼる，1904—1966）誉之为"据现存史料总体式复原的极限"。但另一方面，潘世宪由于所见有限，对岛田正郎存在一定偏颇之见。其实岛田正郎属于二战中成长起来的学者，在侵华战争中来过中国，亦曾受魏特夫"征服王朝论"的影响。[3] 但岛田正郎的反华倾向并无证据可稽。再者，潘世宪缕述日本学者仁井田陞、田山茂（たやましげる，1912—1971）、高柳贤三（たかやなぎけんぞう，1887—1967）均无"蒙古法系"之说，以佐证岛田正郎"蒙古法系说"乃殊不足据的一己私见。然而据笔者所见，岛田正郎之说实乃无独有偶。乌尔曼（Levy-UlImann）于 1927 年曾把法律体系分为大陆法系、英语国家法系和伊斯兰法系，绍尔·哈（Georges Sauser-Hall）以种族因素为标准把世界法律体系分为印欧法系、犹太法系、蒙古法系及未开发法系等。岛田正郎提出"蒙古法系说"系

---

① 潘世宪：《蒙古民族地方法制史概要》，油印本，1983 年，第 2 页。

② 潘世宪：《蒙古民族地方法制史概要》，油印本，1983 年，第 2 页。

③ 岛田正郎博士颂寿記念論集刊行委員会編『東洋法史の探究—— 島田正郎博士頌寿記念論集』汲古書院、昭和 62 年、620—624 頁。

可以自圆其说的一家之言，不单是一般学者对自身研究对象爱憎过情的问题，其学说极力凸现北亚游牧民族法律独特性，对我们狃于成见、以偏概全、除中华法系外目无余子的"有漏"惯常认知无疑具有他山之石的效验。

勒尼·格鲁塞（René Grousset，1885—1952）从世界全局出发研究欧亚大陆北部草原游牧民族，指出："匈牙利草原是俄罗斯草原的延伸部分，正像俄罗斯草原是亚洲草原的延伸部分一样。"亚欧北部草原上突厥（Turkic）、蒙古（Mongol）和通古斯（Tungus）三大母族从西徂东及从东向西的游牧迁移在历史上绵延不断，而作为民族大走廊的新疆地区乃维持中国的"蚁穴"（Anthill）与印欧的"蚁穴"之间最低限度联系的孔道。① 10世纪末以降，伊斯兰教开始在新疆扎下根来，回鹘人逐渐皈依信奉。在清代前期，伊斯兰教法在南疆地区已广泛施行。《和卓传》的作者穆罕默德·沙迪克·喀什噶尔（1685—1765）曾钻研过伊斯兰教法规和维吾尔由来已久的各种习惯法，写成《问题的辨认》一书，论证伊斯兰法规与维吾尔习惯法之间的联系。② 《西域图志·风俗卷》"政刑条"载"犯奸者依回经科断则杀之，宽则罚令当苦役，终其身不复，有证则坐之，无则释之"等，其内容都是伊斯兰教法与维吾尔族习惯法混合形成的产物。学术界通常认为，伊斯兰教法是一部以"私法"为主、诸法一体的综合法规，其主体部分仅限于私人关系的领域，主要包括婚姻、家庭、继承、刑法和瓦克夫制度，即与宗教学说关系更直接、更密切的部分，"至于公共关系领域，伊斯兰教法则很少过问，仅有一些远远脱离实际的宗教理想，如关于国家体制的哈里发学说等等"③。近年翻译的《新疆南疆地区部分契约资料选编》，搜集了清代新疆莎车、喀什噶尔等地区经伊斯兰教法庭办理的涉及穆斯林遗产继

---

① René Grousset, *The Empire of the Steppes: A History of Central Asia*, New Jersey: Rutgers University Press, 1989, pp. XXII - XXIV.

② 参见艾合买提·叶合亚：《察合台语时期的文学翻译家及其译作》，《新疆大学学报（哲学社会科学版）》1995年第3期。亦可参阅全国少数民族古籍整理研究室编：《中国少数民族古籍论》第2辑，巴蜀书社1998年版，第141页。

③ 吴云贵：《伊斯兰教法概略》，中国社会科学出版社1993年版，第7页。

承、财产与债务、瓦哈甫法的施行以及其他私法领域诉讼案件的部分契约文书，说明伊斯兰教法对清代回疆的影响至深。清朝中央政府对回疆的立法主要是从公法的角度，并通过伯克制度等政教分离措施，在司法权和警察权方面对伊斯兰教法庭加以限制，使之不得染指刑事案件的司法权和维持治安的警察权。因此，清朝中央政府对回疆的立法与回疆本地的固有法分别从公法、私法的角度对社会经济生活相维相制。例如，"查回人旧制，征收粮石，系十分之一"。此法来自伊斯兰教天课中的"欧舍尔"（Ushr，什一税）。清朝中央政府在对回疆的税收立法中继承了这一规定，但对伊斯兰教法又加以损益变革，将按《古兰经》规定每个穆斯林必须交纳宗教税和对宗教机构进行个人施舍的教法加以消解，将宗教税和大宗施舍排除于法定税目之外，使失去法律保护的税目——乌秀尔、扎卡特和大量的官方施舍——的敛取遭遇历史的顿挫。清代前期南疆地区伊斯兰法系对中华法系在中国境域内一统天下论和自我封闭论具有证伪的功能。在近代西方理论话语中，按照马克斯·韦伯的说法，清朝州县司法审判制度接近于专断随意的"卡迪"法，而非理性的法律制度。[①] 诚然，中华法系和伊斯兰法系都没有独立的司法权，[②] 但黄宗智从清代巴县档案等材料的细致考察中，已确凿地证明清

---

① "卡迪"（القاضى，Kadi）一词乃阿拉伯文，在新疆一般译为"哈孜"（qazi）。马克斯·韦伯著作的英译者使用了不同的译法，亦作 Khad，意为根据伊斯兰教法进行审判的法官。据巴斯卡柯夫（Николай Александрович Баскаков，Nikolay Aleksandrovich Baskakov，1905 —1995）研究，哈孜在中亚地区名目繁多，有：哈孜·拉伊斯（qazi-rais，主席法官），监督伊斯兰教法的执行，管理城市公用事业；哈孜·斡耳朵（qazi-urdu，汗宫法官），审理对一般法官的控诉，哈孜·卡兰（qazi-Kalan，大法官），审理法官之间的争讼，帕勒万·哈孜（palvan-qazi，高级法官），而"哈孜"（qazi）单独使用，通常意指"初级法官"。魏良弢教授言，有关叶尔羌汗国的史籍中只提到"哈孜"这一官名。参见魏良弢：《叶尔羌汗国史纲》，黑龙江教育出版社 1994 年版，第 169 页。但据清代文献、佐口透和刘义棠诸学者的著作，清代《回疆则例》中伯克职名中有：哈孜伯克（Qazi Beg），总理一切刑名事务；斯帕哈孜伯克（Sipah Qazi Beg），办理头目词讼；拉雅哈孜伯克（Riaya Qazi Beg），办理细民词讼。

② 参见诺·库尔森：《伊斯兰教法律史》，吴云贵译，中国社会科学出版社 1986 年版，第 99 页。

代州县官员审判与民间调解的判然有别，西方学者对中国传统法律制度模糊观念不值一驳。据笔者所见，叶尔羌汗国是实行政教分离，其法律实践亦为伊斯兰教法（شريعة，Sharia，沙里亚）与蒙兀尔习惯法并举。佚名作者的《喀什噶尔史》载，在阿不都·哈林汗（1559—1591年在位）时，每星期有两天亲自主持司法审判，"他的一侧坐着喀孜和穆夫提，另一侧坐着维奇和阿奇木。……与伊斯兰法（沙里亚）有关的案件，由喀孜和穆夫提来处理；而属于习惯法（阿达特）的事情，则由维奇为首的艾米尔去处理"①。清统一南疆后更加坚持政教分离原则。一方面，清政府承认伊斯兰教法在一定范围内的适用。乾隆帝曾谕令："办理回众事务，宜因其性情风俗而利导之，非可尽以内地之法治也。"② 所以清朝法律文献中"照回疆例办理""回例"等词句在所多见，《西域图志·风俗卷》"政刑条"、肖雄《西疆杂述诗》等都对伊斯兰教法在新疆的实施叙述如绘，日本学者佐口透（さぐちとおる，1916—2006）比勘《古兰经》教法条例与清人记述、清代档案文献后得出结论："18世纪中期的维吾尔社会对于小罪适用墨刑、笞杖刑、劳役刑；对盗窃、伤害、杀人罪等，除了死刑之外，还适用同害刑和赔偿刑；对于杀人、强奸罪适用肉刑、绞首刑。1760年以后，清朝把它作为维吾尔的习惯法或以伊斯兰教典为依据的法律，而同意予以施行。其后，开始逐渐地适用清律，对于杀害尊亲的，必定处以极刑（凌迟处死、拟绞），试图借以强化他们对异民族的统治。维吾尔刑罚可以说是属于伊斯兰法的。同害刑相当于一般伊斯兰法的'奇萨斯'（Qisas），赔偿制相当于'迪亚'（diya，血金），被判死刑的强奸罪可以看作'哈德'（hadd，固定刑罚）。"③ 日本学者嶋田襄平（しまだじょうへい，1924—1990）在《清代回疆的人头税》一文中，更指出清代统治

① 转引自李进新：《新疆宗教演变史》，新疆人民出版社2003年版，第342页。

② 《清高宗纯皇帝实录》卷六百四十八，乾隆二十六年十一月，台北华文书局股份有限公司1960—1970年版，第9493页。

③ 佐口透：《18—19世纪新疆社会史研究》下，凌纯声译，新疆人民出版社1983年版，第643页。

的回疆，是伊斯兰法、游牧法与中国法交错综合的社会，清代回疆税则，若将成分加以分解，可写成如下的程式：Kharǎj（什一税）＋bāj（关税）＋jizyah（人头税）＋租税＝清代回疆税则。① 另一方面，清政府又对伊斯兰法的适用加以严格限定，禁宗教干政，使回疆地区以所谓"天启依据"作为至上权威的宗教立法权不复存在，凭教法行使的警察治安权为清政府控制，宗教法庭司法权亦大受抑压。然而，无论如何，伊斯兰法系和蒙古法系具有溢出中华法系内涵的成分，我们应该对至少占中国半壁江山的边疆地区的法律样态予以充分的考量。中华法系自形成之初即呈现包容并蓄的开放性，伊斯兰法系在清代中国新疆地区的客观存在，表明中华法系在西方法律文化尚未大规模冲击之前即与世界其他法系接触尚存饩羊一线，绝非一些学者所谓的封闭的棺椁中的木乃伊。

---

① 嶋田襄平「清代回疆の人頭税」『史学雑誌』第 61 卷 11 号、1952 年。

第九章　清代宗藩关系的历史法学多维透视分析

"国际间形成了几种各具特色的国家体系：东亚封贡体系、穆斯林世界（包括西亚和北非）、欧洲秩序（后来加上俄罗斯），还有刚出现的美洲殖民地体系。"[1] 宗藩关系又称藩属关系，有时亦称之为朝贡关系或朝贡制度，是在亚洲地区源远流长的国际关系制度之一。"19 世纪西方军政势力侵入亚洲后，此一制度即遭受挑战。他们以其近代的主权国家及殖民地制度观点批评封建宗藩制度之是非，并以此作为侵占中国藩属之说词。故英侵缅甸、法并安南及日美图谋朝鲜时，此一制度已为外交官及法学家辩论之主题。制度乃适应特定时间空间之功能建构，自某一地区之历史发展阶段言之，其固有制度并不比来自不同社会之功能建构为劣。然而要明了由中国人智慧创建的封贡宗藩制度之功效，必先对其历史详加研究。第二次世界大战后由于中国局势之丕变，各国学者对此甚为重视。1965 年美国哈佛大学所主办之'中国的世界秩序'（Chinese World Order）讨论会即为明显例子。"[2] 事实上，"朝贡体制"正是哈佛大学东亚研究中心缔造元勋费正清的核心理论话语，这种体制在费氏"冲击—反应"理论范式下是"落后"甚至"蒙昧"的代名词，充盈着被西方中心主义所蔑弃的语码信息。近代以来，中国学者亦以现代西方标准衡量这种"朝贡体制"，例如当年朝阳大学法律科的讲义《平时国际公法》中却云，这种体制使中国"每自高其位置，而不屑与

---

① 王绳祖：《国际关系史》第 1 卷，世界知识出版社 1995 年版，第 11 页。

② 张存武：《清代中朝关系论文集》，台北商务印书馆 1987 年版，第 72 页。费正清主编：《中国的世界秩序：传统中国的对外关系》（J. K. Fairbank, *The Chinese World Order: Traditional China's Foreign Relations: A Preliminary Framework*, Cambridge, Massachusetts: Harvard University Press, 1968）即是其最终成果的结晶。

他国侪，故于国际法之义，动多扞格"①。正是在这个意义上，陈顾远指出："周以前，部落棋布，之后群落之间，不能谓无往来，然止有'际'而非'国'；秦以后，函复一统，视远夷为蛮夷，责万国以臣属，又止有'国'而无'际'。"② 因此，没有发展国际法的基础。然而，近几十年来，美国汉学界一直有人企图挑战和撼动费正清的东亚朝贡体制理论的主导地位，何伟亚（James Louis Hevia）的《怀柔远人：清代宾礼与 1793 年马嘎尔尼使团》（*Cherishing Men from Afar: Qing Guest Ritual and the Macartney Embassy of 1793*，Durham，NC：Duke University Press，1995）从后现代主义理论的立场解构受西方现代意识和制度规训、教化所产生的关于国际交往准则的价值判断标准，力图将"朝贡体制"从"结构—功能"解释取向中解放出来而置之于更贴近原始状态的时空语境和动态进程之中，③ 从而予以历史主义的同情理解。按照何伟亚的观点，马嘎尔尼使华"是两种截然不同的观念体系发生冲撞的意外结果，即英国的'主权平等'（sovereign equality）外交观与清朝的'差序格局'（hierarchical inclusion）天下观的碰撞。今日流行于世的以国际法为基础的国际交往关系的形成，正是 16 世纪以来欧洲进行全球扩张的产物，并随着时间的推移成为一种'自然化了的霸权话语'（a naturalized hegemonic discourse）"④。用这种"国际法交往准则"评判朝贡体制所构造的中国的世界秩序观念，势必会以今度古地模糊历史真相。

钱穆虽未逆料后现代主义史学的勃兴，但他在《中国历代政治得失》中却这样精辟地指出："历史意见，指的是在那制度实施年代的人们所切身感受而发出的意见。这些意见，比较真实而客观。待时代隔得

① 朝阳大学法律科讲义：《平时国际公法》，李祖荫校勘，北京朝阳大学 1927 年刊印，第 38 页。

② 陈顾远：《中国国际法溯源》，上海商务印书馆 1931 年版，第 10 页。

③ 参见罗志田：《18 世纪清代"多主制"与"宾礼"的关联与牴牾》，《清史研究》2001 年第 4 期。

④ 罗志田：《后现代主义与中国研究：〈怀柔远人〉的史学启示》，《历史研究》1999 年第 1 期。

久了，该项制度早已消失不存在，而后代人单凭后代人自己所处的环境和需要来批评历史上已往的各项制度，那只能说是一种时代意见。时代意见并非是全不合真理，但我们不该单凭时代意见抹杀已往的历史意见。"① 钱穆的观点与后现代主义的认识自然不可相提并论，不过在对现今自以为是的认知优越感的质疑问题上却分享着不谋而合的共识。19世纪以来，普通史学的领地遭到社会学、经济学、法学等学科的不断侵蚀肢解，所以英国剑桥大学历史教授西利（John Robert Seeley，1834—1895）不无悲哀地说：历史学归根结底只是"一种残余物，这种残余物就是一批又一批的历史事实为某些其他科学拿走之后留下的东西"②。笔者不苟同将目前历史学主体性消解、专业食槽逐渐打破的情势矫饰文说为人见人爱、趋之若鹜的炙手可热之显学盛况，其实我们应该明晰地晓知，从严格意义的学科建制角度而言，历史法学不等于法学史（或与之具有略微出入的另一概念"法律史"），犹如历史经济学并不等于经济史、历史语言学不等于语言史、历史人口学不等于人口史一样，它属于法学的范畴而非历史学。③ 以胡果（Gustav von Hugo，1764—1844）、萨维尼（Friedrich Carl von Savigny，1779—1861）、普赫塔（Georg Friedrich Puchta，1798—1846）、梅因（Sir Maine，1822—1888）等为代表的历史法学派在法学发展史上谱写了不朽的辉煌篇章。依笔者之见，历史法学的方法表现在三方面，即以历史为研究切入点、以主要语言分析为特色、以法学理论建构为目标。尽管法律史研究和历史法学研究都以历史事实为主要内容，但历史法学以历史的研究为手段而非目的。萨维尼等认为，一个民族的法律，如同其语言，与其民族的特有的存在和性格有机相连，是特定民族的特定精神（peculiar of genius）的产物，是民族生活的一种功能。所以历史法学派对历史语言的研究之重视，既

① 钱穆：《中国历代政治得失》，生活·读书·新知三联书店 2001 年版，第 6 页。

② 詹姆斯·鲁滨逊：《新史学》，齐思和等译，商务印书馆 1989 年版，第 48 页。

③ 道格拉斯·诺思诚然研究过历史，但历史研究是诺思产权经济学的手段，诺思毕竟是经济学家而非历史学家，其所获的也是诺贝尔经济学奖。

是传统德国学风的表现，更系从自身的理论立场要求出发对这一传统的发扬光大。唯其如此，家喻户晓的《格林童话》的编者雅洛布·格林不为常人所晓知的是，他即在萨维尼的影响下作为历史法学流派的一员，尚有《古代法律制度》（Jakob Grimm, *Deutsche Rechtsaltertümer*, 1828）的扛鼎力作，《格林童话》的收集整理与《古代法律制度》的撰写之间其实有着深层的、根本的学术理念。正由于历史法学以历史研究为自身理论建构的质料，所以，萨维尼在国际私法上法律关系本座说的提出以及梅因著名的"从身份到契约"（from status to contract）的论断等都是历久弥珍的法学理论瑰宝，具有世罕其俦的永恒学术价值。本文师仪萨维尼等人为代表的历史法学的研究传统，尽管保留着德国历史法学注重语言历史含义研究的旧规，但笔者在 21 世纪新的语境下所依赖的理论资源毕竟与传统历史法学今非昔比，而且与传统历史法学以构建民族国家为主旨和本位的学术情致亦大相径庭。

第一节　宗藩关系的发生学分析[①]

清人刘献廷《广阳杂记》卷四中云："古之诸侯，即今之土司也，后之儒者，以汉、唐、宋之眼目，看夏、商、周之人情，宜其言之愈

[①]　发生学，英文为 genetic theory 或 genetic study。其源于日内瓦学派（Geneva School，又称皮亚杰学派）的奠基者皮亚杰（Jean Piaget，1896—1980）《发展认识论原理》（*The Principles of Genetic Epistemology*, translated from the French by Wolfe Mays, London：Routledge and K. Paul, 1972）。由于传统认识论的研究对象主要是既成的认识过程和方法，许多哲学家根本没有提出认识的发生问题，用既有的人类认识过代替人类的认识发生发展的过程，认识的发生问题被屏诸视野之外，因此皮亚杰力求从建构主义的立场出发探求认识的成长结构问题，即认识由于时间的经过在发展形态上的"生长研究"。目前，发生学在国内外被人文社会科学研究者广泛使用于各种论域，国内以"发生学"为题的论文近四年达 120 余篇，但都对发生学没有任何界定，且往往将发生学等同于历史学的不同表述。笔者以为，发生学概念的学术产出意义在于：其一，按皮亚杰的说明和示范，发生学的研究　（续下注）

多而愈不合也。"①台湾学者王健文亦认为古今两种语言中的"国家"其实颇有不同，故而他用引号以指称传统概念上的国家，与今日意义有所区隔。②台北"中央研究院"近代史研究所陈仪深等人在两岸学术交流会中更指出，近代主权国家概念与古代社会国家概念绝不相俟，以古证今可能造成混淆。其实，早在孔子时代就颇感中国古代早期典章制度的难窥究竟，故云："夏礼，吾能言之，杞不足征也；殷礼，吾能言之，宋不足征也。文献不足故也；足，则吾能征之矣。"③从中国传统社会的长期"信古"到近代顾颉刚为代表"古史辨"派的"疑古"，再到现代考古资料大发现导致李学勤提出"走出疑古时代"，中国学术界对先秦史的研究脚步一直未曾停顿过。

从甲骨文中可以看出，商代存在着众多的"方"，或称"邦方"，1957 年于省吾先生在《从甲骨文看商代社会性质》（《东北人民大学学报》1957 年第 2—3 期）一文中，即指出商代诸方的关系可能相当于古墨西哥阿兹忒克军事联盟，商王乃这种军事联盟首脑。1981 年，林沄提出于省吾的"方国联盟说"应该得到重视，并进一步考定了甲骨文中"比"字的用法。④认为卜辞中"王比某方（或'某侯''某伯'）"

（续上注）是跨专业性的；其二，发生学的思想与传统历史学考镜源流的路径不同，它将事物的起源和发生视为一个过程，否认绝对的开端，在这一点上，发生学与福柯从尼采那里继承而来并加以改造的"系谱学"（geneology）反对"起源论"有相同之处；其三，发生学是一种建构主义的结构主义，强调结构的人为建构过程；其四，通常意义的"历史"并不能涵盖事物的发生，"发生"强调在"历史"以前，所以发生学研究在一定意义上是研究某一问题"史前史"，故此发生学英文又作 embryology。

① 刘献廷：《广阳杂记》卷四，汪北平、夏志和点校，中华书局 1957 年版，第 203 页。相关研究可以参考郑州大学嵇文甫文集编辑组编：《嵇文甫文集》上，河南人民出版社 1985 年版，第 546 页；张舜徽：《清人笔记条辨》二，辽宁教育出版社 2001 年版，第 285 页。

② 王健文：《奉天承运：古代中国的"国家"概念及其正当性基础》，台北东大图书股份有限公司 1995 年版，第 4 页。

③ 张卫中：《论语通译》，浙江文艺出版社 2003 年版，第 27 页。

④ 林沄：《甲骨文中的商代方国联盟》，《古文字研究》第 6 辑，中华书局 1981 年版，第 67—76 页。

等形式中比字皆是亲密联合之义，是王与其他方国有军事联盟关系的证明，但有时也可见商王对联盟方国首领使用"令"，反映商王是联盟的盟主。晁福林更认为，商代自成汤开始时即有方国联盟，一直到晚商时仍在，但殷与方国间的联合关系，更多的是统治、主从的关系，当时殷人尚未有后世"都"的概念，殷都屡迁实际上是方国联盟政治中心的转移。[1]

　　学术界对中国商周时代的国家结构形式是否为城邦制度存在分歧。清代学者焦循解释"国"的上古初始义时云："国有三解：其一，大曰邦小曰国，如唯王建国，以佐王治邦国是也；其一，郊内曰国，《国语》《孟子》所云是也；其一，城中曰国，小司徒稽国中及四郊之都鄙夫家……是也。盖合天下言之，则每一封为一国，而就一国言之，则郊以内为国，外为野。就郊以内言之，则城内为国，城外为郊。"[2] 许倬云据此认为，"国"的这三重意义，大约城邑为国的用法最早，而邦国的用法最晚。"三重意义象征了封国成长的过程。第一步是殖民队伍的筑城邑自保；第二步扩充管内的领地到近郊；第三步则封国与封国接界了，界内的领土就都认为国中的土域。"[3] 杜正胜的观点与许倬云中国古代城邦说颇为接近，主张"封建城邦"说，指出："周民族武装拓殖建立的军事、政治城堡古书名曰'国'，国外的广大田土称曰'野'，野上的小聚落称曰'邑'或'社'。"[4] 大陆学者赵伯雄认为，周代的国家可称为宗族的国家，国家统治者兼有宗族首领的身份，人民也在宗族控制下，地缘组织的"邦"与血缘组织的"家"是合为一体的，此种情况在战国以后才不见。西周时天子是万邦之主，姬姓之邦与周邦是子邦与母邦的关系，各邦皆是有相对独立性的政治实体，使国家呈现出

---

①　晁福林：《从方国联盟的发展看殷代屡迁原因》，《北京师大学报》1985 年第 1 期。

②　焦循：《群经宫室图》卷上，城图六，王德毅主编：《丛书集成三编》30，台北新文丰出版公司 1997 年版，第 475 页。相关研究或可参考《何兹全文集》第 6 卷，中华书局 2006 年版，第 3242—3243 页；金景芳：《金景芳晚年自选集》，吉林大学出版社 2000 年版，第 135 页。

③　许倬云：《西周史》，生活·读书·新知三联书店 1994 年版，第 296 页。

④　杜正胜：《周代城邦》，台北联经出版事业公司 1984 年版，第 48 页。

松散结构，所以国家的"统一"是十分有限的。邦只是国家组成部分，只是在春秋后才演变为独立国家。一邦之内有"国"（国都）与"野"（指田野，即广大农村），此外还有"都""鄙"之分，"国野""都鄙"皆是并言城市、乡村，在当时这种城乡关系仅是大邑与小邑的关系。作为政治中心的大邑，有所谓宗庙社稷，一般筑有城垣，小邑即村落。大、小邑间并无质的区别，不存在一般意义上的城乡对立关系。在这本书中，赵伯雄还从城市、国家、公民公社三方面，将西周的邦与古希腊城邦做了比较，否定以西周之邦为城市国家的说法。①

　　笔者比较倾向于许倬云和杜正胜的观点，但周代的城邦与希腊罗马的古代城邦的确存在明显差异。诚然，西周和春秋时代的国人在城邦政治生活中仍保留昔日氏族共同体成员的自尊和荣耀，享有以往原始社会末期军事民主制度下的一些权利。《周礼·大司徒》云："若国有大故，则致万民于王门。"②《左传·哀公元年》也有这样的记载："吴之入楚也，使召陈怀公。怀公朝国人而问焉，曰：欲与楚者右，欲与吴者左。"③ 但国人并非像希腊罗马的城邦公民一样是全权的自由民，既无立法权亦无选举权，城邦政治对国人而言正如曹刿乡人所说"肉食者谋之，又何间焉"。另外，与希腊罗马城邦不同，西周春秋城邦国家之间有上下统属关系。"由姬姜分封而产生的封国，固是周王朝体系中的一部分。即使原来独立的中原古国，在西周建立之后，也从此纳入王朝的体系。春秋时代，王纲不振，诸侯纷纷竞争，王朝体系已无约束力。但是这些事实上已独立的邦国都邑，均已是相当不小的领土国家，发展的方向更是走向战国的君主制的领土国家，其情形不能与希腊罗马的古代城邦相提并论。"④ 西周时代的城邦政治生活中，王权明显发达。王国

---

　　① 参见赵伯雄：《周代国家形态研究》，湖南教育出版社 1990 年版，第 71—104 页；朱凤瀚、徐勇编著：《先秦史研究概要》，天津教育出版社 1996 年版，第 152 页。

　　② 陈成国点校：《周礼》，岳麓书社 1989 年版，第 30 页。

　　③ 左丘明撰，杜预集解，李梦生整理：《春秋左传集解》，上海人民出版社 1977 年版，第 1710 页。

　　④ 许倬云：《西周史》，生活·读书·新知三联书店 1994 年版，第 297 页。

维《殷周制度论》中云："自殷以前，天子诸侯君臣之分未定也。故当夏后之世，而殷之王亥、王恒，累叶称王；汤未放桀之时，亦已称王；当商之末，而周之文武亦称王。盖诸侯之于天子，犹后世之于盟主，未有君臣之分也。周初亦然，于《牧誓》《大诰》，皆称诸侯曰'友邦君'，是君臣之分亦未全定也。逮克殷践奄，灭国数十，而新建之国皆是功臣昆弟甥舅，本周之臣子，而鲁、卫、晋、齐四国，又以王室至亲为东方大藩，夏殷以来古国，方之蔑矣！由是天子之尊，非复诸侯之长而为诸侯之君。其在丧服，则诸侯为天子斩衰三年，与子为父、臣为君同。盖天子诸侯君臣之分始定于此。"[1] 尽管商代已有内服和外服之分，但外服和商王之间的关系还很难说是真正的君臣关系，但在周代，无论内服还是外服对周天子均有君臣名分。僖公四年齐桓公以诸侯之师伐楚，"楚子使与师言：'君处北海，寡人处南海，唯是风马牛不相及也，不虞君之涉吾地也，何故？'管仲对曰：'昔召康公命我先君大公曰：五侯九伯，女实征之，以夹辅周室……尔贡苞茅不入，王祭不共，无以缩酒，寡人是征。昭王南征而不复，寡人是问。'对曰：'贡之不入，寡君之罪也，敢不贡给？昭王之不复，君其问诸水滨！'"[2] 由此可见，周天子和诸侯之间的权利义务即使王纲解纽时期仍不可视若弁髦。

据《史记》记载，唐尧时代，南蛮、北狄、东夷、西戎"天下咸服"[3]，尧死，舜继位，"蛮夷率服"，氐、羌、息慎等族"各以其职来贡"，"方五千里，至于荒服"。[4]《左传》云："禹合诸侯于涂山，执玉帛者万国。"[5]《尚书·禹贡》更记载夏朝的"王畿"（或称"中邦"，或称"天子之国"，即夏王直接统治和管辖的地区）以外"五百里甸

①　王国维：《观堂集林》上，《民国丛书》第四编，综合类，92—93，上海书店 1992 年版，第 449 页。亦可参见周予同主编：《中国历史文选》下，中华书局 1962 年版，第 434 页。

②　中华书局编辑部编：《名家精译古文观止》，中华书局 1993 年版，第 19 页。

③　司马迁：《史记》卷一，五帝本纪第一，中华书局 1959 年版，第 28 页。

④　司马迁：《史记》卷一，五帝本纪第一，中华书局 1959 年版，第 43 页。

⑤　《左传·哀公七年》，孔令河：《五经注译》下册，山东友谊出版社 2001 年版，第 3030 页。

服，百里赋纳緫，二百里纳铚，三百里纳秸服，四百里粟，五百里米。五百里侯服，百里采，二百里男邦，三百里诸侯。五百里绥服，三百里揆文教，二百里奋武卫。五百里要服，三百里夷，二百里蔡。五百里荒服，三百里蛮，二百里流"①。学术界对夏代即出现了如此严密规整的服事制度提出质疑，不过后世藩臣与天子之间权利与义务的一些基本原则的雏形可能已经绽现。《禹贡》研究大家顾颉刚认为周代最后形成了比较完整的服事制度应属可信。《国语·周语》记载祭公谋父说："夫先王之制，邦外侯服，侯卫宾服，蛮夷要服，戎狄荒服。"② 服者，服事天子也（《周礼·职方氏》郑注）；甸，田也，甸服是周王朝所赖以食者；"侯"，诸侯也，侯服是周王朝所封殖以自卫者。"宾服"是前氏王族之有周者，周人则以客礼待之，薪其能帖服新政权，转而为周王之屏藩。"蛮夷"是指那些久居中原，其文化程度已高的方国，与周王室关系尚不密切，然犹服周人约束，故谓之要服，"要"者，约也。"戎狄"者，未受中原文化陶冶之方国，时时入寇，臣服无常，故谓之"荒服"，荒犹远也。《国语·周语》又云："甸服者祭，侯服者祀，宾服者享，要服者贡，荒服者王。日祭、月祀、时享、岁贡、终王，先王之训也。"③ 此外，周代还有"七服""九服"之说。④ 九服又称"九畿"。据《周礼注疏》卷二十云，侯畿、甸畿、男畿、采畿、卫畿、蛮畿，"以上六服是中国之九州"，夷畿、镇畿、蕃畿，"以其最远故得蕃屏之称。此三服总号藩服"，"九州之外谓之蕃国"。周代的服事制度是以宗法制度为基础，通过大规模的分封册命制度、朝贡制度形成具有等差序格的宗藩关系，体现了"内其国而外诸夏，内诸夏而外夷狄"的华夷观念，形成了中国千百年来沿袭不替的宗藩制度的基本轮廓。据

---

① 简朝亮：《尚书集注述疏》，《续修四库全书》编纂委员会编：《续修四库全书》52，经部·书类，上海古籍出版社2002年版，第226页。

② 李维琦点校：《国语·战国策》，岳麓书社1988年版，第1页。

③ 李维琦点校：《国语·战国策》，岳麓书社1988年版，第1页。

④ 七服是侯服、甸服、男服、卫服、蛮服、镇服、藩服（见黄怀信、张懋镕、田旭东撰，黄怀信修订，李学勤审定：《逸周书汇校集注》卷七，上海古籍出版社1995年版）。九服是侯服、甸服、男服、采服、卫服、蛮服、夷服、镇服、藩服。（《周礼·职方氏》，《四部备要》本。）

《平时国际公法》一书云，希腊古代亦曾呼外国人为 Barbarian，即蛮夷之谓也。马其顿（Macedonia）公使尝于埃托利亚（Actolian）① 会议宣言曰：野蛮人（Barbarian）与我希腊人当永久立于战争。其贱视异族由此可见一斑。罗马十二铜表法（Leges Duodecim Tabularum，The Law of the Twelve Tables），不论外国人有何等权利，但称外国人为"Hostis"，即敌人之义。事实上，"每一种文明都有一种种族中心主义的世界幻象。在其中，外来者被约减为易于把握的空间单位。古代印度将雅利安人的净土与'野蛮人'的地域对立起来"②。实事求是地说，中国早期历史上建立的这种费正清所谓的向心秩序（a concentric hierarchy）理论在世界各地文明史上无独有偶，国家平等是近现代以来国际法的基本准则，但平等却经过了长途跋涉，从无平等意识到平等观念的萌芽，再到形式上的平等法律地位，可谓在时光荏苒中一路逶迤，而臻于实质的平等至今仍任重道远。

　　周代宗藩制度是一整套比较完备的法律体系。《周礼·大司马》云："制畿封国以正邦国，设仪辨位以等邦国，进贤兴功以作邦国，建牧立监以维邦国，制军诘禁以纠邦国，施贡分职以任邦国，简稽乡民以用邦国，均守平则以安邦国，比小事大以和邦国，以九伐之法正邦国。"③ 正是基于此，陈顾远认为，春秋时期，各诸侯国"朝聘以修好，报拜以尽礼，庆吊以通交，救恤以共存，会同以为政，盟誓以结信，俨然现代之国际结合，不因其过远在古代——中国之古代，而有逊色"④。他肯定现代国际社会中一切国家在国际法上的法律地位平等，承认"我国周代邦国之存在系因封建制度而然，上下之则，礼之所重，并不能以国家相互间有对等行为权，遂亦否认其在制度上之序列问题。关于此点，与现代国际法最所为异"⑤。陈顾远分别分析了周代国家的法律主

---

①　通常表述为埃托利亚同盟（Aetolian League）。

②　Frank Dikötter, *The Discourse of Race in Modern China*, London：Hurst, and Stanford, CA：Stanford University Press, 1992, p. 5.

③　王云五主编：《周礼今注今译》，台北商务印书馆 1972 年版，第 297 页。

④　陈顾远：《中国国际法溯源》，商务印书馆 1933 年版，第 2 页。

⑤　陈顾远：《中国国际法溯源》，商务印书馆 1933 年版，第 50 页。

体地位，他指出周天子具有"上国"地位，声言"国际联盟之在今日，组织尚非健全，力量亦较薄弱，学者虽有拟其为'上国'（super-state）者，实不足以当之，而足当此上国之地位者，历史上唯我国春秋以前之周室而已！"① 在当时，方伯为一方诸侯之长，同为诸侯，苟系方伯，则其地位皆高诸侯一等；诸侯之间平等相互交往。《王制》云："不能五十里者，不合于天子，附于诸侯，曰附庸。"② 如颛臾之国等皆不得与诸侯集合朝会天子，且以其国事附于较大之国，纵在国际有其往来而法律上仍不赋予其地位。中国当时的国际规范亦仅限于类似近代西方所谓的"文明世界"，不承认夷狄之国有国际地位。虽然与夷狄有国交之往来，但其目的或在御夷敌以济一时之急而不一其道，或在私戎以取利，俾免获戎而失华，并不以其为敌匹之国。"春秋之世，诸夏所认为最大之夷狄者，前则为楚，后则为吴。楚虽主有方诸侯之盟，吴虽系泰伯后而又通于中国，且在实际上皆参与当时之国际关系，但依然有所为诋者，则又不免国际间褊狭之见耳。"③ 按照陈顾远的论述，夷狄之国无国际法律地位，诸夏之国不以通常的国际礼仪待之，不认为其具有承担国际法上义务的能力。尽管陈顾远关于周代国家的法律地位的论述一直在学术界存在异议，但华夷之别在国际法学视角的观照下显而易见。

有学者谓："从历史上看，国家与民族在先秦有时通用，如夏商周三国可称为夏商周三族，秦国可称为秦族，楚国可称为楚族。"④ 秦国、楚国肯定不是近代意义上的民族国家，"楚虽三户，亡秦必楚"肯定不是近代民族主义张显的征兆，不过战国时期列国已属领土国家乃是肯定无疑的。秦始皇在公元前 221 年统一六国之后，废封藩而置郡县，使周代以来的宗藩关系出现重大变化。当代中国法制史专家张晋藩在《中国政治制度史》中言郡县制度始于春秋时期，并非创始于秦朝。张晋藩的上述申论对矫正中国学术界简单化的片面认知具有启蒙意义，不过这并非张晋藩的孤明创见。早在 20 世纪 50、60 年代，日本学者增渊竜夫

① 陈顾远：《中国国际法溯源》，商务印书馆 1933 年版，第 19 页。
② 孔令河：《五经注译》上册，山东友谊出版社 2001 年版，第 1381 页。
③ 陈顾远：《中国国际法溯源》，商务印书馆 1933 年版，第 34 页。
④ 岳庆平：《中国的家与国》，吉林文史出版社 1990 年版，第 26 页。

（ますぶちたつお，1916—1983）《关于春秋时代的县》（「春秋時代の県について」『一橋論叢』第三十八卷第四号、昭和 32 年 10 月）和《先秦时代的封建与郡县》（「先秦時代の封建と郡県」『一橋大学研究年報・経済学研究』第 2 期、1958 年）①、五井直弘（ごいなおひろ，1925—1999）《关于春秋时代的县的笔记》（「春秋時代の県についての覚書」『東洋史研究』第 26 卷第 4 册、1968 年）② 对此即有精详的研究。我们由此可以看出，中国的郡县制和古代罗马共和国晚期在被征服地区或在与所谓"野蛮人"交界地区建立行省制度一样，随着时间的推移制度的推广，由边缘地区的次制度变为中心地区的主制度，以边缘地区为策源地、作为新区新办法的郡县制，走上中央集权政治大厦的殿堂，将以腹里地区的旧体系封建制取而代之，使过去"中心—边缘"的管理制度模式倒置。班固对这种变革评论说：秦始皇"姗笑三代，荡灭古法，窃自号为皇帝，而子弟为匹夫，内亡骨肉本根之辅，外亡尺土藩翼之卫"③。班固的评论自然不无道理，但宗藩制度在发生沧海桑田的巨变时并未消沉歇绝。秦朝对归附的较大少数民族、部落称之为属邦（汉朝后承秦制，但为避高祖刘邦讳，改称属国），实行与内地郡县制相异的管辖形式，政府中设"典属邦"，掌蛮夷降者，在法律上颁行属邦律。

郡县制在秦汉之际尚处于试验阶段。汉初的郡国制虽说是一种波动乃至反动，但这主要是政权鼎革时期天下动荡所致的余震，况且汉初的封国建藩在本质上主要是战国以来领主制与官僚制混合物的食封制度，封君已由"授民授疆土"的领主变为既无土地所有权又不能臣其吏民

---

①　上述两篇文章均收入增渊氏著《中国古代的社会与国家——秦汉帝国成立过程中的社会史研究》（『中國古代の社會と國家——秦漢帝国成立過程の社会史的研究』弘文堂、1960 年）一书中。前文说明县初起设在国境前方，作为防卫与进击的军事据点，但同时又被编入国家的统治组织中，对于国家内的鄙邑，产生很强的政治压迫。后文着重说明春秋时期县制如何打破邑内部的旧有的族的秩序，为战国时期县制发达与官僚制出现奠定基础。

②　后收入氏著《中国古代的城郭都市与地域支配》（『中国古代の城郭都市と地域支配』名著刊行会、2002 年）。

③　班固：《汉书·诸侯王表第二》，中华书局 1975 年版，第 393 页。

的"衣食租税"者。文景之时的"削藩"和武帝之时"推恩令""左官律""附益阿党法"等的实施，封君政治权力一再削弱以至于微不足道。从总体上说，汉初的郡国制、晋初的封建、明初的亲藩制度以及清初的封建三藩，都是在中央集权体制下统治者竭力扩大郡县制控制区域，而由内向外将宗藩制推向更加辽远的外围区域，以至"声教迄于四海"的历史长河中的漩涡。尽管近代"外交"一词应用于国际关系讨论之中在我国最早见于光绪五年（1879）薛福成的《筹洋刍议》，① 尽管中国古语有所谓"诸侯无外交，不二君也"之说，但中国自秦汉以后

---

① 中国古代有"外交"一词，但其含义与今天"外交"一词有所不同，指臣下私自对外交往，即所谓"境外之交"，是一种非礼的行为。鲁隐公元年（前722）祭国君出访鲁国，《春秋》记作"祭伯来"，而没有记作"祭伯来朝"。《春秋榖梁传》隐公元年对此解释说："寰内诸侯，非有天子之命，不得出会诸侯，不正其外交，故弗与朝也。"（范宁集解，杨士勋疏，夏先培整理：《春秋榖梁传注疏》，北京大学出版社1999年版，第7页。）《史记》卷六十九记苏秦语"夫为人臣者，割其主之地以求外交"就是这个意思（参见司马迁：《史记》卷六十九，苏秦列传，中华书局1959年版，第2255页）。到唐代，"外交"一词含义有所变化，《汉书》卷四十五《息夫躬传》记载息夫躬向汉哀帝设计离间匈奴与乌孙关系时用了《孙子兵法》"其次伐交"一语，唐人颜师古对此解释云："知敌有外交连接者，则间误之，令其解散也。"这里"外交"已有两国间相互交往的意思，但系作为一种策略。唯其如此，《清朝续文献通考》卷三百三十七认为："迄乾隆五十年，我为上国，率土皆臣，无所谓外交也，理藩而已。""国朝尝遣使册封朝鲜、琉球、越南等国矣，此自抚其藩属，非外交也。"（刘锦藻：《清朝续文献通考》卷三百三十七，外交考一，浙江古籍出版社2000年版，第10781页。）薛福成指出："彼西人之始至中国也，中国未谙外交之道，因应不尽合宜。彼疑中国之猜防之蔑视之也，又知中国之可以势迫也，于是动辄要求，予之以利而不知感，商之以情而不即应，绳之以约而不尽遵。今中国虽渐知情伪，而彼尚狃于故智，辄思伺中国有事以图利也。"（参见丁凤麟、王欣之编：《薛福成选集》，上海人民出版社1987年版，第536页。）由此以后，"外交"取代"夷务"沿用至今。薛氏同时将外交分为交际与交涉两方面，云："西人以交际与交涉判为两途，中国使臣之在外洋，彼皆礼貌隆洽，及谈公事，则截然不稍通融。中国之于各使，亦宜以此法治之，是让以虚而不让于实也。"（薛福成：《筹洋刍议》，中国兵书集成编委会：《中国兵书集成》第48册，解放军出版社、辽沈书社1993年版，第296—297页。）究诸实际，现代意义上的"外交"一词不仅在中国出现甚晚，西方国家亦复如是。英语"外交"一词diplomacy的存在也不过两个世纪，其源自希腊语 διπλωματία，意思是"一折为二"，本系古代希腊公使出使时由君主授予的折叠式证书之谓，自至18世纪末年英语diplomacy方有今天的"外交"的含义。

活跃于亚洲国际舞台，与其他国家对外交往中逐步形成了自成体系的东亚朝贡制度。费正清写道："在时间的绵延中，在远东生长出来了一个中外关系的纲网，大体相当于在欧洲生长出来的国际秩序，虽然正如我们所要看到的，'国际或国家间'，对它似乎不是适当的词语，我们宁可称其为中国的世界秩序。"① 费正清的说法在国际汉学界虽然影响广泛，但显然是站在中国外部以现代西方人的定势思维看问题的影响之谈，难以为训。宗藩制度与东亚朝贡体系当然密不可分，然而却并非完全等同。

　　何芳川教授认为，"华夷秩序"（即我们所谓的"东亚朝贡体制"）的形成肇始于两汉时期，汉朝面对北方匈奴，基本上处于被动的守势，有华夷而无秩序，因此汉代中国的对外关系只能向东、西、南三个方向发展，这也是自汉唐以至明清中国对外关系的先天性取向；"华夷秩序"形成于隋唐时代，天宝十年（751）怛逻斯之役，唐军被阿拉伯军击败，唐朝向西扩展"华夷秩序"的势力因穆斯林秩序的东扩而受阻，此后"华夷秩序"经营的重心进一步转向海路，转向东方。② 日本学者

① John King Fairbank：*The Chinese World Order：Traditional China's Foreign Relations*，Harvard East Asian Series，32，Cambridge，Massachusetts：Harvard University Press，1974，p. 2.

② 何芳川：《"华夷秩序"论》，《北京大学学报（哲学社会科学版）》1998 年第 6 期。韩国学者全海宗对学术界普遍认为中国历代对外朝贡关系是先秦时代的天子与诸侯间朝贡关系的发展或"外延的扩大"之见解持质疑态度，认为秦汉以后的朝贡制度与其说是先秦时代朝贡制度的适用或发展，毋宁说是秦汉统一后作为统一国家在中国完善其对外关系过程中逐渐形成的一种制度。他通过对《史记》《汉书》中用语和记事的细致考订发现，《史记》所涉及的前汉年代长达百余年，有关朝贡关系比较正规意义上的记事仅及二十余次，不仅"朝贡"一词未能演变为术语化，而且它显得相当不成熟，而《汉书》所见有关朝贡关系记事至少超过百余次，朝贡关系的用语基本得到整理并趋于术语化（全海宗：《汉代朝贡制度考》，韩国《东洋史学研究》第 6 期，1973 年）。另外，刘统指出，"朝贡"与"职贡"不是一个概念。"突骑施酋长左羽林大将军苏禄部众浸强，虽职贡不乏，阴有窥边之志。"（参见司马光：《资治通鉴》卷二百一十一，唐纪二十七，中华书局 1956 年版，第 6727 页。）刘统考证认为，突骑施在唐朝置安北都护府实行羁縻统治时期，其职贡是以和平的方式向唐朝提供马匹，而在唐玄宗开元天宝年间，突骑施有十七次朝贡，此乃其脱离唐朝独立，故礼拜性前往长安朝拜贡献方物，以致历史记载朝贡次数显得颇为频繁，实则关系远不如过去密切。参见刘统：《唐代羁縻府州研究》，西北大学出版社 1998 年版，第 54—55 页。

西嶋定生（にしじまさだお，1919—1998）用"东亚世界"这一概念指称"东亚朝贡体制"。他也认为，"东亚世界"在政治上、文化上成为一体，可以说就是在隋唐时代，此时的"东亚世界"是以自律性发挥自我完成历史世界的功能。"这个'东亚世界'的结构，在性质上出现大变化，是十世纪初叶唐朝灭亡以后之事。唐朝灭亡之后，接着是渤海灭亡，再次是新罗灭亡，加上到此为止接受中国直接统治的越南脱离中国王朝的统治而独立，日本也弛缓了律令制，社会状况也有变化。渤海之后，兴起了辽朝（契丹），新罗之后，高丽王朝统一了朝鲜，中国本身则进入五代十国的分裂时期。'东亚世界'的结构发生了很大变化。从政治上的国际关系来看，五代的后晋王朝对于蛮夷的辽朝称臣，使中华与蛮夷的关系为之逆转；就文化现象而言，辽朝创制了契丹文字，日本创制了假名并进入所谓'国风文化'时代，在辽朝之后继起的金朝（女真）创制了女真文字，在河西走廊一带兴起的西夏王朝也创制了西夏文字。这些情况说明，'东亚世界'的齐一性，不论在政治方面或者在文化方面均已完全丧失了。然而尽管如此，'东亚世界'还是持续着，只是构成其世界的原理已非原来之旧。五代之后，成立了宋朝，中国再次出现统一王朝。这个王朝与邻近诸国的关系，和唐朝相较，有着显著的不同，中国王朝已经不是主宰'东亚世界'册封体制的宗主国。宋朝面对来自北方压迫的辽朝与代之而起的金朝，已无法将这些夷狄王朝册封为藩国，或者结合为君臣关系。而宁愿采取相互称帝，或者设定为兄弟关系、父子关系，据此岁贡，并承认夷狄王朝的优越性。但是从另一方面来看，宋朝依然是'东亚世界'的中心，是这个世界的支配者，只不过这种支配不是在政治方面，而是在经济与文化方面。宋朝改变了'东亚世界'的原理，并使之持续下来。"[1] 在西嶋定生看来，当宋朝被蒙古帝国灭亡时，"东亚世界"的自我完成性一时动摇，但是明朝成立时又再次重建，明后期（即16世纪），西班牙、葡萄牙的商船进入"东亚世界"，这个世界逐渐地有异质的外客不速而

---

① 西嶋定生：《东亚世界的形成》，刘俊文主编：《日本学者研究中国史论著选译》第二卷，中华书局1993年版，第101页。

至，但尚未破坏这个世界的自律性而延续着。笔者认为，西嶋定生的学术贡献，不仅仅在于拾撷儒家文化关于朝贡体制的浮言虚词为证据，不仅以中国中原汉族政权的教化远播的单向作用为视限，而是充分考量所谓被教化者的反向作用，在双方互动关系把握论衡东亚朝贡体制，从而揭示了这一体制的内在动力学原理。

第二节　清代宗藩关系的语用学分析

学术界一般认为，20世纪分析哲学和语言哲学的发展大体经历了两个阶段，一为发生于20世纪前半期的"语言学转向"（linguistic turn），一为发生于20世纪70年代的"语用学转向"（pragmatic turn）。1938年，美国哲学家莫里斯（Charles William Morris，1901—1979）在《符号理论基础》（Foundations of the Theory of Signs, in *International Encyclopedia of Unified Science*, ed. Otto Neurath, vol. 1 no. 2, Chicago：University of Chicago Press, 1938. Rpt, Chicago：University of Chicago Press, 1970 - 1971）一书中明确提出"语用学"这一术语，此后经奥斯汀语言行为理论（speech act theory）等进一步阐扬发展，语用学逐渐受到哲学、语言学等社会科学和自然科学诸多领域关注。从词源上看，"pragmatics"（语用学）与"pragmatism"（实用主义）都出自"pragma"，这个概念的产生与美国浓厚的实用主义思潮有关。莫里斯最初使用"pragmatics"一词是与语形学、语义学相对应的。如果给语用学下一个是关于××的理论的定义并非难事，但这种界定本身就不再属于语用学的维度，而是属于语形、语义维度的诠释，从本质上说是有悖于语用学的宗旨。语用学强调，语言的意义就取决于其在特定语境中的用法，意义的准则问题只有在语言的用法维度中才有望得以解决，在用法之外不再存在其他有关意义构成的途径及其准则。

西方学界长期秉承"自然法"的学术意识形态，马克思在其时代与其他思想精英同样力求追觅历史发现一般性规律，正如历史法学派代表人物胡果所云，"研究历史不是要阐明原则，而是要发现原则；自然法则必然要让位给历史法则"①，所以波普尔对马克思历史唯物主义诉之以历史主义（historicism）和总体论（holism）。在笔者看来，如果说马克思研究社会历史的方法是"语法学"式的，构建社会历史的"葛朗玛"（grammar），那么福柯的方法则是"语义学"式的，而吉尔兹的"深度描写"则是"语用学"的。因为福柯入木三分地解析了学术话语与政治权力的隐秘暧昧关系，认为我们对真理和理性的服从，最终不过是对权力话语的臣服，我们自以为自己发现并拥有了真理，其实不过是充当了权力关系的载体而已。福柯洞悉了学术话语言说者在文本背后的潜在语义。吉尔兹尽管不像马克思那样具有高屋建瓴的磐磐大才缔构气魄，也不似福柯那样具有锋芒毕露的千军辟易批判精神风采，但具有精雕细刻的纤毫具呈工笔手法。其实，吉尔兹这种语用学式娴熟自如工笔手法在学术发展史可谓前于后喝。德国思想家莱布尼茨（Gottfried Wilhelm Leibniz，1646—1716）早就说过："运用决定一切（Der Gebrauch ist der Meister)。"② 后现代主义代表人物德里达也声称："这是我的起点：脱离语境，意义无法确定。但语境永无饱和之时。"③ 故此，笔者深信"深度描写"的语义学式方法对探析清代宗藩关系理应为克奏肤功的良策。

国内外学术界称清代中国为"清帝国""中华帝国"者比比皆是，有学者甚至还认为中国古代一方面具有天下性，另一方面又具有国家性，因而是"天下国"。但钱穆认为，古代中国"虽曰大一统，而非向外征服，故不得目之曰帝国"④。钱穆更详尽分析说："帝国主义这名词原起于西方，中国则向来没有。由秦汉到明代，中国向不成为一帝国。

---

① G. P. Gooch, *History and Historians in the Nineteenth Century*, London：Longmans, Green and Company, 1955, p. 40.

② Frederick M. Rener, *Interpretatio: Language and Translation from Cicero to Tytler*, Amsterdam：Rodopi, 1989, p. 59.

③ Jonathan Culler, *On Deconstruction: Theory and Criticism after Structuralism*, Ithaca：Cornell University Press, 1982, p. 123.

④ 钱穆：《略论中国社会演变》，宋晞主编：《史学论集》，《中华学术与现代化丛书》第 3 册，台北中国文化大学出版部 1983 年版，第 12 页。

帝国必然有他的征服地，征服地不蒙本国政府平等的统治。……清代有所谓本部十八省，外边又有藩属，故说它像西方的帝国，但细辨又不同。因清人待蒙古，比待中国本部的人还要好，蒙古人得封亲王，中国人是没有的。英国人断不能待香港人比待他本国的人好，可见就算清代也是帝国，还是东西巧妙不同的。我们现在的毛病，就在喜欢随便使用别人家的现成名词，而这些名词的确实解释，我们又多不了解。西方人称中国为大清帝国，又称康熙为大帝，西方有帝国，有所谓大帝，中国则从来就没有这样的制度，和这样的思想。而我们却喜欢称大汉帝国乃及秦始皇大帝了。在正名观念下，这些都该谨慎辨别的。"[1] 台湾学者朱浤源教授针对有人认为近代中国的"国家"问题在 19 世纪才产生的观点不以为然，认为从萧公权的《中国近代政治思想史》一书可以看出，从明朝开始，近代国家的观念已进入中国。笔者认为，马克思在其著作中将国家划分为"古代国家"和"近代国家"（即民族国家），本来"民族国家""帝国主义"等均以西方历史经验为依托，作为分析性概念对中国历史的解释力不可否认，但中国历史悠久复杂，如果以"普洛克路斯忒斯之床"为手术台，只能对中国历史误诊乃至削足适履。

在中国早期历史上，天子统治之地曰"天下"，诸侯统治之地曰"国"，大夫统治之地曰"家"，士的统治之地曰"室"。秦始皇统一六国之后，摒弃"王"及"天子"的称号，将三皇五帝的尊称合并为一曰"皇帝"，所以秦汉以后的"天下"与"国"的概念往往混同，但亦保存先秦时期的历史遗迹，皇帝仍然以真命天子自诩，不过"修身齐家治国平天下"在秦以前与秦汉以后具有微妙的变异。"一室不扫，何以扫天下"中"天下"的概念即是重心在于皇帝政治统治的实际空间范围，因为魏晋南北朝时期"普天之下，莫非王土，率土之滨，莫非王臣"在割土自王的政治现实面前早已形同镜花水月。顾炎武之所以极力分明"天下"与"国"，即在于对清廷入主中原的政治统治予以异议，

---

① 钱穆：《中国历代政治得失》，生活·读书·新知三联书店 2001 年版，第 160—161 页。

但顾炎武所谓的"天下"绝不等同于我们今天所谓的"世界"。① 中国历史上的"天下"概念在一天天放大，日新而月异，但其实并非无边无垠，天下的边界本质上就在于政治文化势力的辐射外延，五服之中的荒服尽管可以被说成趋于无穷大，但其意义同时亦随之趋于无穷小，以至成为虚概念。

清朝皇帝往往以"天下共主"自居，自矜于所谓"万邦来朝"的景象，声称自己抚有天下而声教远播，但国外学者所谓的清朝"帝国的想象"（imagining of empire）只能说是一种文饰的诳语，其实清朝对自己的实际统治所及具有清晰而明确的认识，中国古代五服制所折射的理想主义早已随着时间的推移为现实主义所取代。1706 年，铎罗（Charles-Thomas Maillard De Tournon，1668—1710）使团派阎当（Charles Maigrot de Crissey，1652—1730）在承德行宫觐见康熙帝而进行的那次历史上著名对话中，康熙帝说："朕不是已说了，'天'比'天主'和'天地万物之主'好得多吗？'天'含着'天主'和'天地万物'的意思。你说，为什么百姓要呼我'万岁'？"阎当回答："百姓愿皇帝万寿无疆。"康熙帝说："好的，你记得：汉字的真义不能总是抠着字面看。"② 据笔者观察，从时间上看，尽管百姓臣工常称颂皇帝

①　据马西尼《现代汉语词汇的形成——19 世纪汉语外来词研究》（黄河清译，汉语大辞典出版社 1997 年版）一书言，罗森日记中虽有"世界"（せかい，即 world）一词，但这是在一封日本学者的信中发现的，罗森的日记中只不过是抄录了这封信，然而，这个词一直要到 19 世纪末才开始在中国流行，用来代替以前汉语中使用的诸如"天下""万国"这类词语。见该书第 107 页。

②　转引自王健：《沟通两个世界的法律意义——晚清西方法律的输入与法律新词初探》，中国政法大学出版社 2001 年版，第 11 页。日本学者渡边信一郎（わたなべしんいちろう）在《中国古代的王权与天下秩序——从日中比较史的视角出发》中指出，关于"天下"一词的含义，在日本学术界大体有两种不同的看法。一种看法认为，"天下"乃超越了民族、地域并呈同心圆状无限扩展的世界，或将其理解为世界秩序、帝国概念之类；另一种看法则认为天下就是中国，中国即九州，将天下理解为处于强力统治权力下的"国民国家"概念。将天下理解为中国、九州的学者主要有山田统（やまだす）与安部健夫（あべたけお，1903—1959）等。山田统认为天下是以四海为界限的闭锁空间（参详山田统「天下という観念と國家の形成」『山田統著作集』第一巻、明治書院、1949 年、6、54 −（续下注）

万寿无疆或国祚昌盛无央，但万岁爷肯定心知肚明自己连同自己的王朝有朝一日会寿终正寝；从空间上看，尽管清朝公私文牍常常冠冕堂皇宣告天下一统无远弗及，但统治者对自己的版图一清二楚。过去学术界认为清朝致力于怀柔属国可以巩固边疆，但在乾隆五年（1740）缅甸要求遣使朝贡时，云南布政使宫尔劝等就认为："前明频通朝贡，受侵扰者数十年，我朝久置包荒，获宁谧者百余载。边境之绥宁，原不关乎远人之宾服。"① 韩国学者认为明清时期东亚朝贡体制较诸前代不同的明显特征在于封闭性加强。据笔者理解，这种封闭性其实就是指中国与属国之间界限明晰化加强。康熙三十三年（1694）上谕即云："外藩朝贡，虽属盛事"，总当以绥宁中国，"培养元气为根本"。② 乾隆二十九年（1764）上谕又云："然在中朝字小之仁虽不妨过厚，而于藩服越边之例禁又岂可稍弛？"③ 清后期中国官员更是认为："中国之于藩封，原无不在覆帱之内，然我疆我理，亦不容稍有越畔。"④ 由是观之，中国国家观念在清入关后一直就悄然发生着近代化转型，但出现质变则缘于晚清

（续上注）80 頁）。安部健夫将天下视为意指中国传统式国家的关系概念，指出："应将天下理解为只是局限于现实中国（九州）——尤其是在一个强力统治下的中国——的行政区域内，或者中国民族所固有的生活领域内。""'天下'基本就是我们所说的'国家'"，甚至毋宁说是国境明确的"国民国家"。安部氏进而探讨了天下与王朝之间的关系，认为天下是郡县的总合。与之相对应，"国"只是"王朝"，只是"第一诸侯国"而已。也就是说，天下是总体社会概念，王朝只是单纯的部分社会概念（参详安部健夫「中國人の天下觀念：政治思想史的試論」『元代史の研究』東京創文社、1972 年、450—508 頁）。主张天下即世界的"广域天下说"的学者主要有田崎仁义（たさきじんぎ）、堀敏一（ほりとしかず，1924—2007）等。在堀敏一看来，天下是由中国与夷狄共同构成的同心圆世界，这个世界在隋唐时期作为中华型世界帝国而被实现。堀氏批评了安部氏的国民国家说，并认为将超越中国的广域世界称为天下，大致发端于战国时代。（堀敏一『中国と古代東アジア世界—中華的世界と諸民族』第二章、岩波書店、1993 年、58 頁、186 頁）。关于上述两派观点的梳理，参详渡边信一郎『中国古代の王権と天下秩序—日中比較史の視点から』校倉書房、2003 年、10—19 頁。

① 昭梿：《啸亭杂录》卷五，何英芳点校，中华书局 1980 年版，第 115 页。
② 王之春：《清朝柔远记》卷三，赵春晨点校，中华书局 1989 年版，第 43 页。
③ 王之春：《清朝柔远记》卷五，赵春晨点校，中华书局 1989 年版，第 116 页。
④ 吴禄贞：《延吉边务报告》，李澍田主编：《长白丛书》初集，吉林文史出版社 1986 年版，第 88 页。

时期西方文明的冲击。

　　笔者认为，在经学时代或神学时代，"史学即经学（神学）"，处于童蒙状态的历史学依附于、匍匐于中国儒家经学/西方基督教神学的巨无霸膝下；当理性主义的启蒙时期来临后，西方近代史学开始独立自主，而清人章学诚则提出"经学即史学""六经皆史"的口号；而在当今西方非理性主义思潮涌动张扬的时期，后现代主义者则高标"史学即文学"的理念。正如哲学中的唯物主义与唯心主义的此伏彼起、经济学中的经营自由与国家干预的汐潮落涨、文学中现实主义与浪漫主义的你方唱罢我登场，在客观主义史学与相对主义史学两大流派的徘徊摇晃中，历史学从过去走向未来，其实质在于史料客观自足性与史家自由量裁空间范围在历史研究领域中份额切割的殊异不同。过去中国学术界对史料学理论研究薄弱，往往从史料外在形式进行文字史料和实物史料、原始史料和孳生史料（或称原料和次料）等浅层分类，而不能从史料的性质和价值方面进行深层透视剖析。德国历史学家伯恩海姆（Ernst Bernheim，1850—1942）在其 1894 年出版的《史学方法教科书》（*Lehrbuch der historischen Methode und der Geschichtsphilosophie: Mit Nachweis der wichtigsten Quellen und Hülfsmittel zum Studium der Geschichte*，Leipzig：Duncker & Humbolt，1889）把史料分为两组，即：（1）残存物，（2）流传。乌云毕力格博士主要依据波兰学者托波尔斯基在《历史学方法导论》中关于伯恩海姆等人史料理论的绍述将史料分为遗留性史料和记述性史料。所谓遗留性史料，是指原属于过去历史事物的一部分而遗留至今的，从其最初形成就不以讲授历史为目的，而是因别的目的或原因形成的、给人们无意中提供可靠的历史信息和知识的史料。作为史料，它的作用往往与它当初目的无关，历史学家可以直接用自己的眼光去考察它并从中得到信息。所谓记述性史料指专门以给世人讲授历史为目的，由一个或若干个有明确目的的作者（编者）创作的文献。这种史料是历史和历史学家的"中间人"，历史学家是通过中间人的眼睛"看到"历史。① 可是，正如托波尔基斯所说："信息只是在提出疑问之后才变

---

① 　乌云毕力格：《史料的二分法及其意义——以所谓的"赵城之战"的相关史料为例》，《清史研究》2002 年第 1 期。

得'生气勃勃'。可以说，'死气沉沉'的信息项总量是巨大的，问题通常在于缺乏合适的疑问。在一般科学中，特别在历史研究中，都根据传统代码提出疑问，因而很显然，只要所使用的代码保持不变，那就几乎不可能期望在已获得的信息项中出现明显的变化，这阻碍着研究的进步。不证自明的是，怀疑本身就是一个信息项，是可以称之为引导性信息的信息，它提出特定的研究任务。"① 笔者认为，没有百分之百的纯度的客观考证，考证亦是主观的，可称之为"主观考证"。波普尔之所以用"水桶探照灯"的比喻反对传统的"汲桶理论"②，因为建构科学理论的确并不像往水桶里倒水一样，材料积累到一定程度而科学理论并不一定会自动从水桶里冒水来。缪钺论近代考据大师王国维学术成就时曰："其心中如具灵光，各种学术，经此灵光所照，即生异彩。论其方面之广博，识解之莹彻，方法之谨密，文辞之精洁，一人而兼具数美，求诸近三百年，殆罕其匹。"③ 可见史家如果不能心有灵犀，可能对于史料即会有眼无珠。而史家对史料的自由心证亦必须如同法学上恪守证据法的规则，不可能如同文学一般天马行空，证据规则与主观建构犹同马缰与马刺一样同等重要。

　　清朝的建立就是在对既存的宗藩关系的造反过程中产生的。在当时东北亚地区，万历十七年（1589），明朝"命建州夷酋都指挥奴儿哈赤为都督佥事"，以其为取代海西哈达部长王台为东方藩篱的基本支柱。自从洪武二十五年（1392）李成桂取代王氏高丽后遣使明朝、明太祖以"东夷之号，惟'朝鲜'之称美，且其来远，可以本其名而祖之"为由定夺了其国号后，④ 朝鲜与明朝宗藩关系极其密切。而且李氏朝鲜

---

① Jerzy Topolski, *Methodology of History*, translated by Olgierd Wojtasiewicz, Dordrecht：D. Reidel Pub. Co., 1976, p. 383.

② K. R. Popper, The Bucket and the Searchlight：Two Theories of Knowledge, in K. R. Popper, *Objective Knowledge: An Evolutionary Approach*, Oxford University Press, Revised edition, 1972, The appendix.

③ 缪钺：《诗词散论·王静安与叔本华》，台北开明书店 1953 年版，第 68 页。

④ 吴晗辑：《朝鲜李朝实录中的中国史料·太祖康献大王实录》（一），中华书局 1980 年版，第 112 页。

在一个时期以来以"小天朝"自居，把女真人甚至日本人也理解为朝鲜的"藩篱"，致力于"藩胡体系"的经营，[①] 所以建州女真酋长阿哈出曾一度同时向明朝和朝鲜朝贡。然而，随着努尔哈赤羽翼逐渐丰满，自然而然会南面称王于一方。本来，《明神宗实录》万历三十四年六月壬子条载：明朝"廷议以朝鲜为藩篱属国，海、建乃款市贡夷，均受国恩，各宜自守"，但万历二十五年（1597）努尔哈赤致朝鲜方面的回帖中就已以崭新崛起的形象和斗气冲天的语气僭称"女真国建州卫管束夷人之主"。万历三十三年（1605）努尔哈赤致辽抚赵楫、总兵李成梁的呈文中又大言昌昌："我奴儿哈赤收管我建州国之人，看守朝廷九百五十余里边疆。"[②] 万历四十四年（1616），努尔哈赤在赫图阿拉称汗建国，汗号为"abka geren gurun be ujikini seme sindaha genggiyen han"（天命恩养诸国英明汗，亦称"列国沾恩明皇帝"）[③]，国号为"aisin gurun"（金国，又称"后金"），改元"天命"。诚如有学者云："建州国一称，对明廷来说固然不能容忍，对努尔哈赤来说，也未必是个相宜的国号。'建州'二字包含的从属意味是不言而喻的。"[④] 况味其中，努尔哈赤之所以改国号为"金"，就是要彻底否定对明王朝的任何形式的附属关系，完全与明朝分庭抗礼。后来事实亦是验之若符。萨尔浒之战后，后金袭取抚顺，频频叩关努进，称大明为"南朝"而俨然以北朝自居，并经过丁卯之役和丙子之役东征朝鲜而使之订立城下之盟，使朝鲜最终奉表称臣成为藩邦，从而将东北亚地区的朝贡体制乾坤倒转。

1987 年，蔡美彪发表《大清建国前的国号、族名与纪年》一文，提出努尔哈赤时期金国政权是模仿蒙古汗国的制度建立的观点。蔡美彪的论点揆诸史事是可以成立的。笔者认为，作为多种文化交汇边际人的

---

① 黄枝连：《朝鲜的儒化情境构造——朝鲜王朝与满清王朝的关系形态论》，中国人民大学出版社 1995 年版，第 34—35 页。

② 转引自《奴儿哈赤所建国号考》，黄彰健：《明清史研究丛稿》，台北商务印书馆股份有限公司 1977 年版，第 490 页。

③ 叶红、胡阿祥：《大清国号述论》，《中国历史地理论丛》编辑部：《中国历史地理论丛》2000 年第 4 期，第 66 页。

④ 张晋藩、郭成康：《清入关前国家法律制度史》，辽宁人民出版社 1988 年版，第 10 页。

《进贡图》，选自日本人间宫林藏所撰《东鞑纪行》

满族崛起白山黑水之际除受到以明朝、朝鲜为渊源的儒家文化圈濡染外，尚与蒙古游牧文化圈毗邻而处，蒙古文化圈的强势地位一般被国内学术界所忽视，仅集矢于满族汉化的历史相面，然而在满族历史上，"汉化"的同时乃至之前曾经有过的一度"蒙化"现象具有不容抹灭的烙印。成化十九年（1483），朝鲜国官员问建州卫使者："'我殿下今送谕书与汝卫，有识字者乎？'答：'朝鲜文字或不知，蒙古书则多有知之者。'"① 到 16 世纪末年，建州女真人文书往来多用蒙古文字，现存明四夷馆《高昌馆课》中保留了许多当时女真人用蒙古文所上的奏文。学术界过去认为万历二十七年（1599）努尔哈赤命额尔德尼和噶盖利用蒙古文字母拼写女真语从而创制"老满文"，强调其与蒙文的借鉴性、连续性，但笔者认为更深层的意义在于其断裂性，表面形式是学取沿用蒙古文，但实质目的和近代德文、日本、朝鲜文等改革一样在于自立性。从史料可以看出，作为与藩国范模初始形制的朝鲜相对的作为藩部范模初始形制的外藩蒙古体制，自始即是清朝整个宗藩体系中至为攸

---

　　① 吴晗辑：《朝鲜李朝实录中的中国史料》（二），中华书局 1980 年版，第 692 页。

关的拱心石。自明万历二十一年（1593）蒙古科尔沁部参与"九部联军"征伐满洲之战，揭开满蒙关系序幕，满蒙双方关系初期侧重于结成针对察哈尔与明王朝的军事同盟，两者之间处于大体平等的地位，从天聪初年（1627）开始，随着后金对明王朝、察哈尔战争的胜利，陆续归附的蒙古各部自东而西逐渐接受金国的法制，双方由大体平等的地位逐步演化成君临与臣属的关系。正是这样，《清太祖武皇帝弩儿哈奇实录》记载当时九部联军时名曰夜黑国、哈达国、兀喇国、辉发国、嫩江蒙古廓尔沁（科尔沁）国、实伯部、刮儿恰部、朱舍里卫、内阴卫，清初内国史院满文档案中亦名之为"九姓之国"，而《满洲实录》则汉文作"九国"、满文作"九姓国"、蒙文作"九省国"。甚至乾隆年间修订的《太祖高皇帝实录》都称作"九国""九姓之国""九邦"。与以"小中华"自居的朝鲜不肯"助虏称帝，劝进尊号"态度大相径庭，万历三十四年（1606）努尔哈赤所接受的"淑勒昆都仑汗"（省作 kundulen han，昆都仑，蒙古语言为"横"，满语译言"恭敬"）是内喀尔喀蒙古五部奉献的；天聪十年（1636）皇太极即位皇帝，废弃旧的族称"诸申"而改称满洲，国号"大清"（daicing gurun），改元崇德，接受"宽温仁圣皇帝"（满语为 gosin onco hūwaliyasun enduringge han）的尊号，据史载亦系漠南蒙古十六部四十九台吉等极力推戴劝进的结果。[①]然而，这种推戴绝非如清朝官书标榜的那样诚悃毕至，实际上是破九部联军和灭察哈尔汗国等军事胜利威而服之的产物，上述象征性礼仪只不过是蒙古由平等逐渐臣属的里程碑，其中蒙古王公往往是趑趄踯步的，总趋势是与后金（清）地位尊隆上升成反比例地愈发卑辞屈膝。

随着与蒙古关系的密切，专门管理蒙古事务的机构"蒙古衙门"（monggo jurgan，"蒙古部"）应运而生。史学界关于"蒙古衙门"建立的时间诸说不一，最具影响的应推赵云田研究理藩院过程中得出的结论"崇德元年（1636）二月说"。然《清太宗实录》天聪八年（1634）五

---

①　是年漠南蒙古十六部四十九台吉奉上皇太极的尊号"Boyda Cecen Qayan（博格达彻辰汗）"，与汉文尊号"宽温仁圣皇帝"的含义不完全一样，Cecen Qayan 是原满文汗号"Sure han"（苏勒汗）的蒙古意译，Boyda（博格达）是蒙古人新加的，是皇太极的蒙古文尊号，后成为清朝历代皇帝的蒙古文汗号。

月甲辰条即有"凡此遣退蒙古及发喀喇沁兵俱不可无蒙古衙门官员，可留该衙门扈什布、温泰并其下办事四人以任其事"的档案记载，而《满文老档》更有天聪十年二月汗和诸王商议会蒙古部的阿什达尔汉与吏、户、礼、兵等六部承政冠饰同等，可见，崇德元年说难为确论。不过，求尽则尽无止境，责实而实无定指。如布洛赫所言，"在许多情况下，'起源'这尊守护神只不过是真正历史死敌的化身，或是一种判断癖"①。正是这样，顾颉刚强调"不立一真，惟穷流变"②。对笔者而言最值得研究的是，崇德三年（1638）蒙古衙门改作理藩院隶属礼部的原因与意义何在？"藩"是汉文的书写，在旧满文（无圈点满文）或新满文（有圈点满文）和蒙文中并无如此发音的名词，与汉文"藩"的含义相同或相似名词有它自己的叫法。③理藩院满文称 Tulergi golo be darasa jurgan（直译为治理外部省的衙门），蒙文称 ɣadaɣdu mongɣul un törü－ji jasaqu jabudal-un jamun（直译为治理外部蒙古政务的衙门），藏文称 bod tshab las khang（直译代理藏事的衙门）。在国外许多学术论著，诸如苏联科学院远东研究所编《17 世纪俄中关系》（Русско－Китайские отношения в XVII веке，商务印书馆 1975 年中译本）④、意大利学者彼罗·格拉迪尼（Piero Corradini）《关于清朝的理藩院》（Intorno al Li-fan-yuan della dinastia Ch'ing，Rivista degli Studi Orientali. vol. XXVII，1965，pp. 71－77）⑤ 等，将理藩院译为中国外务衙门、殖民事务局（the Colonial Board、Court of Territorial Affairs⑥、Board for the Ad-

---

① Marc Bloch，The Historian's Craft，translated by Peter Putnam，Manchester：Manchester University Press，1992，p. 26.

② 顾颉刚：《答李玄伯先生》，《古史辨》第 1 册，上海古籍出版社 1982 年版，第 273 页。

③ 包文汉：《清代"藩部"一词的考释》，《清史研究》2000 年第 4 期。

④ 阿·马·波兹德耶夫使用的译名为 Ли－фань－юань，波兹德耶夫：《蒙古及蒙古人》第 2 卷，刘汉明等译，内蒙古人民出版社 1983 年版，第 644 页。

⑤ 该文最初载罗马《东方研究杂志》第 40 卷，第 1 册。1980 年，中国人民大学清史研究所《清史译文》第 4 期刊载了王士岐的译文。

⑥ David Anthony Bello，Opium and the Limits of Empire：Drug Prohibition in the Chinese Interior，1729－1850，Cambridge，Mass.：Harvard University Asia Center，2005，p. 65.

ministration of Outlying Regions[1]、*Cour des affaires coloniales*[2]）诸多称谓。不同语种中对同一客体的指称在跨语际的旅行运动中绽露出微妙的嬗变与歧异，这种各吹各的号的重舌九译演绎，潜含着不同的观念意识。王锺翰指出外国学者把理藩院译成与近代各国所设立的"殖民省"相类似名称是十分错误的。[3]"殖民省"的译语，恰如其分地反映了西方殖民主义历史经验对中国历史的比附。[4] 在笔者看来，汉语中"藩""番""蕃"三者可以相通，但"理藩院"中的"藩"主要取"屏藩""藩篱"及"藩卫"之义，不像当时明人称谓蒙古等少数民族为"北虏南番"那样具有侮谩贬损的意味，所以有清一代，清人对蒙古等部称呼为"藩部""藩"或"外藩"，而对西南地区和甘、青一带不具有政治上重要影响的少数民族多称之为"番"，《清会典》《清文献通考》等文献频频出现"番族""番喇嘛""番寺""番民""番官""西番"等字样，两者之间即体现着用语敬倨的分殊。从"蒙古衙门"到"理藩院"，标志着汉族儒家文化影响的加深，而关键更在于蒙古从平等向臣属关系过渡的程度更进一步。如果说蒙古衙门的称谓是平等关系的表现，那么更名为"理藩院"则是归附蒙古成为清朝藩属、清朝欲加强对归附蒙古管理的生动说明。正是这样，满文"理藩院"一词为"治理外部省的衙门"，而蒙文为"治理外部蒙古政务的衙门"，反映蒙古人对臣属关系的认知与满族人存在差异，强调自身的独立性与重要性的意味隐蔽于字里行间。满文"理藩院"一词之所以为"治理外部省的衙门"，"外藩"作为一个政治概念之所以在清代大量使用，很大程度

---

① Nicola Di Cosmo and Don Wyatt（ed.），*Political Frontiers, Ethnic Boundaries and Human Geographies in Chinese History*，London：Routledge Curzon，2003，p. 367.

② 资料来源：http：//www.worldlingo.com/ma/enwiki/fr/Court_of_Colonial_Affairs，访问时间：2010 年 9 月 21 日。

③ 王锺翰：《试论理藩院与蒙古》，《清史研究集》第 3 辑，四川人民出版社 1984 年版，第 166—179 页。

④ 谢宝樵《清政府：1644—1911》（Pao Chao Hsieh，*The Government of China: 1644 - 1911*）一书采取的译名为 territorial government，与西方学者的称谓形成比较明显的对比。参见 Pao Chao Hsieh，*The Government of China: 1644 - 1911*，Baltimore：Johns Hopkins Press，1925，pp. 321 - 342。

上与满族自身特殊经历相关。过去学术界通常都用周代五服制度理论诠释清代藩属关系的产生原因，但笔者认为这种寻源溯本难免有迂阔之论的嫌疑，以入关前满族的汉化程度而论，是否已经引进周代五服制度理论于史无证，令人十分怀疑。笔者倾向于草昧干戈时期的满族人倒可能具有与商代内服、外服相似的比较简单实用的观念意识，并此后深刻影响有清一代历史。众所周知，满族人实行八旗制度，这种制度被推广到归附的蒙人中间，17 世纪初期以后归附满洲的众蒙古，一部分"内附"八旗，或暂时别立旗分（乌鲁特、喀尔喀二旗）或者直接分隶八旗

苏尼特左旗扎萨克印

（吴讷格、俄本兑左右二翼），最后与八旗融为一体，以满洲作为共同的民族概念，此即为"内八旗蒙古"；另一部分还归旧牧，或在指定的新区驻牧，最终演化为外藩蒙古。这就是"外藩"的渊源，最初是与八旗制度紧密相关的。①

尽管《尚书》中的五服说与《周礼》中的九服说灿然美奂，但这种服事说夸夸其谈却华而不实，本质上是思维中的理想政治结构模型的宏伟蓝图，根本不可能一一对应地以此在历史上循名责实，故而先秦以后学者以内九州而外四海的两大层次说之类解释服事说，这与其说是对先秦历史情况的注释，不如说是对秦汉以后实际政治框架的理论概括。从某种意义上说，长期在中国历史上真正起作用的思想意识实际上是"内外"观。满族具有鲜明的务实主义色彩，繁缛的虚文玄想既不被入关前草昧干戈的满族统治阶层所摄

---

① 孟森《清太祖告天七大恨之真本研究》中载努尔哈赤伐明檄文《七大恨》云："癸巳年，南关、北关、灰扒、兀喇、蒙古等九部会兵攻我，南朝（指明朝。——引者注）休戚不关，袖手坐视……后北关攻南关，大肆掳掠，南朝不加罪。然我国与北关，同是外番，事一处异，何以怀服？"（孟森：《明清史论著集刊》上册，中华书局 2006 年版，第 261 页。）

取也不可能攫据其心灵，"外藩"观念是土生土长的"满族性地方知识"。如果说"简单是真实之物的形态"，那么"简化是对简单的篡改，简单已失去并被简化所取代"。①"外藩"观念虽然是满族人自身的内发型造物，但这种观念及其支配下的制度建设是不断变化的非因规划的随事而理的动态过程。费正清在漫长的学术生涯中屡次申说其"内藩—外藩"理论，认为"与皇帝有人身依附关系的藩封，首先是与皇帝具有血缘关系的皇族。然后又扩大到包括中国国内的'内藩'。所有这些藩属都有世袭身份，不过爵位等级可能逐代递降。他们得到封号，封号甚至也给予王子和嫔妃。内藩也有进贡，贡品只是些礼品而已，但也包括像从长江三角洲各省运来的'贡米'（漕贡）那样的地方赋税。这种个人—封建关系的结构再扩大到外藩，他们位于中国本土之外，然而也属于皇帝关心的范围之内。他们也得到封号并且要进贡。属于外藩的有蒙古的亲王，西藏的统治者，亚洲腹地的其他人物，以及像朝鲜、安南（越南）等毗邻国家的统治者"②。笔者认为，费氏的论述虽然有失简单化，但这种简单化同时亦说明了费氏洞见了清代藩属关系的复杂性，费氏的论述虽然存在许多膜外之见，但亦不无道理。所谓"内藩"，在清代官私文献中均有此说。《清朝通典》在述及理藩院职掌时称："掌内外藩蒙古、回部及诸番部封授、朝觐、疆索、贡献、黜陟、征发之政令，控驭抚绥，以固邦翰。"③《啸亭杂录》卷十"理藩院"条云："柔远司掌外盟诸部朝觐、宴享、聘纳诸仪。……其享使颁赉如内藩焉。"④《清朝通志》和《啸亭杂录》所谓"内藩"系指内扎萨克蒙古，与费氏

①　卡尔·雅斯贝斯：《历史的起源与目标》，魏楚雄、俞新天译，华夏出版社1989年版，第153页。

②　费正清、刘广京编：《剑桥中国晚清史》上卷，中国社会科学院历史研究所编译室译，中国社会科学出版社1985年版，第35页。

③　《清朝通典》卷二十六，职官四，理藩院，《万有文库》第二集，十通第三种，商务印书馆1935年版，第典2175页。亦载《清文献通考》卷八十二，职官考六，理藩院，浙江古籍出版社1988年版，第5603页；纪昀等撰：《历代职官表》上，上海古籍出版社1989年版，第310页。

④　昭梿：《啸亭杂录》卷十，理藩院，何英芳点校，中华书局1980年版，第335页。

所谓"内藩"完全是两个概念。翻检史料，笔者发现在选皇太极为汗时，贝勒阿敏曾向皇太极提出一个交换条件，即："我与诸贝勒议立尔为主，尔即位后，使我出居外藩可也。"[①] 在这里，"外藩"指与"外藩蒙古"相同的地位，指游离于八旗制度之外的依附性、半自治的合作关系。笔者认为清初真正切近原始意义上的"内藩"就是指八旗制度而言。孟森曾云："至八旗之效用，在清代实亦有得力之处。能将军阀熔化于其中，无立时裁兵之棘手，而使习斗之兵，积悍之将，安插能满其意。用封建之法，而势力甚微，享用却甚可恃。且部曲不必尽散，包容于旗制之中，其世袭皆以佐领为单位，得一部人即编一佐领。其始行于女真各部，其后推之蒙古汉人，至其不足成旗、而但能佐领者，若俄罗斯佐领，若高丽佐领，皆以安其俘获投顺之人。苟非其遗丁自就衰微，清廷实能长守封建之信，故人亦安心。"[②] 现代学者或许惊然于将清初"内藩"定义为八旗制度，其实最初八旗制度乃以努尔哈赤为核心的兄弟子侄宗法血缘关系改造而来，所谓"入八分""不入八分""铁帽子王""议政王大臣会议"之类，都昭示着最初八旗的政治股份公司的性质，只是八旗后来逐渐官僚行政体制化，"盖旗主之武力已减削无余，各旗自有固山额真，为天子任命之旗主，非宗藩世及之旗主。宗藩受封于旗，乃养尊处优之地，旗之行政，天子之吏掌之，则不啻有庳之封也"[③]。笔者认为，宗藩关系诚如费正清所见系行政官僚体系的对待物，其性质的演进趋向在清代均是行政官僚系化，八旗亦如此，故而清人在入关后鲜有人明指之为"内藩"，而外藩蒙古等如张永江博士所谓的"一体化"过程，实质上即是盟旗制度趋于郡县制的行政官僚体制化，所以清前期名之为"藩部"者亦同样为时代之名词。龚自珍行省思想抬头，反映了清代控制力的渗透加强（并不单纯系因为外力侵

---

① 《清太宗文皇帝实录》卷四十八，崇德四年八月，台北华文书局股份有限公司 1960—1970 年版，第 813 页。

② 孟森：《孟森学术论著·清史讲义》，吴俊编校，浙江人民出版社 1998 年版，第 99 页。

③ 孟森：《孟森学术论著·清史讲义》，吴俊编校，浙江人民出版社 1998 年版，第 87 页。

逼殷忧沙俄渗透）和"藩部"一词的淡化，而八旗"内藩"的观念早在清前期即已被淡忘。

有学者依魏源《圣武记》之说称吴三桂、尚可喜、耿精忠、孔有德四藩为"藩镇"。日本学者神田信夫从清朝统一全国的立场出发，将吴、尚、耿三藩视为在平定由各种势力拥戴的福王、唐王、桂王"前三藩"过程中汉族军阀坐大的产物，并以"后三藩"之外相区别标志。①笔者认为，"宗藩"的本质特质在于其宗法亲贵关系，以此区别于官僚行政体制。因此，中国古代官僚行政体制下，布政使司被称为"藩司"，以朝廷使者的独立地位管理"藩库"，这仅仅属于历史遗存而并不具有实质意义。俞正燮《癸巳类稿》（二）所云"值耿氏开藩福建……"②显然与一般官僚行政体系是存在区别的（如《霞外攟屑》卷二《藩库宜严杜借支》云"董文恪藩蜀……"③），有正式分封且与各省行政体系存在系统上的不同归属。因此，笔者认为三藩性质上与清朝宗室称"内王"一样，如雍正帝即位前为雍亲王，其府称为"藩邸"。相反，"藩镇"一般属于非正式体制，有实而无名。据《唐代藩镇研究》考证，藩镇又和藩岳、藩翰、藩侯，在历史上并不是一个贬义词。笔者认为，藩镇应特指名分不正的割据势力，表现出恃强凌弱、彼此构兵等丛林法原则，而清初吴、耿、尚等人的移藩设镇如清统治者对敌宣传时所言"尔公尔侯，列爵分土，有平西之典例在"④ 一样以功酬封，而非迫不得已的表面承认其事实，所以广东曾一度耿、尚二藩并镇却能相安以处。笔者同意《清入关前国家法律制度史》第397页将尚、孔、耿三王视为与外藩蒙古类似的法律地位的观点。此处涉及三藩与八旗体制的关系问题。学术界多依据魏源《圣武记》记述认为孔有德、耿仲明、尚可喜在降清后所部隶属于八旗汉军。谢景芳指出："关于这个问

---

① 神田信夫『満学五十年』刀水書房、1992 年、68—70 頁。

② 俞正燮：《癸巳类稿》，涂小马等校点，辽宁教育出版社 2001 年版，第 289 页。

③ 平步青：《霞外攟屑》卷二，中华书局 1959 年版，第 103 页。

④ 《清世祖章皇帝实录》卷六，顺治元年秋七月，台北华文书局股份有限公司 1960—1970 年版，第 74 页。

题，在《清史稿》四人本传中，均记有'分隶'字样；《贰臣传》四人传下，字样与前一致，但较为含糊，均为'（崇德）七年八月奏请令部众分隶八旗汉军，于是隶××旗'。查之《清太宗实录》中的记载却大有出入，崇德七年八月二十七日，'恭顺王孔有德、怀顺王耿仲明、智顺王尚可喜、续顺公沈志祥奏请：以所部兵，随汉军旗下行走。上允其请，命归并汉军兵少之旗一同行走'。这里并没有什么'隶'和'分隶'的意思，请者曰'随'，无隶于汉军旗内之意；准者曰'归并''一同'，亦无分隶之意。这里明确了三王、续顺公部未曾隶于汉军旗，而是仍各成一军，附于当时人少之汉军旗分。清军入关之时，《实录》中仍将三王及续顺公所部兵与汉军分开来称呼，便是其部不隶于汉军的一个证据。"① 笔者同意谢景芳的考证结论，即三王及续顺公沈志祥所部籍隶汉军旗是在平定三藩之后，因为尚、耿、孔三王在崇德七年不可能主动降格以求使自己的军队独立性完全泯灭成为汉军八旗组成部分。而刘凤云又指出："从目前史料来看，吴三桂藩属兵丁尚无编入八旗汉军的记载，这是与耿、尚二藩的不同之处。"② 所以，我们可以基本肯定"三藩"尽管存在佐领等编制，但属于整编军制后的形式统一，并没有被纳入八旗体制之内，其地位大体与外藩相类似。山海关之战前夕，多尔衮致信吴三桂云："今伯若率众来归，必封以故土，晋爵藩王，一则国仇得报，一则身家可保。"③ 据左书谔等学者考证，吴三桂接引清军入关并非率众归顺，而以财帛土地为酬乞援求助。但我们可以看出，在军情火急的情况下匆忙搭建的话语交流平台上，双方的各说各话的主体间性（inter-subjektivität）的互动演绎出了奇特的历史轨迹。吴三桂借兵酬谢的言语行为有效性条件无法满足，最终只能卒子过河不得退回。吴之被封不唯系对其不世之功的褒赏，亦具有践履前言的性质。故而吴氏屡以朝廷曾颁给金册分封而以"臣叨列维

---

① 谢景芳：《"三王"、续顺公所部"隶旗"考辨》，《北方论丛》1996 年第 6 期。

② 刘凤云：《清代三藩研究》，中国人民大学出版社 1994 年版，第 134 页。

③ 《清世祖章皇帝实录》卷四，顺治元年夏四月，台北华文书局股份有限公司 1960—1970 年版，第 46 页。

吴三桂像

藩"自居的同时，朝廷亦将所谓"该藩"的直属军队称之为"藩下"或"藩属"。

按照解释学（Hermeneutik）的观点，解释者不能超越自身的历史条件，总有着自己的"预理解结构"。海德格尔即认为先有（Vorhabe）、先见（Vorsicht）、先知（Vorgriff）构成了理解的先决条件。吴三桂对封藩的理解在潜意识层面上可以说是以前明的"藩王"概念为张本，所以其镇藩云贵亦处处以明朝的黔国公沐氏为效法的对象，一厢情愿地希望成为清朝的"黔国公"世守云南。李治亭认为清代所谓封王，是爵位之名，不具有封藩的意义，即使皇室中封王者亦无封地，当初皇太极所封孔、耿、尚三王分驻辽阳和海州系驻防地，而非封地，至顺治时仍相沿不改。① 然而，这种做法显而易见是承袭于明朝的亲藩制度"分封而不赐土"，明朝的典章制度在明清鼎革之际仍是风云变幻的图像背后移步换形的预定制约结构，对封藩施与决策者与封藩授受者之间都有犹

---

① 李治亭：《吴三桂大传》，吉林文史出版社 1990 年版，第 332 页。

如从历史隧道深处透过一缕光线衍射下的模糊的先入之见。文化符号既颇滋歧义，而实践中的工具理性则尤其充斥矛盾与混沌。吴氏归附清朝既属不尴不尬，而清对吴氏的封藩亦殆无明确定位。将暧昧性从历史中放逐以此构成清初秩然有序的"内藩"与"外藩"之间平滑的界域。如果将清初四藩封册置于当时的历史语境之下，清初的四藩分封与削藩应该与八旗体制官僚行政化过程及其冲突、与清初满族贵族本身旗主权力伸缩及康熙帝遣诸皇子整顿旗务等宏阔历史场景叙事相联系，而以一种"大历史"观相审视：三藩之乱不能说没有历代汉族军阀桀骜不驯、叛服无常的习性，但三藩之乱更应视为具有满族色彩的宗藩体制下的事变，是孟森所言"天子特于六卿兵部之外，自为一积世之军阀，而亲贵则皆不得分焉"[1]。以八旗为基础的八旗宗藩改造的"大历史"过程中矛盾激化的大爆发。正是由于清廷对八旗内部的"削藩"，所以不但如孟森所言旗主无耦国之嫌，四藩亦被摧廓一清。

　　"外藩"的概念是在时间和空间双重维度上不断变化的活性名词。《清史稿·藩部传》云："清起东夏，始定内盟。康熙、乾隆两戡准部。自松花、黑龙诸江，迤丽而西，绝大漠，亘金山，疆丁零、鲜卑之域，南尽昆仑、析支、渠搜，三危既宅，至于黑水，皆为藩部。"[2] 笔者认为，最初清代的外藩仅指内蒙古，亦被称为"旧藩"。康熙三十年（1691）多伦会盟后，"大清国建立五十年间而未归顺清廷独立存在的喀尔喀部和哲布尊丹巴呼图克率部众归服康熙皇帝"[3] 成为清廷外藩，时有"新藩"之称。[4] 清军平定天山南北后，外藩的范围扩展到厄鲁特

① 孟森：《明清史论著集刊正续编》，河北教育出版社 2000 年版，第 194 页。
② 赵尔巽等撰：《清史稿》卷五百一十八，列传三百五，藩部一，中华书局 1977 年版，第 14319 页。
③ 《乌格勒格部落简史》，成崇德译，《厄鲁特蒙古历史译丛》第 1 辑，中国社会科学院民族研究所民族史研究室西北一组 1981 年编印，第 113 页。
④ 《清朝通志》卷三十一"地理略"曾云："新藩蒙古喀尔喀四部八十二旗……康熙二十八年归附，三十年编审旗分，定为后部、东部、西部，其三十七旗，后递增设四十五旗。又设赛因诺颜部，其四部合八十二旗。"《清朝通志》卷三十一，地理略，《万有文库》第二集，十通第六种，商务印书馆 1935 年版，第志 6914 页。

蒙古和新疆回部。"康熙中，驾幸宁夏，时宣谕八台吉皆入觐，诏封固始汗子达什巴图为亲王，余授贝勒、贝子、公有差，为近藩。"[①] 康熙六十年（1721）清廷驱准保藏之战以后，西藏亦正式纳入清朝藩部的序列。清中叶以后，"外藩"一语甚至包括清朝藩部以外的藩国（属国）。（雍正）《广东通志》"外藩门"记载的内容为暹罗、安南、苏禄等国朝贡贸易之情事。《钦定回疆则例》卷六云："托曼之地有通博罗尔、推伯特等外藩之路，地方甚为紧要。"此处"外藩"一语乃指清朝周边国家。可见，"外藩"的所指（signed）在能指（signer）不变的情况下悄然滑动，随清朝政治统治势力的延伸而扩充。在广义上，"外藩"又可称之为藩服、藩附、藩辅、藩封、藩属、属藩、藩塘等。《清史稿》云："清初藩服有二类，分隶理藩院、主客司。隶院者，蒙古、喀尔喀、西藏、青海、廓尔喀是也；隶司者，曰朝鲜、曰越南、曰南掌、曰缅甸、曰苏禄、曰荷兰、曰暹罗、曰琉球。亲疏略判，于礼同为属也。西洋诸国，始亦属于藩部，逮咸、同以降，欧风亚雨，咄咄逼人，觐聘往来，缔结齐等，而于礼则又为敌。"[②] 美国斯坦福大学教授孟柯（Mark Mancall）认为礼部（the Board of Rites）与理藩院（the Li-fan yuan）的职掌区别在于：西北新月地带社会（the societies of the northwestern Crescent）比中国本部（the China proper）更接近于满族人故乡东北，不属于儒家文化，故归诸理藩院管理；而从日本、朝鲜到东亚南缅甸的"东南新月地带"（the southeastern Crescent）基本上与中国本部具有类似生态环境、稻作技术甚至接受儒家文化，所以被划入礼部的管理范围。[③] 笔者认为，顺治十八年（1661）清廷改变理藩院隶属礼部

---

①　王之春：《清朝柔远记》，赵春晨点校，中华书局1989年版，第57页。

②　赵尔巽等撰：《清史稿》卷九十一，志六十六，礼十，中华书局1977年版，第2673页。

③　Mark Mancall, The Ch'ing Tribute System：an Interpretive Essay, in John King Fairbank：The Chinese World Order：Traditional China's Foreign Relations，Harvard East Asian Series，32，Cambridge, Massachusetts：Harvard University Press，1974，pp. 73 - 74. 顾颉刚在1934年《禹贡》半月刊发刊词中说："日本造了'本部'一词，暗示边陲不是中国的，而地理教科书竟也照着说，是可忍，孰不可忍。"由于原文为the China proper，笔者在这里引述原文用"本部"一词，但并不表明认同作者的观点。

的行政架构使之重新独立于六部，甚至较六部更为权重，这表明清廷对北部边疆的高度重视与殚精竭虑的苦心经营，因为北部边疆是清廷战略重心之所在；不过"理藩院"与"礼部"的区别即在于"理"与"礼"二字之迥别，即"治"与"统"或者说"不治"的界分。

　　在清代的政治话语系统中，"外藩"具有更为精细的内、外子项属的区分。《清朝通典》云："按外藩蒙古自康熙三年以前来归者，称内扎萨克；自康熙二十七年以后来归者，为外扎萨克。设官虽同而分地各异。"① 关于外扎萨克蒙古的范围，《清史稿》谓"喀尔喀四部八十六旗，统称外扎萨克"②，然而所谓广义上的"外扎萨克"其实包括如《理藩院则例·旗分》所云的"外扎萨克四部落等处一百五十旗"③，此处的"等处"即指喀尔喀四部（即上述"外扎萨克四部"的另称）以外游牧于青海、新疆等地的编旗蒙古诸族藩部，即嘉庆朝《钦定大清会典》所云："凡外蒙古之众曰喀尔喀，曰杜尔伯特，曰土尔扈特，曰和硕特，曰绰罗斯，曰额鲁特。别于蒙古者，曰和辉特，曰哈柳沁，曰托斯，曰奢集努特，曰古罗格沁，皆属以外扎萨克。"④ 正是由于自康熙中叶以来"内扎萨克"与"外扎萨克"的观念形成，以至于当今"内蒙古"（*the Inner Mongolia*）与"外蒙古"（*the Outer Mongolia*）的观念仍然构成我们的认知体系的骨架，连近代西方殖民者企图肢解中国西藏领土时使用的"内藏"（指卫藏地区）与"外藏"（指安多和康区）的概念亦与清前期这种"内外观"存在扑朔迷离的复杂关系。一般说来，外扎萨克在清廷"众建以分其势"思想指导下较诸内扎萨克更为细分化，各旗数量多而辖众少，因此外扎萨克诸旗规模远不及内扎

----

① 《清朝通典》卷三十九，职官十七，藩属各官，《万有文库》第二集，十通第三种，商务印书馆 1935 年版，第典 2227 页。

② 赵尔巽等撰：《清史稿》卷七十八，志五十三，地理二十五，中华书局 1977 年版，第 2439 页。

③ 张荣铮等点校：《钦定理藩部则例》，天津古籍出版社 1998 年版，第 31 页。

④ 托津等纂修：嘉庆朝《钦定大清会典》，理藩院·典属清吏司，沈云龙主编：《近代中国史料丛刊三编》第六十四辑，637，台北文海出版社有限公司 1991 年版，第 2397—2399 页。

萨克；再者，内扎萨克盟旗之长有统治之责，"凡各旗之兵，岁阅以盟长，征戍奉调则毕会，邻部有警亦如之"①，而外扎萨克盟旗之长则无此权力，"凡外扎萨克之兵，各以将军若大臣统之"②。众所周知，清中叶以后，所谓"外藩蒙古"者乃系与"内属蒙古"而言，这也是以八旗制度为参照系加以定义。嘉庆朝《钦定大清会典》载："凡游牧之内属者，曰土默特，统其治于将军而以达于院。布特哈之内属者也如之。"③"凡游牧之内属者，曰察哈尔，曰巴尔呼，曰额鲁特，曰札哈沁，曰明阿特，曰乌梁海，曰达木，曰哈萨克，皆统其治于将军，若都院，若大臣而以达于院。"④其实，属察哈尔都统管辖的察哈尔八旗、属绥远城将军管辖的归化城土默特二旗、属黑龙江将军管辖的布特哈八

清末民初绥远城门

---

① 托津等纂修：嘉庆朝《钦定大清会典》，理藩院·旗籍清吏司，沈云龙主编：《近代中国史料丛刊三编》第六十四辑，637，台北文海出版社有限公司1991年版，第2465页。

② 托津等纂修：嘉庆朝《钦定大清会典》，理藩院·旗籍清吏司，沈云龙主编：《近代中国史料丛刊三编》第六十四辑，637，台北文海出版社有限公司1991年版，第2437页。

③ 托津等纂修：嘉庆朝《钦定大清会典》，理藩院·旗籍清吏司，沈云龙主编：《近代中国史料丛刊三编》第六十四辑，637，台北文海出版社有限公司1991年版，第2371页。

④ 托津等纂修：嘉庆朝《钦定大清会典》，理藩院·旗籍清吏司，沈云龙主编：《近代中国史料丛刊三编》第六十四辑，637，台北文海出版社有限公司1991年版，第2459—2462页。

旗和呼伦贝尔八旗（巴尔呼）、属乌里雅苏台将军管辖的唐努乌梁海五总管旗等，都是属于八旗战斗序列的现役军队，所以其官员任命原则与"内八旗"相类同。现代一些学者多谓清廷实行民族隔离政策，在边疆地区不任命汉族官员充任将军或办事大臣，实不明白这些地区实行军府制的情况下八旗军事组织色彩。故而魏源云察哈尔八旗"其官不得世袭，事不得自专，与各扎萨克君国子民者不同"[1]，又云土默特二旗"与京师内八旗蒙古相等，而与插汉小殊"[2]。正是在这种意义上，理藩院虽然兼管内属蒙古若干事务，然而不过起协调联络等作用，想当然径称之为"兼辖藩部"在清中叶以后的历史语境下可能不免牵强，清人亦仅称之为"内属"而已，自治权和世袭权可谓"藩"之为藩的条件，行政官僚化以后便自性斫丧不成其为"藩"，正如"内八旗"在入关后的变化命运相似而逐渐不被人视为"内藩"一样。因此，捡到篮子里的并不都是菜，而似非实是者尤须慧眼相识。

第三节　清代宗藩关系的法理学分析

尽管明朝亲藩的制度设计理念标榜"分封而不赐土，列爵而不临民，食禄而不治事"，然而明代诸王权力明轻暗重，亲王就封以后即在封地建立王府，亦称藩国。明代所使用"藩国"一词系秉承先秦封建宗藩体制"天下一国一家"结构下的原始义，《周礼·春官·宗伯》云"以封藩国"即是之谓，而在朝贡体系形成以后，藩国又作"蕃国"，用以指涉王朝国家以外的朝贡通使之国，清朝所谓"藩国"即是与"藩部"相对而言的"属国"，或称"贡国"。正如华裔美籍学者杨联陞所言：中文"外国"一词并非起源于 19 世纪，而是具有悠久历史，可

---

[1]　魏源：《圣武记》卷三，韩锡铎、孙文良点校，中华书局 1984 年版，第 97 页。

[2]　魏源：《圣武记》卷三，韩锡铎、孙文良点校，中华书局 1984 年版，第 97 页。

追溯到汉代。在宋代，"外国列传"成为史书撰写的项目，认为中国人在 1800 年之前没有国际关系经验（*experience of interstate relationship*）是错误的。① 中国古代并不缺乏国与国之间的平等主体关系，在某些时期常将邻国从政治上和军事上作为平等对手。《国语·周语》云："周之《秩官》有之，曰：'敌国宾至，关尹以告。'"② 敌国即敌体之国的简称。不过，在中国古代"王者无外"观念影响下，清朝的"外国"观念较诸现代尚存在差异，如《钦定礼部则例·朝贡通例》首条规定"凡外夷属国，遣陪臣恭赍表文方物"③。以下则各概称"外国"，如"外国贡使""外国表文"等，揆其意，此类"外国"实乃"外夷属国"的简称。除去受朝贡体制意识形态支配的"属国""藩国"等概念外，嘉道以后"海国"一词的出现殊堪注目，显示着中国人地理视野的扩展和价值本位的变易，其中最著名的应推魏源《海国图志》的风行海内外。蔡元培云："丁戊之间，海国有欺于米者，贵其直以报，商者趋之。"④

　　清代藩国（或属国）是一个动态的概念，究竟包括哪些属国并无标准答案。马士（*Hosea Ballou Morse*，1855—1934）的《中华帝国对外关系史》第一卷有《中国的朝贡国一览》专节，系其以所谓"作为帝国律例的《大清会典》所列举的大清帝国朝贡国的正式名单"加以叙述的，包括朝鲜、琉球、安南、暹罗、苏禄、缅甸等，⑤ 不过这种罗陈显然过于浮皮潦草。马士等国外学者以及中国国内学者所依据的《钦定大清会典》通常都是光绪朝纂修的，光绪朝《钦定大清会典》确如马

　　① Yang Lien-sheng, Historical Notes on the Chinese World Order, in John King Fairbank：*The Chinese World Order：Traditional China's Foreign Relations*, Harvard East Asian Series, 32, Cambridge, Massachusetts：Harvard University Press, 1974, p. 21.

　　② 中华书局编辑部编：《名家精译古文观止》，中华书局 1993 年版，第78页。

　　③ 《钦定礼部则例》卷一百六十六，朝贡通例，《故宫珍本丛刊》289，海南出版社 2000 年版，第 301 页。

　　④ 蔡元培：《〈绍郡平粜征信录〉叙》（一八九九年一月），高平叔编：《蔡元培全集》第 1 卷，1983—1909，中华书局 1984 年版，第 85 页。丁戊指丁丙年（光绪二十三年，1897 年）和戊戌年（光绪二十四年，1898 年）之间。

　　⑤ 马士：《中华帝国对外关系史》第 1 卷，张汇文等译，上海书店出版社 2000 年版，第 55 页。

士等人搬字过纸的转书一致。光绪朝《钦定大清会典》卷三十九云："凡四裔朝贡之国，曰朝鲜，曰琉球，曰越南，曰南掌，曰暹罗，曰苏禄，曰缅甸，余国则通互市焉。"①《钦定大清会典》的纂修应该视为规范性法律文件系统化的实践形式，② 在绳绳相继的历朝纂修过程中形成一套脉络清晰、损益分明的文本传承系统。如果我们将各朝《钦定大清会典》加以对勘，就会发现：（1）光绪朝《钦定大清会典》的文本与嘉庆朝《钦定大清会典》最为相同，然而嘉庆朝《钦定大清会典》所谓"四裔朝贡之国"中有荷兰、西洋，③ 被光绪朝《钦定大清会典》因情势变化所剔除删削；正如《清史稿·属国传》言："西洋诸国，始亦属于藩部，逮咸、同以降，欧风亚雨，咄咄逼人，觐聘往来，缔结齐等，而于礼则又为敌。"④（2）乾隆朝《钦定大清会典》所标举的属国

---

① 昆冈等修，吴树梅等纂：光绪朝《钦定大清会典》卷三十九，礼部·主客清吏司，《续修四库全书》编纂委员会编：《续修四库全书》794，史部·政书类，上海古籍出版社 2002 年版，第 372 页。

② 按照孙国华《法理学教程》的划分，规范性法律文件系统化的方式主要有三种，即法规清理、法规汇编、法典编纂，此外，有些采用立法性法律体系的国家还编制法律全书（又称法律大会）。笔者认为，尽管学术界尚存在《唐六典》是否为行政法典的争论，但中国古代之所以能长期保持高度发达的文明优势，其中重要原因之一即具有比较复杂精密的官僚行政机器的高速运作，因此纂修《会典》在中古以来即是对法规清理并加以体系化的重要举措，《会典》是具有行政法律效力的。当然，我们不能把《清会典》作为金科玉律崇奉，它在当时系官员行政操作的参考规则，在今天亦只能作为历史研究的参考资料，因为《清会典》本身在当时即从法规文件和法规整理方面存在漏洞或草率，所以许多典章制度记载匪夷所思，但这绝非当今研究者文本解读能力不足的缘故。何德刚《春明梦录》中就曾这样写道："京师史馆林立，余无分与修史事。时《会典》适开馆，余充协修之职。盖吏部一门，须由吏部司员起草也。余分得《稽勋司》三卷，原本尚多罅漏，随意修饰，数日即交卷。同时部中无好手笔，意馆中总纂必有一番斟酌也。谁知依样葫芦，而全书成矣，余且得升阶保案焉。"参见何刚德：《话梦集·春明梦录》，北京古籍出版社 1995 年版，第 95 页。

③ 托津等纂修：嘉庆朝《钦定大清会典》，理藩院·旗籍清吏司，沈云龙主编：《近代中国史料丛刊三编》第六十四辑，637，台北文海出版社有限公司 1991 年版，第 1356—1357 页。

④ 赵尔巽等撰：《清史稿》卷九十一，志六十六，礼十，中华书局 1977 年版，第 2673 页。

最多，其文为："凡四夷朝贡之国，东曰朝鲜，东南曰琉球、苏禄，南曰安南、暹罗，西南曰西洋、缅甸、南掌（西北夷番见理藩院），皆遣陪臣为使，奉表纳贡来朝。凡敕封国王，朝贡诸国遇有嗣位者，先遣使请命于朝廷。朝鲜、安南、琉球，钦命正、副使奉敕往封；其他诸国，以敕授来使赍回，乃遣使纳贡谢恩。"① 在乾隆朝《钦定大清会典》中，朝贡之国因数目激增故分为两类：一为遣使敕封之国，一为"不别遣使"的敕封之国，表现出国势隆盛时期包举四海的恢宏气象。乾隆朝《钦定大清会典》细化条分是符合事实的，这可以从梁溪坐观老人所著《清代野记》的一桩趣事得到佐证："余随使泰西时，道出新加坡。其时中国总领事为左秉隆……时觞余等于署中，见其书室中有画龙竹筒十余枚，皆长三尺许，两端皆以蜡印封团，异而询之。左叹曰：'此皆历年中朝所颁暹罗、缅甸等国恩诏、哀诏也。制成后，循例颁寄，亦不计人之受与不受。代寄者大都皆中国海商，一至新加坡即交与领事衙门，日积月累，遂有如此之多。使果寄至彼邦，彼亦不必承认，反生枝节，不如留此以为纪念而已。'"② 尽管乾隆朝《钦定大清会典》无"余国则通互市焉"之说，但乾隆朝纂修的《清朝通典》卷九十七"边防典"又将"四裔之国"分为三类："朝献之列国、互市之群番、革心面内之部落。"具体包括"在东则为朝鲜、日本、琉球，在南则为安南、暹罗、南掌、港口、柬埔寨、宋腒朥、缅甸、整欠、景海、广南、葫芦

---

① 允裪等撰：乾隆朝《钦定大清会典》卷五十六，礼部·主客清吏司，纪昀、永瑢等编纂：《景印文渊阁四库全书》第六百一十九册，史部，三七七，政书类，台北商务印书馆 2008 年版，第 619—499 页。乾隆朝《钦定大清会典》卷八十，理藩院·徕远清吏司，载："凡外藩朝贡，哈萨克左、右部，布鲁特东、西部，安集延，玛尔噶朗，霍罕，那木干四城，塔什罕，拔达克山，博罗尔，爱乌罕，奇齐玉斯，乌尔根齐诸部落汗长，皆重译来朝，遣使入贡；或三年、或间年，无常期；厥贡厢刀、马匹。"此乃卷五十六所谓"西北夷番见理藩院"的互文。参见允裪等撰：乾隆朝《钦定大清会典》卷八十，礼部·典属清吏司，纪昀、永瑢等编纂：《景印文渊阁四库全书》第六百一十九册，史部，三七七，政书类，台北商务印书馆 2008 年版，第 619—753 页。

② 梁溪坐观老人：《清代野记》，《民国笔记小说大观》第二辑，山西古籍出版社 1996 年版，第 82 页。

国、柔佛亚齐、吕宋、莽均达老、文莱、马辰、苏禄、噶喇巴、旧港、曼加萨、英吉利、干丝腊、荷兰、法兰西、瑞国、连国，在西则为东、西布鲁特，安集延、塔什罕、拔达克山、博洛尔、爱乌罕、意达里亚、博尔都噶尔亚，在北则为俄罗斯，左、右哈萨克，启齐玉苏、乌尔根齐，咸奉正朔，勤职贡"①。钱实甫对清代属国的研究以《清朝通典》和《钦定大清会典》为依据，认为："一切和清政府发生关系的国家中，只能分为两类：一是具有'朝贡'义务的'属国'，其国王一般须受清政府的敕封（遣使往封；或不遣使，只予'敕谕'）；二是只有通商往来的'外国'，其国王完全不受清政府的敕封（虽然清政府常是片面地予以敕谕）。"② 这种认知固然具有现代人重新反思和构建（*modernist fiction*）的色彩，但钱氏明显对《清朝通典》三分法的模糊性保持警觉;③ 张永江注意到钱氏"属国"与"外国"二分法的语境性和历史性，而对钱氏对《清朝通典》所谓"革面洗心之部落"所指谨慎言述反其道而行之，大胆断称："具体说即意达里亚（意大利）和博尔都噶尔牙（葡萄牙）。"④ 本来含糊其词的文本，强欲使之明晰化，造成的只是更加"无明"。乾隆时期的声教远播造成朝贡体制的空前泛化，互市等行为亦统统被纳入该体制，在朝贡的旗号下进行，可称为"准朝贡行为"，但这亦使朝贡体制的内容具有多元异质性，乾隆时期的人们显然朦胧意识到朝贡体制下内部情形的参差不齐，这便为嘉庆、光绪朝《钦定大清会典》现实主义地承认"余国则通互市焉"开其先声。(3) 康熙朝《钦定大清会典》和雍正朝《钦定大清会典》所载的外国朝贡又别有一番情致，吐鲁番、西番

---

① 《清朝通典》卷九十六，边防一，《万有文库》第二集，十通第三种，商务印书馆 1935 年版，第典 2729 页。

② 钱实甫：《清代的外交机关》，生活·读书·新知三联书店 1959 年版，第13 页。

③ 张永江博士批评钱实甫二分法以近代国际形势变化后简化和重新定义的"属国"和"外国"观念为基础，但嘉庆朝《钦定大清会典》早已在西方未使中国门洞开之前即有"余国则通互市焉"，足证所谓"国际关系简化说"于史不符。

④ 张永江：《清代藩部研究——以政治变迁为中心》，黑龙江教育出版社2001 年版，第 42 页。

各寺被列为外国朝贡名单之列，①　殆与清朝统一多民族国家的形成历史进程相伴引生，所谓朝贡的外国屈指可数，仅有朝鲜、琉球、荷兰、安南、暹罗、西洋、苏禄等。

从上述可见，"藩部"与"藩国"（或者说"属国"）的区别经历了渐变的过程而逐步明晰化，与时俱进，而且两者之间的对称并举在现代学者的言说中已被近代国际法的理念所皲染。费正清力求从中国一方的理解出发描述清朝对外关系的结构而创造了下表《中国对外关系的目标与手段》。

中国对外关系的目标与手段

I. 关系类型　中国向外部地区所发展或至少所意欲达到的（1840 年为止的清代）		
瞄准的目标	A. 控制（*Control*）	B. 吸引（*Attraction*）	C. 操纵（*Manipulation*）
使用的手段	A-1 军事（*Military*）（武）	B-1 "文化"和意识形态（"*Culture*" *and Ideological*）（文，德）	C-1 物质利益（*Material Interest*）（利）
	A-2 管理（*Administrative*）（礼和法）	B-2 宗教（*Religious*）（佛教）	C-2 外交（*Diplomatic*）
II. 主要手段　清代中国世界秩序中所用于对外关系（括号代表所使用的简略或次要手段）		
中心地带（*Sinic Zone*）　内陆亚洲带（*Inner Asian Zone*）　外部地带（*Outer Zone*）（中国文化区，*Chinese Culture Area*）　（遥远地区，*Distant Places*）		

---

①　参见伊桑阿等纂：《钦定大清会典》（康熙朝）卷七十四，外国，沈云龙主编：《近代中国史料丛刊三编》第七十二辑，720，台北文海出版社 1997 年版，第 3803—3812 页；允禄等纂：《钦定大清会典》（雍正朝）卷一百四，礼部·主客清吏司，沈云龙主编：《近代中国史料丛刊三编》第七十八辑，774，台北文海出版社 1992 年版，第 7022—7025 页；允禄等纂：《钦定大清会典》（雍正朝）卷一百零五，礼部四十九，礼部主客司，沈云龙主编：《近代中国史料丛刊三编》第七十八辑，774，台北文海出版社 1992 年版，第 7027—7055 页。

朝鲜	B – 1	蒙古	A – 1 A – 2 B – 1 B – 2 C – 1 C – 2	俄国	C – 1 C – 2 (A – 1)
越南	B – 1 (A – 1)			苏禄	C – 1
琉球	B – 1 C – 1 A – 2	西藏	B – 2 C – 2 (A – 1)	葡萄牙	C – 1 (A – 2)
日本	(B – 1) (C – 1)	中亚	A – 1 A – 2 C – 1 C – 2	荷兰 英国	C – 1 (C – 2) C – 1

费氏之表用清统治者的话一言以蔽之，即："天朝之于外藩，恭顺则爱育之，鸱张则剿灭之。"① 不过，费氏之表的贡献在于使我们从中可以知悉从"藩部"向"藩国"两种类型关系过渡的渐进线。

从 19 世纪起，国际法学界即开始将主权不完全的国家称为半主权国（half-sovereign states 或 semi-sovereign states）。丁韪良翻译惠顿的《国际法原理》（Wheaton，Element of International Law，即《万国公法》）云："凡国恃他国以行其权者，人称之为半主之国，盖无此全权，即不能全然自主也。"② 然而，后来学者们认为半主权之名词不免有两国平

---

① 《清高宗纯皇帝实录》卷一千零二十三，乾隆四十一年十二月，台北华文书局股份有限公司 1960—1970 年版，第 15036 页。

② 惠顿：《万国公法》卷一，丁韪良译，上海书店出版社 2002 年版，第 16 页。丁韪良的翻译是比较准确的，惠氏原文为："States which are thus dependent on other states，in respect to the exercise of certain rights，essential to the perfect external sovereignty，have been termed semi-sovereign states"。参见 Henry Wheaton，*Elements of International Law*，Oxford：The Clarendon Press，1936，p. 35。

分主权的误解，故而改称为部分主权国（*part-sovereign states*）。20 世纪早期，四川大学教科书《国际法大纲》中言："部分主权国中可分出被保护国（*protected states*）、属国（*vassal states*），及邦联分子国（*member state of a staatenbund*）之三大类。"按该书所言，保护国对于彼保护之关系，称为保护权（*protectorate*）。"保护关系成立于国际条约，他国对于此项保护关系之承认，实于保护国之在国际关系上代表被保护国为必要。被保护国多少维持其在国际社会的地位，于一定的限度内不失为一个国际人格者，不失为国际法主体。被保护国绝不能认为是保护国之一部分。于是则在保护国对第三国开战时，被保护国不一定即为战争之当事者。"宗主国对于属国享有之权称为宗主权（*suzerainty*）。"宗主国与属国之关系随情势而异，对于属国在国际社会之地位难立一确定的准则。属国是部分主权国，但不一定保有国际人格。如果属国绝对与他国不生关系，其对外关系全然为宗主国所吸收，则此属国绝不是国际人格者。但近世一般所谓属国，究竟多少在国际社会可以有地位的，因之在有些处所，可视为国际人格者。例如往昔在土耳其宗主权下之埃及及保加利亚即具有国际地位，他们可以对外缔结特种条约，如商约及邮政协约之类。""邦联分子国组成邦联（*staatenbund*）之各邦，在国际社会处于变则的地位，此等邦国原来是分立的国家，仍各保有其对外主权，不过以其一部分委之于联合组织，于是自国际法视之，邦联的分子国，属于部分主权国，他们具有真正的国际人格，不过其国际人格是有限的。"①

《国际法大纲》这种分类是许多国际法学著作所共享的普遍知识。然而，这种分类并未能阐述清楚附属国与被保护国的区别所在。正如李

---

① 俱见国立四川大学：《国际法大纲》，环新印刷厂刊印，刊印时间不详，第9—10 页。笔者在 2002 年写作这一部分时阅读的《国际法大纲》作为教材并未署名，后来发现此《国际法大纲》即是周鲠生教授的代表作。此书也是我国第一部由中国人编写的有关国际法学的专著，被日本东京帝国大学指定为必备参考书。当时，国内各法学院、大专院校编写国际法教材均以此为基本依据和读物。本书引证资料亦见于周鲠生：《国际法大纲》，周莉勘校，中国方正出版社 2004 年版，第29—31 页。

圣五《国际公法论》即云："附属国（*vassal state*）及被保护国（*protected state*），二者在法律上之区别极难划清，以其被管辖或被保护之程度原无严格之范围，不得不于事实上及构成此种附属及保护关系之条约上加以研究。"① 正是这样，许多国际法著作将附属国和被保护国的区别弄得一塌糊涂，令人茫然不解要谛所在。例如日本学者寺泽一（てらさわはじめ）、山本草二（やまもとそうじ）等主编《国际法基础》（寺沢一・山本草二『国際法の基礎』青林書院新社、1979 年）中云："以转让重要外交处理能力的方法使弱国屈居强国的保护之下时，则成立保护关系。这种过程可经过正式条约而完成，强国称为保护国，是主权国家；相反，弱国则称为被保护国而成为半主权国家。保护关系的实例过去是很多的。根据 1905 年的《日韩保护条约》，到 1910 年以前韩国成了日本的被保护国，即其一例。"所谓附庸关系，"是在国家的一部分未独立的阶段，根据本国国内法受到限制的外交能力获得承认时成立的关系。在这种情况下，本国称为宗主国，是主权国家，而未独立的部分称为附庸（从属）国家，是半主权国家"②。那么，我们要追问，这两种关系的法律性质究竟存在何种不同。其实，问题的关键在于国际法学家往往忽视了法律制度的历史性，由于缺乏时间观念而将具有时间纵向序列维度的附属国制度和被保护国制度平面式地并置，所以混乱油然滋生。

《奥本海国际法》关于"被保护国"一节中这样写道："两个国家可以缔结协定，一个国家在某种程度内保留其作为国家的单独的特性，同时接受另一个国家的某种监护关系。产生这种监护关系的具体情况以及由此造成的后果是按每个事例而不同的，而且取决于有关两个国家之间协定的具体规定。以前，这种国家中有一类所谓的'附庸国'，是在另一个国家的宗主权之下的国家。这些名词虽然没有全部废止，但现在已经很少使用。例如，西藏有时被说成是在中国的宗主权之下的。附庸国虽然保持了内部独立，但是通常没有单独的国际地位，仍然对当代有

① 李圣五：《国际公法论》，上海商务印书馆 1935 年版，第 60 页。
② 寺泽一、山本草二主编：《国际法基础》，朱奇武等译，中国人民大学出版社 1983 年版，第 137 页。

某种意义的是保护关系。保护关系的产生是由于一个弱国依据条约把自己交给一个强国保护，其方式是把本国一切较为重要的国际事务交给保护国管理，保护国负责被保护国的国际关系。它甚至可能等于被保护国的殖民化的开始。然而，保护关系是一个缺乏法律上精确意义的概念，因为其真实意义大部分要按照具体情形来决定。"①《奥本海国际法》的这段论述比较隐晦，但根据其上下文义，附属国与被保护国在法律性质上是相同的，无法从法律具体内容上加以区分，而本质的区别在于法律制度的时代性和表现性。笔者认为，附属国制度是前近代产物，保护国制度是近代西方殖民化运动的产物，所以"附属国"已如《奥本海国际法》所说"很少使用"，"仍然对当代有某种意义的是保护关系"。在近代西方契约自由的理念指引下，在从身份到契约的近代化转型过程中，传统封建主义的附属国制度被近代色彩的保护国制度所取代，保护国制度与附属国制度的区别即在于保护国制度在意思自治的幌子下弱国附属于强国具有一张似乎符合正义与公平原则的"卖身契"。由于保护关系依各个保护条约的条款不同而内容各异，所以和附属关系因宗主与附庸之间关系亲疏不同而彼此情形大相径庭一样，不可能一概而论其国际法上的地位。保护关系归根结底是一种法律上的监护关系，这种监护关系是对传统宗法血缘性质的身份制度的一定程度上的否定，然而仍是具有身份拟制性的，与附属关系具有法律制度上的亲缘性。

　　如果说附庸国制度是习惯法，那么保护国制度具有契约法性质，而委任统治制度（*Mandates system*）则是在时间序列延长线维度上的进一步发展，具有普遍法的色彩。委任统治制度的起源，远在 19 世纪初叶，不过当时所谓委任统治尚未形成一种制度。② 根据《国际联盟盟约》（The Covenant of the League of Nations）第二十二条，前德国和土耳其统治下的殖民地和领土在第一次世界大战轴心国（*the Central Powers*）战败后，在美国总统威尔逊等人倡导下不以兼并和分赃式的方式处理，而

---

　　① L. Oppenheim, Sir Arthur Watts（Editor）, Robert Jennings（Editor）, *Oppenheim's international Law*, Volume 1：Peace, Harlow, Essex：Longman, 1992, p. 267. 关于西藏宗主权问题在后面我们将论及。

　　② 王宗武：《委任统治问题》，上海商务印书馆 1936 年版，序言。

是由"主要协约国及其联合国"（*principal allied and associated powers*）为之选择特定国家施行统治权，而经国际联盟正式委任，并受国际联盟的监督，此种领土即称为委任统治地（*mandate or mandated territory*）。委任统治地依据其当地的社会状况被分为甲、乙、丙三个等级（*Class A*，*Class B*，*Class C*）。甲种委任统治地包括伊拉克、巴勒斯坦、叙利亚三个过去属于土耳其帝国的阿拉伯地区，已达到可以暂时认为独立国的程度，但仍须由受任国予以行政上的指导扶助，直至其能自立；乙种委任统治地在非洲中部，主要指喀麦隆、多哥兰、德属东非洲三个过去德意志帝国的殖民地，受任国不是"予以行政上的指导及扶助"，而是直接"负担行政上的责任"，但必须保证思想和信仰自由，禁止奴隶、军火和烈酒的贸易，不得建立海陆军基地，向国联会员国确保门户开放政策；丙种委任统治地系指过去德属西南非洲、新几内亚、瑙鲁岛、西萨摩亚群岛和赤道以北太平洋群岛，这些地区受治于受任国的法律之下，作为其领土的一部分，不实行门户开放政策，但为了当地居民利益仍须遵行乙种委任统治地的其他各种保障。尽管委任统治地制度与过去西方列强殖民地政策、保护国制度等具有妥协性，所以国际法学有委任统治地主权在主要协约国及其联合国说、在受任国说、在国际联盟说、在委任统治地人民说等理论上的争论，但委任统治地制度从总体上说是一种"非殖民地化"或者说"脱殖民化"的法律制度设计，是继附属国制度和保护国制度之后人类社会趋向于文明的新时代的进步努力，因此国际法学家保罗·庇克（*Paul Pic*，1862—1944）以私法监护的原则来隐喻委任统治地法律性质，认为："此等领土事实上属于当地人民或社会，而国际联盟处于亲族会议的地位，指定监护人而保护之。按照国内法，亲族会议及经其指定而受其控制的监护人，对于被监护者的财产，皆不得谓有私权。"① 较诸保护国制度，委任统治地制度取消势大力强国家在保护条约的保护下予取予求、口含天宪的殖民地统治法权，设立了国际联盟监护人的新机制，从而加强了对新机制中受任国的干预和监管。

---

① Paul Pic，Le régime du mandat d'après le traité de Versailles，*Revue Générale de Droit International Public*，Vol. 30，1923，p. 334.

周忠海等认为："既然确认为国家，就理之当然是主权的，而主权是不可分的，所谓非完全主权国、部分主权国或半主权国一类的名称是观念的矛盾，特别是不符合《联合国宪章》所强调的主权平等的原则的。所谓附属国是历史上封建统治和帝国主义、殖民主义所造成的特殊现象，现今亦不复存在。在《联合国宪章》表明的国家主权平等原则之下，这种反映帝国主义、殖民主义制度的国家类型，今后再没有作为国际法制度存在的必要，所谓半主权国的附庸国和被保护国的概念应该从现代国际法上予以根本的排除。"① 的确，附庸国制度是前近代的历史陈迹，保护国制度是近代殖民地时期的产物，已相继退出历史舞台，即使委任统治地制度作为现代国际法的创设亦在第二次世界大战以后合乎逻辑地由"托管领土"（trust territories）所替代，但我们应看到当代国际法中仍有"联系邦"（associated states）制度的存在。② 苏联学者基·弗·马拉霍夫斯基《最后的托管地》一书就明言马绍尔群岛等"曾经是西班牙王国的海外属地，德意志帝国的殖民地，日本委任统治地，最后成为美国的托管领土"③，将附属国制度、保护国制度、委任统治地

---

① 周忠海等：《国际法学述评》，法律出版社 2001 年版，第 141 页。

② 格哈德·冯·格拉恩《国际法：国际公法导论》（Gerhard von Glahn, James Larry Taulbee, *Law among Nations: An Introduction to Public International Law*, New York: The MacMillan Company, 1976）中云："This modern terms refers to on entity which has delegated certain government functions (primarily foreign affairs and/or defense) to a 'principal state' while retaining, in contrast to the now vanished Protectorate, its international status; it is still regarded as a member state by the other components of the family of nations"。这里所谓的"联系邦"主要是指马绍尔群岛共和国、密克罗尼西亚联邦与美国签署《自由联系条约》（The Compact of Free Association, COFA），据此马绍尔、密克罗尼西亚获得内政、外交自主权，安全防务在 15 年内由美国负责。

③ 基·弗·马拉霍夫斯基：《最后的托管地：密克罗尼西亚史》（Ким Владимирович Малаховский, Последняя подопечная, История Микронезии, Москва: Наука, 1977），史瑞祥译，商务印书馆 1980 年版，第 3 页。此种论点仅为一家之言。《奥本国际法》中即云："国家有完全主权的国家和部分主权的国家的区别暗示主权是可以分割的，因而，与主权有关的各种权力并不一定集中于一个地方。但是，有些作者主张主权是不可分的，一个国家只能是主权的，或者不是主权的。虽然布丹在他的名著《论共和国》（1577）中将主权一词介绍到政（续下注）

制度与托管领土制度的一脉相承演变线索昭然于纸。

　　附属国制度与保护国制度的时间性差异在惠顿《国际法基础》中可以明显看出。丁韪良等人在翻译惠氏著作时即将"Tributary and Vassal states"准确地译为"进贡之国并藩邦"，在论及除克拉科自由城市（the free city of Cracow）和伊奥尼亚群岛联邦（the United states of the Ionian Islands）二国外，声言："欧罗巴更有半主数国，为公法所认者，即如摩尔达、袜拉几、塞尔维三邦，凭俄国保护，而听命于土耳其，此土俄历历有约，而定为章程者也。"此处"凭俄国保护，而听命于土耳其"一语甚为含糊，查原文为"The Principalities of Moldavia, Wallachia, and Servia, under the Suzeraineté of the Ottoman Porte and the protectorate of Russia, as defined by the successive treaties between these two powers, confirmed by the treaty of Adrianople, 1829"[①]。从原文中可以看出，土耳其奥斯曼帝国的宗主权与俄国的保护权是同时并存的，而在惠氏的著作中附属国制度是封建时代的产物，而保护国制度则是其所处时代新型法律制度。

　　正是这样，我们可以看到，近代史上，清朝对属国的权利是被西方所难以无视的客观存在；在外国列强对中国周边属国营谋攘夺过程中，宗主权与保护权呈现出错综复杂的矛盾与妥协。蒋廷黻在论及甲午战争前日本处心积虑排除中国对朝宗主权问题时认为，中日冲突是"中国传统的宗藩观念与近代的国际公法之宗藩观念的冲突。日本的立场合乎

（续上注）治科学中以后的一个半世纪中，作者们的定义虽然不同，却一般地都同意主权是不可分的。但到 18 和 19 世纪，态度改变了，尤其是受到《威斯特伐利亚和约》以后日耳曼帝国成员邦的经验以及美国、瑞士和德国作为联邦的存在，联邦和各成员邦之间分割了主权权力的影响，区分绝对主权和不完全主权的需要已被广泛地（虽然不是普遍地）接受。"［参见 L. Oppenheim, Sir Arthur Watts（Editor），Robert Jennings（Editor），Oppenheim's international Law, Volume 1：Peace, Harlow, Essex：Longman, 1992, p. 124］

　　①　分别见丁韪良：《万国公法》卷一，上海书店出版社 2002 年版，第 17 页；Henry Wheaton, Elements of International Law, Oxford：The Clarendon Press, 1936, p. 47。

时潮；我们的则不合，在朝鲜问题的开端，我们就为传统所误"①。按照蒋廷黻的观点，中国坚持对朝鲜的宗主国权利乃是抱残守缺、不懂得时代潮流。其实，当时的国际公法并未否定藩属关系。正如台湾东吴大学缪寄虎教授所言："依西方国际法原则，宗属关系为历史所形成，并无一定之通则。宗属关系是政治关系，只问当事国是否双方同意，根本不必第三国同意与否，惟第三国必须尊重此项关系。换言之，根据西方国际法，两国之间成立宗主与藩属关系，无论来自历史传统之'惯例'或来自一项成文条约，其效果均及于第三国。"② 近代科学主义坚持今胜于昔的进化论，其实严复翻译"evolution"（"演化"）为"进化"即存在偏颇，梁启超把演化论思想宣传为"优胜劣汰"，更是中国传统观念对科学思想的误解。保护国制度尽管后来居上将附属国制度逐出场外，但两者之间并不存在"先进"与"落后"的价值异判，只能以合

---

① 蒋廷黻编：《近代中国外交史资料辑要》中卷，上海书店出版社 1990 年版，第 365 页。光绪三十三年《外交报》第一百六十九期所译自日本当时声名卓著的国际法元老学者有贺长雄（ありがながお，1860—1921）发于明治 39 年 9 月《国际法杂志》（『国際法雑誌』）上的《保护国法论·自序》，题为《论宗主国对待保护国之法理》，其中云："宗主权者，宗主国对于附庸之国所有之权利，非以寻常之保护之国，对于被保护国所行之权利，而谓之宗主权。"又谓"夫保护国者，在国际法始于十二三年前，见于论坛，即欧洲学人，亦有种种歧异之学。"从有贺长雄的文章来看，当时宗主国、保护国的称谓与今天我们所理解的有较大不同，保护国系新生事物，岂能取代由来已久的历史权利？况且在当时迄无定论的情况下。光绪三十四年第二百二十七期《外交报》又译载原发表于明治 41 年 10 月 10 日《国际法杂志》的《论保护国》一文，其中指出："溯自前世纪，保护制度发达，本由强国征服弱国，惟惧他国相争，及设定保护权，以代殖民制度，其政治财政势力，皆得行诸弱国之内，故保护条约，足以限制被保护国主权，其被保护国遂成为一种半主权国。""夫殖民上行政上保护关系，创自近日，凡欲设保护权之地，其土人权利，保护国并不理，以其土地为无主物，惟宣言行使保护权，而与其酋长结约，以防他国之殖民，且欲免占领费用，及第三国猜忌，皆欺人之技也。雪安卑尔曰：凡在一地方，掌握行政权，所谓合并也，除征服及占领外，古无他法，然至近二十年，欧洲各国如比德英法皆在非洲互相角逐，其外交政策，巧妙绝伦，遂以极有限制之占领，创为保护权，以代合并，其初仍称为一种占领，未几而又定一种保护权，并不兼称占领，而无行政监护之保护，及由个人指挥之保护关系，亦由是而生。"

② 缪寄虎：《〈马关条约〉前后所涉及之国际法问题》，《海峡两岸〈马关条约〉百周年学术研讨会论文集》，大连海事大学出版社 1997 年版，第 26 页。

法与否为衡度。正是从后现代主义立场出发，何伟亚"避免了传统与现代性这一通常的划分，转而提倡把英国与大清帝国自 1793 年以来的冲突，视为两个扩张着的帝国之间的冲突，每一个帝国都有其自身的策略和关注，而且每一个都以迥然不同的方式建构着他们的主权"。在何伟亚看来，主权平等的观念被视为神圣正义所在，与"天朝上国"观念的冲突长久以来被视为中英矛盾的根源所在，但"英国以及其他欧洲列强从来不曾在他们缔造的帝国之内真正践行"主权平等思想"也是无可否认的事实"，英帝国在印度等殖民地"采用的政治形式，倒是与满清的统治权更具相通之处，反而与欧洲的民族国家拥有的统治权不甚相类"①。将保护国制度视为先进潮流而否认附属国的合法性，十足地暴露了为西方列强霸权政治辩解的现代话语的霸权强势地位。

王尔敏在《十九世纪中国国际观念之演变》一文中谈到一桩耐人寻味的宗主权与保护权的竞合关系案件，其中这样写道："中国最后一次执行藩属入贡，是光绪二十年（1894）由英国代缅甸向中国朝贡。此一问题，最具现代国际政治参考性。可惜中外人士对此史例早已忘怀，兹大叙略说于此。原自光绪十年、十一年间，中、法为越南问题开战，中国穷于应付之际，英国乘机吞并缅甸。中国毫未阻止，使英国得以顺利扩张广大领土。当时驻英公使曾纪泽与英国议界，此时英人犹在外交上扩地至缅甸境外以北各土司，得寸进尺之余，英人允许缅甸保持对中国朝贡之制，而曾氏要求中国封立缅甸嗣君，则被英拒绝。中英双方于光绪十二年六月在北京定约，并订十年朝贡之制度，列为约文中第一条。按十年一贡，当在光绪二十年入贡。及至英国统治缅甸稳固，将约文等闲视之，不欲履行。时薛福成任驻英公使，坚请英国实践条约，英国推避不过，终于答允派缅甸最高之大员，准备贡品，到期向中国朝贡。此一史例值得多方深思，其中一点，足以破强权外交家之遁词。当光绪二十年，英为世界第一等强国，但为安然取得缅甸全部领土，竟愿与中国订立十年朝贡条约，迁就中国之封贡体制。近代史家不知对此做何领悟与

① James Louis Hevia, *Cherishing Men from Afar: Qing Guest Ritual and the Macartney Embassy of 1793*, Durham, NC: Duke University Press, 1995, p. 24.

解释，但其答案任由各人自定。总之，值得深思研讨。"① 王尔敏所谓由英国代缅甸向中国朝贡是"中国最后一次执行藩属入贡"一说，似乎与历史事实不符。梁溪坐观老人著《清代野记》中"属国绝贡之先后"一条云："惟廓尔喀与前清相始终，至光绪季年，犹见邸抄中有入贡之事。彼国亦十年一贡也。"② 而且孙中山在《对神户商业会议所等团体的演说》中亦云，尼泊尔"在民国元年还走西藏到中国来进贡，后来走到四川边境，因为交通不方便，所以没有再来"③。不过，英国代缅甸向中国朝贡确如王尔敏所说足证中国宗主权在国际法上具有合法性。

宗主权与保护权的激烈斗争可以通过中、法争讼于对越关系的案例得到说明。1862 年，越南被迫与法国签订第一次《西贡条约》（*Le premier Traité de Saigon*）④，割让南圻东部的嘉定、定祥、边和三省和昆仑岛，开放土伦等三个港口为商埠，允许法国战船自由来往于湄公河上，允许法西两国教士入境自由传教。条约还规定，倘若越南割地予他国，必先得法之同意。19 世纪 70 年代中期以前，法国对越南的侵略主要集中在南圻，⑤ 离中国西南边境尚远，而且阮朝并未主动将有关情况

---

① 王尔敏：《十九世纪中国国际观之演变》，《中国近代现代史论集》第七编，《自强运动》（二），外交，台北商务印书馆 1985 年版，第 28—29 页。

② 梁溪坐观老人：《清代野记》，《民国笔记小说大观》第 2 辑，山西古籍出版社 1996 年版，第 74 页。

③ 广东省社会科学院历史研究所、中国社会科学院近代史研究所中华民国史研究室、中山大学历史系孙中山研究室编：《孙中山全集》第 11 卷，中华书局 1986 年版，第 406 页。

④ 又称《柴棍条约》（柴棍即西贡）或《壬戌年和约》，条约原文见 Bouinais et Paulus，*L'Indochine Fransaise Contemporaine*，tomes 2，Paris：Challamel，1885，pp. 746 – 749。

⑤ 19 世纪，越南划分为三个部分：南部十省称为南圻，即交趾支那（Cochinchine）；北部十六省称为北圻（Tonkin），即东京；中部四省称为中圻（Annam）即安南，国都设在顺化。当时西方称越南北方为东京，称北部湾为东京湾。1883 年癸未协定后，法国对越南采取分而治之的殖民统治制度：南圻，为法国直接领地，由法国总督统治；中圻，为法国保护领地，保留越南封建王朝，但由法国总督进行监视；北圻为法国半保护领地，形式上由越南封建王朝派出经略史统治（后来，废除经略使制度，实行和中圻一样的统治制度）。

通报清政府，所以清廷与法国矛盾尚未形成交锋。后来，法国殖民者得寸进尺，将侵略矛头指向中圻和北圻。1873 年，西贡总督派安邺（Marie Joseph François Garnier，1839—1873）率远征队攻陷河内。在法国外交威逼讹诈下，越南于 1874 年 3 月与法国殖民者签订第二次《西贡条约》（Le second Traité de Saigon，亦称《越法和平同盟条约》或《甲戌年和约》）。马士云，此条约成立后，"越南王实际上将其中对中国服顺之忱，移向法国"①。法国历史学家朗博（Alfred Nicolas Rambaud，1842—1905）更声称"约中虽无保护国字样而其性质则确为保护国条约"②。科尔迪耶（Henri Cordier，1849—1925）则又认为"此约以保护国（约中并未明文规定保护国）之种种困难加诸法国，而不畀法以其利益。法国承受此新兴环境之种种责任，而不获享其实利。于此约中已隐伏法国嗣后诸多棘手之根苗"③。邵循正经过考证揭示说，当时距法国新败于德，距大恐怖年代（L'Année terrible）方历四稔，法国的社会舆论竞斥提倡殖民地为卖国，在此背景下，1874 年《西贡条约》中绝不能提及保护权等问题。邵循正通过比勘 1883—1885 年法国的黄皮书（Livre Jaune）有关北圻事件（Affaires du Tonkin）与第一次世界大战后公布的《法国外交文书》（1871—1914）（Documents diplomatique françaises），发现黄皮书将有关问题重要部分有意删改。1877 年法外长德喀斯（Le Duc Louis Decazes，1819—1886）致海军部长一札中这样写道："法对越之政策，自始即被种种顾虑（considérations diverse）所牵制，使不得不加意慎重；职为此故，吾人不得不舍公然承认保护国之举动。其实当时法国司交涉者心目中固有此保护国之观念在也。"④ 从上述已足见当时法国不敢冒天下之大不韪而将保国权的条款加诸越南，而

---

① Hosea Ballou Morse，*The International Relations of the Chinese Empire*，*Vol II*：*The Period of Submission*，*1861 – 1893*，London：Camberley，1917，pp. 346 – 347.

② 转引自邵循正：《中法越南关系始末》，河北教育出版社 2000 年版，第 52 页。

③ Henri Cordier，*Histoire des Rélations de la Chine avec les Puissance Occidentales*，*Tome 2*：*L'Empereur Kouang – Siu*，Paris：Félix Alcan，1901，p. 275.

④ 邵循正：《中法越南关系始末》，沈云龙主编：《近代中国史料丛刊续编》第三十八辑，377，台北文海出版社 1976 年版，第 41 页。

据《法国外交文书》，紧接上义被黄皮书删节的一段话更将此表白无遗，其文为："当时政府不准备于此等地域积极侵略，恐惹起他国之疑忌。然政府为求避免此等疑虑起见而采取之小心步骤，当时并未稍减其为外人纷呶抗议之口实。职为此故，政府不得不加各种解释，将条约中若干条文之涵义缩小。此类条文，如在保护原则有明文规定时，语气当甚自然。但吾人既无限制承认越南在北圻及其他诸省之主权，则此等条文，甚难期其与一般公认之国际法则吻合。于是在最后决定之约文中，语句每有模棱两可者，时竟发生抵触冲突。"① 法国的国际法学家邦菲（Henry Bonfils，1835—1897）、福希耶（Paul Fauchille，1858—1926）、富瓦涅（René Foignet）均异口同声称法国在北圻和中圻的保护权系基于 1874 年的《西贡条约》而确立，但邵循正以充分的材料证明，法国起初没有敢寻求把 1874 年《西贡条约》认为是实现了保护权，保护权的说法是后来产生的，最先提出保护权问题的实为海军部长蒙泰尼亚克（Louis-Raymond de Montaignac de Chauvance，1811—1891）。在国际法上，保护权的关键构成要件为"一方面保护者负保护责任，一方面被保护者负避免未经保护者容许之对外关系之责"②，即外交不能自主。而 1874 年《西贡条约》虽然在第二条规定越南须保证与法国采取一致的外交政策，③ 但外交自主权仍属于越南，法国并无监督的实力与根据，何况第二条明确宣布"法国承认越南王之主权及其对一切他国之完全独立"，正如法国国际法学家普罗武耶（Albert de Pouvourville，1861—1939）所言，此款约定等于自行声明否认对越有保护权。④ 光绪元年（1875）五月，当清政府收到法国驻华公使罗淑亚（Comte Julien de Rochechouart）照会，方获悉法越第二次《西贡条约》的具体内容，清朝

① *Documents Diplomatiques Françaises*，1re série，II，p. 202.

② M. F. Lindley，*The Acquisition and Government of Backward Territories in International Law*，New York：Negro Universities Press，1969，originally 1926，pp. 108，203.

③ 资料来源：http：//www. anai-asso. org/NET/document，访问时间：2007 年 5 月 2 日。

④ De Pouvourville，Des différents Modes de Protectorate dans L' Extreme-Orient Francais，dans *Revue Génrale de Droit International Public*，V，（1898），p. 312.

总理各国事务衙门照会法国，指出"安南即越南国，自昔为中国藩属"，再三声明中国对越宗主权。同年七月，清政府在致英国驻华公使威妥玛（Thomas Francis Wade，1818—1895）的照会中更重申："越南为中国属国，其与中国交际，向有定例。一切政教禁令，该国如何措置，历有年所，亦中外所共知。"[1] 法国公使译官师克勤（Fernand Georges Francis Scherzer，1849—1886）竟将清廷照会中"越南自昔为（法文应作'elle est depuis longtemps'）中国藩属"一语译为"昔之外藩"（elle a été tributaire de la Chine），罗淑亚遂误认中国已自动放弃其在越宗主权。[2] 是时，中国政府虽未正式否认 1874 年《西贡条约》，但始终亦未加以正式承认。

　　尽管法国西贡总督和海军部亟欲确定保护权，但法国外交部始终注重追求越南完全独立而不受中国宗主权之干涉。然阮朝仍于 1877 年和 1881 年两次正式遣使朝贡中国，中国对越宗主权并未因第二次《西贡条约》受到影响。进入 19 世纪 80 年代后，法国经历普法战争失败后疮痍渐复，值中国因收复伊犁问题与俄关系紧张之际，法国外交部乃思改弦更张乘时确立其对越保护权，遂遣军出征北圻，声称将履行法国无可推诿的保护义务。曾纪泽代清政府提出抗议，法国外交部复文辩称：罗淑亚通知中国 1874 年《西贡条约》时，恭亲王奕䜣复会指称越南"昔"（autrefois）为中国外藩，无异谓中越宗藩关系已成历史问题，今条约成立实行已历八年，中国于此时提出抗议，法国实难加以承认，故不拟在此讨论原则问题。当时，法国外交部所坚持政策为增强（accentuer）其在北圻之保护权，以压倒中国之宗主权，而法国驻华公使宝海（Frédéric - Albert Bourée，1838—1914）在与李鸿章谈判时，从实际出发要求中国先将宗主权与保护权的原则争论搁置，其致恭亲王照会云："盖贵国若提越南属国之事，本国亦应以保护越南之约；贵国若言越南自古属中国，人所共晓，本国亦将答以立有新约，约虽新而效则一，况

---

　　[1]　郭廷以、王聿均主编：《中法越南交涉档》（一），"光绪元年六月二十日总署给英国公使威妥玛照会"，台北"中央研究院"近代史研究所 1983 年刊印，第 22 页。

　　[2]　*Livre Jaune*，p. 47，de Rochechouart to Decazes，June 19，1875.

经照知中国者乎？彼此辩论伊于胡底？且睦谊因之日疏，猜嫌因之日积，不如置而无论，再筹一通融办理之善法。"① 这与李鸿章"华不必明认属国，法不必明认保护"的策略一拍即合，双方达成协议草案，然而茹费理（Jules Ferry，1832—1893）内阁上台后宝海草案被否认。光绪九年七月二十三日（1883 年 8 月 25 日），法国逼迫越南签订《顺化和约》［Le traité de Hué，此为第一次《顺化和约》，又称《癸未年和约》《柯罗桩和约》（Le traité d'Harmand）］，规定："越南承认并接受法国的保护权。法国管理越南政府对一切外国的关系，包括中国的关系在内。"② 法国此举乃在造成已然之势以不战而屈中国，将中国摒除于外，而中国朝野更加认清法国志在取越的狼子野心，态度转趋强硬，保藩之论大盛。

　　1883 年 10 月 30 日，清政府照会法国驻华公使，告以"越南久列藩封，历经中国用兵剿匪，力为保护，为天下各国所共知。今乃侵陵无已，岂能受此蔑视？倘竟侵及我军驻扎之地，惟有开仗，不能坐视"③。是年底，中法军队开始正面交锋，法军连续攻克山西、北宁、太原，清军节节败衄。光绪十年四月（1884 年 5 月），李鸿章奉命与法国代表福禄诺（François Ernest Fournier，1842—1934）在天津签订《中法会议简明条约》，又称《李福协定》（Li-Fournier Convention）、《福禄诺和约》，共五款。清政府在指示李鸿章谈判原则时规定："越南世修职贡，为我藩属，断不能因与法人立约致更成宪，此节必先与之切实辩明。"李鸿章在汇报定约情况时声称"越南职贡照旧一节，已隐括于第四款"。按，该约第四款为"法国政府约定与越南再议新约不插入伤碍中国威望体面字样，该约将以前法越所立关于北圻各约一律取消"。而根据该约

---

　　① 《光绪八年十月二十七日李鸿章向总署抄送照录法国宝使致恭亲王照会》，《中国近代史资料丛刊续编·中法战争》第 1 册，中华书局 1996 年版，第 241 页。法文原文见于 Livre Jaune，1883，I，2nd part，p. 10。

　　② 马士：《中华帝国对外关系史》第 2 卷，张汇文等译，生活·读书·新知三联书店 1958 年版，第 387 页。

　　③ 《清德宗景皇帝实录》卷一百七十，光绪九年九月，台北华文书局股份有限公司 1960—1970 年版，第 1555 页。

第二款中国"尊重（'respecter'，当时译为'概置不问'）"法越间已订未订各约之规定，即实质上已承认放弃对越宗主权，第四款仅属为照顾清政府体面的善后枝节问题。光绪帝云："惟越南系我藩属，第四款内虽有'现与越南改约，决不插入伤碍中国威望体面字样'之语，究系隐约其词，并未将藩属一层切实说明，殊未惬心。将来条目中越南册贡照旧办理，务须注明。"① 不久，北黎冲突爆发，中法战火重开，双方互有胜负，最后在中国军队取得镇南关大捷的情况下，1885 年 4 月清政府派英人金登干（James Duncan Campbell，1833—1907）为代表在巴黎与法国秘密议和订立《停战协定》，6 月李鸿章与法国公使巴德诺（Jules Patenôtre，1845—1925）签订《中法新约》（又称《李巴条约》《中法合订越南条约》）。英国学者霍尔（Daniel George Edward Hall，1891—1979）说："颇具讽刺意味的是，条约中达成的协议同一年前李和福禄诺取得的协议几乎是一模一样的。"② 而早在 1884 年 6 月巴德诺就强迫越南签订第二次《顺化条约》（又称《甲申年和约》），并"召集全体官员开会，强令将中国册封越南王的金印熔化销毁，意即从此以后南国属于法国保护，不再臣服中国"③。

在西方，"附属国"这个名词起源于封建时代地主与佃奴的关系，地主原称为佃奴的宗主（suzerain），地主越过佃奴的权限称为宗主权（suzeraineté），所以宗主权原本系封建时代宪法上的名词，自封建制度消灭之后，宗主权在国际上的含义，已经变为宗主国对附属国的管辖权力。但宗主权并非主权，因附属国在对内政及部分的对外关系上仍保持其相当的权限，所以宗主权实际带有一种国际监护的性质。④ 正由于西方国际法亦存附属国概念，所以 1934 年出版的《国际公法案例》指出：藩属"系弱小之邦仰赖上国保护者，即……属国也。此属国多在蛮夷及

① 《清德宗景皇帝实录》卷一百八十二，光绪十年四月，台北华文书局股份有限公司 1960—1970 年版，第 1665 页。

② D. G. E. Hall, *A History of South-East Asia*, London：MacMillan & Co Ltd, 1968, p. 663.

③ 陈重金：《越南通史》，戴可来译，商务印书馆 1992 年版，第 400 页。

④ 李圣五：《国际法论》，商务印书馆 1933 年版，第 60 页。

教化未隆之区，虽各自治其民、自理其地，然上国主权仍为节制，故他国不得欺侮，亦不得与论邦交也。似此藩属各大国皆有，惟英独多，盖于印度及非洲等处按图计之已不下数百云"①。这种说法显然是近代西方国际法多以英属印度（Indian Vassal States of Great Britain）为典型案例形成的模式，② 无怪乎何伟亚对在国际法形成时期马嘎尔尼使团来华期间，英国是否视民族国家之间平等关系为具有普遍意义的自然法式金科玉律表示强烈质疑，③ 清末以后中国人受西方国际法熏染在理论上和实践上均表现出以英属印度式宗主权为模本的明显趋向，无论张荫棠还是顾维钧都是如此。丁韪良在翻译伯伦知理《公法会通》时即云："'邦国'二字虽系通用，然书中所称自万乘以至百乘皆谓之国也，若邦或偶指自主之国而言，而于属藩以及数国合一则以邦名其各国为常。"④ 丁韪良在此以国与邦界分主权国与附属国的标准即是西方近代主权观念。朝阳大学法律科讲义《平时国际公法》后来更明确指出："隶属国为宗主国之一部，其对内对外之主权，惟宗主国得以享有行使，此原则也。隶属国与被保护国，其形式颇相似，而其性质则有不同"，认为"隶属国虽有国之名，而无国之实。从严格论之，不得为国家"⑤。这更是以英属印度为原型构建起来的西方近代附庸国观念。19 世纪 70 年代，清朝驻日公使何如璋在向李鸿章提出的建议中也谈到，属国与朝贡国是不同的，"泰西属国皆主其政治，惟亚细亚贡献之国许令自主。盖但冀其服我王化，不为边患耳，非贪其土地人民而利之也"⑥。由此

① 曾友豪：《国际公法例案》，上海法学书局 1934 年版，第 172 页。

② Lassa Oppenheim, *International Law: A Treatise*, Clark, New Jersey: The Lawbook Exchange, Ltd. , 2005, p. 163.

③ James Louis Hevia, *Cherishing Men from Afar: Qing Guest Ritual and the Macartney Embassy of* 1793, Durham, NC: Duke University Press, 1995, p. 24.

④ 步伦：《公法会通》，丁韪良等译，上海华美书馆 1899 年版，第 3 页。

⑤ 朝阳大学法律科讲义：《平时国际公法》，李祖荫校勘，北京朝阳大学 1927 年刊印，第 38 页。

⑥ 何如璋：《再上李伯相论朝鲜通商书》，温廷敬辑：《茶阳三家文钞》卷三，《何少詹文抄》卷下，沈云龙主编：《近代中国史料丛刊》第三辑，23，台北文海出版社 1967 年版，第 92 页。

可见，中国藩属概念不仅与西方保护国制度存在时间上的时序差别，而且存在文化空间上的内涵不同。按照李鸿章的说法，西方惯例为"凡属国政治，不得自主其权。与人结约，多由其统辖之国主政"①，而长期以来，"朝鲜虽为天朝藩属，内政外交向得自主"②。曾纪泽在光绪八年（1882）与法外长杜格来（Charles Théodore Eugène Duclerc，1812—1888）会谈中亦云："中国处待属邦与西法不同。中国只管属邦大事及大变故，至于盗贼小事及国之内政从不干预，不特越南为然，即高丽国如此亲近，亦以此法处之。"③

在中国宗藩关系的礼法体制下，其价值理念为"小所以事大，信也；大所以保小，仁也。背大国，不信；伐小国，不仁"④。以理论而言，以实践而言，"事大以礼"，绝不意味着小国放弃它的主权；"字小以仁"，亦不赋予大国干涉小国内政的权力。⑤ 在这种礼治秩序（the ritual order）中，天朝上国（the celestial Empire）以"怀诸侯""柔远人"为职责，而作为属国的下国除了必须承担"奉正朔"与"勤职贡"等所谓臣邦的义务外，清政府对其内政并不直接干涉。正如清人所言，"我朝待属国有定制，待与国无定礼"⑥。封与贡所表达的政治关系，一般俱为象征性。从订贡、朝贡（入觐）、册封、授历、进贺、陈慰、进香等均有严格礼法制度，天朝使者为"天使"，下国使者为"陪臣"；天朝使者出使下国为"遣使往谕"，下国陪臣来华为"朝贡"；天朝皇

①　蒋廷黻编：《近代中国外交史资料辑要》中卷，上海书店出版社 1990 年版，第 407 页。

②　转引自王明星：《韩国近代外交与中国（1861—1910）》，中国社会科学出版社 1998 年版，第 15 页。

③　《中国近代史资料丛刊续编·中法战争》第 1 册，"出使英法俄大臣曾纪泽与杜格来问答节略"（光绪年十一月初四日），中华书局 1996 年版，第 248 页。

④　引自左丘明撰，杜预集解，李梦生整理：《春秋左传集解》第 5 册，上海人民出版社 1986 年版，第 1749 页。

⑤　黄枝连：《亚洲的华夏秩序——中国与亚洲国家关系形态论》，中国人民大学出版社 1992 年版，第 133 页。

⑥　转引自杨泽伟：《近代国际法输入中国及其影响》，《法学研究》1999 年第 3 期。

帝致下国国王的文书为"敕书""诏书";下国国书乃曰"金叶表文";下国陪臣带来的礼物为"贡品",天朝皇帝回赠的礼物则名"赏赐",而且有例赏、加赏、特赏等名目,朝贡亦有例贡、补贡、并贡之类别,关于贡期、贡道、贡礼等均有详细的规定,是为"贡典",可谓"礼仪三百,威仪三千"①。张存武从法权与政治、司法、权利义务的限度等方面入手对中朝宗藩关系进行了法律分析,他指出:"顾名思义,封贡关系之基本在册封与朝贡两项行为。朝鲜自有其王位继承之法,然而国王、王妃(不称后)、王世子及世子妃之地位须得中国承认。此种承认之手续即曰册封。整个清代,除康熙三十五年(1696)外,朝鲜在此事上未遭困难。该年朝鲜奏请册封世子,北京以所请与《大清会典》规定不符拒之。翌年该国以会典礼式系中朝礼式,外藩之于皇帝内藩不无差异之理由再请时,礼部仍驳,而皇帝允之。国王依朝鲜规制袭位至受清廷册封通常约2—6个月。在此期间他是朝鲜臣民之主,然非大清帝国之朝鲜国王,故其时之奏咨多由大妃(前王妃)及议政府具名,或国王出面,亦不自称朝鲜国王,而称'朝鲜国权署国事'。"② 这与缅甸国王在未被册封之前被称为"国长"的性质一样。③ 而且,按张存武的说法,"天子对朝鲜国王及其臣下有赏罚之权。历朝国王常因奏咨文书违制,奏报不实,请停边市,人民越界杀人,贡物品劣等过失而被议处。最重者罚银两万两,其次为申饬,而宽免处分自亦为警告方式。该国王于被罚或宽免后均上表谢恩,有时且遣使臣备方物而行"④。

不过,宗主国对其属邦亦须尽济贫扶弱的救济、保护之责。就救济之义务言,以康熙三十六年(1697)为例,朝鲜国内饥馑严重,求救于清朝,康熙帝立命将沈阳一带储粮及江南漕米水陆运往,一万石赐

---

① 引自朱熹:《四书章句集注》,中华书局1983年版,第35页。

② 《清韩封贡关系之制度性分析》,张存武:《清代中韩关系论文集》,台北商务印书馆1987年版,第73—74页。

③ 参见铃木中正:《清缅关系(1766—1790)》,中外关系史学会编:《中外关系史译丛》第1辑,上海译文出版社1984年版,第67页。

④ 《清韩封贡关系之制度性分析》,张存武:《清代中韩关系论文集》,台北商务印书馆1987年版,第73—74页。

皇清职贡图卷·朝鲜人

予，二万石平粜；就保护之义务言，由于中国自古以"兴灭国、继绝世"的"存祀主义"为宗藩关系的礼法理念，所以有清一代有出兵安南"灭阮扶黎"等行为。正是这样，越南使臣阮述在《往津日记》中诘责："中朝不能保护藩封，不知何辞以自解于天下也？世局至此，尚何言哉！"[1] 显然作为属国使节亦将中国的施以援手宗主保护义务视为不容推诿的责任。不过，在大多数情况下，清朝并不干涉属国内政。这主要是由于国际环境、关系亲疏等多种因素所致。尤其由于早在周代封建体制下列国之间互聘而天子不干涉属国外交乃为惯例，所以乾隆帝针对当时作为属国的爱乌罕遣人赴浩罕一事曾云："邻邦通使，亦伊等来往之常，无庸深究。"[2] 故而清朝的许多属国往往又有属国，而属国二属现象亦比比皆是。日本学者滨下武志（はましたたけし）的论述虽因其日本本位的潜存意识而不尽客观，但颇能说明宗藩关系网络在东亚国际社会的存在，他指出："朝贡体制虽然是以朝贡

---

[1]　阮述：《往津日记》，陈荆和编注，香港中文大学出版社 1980 年版，第 49 页。

[2]　《清高宗纯皇帝实录》卷六百八十四，乾隆二十八年四月，台北华文书局股份有限公司 1960—1970 年版，第 9922 页。

—回赐这种和中国之间形成的、两国关系中以中国为中心的呈放射状构成的体制，但是，这种关系并不能完全包容所存在的各种关系，例如处于中国周边位置上的，自成体系的卫星朝贡关系的存在就不止一个，因此形成了既有包容关系又有竞争关系的对立复杂的地域圈。例如从琉球的例子来看，琉球对中国和日本两国都派遣使节，使中国和日本间存在一定的竞争关系。这就是双重朝贡的事例。还有，朝鲜的情况也如此，朝鲜在将中国作为朝贡国的同时也和日本有使节往来。另外，还有越南要求南掌向自己派遣贡使的例子存在。像这样被卫星国的朝贡圈结合起来发挥作用的两国，又是整体朝贡体系连锁中的一环。"① 然而，近现代"国际法区别独立国和附属国是根据外部表现而不是根据基本的政治现实情况；只要一国表面上执行着独立国家通常执行的功能（派遣和接受大使、签订条约、提出国际请求和对国际请求作出回答等等），国际法就把这个国家当独立国家对待，并不调查该国是否可能按另一国的指示行事"②。许多中外学者正是按照这种近代西方国际法的观念来衡量以至得出中国对属国宗主权有名无实的结论。如法国国际法学家普罗武耶声称："此国际怪象实源于中国之一种哲理，即四海一家之原则。……吾人为缺乏适当名词，始以保护国称之，其性质则大异于是也。"③ 余定邦等人也认为："中国和周边国家的关系，不是宗主国和附属国的关系，中国也没有通过'朝贡'活动从周边国家得到特殊的政治和经济利益，没有干预它们的内政。"④ 笔者认为，由于清代属国概念如上所述具有内涵的多元异质性，由于清代宗藩关系本身极具弹性，

① 滨下武志：《近代中国的国际契机：朝贡贸易体系与近代亚洲经济圈》，朱荫贵译，中国社会科学出版社1999年版，第38页。

② Michael Akehurst, *A Modern Introduction to International Law*, London: George Allen & Unwin Ltd, 1984, p. 55.

③ De Pouvourville, Des différents Modes de Protectorate dans L' Extreme-Orient Francais, dans *Revue Génrale de Droit International Public*, V, (1898), p. 209.

④ 余定邦、喻常森等：《近代中国和东南亚关系史》，中山大学出版社1991年版，第1页。谢俊美在《宗藩政治的瓦解及其对远东国际关系的影响》中亦称中国的朝贡关系"不具有法律效力"（《华东师范大学学报（哲学社会科学版）》1999年第5期）。

由于中西附属国观念从根本上大相异趣，因此漫称清代属国非附属国之论实非洽切妥当。

　　清代属国的建构目的即与西方显殊其旨。清朝要求属国"奉法循理，保境睦邻，庶永享太平之福"，其主要目的在于有效保持国家边疆地区的稳定，属国作为附属国又称藩国，即是通过对属国的柔远绥怀以求藩屏维翰天朝而臻于四境无虞，易言之，保藩以求绥边，在这种宗藩关系中，宗主国对属国的保护与属国对宗主国形成的保护层是手段与目的的关系。国际法学界一般认为，保护国一般是殖民主义时期的副产品，然而，近代国际法上的"保护权"（protectorate）尽管源于俗语"保护"（protection）一词但与普通所谓"保护"有本质区别。在西方文艺复兴时代的早期国际法中，保护的概念作为一种"纯粹的契约关系"，一项保护的承诺以实体利益为报酬，意味着对内政的不干涉，"被保护的国家"（the protected state）具有对外交往的全部自由。① 这与清朝属国内政自主的情形存在一定相似性，所以国际法学家托马斯·贝蒂（Thomas Baty，1869—1954）严格区分"被保护的国家"（a protected state）与"被保护国"（a protectorate）两个概念。② 近代西方国际法上的保护国制度具有如下特征：其一，就实质言，与早期西方国际法上的"保护"相比，早期保护的权利为一种契约权利，即债权关系，近代保护权则由于主权学说的广泛传播，是一种以国际条约为法律依据的、与主权密切关系的国际法权利；其二，就形式言，近代西方的"保护关系是根据有关国家之间的条约形成的，而主从关系则是殖民国家国内法单方面规定的与其自治领地在自治范围内的主从关系"，③ 保护关系必须是双边法律关系，以形式上的双方当事国合意为基础，而附庸关系则不必以此为构成要件；其三，就内容言，近代西方的保护关系具有

---

① Thomas Baty, Protectorates and Mandates, *British Year Book of International Law*（BYBIL），Vol. 2（1920 – 1922），p. 115.

② Thomas Baty, *The Canons of International Law*, London：John Murray, 1930, pp. 403 – 404.

③ 柳炳华：《国际法》上，朴国哲、朴永姬译，中国政法大学出版社 1995 年版，第 264 页。

明晰性，而附庸关系在近代中西方均色色不同。中国在 1840 年鸦片战争后，如薛福成所言，"华夷隔绝之天下，一变而为中外联属之天下"①。中国传统的宗藩关系出现如下转变：其一，中国与属国权力在近代条约体制下从形式上逐渐条约化；其二，强化对属国的宗主权，并且这种宗主权受到近代西方国际法中保护权的影响。光绪初年，郑观应在其所著《易言》中建议中国派员控制属国，代为整顿内政，以资镇抚，"慎简大臣前往，审其利弊，察其形势，如通商、开矿等事，可资富强者，令其国次第举行"②。例如在甲申政变以后，中国加强对朝鲜事务的干预，尽管在大体框架下仍遵循传统礼法制度，但在新形势下有所调整，朝鲜外交改制为先咨后办，中国对朝鲜官员任用的建议权大大加强。但这并不意味着属国完全保护国化，袁世凯在朝鲜的地位并非如一些学者所言相当于"监国"，仍属于顾问性质。袁世凯在与美国驻韩国公使的会晤中声明自己在朝鲜的任务仅属于"参与"而非"主持"朝鲜国政，他说："英派使于属邦，有主持其国政之权。余来此有参与之权，而无主持之权。何也？我国待属邦之道，不同于英国。故我国派使于属邦之权亦不同于英国。要之，由上国派使于属邦之名分则一也。"③ 由于中国宗藩关系的法律理念以王道主义为内核，与近代西方殖民主义时期在主权平等的口号下大肆以霸道主义践踏弱国主权的保护国法律制度存在文化背景的迥异。

综上所述，笔者认为清代宗藩关系从时间上虽然远挑中国古代的服事观，然而在很大程度上是清政府当时实践理性所形成的"地方性知识"，具有明显的满族性；从空间而言，西方中心主义以及次于西方中心主义的中国中原中心史观充盈学术话语空间，近代边疆民族处置于边缘化情境，满蒙藏等当今少数民族的宗藩意识和话语"声音"被民国以来现代学术的大量制造物所障蔽或缺失，清代宗藩关系的内外层次具

---

① 郑振铎编：《晚清文选》，上海书店 1987 年版，第 218 页。

② 夏东元编：《郑观应集》上册，上海人民出版社 1982 年版，第 115—116 页。

③ 台北"中央研究院"近代史所编：《清季中日韩关系史料》第 4 卷，台北"中央研究院"近代史研究所 1972 年版，第 2003 页。

有相对性，随时间函数变量而变化，随语境而不定。笔者通过对清代宗藩关系的法理学分析，确信这种法律制度的建构虽然独具特色，然而在近代国际法体系下实有无可否认的普遍性与合法性，近代国际法的理论话语主体各自具不同的意识与声音，保护制度与宗藩制度在中国近代史上的冲突是特定时空原型构建的两种法律模式的角逐，其中具有复杂的勾连，而其中底层的原因在于国家控制力与法律精细化的不同。

第十章　疆域的空间观念与表象：以清代边疆少数民族为中心的考察

第一节　观念史、心态史与表象史研究路径

中国自清代嘉、道、咸以后边疆史地学极盛一时，迄今越三个世纪，代复一代学者薪尽火传，赓续相接，浩繁的研究文献建构起这一领域今后学术发展必须认真借鉴的丰富资源。马大正、刘逖合著的《20世纪中国边疆研究——一门发展中的边缘学科的演进历程》及作为该书续篇的、由厉声和李国强主编的《中国边疆研究论稿》对过去 20 年的中国边疆民族历史研究成果有相当全面的介绍，将这一领域学术发展的历史轮廓勾勒甚明。笔者自 20 世纪 80 年代在马汝珩、马大正等老一辈学者的教导和指点下涉足于边疆民族史研究，自身的研究与这一领域的主流研究发展亦步亦趋，包括笔者在内的许多学者过去近 20 年的研究，主要集中在边疆政策、边疆开发、宗藩关系、边界划分等方面，但边疆政策的制定、边疆开发的实施乃至疆域领土的划分等背后无不受到观念和思想的影响，而学术界对疆域观等问题的深入探讨尚属亟待开发的薄弱领域。

20 世纪 80 年代末，刘逖发表《我国古代传统治边思想初探》，对中国古代传统边疆观首次作为其论文重要组成部分进行阐述，这是一篇当时中国边疆民族史领域颇有影响的力作，迄今为止有的研究甚至仍自郐而下。该文作者囿于当时的研究水准，集中对服事观和华夷观进行了力所能及的探讨，认为中国古代传统边疆观就是古人对不同范围与层次的内外关系认识的总结，服事观与华夷观从两个不同的角度较为集中地

反映了古人对边疆内外关系的认识。① 刘逊的文章因为系该问题的初探，且将边疆观作为其论述治边思想附带谈及的旁涉之笔，故缺乏时间维度等弊端是事实，亦是可以理解的局限性。但其后有些学者每每将服事观和华夷观作为亘古不变的观念简单地套用于唐、宋、元、明、清历代历朝，这种情形所呈现出的研究者思想认知的贫乏与苍白则难免令人无限感喟。就本质而言，这样的简约论论述模式无时间性（timeless）的历史，是一种"反历史"（anti-historic）或者说"非历史"（un-historic）的"思维短路"。因为"移史就观"固可以简驭繁，从而降低研究难度系数与研究的投入成本，然将丰富多彩的历史流变删削后干瘪化便紧随其后，以历史感为安身立命之本的历史研究，灵性亦无形中被斫丧殆，寝至史将不史。实际上，由传播继承而形成的"持续的观念"（continuing ideas）和因不谋而合由自身独立产生的"再现的观念"（represent ideas）之间是存在区别的，不可混为一谈，而服事观和华夷观等对后世的影响恐怕不能采取简单的截搭式文体进行对接和联系，必须以具体时空场景中的具体实践为切入口进行细致的发生学解读。

　　研究清代疆域观难免被喜好贴标签的学者归入"观念史"的范畴。20 世纪 30 年代以后，美国学者罗孚若（Arthur Oncken Lovejoy，1873—1962）成立"观念史研究俱乐部"（the History of Ideas Club）、创办《观念史研究学报》（*Journal of the History of Ideas*），一度对学术界产生持久而强烈的冲击与影响。观念史自罗孚若登高倡领之后便颇受争议，以其注重于观念本身的分析而偏忽思想与环境之间的互动关系往往为论敌所诟病，似乎其学术视野比较狭窄，自然不符合目前将思想史、制度史、社会史、文化史等冶于一炉的所谓新思想史、新文化史等竞相标榜创新的人们的口味，加之福柯对观念史甚至思想史都大加抨击而揭橥其知识考古学的研究理念与方法，所以中国学术界一些唯新是骛、自命先锋派的学者受到福柯富有洞见的犀利的批判性思想的吸摄，弃旧如敝屣，趋新若不及，轻率地将观念史视为早已落后的"观念"而畀以鄙薄的目光。以清代思想文化史而言，艾尔曼（Benjamin A. Elman）的

---

　　① 刘逊：《我国古代传统治边思想初探》，马大正主编：《中国古代边疆策研究》，中国社会科学出版社 1990 年版，第 354—386 页。

《经济、政治和宗族：中华帝国晚期常州今文学派研究》（*Classicism Politics and Kinship: The Ch'ang-chou School of New Text Confucianism in Late Imperial China*）的研究路径诚堪嘉许，而余英时《清代学术思想史重要观念通释》等论著有意识地撇开政治、经济及外在因素不问，集矢于思想史发展上的"内在理路"（inner logic），仍然阐发出一套独具新见的清代思想史流变的学说。尽管余英时与罗孚若观念史的学术思想不可否认存在诸多歧异，然其切就内在因素诠释思想史的研究路径和立场实与罗孚若一系观念史家相契合。问题不在于是否以观念史的名目自居，关键在于能否提出有深度的识见，恰如胡适当年所说的"少谈一些主义，多研究一些问题"或许方是务实的选择策略。观念史的内在研究方式在对思想史的诠释上自有其殊胜之处，对研究者的功力要求亦非同一般，所以揭示发覆的内容往往深得其三昧，别具一格。更何况这些喜新厌旧的所谓先锋派学者自己亦坦承：历史学可能根本就不存在自然科学意义上的"范式转换"的可能性，因为我们无法满足库恩所规定的那种彻底要求，即在放弃一个范式之前必得先证明其无效，或者既能解释支持旧范式的论据，又能说明用旧范式无力解释的论据。我们现在尚无法证明任何一种历史解释模式是彻底无效的，任何富有创意的历史学观点也不可能完全容纳旧有模式的各种解释前提，而只能在反思的基础上另外圈划出自己的研究领域。事实上，大量不具有明确的方法意识的观念史研究和罗孚若创办的《观念史研究学报》迄今依然"我思故我在"，对观念史宣告"历史的终结"显然仅仅是无效的法律判决而已。

此外，方法不在于新旧，而在于有效和实用，且有效与实用又与研究者面临的问题意识与资料对象等相联系，其划定的标准借用美国边疆学派代表人物特纳概念来说便是"移动的边疆"（moving frontier）。当前国内外研究"关键词""新名词"的学者不乏其人，殊不知这种研究方法追根溯源实即发端于罗孚若观念史。罗氏把"观念史"作为一般思想史（history of thought）相区别的研究策略，不以思想人物、著作或学派为研究的单位，而以诸如和平、幸福、自然、傲慢等等特殊名词、用语或观念（用罗氏的术语即"单位观念"）为研究对象，对哲学史、科学史、宗教史、文学史、艺术史等与观念或思想研究发生联系的诸领域进行贯通式研究，强调对"单位观念"（unit ideas）如同分析化学处理化学元素那样的方式进行历史语义学（historical semantics）的细密分析。"关键词""新名词"的研究无人云其旧，将罗氏的观念史目之为旧恐怕难免有眼不识泰山矣。即便福柯以凌厉无前的攻击力对传统观念锐意摧廓陷清，明确地将其知识考古学的方法与观念史、思想史等划清若干界线，但福柯的知识考古学亦仅仅是在传统的观念史和思想史营垒旁边构建自己的堂庑而已，传统的观念史和思想史并未因此被夷为废墟。在西方整个哲学界出现从"意识"移动到"语言"的时代潮流中，福柯自然关注于话语、陈述等并以话语为研究单位，强调话语呈断裂性的分布状态，与罗孚若关注于"观念"并以"单位观念"一脉相承的内在连续性逻辑为着眼点、抹杀思想演进中不断变化和无数偶然的研究路径截然异致，不过他们对各自钟情的"观念""话语"的自主性的格外重视却又如出一辙，福柯知识考古学"批判的武器"也同样明显地呈现出观念史内在研究法的类似取向。后现代主义思潮给人的刻板印象是以解构为能事而有破无立，与福柯振聋发聩的批判性同时存在的富有睿智的新颖学术空间的建构与开启往往被遮蔽，而其与罗孚若观念史之间的相通性尤不可不明辨慎察。①

---

① 福柯在其《知识考古学》（*L'archéologie du savoir*，1969）对那些被称为观念史（histoire des idées）、思想史的学科提出猛烈的抨击，主张以考古学取而代之。福柯所谓的考古学不是通常意义上的古代文明发掘与研究，而是一种话语分析方法。按照福柯的阐释，考古学与观念史有以下四个重大区别：（1）考古学所要确定的不是思想、描述、形象和主题等明露暗藏在话语中的东西，而是话语本身。观念史则将话语作为隐藏了主题和秘密的资料和符号，它要破译这种不透明的符号而抵达话语背后的本质深度。换言之，考古学不是一门阐述性学科，因为它不寻找隐藏得更巧妙的"另一种话语"，它拒不承认自己是"寓意的"。（2）与观念史寻求过渡性和连续性不同，考古学致力于话语的特殊性和差异性。（3）观念史将作品的理由与一致性原则归之于作者个人，而考古学则断然拒斥了这一点，它反对将作品作为分割话语的单元，亦明确抛弃了创作主体决定论，考古学确定话语实践的类型和规则，话语实践是自主性的，创作主体这一层次对考古学而言并不相干。（4）观念史信奉还原性原则，试图寻求话语的起源，重建人们在说出话语的瞬间的心理情境，而考古学明确反对这一点。它"不是向起源的秘密深处的回归"，而是对特定的话语——对象做系统描述。

不过，我们也没有必要拘囚锢蔽于观念史的框架之内，感知、想象、表象等都难以包容于传统的观念史的研究空间，而目前国外学术界心态史、表象史风起云涌，日新月异，对我们研究广义上的清代疆域观无疑具有重要的示范和借鉴意义。早在 20 世纪初，法国社会学、哲学家涂尔干（又译作迪尔凯姆、杜尔干）及其侄子莫斯（Marcel Mauss，1872—1950）就开始使用"集体表象"（représentations collectives）的概念。他们认为："集体的表象乃是无穷无尽的协作产物，这种协作不仅超越空间，而且也超越时间，大量的头脑把他们的观念和情感加以联系，结合和组织起来，以形成集体的表象，通过集体的表象，无数的世代积累起他们的经验和知识。"[1] 自涂尔干"集体表象"概念提出后，国际学术界对这方面的研究蔚然成风。在文化人类学领域，象征人类学（symbolic anthropology）引人注目，例如维克托·特纳（Victor Witter Turner，1920—1983）的《象征之林》（The Forest of Symbols: Aspects of Ndembu Ritual，Ithaca：Cornell University Press，1967）等堪称其代表作。在历史学领域，传统的历史学在解释历史现象时十分看重人们行为的客观环境，将人们的行为视为对客观环境的理性反应，但 20 世纪 80 年代以来兴起的表象史（L'histoire des représentations）则认为，传统的历史分析方法忽视了人们对客观环境相对而言独立的主体性，强调人们的主观感知、表象体系对行为的能动作用。1989 年罗杰·夏蒂埃（Roger Chartier）发表的《作为表象的世界》（Le mond comme représentation，Annales，année 1989，vol. 44，n° 6）被公认为表象史的宣言书，目前"表象史"骎骎乎已取代"心态史"的隆盛地位而成为时髦的趋向。[2] 心态史和表象史都堪称高精尖端研究，直逼人们过去研究难以把握捉摸的心态和表象等，反映出学术界向纵深方向发展的趋势，以致心态史的骎骎发展趋势被学术界形容为"从地窖到阁楼"，并且深具世界观、历史观的转向意义。尽管心态史学仍倾向于将心态看作与社会和经济相关联的产物，或者是社会与经济的表达，从而与传统年鉴史学派保持某种连续性，但已经比较强调文化

---

① 转引自 L. A. 怀特：《文化科学》，曹锦清等译，浙江人民出版社 1988 年版，第 85 页。

② 参见沈坚：《法国史学的新发展》，《史学理论研究》2000 年第 3 期。

的能动性，表现出颠覆物质决定论的强烈激进态势。

表象史较诸心态史则更进一步在语言学转向的学术场景中明确地将语言作为构成社会而非反映社会之物，认为语言构成了人的意识的主体并使之产生社会性意义，表象（la représentation）不是被动地被感知，而是具有独立和能动的作用，是一种可以将实体赋予其意义的实践。在笔者看来，表象史的这种激进其实亦可以说是在一种思想退却，是一把利弊兼备的双刃剑。按照福柯的说法，"真实并不存在，存在的只是语言"①，表象史眼中的历史只不过是由分析和批判性的话语所构成的"过去的表象"，于是对历史客观性的追求被名正言顺地放弃。唯其如此，勒高夫批评云："对某些人来说，心态已成为全部历史演变的原因，以前有人犯了用经济解释一切的错误，而今有人犯着用心态解释全部历史的错误，必须把心态维持在它所属的范畴之内。"② 劳伦斯·斯通（Lawrence Stone，1919—1999）亦指出，由于德里达等声称"文本之外一无所有"（Il n'y a pas de hors-texte），文本遂变成了一座单纯的镜子之宫，只是彼此在交相反射而已，并没有对"真理"投射出任何光明来，"真理"是并不存在的。③ 由于目前国内学术研究现状与国外发展潮流之间存在一定时差，表象史、心态史在中国尚不多见，我们并无必要像国外学术界那样杞忧表象史、心态史的过度泛滥，也不应该视之为不二法门，相反，对其保持反思意识和使其具有开放性尤其重要。需要指出的是，我们对清代疆域观的研究基本上是一种实证主义的经验研究，并不想为追风逐潮而疲于奔命，对作为引领当代新社会文化史或者说新史学潮流的心态史和表象史并不想憬然盲从和皈依。陈寅恪所说"不新不旧，不中不西"之语实具方法论的意义。本章力图从时间和空间两个维度探讨一种广义上的"清代疆域观"，在自己认识和能力所及的限度内

---

① Barry Cooper, *Michel Foucault, An Introduction to the Study of His Thought*, New York：Edwin Mellen Press，1981，p. 28.

② 雅克·勒高夫：《〈年鉴〉运动及西方史学的回归》，刘文立译，《史学理论研究》1999 年第 1 期。

③ Lawrence Stone，History and Post-Modernism，*Past and Present*，131（August 1991），p. 217.

借鉴和吸收利用表象史、心态史的方法研究清人疆域空间映像，希望能够对开拓清代边疆民族历史研究中这一人迹罕至地带有所裨益。

第二节　从游牧社会发现历史：清代卫拉特蒙古政治地理空间观念表象史研究

游牧文明与农耕文明迥然相异，身处当代工业社会的学者对传统农业社会的认识尚感不易，对历史上游牧社会的了解尤其陌生。游牧社会内部的特殊性迄今仍不为学术界所深入掌握，堪称知之甚少的"黑暗世界"。因为"在黑暗中一切不熟悉的形象才具有相同的颜色"，我们犯的错误是往往将前工业社会的社会独特性忽视。游牧民族逐水草而居，牧群追逐牧草，牧民追随牧群，游牧民族在大范围空间的流动性往往令人与工业文明时代流动的现代性油然而生翩翩联想。游牧社会和农耕社会在所有权观念的演化与表现上相差甚远，游牧社会的基本生产资料是畜群而非土地，骑马民族的土地所有和领属观念较为薄弱，但并非意味着了无疆域概念。其原因在于：首先，作为资源的优良牧场的供给并非无限制、无止境的；其次，日常惯例化行为在经年累月的可逆性时间中，使游牧的熟悉化附着与感情化依托成为普遍存在的社会事实。唯其如此，汉武帝出师征伐匈奴，而"匈奴失阴山之后，过之未尝不哭也"[1]，当霍去病西征占领河西走廊而"断匈奴右臂"以后，匈奴人更是悲伤断肠，歌曰："亡我祁连山，使我六畜不蕃息；失我焉支山，使我妇女无颜色。"[2] 这种如泣如诉的悲歌表达的情感，足以证明深入游

---

[1]　班固：《汉书》卷九十四下，匈奴传第六十四下，中华书局1962年版，第3803页。

[2]　此歌被后人称为《匈奴歌》。我国古代北方民族民歌经过汉译保存下来的仅有三首，分别是：匈奴的《匈奴歌》、慕容鲜卑的《阿干之歌》和鲜卑的《敕勒歌》。司马贞的《史记索隐》引《河西旧事》作"失我焉支山，使我嫁妇无颜色"，殆有误，不足为据。

牧民族心灵的强烈观念绝非无稽妄言，仅仅是在当代历史学中游牧民族的疆域观念处于"失语"状态而已。昭莫多战役后，康熙帝返旆驻跸归化城，躬犒凯旋之师。当清军将厄鲁特擅长弹筝筛歌者提集御前献俘时，其中"有老胡工筛，口辩有胆气，兼能汉语。上赐之潼酒，使奏技，音调悲壮。歌曰：雪花如血扑战袍，夺取黄河为马槽，灭我名王兮虏我使歌，我欲走兮无骆驼。呜呼，黄河以北奈若何！呜呼，北斗以南奈若何！遂伏地谢。上大笑手书以告。"① 这和当年匈奴人的哀婉幽怨如出一辙，竟至相似乃尔。

草原生活图（清人绘）

日本学者田山茂在《清代蒙古的社会制度》（『清代に於ける蒙古の社会制度』文京書院、1954 年）中基于蒙古社会个人人格观念和法人人格观念都不发达的现实情形，选择与罗马法系共有观念相对的日耳

① 魏源：《征准噶尔记》，王锡祺辑：《小方壶斋舆地丛钞》第二帙，杭州古籍书店 1985 年版，第 23 页。亦可参见李伯元：《南亭四话》，薛正兴校点，江苏古籍出版社 2000 年版，第 43 页。尤其黄静涛《土默特地区的古歌》对此的考证值得关注。黄静涛认为此乃康熙帝征讨准噶尔时驻军土默特一带老蒙古歌者迎驾献乐，吟咏察哈尔林丹汗与归化城顺义王之战，非今新疆西边的厄鲁特蒙古作为俘因的"老胡"感喟昭莫多之战。该文见土默特左旗土默特志编纂委员会编辑：《土默特史料》第 21 集，《黄静涛文稿辑》，1986 年版，第 112—115 页。

曼法系的总有观念，对蒙古地区的社会集团和土地所有关系进行考察，是很有道理的。司马迁《史记》载匈奴各部"逐水草迁徙，毋城郭常处耕田之业，然亦各有分地"①，杜佑《通典》则云突厥（狭义突厥）各部"虽迁徙无常，而各有地分"②。蒙古语称单纯的土地为嘎札尔（gazar），称牧地为孛勒琪格尔（berciger），与努图克（nutuy）不同。努图克，元代汉译为"农土"③，将当时掌管牧地的官员称作"奴秃赤"④。符拉基米尔佐夫（Борис Яковлевич Владимирцов，1884—1931）在《蒙古社会制度史》（Общественный строй монголов，Монгольский кочевой феодализм，1934）如是云："某种社会经济单位能够游牧的空地，蒙语叫嫩秃黑，而突厥语叫尤尔特。"⑤努图克和库里叶（即库伦，Kuriy-e）最初的本义是一致的，指以氏族首领或长辈为中心分布的圆形屯营游牧圈，后来指在蒙古封建领主制度下以人身隶属关系为基础形成的爱马克（ayimay）或鄂托克（otoy）等社会组织的领有份地。⑥成吉思汗在青年时代曾说："不能丧失祖辈传来的屯营与住所"，希望确保氏族所领有的努图克。伊·亚·兹拉特金（Илья

---

① 司马迁：《史记》卷一百一十，匈奴列传第五十，中华书局1959年版，第2879页。

② 杜佑：《通典》卷一百九十七，边防十三，北狄四，王云锦、王永兴、刘俊文等点校，中华书局1988年版，第5404页。

③ 例如，《元史·特薛禅传》云："岁甲戌，太祖在迭蔑可儿时，有旨分赐按陈及其弟火忽、册等农土。"参详宋濂等撰：《元史》卷一百一十八，列传第五，中华书局1976年版，第2919页。

④ 亦作奴都赤（nutuqchi）、依独赤、嫩秃黑赤，参见杨志玖主编：《中国古代官制讲座》，中华书局1992年版，第315页。

⑤ 符拉基米尔佐夫：《蒙古社会制度史》，刘荣焌译，中国社会科学出版社1980年版，第43页。

⑥ 符拉基米尔佐夫认为，蒙古语"鄂托克"的语源来自公元后1000年间分布在中亚的伊朗语系的栗特语"otavs"（国土、地域之意）一词，在蒙古，"鄂托克"作为"代替氏族"（clan）和千户出现的地缘组织是在15世纪以后。古蒙古文"努图克"（nutuy）和"鄂托克"（otoy）两词拼法和读音都不易区别。"Otoy"一词的来源和意义及otoy与nutay的关系尚有待深入探讨。达力扎布在《明代蒙古社会组织新探》中认为符拉基米尔佐夫将爱马克和鄂托克释为血缘组织和地缘组织于史不符。该文见达力扎布：《明清蒙古史论稿》，民族出版社2003年版，第102—120页。

Яковлевич Златкин，1898—1990）写道："众所周知蒙古各封建领地的首领是汗或王公，领地是作为父亲的遗产传给他的，而他本人到一定的时候也可能，而且应该把它传给自己的继承人。封建领地作为'乌姆齐'即该'翰孛黑'的世袭财产，一代传一代。每位领主对外界，对其他领主来说，都是自己领地的无可争议的所有主。要否定这种所有权就意味着战争。"① 在封建领主制度下，努图克是贵族封地（忽必 qubi 或鄂木齐 Omci）的组成部分，而忽必（兹拉特金称之为有条件的终身享用的领地）、鄂木齐（兹拉特金认为此称谓在 17 世纪取代"忽必"一词指世袭封地）的概念尤其蕴含历史继承性与合法性的语意。根据供职清廷的西方教士张诚的描述，17 世纪末，蒙古地区的"每位领主均住在自己的领域里，若转牧到毗邻领地，则被认为是有损他本人尊严，有损其臣民尊严的事"②。19 世纪末到 20 世纪初多次游历蒙古、考察并

皇贡职贡图卷·厄鲁特人（丁观鹏等绘）

---

① 伊·亚·兹拉特金：《准噶尔汗国史》，马曼丽译，商务印书馆 1980 年版，第 371 页。

② 伊·亚·兹拉特金：《准噶尔汗国史》，马曼丽译，商务印书馆 1980 年版，第 369 页。

研究过蒙古居民生活状况的波兹德涅夫更证实："不论去哪个帐篷，每个蒙古人必定会告诉你，他游牧的那块地方属于谁。"①被世界公认的著名蒙古史学家、苏联科学院院士符拉基米尔佐夫在《蒙古社会制度史》中指出：那种认为游牧民可以在草原上自由游动的观点，是完全不正确的，也是从来没有发生过的。古代蒙古人的任何首领，只要一看自己属下的多寡，就能知道自己牧场的界限，知道自己在四季应该去哪些地方放牧。正是领主和属人均有清晰的身份领属意识和关于努图克的疆界观念，故倘有逾越，便被视为逃亡或入侵。《卫拉特法典》第一百三十二条从某种程度上而言实乃此种社会事实和集体意识的宣谕与写照："土地分配给兀鲁思及鄂托克使用，禁止爱马克或个人在鄂托克内移动幕营地。"②

据 P. S. 帕拉斯（Peter Simon Pallas，1741—1811）称，在广袤的草原上，卡尔梅克人测定两地间距离的方法通常以天数计算旅程。队伍带着行囊悠然地行走一天的路程曰"忽奴忽嘎索尔"（chonocho-gasur）。他对短距离的路程以"喀喇耐"（chgaraane）计，所谓喀喇耐者，意指在平坦如镜的草原上眼力所能见无际事物的距离。由于受各种条件的制约，能够清晰所见的短于喀喇耐的距离被称之为"也勒嘎苏尔"（jelle-gasur）。此外，在野外气候平静时所能听见公牛和骆驼的叫声，或羊群的咩咩声乃至吹号角的声音亦为一种测定短距离的单位，名为"穆尔特"（murt）。大多数卡尔梅克人的空间视觉感知能力极其发达，能够在一望无际的大草原上看清距离非常遥远的目标，诸如畜群或骑马的人群卷起的尘埃以及其他类似的微微耸起的景物，即便夏季草原气候炎热，原野表层因高温而雾气蒸腾，他们的空间视觉感知能力亦超乎寻常敏锐、深邃。他们对于草原上纵横交叉、飘忽不定的家畜和野兽踪迹，可以根据草的倒向或踪迹在沙地上和雪地上的深浅程度等判断痕迹发生的

<hr>

①　伊·亚·兹拉特金：《准噶尔汗国史》，马曼丽译，商务印书馆1980年版，第378页。

②　Valentin Aleksandrovich Riazanovskii, *Customary Law of the Mongol Tribes* (*Mongols*, *Buriats*, *Kalmucks*), Part I－Ⅲ, Harbin：Artistic Printinghouse, 1929, p. 295.

时间。①

清代蒙古人的空间方位概念与汉族颇不相同。法国汉学家伯希和在《卡尔梅克史评注》（Paul Pelliot, *Notes Critiques d'Histoire Kalmouke*, Pairs, 1960）中如是云："蒙古人有两种确定方向的方式，即面向东和南，以至于'巴伦'（baron，右）原则上可指南与西，'准'（jagun，左）可指北与东。但近代蒙古人的通用习惯是面向南确定方向，早在13 世纪成书的《蒙古史》中就已经向我们证实了此种确定方位的方法。如同巴德利（John F. Baddeley）一样，我认为准噶尔（Jagun-ghar）原则上指东翼，而巴伦噶尔（Baraghun-ghar，Baron-ghar）则意指西翼。"② 金峰教授根据卫拉特蒙古英雄史诗《江噶尔》和《清实录》等资料得出结论认为，按照古代蒙古人习惯，日出方向为南，日落方向为北，左手方向为东，日中午右手方向为西，系按现在方向基本上向左转90°。③ 因此《清实录》中将清朝皇太极等人的西征称之为之"北征"。

---

① P. S. Pallas, *Sammlungen historischer Nachrichten über die mongolischen Völkerschaften in einem ausführlichen Auszugen*, Frankfurt/Main：Johann Georg Fleischer, 1779, S. 152 – 193.

② Paul Pelliot, *Notes Critiques d'Histoire Kalmouke*, Paris：Librairie d'Amerique et d'Orient, 1960, p. 20.

③ 参见金峰：《再论兀良哈部落的变迁》，《新疆师范大学学报（哲学社会科学版）》1990 年第 2 期。笔者就此专门求教金峰教授，在此特致谢诚。阿尔丁夫近几年致力于北方民族空间方位研究，参考了金峰教授的研究成果，但认为左转说不正确，因为按照逆时针方向移动，乃谓之左转或左旋，而蒙古人古代方位观念较诸现在恰好落后了一个方位即 90°。阿尔丁夫认为，中国北方民族和世界上其他民族一样，从无空间方位观念到逐步认识日出和日落的二方位空间观念，又在二方位空间观念即日出方位和日落方位基础上，加上"日中""夜中"，从而构成了最古老的四方位空间观念。这种空间观念系以客体太阳为中心，依据太阳在白昼和白天与黑夜即一昼夜所行经的不同位置加以确定。汉族古代文献《周髀算经》云"日出为东，日中为南，日入为西，日没为北"，即此之谓。阿尔丁夫根据叶舒宪《中国神话哲学》一书的论述模式将以客体太阳为中心的四方观念称之为立体四方观念，以与形式上根据人的体位、居室和穹庐的门"东开向日"或南向而确定的平面四方观念相对应，并将平面的四方空间观念分为两种类型：A 种类型和 B 种类型。其中，A 种类型四方观念是根据东向者的体位确定的，前为东、后为西、左为北、右为南。8 世纪上半叶的古突厥碑铭《阙特勤碑》中"前面（东面）　　　　（续下注）

《西域图志》卷四十七亦云："'准'谓东，'噶尔'谓手。"①这便是按蒙古面南而以左为东的传统方位所言，即现在通认的北面。对清代历史上声名赫赫的准噶尔部称谓的来源，有一种解释是：准噶尔在卫拉特诸部之左（蒙古方位的东，即现在通认的北），故称左翼，使更多的学者倾向于将此称谓与卫拉特联军进军青藏的历史事件的建构相联系，认为绰罗斯时为左翼军（蒙古方位的东，即由北路进军）而得名。《安多政教史》（mdo smad kyi chos vbyung ngo mtshar rgya mtsho）载："土虎年（1638），顾实汗的左翼部队陆续迁到［青海］湖边，开始居住在青海托里地方，被称为巴伦噶尔。"②另一佚名的托式文献《四卫拉特历史故事》也有这样类似的记述，云："和硕特车臣汗所属五和硕、土尔扈特小珲台吉五和硕，这十个和硕为一个卫拉特。辉特大珲台吉五个和硕、吉拉特小珲台吉五个和硕，这十个和硕为一个卫拉特。这两个卫拉

（续上注）到日出；右面（南面）到日中；后面（西面）到日落；左面（北面）到夜中，那里的人民全都臣属于我"云云，可谓明证。B 种类型的四方观念则是根据南向者的体位确定的。按照这种方式确定的四方观念，同样是前为南、后为北、左为东、右为西，不过它已经将 A 种类型的四方观念，按照顺时针方向，各向前拨动 90°，正因为如此，同今天人们所熟悉的四方观念已经完全相同了。阿尔丁夫认为，在由 A 种类型进入 B 种类型四方观念阶段后，蒙古人并未另创一套四方名称与之相适应，只是将前、后、右、左改称为南、北、西、东，具体称谓虽异，但就所使用的名词和所指方位而言却未做任何改变，故蒙古语中的 emune 和 qoyina、baragun 和 Júgun 均有前和南、后和北、右和西、左和东义。辽宁喀喇沁左旗的《蒙古风俗鉴》一书作者罗卜桑却丹在该书结束语落款署称"喀拉（喇）沁南旗"，可见 20 世纪中叶蒙古人尚有将左方（东方）称为南方的习惯。阿尔丁夫由此对日本学者大叶升一（おおぼしょういち）《关于见于元朝、伊利汗国文献中方向的顺时针 90°移位》一文和阎若璩《尚书古文疏证》中顾祖禹所谓上古"凡地理，言'南'可与'东'通，言'北'可一'西'通，非同东与西、南与北迥相反者"之论进一步提供了自己的解释（参见阿尔丁夫：《蒙古和其他北方民族文史论丛》，内蒙古教育出版社 2004 年版，第 401—454 页）。

①　钟兴麒等校注：《西域图志校注》，新疆人民出版社 2002 年版，第 600 页。
②　智贡巴·贡吉乎丹巴饶布杰（brag dgon pa dkon mchog bstan pa rab rgyas）：《安多政教史·书志大海》（mdo smad kyi chos vbyung ngo mtshar rgya mtsho），甘肃民族出版社 1982 年藏文版，第 41 页。《安多政教史》别称《脱思麻教法史》。托式文抄本《和鄂尔勒克历史》则记述称，时联军的主力和硕特为中路，绰罗斯为准噶尔（即左翼），而土尔扈特为巴伦噶尔（即右翼），杜尔伯特与辉特部队殿后。

特称为巴伦噶尔（右翼）。绰罗斯大小两个珲台吉十个和硕为一个卫拉特，这十个和硕为左翼，称准噶尔。"① 由是言之，驻牧于青海的和硕特位于南面（即蒙古方位的右、西）为右翼，即巴伦噶尔。与此相对称，驻牧于额尔齐斯河、塔尔巴哈台、伊犁一线的绰罗斯位于北面（即蒙古方位的左、东）为左翼，即准噶尔。其后驻牧于青海的和硕特八台吉亦是按此方位概念来划分左、右翼。

作为资源的草原牧地的供给既属有限，作为生存空间的草原牧地亦非自在之物而是一种社会事实。17 世纪初，卫拉特蒙古与东部的喀尔喀蒙古、北部的沙皇俄国、南部的察合台罕国、西部的哈萨克部族相毗邻，四面受敌，另一方面，人口和牲畜数量却逐渐增长。殆游牧社会政治权力的运作形式与结构具有特殊性，其社会整合与时空型构亦与传统农业社会迥然不同，生存空间的相对蹙狭导致卫拉特蒙古社会出现一系列复杂的连锁反应，亦使新的历史演变可能性空间得以在延异中绽现。

迁徙

---

① 转引自巴岱主编：《卫拉特蒙古简史》上册，新疆人民出版社 1992 年版，第 6 页。

由于权威性资源和配置性资源的缺乏以及不存在当代抽象的领土主权观念，彼此之间对领地的争夺和内讧频仍不断。1628 年，游牧在塔尔巴哈台地区的土尔扈特部首领和鄂勒尔勒克率部西迁而辗转进入空旷无人但水草丰美的伏尔加河下游。1636 年，顾实汗复率领卫拉特联军远征青海，并在酬劳巴图尔浑台吉等盟友使之返归旧牧后，以青海为根据地进一步将整个青藏高原纳入其统治之下，呈现出游牧社会采取各种类型的时空路径发散拓展的明显倾向。

古代传统社会中的“大一统”实际上与现代全球一体化现象具有谱系学上的关系，唯后者主要依赖于市场经济强大力量的维系时空延展，而前者更多地凭借政治、军事、文化乃至联姻等手段。作为游牧民族的蒙古所建立的元朝当时规模空前的大一统版图格局即是如此，而大元帝国崩溃后，北方的蒙古诸部四分五裂的社会现实，自然诱发蒙古贵族与平民对成吉思汗帝国隆盛景象历史记忆的无穷回味，对蒙古“大一统”理想境界的渴望与神往。随着黄教传入蒙古地区，转轮王这一古印度的历史、政治概念，逐渐为蒙古人所接受，并在 17 世纪蒙古编年史中得到反映。[①] 正如蒙古国历史学家沙·比拉（Shagdaryn Bira）所言：“蒙古编年史家对转轮王观念表现出特殊的兴趣，因为它企图竭力克服封建割据状态，并力图恢复全蒙古的汗权……持有‘转轮王’称号的蒙古汗完全有希望、有可能成为蒙古的大汗。因而蒙古编年史家竭力以佛教观念为基础，为汗权神授找出依据来，并擅长将‘转轮王’的名称加在蒙古汗的头上。”[②] 查克拉瓦尔迪的理论在蒙古自始即不仅具有抽象的哲学意义，而且具有更重要的实践意义，是当时颇为流行的鼓动建立强大汗权的支援意识和实践话语。当时蒙古社会本已对以血缘为依据的成吉思汗黄金家族正统地位深具诚信，而随着藏传佛教的广泛传

---

① 希都日古：《论 17 世纪蒙古编年史所谓转轮的概念》，《内蒙古社会科学（汉文版）》2002 年第 4 期。梵文 Cakravarti（察克喇瓦尔第），意译“转轮”或“转轮王”，指佛经中出现的古代印度圣王。佛经上说古印度的圣王即位时，自天感得轮宝（一种轮型武器），圣王转轮宝降伏四方，故名。转轮王有四位，因各持相应的金属制轮宝，即金轮王、银轮王、铜轮王、铁轮王。

② 沙·比拉：《蒙古史学关系史研究》，《蒙古学资料与情报》1987 年第 4 期。

播，蒙古统治者极力通过新的宗教理念推动神化成吉思汗、忽必烈和俺答汗为转轮王的造神运动。17 世纪蒙古编年史所谓转轮王的叙述话语，既是当时这种造神运动的反映和折射，又本身构成对蒙古汗统的造神运动的有机组成部分。而汗统神圣正统观的建构与蒙古诸部大一统观的诉求相互呼应、联系和支持，重建大一统的蒙古帝国和重现成吉思汗时代的光辉，成为富有雄心的蒙古贵族领袖人物久萦于怀的梦想，俺答汗、林丹汗、噶尔丹等曾孜孜致力于此。沙俄时代的一些蒙古史学家诸如雅金夫·比丘林（Пичуринский Бичурин，1777—1853）等认为，卫拉特首领们具有从政治上继承元朝皇帝遗产的念头，同时，在 17 世纪，也可能更早一些，远在 15 世纪的也先时期，就有重建元帝国的政治意图和计划。他们解释土尔扈特西迁与和硕特的南进的原因和动机，系出于获得新土地和重建成吉思汗帝国而经过周密考虑的计划，而绝不是出于敌意的出离。[①] 中国学者对上述论点一般持批驳态度。不过中国传统考据学有句至理名言：言有易，说无难。因为历史行动的主体动机往往错综复杂，牧场狭小的现实经济利益内驱力固然不可否认，但并不能由此排除当时卫拉特蒙古贵族领袖人物政治抱负方面的因素。再者，对历史因果律和行为动机的诠释从本质上而言是以回溯性或然论（retrospective probability）为中介，对相关关系所阐发的事后主观理解，所以福柯的知识考古学方式等纷纷采取文本分析和话语分析的路径，不再透过和穿越文献的物质性去寻找文献的所指，而是将分析的范围局限于话语的内部空间分布关系的现象学"本本主义"考察。当时蒙古的史书记载，因受藏传佛教影响而具有或多或少的宗教色彩自不待言，许多记载用现代人受西方理性主义影响的思维观念来审视往往匪夷所思，似乎充满神话与怪诞不经，老一辈的蒙古族史学家则用中国汉族古代传统史学的标准相衡量，辩称这些蒙古史籍的作者"毕竟是草原史家，他们没有受过中原封建史官那样严格的史学训练"，但实际上当时的蒙古史家自有其自成体系的观念世界，与现代人的思维和观念范式具有相当大的不可通

---

① 转引自伊·亚·兹拉特金：《准噶尔汗国史》，马曼丽译，商务印书馆 1980 年版，第 100—102 页。

约性，现代人眼中的荒唐怪异与不可思议，在当时的蒙古史家看来或许未必不是天经地义和顺理成章，这种前科学理性时代以相似（包括类比、感应等）形式为核心的知识型，在许多民族的文化中都屡见不鲜。对这种史籍以现代人居高临下的优越意识相藐视既不足为训，亦不必为难以完全融入当时蒙古史家的观念世界而自馁，在能够言说的范围内进行力所能及的文本解读，仍然可以发现时常频繁出没于语言丛林里的杜沁杜尔本一统观。乌兰博士的论文即揭示了噶班沙拉勃《四卫拉特历史》等托忒文献中所反映的诸种蒙古大一统观念形态。[①] 当然，对杜沁杜尔本的整体认同，在许多场景下亦与四分五裂的部落意识错综复杂地交织在一起。

学术界目前有许多学者提倡"问题史学"，这固然自有其积极的意义，但所谓"问题史学"难免有科学主义过度扩张的嫌疑，且问题意识的凸现仍有待于解决问题的分析能力，传统史学多偏向于价值判断，然而随着当代历史哲学从思辨哲学向分析哲学转变，在中国当代史学发展的语境下标举"分析史学"的口号，也许较诸呼吁"问题史学"更具现实的操作意义，更有可能利用于涤荡我们史学研究中被有些学者称之为"蛮族遗性"的成分。可以说，卫拉特历史在许多问题上被"蛮族化"，正是现代文明社会的历史学家受由来已久的正统观、成王败寇评价尺度等的影响，而潜藏于意识底层的"蛮族遗性"的产物。当清朝的满族统治崛起于白山黑水并定鼎北京后，道路远的空间距离本身即赋予处于亚洲内陆腹地的准噶尔部被避免清朝迅速征服的阻力，而作为草原王国的准噶尔处于沙俄和清朝两大帝国夹缝的政治地缘关系，最终决定了其无可奈何花落去的悲剧性结局。噶尔丹执政后对外扩展的战略第一步是实施"近攻计"，与此同时准噶尔骑兵还向中亚地区做过游击式的进军。"其实始终系于噶尔丹心中的则是其对外扩展战略的第二步，即实施东进政策。噶尔丹东进政策的核心，是与清政府争夺对青海和硕特与漠北喀尔喀的控制，从而实现其一统蒙古，建立大蒙古帝国的伟

---

　　① 　参见乌兰：《托忒文历史文献与卫拉特历史研究》，中国人民大学博士学位论文，2004年，第53—72页。

业。这一政治战略，在蒙古族中有着深厚的传统，自元亡以来，多少蒙古族政治家、军事家付出毕生精力，因未达此目标而遗恨终生，噶尔丹作为一个有政治抱负、又有军事才能的卫拉特蒙古政治家，他确实向往建立一个如其光荣先辈成吉思汗那样的不依附任何人的统一蒙古帝国。"① 在康熙年间，准噶尔在向清政府遣使通好时，据汉文史籍载，准噶尔部曾表示"向在中华皇帝道法之中"②，"与中华一道同轨"③，"并无自外于中华皇帝"④ 云云，不过准噶尔方面的原文究竟如何不得而知，未必根据一面之词遽作断论，并视为准噶尔和清朝之间存在臣属关系的证据。康熙十七年（1678），噶尔丹遣军欲入据青海，称"西海（即青海。——引者注）向系我祖与伊祖（指顾实汗。——引者注）同夺取者，今伊等独据之，欲往索取"⑤，不仅毫无臣属的迹象，反而明白无遗地反映了其对领地的权利主张。从噶尔丹的角度而言，所谓"圣上（指康熙帝。——引者注）君南方，我（指噶尔丹本人。——引者注）长北方"⑥ 并不是欲图挑战清帝的权威的裂土分疆的狂妄要求，而是向清朝表示互不干涉的和好主张，喀尔喀蒙古地区在其看来本身就应该是属于他的统治范围之内。噶尔丹为了换取沙俄支持，曾让其宰桑转告戈洛文曰："阿尔巴津（即雅克萨。——引者注）建寨地区原本是蒙

① 巴岱主编：《卫拉特蒙古简史》上册，新疆人民出版社 1992 年版，第88—89 页。

② 温达等撰：《圣祖仁皇帝亲征平定朔漠方略》卷七，康熙二十九年七月，纪昀、永瑢等编纂：《景印文渊阁四库全书》第三五四册，史部，一一二，纪事本末类，台北商务印书馆 2008 年版，第354—562页。

③ 温达等撰：《圣祖仁皇帝亲征平定朔漠方略》卷七，康熙二十九年七月，纪昀、永瑢等编纂：《景印文渊阁四库全书》第三五四册，史部，一一二，纪事本末类，台北商务印书馆 2008 年版，第354—568页。

④ 《清圣祖仁皇帝实录》卷一百三十七，康熙二十七年九月，台北华文书局股份有限公司 1960—1970 年版，第 1853 页。

⑤ 《清圣祖仁皇帝实录》卷八十三，康熙十八年八月，台北华文书局股份有限公司 1960—1970 年版，第 1119 页。

⑥ 温达等撰：《圣祖仁皇帝亲征平定朔漠方略》卷七，康熙二十九年七月，纪昀、永瑢等编纂：《景印文渊阁四库全书》第三五四册，史部，一一二，纪事本末类，台北商务印书馆 2008 年版，第354—568页。

古的，不是博格达汗（指清朝皇帝。——引者注）的，统辖蒙古人和
这个地区的是他——博硕克图汗。倘若沙皇陛下有意在这里建城堡，博
硕克图汗愿意将这个土地让给陛下。"① 殆力强志大的噶尔丹心目中的
疆域范围南抵长城沿线、东达大兴安岭山脉，他的这种空间想象显然并
不是单纯的为之努力的理想。

　　由于清朝的全力打击和准噶尔内部权力斗争的结果，噶尔丹进退失
据穷塞而终，桃僵李代以后的策妄阿喇布坦父子赓续相继，生聚力量，
准噶尔王国复重振雄风，进入其鼎盛时期。这一时期，沙俄和清朝对准
噶尔形成的两线挤压势能愈显强大，准噶尔王国除远征西藏等少数大规
模扩张行动外，围绕具体的领地边界与沙俄、清朝展开的激烈斗争连绵
不断，体现出丰富的疆域思想和观念。

　　蒙古人有自身的边疆概念。过去学术界曾有不少人将察哈尔（又汉
译为"插汉""察罕"等）即释为"边界""边疆"之意，以察哈尔部
驻牧地毗邻长城之故也，但这种观点被许多学者所否定，认为其不论从
语言学角度还是从历史学角度都颇为牵强附会。伯希和对此诂解云：察
哈尔部的名称无论如何也应该为"jakhar"，而不是"cakhar"，可能源
自波斯语 Cagar，意为家人或臣仆。学者之所以将察哈尔训作"边界"，
主要是与蒙古文"札哈"（jag－a）相联系所致。在准噶尔王国时代，
据《西域图志》《嘉庆重修一统志》等史料记载，时有"札哈沁"（jar-
hacin）职司防守边界、坐镇卡伦、主管巡逻察防等事宜者。《钦定元史
语解》卷十四《人名》云："札哈沁，边守人也。"② "札哈沁"一名由
"jakha"派生而生，后者原意为"边陲"。准噶尔所设"札哈沁"一职
与汉代匈奴设"瓯脱王"相似，"瓯脱"意为边界屯守处，略如满语
"卡伦"。时匈奴亦有一定的国界和领域，对领域内的土地，视之为
"国之本也"，派有瓯脱王守卫之。札哈沁人等在策妄阿拉布喇父子时

---

　　① 苏联科学院远东研究所：《17 世纪俄中关系》第 2 卷，黑龙江大学俄语系
翻译组、黑龙江省哲学社会科学研究所第三室译，商务印书馆 1975 年内部发行，
第 30 页。

　　② 《钦定元史语解》卷十四，人名，纪昀、永瑢等编纂：《景印文渊阁四库全书》
第二九六册，史部，五四，正史类，台北商务印书馆 2008 年版，第 296—426 页。

代担负防守边界的任务，属于一种力役，原本并非由某一鄂托克担当，而似由各鄂托克的抽调人员组成，归准噶尔王国最高统治者直辖，后逐渐演变为具有特殊方言和习俗的部落。当时准噶尔王国驻牧在与沙俄、清朝交界处的札哈沁人如此引人注目，说明捍卫边围在整个准噶尔王国具有极其特殊的重要地位。

作为游牧民族的准噶尔人的疆域观具有自己持续强烈的思维定式，属人的隶属关系和历史权利是在没有当今抽象的主权概念的准噶尔人中确定疆域界线的根本标准，所遵循的是由属民延伸而达及领地的原理。早在僧格时期，沙俄当局强迫原属于准噶尔管辖的传统游牧于巴拉宾、库兹涅茨克、托木斯克等地区的属民缴纳实物税，企图通过比较隐蔽的手段逐步把这些地区据为己有，僧格对此坚决反对，仍然继续行使自己收税的权利，因此在南西伯利亚出现了所谓"双重纳税人"，迄至康熙末年图理琛在《异域录》中犹记其亲眼所见云，"此处所居塔塔拉并巴尔巴忒人与鄂罗斯、策旺阿拉布坦两国皆纳税"[①]。据俄国文献材料记载：1713 年策妄阿拉布坦就沙俄在他的领土上建立了比斯克和比卡图斯克两个要塞提出抗议。翌年，策妄阿拉布坦公开声明克拉斯诺雅尔斯克、库茨涅茨克和托木斯克都是俄国人在他的土地上建立的，必须拆除。1719 年他又指出：近百年前（即 17 世纪 20 年代），由于多次谈判，确定准噶尔和沙俄的领土以鄂木河和鄂毕河上的黑岬沿线为边界线，规定此线以北属俄国，以南归准噶尔。其子噶尔丹策零接汗位后，更明确地指出，当时在边界线上还植造禁林、安设鹿砦为界桩。此后边界和属民问题一直成为准噶尔和沙俄代表谈判的中心内容之一。1729年，噶尔丹策零愤怒地对沙俄代表说："看！你们的城市造在额尔齐斯河和鄂毕河上是为什么呢？那可是我的领土啊！"[②] 1737 年 7 月，噶尔

①　转引自钮仲勋：《准噶尔西北疆域考》，中国社会科学院近代史研究所中俄关系史研究室、兰州大学历史系编：《中俄关系史论文集》，甘肃人民出版社 1979年版，第 73 页。

②　伊·亚·兹拉特金：《准噶尔汗国史》，马曼丽译，商务印书馆 1980 年版，第 362 页。可以参考杜荣坤、白翠琴：《西蒙古史研究》，广西师范大学出版社 2008 年版，第 297 页。

丹策零遣人向沙俄政府宣称：额尔齐斯河和鄂毕河，"从河口到源头，自古以来是我们的领地，现在俄国大臣却改成了他们的地名，以前鄂木河河口上面从未有人来过……现在所有那些地方也全取了俄国的地名"①。正是这样，巴布科夫（Бабков Иван Федорович，1827—1905）如是写道："准噶尔当时向我国提出的实质要求在于：按照他们的意见，往昔时代，俄国与准噶尔之间的国界，曾经定为沿额尔齐斯河至鄂木河河口，然后沿鄂木河向上至鄂毕河。在这个地方似乎曾经设有鹿砦。从鄂毕河起在库兹涅茨克县附近，国界沿鄂毕河右面支流乌叶皮河（英尼亚河）或黑鄂木河向东进行，同时已经明定，双方不得逾越此地前进，似乎在这些地方都住有他们的人（准噶尔人）。但是从俄国方面越过了这些国界，然后建立了城市：托木斯克、库兹涅茨克和克拉斯诺雅尔斯克，以及额尔齐斯河上的堡垒和工厂。"② 上述所言经过九舌重译也许与准噶尔人原汁原味的思想意识有一定差距，且诸说不一，或云准噶尔人沿鄂木河口曾划过边界，并砍树为记，或云"这条国界沿线上曾造有禁林，而在鄂木河南岸的一棵树上雕刻有一个'全副武装'的人"③。但仅就现有的文本而言，其中呈现出的天然边界和人工边界的理念和实践之复杂足令人惊讶不已。

策妄阿拉布坦父子统治期间，准噶尔王国不仅与沙俄对领土争端进行激烈交涉，而且在东线与清朝就边界问题的谈判亦可谓旷日持久。无论清朝、准噶尔王国以及喀尔喀蒙古王公贵族都每每标举以界山、界河为其所谓"天然边界"的说辞，这种天然边界的观念极其朴素地被奉为此疆彼界天经地义的划分，在他们看来自然而然而毋庸置疑，但事实上，任何疆域边界本质上都不是"天定"之物而是人之主体性创造，所谓"天定边界"不仅毫无天设地造的神性，而且行为主体往往根据

---

① 加斯东·加恩：《彼得大帝时期的俄中关系史》，江载华译，商务印书馆1980年版，第81页。

② 伊·费·巴布科夫：《我在西西伯利亚服务的回忆：1859—1875年》，王之相译，商务印书馆1973年版，第153页。

③ 伊·亚·兹拉特金：《准噶尔汗国史》，马曼丽译，商务印书馆1980年版，第362页。

自己的意志和实力乃至特定的时空条件，采取实用主义态度或承认或否定。策妄阿拉布坦既因边界领土争端与沙俄发生亚梅什湖之战，又曾与清朝在和通泊之战中交锋。雍正年间，清准战争互有胜负，双方均国累师劳，遂彼此均有意罢兵议和。雍正十二年（1734），清廷派侍郎傅鼐等前往准噶尔，要求以阿尔泰山梁为界划分准噶尔与喀尔喀游牧地，而噶尔丹策零要求以杭爱山为界、阿尔泰山为其牧地。次年三月，准方遣使至京，改求以哲尔格西喇呼鲁苏至巴里坤为界，因为此事关系至喀尔喀蒙古切身利益，雍正帝命喀尔喀亲王额驸定边左副将军策凌与议。策凌入奏言："从前喀尔喀游牧，尚未至哲尔格西拉胡鲁苏地方，应即照伊所请行，但我卡伦原在阿尔泰迤东额贝和硕、和通鄂博、布延土、科布多、托罗和乌兰等处安设，此系哲尔格西拉胡鲁苏界外，应议定将我卡伦照旧安设。至厄鲁特游牧，应以额尔齐斯为止。如伊不遵，或以阿尔泰岭为界，不得越过哈巴博尔济阿里克泰清吉尔等处，至中间交壤之处，彼此俱毋得打牲。嗣后阿尔泰迤东令我处巡逻，迤西令彼处巡逻。"[1] 乾隆二年（1737），噶尔丹策零复致书喀尔喀亲王策凌，仍要求在阿尔泰游牧。策凌将该信呈交清朝中央政府后，遵旨以己意答之曰："阿尔台乃天定边界，尔父珲台吉时，阿尔台迤西，原无厄鲁特游牧。自灭噶尔丹以来，我等建城驻其地，众所共知，其不令尔游牧者，原欲以此为间地，两不相及，以息争端耳。今台吉云难以让给，试思阿尔台果系谁地？谁能让给？"并且声明"尔诚遵旨定议，我必不为祸始，亦不复向科布多居住"。[2] 经过数年谈判，清准双方于乾隆四年（1739）正式达成协议，规定循布延图河，南以博尔济、昂吉勒图、乌克克岭、噶克察等处为界，北以逊多尔库奎、多尔多辉奎、哈尔奇喇、博木喀

---

[1] 《清世宗宪皇帝实录》卷一百五十三，雍正十三年三月，台北华文书局股份有限公司 1960—1970 年版，第 2116 页。可以参见军机处满文《夷使档》1760—4，见中国第一历史档案馆、中国边疆民族地区历史与地理研究中心合编：《军机处满文准噶尔使者档译编》，080，额驸策凌为划界事宜致噶尔丹策零书（乾隆二年），中国民族大学出版社 2009 年版，第 876—878 页。

[2] 包文汉整理：《清朝藩部要略稿本》，黑龙江教育出版社 1997 年版，第 81 页。

喇、巴尔楚克等处为界，厄鲁特人在山后游牧，不得越阿尔泰岭，喀尔喀人在山前居住，只在札卜堪（今札布汗河）等处游牧，彼此相距辽远，庶可两勿牵涉。卫拉特蒙古人的边界意识在不断变化的对外联系场景中与时俱进，内部"他者"的边界观念在博弈过程中渗入或吸纳于自身的认知领域之内应是情理之中的结果，不过清准之间的划界从根本上来说实乃植基立础于游牧社会生活方式。康熙年间，高士奇《松亭行记》记述其随侍扈从皇帝在蒙古族聚居区所见情形云："大约塞外山川，远者数十里，近者十余里，互相绵亘。两山断处，谓之一沟，每沟所住蒙古，不过三两家，恐碍放牧也。"[①] 由于蒙古人以牲畜为生业，所需要的地域空间远较农事耕作为大，故彼此之间的放牧范围往往存在避免发生纠纷的缓冲地带。清准之间划界的瓯脱现象正可谓这种社会生产方式实践经验的扩大形态。

1879 年，著名的瑞典诗人兼小说家奥古斯特·施特林见格（Johan August Strindberg，1849—1912）宣称，他在林彻平市立图书馆（Linköping Public Library，LP）发现了一幅《准噶尔地图》。此事在欧洲学术界引起了极大的兴趣。施特林见格将其所发现的地图照片寄给圣彼堡帝俄地理学会，该学会委托马克舍耶夫（A. J. Maksheyeff）对该地图进行分析和说明，并请施图本多尔夫（O. S. Stubendorff）将军予以复制。1900 年前后，英国学者巴德利（John Frederick Baddeley，1854—1940）在瑞典乌布萨拉市皇家大学图书馆（Uppsala University Library，UUB）查清了事情的原委，该馆同样收藏有几幅地图由俄国地理学会直接或间接摄制后经俄驻斯德哥尔摩大使于 1893 年赠送的照片，并找到了 1743 年 4 月 25 日约翰·古斯塔夫·雷纳特（Johan Gustaf Renat，1682—1744）致该校图书馆馆长安德烈亚斯·诺雷利乌斯（Andrea Norrelius，1679—1749）的信等档案。巴德利在《俄国、蒙古与中国》（*Russia, Mongolia, China: Being Some Record of the Relations Between Them from the Beginning of the 17th Century to the Death of the Tsar Alexei*

---

① 高士奇：《松亭行记》，《丛书集成续编》239，台北新文丰出版公司 1985 年版，第 601—602 页。

Mikhailovich，A. d. 1602 – 1676，London：Macmillan，1919）对此的解读和考释首次使这些文献可以供人们研究使用，从此巴德利命名的"雷纳特 1 号图"（Renat 1，指托忒文的准噶尔地图）、"雷纳特 2 号图"（Renat 2，指托忒文的中亚东部地区图），蜚声学界而大放异彩。① 雷纳特 1 号图用棉纸绘成，长 125.5 厘米，宽 85.5 厘米，图上地名均以托忒文标注，其比例尺约为 1：1600000。关于其来源，雷特纳在致安德烈亚斯·诺雷利乌斯信中明确表示系准噶尔的洪台吉噶尔丹策零亲自绘制的赠品。日本学者佐口透在《俄罗斯与亚细亚草原》（『ロシアとアジア草原』吉川弘文館〈ユーラシア文化史選書〉、1966 年）中认为该图也可能出自雷纳特之手，然仅属无任何证据的推测而已。② 巴德利从内证和外证两个侧面证明该图不可能出自俄国、瑞典或清王朝，认为雷纳特所说属实，得出的结论是，"这幅地图的确是噶尔丹策零在各方面助手协助之下亲自绘成的"，"像噶尔丹策零这样一位经常用一百峰骆驼驮载书籍迁移营地的喀尔木克王公，是完全有可能亲自画地图的。不管怎样，他下面会有好多富有素养和学问的人的，不仅有属于本民族、本部落的，更主要的是那些被他俘获的俄国、瑞典、满洲、汉族俘虏，其中满、汉族战俘中还很可能包括有遵照康熙帝谕旨，由耶稣会士派往四面八方对版图辽阔的帝国边疆进行测绘的经过训练的人员"。③ 所谓"雷纳特 2 号图"原题作《割线与切线地图》（Tabulas Sinuum secantium et tangentium），尺寸约为 111 厘米 × 100 厘米，该图以准噶尔地区为主，包括阿尔泰、科布多、吐鲁番、哈密、巴里坤、青海等地。据雷纳特致

---

① 德国学者海西希（Walther Heissig，1913—2005）原著、日本学者田中克彦（たなかかつひこ）译《蒙古的历史与文化》（『モンゴルの歴史と文化』岩波書店、1967 年）一书称此图系策妄阿拉布坦所绘，恐系噶尔丹策零之误。因雷纳特离开准噶尔时在雍正十一年（1733），此时期准噶尔统治者为噶尔丹策零。

② 巴德利用"R 图"指称雷纳特本人翻译的雷纳特 1 号图的瑞典文本，用"B 图"指称在林彻平市发现埃里克·本塞尔斯蒂尔纳主教（Bishop Eric Benzelstierna，亦作 Erik Benzelius，1675—1743）收藏一幅 R 图摹本。

③ John F. Baddeley，*Russia，Mongolia，China：Being Some Record of the Relations Between Them from the Beginning of the 17th Century to the Death of the Tsar Alexei Mikhailovich，A. d. 1602 – 1676*，Vol. 1，London：Macmillan，1919，p. clxviii.

安德烈亚斯·诺雷利乌斯信称："至于那本地图，它是中国印制的，喀尔木克（准噶尔）人是在与中国人的一次战役中得到的。其中一种文体是唐古特文（藏文），另一种是满文。……此图乃是一名喀尔木克（准噶尔）人根据中国原图摹绘的。在我离别的时候，准噶尔统治者（按即噶尔丹策零）应我的请求将它赠送给了我。"① 巴德利《俄国、蒙古与中国》的英文原版出版于 1919 年，在国内已被国家图书馆列为善本而难得一见。笔者在北京大学图书馆有幸目睹该书附代印刷的雷纳特 1 号图和 2 号图，然长期摩索玩味原幅大小的黑白地图根本看不出巴德利所描述的地图内容，但一个偶然的机会使笔者获得了瑞典乌布萨拉大学图书馆所藏 1 号图、2 号图和 R 图的高清晰度电子照片。

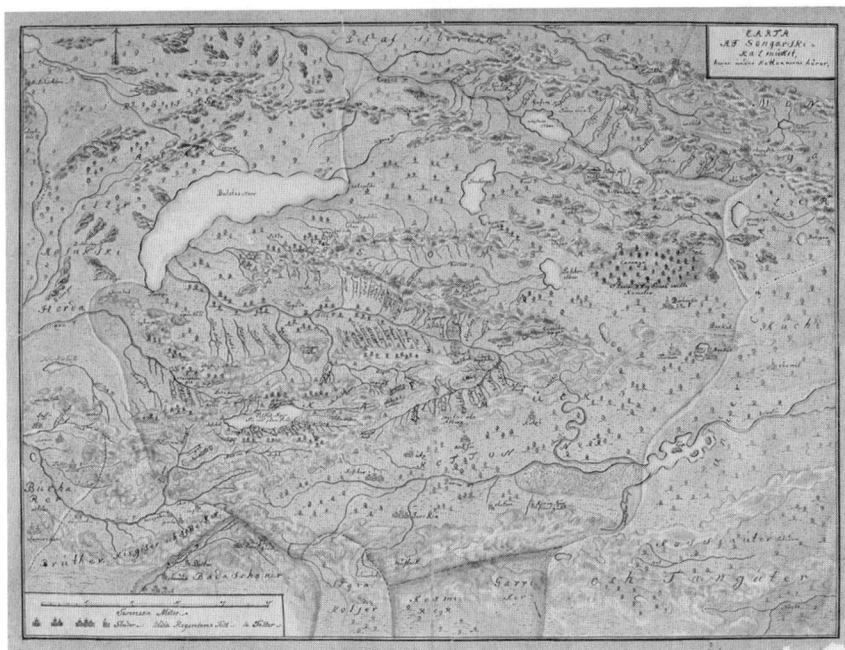

雷纳特 1 号图

---

① John F. Baddeley, *Russia, Mongolia, China: Being Some Record of the Relations Between Them from the Beginning of the 17 th Century to the Death of the Tsar Alexei Mikhailovich, A. d. 1602 - 1676*, Vol. 1, London: Macmillan, 1919, p. clxviii. 亦可参见 Nicholas Poppe, Renat's Kalmuck Maps, *Imago Mundi* 12 (1955): 157 - 159。

　　通过比勘三图照片与巴德利的翔实考释，笔者发现巴德利秉承欧洲古典汉学的考据传统关于巴尔喀什湖（Balkashuor）、阿亚古斯河（Ayaguz）、赛里木湖（Sairam）、玛纳斯河（the Manas river）等地望在雷纳特 1 号图和克拉普罗特图（Klaproth's map）的反映考释和辨异都堪称造诣精微。不过笔者在此并不想步武其后踵进行传统的历史地理考据，而是企图追慕福柯的知识考古学方法，将雷纳特地图作为叙事文本以解读准噶尔人疆域观念。

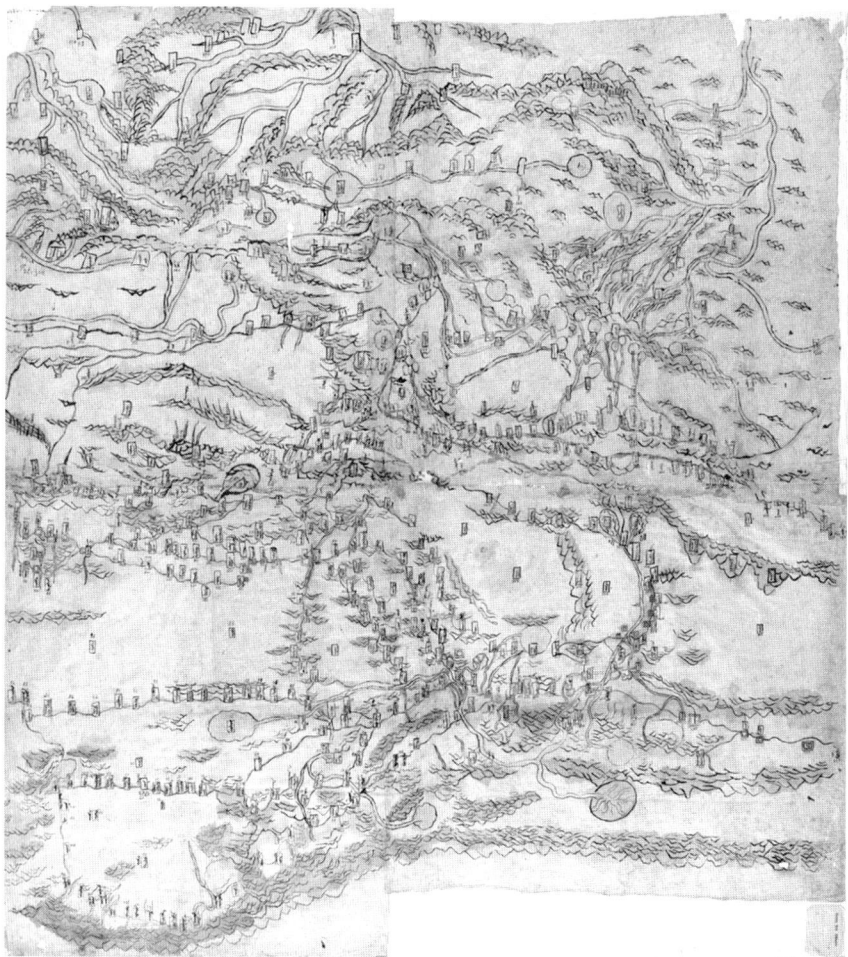

雷纳特 2 号图

在科学主义、理性主义笼罩一切的时代思想氛围之下，巴德利自然信奉地图复制世界的客观主义史学理念，但后现代思潮的冲击使我们明白，任何地图都不能脱离它所产生的背景而成为纯粹客观的表现物，而是对现实世界的建构。易言之，地图并不是地景本身，并不仅仅是记录与显示，绘制地图是一种诠释的行动，绘图者在其中存放意识、意图与情感。如丹尼斯·伍德（Denis Wood）和约翰·费尔斯（John Fels）在《地图的力量》（The Power of Maps, Guilford Press, 1992）所说，"利益的气味在人们鼻孔前挥之不去"[1]，地图所服务的利益隐而不显，每个符号都有历史。此外，地图亦并非仅仅标示位置，而是在某个位置创造空间认知探索的发现权力和对领有疆域现实占有权力的主张。雷纳特地图的绘制、流传本身，体现着准噶尔王国统治者处在清朝和俄国两大政治势力的中间地带而主张疆土利益的权力意志。因为雷纳特本人即系肩负探寻金矿等使命的俄国"布赫戈利茨（И. Д. Бухольц Бухольц Иван Дмитриевич, 1671—1741）考察团"被俘人员之一，雷纳特 2 号图本身即是清准之间战争的遗存性史料，雷纳特在 R 图上添画的准噶尔边界将吐鲁番、哈密分属准噶尔和清朝，恰恰反映了准噶尔王国在疆域问题上与清王朝针锋相对的抗拒。笔者认为巴德利对雷纳特地图的史源学考证结论颇为恰切。在笔者看来，浓郁的准噶尔人本土的风格与可能出自准噶尔统治者帐下的外来俘虏之手的迹象浑然交织于一体，地图上有关民族、森林、矿产以及野骆驼等生态环境的注记和标识也许是准噶尔人没有受到外部影响的"污染"的率真朴实的空间认知的体现，但亦不排除系诸如雷纳特之类欧洲俘虏关注目标的产物。但即使在第二种可能性下，作为表象的雷纳特地图仍不失为解读准噶尔王国统治者疆域观念基本取向的不可多得的宝贵资料，并在一些缄默的空白处给我们留下了充分的想象空间。巴德利在佐证雷纳特地图时所附菲利索夫地图（Filisoff's Map）抄件，即有如下文字从侧面表达了准噶尔人当时的疆域观念："关于准噶尔与中国之间的边界问题。听说过这方面情况的人虽

---

[1] Denis Wood, John Fels, The Power of Maps, New York: Guilford Press, 1992, p. 182.

然曾指出过，喀尔木克人认为他们与中国人之间的界线是这样划分的：阿尔泰山脉属于他们这边，翁干达噶山也属他们，或者可能是一家一半，而且直达巴里坤为止。罗布泊及其居民同样归他们这一边，而且一直到山脉，到唐古特地区。但是，中国人提出上面所提及的那几条山脉和罗布泊以及博格达山均是他们的地方（这是指如果与喀尔木克人之间的纷争得以和平解决的话）；如果争执起来，那么（中国人说）连伊犁河及其全部地区，包括喀尔木克本身在内［（纬度）42°50′］都是我们的。目前，喀尔木克人居住在额尔齐斯河左侧的阿克塔尔山［艾克塔格山］一带。至于与俄国之间，过去喀尔木克人认为应以自东面流来（在今鄂木斯克堡的地方），汇入鄂木河的额尔齐为界。喀尔木克人把鄂木河称为哈喇鄂木河，即黑鄂木河；河的位置在［北纬］54°50′以下。但是如今，他们提出应以上述纬度以南的大鄂毕河［为边界?］。还有一条［河］，他们也称为哈喇鄂木河，但俄国人称其为乌因河；这就是托木斯克县境内的伊尼亚河，此河的上游叫乌因河；［他们还要求?］此河以北的库兹涅茨克城及其整个辖区。可以预料，准噶尔人不久还会以找到某些界标或界河为口实，要求［更］东的地区，因为尽管缺乏根据，但他们已经说过，克拉斯诺亚尔斯克城及其整个地区也都位于他们境内。"①

近代以来，无论中国还是西方欧洲国家，历史学的书写框架都是以民族国家为空间范围的。正如英国作家德昆赛（Thomas De Quincy，1785—1859）所说，"从最早的历史纪录以来，没有一桩伟大的事业能像上个世纪后半期一个主要鞑靼民族（指土尔扈特人。——引者注）跨越亚洲无垠的草原向东迁返那样轰动于世和激动人心的了"②。乾隆三十六年（1771）土尔扈特部众三万三千余户、十六万九千余人历时八个月长途跋涉从伏尔加草原东归天山以北的祖先故土，不仅在当时震

① John F. Baddeley, *Russia, Mongolia, China: Being Some Record of the Relations Between Them from the Beginning of the 17th Century to the Death of the Tsar Alexei Mikhailovich, A. d. 1602 – 1676*, Vol. 1, London: Macmillan, 1919, p. clxxxiii.

② Thomas De Quincey, *De Quincey's Revolt of the Tartars*, edited with introduction and notes by William Edward Simonds, Boston: Ginn & Company, 1898, p. 1.

惊世界，而且为后世留下广阔的想象、建构和演绎空间。历史被许多人言说，挽车贩缯之人在街谈巷议时谈古论今，文学家为抒怀煽情天马行空般自由戏说历史，高官政客为现实需要而古为今用，那么，我们作为职业的历史学者应该如何说话？盖立言与立身密切相关，我们对自己的话语方式的选择其实关乎自己的生存方式，否则便无存在的必要。在笔者看来，历史学家自身对土尔扈特东归的研究不能混同于一般的政治宣传和小说家言，钟国发《土尔扈特东归评议》一文实应引起我们的足够重视（但这并不意味着笔者完全同意其观点和赞同其分析问题的方法）。① 尽管土尔扈特人当时的心灵自白方面的资料属于一片空白，但从各种侧面的文献的言说缝隙中，仍然能够捕捉到被强势话语所遮蔽的某些微弱声音。

17 世纪初，卫拉特蒙古在额尔齐斯河中、上游一带沿伊希姆河和鄂毕河游牧时，俄国塔拉地方当局以"不入俄国国籍，无权在俄国土地上游牧"为由，对和鄂尔勒克进行威胁，要求卫拉特蒙古人缴纳实物税，而卫拉特各部首领则明确回绝，理直气壮地声称"他们是游牧民族，不是定居的，想在哪里游牧，就在哪里游牧"②。既然以土尔扈特部为主的卫拉特蒙古当初西迁出于远离内讧漩涡而自立门户，在伏尔加河草原尽管与强大的沙俄逼处而不得不谦抑自牧，但"从来不曾有过一丝一毫臣属于俄国的想法"③，诚如乾隆二十二年（1757）土尔扈特部贡使吹札布解释云，乃"附之，非降之也"④，而众所共认其东归的一个原因即在于摆脱俄国政府对土尔扈特汗国内部的不断干预和控制，整

① 钟国发：《土尔扈特东归评议》，阿拉善盟公署、内蒙古师范大学合编：《卫拉特史论文集》，《内蒙古师范大学学报（哲学社会科学版）》1990 年第 3 期专号，第 159—172 页。

② 伊·亚·兹拉特金：《准噶尔汗国史》，马曼丽译，商务印书馆 1980 年版，第 133 页。

③ 诺伏列托夫：《卡尔梅克人》，1884 年彼得堡版，第 6 页，转引自马汝珩、马大正：《伏尔加河畔土尔扈特汗国的建立及其与俄国的关系》，《西北史地》1987 年第 4 期。

④ 祁韵士：《西陲要略》卷之四，祁韵士：《万里行程记·外五种》，李广洁整理，山西人民出版社 1992 年版，第 195 页。

个部落异口同声发出惊呼："我们的子孙永远不当奴隶，让我们到太阳升起的地方去！"① 那么作为东归的主要领导人渥巴锡果如乾隆帝所说倾心"投诚向化"则颇不合乎逻辑。其筚路蓝缕、颠沛流离何苦来哉！何秋涛《朔方备乘》言："土尔扈特之安居额济勒也，已一百数十年，可谓久矣。一旦弃其故土，不远数千里内投中国，非人情也，盖其外以归顺为名，而内实欲窃据伊犁，此则情事之灼然无疑者。"② 乾隆时椿园《西域闻见录》亦称渥巴锡之所以东归，乃因为认为伊犁"可以占据立业"，但来后迫于无奈，"计议七日，始定以投诚"。③ 何秋涛、魏源、张穆、俞正燮、椿园等人的一致看法不能简单地视为偏见，土尔扈特东归后不久成书的佚名氏托式文史籍《卡尔梅克诸汗简史》的叙述，恰从一种卫拉特人内部的角度印证了上述记载，大旨谓："舍楞不愿留在俄罗斯，而返回准噶尔。他对渥巴锡说：不久前我才从那里来，通向那里的道路和那里的肥沃土地我都熟悉，现在那里渺无人烟，如能平安返抵，你在那里就不受人辖、自主自立。"④ "渥巴锡想到这些，就同意采用策伯克道尔济和舍楞的提议，决定迁回。于是召集喇嘛、王公、宰桑，征求他们的意见，大家一致同意没有必要征求庶民的意见，因为自古以来卫拉特蒙古人就服从出身高贵的汗王的诏令。此外，卡尔梅克人向保护一切的佛祈祷，若能平安到达准噶尔，就可以生活在古老的同教、同语的蒙古同胞和决定今生来世幸福的崇拜之地、盛满宗教佛法神水的汪洋大海的西藏及赐大富于万民的圣人身边。居留在被仇敌斩尽杀绝的卫拉特故土，这自古以来就是祖先享福和受苦的家乡是比额济勒草

① Sven Hedin, *Jehol: City of Emperors*, translated from the Swedish by E. G. Nash, London: Kegan Paul, Trench, Trübner and Co., Ltd., 1932, p. 31.
② 何秋涛：《朔方备乘》卷三十八，"土尔扈特归附始末"，《中国边疆丛书》第二辑，台北文海出版社 1966 年版，第 782 页。
③ 椿园：《西域闻见录》卷六，"西陲纪事本末"，刘际清、李元春编：《青照堂丛书》三编八十五种（7），朝邑刘氏清道光十五年刻本，页十五。
④ 佚名：《卡尔梅克诸汗简史》，诺尔博译，《厄鲁特蒙古历史译丛》（民族文字）第 4 集，中国社会科学院民族研究所民族史研究室西北一组 1985 年编印，第 60 页。

西域图册·土尔扈特风情（明福绘）

原更富饶美丽的准噶尔，每想到此，卡尔梅克人就深感欣慰。"① 这段
文字描述了土尔扈特人将故土作为理想王国的空间意象，不仅土尔扈特
王公贵族以此与作为奴隶国土的现实空间相对照的"异托邦"进行动
员和号召，而且普遍民众亦以此为支撑其东归的精神寄托。目前陆续公
布和发表的满文档案又将清朝统治者与土尔扈特部王公之间隐秘的内情
昭然于世。如乾隆帝在谕旨中即云："前又有纳旺等从哈萨克返回具折
奏称，阿布赉曾捉获渥巴锡属下头目人等，诱询得知：渥巴锡原先之议
专为侵占伊犁而来等因。起初朕未全信，今观其贪心不足之情，足证雅
兰丕勒、舍楞等所述言语，和恳求脱离渥巴锡远徙而居，全是赤诚之

————————

①　佚名：《卡尔梅克诸汗简史》，诺尔博译，《厄鲁特蒙古历史译丛》（民族
文字）第 4 集，中国社会科学院民族研究所民族史研究室西北一组 1985 年编印，
第 60—61 页。

心。可知阿布赉之密告无误。渥巴锡此人同噶尔丹策零一样，企图独占伊犁，将各部归为己之村俗，其狡计叵测。故接连传谕舒赫德，不可让伊等安置一起。在伊等还未返回之前，将其游牧分散安置之。"①从这些档案和文献透露出的信息，我们可以看出土尔扈特王公的东归立国思想，与普遍民众追随东归心理动机并不能一概而论，清朝在土尔扈特部东归伊始一段时间比较恰当的安抚措施，在某种程度上使普遍民众心目中的"异托邦"成为现实，渥巴锡等人立国故土的初衷和意识本无可厚非，其顺应大局接受清朝的怀柔与羁縻统治，以保全属民安宁与和平的屈己性隐忍悲壮情怀，尤足令人感喟不已。西方当代历

御制土尔扈特全部归顺记碑

史哲学家保罗·科利将历史叙事纳入象征性话语的范畴，认为历史学家在叙事过程中必然展示一个情节，此情节通过调和事件在其中发生的存在状态（即"内时性"，within-timeness）② 与作为事件所参与的"历史性"（historicality）之指示物的状态或者说过去对现在的影响力，从而"表征"着事件。当代学者从爱国主义立场对土尔扈特东归历史的叙

① 中国社会科学院民族研究所民族史研究室、中国第一历史档案馆满文部译编：《满文土尔扈特档案译编》，民族出版社 1988 年版，第 174 页。

② Paul Ricœur, *Memory, History, Forgetting*, translated by Kathleen Blamey and David Pellauer, Chicago：University of Chicago Press，2004，p. 384.

事，正是通过对客观事实的修辞重构以揭示其"历史性"，而土尔扈特人自己的声音恰在这种意象的建构中被删除了，以致神龙见首不见尾般真相莫测。

分裂相对于统一而言，包括新设分裂和派生分裂两种形式，前者指既存的统一政权从整体上裂变为两个以上的独立政权，而原统一政权消亡；后者指原来隶属于统一政权的局部区域脱离母体政权而取得独立地位。准噶尔王国在被清朝统一之前处于一种分治状态，并未臣服于清朝，因此沿袭诸如《平定准噶尔方略》等清朝官方话语使用"平定叛乱"之类字眼，似有必要慎之又慎。清朝统一准噶尔实乃取乱侮亡之举，及阿睦尔撒纳倒戈反清后，乾隆帝下令大开杀戒，谕曰："大兵进剿，厄鲁特等自必畏罪投诚。如有前赴巴里坤者，即将伊等头目先行送赴京师，所属人众，亦随即移至内地。俟过巴里坤后，其应行剿戮者即行剿戮。所余妻子，酌量分赏官兵，毋得稍存姑息。"[1] 因杀降之名过于刺激，清朝官方文书遂有"办理"之谓以掩人耳目。[2] 昭梿《啸亭杂录》记其事云："二十三年春，兆文襄由博罗布尔、苏富公由赛里木，如狝场中分两翼合围，约相会于伊犁。凡山陬水涯，可渔狝资生之地，悉搜剔无遗。时厄鲁特慑我兵威，虽一部有数十百户，莫敢抗者。呼其壮丁出，以次斩戮，寂无一声，骈首就死，妇孺悉驱入内地赏军，多死于途，于是厄鲁特之种类尽矣。"[3] 在清军犁庭扫穴的军事征服之后，历史上金戈铁马极一时之盛的准噶尔王国荡然殆尽，以致目前偌大的新疆地图唯余一个"准噶尔盆地"的地理概念，空旷寂寥的地理空间景观不能不令人为准噶尔人生灵涂炭的命运黯然神伤。

先是，阿睦尔撒纳在热河与乾隆帝相见时，乾隆帝宴赉逾格，健锐营的骑兵表演马术，万树园大放烟火，一派情洽融融无间的景象，以此遂有宫廷画家郎世宁奉旨所绘《马技图》纪盛之作，然智谲志大而不

---

① 《清高宗纯皇帝实录》卷五百三十五，乾隆二十二年三月，台北华文书局股份有限公司1960—1970年版，第7757页。

② 参见本书第三卷第八章。

③ 昭梿：《啸亭杂录》卷三，"西域用兵始末"，何英芳点校，中华书局1980年版，第80页。

肯屈居人下的阿睦尔撒纳和乾隆帝自始即各说各话、各吹各号，所谓要求进兵时用旧纛以便招降等，或明确或婉转表达出其非归顺降服而系借兵杀回故土，并未将其自有的力图维护准噶尔独立的民族立场完全韬光养晦，以致陪同觐见的清朝大臣出帐退下后，为如此明显的"大逆不道"吓得股颤如筛。① 准噶尔王国灭亡以后，作为被"平定"者的卫拉特人中的精英知识分子在著史过程中对自身历史的记忆与书写耐人寻味。据乌兰博士的研究，此前卫拉特人的现存史籍除《卡尔梅克诸汗简史》外，均明确地写出了自己的姓名，有的还明确交代了自己的身世，如巴图尔乌巴什图门所著《四卫拉特史》，但此后的托忒文遗存史籍却一改过去的风格，多以匿名的形式撰写。以发现于外蒙古乌布苏省的佚名氏《四卫拉特历史》为例，从其内容可知作者当属于生活在准噶尔的 18 世纪下半叶卫拉特蒙古人，作者将准噶尔汗国历史分为三个时期，然后开始叙述准噶尔政权的灭亡预言，其中讲述的关于清、准关系几个传说尤寓深意。

传说之一：

> 准噶尔在由于善战而闻名的噶尔丹时代过去以后，各地的风水先生经过算卜后预言了准噶尔政权不会由于外部因素瓦解的，而有可能届时从内部瓦解。

此后在巴图尔洪台吉（蒙古国学者认为是策旺阿拉布坦）时代，要为道场法会上为一千人熬粥的锅寻求四位杰出的人给佛僧掌勺。此灶最终由一位卫拉特十九岁的（力大强壮的）青年掌勺。此事上报汗后，汗让他留在了汗帐中。满洲汗派使者率领十五位大力士，携带弓箭等重礼拜见了准噶尔汗。当大力士青年烧火时，汗拿起那弓箭（对他）下了谕旨：如果你能拉动此弓箭的话，就试试此弓箭。这位青年叩拜后，接过此弓拉断了此弓并把弓扔在了一边，此时，他的眼睛（由于过于受力）受到了些创伤，汗递给了他圣手绢让他擦汗。这位青年接过（手绢）擦拭完汗后压了眼睛，

---

① 参见本书第三卷第八章。

眼睛恢复了原状。汗说道：唉，可惜了此弓，怎么不小心拉呢？使者们惊讶之极、羞愧难当。使者们回去禀报了说："作为礼物奉送的弓箭让一个坐在那儿烧火的一个孩子拉断扔了。在路上孩子们都在玩比石，什么都无法靠近他们，政权非常强大。"①

传说之二：

满洲汗给准噶尔汗送来礼物时，阿睦巴斯将军接受皇上的谕旨与五阿哥一齐来拜见准噶尔汗。

阿哥坐在了最后。（他们）送出礼物后说道："我们的汗想从你们这儿的伊和汗得到三件东西。"

（准噶尔汗）说："你们从我们这儿需要什么我们会毫不吝啬地送予。你们的汗想从我这儿得到的三件东西是什么？"

"博格达山、博尔塔拉河、桑德格宰桑中的一个。"

（准噶尔）汗下了谕旨："我们会予以答复的。"先让他们出去等候。

桑德格宰桑解释道："过去占卜师（预言道），当博尔塔拉河水倒流，布霍勒登宰桑的后代断嗣时，政权就会毁灭，不能毁了汗的基业……博格达山、博尔塔拉河两个都不能给，把布霍勒登的后代——我赐予他们吧，我会想办法回来的。"

汗说道："片刻都不能离开你。给了水的话有可能把水引走，又怎么可能给他们博格达呢？"

（桑德格宰桑又说道）："你们是如何看那位坐在最后的肤色白皙的男子的，所有的大臣都看着他的脸色行事，他很可能有背景。（我们）提出要他，（他们）肯定无法满足（我们）。届时您就可以说，你们说过可以要你们想要的，可是你们没有满足我们，你们哪有脸面要我们的山川啊！"

---

①　乌兰：《托忒文历史文献与卫拉特历史研究》，中国人民大学博士学位论文，2004 年，第 72 页。

汗答复说："我们要那个孩子干什么呢？……"（他）对使者说："把山给你们。"

使者们在返回的路途上，看见孩子们在玩比石，回去后对汗上报道："赐给了我们博格达山，孩子们都在玩比石，（他们的）政权已经不稳了。"所以，派遣了五位将军率领的大军，一千个哈萨克车把（博格达）山从中山腰铲下，从博尔塔拉河水中又掬了水返回。得到博格达山以后为了回礼，派了占卜术师，来预测其政权何时灭亡。占卜术师预言道："汗可以掌政六十年。"当占卜师费尽周折想知道汗的福气所在时，汗打了一个哈欠，（占卜师）发现舌根有一个小痣，说"如果有享用不尽的福祉就在那里。汗在清醒时，其政权是无法动摇的。"预言完就回去了。

过了几年，桑德格宰桑弥留之际，汗派人询问（桑德格宰桑）有什么想法就说。（桑德格宰桑回话道）"没有听从活着的桑德格的话，将死的桑德格有什么话可说呢？"①

作者写作是书时准噶尔王国已经灭亡，而作者却是以巫师预言的形式诠释准噶尔王国瓦解的原因，这种预言本质上乃是对历史的反思。其次，大力士烧火青年拉断满洲汗使者率领十五位大力士抬来的弓箭及使者们回去的禀报，反映出准噶尔王国兵力强大时期清王朝难以力取的现实。正如乌兰博士在论文中指出的："传说中的博格达山、博尔塔拉河等是有其象征意义的。虽然，他们无法移动山，但是他们铲了山的土，掬了博尔塔拉河的河水。这对于自古以来就崇尚自然，敬畏高山，崇奉博格达山的卫拉特蒙古人来讲，如同失去了灵魂。山、水代表着国土，是一个政权赖以生存的基本元素。对于一个政权来讲，失去了它们，就等于失去了政权，就是宣告了汗国的灭亡。"② 在隐喻性表达的话语空间中，这一传说在乌兰博士看来可能是准噶尔王国与清朝之间划界历史

---

① 乌兰：《托忒文历史文献与卫拉特历史研究》，中国人民大学博士学位论文，2004 年，第 72—73 页。

② 乌兰：《托忒文历史文献与卫拉特历史研究》，中国人民大学博士学位论文，2004 年，第 74 页。

的一种折射。此外，该佚名氏《四卫拉特历史》在书中多处叙述了对阿睦尔撒纳神奇传说，这其实反映了准噶尔王国灭亡后卫拉特人民间对过去历史的伤逝和对未来希望的寄托。阿睦尔撒纳的功过是非固然有待史家月旦评骘，但他长期以来在蒙古牧民篝火之旁喃喃细语中和低沉徘徊的吟唱中，被建构为与清朝官方异调的话语符号，清帝国大一统格局下少数民族草根社会汩汩流淌的心声值得我们侧耳聆听。丹麦探险家亨宁·哈士纶（Henning Haslund-Christensen，1896—1948）关于清末民初在土尔扈特蒙古中活跃一时的丹宾喇嘛有这样一段叙述文字："在牧民中早就流行着这样的说法：丹宾坚赞是伟大的阿睦尔萨纳的再度化身，在他们营地里悄悄地传说着预言，新战争的时刻已经到了，那就是应该把部落集合起来，重建古代的卫拉特联盟。所有那些知道在统治亚洲原始喇嘛的预言力量的人，都能推断丹宾坚赞必将成功。他被崇拜为神的勇士，大群野蛮的斗士很快就聚集在新首领的周围。"① 在新疆至今仍有不少关于阿睦尔撒纳的传说及民歌传唱。

　　起初，在准噶尔王国内部纳木札尔与喇嘛达尔札为争夺汗位的过程中，小策零敦多布之子达什达瓦因支持纳木札尔而兵败被囚，其属下宰桑遂率部一千余户于乾隆十五年（1750）内附清朝。1981 年在昭苏县发现的现藏于中国历史博物馆的托忒文手抄本"祭地书"，经有关专家

---

　　① 亨宁·哈士纶：《蒙古的人和神》，徐孝祥译，新疆人民出版社1999年版，第142页。符拉基米尔佐夫在研究杜尔伯特民间文学时注意到，有关阿睦尔撒纳的轶事流传十分广泛。在符拉基米尔佐夫看来，民众宽恕了阿睦尔撒纳的许多事情，诸如背信弃义、喜怒无常以及沽名钓誉等，在记忆深处使之偶像化，把他颂扬为争取卫拉特部落独立并使其声威赫赫立足于世的最后一位斗士，相信阿睦尔撒纳在短时期内会重返祖国，联合失散的卫拉特诸部，重建卫拉特帝国。在19世纪90年代，A. M. 波兹德涅耶夫亦对各处经久不衰地流传呼毕勒罕阿睦尔撒纳要出现的消息感到惊异。1889年至1892年到阿尔泰和萨彦岭旅行的 Н. Ф. 卡塔诺夫（Николай Фёдорович Катáнов，1862—1922）也有如下的记载："乌梁海人……认识蒙文，兴致勃勃地追忆着卡尔梅克人的领袖阿睦尔撒纳，而其他外族人亦缅怀他……阿尔泰的外族人（卡尔梅克—突厥人和捷列乌特人）未忘记他，他们认为阿睦尔撒纳是卫拉特的主要首领和保护人。"兹拉特金：《有关阿睦尔撒纳的俄国档案资料》，李琪译，《准噶尔史略》编写组等合编：《卫拉特蒙古历史译文汇集》第1册，2005年内部发行，第326—329页。

考证即为当时达什达瓦部在离开伊犁故地时的一份祭祀家乡山河的祭文，距今已有两百多年的历史，为我们透视清朝卫拉特人自身关于故土牧地的情感态度，提供了一份弥足珍贵的文献资料。其文经新疆大学诺尔布教授翻译如下：

> 醉词：
>
> 我们在上供祭祀：请当代佛教师祖——释迦年尼和十方一切佛爷，执行佛法的黄教师祖——宗喀巴父子，一切菩萨、护法神驾临我处。
>
> 我们在上供祭祀：请施行善德的玉皇和养育保护我们世世代代的祖先及我们这代的菩萨返临我处。
>
> 我们在上供祭祀：请守护河流、清泉、高山峻岭的所有守护神，像阿尔泰山、额尔齐斯河、大和布克赛尔、博格达峰、伊犁、喀什崆吉斯（巩乃斯）、珠勒都斯尤其是特克斯、库克乌苏、特烈克、莫依勒图赛汗托海、阿古牙斯河、察罕乌苏河、汗腾格里峰、莫苏尔河、额尔德图山、赛汗山、巴音郭勒河（现在苏联境内。——译者）、达布逊淖尔（现在苏联境内。——译者）、巴音祖尔肯（同上）、乌兰哈德（同上）、葛根哈尔库来（同上）、格登山、阿勒车河（中苏边境。——译者）、哈尔盖图、哈邢河、库克努尔根、伊克乌苏河、淖尔图、浩诺海、苏尔图、塔尔布吉、苏巴何力克、阿塔浩特尔海、牙马图、阿尔夏图、夏尔伯力（在特克斯。——译者）、浩西库里、青格里河（即青海。——译者）、宰尔才里克、哈尔塔拉、额敏、宰依尔、博尔塔拉、塔尔巴哈台、巴尔喀什湖、赛里木湖、图斯库里湖、铁尔图淖尔（伊赛克湖），这些地方和这些地方有关的所有河流、清泉、高山峻岭的守护神驾临我处。
>
> 我们祭祀佛祖和十方一切佛爷，僧格、僧格、僧格。
>
> 我们祭祀执行佛法的黄教师祖宗喀巴文殊，僧格、僧格、僧格。
>
> 我们祭祀一切菩萨，慧眼护法神，僧格、僧格、僧格。

我们祭祀施行善德的一切神仙，僧格、僧格、僧格。

我们祭祀养育保护我们世世代代的祖先及我们这代的神仙和圣主英明的象征墨尔根岱青、达西达瓦及卫拉特可汗王公的守护神，僧格、僧格、僧格。

我们祭祀阿尔泰山、额尔齐斯河、大和布克赛尔、博格达峰、伊犁、喀什噶吉斯、珠勒都斯，僧格、僧格、僧格。

我们祭祀，尤其值得提出的特克斯、库克乌苏、特烈克、莫依勒图赛汗托海、阿古牙斯河、察罕乌苏河，僧格、僧格、僧格。

我们还祭祀汗腾格里峰、莫苏尔河、额尔德图河、巴音郭勒河、达布逊淖尔、巴音祖尔肯、乌兰哈德、塔尔图、葛根哈尔库来、阿勒本河、格登山、哈尔盖图淖尔、铁尔图淖尔，及这些地方有关的河流、清泉、高山峻岭，僧格、僧格、僧格。

请接受我们以纯洁的心情上供的祭品。

请你们原谅由往至今因我们愚蠢和无知所犯的过错。

请保佑我们的臣民更加繁荣众多。

请保佑我们消除一切疾病和恶魔所带来的灾难。

请保佑我们团结和睦。

请赐福予我们，将仇视我们的敌人踩在脚下。

请你们杜绝外界造成的损失。

请保佑我们经常不断地由外部受益。

请保佑你们世世代代与我们为友并共享幸福。

请保佐我们与周围各国仁爱相处。①

清王朝统一蒙古诸部后实行盟旗制度和划定旗地等措施，应该被视为蒙古社会内部和外部合力交相作用的产物，是在承继和沿袭蒙古社会固有传统基础上"因俗而治"的剔弊改良。日本学者田山茂云："旗界的划定一般似乎认为始于清代，其实是沿袭旧有的习惯，氏族、爱马

---

① 《十七世纪中叶准噶尔达什达瓦部离开伊犁迁往内地时的"祭地书"译文》，新疆社会科学院宗教研究所编：《新疆宗教研究资料》第9辑，1984年内部发行，第54—55页。

克、鄂托克等早就有以森林、山川、沼泽等互为边界的情况。"① 传统观念认为游牧民族是逐水草而徙的"自然的奴隶"，土地权利归属似乎与之无法沾边搭界，但事实上，蒙古人不仅在迁徙过程中选择牧场营地时在相邻关系的处理和权利公示标记方面具有一整套习惯法，而且诸如《卫拉特法典》等对争夺边界、进入爱马克或和屯等行为的处罚规定，亦都旨在明晰各部落领地界线以缓解社会纠纷。1678 年，噶尔丹执政后不久，就颁布了一项命令，目的在于严厉整顿汗国的行政秩序，巩固牧奴制关系，制止"盗窃"，不准属民在汗国土地上自由迁徙。命令规定："每十帐派一人主管，主管者必严辖所属。凡有窃盗者，（十帐主管人）必上报，否则，断其双手，而其他（人）枷铁铐……总之，务须将在外旗游荡和混入之人集中起来，若未入鄂拓克，则令其迁入，若未入爱马克，亦令其迁入。"这个命令的另一条说："凡应住在某鄂拓克里的人，若变更住处，则爱马克的主管须代其缴纳九头（牲口）。凡不从（爱马克）主管人管辖而擅离（原处）者，应罚缴九头牲口。凡将擅离鄂拓克或爱马克之人送回原处者，可从其（爱马克）主管人处得马一匹，并从余众处得到与（爱马克内的）帐篷数相等之牝绵羊。"② 清朝实行盟旗制度和划定旗界，实际上是顺应蒙古社会内部业已存在的历史发展趋向并进一步法制化。

　　行为主义法学代表人物布莱克（Donald J. Black）受帕森斯结构主义社会学理论的影响，将法律界定为政府的社会控制，认为法律的变化与组织性成正比。③ 清政府实行盟旗制度带有半官僚化的改革性质，与划定旗界之间具有相伴相随的关系，因为组织性的增强必须要求法律规制的细密化，其最初的诱因缘起于清蒙之间或蒙古内部之间的战争，及由此导致的组织性增强趋向，其最终的目的乃在于加强社会控制以杜遏

---

　　① 田山茂：《清代蒙古社会制度》，潘世宪译，商务印书馆1981 年版，第167页。

　　② 转引自伊·亚·兹拉特金：《准噶尔汗国史》，马曼丽译，商务印书馆1980 年版，第249—250 页。

　　③ Donald J. Black, *The Behavior of Law*, New York：Academic Press，Inc.，1976，p. 86.

乱萌。正如日本学者冈洋树（おかひろき）所言："'旗地'的划定是实行佐领制度的结果。蒙古的诺颜们在服属清朝以前，对与牧民休戚相关的似未发生变动的牧地进行了调整和分配，这当然是诺颜们对其属下的阿尔巴图所必然具有的权能。但是，由于佐领的编成，大部分旗民成为皇帝的阿尔巴图，因而就只能依靠皇帝的权威分配佐领中箭丁的牧地了，所谓'钦定地界'意即在此。例如，即使由旗长即扎萨克实际分配牧地，其行为也并非基于对自己的阿尔巴图的权能；牧地的实际分配是由皇帝任命的掌管佐领的扎萨克基于皇帝的名义实行的，未授予扎萨克职的闲散王公则没有这种权能。正因为这样，游牧地的变更只有依据皇帝的旨意才能得到确认。倘若佐领的箭丁是扎萨克、诺颜的属民，那么其牧地（界）的变更也要委之于扎萨克、诺颜进行合议。不过，佐领的箭丁毕竟也是皇帝的阿尔巴图，而扎萨克充其量也不过是其掌管者，即官僚，因而扎萨克个人当然无权分配牧地。总而言之，设定旗地的意义正在于蒙古的诺颜向满洲皇帝争夺牧地的分配权。"① 清朝对蒙古诸部的内部控制和渗透并非一蹴而就，两者之间在非暴力的情形下实际上多由平权法律关系逐步演变为隶属法律关系，因此所谓钦定旗界空间栅格化制度的导入的确有时非一朝一夕所能达致。清朝对蒙古诸部越界游牧法律规定愈后愈严、处罚愈后愈重，亦正说明了这一点。以喀尔喀蒙古为例，康熙三十年（1691）多伦诺尔会盟被学术界公认为喀尔喀蒙古臣属清朝并设旗划界之始，然当时正处与准噶尔交战兵戈扰攘之际，自无暇对是时避处内蒙古的喀尔喀蒙古进行划定旗界的实地作业，尽管乾隆三十四年（1769）秋仲月初九日，喀尔喀蒙古档案中有赛因诺颜部左翼右旗扎萨克齐巴克多尔济呈文有"从内地（指内蒙古）到杭爱时，各牧地皆登录于理藩院"云云，但这估计属于形式上的备案而已，时因与准部的战争状态尚未结束，喀尔喀牧地迁徙变动频繁，且清朝为了在对准战争中得到喀尔喀蒙古的协助，在牧地分配问题亦不能操之过急，即使准噶尔王国灭亡后，喀尔喀牧地进入没有准噶尔意识的变

---

① 岡洋樹「ハルハモンゴルにおける清朝の盟旗制支配の成立過程—牧地の問題を中心として」『史學雜誌』第 97 編第 2 号、1988 年。

动期，然各部围绕牧地扩张虽矛盾重重，清朝对此处理仍甚为谨慎持重。清政府派人到喀尔喀划分"钦定地界"已晚至乾隆四十五年（1780）。《清高宗纯皇帝实录》卷一千一百一十七载，是年十月戊辰，"据博清额等奏，查喀尔喀四部落游牧，系将军成衮扎布称面奉谕旨，是以开展游牧至于苏木边卡，请将开展地方，仍赏给扎萨克图汗部落，与迤东之赛因诺颜、土谢图汗二部，并酌定游牧界址，绘图进呈，该管各官应议处者，请旨议处"①。此前喀尔喀牧地分配实质上是喀尔喀王公自己所为，而此后出台的《将军、参赞大臣、盟长、副将军办理事务章程》则将此权力收归于理藩院直辖，关于牧地划分的向下的法律（downwards law）由此随着组织性的增强而得到强化。

划定旗地在蒙古社会历史乃至整个东亚历史上具有至为深远的意

盟长乘马牌

义，对蒙古民族的疆域空间观念的变化具有深刻的影响。恰如陆亭林在1935 年的一份调查报告中所言："蒙藏游牧民族，除佛教徒往有固定之寺院外，均系依帐幕以为生，逐水草而居，但其各旗族于清初受有封土，定明界址，永久驻牧，嗣后虽有变更，亦须经政府划定疆界，不得侵越，故各旗族只能在本区以内游牧，而于邻近旗族之牧地，不能逾

---

①《清高宗纯皇帝实录》卷一千一百一十七，乾隆四十五年十月，台北华文书局股份有限公司 1960—1970 年版，第 16359 页。

越，是由游牧而进于驻牧矣，故本文中称帐幕经济而不称游牧者，稍示区别也。"① 从严格意义说，清代蒙古社会的生产方式已不是纯粹的游牧经济，而是一种具有疆界限制的驻牧经济。这一变革的影响无论如何高度评价都不为过。学术界往往依照庸俗的"两点论"，在肯定清朝划定旗地对于蒙古地区社会稳定的积极作用的同时，又批判该制度造成蒙古社会生态——文化系统封闭性的消极意义，认为这样使旗地成为旗民的生活圈，蒙古各旗民分别被固定在这种小天地内，不能再像以往处于大区域的流动中不断地接受新的信息，最终在政治上或军事上都丧失了朝气，而甘居于被管束的秩序之中。这种观点在许多学术著作和论文中在所多见，笔者亦不否认其或许是一个真命题，但依笔者所见，没有任何一个学者提供出一条过硬的证据材料令人膺服其说，由于史料的付诸缺如，这种观点仍基本上属于有待检验的假说。再说，学术界的这种言说不客气地说带有书生式坐而论道的清谈色彩，笔者过去亦不免随俗为言附和此论，但如果我们设身处地仔细翻检研读历史上蒙古部为争夺牧地而兵连祸结的档案文献，如果我们目睹目前国内一些地区为争夺草场彼此武装冲突的场景，我确信每个学者都会感受到心灵的震撼而收敛迂阔之见。所谓"当局者迷，旁观者清"的说法并非是不存在纰漏的绝对真理，作为旁观者往往不能深切体会置身场域之内的当事人的内心情感，殆古语所言"宁为太平犬，无为离乱人"堪称醍醐妙论。在殊死争夺牧地的许多情形下，问题的关键并不是应否划界，而是能否成功地划定为争议双方所共同接受和遵从的界线。清朝大规模划定旗界的光辉成就实足彪炳史册而令后人钦敬叹服。此外，尽管现代学者往往将流动的现代性与游牧民族的流动性相类比，② 这固然自有其理，不过我们应该看到，游牧社会中的人群确实会在范围相当广阔的土地上四下漫

① 陆亭林：《青海省帐幕经济与农村经济之研究》，萧铮主编：《民国二十年代中国大陆土地问题资料》第 41 辑，台北成文出版社 1977 年版，第 20612—20613 页。

② 现代世界正在造成一代新的游牧民族，其统计数字及迁移规模连历史上最大的移民活动——蒙古游牧民族的活动以及 19 世纪欧洲人向新大陆的迁移——似乎也相形见绌。

游，但这些现象并没有改变共同在场的情境为承载互动的主要情境的事实，而且游牧社会在当时历史条件下不利于文献信息储存的特殊缺陷，亦对其时空延伸构成制约性的瓶颈，其原始的地点漂泊不定与"非地域化"（dis-place）现代性不可同日而语，而呈弥散、流动状态的现代性，恰具有源自农耕社会开始绽现的较为精细的时空分隔特征。若以为保持游牧社会畛域不分的低度纪律性时空，乃维系蒙古民族奔放不羁的性格和生机勃勃的朝气于不坠的必要条件，则难免有胶柱鼓瑟之讥。

　　实行盟旗制度后，蒙古人的地方感在阿·马·波兹德涅耶夫（Алексей Матвеевич Позднеев，Aleksĕı̆ Matveevich Pozdneev，1851—1920）的记载中可以得窥一斑："当今朝廷划归呼和浩特土默特人居住的土地，据土默特人自己说，方圆有一千多里。北部与喀尔喀达尔罕贝勒旗土地交界；东北以岱沁察罕和朔、巴彦鄂博与四子王旗交界；东部与察哈尔镶蓝旗接壤；东南与察哈尔镶红旗及属宁远厅管辖的官地接壤；南至长城杀虎口（满文为 šürge-yin qayalya）①；西南以黄河与鄂尔多斯旗交界；西与乌拉特东公旗毗连；西北部，在白浑格尔和克轴两山之间，则与茂明安旗接壤。更细的划分这些界线就困难得多了。土默特人把呼和浩特看作是自己地区的中心，这当然不是由于它的地理位置，而只是由于这个城市作为治理中心在行政上的意义。他们总是根据呼和浩特来计算所有分布在土默特地区的卡伦的远近距离，而且他们所有用来专门传送文件的和各级行政官吏因公出差所走的驿道，

---

　　①　此处中译本为蒙古人的满语称谓原文，由于技术原因，引者改为司律思（Henry Serruys，1911—1983）在《中国北部边疆地名》（Place Names along China's Northern Frontier）中使用的转写。参见 Henry Serruys, Place Names along China's Northern Frontier, *Bulletin of the School of Oriental and African Studies*, University of London, Vol. 45, No. 2（1982）, pp. 271 – 283。吴美凤《清代的杀虎口税关》云：在马齐的奏折满文部分中，杀虎口为 šurgei duka"，唯地名"杀虎口"为"šurgei jase"。该文载《山西大学学报（哲学社会科学版）》2007 年第 2 期。亦可参见 Erich Hauer, *Handwörterbuch der Mandschusprache*, Wiesbaden：Kommissionsverlag Otto Harrassowitz, 1952 – 1955, S. 870。

也都是由呼和浩特开始。"① 更为重要的，盟旗制度使蒙地国有观念逐步深入人心。

第三节　朝圣之旅：以藏传佛教为中心的空间想象共同体的建构

国内外学术界尽管对土尔扈特东归的原因解释诸说纷纭，但几乎都不否认赴藏熬茶礼佛的因素存在其中。这既有土尔扈特东归前进藏熬茶礼佛的大量史料为据，亦可从其后的口述与文献资料中得到印证。

在西藏，呼呼啦啦迎风摆荡的玛尼旗以及一股股袅袅升腾的祈求吉祥的青烟，似乎还远不足以表达人们神圣的虔敬与诚服，人们竭力用自己的汗水，用自己的鲜血，甚至用自己的生命向佛爷表露心迹，以获得生的安然和死的释然。因此，无论是过去的土司头人还是平民百姓，朝佛、朝圣都是一生中最重要的事情。

场景之一：

天穹，无尽的苍白。在这宏大的背景的衬托下，落日显得那般浑默。牧草已经枯萎，在视野的尽头，与地平线相接，草原给人类以娴静的雄浑，没有风，没有雾，也没有生机……一位饱经风霜、脸廓棱角分明、带着牛粪味和浓郁酥油香的、体格健壮如牦牛的藏家汉，带着父老乡亲的虔诚，带着一家人的祈祷，背着历史遗留的沉甸甸的包袱，开始走向艰难辛苦的朝圣路，他的多情俊俏的藏家女人虽然穿着宽大的藏袍，却掩饰不住她的丰腴与健美。那女人伫立在帐篷前，久久挥动着颀长的手臂，两串晶莹的泪珠挂在脸颊上。他没有回头，女人那双能够穿透人的灵魂的明眸把他紧紧勾住而使他寸步难迈呀！也许，只有到了那圣地，他才会心境如洗，不留一片薄岚、一丝纤云……

① 阿·马·波兹德涅耶夫：《蒙古及蒙古人》第2卷，刘汉明等译，内蒙古人民出版社1983年版，第151—152页。

场景之二：

浅黄色的神山转经小道，在铺满石砾疏草的山基斜坡上曲曲弯弯、高高低低地伸延。就是这条砾石的路，草坡的路，山崖的路，这条冬雪夏雨的路，阳光季风的路子，走过了多少代人，那些操着不同语言怀有不同信念的人，那些已逝者、健在者，并将有许多未生的人要走在这条路上。由于朝圣者所许之愿和所还之愿尽皆美好纯净，这个"文化场"已经通体透明而纤尘不染，细瀑轻吟，流水轻唱，鸟鸣与人声相续，徒增静寂而已。山上轻轻游浮着的雾幔般的流岚和水面游动着的微微的涟漪，会使没完没了竞逐荣利的凡夫俗子悟及人间繁华的转瞬即逝。在转经路上，几位喇嘛三步一磕头地向前行进。他们在绛色的喇嘛装外，特意以白布围在前襟，并在特制的大手套上格外套上一副木板，于是，每当他们叩拜一次，转经路上便响起了木板擦划地面的声音。就这样，他们尽诚尽意使衣袍膝盖处都被磨破，然而他们至死无憾，仍向前三步一磕头地行进着……

场景之三：

布达拉宫巍峨如故，大昭寺（gtsug lag khang）圣严如故。

拉萨——

在大昭寺、布达拉宫及其他有宗教活动的寺庙中，盈耳的是诵念六字真言的喃喃声，触目的是全身匍匐在地磕长头的人群。磕长头时，善男信女们两手合掌高举过头，自顶、到额、至胸，拱揖三次，再匍匐于地，双手伸直，平放地上，划地为号，然后再起立如前所做。过去的拉萨老城是没有城垣的，却有条环城大道，那便是专供来拉萨朝圣的信徒们绕拜之用的"林科"（意为大绕转）。那些远道而来的信徒们不仅要沿此"林科"磕长头若干圈，还得到大昭寺内绕拜若干圈才算功德圆满。在大昭寺门前的粗石板上，成千上万的信徒们锲而不舍地磕长头，已经磨出了一道道的凹痕。这些凹痕里该凝聚了多少忠实信徒的虔诚心愿啊！

可以毫不夸张地说，许多藏传佛教信徒是磕着等身头、用自己的身体来丈量自己家到圣城拉萨的距离，拉萨在对藏传佛教信奉以至五体投地的朝圣者心目中的空间镜像，定然不是外界旁观者所能深刻体悟的。在清代，西藏的大寺基本上都因历史缘故而一脉相承了印度那兰陀寺的遗风，颇似当今西方国家诸如伦敦牛津、剑桥那种规模宏大、与城镇水乳相契的学府，许多万里之外的布里雅特蒙古和土尔扈特僧人负笈托钵前往西藏三大寺（gdan sa chen po gsum）学经者络绎不绝，相望于途。"色哲甘松"（se vbras dge gsum）对来自各地的求学僧人广开法门接纳不拒，并且一视同仁，具有俄国情报机构背景的德尔智（Agvan Dorjiev，亦作 Agvan Dorjieff 或者 Agvan Dorzhiev，俄文名字为 Агваан Доржиев，1853—1938）① 入寺学习、取得格西学位乃至成为达赖喇嘛依信的心腹即是其开放性的明证。寺院最基层的组织——康村，系按入寺僧人家乡的地域进行划分，犹如我国内地古代都市中的会馆。② 以"色哲甘松"为代表的学经制度，体现着藏传佛教文化对多元化的地方感觉的整合。这种学经修行的宗教朝圣之旅所导致的思想信息的传播、人员的流动以及情感的认同，对藏传佛教文化圈宗教共同体的空间想象无疑具有重要意义。

迄今为止，学术界对藏传佛教文化圈内信徒的朝圣现象仍限于一种对风土人情的介绍，对这种现象在疆域、族群边界等地域关系、空间观念建构中所扮演的角色无人问津或未见之。早在 20 世纪 70 年代，人类学家维克托·特纳专门研究宗教与仪式，第一个全面系统地研究了以跨越地区为标志的朝圣（le pèlerinage）的意义。特纳采用范吉纳普（Arnold van Gennep，1873—1957）在《过渡仪礼》（*Les Rites de passage, étude systématique des rites de la porte et du seuil, de l'hospitalité, de l'adoption, de la grossesse et de l'accouchement, de la naissance, de l'enfance, de la puberté, de l'initiation, de l'ordination, du couronnement, des fiançailles et du mariage, des funérailles, des saisons, etc*, Paris：É. Nour-

① 可以参考陈言：《"德尔智别名乌兰诺夫"说质疑》，《中俄关系问题》1989 年专辑，第 19 页；柏林：《阿旺德尔智堪布》，王远大译，《西藏民族学院学报》1985 年第 1 期；高士：《中印关系中的西藏：1899—1914》，张永超译，西藏人民出版社 1987 年版，第 22—24 页。

② 有些大康村之下还分为密村（mi tshan），密村的组织和性质同康村一样，属于更小范围的地方组织，唯规模更小且大多无独立的佛殿，实际上类似于同乡会、同学会的互助组织。李有义在《今日的西藏》中认为，康村和密村的组织利弊兼具，因为同区域的人总住在一起，很容易养成狭隘的地方观念。

ry，1909）中的"中心""边缘"概念，把朝圣分解成三个过程：分隔（séparation）、阈限（liminalité）、归合（réagrégation）。分隔阶段指离开自己的生活地。阈限指整个朝圣的旅程，包括到达朝圣地的活动，新的情绪超越了平日的社会规则和以地域为标志的社会结构，产生神圣的情绪和强烈的交融状态（La communitas），朝圣地自发形成了一个非地域性的社区。归合指带着新的身份重新回到出发地的过程。他指出："朝圣深刻地、非理性地超越了世俗现象和力量的象征，提倡同质性和不统一性。它不再维持社会现状，而是在重新塑造甚至预测另一个社会存在的模式。"① 特纳的"朝圣之旅"理论固然存在不少缺陷，许多学者对此提出的批评不为无见，但理解的朝圣基本要素（即面对面的社会的超越、边界之外神圣地的存在、与神圣力量的接触）却是后来大多数的人类学家所认可的，为研究跨区际整合开启了可以继续深入探讨的学术理路。受人类文化学训练和熏陶的本尼迪克特·安德森在其风靡全球的著作《想象的共同体——民族主义的起源与散布》（Benedict Anderson，*Imagined Communities：Reflections on the Origin and Spread of Nationalism*，London：Verso Editions and NLB，1983）中创造性地借鉴和运用了维克托·特纳"朝圣之旅"理论，分析了诸种宗教和包括教育、行政等在内的世俗"朝圣之旅"经验，如何产生民族这一想象共同体的复杂过程。其成功的例示在发扬光大"朝圣之旅"理论的同时，更展示了"朝圣之旅"理论解释力的有效性。需要指出的是，安德森《想象的共同体》是在西方主流学术的话语背景下来论述"民族国家建设"（nation-state building）的问题，但笔者认为，与中国近代以来民族国家建设相对应的传统社会中的"帝国建设"这一概念，实应值得学术界的重视和理论建构，"朝圣之旅"在安德森所谓"民族想象共同体"中，既如前所述具有极其重要的作用，而藏传佛教朝圣之旅对清王朝帝国建设的重要性亦明显。乾隆帝在《御制喇嘛说》中如是言："盖中外黄教总司以此二人（指达赖喇嘛、班禅额尔德尼），各蒙古一心归之，兴黄教，即所以安众蒙古，所系非小，故不可不保护之。而非若元朝之曲庇

---

① Victor Turner and Edith Turner，*Image and Pilgrimage in Christian Culture：Anthropological Perspectives*，New York：Columbia University Press，1978，p. 21.

诣敬番僧也。"① 盖崇奉藏传佛教不仅可以绥服西藏，而且可以加强蒙古地区对清王朝的向心力，所以清朝统治者始终不渝坚持"修其教不易其俗，齐其政不易其宜"的方针和政策，利用藏传佛教的影响力作为进行帝国建设的有力法宝。不特如此，如果我们将藏传佛教的朝圣之旅与清王朝对世俗王公贵族规定的朝觐制度（又称年班、围班制度）联系起来加以审视，其中的象征意义尤显丰富而深邃。清代热河的承德避暑山庄周围之所以有"外八庙"（实际上有十一座庙宇，今尚存七座）之建，并且普陀宗乘之庙仿造达赖喇嘛在拉萨居住的布达拉宫、须弥福寿之庙仿造班禅在日喀则居住的札什伦布寺（bkra shis lhun po）、安远庙仿造伊犁河北准噶尔部的宗教中心固尔札庙，这其中包含着将蒙藏地区宗教朝圣之旅和世俗政治朝圣之旅万宗归一的用意，故而过去"名号不掌于职方，形胜无闻于地志"② 的热河，在有清一代遂成为帝国建设的要穴缩毂之所在。

江慰庐撰文认为，唐朝人称西藏地区和人民为"吐蕃"，系用中古中原音变前的古汉语音，以对译当时藏族人民自称名号，原意就是"大蕃（播，Bo）"。③ 现仍屹立于拉萨大昭寺门口的《唐蕃会盟碑》（gtsug lag khang mdun gri rdo rings，又称《甥舅和盟碑》，俗称"大碑"）汉文盟辞云："今蕃汉二国，所守见管本界（已东皆属大唐封疆），已西尽是大蕃境土。"④ 上述汉文中的"蕃""大蕃"的同碑藏文盟辞均作"Bo""daBo"。"Bo"系藏族自称，当时藏语又曾习惯地将现在西藏地

① 弘历：《御制喇嘛说》，《西藏研究》编辑部编辑：《西藏志·卫藏通志》，《西藏研究丛刊》之一，西藏人民出版社1982年版，第149页。张羽新：《清政府与喇嘛教》所附清代喇嘛教碑刻录，西藏人民出版社1988年版，第339—342页。

② 玄烨：《御制溥仁寺碑文》，《避暑山庄和外八庙碑文辑》编委会：《避暑山庄和外八庙碑文辑》，1975年内部发行，第1页。按，此碑现存承德溥仁寺。

③ 江慰庐：《浅释"吐蕃"一词的由来及其涵义》，《西藏研究》1982年第1期。

④ 拉萨会盟碑由于年代久远，在汉文碑文论述双方分界之处遭到自然侵蚀而脱落漶漫，导致有清以来一些研究唐蕃关系的文献颇多妄加臆猜者。本文所依据的是吴均参照会盟文藏文及《全唐文》卷九百八十八《盟吐蕃题柱文》与1986年《唐蕃会盟碑》拓片等予以校补的碑文。吴均：《拉萨唐蕃会盟碑文中"洮岷之东，属大唐国界"之语纠谬》，《青海地方史志研究》1987年第1—2期；亦见吴均：《吴均藏学文集》上册，中国藏学出版社2007年版，第482—489页。

方称为"Bo - yu"（"蕃域"），把当时吐蕃统治下的整个地区称为播青布（意为大播），类似于当时中原的唐王朝有"大唐"之号。但江氏之文未能充分考释清楚"吐蕃"之"吐"一字的来历。当时吐蕃人有以"下部""上部"分指"南（低）、北（高）地域"的习惯性称谓，故柔克义（William Woodville Rock-hill，1854—1914）等西方学者认为，吐蕃的"吐（Tu）"音，时"吐蕃"分为上、下二部，"吐蕃"的藏语原意为"上蕃"之义。1985 年，吴均在校订黄奋生《藏族史略》后所写的前言中亦基本上将"吐"训诂为"上"，但从族群自视与他识的角度提出新的见解。他指出："藏文史料中，大蕃作 bod chen po，不是什么'吐'，它是随吐蕃王国领域不断扩大而形成的叫法。蕃与大蕃代表着不同的地域概念和政治形势。6 世纪末 7 世纪前期的史料中，尚没有大蕃的称呼。笔者认为吐蕃这一称谓，是随着地形地势而来的。藏区对于地势的上下方，习惯上有 stod（上）、smad（下）的叫法。对于部落的分别，除 stod smad 外，还有 stod smad bar gsum（上、中、下三者）的叫法。如 stod mngav ris skor gsum 、bar dbus gtsang ru bzhi、smad mdo khmas sgang drug（上部阿里三围，中部卫藏四翼、下部朵甘六岗）；mdo stod（多堆）与 mdo smad（多麦）；vbrong pa stod ma（中坝多玛），即上中坝；vbrong pa bar ma（中坝班玛），即中中坝，vbrong pa smad ma（中坝麦玛），即下中坝，等等。唐以前，吐蕃和内地没有联系，唐初，松赞干布①削平康区诸部、族，越嘉良夷等地直抵松州，始通内地。由于雅隆政权初称雅隆蕃六牦牛部，嘉良夷等部对于雅隆政权从地理形势上来说，处于低地下方，而雅隆地区在地势上则处于高地上方。唐朝通过嘉良夷等部按当地习惯，就藏语语法，称雅隆政权为吐蕃，即上蕃，乃合乎当地习惯，也合于当时形势的；而且康区还有称为附国的 bod；康区的各部、族为区别于附国而称雅隆政权为上蕃，亦在情理之中。在区别国与国之地势，而作上、下等不同称谓，自古如此，而今亦然，其例不胜枚举。"② 至于"蕃"的含义，近代藏族著名历史学家根敦群培（dge vdun chol vprel）撰著的

---

① 藏文为 srong bstan sgam po。

② 黄奋生编著：《西藏史略》，吴均校订，民族出版社 1985 年版，前言，第 7—8 页。

《白史》（deb ther dkar po）释云，此乃或将王号当作地方名称，或是雍仲苯教的观点，"起初，称为'本之地'。后，音讹成'蕃'"①。

生活在青藏高原的藏族对自然和人文地理空间的认识，本身即是其社会实践的空间拓展与建构的组成部分。一首早期的藏族诗歌，作于 9 世纪或者更早一些，把西藏描写成"雪山的中心，大河之源，高大之国，纯洁之地"。许多西藏古代的诗歌都将西藏称为 kha pa can gyi yul、gangs can yul 或 gangs liongs，意为雪国。石泰安（Rolf Alfred Stein，1911—1999）云："从第一代吐蕃人的神话时代到传说中的赞普临朝时代，吐蕃的政治中心一直位于东南部（工布、雅砻），而从此后则迁到了拉萨。第一位佛教赞普的寺院建立在平原奶湖之上，该湖代表着仰天躺在那里的一女魔的心脏，该女魔就是吐蕃的大地，为了使那里可以居住和变得文明起来，所以才调服了她。其身躯和吐蕃处于军事鼎盛时代（8—9 世纪）的面积一样大，其分开的四肢与西藏人居住区的现有边界相接。建立在吐蕃中心地带的第一位赞普的统治和文明行为似乎完全是按照汉人的观念行事的：通过一个圆心的四方地带，逐个吞并，而且离中心越来越远。"② 石泰安所言殆来自《西藏王统记》（bsod nams rgyal mtshan, bod kyi rgyal rabs chos vbyung gsal bavi me long），该书充满宗教色彩的叙事语言实为吐蕃王朝扩张征服史的象征性隐喻。而吴均先所校订黄奋生《藏族史略》在注文中以雄浑的笔力考述称："吐蕃王朝时代初期，它的领域，只限于卫藏，这就是吐蕃的本土。松赞干布开疆拓土以后，东面扩大至西康，西面进入今阿里（象雄），蕃与大蕃的概念，开始形成，即吐蕃本土以外逐步合并的领域，都属于大蕃。这时，青海境内黄河以北的地方及宗喀区域，阿里③的祝夏（bru zha 勃律）、黎域（于阗）等地，还不属于大蕃，所以四如、六岗之区域，不包括黄河以北区域及宗喀地区。阿里三围的范围，也随时变更。随着吐蕃王朝的军事进占，领域不断扩大，阿里三围中，已包括勃律等地，而黎域的范

①　转引自恰白·次旦平措等：《西藏通史——松石宝串》，陈庆英等译，西藏古籍出版社 1996 年版，第 1 页。

②　石泰安：《西藏的文明》，耿昇译，中国藏学出版社 1999 年版，第 37—38 页。

③　汉文"阿里"之名始于清代。

围，竟东向延伸，扩大至甘肃河西。吐谷浑被消灭之后，原吐谷浑故地海南一带，就以耶摩塘（元之脱司麻）的地名出现，而于多康之外，又出现了多麦地区。河陇被占领之后，宗喀地区也随之出现，而其范围，不是湟水流域，而东向延伸至洮水流域。随着与南诏的争战，玛尔康地区显得突出。这样，原来的三围、四如、六岗的划分法，已不能完全适应新的情况，所以三围被扩大外，四如、六岗被指为中康之外，又新增加了三高地的区划，即包括玛尔康的多康（朵甘思）为一区，包括耶摩塘的多麦为一区，包括吉塘的宗喀为一区。而吐蕃时代的三勇部（三大军区），就是按着这新合并的地区而设置的。吐蕃时代，在其东部、东北部、北部、东南部边境还设置了许多节度，但其名称及辖区，现没有可靠的资料，只从汉文史籍及吐鲁番、敦煌等地出土的吐蕃历史残篇中有一些名称而已。所谓卫藏（包括阿里）法区、西康人区、阿多马区的称谓，乃是后弘期以后之事。至于多麦推演为安多，则更是晚于前者之事了。"① 学术界根据藏文资料一般认为，降及元代，藏人对其聚居的地域已有了地理空间上明确的"曲喀松"（phyogs kha gsum）的划分概念，即卫藏法区（因藏传佛教盛于卫藏，故称法区）、喀木人区、安多马区（因甘、青产马，故称马区）。三区又分为十三部，即上区阿里三围（stod mangv ris skor gsum）：布让、孟域、桑迦为一围，象雄、上下赤德、多麦为一围，黎、祝夏、巴底为一围。中区卫藏四如（bar dbus gtsang ru bzhi）：卫之伍如、约如，藏之冶如、如拉。下区多康六岗（smad mdo khams sgang drug）：撒摩岗、擦瓦岗、玛尔康岗、波博岗、玛扎岗、木雅饶岗。是时，元朝政府将西藏纳入版图之后，将全部藏族地区划成三部分，分别归三个宣慰使司都元帅管辖：（1）今青海、甘肃及四川西北部藏区归"吐蕃等处宣慰使司都元帅府"。（2）今四川、云南以及青海玉树、西藏昌都等藏区归"吐蕃等路宣慰使司都元帅府"。（3）今西藏自治区本部一带归"乌思藏纳里速古鲁孙等三路宣慰使司都元帅府"。其中第（3）名称里的"乌思藏"（dbus gtsang）就是前藏和后藏，"纳里速古鲁孙"（mangv ris skor gsum）意译是"阿里三围"，指包括今克什米尔的拉达克地区和西藏阿里地区在内的地域。

---

① 黄奋生：《藏族史略》，吴均校订，民族出版社 1985 年版，第181—182页。

显而易见，这种行政地理空间的划分是藏区内外力量承继历史而面对现实的综合作用的结果。

人类文明史上各民族的"族类中心本位主义"是普遍存在的现象，中国古代如此，希腊、罗马等文明古国亦然。从文化人类学角度而言，"夜郎自大"的典故即反映了时空延展受到局限而在族类中心本位主义影响下的地方空间感。[①] 众所周知，"西藏"之名初见于康熙《平定西藏》和果亲王的《西藏记》，[②] 乃与清代经营西藏的实际相随，时皆不过偶加西字于藏，从清廷统治中心的角度而言以喻其远，实则当时通称仍为"图伯特"。清初崇德、顺治两朝按照蒙古语称明朝所谓乌斯藏地方为图白忒（土伯特）、唐古忒，有时称之为"国"。土伯特者，吐蕃之异译也。顾"土伯特"之名，时藏人殊不自知。康熙以后，西藏用兵，数询藏人以土伯特命名之义，藏人皆不自承，时人觉此名称为不当，始有"西藏""西招""诏地""卫藏""唐古特"等异称蜂起。唐古特，亦作"唐兀惕"（tankǖt）[③]，为 stod bod 的对音，意为"党地区

---

①　夜郎现象同时也说明了中国目前同质性来源的多元性，诸如夜郎历史上有名的邦国不知凡几，汉人的大举迁徙造成南方土著族群生存空间的萎缩而遁入深山密箐，我们在以一种优越的意识使用"夜郎自大"一词讥讽他者的时候，应该清醒意识到这个成语典故背后的苍茫血色。

②　亦有文献资料云"西藏"一词首见于明朝汉籍。"西藏"相对应的"东藏"（指康区）在清末以后多见于汉文文献，有其特殊的历史背景。

③　参见拉施特主编：《史集》第 1 卷第 1 分册，余大钧、周建奇译，商务印书馆 1983 年版，第 234 页。符拉基米尔佐夫著《成吉思汗传》（Борис Яковлевич Владимирцов，Чингис - Хан，Петербург - Москва - Берлин：Издательство З. И. Гржебина，1922）的中译本译注者余元盦认为，唐兀惕（Tangut）是党项的异译，"惕"为蒙古语的复数。党项族所建立的西夏国被蒙古人最早称为合申，就是河西的音讹。河西就是说黄河以西的地方。后来蒙古人称他们为唐兀惕，就是中国史书里所记的党项。这种说法估计源自拉施特（الدين رشيد الله فضل，Rashid al-Din Fadl Allah，约 1247—1318）主编《史集》（جامـــعالنواريخ，Jami' al-Tawarikh，即《元朝秘史》）。但符拉基米尔佐夫的原著在注释中也承认，唐兀惕人和藏族有密切关系。参见符拉基米尔佐夫：《成吉思汗传》，余元盦译注，上海三联书店 2007 年版，第 100 页；拉施特主编：《史集》第 1 卷第 1 分册，余大钧、周建奇译，商务印书馆 1983 年版，第 235 页。蒙古国学者策·达木丁苏荣（Ĉ. Damdinsürüng，1908—1986）认为，"唐兀惕"之"唐"为藏文，与指草滩的 thang 字义同。参见乌力吉巴雅尔：《蒙藏文化关系研究》，中国藏学出版社 2004 年版，第 402 页。

的蕃人"。嘉庆初，驻藏大臣和琳所撰《西藏赋》云："土伯特其旧名，唐古特其今号。"① 至乾隆时，正式派驻图伯特之大员曰驻藏大臣，西藏之名，由是固定。与"西藏"的指称所反映的话语主体的立场不同，西藏人本身的"卫藏"（即元明时期的译名"乌斯藏"）的地理空间概念清晰地表现了一种族群中心本位意识。正如任乃强考释云："乌斯藏者，卫藏两部之合称。藏文卫部作'卫巴'，省称曰'卫'，'中央'之义也。其字系二音拼合：曰乌，曰斯，故其促读为'卫'，缓读为'乌斯'。藏部为'藏巴'，省称曰'藏'，'清洁'之义也。合二部为一，故曰'乌斯藏'，犹合洞庭湖附近与广东西地为一省，曰湖广；合甘州、肃州地为一省曰甘肃。"②

　　在国际上，自 20 世纪 20 年代伯希和最早注意和提出"四天子理论"（或称"四天子说"）③ 的现象后，欧美的东方学家便对这种在亚洲地区流传的方位观念一直饶有兴致。被法国女藏学家麦克唐纳（Alexander W. Macdonald）考证为 9 世纪译成藏文经卷的《阿毗达摩》（Abhidharma）④ 在论说南赡部洲地理时说：赡部洲的边界有一无热恼池，地处香山之南，雪山之北。以此池为中心向四方分流四条大河：东去之河出自池中一只牛口，称为博叉河，流向汉地，汉王占此地，控制"人宝"；南河私多河自象口出，流向印度国王处，他控制南摩揭陀国和"象宝"；西方恒伽河自狮口出，流向冲木格萨尔地，国王是西方狮子国大批商人之主；北河徙多河自马口出，流向默啜部，为突厥与大食之地，其国王占有"马宝"。无热恼池北边还有一棵高四万逾延那的"阎浮树"，树荫全池，其汁液皆落入东去之河，由于此树汁液能点沙石成金，故东去之博叉河多金。而玄奘的《大唐西域记》序言对"四天子理论"则如是描述云：无热恼池为赡部洲中心，处香山、大雪山南

---

① 转引自任乃强：《任乃强民族研究文集》，民族出版社 1990 年版，第 8 页。

② 任乃强：《任乃强民族研究文集》，民族出版社 1990 年版，第 8 页。

③ 见 Paul Pelliot, Les traditions manichéennes au Foukien, *T'oung Pao*, 22, 1923, pp. 193 – 208。

④ 敦煌本文，拉露（Marcelle Lalou，1890—1967）女士编第 958 号，属小乘佛教论部。

北之间，池东边银牛口流出恒伽河（Ganga，恒河），南面金象口流出信度河（Hindo，印度河），池西边琉璃马口流出缚刍河（Vaksu 或 vanksu，博叉河），北面水晶狮子口流出徙多河（sita，谓此河为黄河之源）。因当时转轮王未出世，故赡部洲便有四大天子（国王），南方"象主"，西方"宝主"，北方"马主"，东方"人主"。孙林将《阿毗达摩》、玄奘的《大唐西域记》以及玄奘之友、唐朝名僧道宣《释迦方志》三个文本加以比较研究，发现：玄奘和道宣把其中东方国王领地的风土人情描述得极类汉地，虽未明言此为大唐统辖之地，但将之称为"至那"或"振旦国"已是明证，玄奘和道宣描述四个方位时，乃是以印度为中心，且此中心位于印度河、恒河上游靠近阿姆河的一个地方，道宣甚至在著作中批评中国"诸儒"以为世界中心在中国的短视眼光不值一提。但藏文《阿毗达摩》的译者对无热恼池四大河的描述却以博叉河为东河、私多河（印度河）向南、恒河向西、徙多河向北，此种划分显然以吐蕃为中心，"它在某种程度上是对传统尤其是翻译印度佛经所遵循的传统——这种传统在汉译佛经中有时很保守——的否定。否定一项传统常常很不容易，在历史上失败的例子很多。然而《阿毗达摩》藏文译者却取得了一定的成功，他在对无热恼池流出的四条大河名称及位置稍加以不同的理解上，就使世界中心由印度转到吐蕃，手法可谓高明"[①]！孙林认为这种以吐蕃为中心以四方四大天子为边界的地理划分无疑是吐蕃强盛时期的产物。敦煌吐蕃文书 P·T1283 号《北方若干国君之王统叙记文书》，亦可以印证当时吐蕃人以自身为文明中心对邻近地区的空间认知。[②] 大约出自 14 世纪的苯教经典《九乘》（theg pa rim pa dgu）云：先师辛饶米沃（gshen rab mi bo che）的发源地俄木隆仁（vol mo lung ring），为"南赡部洲的眼睛，苯发源地的肩胛，大食王的土地，最神圣的地方，大俄木国"。大俄木隆仁是世界的中心，其东方有 hosv 大国，此国中心地域称 hos mo 六王国，南方国家是 khri

---

　　①　孙林：《对吐蕃宗教方位观念的比较研究》，《西藏民族学院学报》1990 年第 3 期。

　　②　参见王尧、陈践译注：《敦煌吐蕃文献选》，四川民族出版社 1983 年版，第 159—172 页。

thang 野蛮王国。西方有拉达克国及西女国，北方是猎野兽之国。此外，俄木隆仁周围还有贯胸之国，狗夫国、独脚国等，类似《汉藏史集》"非人八国"之说。同四方诸国相比，俄木隆仁是先师辛饶米沃的出生地与教法之地，美丽神圣，而周围皆荒蛮落后。[①] 孙林通过比较认为这种观念与汉地自《禹贡》以来形成的所谓"同心方地五服说"地理方位观念一致，无疑受到汉地的影响。笔者对孙林观点的前半部分表示认同，但对其后半部分则不敢遽信，其说或真，然其考证尚属戴震所谓"未至十分之见"。殆上述观念受汉地影响纵难坐实，然孙林所论两者之间存在诸多契合却属不诬。

正是这样，分布在察隅（rdza yul）和印度占领的麦克马洪线南部的僜人，在明清时期被称为"光屁股的野人"。藏语 lho（汉语"南"之意）的概念十分模糊，通常指雅鲁藏布江以南的广大地区，包括中部高原和南部山地广义上都被称为 lho（洛），因此 lho kha（山南）、lho yul（洛域）、lho brag（洛札）等地名层出叠见，"洛域"即意谓"南疆"。事实上，藏语洛门（lho mon）或门（mon）都是他称，其强烈的轻蔑意味实无可讳，相当于古代汉地的中原人所使用的"蛮貊""南蛮""夷人"之类指称南方原始土著民族之义。藏语中"卡珞"和"丁珞"的区分相当于汉语所谓"熟番"与"生番"的判别。因此石泰安《西藏的文明》称：吐蕃"南部居民没有形成统一的邦国，人们便把他们一概统称为门族人。这后一个名称系指喜马拉雅山山林地带（米斯米和阿波尔）所有的土著部族，它可能与汉籍中'蛮'字具有某种相似性，一般泛指中国南疆所有的'蛮'族人"[②]。此外，康区在藏语中称

①　孙林：《对吐蕃宗教方位观念的比较研究》，《西藏民族学院学报》1990 年第 3 期。

②　Rolf Alfred Stein, *La civilisation tibétaine*, rééd. revue et augmentée, Paris：L'Asiathèque，1981，p. 13. 藏巴第悉噶玛丹迥旺布（karm bstan skyong dbang po）时期制定的《十六法典》（khrims yig zhal lce bcu drug）亦云："异族边区律。指盛行于西藏四周如门巴族、珞巴族和蒙古族等地之法律。因珞巴、门巴等民族属边鄙之人，故既蠢又傻，大部分法律亦未能盛行。此条法律对西藏之用处亦颇小，故除阐述有关命价之差别，其他法律在此勿需多赘。"周润年、喜饶尼玛译注：《西藏古代法典选编》，中央民族大学出版社 1994 年版，第 57—58 页。

为 khams（汉译有"喀木""察木多"等），其称谓本身也含有"边地"之意。更敦群培所著《白史》考证"康"之来历云："所谓'康'（khams）者是指'边地'而言，如同'边地小国'被称作'康吉结称'（khams kyi rgyal phran）一样。"① 在古代卫藏地区的藏民心目中，康巴是一个令人望而生畏的荒凉边地，远离于卫藏政治和宗教文化的统治中心，剽悍的康巴人在卫藏地区温文尔雅的贵族看来不啻鲁蛮粗犷的象征。康巴和卫藏在藏民心理地图上实际上存在一条"文"与"野"的界线。尽管闻名遐迩的德格印经院（sde dge par khang）在 18 世纪初期即肇建于康区，但在清代并未能使康藏之间边缘与中心的势差格局实现乾坤易位。② 清代西藏地方政府机构一般以宗为单位，每宗由一二名地方官员负责，称为宗堆或宗本（rdzong sdod, rdzong dpon，在汉文中常称为营官），而边远地区因地理位置等特殊，其地方长官品级一般较卫藏腹地为高，如纳仓（nag tshang）、那曲（nag chu）、萨噶（sa dgav）等边远地区的宗本带有阔巴（vgo pa）的名号，绒辖（rong shar）、聂拉木（gnyav nang）的地方长官带有尚巴（sho pa）的名号，

---

① 格桑曲培译，周季文校：《更敦群培文集精要》，中国藏学出版社 1996 年版，第 130 页。

② 邢肃芝口述，张健飞、杨念群笔述《雪域求法记》一书言："康藏的民族语言、文化及宗教信仰虽然一致，但彼此之间存在着极多的矛盾。藏人批评康人行为粗犷，缺少礼貌；康人则批评藏人口蜜腹剑，心怀狡诈。特别是在经济方面，康人的实力不如藏人，所以康人旅客刚到拉萨，房间主人一定会问他，你是康人？还是安东娃？如果属于这两种人，在拉萨很难租到房屋，因为他们的行为举止粗犷好斗，经常惹是生非；又因为康地妇女来拉萨后从事的都是比较低下的职业，经常在屋里喧哗吵闹，吵得周围不得安宁。其实康地面积很大，人口又多过藏人，如果康人治康的计划能够实现，则东起康定，西止工布江达，都属于康人的地界，因此藏人虽然嫌弃康人的粗犷，但对于地方上有影响力的康人，也会运用笼络的手段，如德格土司泽旺登登的弟弟，西藏地方政府就授予他台吉的名义，允许他长居西藏，以便将来有机会可以作为傀儡使用。"（该书第 130 页，生活·读书·新知三联书店 2003 年版）推动口述史的发展自然值得嘉许，不过如何进行口述史研究，值得仔细考量。邢氏为当时中统特务，隶属于陈果夫一系，欧阳无畏等亦有类似背景，这在历史上都是案可稽的。邢氏此段口述反映了民国以来内地学界和政界凸现康藏界线的话语实践，不过其内容并不是无根浮谈，可以佐证笔者的论点成立。

并噶厦（bkav shag，全称为噶厦朗杰，bkav shag lhan rgyas）中的噶伦（bkav blon）之一常被派出去以基巧（spyi khyab）的身份到边远地区坐镇巡视。民国年间昌都以距拉萨道里窎远设立总管乃循此行政建置的旧例原则。

吐蕃王朝自觉地选择佛教文化作为支持其统治的意识形态，自有深刻的社会历史根源。西藏原始的苯教（bon chos）作为多神教与当时各部落的统治融为一体。在苯教文化中，神与神之间关系平等，各部落仅崇拜自己的神灵，因而在苯教支持者看来，部落与部落之间的关系也只能是平等而不分轩轾的，他们不能承认在各部落之上再凌驾一个更高层次的政权。显而易见，吐蕃王朝不能以此作为其上层建筑，必须寻找一个能够统一全藏的思想文化系统。由于本土文化早已凝固成为具有惰性力的传统，靠着习惯的力量仍然顽强地支配着人们的思想和行为，所以一旦外来文化佛教契入这广阔的藏疆时，势必给人们造成心理震撼，站在当时的文化基线上的苯教支持者，面对一个刚刚从雪域西藏的地平线上升起的陌生的佛教文化，不能不产生种种心理上的不适应。首先，佛教认为要克服人们的压迫感，无须神的直接启示，只要通过一定的修持，扩充自己的主观精神，达到"梵我如一"，就进入了一个自由的、神秘的、完美的、永恒的境界，这样便破坏了当时藏族人已经习惯的对一个或多个具体神的依赖关系。藏族人要从对多种神秘客体的依赖转变成为对主体精神的依赖，无疑要经历一个艰难而漫长的心理过程。其次，佛教对物质世界的价值判断是否定的，它既反现实又反功利，教导人们去忍受，以苦行去换取人的灵魂在虚无缥缈的彼岸乐土的幸福；而苯教文化的价值取向则大相异趣，它是以最现实的功利为目的的，这种文化的异质性决定了佛教在西藏的传播不可能是一个自然自发的过程。可以说，吐蕃王朝的历史就是在佛、苯两种文化互相冲突而又互相调整的过程中演绎而成的。朗达玛（dar mavu dun btsan）一灭佛而佛教便遭到灭顶之灾，这表明佛教依然"头重脚轻根底浅"，在西藏还没有群众基础。吐蕃王朝末期，宗教思想界中的冲突如一场熊熊烈火漫天燃烧起来，这是如火如荼的佛苯之争的必然归宿。当思想界冲突的野火与席卷卫、藏等广大地区的奴隶平民起义烽火到处涌现时，吐蕃王朝的统治大厦也便"楚人一炬，可怜焦土"了，而佛教也随之一举而遭胥沦的厄运。在吐蕃帝国崩溃后，佛教僧侣们在后宏期迅速发展的过程中大多想方设法争取人民，利用分散割据的动荡纷争局面在民间深深扎下了根子，已不像往昔在吐蕃时期那样完全依靠统治者的豢养。正是这样，佛教在后宏期能够生机勃勃，欣欣向荣，不复可阻遏。藏传佛教千余年弘通于藏、青、甘等地，历久不衰，奥秘正在于它经过本土化的改造，早已适应了藏民族精神传统的土壤与气候。佛教征服了藏族，藏族也征服了佛教。在西藏"后宏法期"的历史上，阿底峡（a-ti-sha，982—1054）居功甚伟。阿底峡大师在西藏凭借其曾在超岩寺任上的地位和其广博的佛学知识，对西藏佛学的教理系统化、修习规范化起了巨大的作用，使西藏僧云响影从、憬然依止从学。但是，阿底峡大师并没有能够把当时的西藏佛教推进到形成一个统一的宗派的地步。究其原因，主要是由于当时社会政治分散，佛教寺院经济力量尚不雄厚，还不可能出现一个规模庞大的宗派。此外，当时进藏的印僧也流派不一，同时先后留学印度的大量藏僧回藏译经收徒，也各有自己的门庭，故而各出传承，歧为多派。西藏佛教各教派的形成是藏传佛教最终形成的一个重要标志，反映了当时佛教文化欣欣向荣的局面。而佛教教派的不统一反过来又影响着西藏社会在格鲁派崛起之前的干戈俶扰、彼此互不统属的分裂政局，对西藏民族凝聚力不断强化的历史进程不能说没有影响。藏传佛教的各教派主要有噶当派（bkav gdams pa）、萨迦派（sa skya pa）、噶举派（dkar brgyud 或者 bkav brgyud）、宁玛派（rnying ma pa）、格鲁派（dge lugs pa）等。

在藏族历史上，佛苯二教学者出于教派正统之争，对藏文起源持两种截然不同的论点，佛教学者将藏文的首创权归功于 7 世纪松赞干布时期文臣吞弥·桑布扎（thu mi sa ma bho ta）[①]，而苯教学者则认为藏文乃系由象雄文演变而来。这种各说各话的叙事造成目前学术界笔墨官司相峙不决。我们无意介入其间而治丝益棼，但必须指出的是，藏学界似有必要解放思想，跳出"起源论"的圈子，将藏语的定型和传播与藏

---

① 在英语文献中多译作 Thonmi Sambhota。

民族共同体的形成和发育这一大节目、大事件相联系。欧洲过去通行的拉丁文系拼音文字，由于拼音文字书写与发音密切相关，欧洲近代民族国家呈现出的"百衲布"格局即与此有关系，因为随着语言拼写习惯的差异性鸿沟日益固化，文艺复兴以后欧洲发展出来英语、法语、德语等各种地方语言（vernacular）已属独立的"language"（语言）而非"dialect"（方言）。相反，中文则因属象形文字，尽管各地方言可能"相互可理解性"（intercomprehensibility）或许甚低，然自秦以后中国一直"书同文、车同轨"，发音的歧异并不足以否定书写的一致性，这对维系中国长期以来大一统格局的延续至为攸关。

在扰攘不断的兵刃交摩中，西藏僧俗上下对藏族大一统的政治诉求始终并未泯然无遗。萨迦派、噶举派等都曾为之全力以赴，至于实际上克竟其功与否则又另当别论。经历西藏历史上的所谓"战国时代"以后，正如藏族谚语所说，"一个地方一种话，一个寺庙一种法"（lung pa re la skad lugs re，dkon pa re la chos lugs re），藏文文献所谓"一条沟有一部不同的法律"①，形象地反映了当时地方性空间感觉。元朝在扶持萨迦派的同时分封乌思藏十三万户（dbus gtsang khri skor bcu gsum）自始即具有实质性内容，这种众建多封实际上亦是对卫藏各地方势力的承认和安抚。萨迦派教主以领袖群伦的优势地位捷足先登，获得元朝最高统治者的眷惠，挟中央王朝之命以令卫藏四方。这种利用外部权威资源的运作方式，激发了卫藏地区其他僧俗首领纷纷入朝晋觐，以获取封诰和印信，从而增强自身的实力。

是时，乌思藏诸万户往往与当地教派以及此教派所攀附的某个古老的家族盘根交结，万户的辖区本身又是以某一著名寺院为中心的教派或某个显贵家族的领地，事实上形成一个封闭的朝圣圈和独立的王国。如杜齐（Giuseppe Tucci，1894—1984）所言："万户属地和一般某些家族行使权力和管辖的地区，都以一定方式对外封闭。一个人没有正规的路条（lam yig），就不能从一个领邑到另一个领邑去，而路条是由万户长

---

①　《西藏历代法规选编》（bod kyi snga rbas khrims srol yig cha bdams bsgrigs），西藏人民出版社 1989 年藏文版，第 94 页。

或第巴发给的。"① 14 世纪初期，帕竹政教首领大司徒·绛求坚赞
（tavi si tu byang chub rgyal mtshan）取代萨迦本钦（sa skya dpon chen）
在卫藏地区领袖地位后，惩于萨迦时期十三万户行政体制的流弊，采取
类似明清统治者在边疆地区改土归流的政策，在卫藏交通要冲之地设立
13 个宗作为基层行政单位，宗设宗本（rdzong dpon），每三年一换，是
为西藏地方设立流官制度之肇端，其目的正在于通过流官制度加强西藏
地区的统一。

　　学术界多从宗教学的角度诠释宗喀巴（tsong kha pa）的宗教改革。
西藏佛教经过阿底峡大师的整顿后，弘遍西藏。但经年渐久，僧侣风纪
次第衰颓。当时，僧侣竞相以密法作为惑世之术，盗名欺世，道德沦
丧，风教败坏，虽然这时期也有不少秉行正法的喇嘛，但妄云深掩，慧
日光微，魔力盛强，卒难克复。天道倚伏，苦为乐因，人心流转，穷则
返本。当此之际，时代又造就了宗喀巴——一个来自西藏东北的边鄙刍
尧。他以其朴实坦诚的品格、充满明净智慧的说辞，终于赢得了西藏千
百僧众的靡然从风，转动起巨大的统一各教派法轮，吹响了再次整顿佛
教的长号，树起了严持戒律的修证之幢。不过，我们还应看到：宗喀巴
实际上完成了阿底峡大师未竟的统一西藏佛教诸派的事业，格鲁派的崛
起对此后西藏民族的凝聚力的加强具有深远的历史意义。宗喀巴宗教改
革如同马丁路德的基督教改革一样具有明显的政治和社会层面的意义，
可以说从思想上、组织上为西藏此后的区域性大一统奠定了基础，而此
后甘丹颇章（dgav ldan pho brang）政权的建立并奄有卫藏即是这场宗
教改革运动所结之硕果。

　　一方面，格鲁派（新噶当派）倡导严守戒律的新风在世俗民众心
目高树起敬信的经幡，而且寺院内部组织纪律严明，其确立的从康村到
札仓、磋钦的三级科层化组织安排以至整个格鲁派母子联寺制度，使星
罗棋布的黄教寺院构成知识精英悉荟萃焉的推动民族统一运动的坚强壁
垒。另一方面，宗喀巴近摹帕竹政权的"乃东法会"，沿袭历史上著名

---

　　① G. Tucci, *Tibetan Painted Scrolls I*, Roma：Istituto Poligrafico e Zecca dello Stato, 1949, p. 38.

的丙辰法会、曲弥法会的遗绪，在帕竹政权当政者支持下于拉萨大昭寺举办大祈愿会（smon lam chen mo，或译为默郎钦摩，即汉人所谓传大昭）。按照象征人类文化学的观点，仪式具有增强集体情绪和社会整合的作用。格鲁派的这种宗教仪式活动此后相沿成俗，如同巨大的磁场对世俗民众的吸摄力自不待言，而与传大昭密切相关的三大寺拉然巴格西学位考选制度又象征着学僧朝圣之旅具有自下而上社会垂直流动机会，可以通过漫漫寒窗苦读由朵然巴［rdo rams pa，色拉寺该等学位称为日然巴（rigs rams pa）]、林赛（gling bsre）、磋然巴（tshogs rams pa）而成为万人敬仰的拉然巴（lha rams pa），如同内地高中状元、探花、榜眼般荣耀。藏谚语云："甘丹赤巴无主，善男子努力以赴。"恰如维克托·特纳所说："朝圣是维持高度阶层化及结构化社会的一个机转。"[①]在"甘丹赤巴"（dga ldan khri pa）制下，谁能经过严峻的考试而登上甘丹赤巴的宝座，谁就是宗喀巴的转世化身。这种与以灵统为依据的转世制、以血统为依据的世袭制迥然不同的以道统为依据的考选制活佛承继制度以"人皆可为尧舜"为暗含预设，意味着僧侣的宗教朝圣之旅在垂直上升的方向不存在根本性的束缚，这种僧侣朝圣之旅的社会流动顺畅感和典礼化，表现出格鲁派在建构同质性想象共同体的策略上，较诸其他教派确实具有殊胜高明之处。

格鲁派自诞生后在信仰领土化过程中充满权力与斗争。石泰安《西藏的文明》对此洞察秋毫，指出：宗喀巴尽管在宗教和哲学方面仍然维持密教传统，"但为此运动缺定调子和贞定政治方向的却是其改革性的方面和对戒律的强调。这种与噶玛巴的相似性使之更接近帕木竹巴（phag mo gru pa，亦称为帕竹噶举，phag gru bkav brgyud）。西藏主要寺庙都位于卫地，由于卫地和藏地政权在领土方面的对立就更加强了这种相似性"[②]。与汉地新朝对胜朝循例颇多贬抑的情形相似，格鲁派掌权后的诸如达赖五世《西藏王统记》等藏文史籍对曾经与红帽系噶玛噶

---

①　Victor Turner, *Dramas, Fields and Metaphors Symbolic Action in Human Society*, Ithaca, N. Y.: Cornell University Press, 1974, p. 228.

②　Rolf Alfred Stein, *La civilisation tibétaine*, rééd. revue et augmentée, Paris: L'Asiathèque, 1981, p. 54.

举派（zhwa dmar pa karma bkav brgyud）联袂打压黄教的藏巴汗政权的记述，不无胜王败寇的意识，所以杜齐揭露这种正统观的偏蔽时云："实际上，《蒙古源流》和汉文史料都称之的'汗'，但正统的西藏史家则称之为'第悉'（sde srid），此言摄政，这样一个比较平常的名字，或者简单地叫藏巴（gtsan pa），即'后藏的人'。这样他们不承认他是个王。法王（chos rgyal），即依佛法治理并护持佛法之王，在西藏史家眼目中，依然是帕木竹巴一系。后藏的统治者——仁蚌诸王子系统是帕木竹巴的叛臣。黄教仍然忠于帕木竹巴——它的早年的保护者，从来不承认后藏诸王的称尊。第悉们越俎代庖、滥用职权，被黄教徒认为是背叛主君的篡夺王位者。"[①] 事实上，藏巴汗政权在汲汲图维西藏统一方面亦不乏诸多可圈可点的事功。例如，藏巴汗政权为防止分裂割据，下令将除在前后藏关键地方的十三个大宗城堡以外的其他各宗及险要处的堡塞一律拆毁，以拆除堡塞所得木料等物资用于兴建寺院和造船造桥。噶马丹迥旺布（karm bstan skyong dbang po）于 17 世纪初制定的《十六法典》（khrims yig zhal lce bcu drug）在帕竹巴时期《十五法》（khrims yig zhal lce bcu lnga）基础上增加"边地蛮荒法"，体现了对边疆地区法律调整的充分重视。

达赖五世在顾实汗支持下建立甘丹颇章政权后，西藏地方的政治风云变幻与秦始皇统一六国所采取措施有"惊人相似之处"，在此表现得尤为淋漓尽致。[②] 秦灭六国后，为了改变长期分裂状态下"田畴异亩，车途异轨，律令异法，衣冠异制，言语异声，文字异形"[③] 的局面，统一量衡、货币、文字，即后世所概称之"三大统一"，收天下兵器，加以销毁熔铸，复徙六国旧贵族、豪富之家十二万户于咸阳集中居住。无独有偶，甘丹颇章政权为了消除西藏地方割据势力的社会基础，"威胁或说服了卫藏原有领主先后为己所用，更进一步以承认他们的基本庄园由他们的子孙世袭，并让他们本人和子孙世世代代在拉萨居官为条件，

---

① 杜齐：《西藏中世纪史》，李有义、邓锐龄译，中国社会科学院民族研究所1980 年内部印行，第 111 页。
② 参见张世明：《清代西藏开发研究》，北京燕山出版社 1996 年版，第 8—49 页。
③ 许慎：《说文解字》卷十五上，中华书局 2009 年版，第 315 页。

顾实汗像

让他们以贵族身份集中居住在拉萨，交出原由他们管辖的庄园，归拉萨地方政府管辖"①。据有关资料记载，五世达赖喇嘛时期被甘丹颇章政权封赐谿卡（gzhis ka）的贵族达一百七十五户之多，可见这次西藏贵族阶层内部权利分配的变动是非常大的。被僧俗信众敬称为"阿巴钦波"（lnga pa chen po，意为伟大的五世）的五世达赖消除西藏地方割据势力的措施，对有清一代西藏的历史产生了深远影响，使清代西藏地方贵族的地产较诸萨迦和帕木竹巴时期西藏地方贵族的地产显得小而分散，而萨迦和帕木竹巴时期西藏地方的贵族家庭往往拥有较大、较集中的地产。例如，在清代，江孜（rgyal rtse）宗内有多仁（rdo ring）、帕拉（pha lha）、宇妥（gyu thog）等六家贵族的庄园，而在萨迦巴时期这里只是一个王族家庭的所在地。上述事实表明，贵族地产相对于过去来说小而分散是清代西藏贵族领主经济的特点之一。恰白·次旦平措（chab spel tshe brtan phun tshogs）《西藏通史——松石宝串》根据《五世达赖喇嘛自传——云裳》（du kvu lavi gos bzang）记载的坐垫文书予以评析云：时噶举派的大喇嘛、"主巴、岗布、楚布仲巴、康地类乌齐法王、止贡寺上师等的坐垫与甘丹寺法座的坐垫等高。同样，多吉扎寺普东觉热切瓦、羊卓·桑多金寺、洛扎巴俄寺、群阔伦布寺、达尔昌莫切寺、俄尔寺、森多金寺、达那土登朗杰寺、羊八井寺的上师，以及策达林巴、达那卓玛

---

① 王森：《西藏佛教发展史略》，中国社会科学出版社 1987 年版，第 191 页。

瓦、玛沃觉巴、奈西瓦
等宁玛派大执咒师等其
他教派的上师的坐垫高
于色拉①、哲蚌②、甘
丹③、扎什伦布诸寺扎
仓堪布的坐垫。由此可
以看出，五世达赖喇嘛
并未像仁蚌巴（rin
spungs pa）和藏巴第悉
在统治前后藏部分地区
时所表现得那样心胸狭
窄，而是名副其实的
'所领天下释教'，采取
了宽宏大量的做法"④。
这种被称为"当仪阿库
巴卓"（dan yig a rha ba-

五世达赖喇嘛像

die）的典礼规则诚如上述评析所言，系甘丹颇章政权有容乃大胸怀的
表征，与这一时期具有民族特点服饰制度的规定、拉萨八角街作为中路
朝拜道的修建、五世达赖赴京谒见顺治帝等行为联系起来考量，不难窥
见其间致力于润色统一新局的意念趋向。在 17 世纪 80 年代，甘丹颇章
政权还依靠和硕特蒙古贵族的军事力量将阿里三围重新纳入治下，通过
1684 年达成的丁莫冈（ting mos gang）和约划定了西藏与拉达克的边
界，对清代西藏地区真正实现前藏、后藏、阿里三位一体的全面大一统
具有里程碑意义。且此后，甘丹颇章地方政府各类文告中所指的"阿里

---

① 色拉寺全称为 se ra theg chen gling，直译为"色拉大乘洲"。

② 哲蚌寺全称为 dpal ldan rbras spungs phyogs thams cad las rnam par rgyal ba
gling，直译为"吉祥米聚十方尊胜洲"。

③ 甘丹寺全称为 dgav ldan rnam par rgyal bavi gling，直译为"喜足尊胜洲"。

④ 恰白·次旦平措等：《西藏通史——松石宝串》，陈庆英等译，西藏古籍出
版社 1996 年版，第 621 页。

三围"为普兰（spu rngs，雪山环绕之地）、古格（gu ge，岩山环绕之地）、日土（ru thog，湖泊环绕之地），与纪德尼玛衮（spyid lde nyi ma mgon）三个儿子分掌时期的"阿里三围"概念相同，但领地范围已远小于昔日，因为拉达克、桑噶、巴尔帝斯坦、亚泽等均不在其境域。

　　清初西藏地区的统一是格鲁派宗教力量和蒙古和硕特贵族军事力量结合的产物，内部和外部因素互动的特征鲜明。尽管格鲁派是时被蒙藏贵族和平民所一体共同信奉皈依，但身份和角色的多重叠加性与宗教认同感并行不悖，蒙藏民族的分际和界线在共同的宗教朝圣之旅过程中仍判然存在。自 1681—1683 年的拉达克战争之后，西藏内外的一切反黄教势力已不能构成对黄教集团的威胁，这样西藏上层僧俗贵族中的一些人便产生了驱逐和硕特势力出藏的独立意识，由此导致第巴桑结嘉措（sde pa sangs rgyas rgya mtsho）与拉藏汗（lha bzang khan）之间的矛盾。另一方面，直到雍正年间，前藏和后藏之间承长期割据分裂的地方观念罅隙在黄教的浸润教化下仍未彻底弥合。随着史料发掘和释读的深入，学术界对"阿尔布巴事件"（或可称为"阿尔布巴事变"，这较过去历史书写所使用的"阿尔布巴之乱"的概念更为妥帖）的性质的看法逐渐转变并取得一致，于清朝统治者话语范式的影响中超拔而出。阿尔布巴事件所引发的长达一年之久的卫藏战争，在笔者看来可谓西藏历史上最后一次内战。康济鼐（khang chen nas）、颇罗鼐（bsod names rgyal po）和阿尔布巴（nga phod pa）本来都是准噶尔军队占领西藏期间分别在阿里、后藏和工布（kong po）起兵开展反侵略游击战争的首领。驱准战争胜利后，康济鼐、阿尔布巴、颇罗鼐、隆布鼐（lum pa nas）和札尔奈（sbyar ra nas）等噶伦联合掌政，彼此龃龉不睦，分庭抗礼，以康济鼐和颇罗鼐为一派代表后藏地区的势力，以阿尔布巴、隆布乃和札尔奈为一派则代表前藏势力。在任命颇罗鼐为噶伦之初，阿尔布巴和隆布鼐即坚决反对，声称："按甘丹颇章政府的传统，后藏人不能插到这样高的地位上来。"[①]在卫藏战争期间，颇罗鼐又提出："卫藏

---

　　①　多卡夏仲·索仁旺杰（mdo mkhar zhads drung tshe ring dbang rgyal）：《颇罗鼐传》（dpal mivi dbang povi rtogs brjod pa vjig rten kun tu dgar bavi gtam），四川民族出版社 1981 年藏文版，第 454 页。

交界的根巴拉以上，那是我们从准噶尔歹徒手中夺回来的……现在没有得到文殊怙主大皇帝的圣旨，而后藏，阿里却被那邦凶恶的敌人所据有，这是绝对不行的。"①

清政府于顺治十年（1653）即册封五世达赖为"西天大善自在佛所领天下释教普通瓦赤喇怛喇达赖喇嘛"，复于康熙五十二年（1713）册封五世班禅罗桑益喜为"班禅额尔德尼"（pan chen er ti ni，亦即 pan chen rin po che）。达赖和班禅两大活佛系统宗教权威的最终形成，应该被视为清朝帝国建设空间生产的结构化过程，而皇权和教权彼此挹注权威性资源，"皇权朝觐/教权朝圣"二元系统交光互影，以致达赖、班禅分别被奉为观世音菩萨、无量光佛的化身的同时，清朝皇帝亦被西藏僧侣型塑为文殊菩萨的化身，"曼殊室利大皇帝"的尊称在清代藏文文献中比比皆是。颇罗鼐掌政期间，达赖喇嘛在世俗权力方面尚颇受抑压，其与颇罗鼐之间的猜嫌在汉、藏文献中是有目共睹的事实，藏文《噶伦传》记载达赖曾抱怨"如果我深居简出，小心谨慎地看看书以外，其他什么事也不干还不行的话，那就让我到哲蚌寺或任何一个深山小寺去也可以"② 云云。珠尔墨特那木札勒事变发生后，珠尔墨特那木札勒（vgyur med rnam rgyal）的效忠者进行报复，滥杀汉民，时拉萨局势骚然混乱，人情汹汹，达赖喇嘛从布达拉宫出来劝谕安抚暴乱分子，竟被不法之徒撕破袍子，说明当时达赖喇嘛的权威并未如后世那样至尊至圣。正因为达赖喇嘛在珠尔墨特事变中表现可嘉，所以清政府在乾隆十六年（1751）的西藏行政管理体制改革中赋予达赖七世以核心地位，西藏地方政府机构于翌年遂有译仓（yig tshabg）之设。③ 第二次廓尔喀之战以后，乾隆帝复下令实行"金瓶掣签"（gser bum dkrug vdon）的

---

① 多卡夏仲·索仁旺杰（mdo mkhar zhads drung tshe ring dbang rgyal）：《颇罗鼐传》（dpal mivi dbang povi rtogs brjod pa vjig rten kun tu dgar bavi gtam），四川民族出版社 1981 年藏文版，第 609 页。

② 多卡夏仲·索仁旺杰（mdo mkhar zhads drung tshe ring dbang rgyal）：《噶伦传》（dir gah yu rin du ja navi byung ba brjod pa zol med ngag gi rol mo），四川人民出版社 1981 年藏文版，第 54 页。

③ 参见益西贡嘎：《译仓勒空的官员任命情况及其职责》，西藏自治区政协文史民族宗教法制委员会编：《西藏文史资料选辑》第 21 辑，第 52—57 页。

活佛①转世制度。在活佛转世制度（yang srid ngos vdzin）上，正确的指认路线本应为：神→"拉穆吹忠"（la mo chos skyong，意为拉姆曲炯）→灵童，但由于拉穆吹忠往往受人嘱托贿求，任意徇情妄指，其舞弊路线则为：人→拉穆吹忠→"灵童"，假神指之名以行人指之实以致族属姻娅递相传袭，难服众心，屡启事端。乾隆帝此次决意改革活佛转世制度，不唯出于当时西藏特定事件的诱因，而是明显具有对整个有清一代处理藏传佛教事务历史经验的总结，蒙古地区活佛转世的流弊由于对其而言见闻较切，此种经验认知尤为其决策的重要依据。金瓶掣签制度在性质上属于"天断"和"指定"结合型范畴，过去学术界包括本人在内大多从明、清时期中央王朝兵、吏二部选官掣签之制解读其"历史原型"，但此制并非单纯是中央王朝挟战胜廓尔喀的军威自外而内、自上而下施之于西藏，殆"抓阄"等天断法早已普遍运用于藏区各种案件或纠纷的审理，在活佛转世中的运用亦屡见不鲜，如五世达赖阿旺罗桑嘉措即是通过抓阄的办法予以认定的。此外，在实行金瓶掣签以前，水兔年（1723）年增补噶伦时由于各方各执己见，当时采取的办法即是付之神断：将写有各候选人名字的纸条放入不同的糌粑团，在本尊大威德神佛像前进行抓阄决定。此实为乾隆五十七年（1792）实行金瓶掣签制度之预演。根据清廷理藩部秘档资料，西藏在该部注册受管的大转世活佛，加上达赖喇嘛、班禅大师共有三十九位，即格鲁巴二十四位、噶举巴十三位、宁玛巴两位。这三十九位转世活佛世系中，自乾隆五十七年建立金瓶掣签制度至清末，共认定转世灵童九十一位。其中用金瓶掣签认定的七十六位，由于种种原因经中央批准免于掣签的十五位。从象征人类学角度而言，金瓶掣签制度是对藏传佛教朝圣圈空间秩序的重

---

①　"活佛"一词是汉语，是汉族对藏、蒙地区"朱比古"（sprul sku，蒙语称为"呼毕勒罕"，意为"转世者"或"化身"）的习惯称呼。据我国当代著名佛学家赵朴初考证，活佛这一称呼的来历，"可能与明朝皇帝封当时西藏地方掌政的噶举派法王为'西天大善自在佛'和清朝皇帝给达赖的封号也沿用这一头衔多少有些关系。这种封号和称号在佛教意义上都是说不通的，其实蒙藏佛教中并没有'活佛'这个名词。傣族佛教比丘被称为'佛爷'，这也是汉人习俗上错叫出来的，他们自己并没有这种称呼"。赵朴初：《佛教常识问答》，北京出版社 2003 年版，第59 页。

新布置和组织，标志着"朝觐/朝圣"二元体系权势替变的移宫换羽。易言之，金瓶掣签的活佛转世制度体现着清朝中央政府对西藏地区主权之行使，对藏族宗教和政治空间的认同取向具有执牛耳的功能。

受西方学术话语的影响，政治学、历史学等诸学科把近代以来民族国家的范式特征作为放之四海而皆准、证之古今而不爽的绳墨。这种做法在笔者看来十分可疑。因为前现代的王朝国家既不如式，当今后现代思潮格局下复杂的空间形态复每每溢出民族国家政治疆界的框架，即令近代历史的突然状态亦未必与之丝丝入扣。事实上，尽管我们身处当下的特定时空进行历史书写，不能不受到民族国家为空间范围和主体的知识型的支配，但如果我们力图真正重新走进历史深处，那么对围绕民族国家所建构话语知识加以反省便实为大有必要。近几年来学术界之所以纷纷致力于研究宗藩关系（或被指称为朝贡体制），其中用意之一显然在于用当时的观念去移情式理解当时的政治空间秩序。作为与以近代民族国家形式平等为原则的世界政治空间秩序迥然不同的清代东亚宗藩朝贡体系，乃以中国为中心的放射状空间网络关系结构，此固毋庸置疑，但我们必须看到其内部自成体系的亚宗藩关系（如当时南掌之于越南、不丹和锡金等之于西藏的朝贡）以及两属宗藩关系错综交织的复杂空间图景。西藏作为多民族统一清帝国的藩部由于政治和宗教等历史、地缘因素，与周边小国形成的宗藩关系在各种论著中日前已多有论述，唯不甚系统深入。笔者限于篇幅，在此亦只能仅围绕自己的论旨略加申论，对其形成过程另俟异日他文专门探讨。

长期以来，藏语以"rgya"（甲）一词称"汉"，以"rgya yul"（甲域）一词称"汉地"，以"rgya mi"（甲米）一词称"汉人"。rgya在藏语中意为"广大"，意指汉人皇帝统辖的地域广大。在唐代，"rgya"一词不唯指"汉地"，亦指代"印度"，以印度王朝辖地同样非常广袤之故也。盖可谓相当于外部广袤世界之意。有学者谓为"夏"字的转音以证古代羌人与华夏族关系密切之说，或释之为"茶"（dza），云藏人以茶代表汉人，亦犹欧人之以瓷器代表中国、中国人，此二说难称确诂，不足为训。自宋代始，藏文在 rgya 之后分别加"nag"（意为黑）、"dkar"（意为白）二字明确指称"汉地"与"印度"，据悉主要是由于汉族服装多为黑色而印度人服装多为白色所致，这估计与藏族因高原色而产生"赭面之人"的自我镜像与以汉人为"黔首之国"的他者空间意象理出一辙。嗣后 rgya dkar（甲噶）演变成 rgya gar，rgya nag（甲那）相沿至清主要指"汉地"，同时也含混地被等同于整个"中国"。①

民族主义和民族国家都是现代性的产物，霍布斯鲍曼（Hobsbawm）、安德森（Benedice Anderson）等人早已论述过民族国家与传统的时间断裂感。藏文古代典籍和清代西藏地方政府公文中往往称拉萨为 rgyal khab，也往往称藏区的某一地方为 rgyal khab，这与现代藏文中 rgyal khab 指称"国家"的概念不可同日而语，不可混为一谈。这其实如同于法语 pay 古代指地方而如今亦可指称国家，英语 state 在当今既可指国家亦被用于指称美国国内的"州"，必须联系指称的政治实体权力结构等而置于特定的语境进行用学分析。正是因为清朝前期"共主制"下在某种程度上有意识地采取和而不同（即西方所谓 Unity in diversity），西藏与不丹、锡金等的亚宗藩关系作为形成中的传统，才有可能在有清一代得到充分发展和完备。与此相对照，清代藏语文献中频频出现的"phyi gling"（披林）一词，反映出这段时期疆域观念正酝酿着新的变化，其意指"外国的、外域的"，加上指人后缀"pa"意思为"外国人"。当时藏族对周边各个国家和地区都有传统的具体称谓，"phyi gling"用以泛指作为外来陌生势力的西洋诸国，尤其是指当时在南亚次大陆活动频繁的英国。藏文"phyi gling"一词，在清代汉文文献中均以音译写作"披楞"，首见于乾隆五十八年（1793）福康安在第二次反击廓尔喀入侵战争中向地区发布的檄谕。藏族仅仅把 dbyin ji（英国）等西洋诸国称为 phyi gling，其政治空间的内外边界认知意向由此可见一斑。

由于藏传佛教在西藏的隆盛，当时的藏民以作为佛教文化的中心而具有强烈的自豪感和优越感，将自己繁衍生息的土地赋予文化中心的显著地位和法相庄严的神圣色彩。西藏的领土在藏民心目中并不是单纯的

---

① 参见王贵、喜饶尼玛等：《西藏历史地位辨》，民族出版社 2003 年版，第 28—29 页。

政治和社会空间范围，佛教道场的意义成分尤为突出，所以诸如钦则旺布（mkhyen brtsevi dbang bo）《卫藏道场圣迹志》（全称《拉萨中土诸寺及雅隆南部、后藏、北方热振诸圣地稀有指南授记镜鉴》，简称《地方志净》，*dbus gtsang gnas yig*）① 等在有清一代不绝如缕。光绪十四年（1888）隆吐山之战从表面上看是关于一时一地的领土之争，但在笔者看来其深层的原因却在宗藩关系及其观念所引发的与大英帝国假借现代国际法原则殖民扩张的矛盾。

藏族在宗藩关系上的矛盾乃理解隆吐山之战的管辖所在。因为当时英国殖民者将不丹、锡金、尼泊尔等喜马拉雅山南麓各土邦和小国纳入殖民地保护势力范围之内，而西藏地方政府对这些国家或地区是存在传统习惯权益的，不可能坐视英国殖民者将自己在这些国家和地区的影响力沦丧灭失以至无缘置喙。随着英国殖民势力骎骎然舐糠及米，西藏地区僧俗民众睹藩篱之被剪除而愈增抵抗仇视之心理，视英国殖民势力为佛教之敌的意识表象，在僧侣等精英分子重复性话语生产制造中成为定然存在的"事实性"（facticity）社会现象。相对于藏、英之间在宗藩关系上的矛盾而言，隆吐山之战②可谓仅仅是浮出水面的冰山一角，双方矛盾实际上"冰冻三尺，非一日之寒"。借用年鉴学派代表人物布罗代尔的术语，隆吐山之战仅仅是雷光电火般倏然而逝的"事件"（l'événement），而西藏地方政府在喜马拉雅山南麓地区的亚宗藩体系之朝贡圈堪称应该用"长时段"（la longue durée）的眼光加以审视的"结构"（la structure）。据时任驻藏大臣文硕调查，"嘉庆初年，第八辈达赖喇嘛因彼时哲孟雄部长人亟恭顺，尊崇黄教，赏准将热纳宗③草场一段，拨给该部民通融住牧，并令该部长代办热纳宗营官事。该部长领有商上印照为执。地虽赏准通融住牧，仍是藏中之地，而隆图山更在此地

---

① 该书有英译本：Alfonsa Ferrari, *mKhyen brtse's Guide to the Holy Places in Central Tibet*, Serie Orientale Roma, Vol. XVI, Roma：Istituto Italiano per il Medio ed Estremo Oriente，1958。该书中译本由刘立千译注，西藏人民出版社1989年出版。

② 隆吐山在藏文中作 lung thur la。由于1888年是藏历土鼠年，藏胞称此役为"土鼠年战争"（sa byi dmag vkhrug）。

③ ri nag rdzong.

迤北，是为藏地确切不移凭据"①。哲孟雄（vbras mo ljongs，即锡金）原系藏地属藩，西藏地方政府鉴于哲孟雄的实际困难，曾将部分地方拨赏其使用，在西藏地方政府看来，这种赏拨仅仅如同当今国际法上地役权的让渡，自己仍拥有余予余取的处分权，而是时英国殖民当局从根本上即不认可西藏对哲孟雄的宗主权，且尽管尚未取得对哲孟雄的保护国权力，仅仅通过其于 1861 年强迫哲孟雄订约取得过境筑路权，但以"哲专属英"的架势越俎代庖蓄意反诬西藏方面"逾界戍守"。英方要挟行为的霸权逻辑除认为宗藩关系不具有法律效力外，尚以主权出让为不可撤销法律行为以及禁止反言等一系列带有时代特征和地域色彩的"欧洲俱乐部"阶段国际法理念为支援意识。"项庄舞剑，其意常在沛公。"英军在隆吐山之战凭借先进的暴力技术击溃藏军防线，兵锋直指春丕（chu vbi），掳驻居于此的锡金王而囚之，不啻图穷匕见，其结束锡金王与之捉迷藏游戏而完全置之殖民地之下以排除西藏宗主权影响的"司马昭之心，路人皆知"。

从藏文档案中可以看出，在隆吐山之战爆发前夕，西藏各地区僧俗百姓为自保疆土订立的公约、甘结等在在皆是，文硕转奏西藏的著名"三大寺等公禀"称："若隆吐山为藏中门户，倘一退让，势如开门揖盗，自古至今，可有以疆域门户让人之理乎！"②"所有隆吐山撤去卡房兵役一事，无论如何，实多碍难，断不可行。小的番民人等，纵有男绝女尽之忧，惟有实力禁阻、复仇抵御，决不容忍，毫无三思翻改，亦无一语变更。"③ 西藏僧侣民众与清朝最高统治在隆吐山撤卡问题上表现

① 中国藏学研究中心、中国第一历史档案馆等合编：《元以来西藏地方与中央政府关系档案史料汇编》第 3 册，"文硕奏陈商上申复反对边界通商撤卡等情并请旨妥速会筹折"（光绪十三年十二月二十日），中国藏学出版社 1994 年版，第 1128 页。

② 中国藏学研究中心、中国第一历史档案馆等合编：《元以来西藏地方与中央政府关系档案史料汇编》第 3 册，"文硕奏陈商上申复反对边界通商撤卡等情并请旨妥速会筹折"（光绪十三年十二月二十日），中国藏学出版社 1994 年版，第 1130 页。

③ 吴丰培编：《清季筹藏奏牍》第 1 辑，上海商务印书馆 1938 年版，《文硕奏牍》卷四，第 6 页。

出的心态和观念颇相歧异，西藏民众疆域观念主体性之充沛一目了然，但居庙堂之高的清朝中央政府由于空间距离的夐远，不可能深切体悟西藏地方政府在维护故土旧藩传统权力方面的意蒂情结，最终诚文硕所预言的那样"敌情未洽，边计先弛，徒使三百年之藩服，梗化离心"①。从这个意义上说，隆吐山之战不是简单地以"撤卡"为问题核心的边界战争，其实质乃为"撤藩"之战，战争的直接结果是英国殖民者完成了撤除清朝和西藏在喜马拉雅山南麓地区藩篱的关键环节之一，而间接后果则导致西藏地方与清朝中央之间感情裂痕的出现。

在长期的历史发展中，佛教已经深深地植根于的西藏的地域，不仅西藏人自己称这片土地为 lha yul、lha ldan yul、tshos ldan sing，即"神土""神圣佛土""佛法保有利土""有佛法土"等含义，外界也使用此类称呼。这种空间意象已经具有独特的风格。如同提起江南、塞北令人自然产生小桥流水、大漠孤烟两种迥然不同的空间意象，藏区要道通衢等处不时可见的"玛尼堆"，已构成独具特色的西藏空间表象（la représentation）的标志性元素。与"玛尼堆"型制大致相似的用石、木等材料垒成的"鄂博"（又译为"敖包"）在蒙古族、达斡尔族、鄂伦春族等繁衍生息的草原、森林地带亦在所多有。已故著名的蒙古史学家潘世宪《鄂博考》一文，凭借深厚的汉学功底进行卓越考证是否为不刊之论，笔者不敢肯定，但将之与汉族上古时期的"郊""社"以及柴燎问题联系起来思考诚富于睿智和洞见，其最终得出的结论是正确的，即"鄂博这种建造物，不仅蒙古民族居住的地区有，在汉民族及其他许多民族居住的地区都有，或都曾有过。只是其形象及演变历程，不尽相同而已"②。蒙古族的敖包和藏族的玛尼堆不尽相同。蒙古族敖包往往与部落或氏族相联系，有努图克敖包、阿寅勒敖包和硕敖包之分，而藏族玛尼堆则一向对不特定人群具有开放性，参祭者无血缘、身份等范围限制，主要在于祭祀山神、地母一类自然性；敖包是一次性修建起来

<hr>

① 吴丰培编：《清季筹藏奏牍》第1辑，上海商务印书馆1938年版，《文硕奏牍》卷三，第15页。

② 潘世宪：《鄂博考》，金峰主编：《蒙古史论文选集》5，内蒙古大学学报丛刊，1984年内部印刷，第421—453页。

的，体现着灵石崇拜（自然崇拜）与祖先崇拜的结合，而玛尼堆则是由僧俗民众通过不断添加的方式形成的，且大多数石块都倾注了参祭者的心血，而刻有"唵、嘛、呢、叭、咪、吽"六字真言或八吉祥图案。藏族祭玛尼堆时每每煨桑、放风马、插箭杆。石泰安《西藏的文明》中如是云："在有羊肠小道通过的所有山口，旅行家们常常会遇见大堆的石块，即嘛呢堆，主要是白色的。上面插有一些木棒，并用绳子牵向一棵树或一山崖，绳子上挂着一些破布或纸，上面写有咒文，叫做'风马'（rlung rta）。从原则上而言，应在这些石堆上再增添一些模拟武器、木制武器，尤其是箭和长矛。人们也经常在那里放一些牡羊、羱羊、牦牛的角或整个头颅，如同在石堆上和祭坛上所作的那样。每当行人穿越山口时，便在那不成形状的石堆上添一块石头，若无石块也可以放一块骨头、一块破布、一撮羊毛或头发。同时，他还要大声呼叫：'神（天神）必胜，恶魔必败。叽叽嗦嗦（ki ki so so）！'最后这句欢呼语是战争的呼声。其原因正是由于神的好战性格以及对一个具有战略意义而又难以通行通道的解释。出于同一原则，也以同样的方式（挂在绳子上的破布）标志其他通道、渡口和桥梁。"[1] 蒙古的敖包和藏族的玛尼堆均肇端于原始民族的自然崇拜，与萨满教（藏族"苯教"亦为一种萨满教）密切相关，且后来因藏传佛教文化圈的影响而彼此呈现出诸多趋同性。从社会功能角度而言，鄂博和玛尼堆都有标识方位和象征地域范围分界的作用，亦被人认为具有保佑一方平安的功能。

满族在入关前早期发展阶段亦信奉萨满教，且受当时强势的蒙古文化圈影响，与邻近蒙古发生边界纠纷和战争，故对以鄂博为边界标志的蒙古族传统并不陌生，亦仿而行之。康熙二十七年（1688），"时哲布尊丹巴胡土克图遣使报称，噶尔丹分兵三路，沿途劫掠，约会于我边哨爱必汗喀喇鄂博之地。侍郎文达以闻"[2]。这说明鄂博当时在准、清双方心目中都是边界标志。我们从史料中可以看到，清政府每每在与准部

---

① Rolf Alfred Stein, *La civilisation tibétaine*, rééd. revue et augmentée, Paris：L'Asiathèque, 1981, p. 180.

② 《清圣祖仁皇帝实录》卷一百三十七，康熙二十七年九月，台北华文书局股份有限公司 1960—1970 年版，第 1841 页。

边界鄂博处设立哨汛或卡伦，使两者结合捆绑在一起，设立鄂博守卡委员，赋予鄂博以新的含义。特别是清朝在蒙古地区实行盟旗制度以后，各盟旗划定牧地。蒙古社会出现从游牧经济向驻牧经济转型的历史性变革，空间观念较诸以往之迥然不同概可想见。乾隆九年（1744），"大学士鄂尔泰等议奏、绥远城建威将军补熙等奏复乌喇特与土默特争地一折，据称乌喇特东界乌达、苏勒哲、哈朗贵三处山地，在土默特北界内，自应断归土默特。但乌喇特四佐领下人，自顺治九年移居以来，九十余年，已立坟茔牧厂，数百户一时迁徙，未免失业，应将此三地仍归乌喇特。至乌喇特屡次控索宝图村、灏来等地，既在土默特界内，应并归土默特。其大青山北察罕齐劳地，虽在乌喇特游牧南，然须均匀分给，始靖争端，应将西北者划归乌喇特，东南者划归土默特。至称前经奏准土默特贫户承种地六十三顷，今虽在乌喇特所得地界内，但现据四子部落王拉布坦多尔济等，皆愿出具甘结，仍与该贫户耕种，并已会同该扎萨克定议。各边界立有鄂博，嗣后如有越界耕牧者，查出时报部治罪。均应如所请，得旨允行"①。清朝这种利用鄂博划分盟旗牧地的制度是蒙古传统惯行的继承和改造，又在历史沉淀后形成许多"旗鄂博""佐鄂博"名目，以致因果相续难辨。"游牧交界之处，无山河以为识别者，以石志，名曰鄂博"②，殆此之谓也。清政府不仅在与沙俄划疆分界时从条约规定到实际执行过程都习以为常地利用鄂博作为界标，而且在乾隆五十六年（1791）第二次反击廓尔喀战争前，蒙古、康区等国内行政分界线堆立鄂博以杜争端一度达到运动高潮，表现出帝国致力于内部和外部空间秩序栅格化建设工程的倾向。

　　早在第一次反击廓尔喀战争期间，乾隆帝即指示巴忠等痛加创惩，

---

　　① 《清高宗纯皇帝实录》卷二百一十九，乾隆九年六月，台北华文书局股份有限公司 1960—1970 年版，第 3202 页。
　　② 引自潘世宪：《鄂博考》，呼和浩特市蒙古语文历史学会编：《蒙古史论文选集》第 5 辑，1983 年刊印，第 421 页。类似记述可以参见章炳麟著，徐复注：《訄书详注》，上海古籍出版社 2000 年版，第 342 页；徐炳昶：《西游日记》，范三畏点校，甘肃人民出版社 2002 年版，第 4 页；钱仲联主编：《清诗纪事》13，嘉庆朝卷，江苏古籍出版社 1989 年版，第 9045 页。

务使慑伏军威，然后方可谕传该头目到营，严行晓谕，并令诚心立誓，勘定界址，安设鄂博，以期一劳永逸，绥靖边围，孰料巴忠等人与西藏内部主和派囫囵了事，通过擅许"以每年西番银元宝三百个，作为地租"，令廓军退回了其此前侵占的聂拉木、宗噶、济咙三地。及至第二次反击廓尔喀战争行将撤兵凯旋之际，乾隆帝再次对西藏边界划分与防守重申前意。乾隆五十七年（1792）九月，上谕云："立定地界一事，已有旨令福康安等，应于藏内边界，一一设立鄂博，毋许私行偷越，现在大兵将撤，此事最关紧要，福康安等宜趁此时详细晓谕，申明约束。以热索桥迤西，如协布鲁、雍雅、东觉、堆补木、帕朗古等处，皆经大兵攻克，本应即以为后藏边界，今念尔悔罪投诚，仍行赏还；其热索桥以内济咙、聂拉木、宗喀等处，本属藏地，前此虽经汝侵占，现在大兵收复，非如上次讲和退还者可比。嗣后以济咙、聂拉木以外为界。尔部落人等，不得尺寸擅越，如有私行偷越者，一经拿获，即行正法。尔部落遇有遣使进贡献表等事，亦当先行禀明边界将领，听候知照，方准进口。如此明白晓谕，立定鄂博章程，庶可永断葛藤，肃治边界。"[1] 是年十二月，福康安等会奏西藏善后章程内开："查西藏边界，如济咙、聂拉木、绒辖、噶尔达萨喀、昆布等处，均与廓尔喀道路相通，臣福康安等于济咙外之热索桥，聂拉木外札木地方之铁锁桥，及绒辖边界，均已设鄂博，厘定疆域，将巴勒布贸易之人，及唐古忒番民零星商贩，已奏请立法稽查，不许私相往来，应交与驻藏大臣，于巡视之便，认真查察，随时派人堆砌，不得日久废弛，致有偷越。"[2] 据次年驻藏大臣和琳等奏，廓尔喀王遣使禀称对穆克登阿主持的双方分立地界之公正表示悦服，唯对其东边多罗卡界内拉结、撒倘两处提出异议，廓尔喀的权利主张很快得到清政府的承认。乾隆五十九年（1794）正月，驻藏大臣和琳复奏："思济咙、聂拉木、绒辖各边界，业经臣福康安俱已派员酌中立有鄂博，而藏界西南通外番地方，如萨喀、定结、帕克哩等处，均未定有鄂博，难保日久不无争端。查，游击张志林熟于边务，令其带

---

① 《卫藏通志》，西藏人民出版社 1982 年版，第 187 页。
② 《卫藏通志》，西藏人民出版社 1982 年版，第 187—188 页。

领营官先行前往各边，会同各营官，自萨喀起，酌于紧要处所，将应立鄂博地方，绘图贴说，毋得草率从事。三月间，即应驻藏大臣巡边操演汉番官兵，臣和琳于二月底起身到彼，计张志林可以办竣，统俟臣亲自酌定，眼同堆立鄂博，实为一劳永逸之计。"[1] 是年五月，和琳"随带游击张志林、噶布伦丹津那木结[2]、戴本拉旺策卜丹等，携带噶厦底案，由萨迦、宗喀、聂拉木、绒辖、定结，帕克哩沿边一带，率同该处营官，悉心讲求，查对底册"。

据悉，张志林所拟应立鄂博处所，均与噶厦底册及年老番民禀告相符。和琳分派营弁，会同各该处西藏宗本，将旧有玛尼堆者加高添砌，其全无形迹者，一律堆设整齐，使西藏西南与不丹、哲孟雄、作木朗（dzvum lang）、洛敏汤等的边界划然清楚。《卫藏通志》载："新定界址，自札什伦布西行，由拉孜至胁噶尔、定日、宗喀、萨喀，通狭巴岭山、锅拉纳山、毕都纳山、朗古山顶、纳汝克喀山顶、朗杂山顶，均设立鄂博，此内为唐古忒境，此外为洛敏汤、作木朗二部落境。又自宗喀通济咙，至热索桥，设立鄂博，此内为西藏境，此外为廓尔喀境。又自定日通聂拉木，至铁锁桥，设立鄂博，此内为西藏境，此外为廓尔喀境。又自拉孜通绒辖，至波底山顶，设立鄂博，此内为西藏境，此外为哲孟雄境。又自定结至萨热喀山顶、卧龙支达山顶、羊玛山顶，设立鄂博，此内为西藏境，此外为哲孟雄境。又自干坝至洛纳山顶、丈结山顶、雅纳山顶，设立鄂博，此内为西藏境，此外为哲孟雄境。又自帕克哩至支木山顶，臧猛谷山顶，日纳宗官寨（寨），设立鄂博，此内为西藏境，此外为哲孟雄、布噜克巴二部落境。又臧曲大河南，本系哲孟雄地界，被廓尔喀侵占已久，臧曲大河以外，俱系廓尔喀境。"[3]

---

①　《卫藏通志》，西藏人民出版社 1982 年版，第 193 页。

②　其藏文名字为 bstan vdzin rnam rgyal。

③　《卫藏通志》，西藏人民出版社 1982 年版，第 194—195 页。

第十一章　关于中国历史疆域
的话语分析

第一节　历史上的中国疆域及其相关理论话语

　　历史上的中国疆域及其相关理论，一直是国内政治家、学者乃至普通民众都颇感兴趣的话题。中国历代正史均有对中国历代王朝疆域的记述。这种史不绝书的记述为稽考中国历史诸王朝疆域嬗变提供了丰富的文献资料，自然所谓"皇朝疆域观"的思维框架和话语空间亦无形中被建构起来。20 世纪 20—40 年代，葛绥成《中国边疆沿革史》（商务印书馆 1938 年版）、夏威《中国疆域拓展史》（文化供应社 1941 年版）、童书业《中国疆域沿革略》（开明书店 1946 年版）相继问世，依时序对先秦迄民国时期中国疆域的变迁进行了或详或略的叙述，同时受进化论影响的线性史观笼罩的中国疆域沿革话语范式逐渐得以确立。

　　直到 20 世纪 50 年代，将中国历史上的疆域与中原王朝疆域等量齐观的认知仍不为鲜见。白寿彝（1909—2000）系回族人，在漫长的学术生涯中，其中国通史、中国史学史、中国民族关系史、回族和伊斯兰教史方面成就蜚声海内外，早年即积极参加禹贡学会的各种学术活动，与史念海等交往密切，20 世纪 60 年代初史念海出版的《河山集》之取名即出自白寿彝，为当代中国史学界颇具传奇的一段佳话。白寿彝的少数民族出身背景和早期学术生涯中对中国各民族共同缔造历史的强调、关注使他在中华人民共和国成立后不久较早地以先见之明洞察学术界"似乎都还在历代皇朝的疆域里兜圈子"的现状，于 1951 年 5 月在《光明日报》上发表《论历史上祖国国土问题的处理》一文，指出：处理我国历史上国土的一个办法是"以历代皇朝的疆域为历代国土的范围，因皇权统治范围的不同而历代国土有所变更或伸缩。又一个办法是，以今天的中华人民共和国的国土为范围，由此上溯，研求自有历史以来，在这土地上的先民的活动"。他认为："用皇朝疆域的观点来处理历史上的国土问题是错误的办法，用中华人民共和国的国土范围来处理历史的国土问题，是正确的办法。"① 30 年后，白寿彝又在《中国历史上的疆域问题》一文中重申并补充了自己的观点，认为在处理中国历史疆域时，"不只是说当时王朝的统治地域怎么样，也要从中国历史的发展上来看待疆域问题，现在中华人民共和国的疆域比过去朝代大得多了，好多地区不属于当时的王朝，而是属于当时的好多兄弟民族活动的区域。当时中原地区的人不承认他们属于中国，这些兄弟民族自己也不一定就说他们是哪一国的人。但是，今天我们这些兄弟民族都是中华人民共和国的民族，他们居住的地区，就是他们自古以来活动的地区"②。

---

①　俱见白寿彝：《论历史上祖国国土问题的处理》，《光明日报》1951 年 5 月 5 日。按，中华人民共和国领土面积为九百六十万平方公里，这个目前人们在中小学课本乃至各种其他书籍地图上看到的数字并不准确。据悉，该数字是第一次全国政治协商会议召开前，周恩来要求中国人民解放军总参作战部用两天时间，依靠当时四大野战军军用地图测算加权得出的结果。事实上，我国陆地总面积经过长期土地详查和卫星遥感图像的判读，应为一千零四十五万平方公里。但对此数，中国某家报纸曾报道，甚至引起发达国家的惊慌，故中国官方目前仍未正式公布，但这在许多学术著作（如刘宏煊《中国疆域史》）中均有论述，已不是秘密。再者，九百六十万平方公里的领土的说法并未包括我国管辖的三百万平方公里的海洋国土，也不十分科学。中科院院士吴传钧在《保土求存》中指出："谈到土地利用，首先碰到的最伤脑筋的问题，就是家底不清。虽然我国已有几千年的农耕史，近 40 年来也不止一次作过耕地统计，但我国究竟有哪些类型的土地？各类土地面积有多大？质量如何？令人遗憾的是都不太清楚。按照一般的笼统说法，我国陆地面积有 960 万平方公里（144 亿亩），占世界陆地面积的 7.1%，在 200 多个国家和地区中居第三位。但是这个数据还是沿用新中国成立前根据小比例尺地图手工量算出来的。当时的地图质量不一定很精确，再加上迄今我国与苏联、印度等邻邦尚未有正式勘定的国界，960 万这个数字充其量只是提供参考的数字。……缺乏确切的统计数据，无疑要影响到有关的规划与决策。"（吴传钧：《重负的大地——人口、资源、环境、经济》，人民教育出版社 1994 年版，第 54—56 页。）

②　白寿彝：《中国历史上的疆域问题》，《历史知识》1981 年第 4 期。

所以，要讲中国历史疆域，就要以我们中华人民共和国的疆域为基础，不应把过去王朝的统治地区来作为我们中国的疆域。白寿彝主编的十二卷本《中国通史》即体现了这种观点。徐亦亭于 1990 年发表于《北方文物》的《对"历史上的中国"几个问题的探讨》一文亦认为："以今天中国的疆界和境内各民族历史活动为依据，才能正确地叙述历史上的中国疆域。"这种观点对突破皇朝疆域史论和扩充历史研究视野无疑具有进步意义，但以现代中国的政治地理空间来描述古代中国，难免给人以今例古的感觉，并且这种"上推法"亦会产生诸多明显的理论破绽。如谭其骧反驳此类观点所云："要是那样的话，岂不等于承认沙俄通过《瑷珲条约》《北京条约》割让的乌苏里江以东、黑龙江以北的地方，本来就不是我们的地方吗？"①

关于中国历史疆域的第二种观点以鸦片战争前清朝极盛时期的版图为中国历史疆域。这种观点目前最为流行，其肇端于民国时期，在国外汉学界亦源远流长，而作为目前中国学术界的主流话语，与毛泽东、周恩来等新中国第一代党和国家领导人在不同场合的重要讲话不无关系。冯尔康这样写道："对于清朝的历史，历来多是批判的，难得给予积极方面的评价。60 年代初听传达：毛泽东说，对于中国，满族的到来是阔姑娘下嫁；我们现在吃的是乾隆的饭。这是从国家现有疆域出发的认识，感到清朝有奠定国家版图之功。其时，刘大年在《历史研究》杂志发表《论康熙》长文，比较全面地评价康熙帝，肯定他的平定三藩，统一台湾，三征噶尔丹，驱逐在西藏的准噶尔势力，与俄国签订《尼布楚条约》，等等功业，使中国成为疆域辽阔、民族众多的强大而统一的国家。"② 据我们翻检各种文献资料，清朝奠定了中华人民共和国版图的基本格局这一论点，最早见于周恩来在 1957 年 3 月 25 日的《在政协全国委员会召开的关于建立壮族自治区问题座谈会上的总结发言纪要》。周恩来说："今天我国的版图这样广大，就是从清代继承过来的。我国

---

① 谭其骧：《历史上的中国和中国历史疆域》，《中国边疆史地研究》1991 年第 1 期。

② 冯尔康：《清史研究与政治》，《史学月刊》2005 年第 3 期。

地大物博、人口众多，应当承认清朝对此是有贡献的。"① 从这段话的上下文来看周恩来说这番话是为了肯定满族的历史功绩，强调少数民族与汉族一样都是我们伟大祖国的缔造者。周恩来在另一次讲话中又高度评价清朝在我国统一多民族国家疆域发展史上的重要地位，他说："满族建立的清朝政权，统治了中国近三百年。清朝以前，不管是明、宋、唐、汉各朝代，都没有清朝那样统一。清朝起了统一的作用。"② 毛泽东早在《中国共产党在民族战争中的地位》中即指出："今天的中国是历史上的中国的一个发展。"③ 毛泽东在与老舍等人谈话中云："康熙皇帝头一个伟大贡献是打下了今天我们国家所拥有的这块领土，我们今天继承的这大块版图基本上是康熙皇帝时牢固地确定了的。他三征噶尔丹，团结众蒙古部，把新疆牢牢地守住。他进兵西藏，振兴黄教，尊崇达赖喇嘛，护送六世达赖进藏，打败准噶尔人，为维护西南边疆的统一，迈出了关键性的一步。他进剿台湾，在澎湖激战，完成统一台湾的大业。"④

　　毛泽东等党和国家领导人的讲话被学术界概述为：中华人民共和国的版图是中国历史疆域的继承，中国历史疆域最终确定于清朝。易言之，清朝奠定了中华人民共和国版图的基本格局，1984 年出版的《简明清史》第二册引述周恩来的讲话以论述清代边疆民族政策，对清朝奠定中华人民共和国的版图基本格局论的传播具有重要的作用。20 世纪80 年代以后，随着新中国第二代党和国家领导人对中国国情、中国特色等问题的强调，学术界为凸显清代历史地位，又把清朝奠定中华人民共和国版图论与源自毛泽东语的"地大物博、人口众多"的中国国情特点表述话语相联系并加以引论声称：清朝是中国历史上最后一个传统王朝，中国当代所谓"地大物博，人口众多"的基本国情即奠定于清朝。这是清代距离今天最近而对当今中国影响最大的两方面。其表现

---

① 白静源、马启成、李竹青编：《周恩来同志对民族问题与民族政策论述选编》，中央民族学院科研处 1981 年版，第 59 页。

② 白静源、马启成、李竹青编：《周恩来同志对民族问题与民族政策论述选编》，中央民族学院科研处 1981 年版，第 97 页。

③ 《毛泽东选集》第 2 卷，人民出版社 1991 年版，第 534 页。

④ 舒乙：《毛主席对老舍谈康熙》，《科技文萃》2002 年第 3 期。

为：（1）乾隆二十七年，中国人口首次突破2亿，道光年间更达到4亿，"四万万同胞"之语即出于此，中国国情中的"人口众多"与清代紧密相关乃世所公认；（2）清朝在康雍乾时期翦除割据势力，建立统一多民族国家，中国国情中的"地大物博"与清代形成中国历史疆域的定型有莫大关系。学术界的这种话语延异，进一步巩固和强化了中华人民共和国版图奠定于清的命题。

学术界一般将谭其骧作为关于中国历史疆域第二种观点的代表人物。谭其骧的观点自身成为这种观点的代表及这种观点在目前中国学术界成为主流观点，均表现出学术与政治的复杂而微妙的互动共谋关系。谭其骧的主要观点集中反映在《历史上的中国和中国历代疆域》一文，此文系谭其骧在1981年5月下旬召开的"中国民族关系史研究学术座谈会"上应会议主持人翁独健邀请就在主编《中国历史地图集》过程中如何处理中国历史疆域问题所作的阐述。谭其骧在文章中指出："中国"两字的含义，是随着时代的变化而变化的，随着时代的发展而发展的，唐朝人有唐朝人的中国观，宋朝人有宋朝人的中国观，后一时期不能拿前一个时期的"中国"为中国。"我们是现代的中国人，我们不能拿古人心目中的'中国'作为中国的范围"，同时"也不能拿今天的中国范围来限定我们历史上的中国范围。我们应该采用整个历史时期，整个几千年来历史发展所自然形成的中国为历史上的中国。我们认为18世纪中叶以后，1840年以前的中国范围是我们几千年来历史发展所自然形成的中国，这就是我们历史上的中国。至于现在的中国疆域，已经不是历史上自然形成的那个范围了，而是这一百多年来资本主义列强、帝国主义侵略宰割了我们的部分领土的结果，所以不能代表我们历史上的中国疆域了"。基于此，谭其骧提出，以"从18世纪50年代到19世纪40年代鸦片战争以前这个时期的中国版图作为我们历史时期的中国的范围。所谓历史时期的中国，就以此为范围。不管是几百年也好，几千年也好，在这个范围之内活动的民族，我们都认为是中国史上的民族；在这个范围之内所建立的政权，我们都认为是中国史上的政权"[1]。

---

[1]　俱见谭其骧：《历史的中国和中国历代疆域》，《中国边疆史地研究》1991年第1期。

《中国历史地图集》的编绘系1954年冬毛泽东亲自批示交办的重大任务，最初主要意图乃在于改绘杨守敬《历代舆地图》。杨守敬《历代舆地图》大多根据历代正史《地理志》或清人"补志"编绘成图，以《大清一统舆图》（胡林翼据康熙、乾隆时期实测绘制地图改编）为底图，不包括历代中原王朝以外的范围。如众所知，地图其实也是一种叙述、一种书写，是人们对意识中的空间的呈现，它镶嵌在其所协助建构的历史之中，渗透和融入着绘制者的思想、情感等主观因素。《中国历史地图集》作为新中国成立后百废待兴的年代便迅速上马的大型学术项目，无疑是民族国家建设工程的组成部分，必然力矫杨守敬《历代舆地图》所反映的王朝疆域史观，以描绘各民族共同缔造中国疆域的历史画卷为职志。从某种意义上，《中国历史地图集》对中国历史疆域的处理贯彻着毛泽东等党和国家领导人关于清朝奠定中华人民共和国版图论断，是这种思想的具体化和形象化表现。《中国历史地图集》汇聚当时学术精英建立在严肃认真的史料考证基础之上，积数十年之力而完竣蒇事，为新中国成立后一项标志性学术科研成就。谭其骧作为该地图集主编在历史地理学领域的权威性乃众所公认，其在《历史上的中国和中国历代疆域》一文中阐述的观点无疑凝聚着其自身长期以来对此问题的深思熟虑，是比较成熟的思想，甚至亦可谓参与编绘《中国历史地图集》的行政管理部门和科研部门全体人员在反复磨合中达成的共识。唯其如此，谭其骧所代表的观点在20世纪90年代以后广为流传和认同实具有深厚的基础。

此外，据与谭其骧持论相近的辽宁省东亚研究所孙进己教授以当事人身份透露，谭其骧等人的观点产生的历史背景是，从20世纪60年代起，对沙俄侵华史的研究提出了新问题，用今天疆域确定历史上疆域，就必须承认被沙俄侵占去的土地在历史上就不是中国的。这就暴露了白寿彝等人原先理论的弱点，所以谭其骧的观点正是为弥补这一弱点而提出的。① 白编《中国通史》出版后，江泽民等写信表示祝贺，而谭编

---

① 孙进己：《我国历史上疆域形成、变迁的理论研究》，《中南民族大学学报》2003年第2期。孙进己上述回顾可由前引谭其骧对第一种观点的反驳得到印证。孙进己在1981年中国民族关系史学术座谈会提交的论文和谭其骧在该会上的学术报告亦可佐证笔者前述所谓"在反复磨合中达成的共识"之说。

《中国历史地图集》则在江泽民访美时作为赠送的"国礼"举世瞩目，这都无形中增加了两人学术观点权威性的分量。如果说白寿彝关于中国历史疆域的观点似乎与克罗齐"一切历史都是当代史"的著名论断颇相契合，那么谭其骧的观点殆与杨守敬《历代舆地图》以《大清一统舆图》为底本参照系不无关系。

对谭其骧的观点最具影响力的阐扬，应首推复旦大学葛剑雄教授《统一与分裂——中国历史的启示》。该书属于通俗性读物，但不乏学术性创见。葛剑雄与谭其骧有师生关系，所以在该书中阐扬其师观点不遗余力，且两者对中国历史疆域问题意见的文字表述呈现出高度相似性。葛剑雄教授这样写道："如果我们看看彩色的中国历史地图，在前面历朝历代的总图中所看到的都是不止一种颜色，要到清朝时，才能找到那一种颜色的秋海棠叶状。千百年来，各王朝疆域时有变化，至此中国辽阔的疆域基本形成了。"[①] 他说，如果以今天中国的领土为历史中国疆域，"这自然是最简单的，但显然不妥当。因为由于一百多年来列强的侵略和掠夺，中国已有一百多万平方公里的土地被攫取了。今天的中国领土已经不能包括 18 世纪中叶清朝的最大疆域，甚至不能包括中华民国立国之初的领土，无法反映当时的实际。所以我们讲历史上的中国，应该以中国历史演变成一个统一的，也是最后的封建帝国——清朝所达到的稳定的最大疆域为范围，具体地说，就是今天的中国领土加上巴尔喀什湖和帕米尔高原以东，蒙古高原和外兴安岭以南的地区。……应该强调，我们选择这样一个范围并不仅仅是因为它的广大，而是由于它能比较全面地反映中国疆域发展变化的结果，便于从整体上说明中国历史上的统一和分裂，并能前后采用同一个标准。事实上，这一范围并不是中国历史上的最大疆域所至，例如唐朝的西界一度到过咸海之滨，元朝的北界远达北冰洋，朝鲜的北部曾经是汉朝的郡县，而越南曾是明朝初年的一个布政使司（行省）"[②]。谭其骧与葛剑雄前后赓续相继的话

---

①　葛剑雄：《统一与分裂——中国历史的启示》，生活·读书·新知三联书店 1994 年版，第 103 页。

②　葛剑雄：《统一与分裂——中国历史的启示》，生活·读书·新知三联书店 1994 年版，第 39—40 页。

语阐释"学统",对维系关于中国历史疆域的第二种观点在中国学术界的主流地位具有显而易见的影响力。而且应该指出的是,谭其骧的文章是作为《中国边疆史地研究》正式创刊的开篇之作公开发表,[①] 在中国边疆民族史学界的直接影响为其他论著所无与伦比,事实上在包括笔者在内的中国边疆民族史领域同仁心灵深处已经成为意识沉淀物。

在清史学界,中华人民共和国版图奠定于清的话语分布目前可谓比比皆是。清史学界主流观点认为,清朝最突出的成就在于奠定了中国这样一个版图辽阔的多民族统一国家的基础,其辽阔的程度不小于汉、唐,而其统一的巩固程度更大大超过汉、唐。例如,冯尔康这样写道:"康乾盛世,幅员辽阔,疆域稳定,最终奠定了我国的版图。后世不肖,领土时有丧失,但是大体上保持国土的完整。即以台湾而论,清朝继郑成功之后在这里设立府县,进而建置行省,后虽被日本军国主义强占,但二战后国民政府据理收回,所以,台湾是中国不可分割的领土,清朝起着奠基的作用。中国版图底定,国人受惠至今,自不能忘掉清朝的功绩。古代少数民族当权,出于本民族的切身体会,多能采取妥善的少数民族政策以巩固边疆,这就比汉人当政时眼光高一些,效果好一些,这就是一个国家因有新血液的补充而增加了活力。"[②] 台湾学者吕士朋亦认为:"清代是中国历史上传统王朝的殿后朝代,如果吾人把构成中华民族的各族摆在平等地位,而不以汉族本位主义观点来看中国历史的话,那么清代毫无疑问是中国历史上的伟大王朝。有清一代的最大贡献,厥为对边疆的经营,使得近代中国的广大版图得以真正巩固而确定。"[③] 甚至国外学者亦每每作如是观。例如吉尔伯特·罗兹曼(Giblert Rozman)即云:"中国在20世纪主权所辖的地理疆域是从清朝继承下来的。"[④] 以18世纪50年代至19世纪40年代清朝全盛版图为中国历

---

① 此文最初曾在《中国边疆史地研究》前身、内部刊物《中国边疆史地研究导报》上刊出。另外,可参详吉开将人「『中国歴史地図集』の論理—歴史地理と疆域観」『史朋』第36号、2003年、32—48页。

② 杜家骥:《清朝简史》,福建人民出版社1997年版,冯尔康序,第2页。

③ 王戎笙编:《台港清史研究文摘》,辽宁人民出版社1988年版,第50页。

④ Gilbert Rozman, *The Modernization of China*, New York: The Free Press, 1982, p. 267.

史疆域的话语与清朝历史地位、中国现代化等话语相互渗透、交织甚至彼此转换，但我们稍微仔细驻足观察，便不难发现这种相似性话语之间的陈述差异与断裂，亦正唯这种话语的差异性和断裂性构成其关联性。如果说"清朝奠定了中华人民共和国版图"属于表达式话语，那么以18 世纪 50 年代至 19 世纪 40 年代清朝全盛版图为中国历史疆域则属于行为式话语。质言之，前者主要是一个真伪与否的问题，后者主要是一个合适与否的问题。一些对谭其骧关于中国历史疆域的"标准论"持不同意见的学者并不否定"奠定论"，殆此乃实需明辨慎思者。

　　福柯的话语分析方法和理论在目前中国学术界颇为流行乃不争的事实。福柯所揭橥的"知识考古学"（L'Archeologie du Savoir）将自身置于观念史、思想史的对立面，摈弃思想史关于起源、连续性、总体化等主题，不以解释学或意义论的视角，而是全神贯注于对由陈述组成的话语进行穷形尽相的现象学描述，其所谓即以文献为文物的考古。毋庸讳言，笔者在本书中所使用的方法是在步趋福柯的轨辙，不过窃以为中国学术界对福柯的理解或效法多以实用主义态度加以歪曲，如果真正奉行福柯知识考古学方法，就应该如福柯那样不以福柯本人的作者同一性为理所当然的话语分析单位，因为任何作者在不同时空条件下出尔反尔的前后矛盾与变化都是司空见惯的，福柯亦不例外。福柯《知识考古学》（L'Archéologie du savoir，Paris：Gallimard，1969）与《话语的秩序》（L'ordre du discours，Paris：Gallimard，1971）、《尼采·谱系学·历史》（Nietzsche，La généalogie，l'histoire，in S. Bachelard，et al.，Hommage à Jean Hyppolite，Paris：Presses Universitaire de France，1971）这三个重要文本既可谓隐含一种递进的连续关系，亦可谓一种历史的断裂。如果我们从知识考古学的界域进入到知识社会学的界域，那么话语自我保持的边界便会立即呈现分崩离析的景观，福柯所描述的话语被各种纷至沓来的权力和控制所撕扯、配置的图像便会在我们面前历历在目。但是，福柯对知识与权力的关注绝非中国学术界所片面理解的"权力镜子反映知识论"，我们不能把中国学术界关于历史边疆的学术探讨简单地视为政治权力的编码行为，相反，应该真正如福柯那样将权力论进行改造而视之为无中心点的弥散性关系，应该充分看到中国学术界在这一问题上绝非仅仅是政治权力的附属物、传声筒。

事实上，新中国成立后很长一段时间内，将历史疆域的研究同现实政治和外交政策等同起来并列为禁区，政府相关部门为避免对外交涉中不必要的麻烦，往往以学者"莠言乱政"的心态严格控制这方面问题的研究，以至学者每每嗫而不言，明哲保身，不立文字或往往致力于具体史事的考订研究等。即便像谭其骧这样的学术权威，其关于中国历史疆域的论文原本系 1981 年中国民族关系史学术座谈会上的报告，却于十年后方正式发表，足见本论域受政治钤制影响之巨，在拿出极大勇气后大胆探索才使得关于中国历史疆域的话语空间得以开拓和展辟出来。

由于疆域问题比较敏感，就此发表意见的学者多以持正不阿的人格倾向独立思考。尤其在 20 世纪 80 年代以前，孙祚民、杨建新、周伟洲等当时学术少壮派多师承名家，不囿陈说，积极致力于这一问题的学术争鸣。孙祚民在 1961 年 11 月 4 日《文汇报》上发表的《中国古代中有关祖国疆域和少数民族问题》一文主要系对白寿彝观点进行一种修订和调和，指出："一方面，从今天的角度说，应以中华人民共和国的国土范围为标准，凡处在今天中华人民共和国国土范围以内的所有民族（包括历史上的），都是我国民族大家庭的成员，他们的历史，都是中国历史的一部分。另一方面，在过去的历史阶段，则应当以当时各该王朝的疆域为历代国土的范围。因而，凡在当时还处在各该王朝的疆域之外的独立民族……就是外族和外国，只有等到这些独立民族国家由于某些原因而逐渐与汉族融合，或者统一于汉族王朝以后，他们才开始成为中国的民族成员之一，它们的历史，也就成为祖国历史的一部分。"① 孙祚民的二分法论本身存在不可调和的前后矛盾之处。杨建新的观点正如其论文《沙俄最早侵占的中国领土和历史上的中国疆域问题》所标明的那样源自当时颇具影响的"沙俄侵华史"集体课题研究，历史上俄罗斯疆域的形成、蒙古帝国的兴衰以及国际法对领土管辖的关注等当时课题研究所涉及的资料源知识和非资料源知识，使"疆域核心地域""行

---

① 孙祚民：《中国古代史中有关祖国疆域和少数民族问题》，《文汇报》1961年 11 月 4 日。

政管辖""历史变迁"三位一体构成杨建新关于历史疆域理论话语的核心概念。他认为："行政管辖对确定历史上的疆域范围，是个主要的因素，而一个国家对自己领土和人民的管辖，在不同时期有不同形式，是不能强求一律的。""中国历史上的秦、两汉、隋、唐、元、明、清这些朝代，都是基本上实现了全国统一的时期，是中国历史发展的主干，这些时期的疆域，也是确定历史上中国疆域范围的主要标志。"① 杨建新在关于中国历史疆域理论研究学者中就此撰文颇多并跨越时间甚长，其本人理论思维变迁十分显著，如其于《兰州学刊》1986年第1期上发表的《再论中国历史上的疆域问题》，似乎在实质上呈现出对白寿彝观点的同情和趋同，而于《中国边疆史地研究》2006年第2期上发表的《"中国"一词和中国疆域形成再探讨》，则又将中国疆域形成的主要模式概括为一个中心（指中国的中原地区）、两种途径（指开拓模式和嵌入模式）。和杨建新一样执教于中国西北地区并均在早期学术生涯投身于国家下达的沙俄侵略中国西部边疆史研究任务的周伟洲教授，同样关注于历史上不同时期所形成的统一多民族国家的疆域变迁，他指出："历史上各个时期的中国疆域绝不会与现在的中国疆域一样。……如果我们以今天中国的疆域（或清初乾隆时的疆域）为准"，那么"实际上仍然是先用今天中国疆域去套历史上中国的疆域，这样就基本上否定了今天中国的疆域是历史上中国疆域发展而来的事实"，"以今天中国疆域来确定历史上中国疆域和民族的论点，既否认了历史上的中国是一个国家，否认了历史上我国是一个统一的多民族国家，又否认了历史上中国的发展过程，否定了历史上中国的统一和分裂的事实"。因此，他认为"历史上的中国就是历史上我国统一的多民族国家"，"而历史上我国统一的多民族国家存在着统一和分裂的情况。因此，当统一的多民族国家处于统一时期，历史上的中国就是当时的统一的多民族政权，即由汉族或其他民族所建的中央集权的封建国家。在统一的多民族国家

---

① 俱见杨建新：《沙俄最早侵占的中国领土和历史上中国的疆域问题》，中国社会科学院近代史研究所中俄关系史研究室、兰州大学历史系编：《中俄关系史论文集》，甘肃人民出版社1979年版，第46—63页。

管辖的民族和地区出现的政权，都应是当时中国的一部分"。①

有学者将白寿彝为代表的"现今说"、谭其骧为代表的"标准说"和周伟洲、张博泉等为代表的"历史变迁说"的三种不同类型观点，与新中国成立后关于中国历史疆域讨论的所谓"三个高峰"相联系。这种归纳和概括不为无见。大体而言，白寿彝在20世纪50年代提出的"现今说"与当时否定大汉族主义的话语氛围有关，谭其骧的"标准说"与当时反驳沙俄侵华的话语氛围有关，20世纪90年代以来倾向于"历史变迁说"的历史疆域讨论的话语空间背景则涉及东北地区高句丽归属等争议。不过，福柯知识考古学方法与思想史的不同正在于："它更趋向分解由历史学家的不厌其烦编织起来的所有这些网络；它使差异增多，搅乱沟通的线路，并且竭力使过程变得更加复杂。"② 这种关于中国历史疆域讨论的所谓"三个高峰"等概括，显然具有一种总体主义和线性史观的色彩，把平面的、甚至立体的话语空间分布化约为承续赓继的线性时间阶段性延展，用胡适的话来说，即是"规矩整齐"得令人可疑。首先，20世纪90年代以来关于中国历史疆域讨论备受关注，固然如上所述涉及东北地区高句丽归属等问题，但这仅仅是一隅之见，中国边疆民族史学界从自身学科建设角度诱发的内驱力实尤为根本原因。其次，各种话语的衍射射线互相交织，各种话语并不是以历时性的波浪式递进，而是呈现多重时空的叠合，例如，既存的反大汉族主义话语并未销声匿迹，而是与新近从西方引进的后现代思潮中的后殖民主义话语相互缠织共存。再次，关于中国历史疆域的学术话语分布的地域黏附空间性，亦使人们习惯的历史阶段划分分析法难逃怀疑的目光。20世纪90年代以后，东北地区学术界在高句丽归属问题争议过程中首当其冲，济济多士遂集矢于中国历史疆域的理论建构。其中，张博泉堪称东北地区边疆民族史学界之翘楚，长期以来围绕边疆民族的若干宏观理论造诣甚深，对推动该地区在此领域研究蓬勃发展厥功甚伟。一向在学术

---

① 周伟洲：《历史上的中国及其疆域、民族问题》，《云南社会科学》1989年第2期。

② 米歇尔·福柯：《知识考古学》，谢强、马月译，生活·读书·新知三联书店1999年版，第219页。

思想方面特立独行的张博泉旗帜鲜明地提出："历史上的民族、国家与疆域是发展变化的，不同的历史时期结构的模式在发展变化，其内容与思想在发展变化，其幅员的大小也有发展变化，不能以一个固定的模式确定版图范围，不能削历史之足以适其履。历史发展的真实是，在历史上的版图范围，有时大有时小，有时伸有时缩，不是大也不行，小也不行，伸也不行，缩也不行。对历史上的边疆民族与疆域研究的准则，应从历史实际出发，尊重历史的本来面目，它包括各民族、政权和土地在内的统一的多民族的国家疆域。当时是版图范围，有多大，就写多大，达到哪里，就写到哪里。既不能把属于版图范围内的民族、政权和土地写出去，也不能把不属于版图范围内的民族、政权和土地写进来。这就是研究我国古代民族与疆域所应遵循的依据和标准。"① 我们从张博泉论述中国历史疆域的各种文本可以看出，中国学术人不断推陈出新的总体趋势都是在实事求是的理念支配下尽量贴近于历史，赋予中国历史疆域以历史流动感。黑龙江省社会科学院张碧波反对谭其骧的"标准论"，所依据理由即是："如何确定中华历史疆域的标准是中华史学一个带根本性的问题，不能人为地规定一种标准，把复杂的历史疆域问题简单化。应把问题提到一定的历史范围之内，对具体问题进行具体分析。"② 目前东北地区边疆民族问题学者对中国历史疆域的讨论仍方兴未艾。对全国范围内大体上属于"历史变迁论"的相关学者各抒己见的话语实践，笔者无意削删这种"历史化"（historicization）话语中间的差异性以简执繁，并且这种"历史变迁"虽然颇具吉登斯不满足于结构主义而力图以其结构理论（structuration theory）相矫正的意味，但大多数基本上属于有主张而无巨擘式理论实质性创建和营构，尚未臻垂变以显常的化境。

　　在笔者看来，辨彰名物乃考镜源流的基础，各种学术观点的分歧症结并不在于是否"把问题提到一定的历史范围之内，对具体问题进行具体分析"，而在于言称的概念口径不尽一致，概念的调换神出鬼没，不

① 张博泉：《论古代边疆民族与疆域研究问题》，《吉林大学社会科学学报》1999 年第 3 期。
② 张碧波：《关于历史上民族归属与疆域问题的再思考——兼评"一史两用"史观》，《中国边疆史地研究》2000 年第 2 期。

具有格物致知的学术辨析可操作性，以致许多情况下或自说自话，或昏天黑地混战不休，而哈贝马斯所谓的"理性交谈"（rationaler diskurs）隐遁杳然。中文"历史疆域"与"历史上的疆域"两个概念存在密切关系，但绝不能混为一谈。前者英文为"historical territory"或"historical dominion"，后者英文为"historic territories"或"territories（or territory）in history"。前者为专有名词、单数名词，主要指法律版图的历史权利依据；后者则可以是复数名词，主要指"疆域在历史上的变迁"。杨建新云："历史上中国的疆域问题，应包含三层含义：一是指现在中国的疆域发展、变化的历史，包括现在中国疆域各部分自身的发展和变化；二包括现在中国疆域各部分之间相互关系的发展和变化；三包括曾与现在中国疆域在政治上、经济上、居民分布方面是一个整体，而后来又不属于中国疆域的这个历史发展、变化过程。一句话，现在中国疆域历史上的发展变化，就是我们所说的历史上的中国疆域。"① 这段话最为准确地诠释了"历史上的疆域"的内涵与外延。正是由于概念的厘清不够自觉，所以见仁见智，表面上彼此争论激烈，但实际上三种类型的观点分别论谈的是历史书写、历史疆域、疆域沿革三个不同侧面和维度的问题，并未处于共同的知识话语交流平台之上，并不具有可通约性，其间鲜见实质性交锋与反诘，以致取向既殊，结论自异，彼此达成"大一统"的共识格局迄今渺然难期。在法学界，埃德加·博登海默等人针对自然法学、概念法学、社会法学三大流派长期聚讼纷纭的情事提出创建综合法学。他在《法理学：法律哲学与法律方法》（Edgar Bodenheimer, *Jurisprudence: The Philosophy and Method of the Law*, Cambridge：Harvard University Press，1974）中如是云："法律是一个带有许多大厅、房间、凹角、拐角的大厦，在同一时间里想用一盏灯照亮每一间房间、凹角和拐角是极为困难的，尤其当技术知识和经验受到局限的情况下，照明系统不适当或至少不完备时，情形就更是如此了。我们不用像逻辑实证主义者所主张的那样，认为从科学的观点看，历史上的大多数法律哲学都应当被打上'胡说'的印记，相反，我们似乎可以更为恰当地

---

① 杨建新：《再论中国历史上的疆域问题》，《兰州学刊》1986 年第 2 期。

指出，这些学说最为重要的意义乃在于它们组成了整个法理学大厦的极为珍贵的建筑之石，尽管这些理论中的每一种理论只具有部分和有限的真理。随着我们知识范围的扩大，我们必须建构一种能够充分利用人们过去所做的一切知识贡献的综合法理学（synthetic jurisprudence，又称统一法学或一体化法学）。"① 博登海默之言用来映照当下中国历史疆域的讨论实为洽切至当。

第二节　中国历史疆域的法理支援意识

从本质上而言，学术界关于中国历史疆域的话语陈述不是单纯的对历史事实的认知与探索，即为历史研究而历史研究，而是"言有所为"的施行表达，即以言行事（illocutionary act）、为当代中国疆域的法律地位提供历史依据。由此言之，中国历史疆域的话语陈述本质上已经悄然逾越于人为的标识性学科边界从历史学伸延至法学的领地；另一方面，推而言之，这种"由史入法"的话语意旨陈述又是通过"援法入史"的方式加以表达的，具有颇为复杂的法理支援意识。因为疆域问题不单纯是一个历史问题，同时也是一个法律问题。傅斯年在抗战前撰写《东北史纲》进行纸上国土保卫战，于该书序言中驳斥日人"满蒙在历史上非支那领土"论，认为此等指鹿为马之言本不值一辩，并且"东三省是否中国，本不以历史为其根据。所谓某地是否为某国者，原有两种条件，其一，依国法及国际公法之意义所规定，或以承袭，或以割让，通之于本国之法令，见之于国际之约章。……其二，依民族自决之义，必其地之人民多数不与其所属之国同族，然后始可成为抗争之论。"②

① E. 博登海默：《法理学：法律哲学与法律方法》，邓正来译，中国政法大学出版社 1999 年版，第 198 页。

② 欧阳哲生主编：《傅斯年全集》卷二，湖南教育出版社 2003 年版，第 375 页。傅斯年撰写《东北史纲》与历史书写的民族国家空间框架的关系见本书第二卷第八章。

在傅斯年看来，领土的法律依据较诸历史证据更为重要，东三省在一切法律的意义及事实上属于中国领土明确无疑，历史之谈本不相干。我们可以毫不夸张地说，如果没有法理依据的奥援，学术界关于中国历史疆域理论的话语陈述将缺乏支撑的精神脊梁。

历史学界所谓"中国历史疆域"亦有称为"中国自有历史疆域"者，如前所述可以译为英文"historical territory"或"historical dominion"，其在国际法学上多被名曰"固有领土"或"历史权利"（historic right 或 historic title）。固有领土系指国家形成阶段或近代国际关系发展之前，作为一个国家成立基础要件的领土，而并非指现代国家成立以后根据国际法规定通过先占、割让、添附、征服等方式取得的领土。现代国际法学理论认为，新成立的国家"根据国家的成立"（by virtue of its establishment）而取得领土权，[1] 同时，作为领土权的历史性出发点的"前法的主权"（pre-legal sovereignty）所涉及的领土被称为固有领土或称为根据本源的权原的领土。[2] 从语源学角度而言，中文"固有领土"殆输入于日本，此术语在日本法学界及媒体十分盛行，目前中华人民共和国国务院台湾事务办公室发表的关于台湾法律地位白皮书等官方文件亦多使用"固有领土"等概念。日本驻苏联外交官清水威久（しみずたけひさ，1904—1981）对"固有领土"一语颇不以为然，他在《北方领土问题的历史和现状》中如是言：

> 人们总说"'四岛'是固有领土……"之类的话，然而，这个专门用语也不知道究竟是谁从什么地方贩卖来的？如果用"祖传领土"或者"先祖之地"这样易于理解的说法不是更好吗？"固有"这个词怎么来的，还不太清楚，可能是从苏联为了扩张西部领土，作为借口而用的"Исконная территория"，意即"历来的领土"（"领土"有时也用"土地"即俄语"Земля"这个词）翻译过来

---

① W. L. Gould, *An Introduction to International Law*, New York: Harper, 1957, p. 357.

② Georg Schwarzenberger, *A Manual of International Law*, 5ed, London: Steven, 1967, p. 122.

的。若是这样的话，原句中的意思和"固有名"的"固有"（俄语为"Собственное"）的意思是不同的。因此，翻译这句话时，也应该用其他词为好。①

这段文字是为反对苏联在所谓"北方领土问题"上的权利主张而言，难免言过其实，但亦说明"固有领土"的概念表述存在诸多值得斟酌之处，似不如中国历史学界所谓"历史疆域"更为妥适。不过，这尚不足以对此概念使用可喻性构成实质性障碍，并且这种领土的历史权利是为当代国际法所认可的。国际法院（the International Court of Justice，ICJ）关于厄立特里亚/也门仲裁案（Eritrea-Yemen Arbitration）的裁决书即对也门基于"历史权利"（historic title）的领土主张不惮其烦地进行分析的说明，以此为审慎考量的关键因素。

在国际法学界，"领土争议"（territorial dispute）与"边界争议"（boundary dispute）两个概念既相联系又相区别，而领土争议又被分为领土政治争议和领土法律争议两者，领土争议主张遂相应有"领土政治主张"（territorial political claims）和"领土法律主张"（territorial legal claims）之别。② 然而，正如孟德斯鸠所说："国际法是国家与国家相互关系的政治性的法律。"③"在现实的国际关系领域，很少有一件事或问题中的法律与政法是不交织在一起的。"④ 尽管理论上有关领土的政治争议与法律争议有厘清之可能，但绝对的二分法（absolute dichotomy）是不存在的，实践中提出的领土主张往往具有混合的性质，兼涉政治主

---

① 南开大学历史系日本史研究室编：《日本北方领土问题论文及资料选编》，上海人民出版社 1980 年版，第 109 页。Исконная территория 分别相当于英语、法语、德语中的 the Ancestral Territories、les territoires ancestraux、die angestammten Territorien。

② Surya Prakash Sharma，*Territorial Acquisition*，*Disputes and International Law*，London：Martinus Nijhoff Publishers，1979，p. 32.

③ 孟德斯鸠：《论法的精神》上册，张雁深译，商务印书馆 1997 年版，第 137 页。

④ 熊玠：《无政府状态与世界秩序》，余逊达、张铁军译，浙江人民出版社 2001 年版，第 3 页。

张与法律主张。普雷斯科特指出："大量的领土争议实缺乏显著的法律要件，相反，多基于主张被主张领土应为权利主张国家所有的各种理由。"① 领土法律主张通常由基于历史、地理、战略和经济等其他内容所支持或车辅相依，其中对历史的诉求几乎在各国领土争议中均居于关键地位，历史主张（historic claim）的提出端在依赖一系列历史事实以推理出历史领有（historic possession）的权利。再者，因为国际上领土疆界之争、领土主权之争的规范迄今并未成文化，只包含在习惯国际法内，国际法院法官或其他仲裁者每每通过历史领有、实际占有（uti possidetis）和时效（prescription）等法言法语的修辞精致包装而将历史考量因素（historic considerations）纳入相关争议案件的处理筹思之中。

一般的地图都体现着国家对其疆域的政治主张，即使《中国历史地图集》所反映的历史事实亦不例外。历史学界以 18 世纪 50 年代至 19 世纪 40 年代清朝全盛版图为中国历史疆域的"标准论"属于历史主张的范畴自不待言，唯此种"标准论"的话语建构固非囿于历史思维的产物，实具有其国际法学的理论渊源，暗喻着这样的国际法法理依据：长期生活在我国疆域内的各个民族，在清代已经形成为单一稳定的民族共同体，大多数属于古代民族，一部分属于原始民族。清代是中国各民族融合达到成熟的阶段。鸦片战争后，外国资本帝国主义入侵中国，破坏中国各民族的团结，不仅使内地汉族人民饱受蹂躏，而且使边疆少数民族遭罹其难。中国各族人民团结御侮，深切感到他们的共同命运，感到统一国家的可贵，产生了维护国家主权独立和领土完整的共同要求。在几千年的历史过程中，中华民族就作为一个自在的民族实体早已形成，而在鸦片战争以后中国与西方列强的对抗中，中华民族在悠久的多民族国家不断发展的基础上，便开始作为一个自觉的现代民族国家实体而走上了历史舞台。在 1689 年以前，中国历史疆域边界从未与他国用条约的形式正式确定过，1689 年《中俄尼布楚条约》的签订为中国疆界正式勘定的肇端。为了维护我国封建多民族国家的统一，清政府在中

---

① John Robert Victor Prescott, *Boundaries and Frontiers*, London：Croom Helm Ltd，1978，p. 103.

央设置理藩院，在边疆地区派驻重臣，改革边疆地区的行政管理制度，建立驿站，辟治交通，驻守军队，定期巡边，发展经济，把边疆地区有效地置于清朝中央政府的直接管理之下，使过去我国中央政府对边疆地区那种比较松散的统治管理变得空前紧密，使边疆和内地结为一体，最终确定了中国的历史疆域，奠定了中华人民共和国版图的基本格局。

一般而言，一国之疆界通常以国力低于敌方而萎缩，以国力重振和外力相援而恢复旧疆。鸦片战争后，由于西方列强的大肆侵略，清政府软弱无能、妥协退让，我国周边政治关系发生激剧变动，我国疆域内缩、疆界内移，造成了中国历史上最为严重的失地现象。苏演存在1916 年出版的《中国境界变迁大势考》中说："试以乾嘉以前版图，与今日领域比较之，殆已成二与三之比例。"由于帝国主义的蚕食鲸吞，我国疆域的完整性与统一性遭到破坏，大片领土丧失，边疆屡易其界。清代前后期疆域的显著变化，是历史上中国版图的最后一次"热胀"与"冷缩"。帝国主义强加给了中国一条被歪曲的边界线，特别是北部边界改动尤大，仅俄国就侵占我国北部边疆一百五十万平方公里的辽阔土地（不包括唐努乌梁海十七万平方公里），致使我国疆土日蹙，河山破碎，金瓯残缺。西方列强侵略中国的战争是非正义战争、是非法行为，非法行为不产生权利；西方列强通过侵略战争或其他威胁手段而强迫清政府缔结的条约，严重侵犯中国主权和领土完整，违反国际法的强制规律，是不平等条约，不具备法律效力。在外国列强侵占中国领土以前的清朝疆域，是中华民族历史发展的合乎规律的产物，是中国历史疆域的总结状态，中华人民共和国对此具有继承权利。

谭其骧在《历史上的中国和中国历代疆域》阐述其主张的理据时，第一个问题主要谈认识中国历史疆域的时空框架，即"我们是现代人，不能以古人的'中国'为中国"，在此一问题上与白寿彝保持了一致，但谭其骧接下来话锋一转，称："第二个问题……我们认为 18 世纪中叶以后，1840 年以前的中国范围是我们几千年来历史发展所自然形成的中国，这就是我们历史上的中国"，至于现代的中国疆域，由于受国外列强侵略已不能代表我们历史上的中国的疆域了。许多学者往往引述谭其骧的上述这段论断，但并不明白其在上下文反复申论"自然形成"

的微言大义之所在。据笔者所阅读国内外文献的范围而言，中国学术界对"历史疆域"的关注和言说在世界上特别突出，或许与中国素重历史的传统和中国历史悠久的特性相关联，可以与国外的"自然疆界论""科学疆界论""移动疆界论"的话语建构相媲美，且从话语分析角度而言是具有相似性的。谭其骧以其圆温润的历史叙述论证手法阐明其历史疆域理论，就中国问题论中国问题而慎言其余，不涉及世界上其他国家的比物连类，殆作者恪守不谈自己不熟悉领域问题的中国传统治学原则和对此法理依据的思考尚不成熟所致，故而其如锦绣黼黻的文章隐含的国际法规范与原理的针脚线迹难以为不明就里的读者所鉴察知悉，而这种法理依据的阐幽发微最早明确见于陈连开《中国历史上的疆域与民族》一文。陈连开的这篇文章发表于《中央民族学院学报》1981 年第 4 期，持论与谭其骧相同，显然受到谭其骧在同年 5 月召开的"中国民族关系史研究学术座谈会"上的演讲报告的启发，且目的似乎亦旨在从自己研究擅长的视角出发补充和发挥谭其骧演讲报告语焉不详的理论关节点。陈连开指出，之所以以 1840 年西方资本主义列强侵入中国以前的中国疆域来确定中国历史疆域，不是任意选择一个最有利的历史时期，而是依据马克思列宁主义关于民族殖民地问题的理论和国际通行的法理来确定的。"中国自 1840 年到新中国诞生以前，是一个受资本帝国主义侵略的半殖民地国家。按照马克思列宁主义关于殖民地民族解放运动的理论与世界殖民地民族解放运动的通例，都是以资本帝国主义破坏其独立以前的疆域确定其历史疆域的，中国自然也应该如此。""由于帝国主义统治遗留下来的恶果，殖民地半殖民地国家独立之后，与邻国有时也有边界与疆域纠纷，对此类问题，马克思列宁主义者总是主张在平等协商的基础上，既考虑历史背景又考虑现实情况，互谅互让和平解决。至于古代和中世纪历史上某个民族曾在某个地区立国或行使管辖，后来发生了很大变迁，甚至完全丧失了国土，现在再要求在原有土地上复国，或在古代、中世纪某个时期在某个地区行使管辖为理由向别国提出领土要求，是国际通例所不容的。或者，某个地区历来有几个不同的国家，而帝国主义殖民统治时期曾经是同一个帝国主义的殖民地，独立后其中某个国家实行地区霸权主义，企图扼杀邻国的独立或任意侵夺邻国的领土，这也是完全违反国际关系准则的侵略行为，必然要受到世界各国公正舆论的严厉谴责。犹太复国主义者对阿拉伯国家的侵略与越南对柬埔寨的侵略，受到了世界各国人民的强烈反对与世界公正舆论的谴责，就是明证。由此可见，殖民地半殖民地国家，以帝国主义破坏其独立以前的疆域确定其历史疆域，是国际普遍承认与支持的原则。"① 陈连开的这篇论文亦是笔者所见迄今对有关中国历史疆域法理依据最为详尽的论述，惜学术界未能对此文的洞识及其价值予以足够的关注，所以此后许多论著的申论往往言不及义，一直未能沿着既有成果向着中国历史疆域理论的这一硬如坚果般的核心问题切进。

继陈连开之后，刘宏煊亦撰文赞同谭其骧关于中国历史疆域的观点，认为"将鸦片战争前的疆域界定为正式形成的中国历史疆域""符合历史的客观实际"，并基本上沿用陈连开的论述而参以己见提出如下三点理据："其一，马克思主义关于殖民地、半殖民地民族解放的理论与世界民族解放运动的实践，都是以资本帝国主义破坏这些国家的独立以前的疆域，作为其历史疆域的"；"其二，现代意义上的国家主权和疆域概念，是近代国际斗争的产物，是资本主义市场经济发育的成果。因此，中国以元代或元代以前朝代疆域作为中国历史疆域也是不妥当的"；"其三，直到19世纪初，经过数千年发展的中国疆域，才有了一系列国际法（主要是边界条约）保障，成为举世公认的国家疆域"。② 南京大学历史系胡阿祥《释"中国"》一文同样注意到这一问题，这样写道："之所以用清朝前期的历史疆域来确定历史中国范围，当然也不仅仅是由于地域的中国的多变，文化的中国的模糊，或任意选择一个最有利的历史时期。按现代民族是社会发展的资产阶级时代的必然产物和必然形式，而民族的要素是在资本主义以前的时期逐渐形成的。多元一体的中华民族作为现代民族走向历史舞台，正是在悠久的多民族国家不断发展的传统的基础上，与中国近代民族民主革命相联系的。现代民族和现代主权国家，确立了国家主权和领土完整神圣不可侵犯的国际关系

---

① 俱见陈连开：《论中国历史上的疆域与民族》，《中央民族大学学报（哲学社会科学版）》1981年第4期。

② 俱见刘宏煊：《中国疆域史》，武汉出版社1995年版，绪论，第4—5页。

准则。近百年来，亚、非、拉地区许多原先沦为殖民地、半殖民地的国家，都在他们原有的即资本帝国主义破坏其独立以前的历史疆域内恢复了独立。根据以上这些原则和国际惯例，则政治概念的历史中国范围，理所当然地就是 1840 年帝国主义者入侵以前的清朝疆域。"① 诚如邢玉林在《1989—1998 年中国古代疆域理论问题研究综述》中所言，刘宏煊在《中国疆域史》绪论所陈第一点理据乃"是确定中国历史疆域的最坚实的理论基础"②。由陈连开最早明确阐发的理据在笔者看来是站得住脚的，不过由陈连开长期致力于民族理论研究的知识背景所决定，这一迭经深具慧眼卓见的有关学者附议自始亦存在颇多商榷余地。

盖国际法的萌芽固有可追溯至远古时代，但学术界一般认为近代早期国际法（early modern international law，又称为 classical international law，即古典国际法）起源于中古时代天主教的西欧，系由学说法逐渐发展成为制定法。1648 年的《威斯特伐利亚条约》被视为近代国际法的"实际源头"，近代国际法在历史上被称为"欧洲国际法"或"欧洲公法"，它以西方国家为其社会基础，以西方文化价值为其法律依据，是西方国家意志的表现，包括一套规则，"这些规则具有：地理基础（它是一个欧洲法）、宗教伦理思想（它是一个基督教法）、经济动机（它是一个重商主义法）、政治目的（它是一个帝国主义法）"③。国际法院的尼日利亚法官埃利亚斯指出："自从格劳秀斯以来，特别是 1648 年《威斯特伐利亚和约》以来，国际法在性质上和适用上，主要是欧洲的。"④ 是时，詹姆斯·劳里默等国际法学者划分了所谓"文明人"与"野蛮人或半野蛮人"，只给予后者部分国际法主体资格或根本不承

---

① 该文系作者于 2004 年 9 月由江苏省社科联策划并联合南京、徐州、淮安、镇江市社科联及徐州师范大学等单位主办的"海峡两岸中华文化发展论坛"上的发言。

② 邢玉林：《1989—1998 年中国古代疆域理论问题研究综述》，《中国边疆史地研究》2001 年第 1 期。

③ 穆罕默德·贝贾维：《争取建立国际经济新秩序》，欣华、任达译，中国对外翻译出版公司 1982 年版，第 35 页。

④ Taslim Olawale Elias, *New Horizons in International Law*, Alphen aan den Rijn: Sijthoff & Noordhoff International Publishers, 1979, p. 21.

认后者是国际法主体。广大的亚非拉殖民地、附属国在欧洲中心主义主导思想支配下仅仅是西方列强刀俎下的鱼肉，对以造法者自居的西方列强制定的国际法律规范毫无置喙之地。19 世纪被西方学术界称为"国际法的黄金时代"（the golden age of international law）不仅国际法学说灿然大备，而且实定法迅速发展，故亦被誉为"实体国际法形成时代"。这时期，一方面西方列强凭借领事裁判权、保护国、势力范围、租界等方式在合法外衣下对亚非拉殖民地和半殖民地地区的压迫与奴役臻于登峰造极，另一方面，在激烈的殖民与反殖民权力斗争中，近代国际法在亚非拉殖民地和半殖民地地区得到传播，或作为以其人之道还治其人之身的防御性武器被得到利用。1914 年第一次世界大战的爆发标志着近代国际法向现代国际法的转型。20 世纪被拉赫斯称为国际法的"新时代"，这个世纪也是国际法的一个天翻地覆的变革时代。

引发国际法如此重大变革的要素之一即是民族自决原则（the principle of self-determination）的确立。民族自决的思想可以追溯至 18 世纪法国大革命所宣告的"不征服"主义（the doctrine of "no conquests"）。降及 19 世纪，民族自决的观念伴随着民主的概念，引起了欧洲未独立民族的密切关注。源于第一次世界大战的急迫需要，民族自决开始登上世界政治舞台，相当程度上成为当时协约国集团在与同盟国集团较量过程中克敌制胜的有力法宝。1918 年美国总统伍德罗·威尔逊在国会演讲时提出著名的"十四点原则"（Wilson's Fourteen Points），其中宣布将保证奥匈帝国、奥斯曼土耳其帝国统治下的各民族获得"自治的发展"云云。此外，威尔逊还在其他场合强调称："当今民族仅受经其同意的支配和统治。民族自决不仅仅是一个词语，它是一个必须服从的行动准则。"① 与此同时，第一次世界大战后期爆发的 1917 年俄国十月革命更为倡导和实践民族自决原则做出了举世公认的贡献。第二次世界大战使民族自决思想扩展及全球范围，民族自决成为二战后的流行口号。《联合国宪章》（*The Charter of the United Nation*）第一条第二项宣布："发

---

① Johannes Mattern, *The Employment of the Plebiscite in the Determination of Sovereignty*, Baltimore：The Johns Hopkins Press, 1920, p. 76.

展国家间以尊重人民平等权利及自决原则为根据之友好关系，并采取其他适当办法，以增强普遍和平。"① 自此，民族自决作为一项基本原则得到国际社会的完全确认，不再被视为一个单纯道义上或政治上的原则，而毋宁说已成为国际强行法（jus cogens）。1960 年 12 月，联大通过《关于给予殖民地国家和人民独立的宣言》（*The Declaration on the Granting of Independence to Colonial Countries and Peoples*）等都重申这一原则。诚如克罗福特（James Crawford）所说："国际法承认了自决原则；它像主权一样，是一项法律原则。"②

民族自决原则的确立与去殖民化（decolonization）运动的发展相生相引，相辅相成。第一次世界大战以后，特别是第二次世界大战以后，随着帝国主义的彻底崩溃，一系列社会主义国家登上国际舞台，亚非拉广大殖民地附属国人民纷纷独立。在世界上一百六十多个国家中，第三世界（the Third World）国家一百二十多个。正如瓦特尔（Emeric de Vattel，1714—1766）名言所说："侏儒和巨人都是人，至微小的共和国和最强大的王国同样是主权国家。"（Un nain est aussi bien un homme qu'un géant：une petite république a 'est pas moins un état souverain que le plus puissant royaume.）③ 这种"新国家"数量的激增，不仅改变了国际社会的构成结构，而且改变了国际法诸多法律规范，"不仅从横面上维护了国际法的适用空间，而且从实质上加强了国际法的有效性"④。这些新兴的国际法主体不再是殖民者的"依附国"，不再是国际社会中国家的"三等公民"，不再是现代国际法规范制定与修正的"失语者"。尽管如一些美国国际法学者所承认的那样，"没有人要求完全否认我们所说的国际法。没有人要求烧掉书籍，拒绝历史关于减少摩擦的规则所给予

---

① 国家宗教事务局政策法规司编：《国际文书有关宗教条款汇编》，宗教文化出版社 2008 年版，第 11 页。

② James Crawford, *The Creation of States in International Law*, Oxford：Clarendon Press，1979，pp. 101 – 102.

③ Emerich de Vattel, *Le droit des gens ou Principes de la loi naturelle appliqués à la conduite et aux affaires des nations et des souverains*, Paris：Janet et Cotelle，1820，p. 11.

④ 梁西：《论国际法的发展》，《武汉大学学报（社会科学版）》1990 年第 5 期。

我们的教训而从头开始"①。但第三世界国家认为它们不受其未参与制定的国际法规则的约束，尤其不能容忍为维护殖民主义利益而确立的国际法原则和规章制度继续存在下去，强烈要求废除以前所遗留下来的殖民地时代不合理国际法规则和制度，由此推动了许多国际法规则的重新改写。

　　当代国际法所确立的不平等条约无效的原则，自然而然地成为主张以 18 世纪 50 年代至 19 世纪 40 年代清朝鼎盛时期版图为中国历史疆域的"标准论"颇为有力的法律依据。一个合法缔结的条约，在其有效期间内，当事国有依约善意履行的义务，此乃国际法上的条约必须信守原则（pacta sunt servanda）或条约神圣原则（sanctity of treaties, inviolability of treaties）。条约信守原则作为条约法上的一个最重要的基本原则，其重要性即在于为国际间的互信和互赖创造条件，从而确保国际关系的稳定和国际和平的维持。在国际法学史上，自然法学派、实定法学派和基本规范学派对条约必须信守的基础提出了不同的理论上的阐明。17 至 18 世纪，格劳秀斯的追随者以自然法来论证条约信守原则，而 19 世纪兴盛的实定法学派则主张条约信守的义务产生于国家的同意。按照尼古拉斯·波利蒂斯（Nicolas Politis, 1872—1942）的连带关系学派的观点，条约必须信守原则之所以有拘束力，是由于有一个更高的规范赋予其以拘束力。这个更高的规范产生于人们的法律意识，而经国际习惯予以确认。正是由于连带关系的要求，人们才承认条约必须信守原则，因为，如果条约得不到信守，国际社会生活将成为不可能的事情。② 不过，条约必须信守原则并不能被认为是绝对的，必须受一些限制，其中之一即是条约所规定的义务必须是平等互利的，不能是非法的或不道德的。有学者指出："一个国际条约是两个或两个以上主权国或当事国自由签订的契约，缔约国之间，法谚 do ut des（互惠或对等）的原则应自动成为该条约有效的前提。"③ 在罗马法中，一方合伙人承担所有的风

---

　　① 转引自王铁崖：《第三世界与国际法》，中国国际法学会编辑：《中国国际法年刊》（1982 年），中国对外翻译出版公司 1982 年版，第 20 页。

　　② 李浩培：《条约法概论》，法律出版社 2003 年版，第 285 页。

　　③ Albert H. Garretson, The Nile Basin, in A. Garretson, R. Hayton & C. Olmstead eds., *The Law of International Drainage Basin*, New York: Dobbs Ferry, 1967, p. 286.

险损失却不能分享任何收益，此种合伙关系因缺乏"do ut des"而被称为"吃人的合伙"（leonina societas），依罗马法视为无效合伙契约。与之相同，互惠的原则亦可在英美契约法上"一事对一事""一物对一物"（quid pro quo）或对值的约因（consideration）的要求原则找到。①国际法上，互惠的缺乏无疑将使条约缔约国双方权利和义务失衡，成为通常所说的"不平等条约"（unequal treaty，ungleichen verträge）。②1957 年亚非法学家大会曾给不平等条约下过一个定义，即不平等条约是在当事国之间确立极不平等义务的条约。苏联学者为不平等条约所作的界说是：当事国在不平等的基础上缔订的条约，或称"与狮子合伙的协约"。在古典国际法论著中，不平等条约的概念即已曾被提及和阐述。例如，瓦尔特（Emmerich de Vattel）即云，平等条约是缔约国承诺相同的事物、或类同的事物或最终公平的分摊事物，各缔约国所面对的条件是平等的，而在不平等条约中，有关的缔约国之间则没有相互地向对方承诺相同的事物或类似的事物。瓦氏尽管强调自然法要求条约应该平等，但他亦认为假若国家愿意，放弃平等的原则而签订不平等条约未尝不可。是时，国际法社会尚未充分发展，对不平等条约的合法性、法律效力的质疑尚未深长思之。

在近代殖民势力扩张的年代，不平等条约的潜在问题被故意漠视，列强以不平等条约为压迫和掠夺弱国以及殖民地得心应手的法律工具。按照这时期的国际法，对国家实施强迫和对国家代表实施强迫不同，前者对条约的成立和有效并无影响。让·德卢泰（Jan de Louter，1847—1932）对此国际法规则及其存在理由作了如下诠释，云："如果没有以武力或战争的威胁对一个国家进行强迫的压力，该国不会同意缔约时，这种强迫在道义或政治上虽可引起谴责，但却不可能是对条约的拘束力提出异议的法律根据。为了消除这方面的任何疑问，只需引证大多数和约即可。人们曾不无理由地指出，如果采取一种认为对缔约国行使强迫

---

① 陈隆丰：《国家继承与不平等条约》，台北三民书局股份有限公司 2003 年版，第 46 页。

② 可以参见 Harald Kleinschmidt, *Das europäsche Vökerrecht und die ungleichen Verträge um die Mitte des 19. Jahrhunderts*, München：Iudicium - Verlag, 2007。

所缔结的条约应属无效的解释，那么其不可避免的结果将是，从此以后，战争只能由于下列两种情形之一而终止：战败国一方完全投降或者双方的力量互相消耗净尽。"① 费正清等人认为，鸦片战争以后的中国由朝贡体系进入"条约体系"（treaty system），然而严格地说，此乃"不平等条约体系"，通常是列强用枪炮顶着中国人脑袋而炮制出的产物。王铁崖所言极是，即中国传统世界秩序瓦解后，"它并未被以主权国家体系为基础的近代国际秩序所代替，而代替的是新的一种不平等条约的秩序"，"西方国家把国际法带到中国来，但它们只在它们之间适用，而不适用于中国，或者说，它们只适用那些对它们的压迫和剥削有利的原则和规则"。② 20 世纪以后国际法上不平等条约概念作为国家主权平等原则衍生而复活，实与近代中国社会实践关系甚巨，"不平等条约"一词在中国人的集体记忆中占据着中心位置。③ 19 世纪后期，中国人对不平等条约有了一些初步认识，但尚未能运用国家主权平等原则进行剖析。辛亥革命时期，以孙中山为首的革命党人，在深刻理解国家主权平等原则的基础上，提出不平等条约概念，但由于时代的局限，没有明确地对不平等条约的合法性及效力提出挑战，这使得他们的不平等条约概念缺乏活力。④

　　与欧洲其他列强采取的条约可以体现弱肉强食原则的政策迥然相异，俄国十月革命以后，苏联主张不平等的胁迫条约违反国际法而否认其效力。在此之前，不少西方学者亦曾认为，条约必须遵守是公认的国

---

① 转引自李浩培：《条约法概论》，法律出版社 2003 年版，第 228 页。

② 王铁崖：《中国与国际法——历史与当代》，中国国际法学会主编：《中国国际法年刊》（1991 年），中国对外翻译出版公司 1992 年版，第 39、44 页。

③ 美国学者王栋（Dong Wang）最近出版的新书《中国的不平等条约：叙述民族历史》（*China's Unequal Treaties: Narrating National History*，Lanham，Md.：Lexington Books，2005），通过对大量的中西方第一手资料的研究，分析了"不平等条约"这一词语的语言学发展和修辞用法，从"不平等条约"的词语用法来深入研究揭示中国与世界的相遇，论证了中国各派政治力量对于中国不平等条约历史的不断叙述再叙述，以及中国不同政治力量对"不平等条约"框架的不断定义再定义，以求对内巩固统一、对外独立自主及其确立自身合法性和权威性的历史。

④ 张建华：《孙中山与中国不平等条约概念的起始》，资料来源：http://www.1911.com.cn，访问时间 2010 年 11 月 29 日。

际法准则。可是这项原则中只能适用于国家平等的条约，而不能保护不平等条约。19 世纪德国国际法学家克吕贝尔（Johann Ludwig Klüber，1762—1837）称：条约如果是由非正义的暴力取得的，便归无效。① 早期德国国际法学家豪特福伊勒（Laurent-Basile Hautefeuille，1805—1875）更明确指出：含有无理割让或放弃必要的自然权利的条约，不是必须履行的。② 第二次世界大战以后，随着反殖民和去殖民化运动的不断深入，以武力等胁迫手段缔结条约之合法性已经丧失。1969 年的《维也纳条约法公约》（Vienna Convention on the Law of Treaties，VCLT）第五十二条明确规定："违反《联合国宪章》中所包含的国际法原则以武力的威胁或使用而获得缔结的条约无效。"（A treaty is void if its conclusion has been procured by the threat or use of force in violation of the principles of international law embodied in the Charter of the United Nations. ）③ 该公约第五十三条和第六十四条还将主权的平等观念引申到法律上条约有效与否的问题上，宣布国家主权平等原则为一般国际法的强行法，违反强行法的条约也是绝对无效的。许多学者认为其第五十三条关于一般国际强行规则的规定是宣告早已存在的各文明国家所承认的一般法律原则，既是国际法前进发展的一种表现，又是国际法的编纂，应具有追溯力及于该公约之前缔结的条约。不平等条约给近代中国带来深创巨痛是刻骨铭心的，西方列强通过不平等条约强加于中国的扭曲和萎缩的领土边界条约按照国际法规定是无效的，因此中国学者认为应该以 1840 年鸦片战争以前清朝的疆域为中国历史疆域，并将此视为与世界上其他国家确定疆域的通常惯例相一致的、合乎国际法原则的做法。

谭其骧等人的"标准论"颇含侵略战争等不法行为不产生权利之

---

① 　Johann Ludwig Klüber, *Droit des gens moderne de l'Europe*, 2nd ed. , Paris：Librairie de Guillaumin et Cie, 1874, p. 206.

② 　Yu-hao Tseng, *The Termination of Unequal Treaties in International Law：Studies in Comparative Law of Nations*, Shanghai：The Commercial Press, 1931, p. 58.

③ 　资料来源：http：//www. untreaty. un. org/ilc/texts/instruments，访问时间 2001 年 11 月 29 日。相关研究参见 Sir Ian McTaggart Sinclair, *The Vienna Convention on the Law of Treaties*, Manchester：Manchester University Press, 1984, pp. 179 – 180。

意。盖人类战争的历史与争夺生存空间的历史难分难解。西方古典国际法如前所述起源于战争法，"国际战场"被认为是"国际法"产生的第一个摇篮，[1] 并且在很长的历史时间里战争法的权重远远超过于平时法。中国许多教科书大多声称国际法关于国家领土主权的取得有五种方式，即先占取得、割让、添附、征服和时效这种说法广为流传，然已属过时的观念，且存在讹误，因为既没有成文法也没有习惯国际法曾认为可以时效取得领土主权。传统国际法榜样国家拥有"战争权"（Jus ad Bellum，the right to initiate war），认为进行战争就是行使主权。从战争法的发展史看，17—18 世纪，在自然法的影响下，正义战争论占统治地位，即 17—18 世纪的传统国际法只承认有正当理由的战争，19 世纪法律实证主义发展，正义战争论被逐渐冷落，无区别战争观开始流行。依据这种理论，战争被认为是法律所许可的自助和改变国家现有权利的工具，而不论其目的和原因为何。[2] 在这种理论的支配下，战争成为影响国家领土主权变更的重要因素，依靠武力的割让和征服等方式遂于国际法上具有法律基础和所谓"正当性"（legitimacy）。处于弱势和原始状态的部落土著居民的土地权（title to territory）在西方殖民者看来是不存在的，殖民者可以依照"合法取得土地理论"（legal doctrine of acquisition of land）或"剥夺理论"（theories of dispossession）光明正大地径直"先占取得"。而按照当时的国际法，征服取得领土须满足两个要件：一为战败国政府已经瓦解，放弃抵抗和收复失地；一为征服国表示有兼并的意思，并在被征服领土上行使主权，对于战败国，美其名是为"无主物归先发现者所有（res nullius naturaliter fit primi occupants）"，主权割让与征服之间的区别在于后者不缔结和约而前者战后订有和约；军事占领（military occupation）与主权割让的区别则在于，前者为在战争结束并签订和约之前不发生主权灭失或变更的临时占领。[3] 进入 20 世

---

[1]　李家善：《国际法学史新论》，法律出版社 1987 年版，第 13 页。

[2]　马新民：《现代国际法与传统国际法关系的理论探讨》，《政法论坛》1992 年第 6 期。

[3]　丛文胜：《战争法原理与实用》，军事科学出版社 2005 年版，第 290 页。这就是通常所说的军事占领不得转移主权原则（military occupation does not transfer sovereignty）。

纪以后，两次世界大战的浩劫令全人类痛定思痛而致力于"以法律代替战争"，为惩前毖后起见，1919 年的《国际联盟盟约》（*The Covenant of the League of Nations*）规定国际争端未经国际和平解决或仲裁解决之前不得诉诸战争，而 1928 年的《巴黎非战公约》（*General Treaty for the Renunciation of War*，亦称 *The Kellogg-Briand Pact, the Pact of Paris*）第一次从法律上宣告废弃战争权，1945 年的《联合国宪章》更是进一步确认一切武装干涉、进攻或占领以及以此相威胁的行为均违反国际法，将限制战争权的努力扩展到了以"武力自助"的一切措施。随着战争权的被否定，侵略尤属违法，为传统国际法所认可的以割让和征服取得领土的方式乃寿终正寝，成为历史上的文物遗迹。

从现代国际法角度看，近代西方列强发动的诸多侵华战争不仅是非法的，不可能产生合法的领土权利，而且是一种国家罪行，而侵略行为必将引起国际法律责任，需要承担恢复原状、赔偿损失和道歉等国家责任。所谓"恢复原状"，从法理上讲即是指恢复损害事件或事实发生以前的状态。正是从这一国际法原理出发，谭其骧等人提出以鸦片战争以前清朝鼎盛时期版图为中国历史疆域。在领土争端中，主张所谓"自古占有"（immemorial possession）往往并不特别重要，因为遥远的古代历史事实大多渺然难稽，而一些特别的关键时点或日期每每与争端的法律事实评估和解决构成直接性影响。葛剑雄等"标准论"者认为中国的宣传媒体动辄云某某地方"自古以来"即是中国领土之类说法不甚科学，所谓"自古以来"之"古"所指不明确，含混其词，作为笼统的说法尚可，但对于政府公文和学术论文则大有商榷之余地。鸦片战争在"标准论"中实为一关键的时点，为中国自然形成的历史疆域与其后被西方殖民者所肢解的扭曲疆域之分界线。

在现代国际法中，国家为恢复其对某些领土的历史性权利而收回被他国侵占的领土，是为收复失地，亦称恢复领土主权（Reversion of territorial sovereignty）。在近代西方历史上，拿破仑率领和指挥军队东征西伐，建立起庞大的帝国，但拿破仑帝国在滑铁卢之役后一败涂地，分崩离析，欧洲最迫切的问题是"政治重建"和"领土恢复"，于是欧洲列强于 1815 年乃有"维也纳会议"之召开，按照法统主义（legitimacy）

指导原则在曾被拿破仑占领地区恢复诸原王室统治权，并强令法国领土恢复到 1792 年的格局，若各国领土无法恢复战前状态，则依补偿原则（principle of compensation）重划政治版图建立了新的领土体系。维也纳会议实际上对其后国际社会每每在战争结束后以"恢复战前状态"的领土解决惯例奠定了基础，这一惯例在 20 世纪的第一次世界大战和第二次世界大战善后处理过程中均可见。所以即便在 1941 年世界瞩目的莫斯科保卫战尚如火如荼之时，斯大林在繁忙的战事和国事之中与来访的英国外交大臣艾登（Robert Anthony Eden, 1st Earl of Avon, 1897—1977）亦曾就恢复 1941 年 6 月苏德战争前苏联西部边界等战后安排进行秘密磋商，而 1943 年的《开罗宣言》（The Cairo Declaration）更开宗明义地指出要规定将 1895 年中日甲午战争后日本通过签订的《马关条约》强行占据的该地区归还中国，"例如满洲、台湾、澎湖列岛等，归还中华民国"①。第二次世界大战结束后，殖民地国家纷纷独立，这些新兴国家对殖民时代的国际法不予认同，于是要求将自己领土恢复到殖民势力进入前的疆界成为普遍的权利主张。可以说，谭其骧等人所持的"标准论"正是这种弥漫全球的复土主义（irredentism，又被译为归并主义、收复失地主义、民族统一主义）背景下的学术主张。

可以被 18 世纪 50 年代至 19 世纪 40 年代清朝鼎盛时期版图为中国历史疆域的"标准论"所援引的另一国际法依据便是"白板规则"（the clean slate principle，或 the clean slate rule）。所谓"白板规则"又称为"不继承规则"（the rule of non-transmissibility），是指原附属国或非治领土或前殖民地取得独立或成为新国家时，该新独立国家一般不受原宗主国所签订的所有条约（包括适用于或专门适用于继承所涉及领土的条约）的拘束。易言之，"前母国过去适用于新国家领土的任何条约对新国家没有拘束力。按照这个见解，它是从'白手'起家的"②。从理论上说，白板规则可以在若干有力的根据之上获得其合法性，包括各

① 齐世荣主编：《世界通史资料选辑》现代部分，第 3 分册，商务印书馆 2007 年版，第 281 页。
② 《奥本海国际法》第 1 卷，第 1 分册，詹宁斯、瓦茨修订，王铁崖等译，中国大百科全书出版社 1995 年版，第 148 页。

国家自治原则（the principle of individual state autonomy）、民族自决原则（the principle of self-determination）、别人之间的行动原则（the principle of res inter alios acta）以及国家权利非经其承诺不受限制原则等。新独立国对其行为决定的自由权乃不言而喻的，可以不接受前被继承国家条约既成事实（fait accompli）。白板原则亦被描述为民族自决原则的重要、必然结果，因为如果过去的条约自动约束该新国家，则民族自决原则就会虚化其内容的重要组成部分。

此外，前被继承国与他国之间的条约亦被视为"别人之间的行动"。持这种观点的国际法学家认为，国际人格者的权利和义务随人格者的消灭而消灭了，或者随人格者因丧失一部分主权所引起的变化而变化。例如，卡斯特伦（Erik Castrén）就认为，条约就其目的而言，通常是属人性质的，间或属地性质者，亦以在一定领土上的主权为存在依据。对继承国家而言，被继承国所签订的条约乃别人之间的行为。换言之，当一个国家解体为若干新独立国家时，其条约按例失去效力而不延及于新国家。据奥康奈尔（Daniel Patrick O'Connell，1924—1979）言，在历史上，英国法学家面对殖民地合并问题时往往认为"法律人格终结者的条约随之消灭"（the treaties of the expunged legal person died with it）。[①] 联合国国际法委员会（International Law Commission，又称"第六委员会"，即 the Sixth Committee）对在 1972 年第 27 届联大通过的第 2955（XXVI）号决议关于民族自决的含义进行全面总结，将白板原则作为民族自决的主要内涵。白板原则并不涉及拒绝条约的连续性，但它的确意味着赋予新独立国家以权利选择前母国签订的条约是否存续。时国际法委员会成员国代表对白板规则亦有不同意见。但该委员会于 1978 年提出的《关于国家在条约方面继承的维也纳公约》（*The Vienna Convention on Succession of States in Respect of Treaties*）中将"新独立国家"单列一类，而适用这一类变动情况的原则基本上是"白板主义"，按照目前中国诸多国际法教科书通行的论说，国家继承是由于领土变更的事实引起，而政府继承是由于革命或政变而导致政权更迭而引起；此

---

① D. P. O'Connell, Reflection on the State Succession Convention, (1979), 39 *Zeitschrift für Ausländisches Öffentliches Recht und Völkerrecht* (ZfaÖRuv.), S. 735.

外，国家继承关系的参加者是两个不同的国际法主体，而政府继承则是在同一国际法主体继续存在的情况下的新政权和旧政权交替，即旧政权的国际权利和义务被新政权所取代。再者，国家继承的客体是国家在国际法上的权利和义务，而政府继承的客体是政府代表国家的资格和由此产生的权利和义务。中国大陆目前官方文件和有关国际法教科书均认为中华人民共和国把自己的继承视为是政府继承而非国家继承，中国的国际法主体资格没有变，"中华民国"（ROC）已经被"中华人民共和国"（PRC）所继承。胡大牛这样写道：

> 毛泽东关于中央人民政府成立的公告，是宣布中华人民共和国成立的最原始、最权威的国际法件，容不得丝毫差池，否则后果不堪设想，他严格按照国际法关于新国家建国必须符合独立、合并、分离、分立等四条件之一的规定和国家继承或政府继承都是除恶意债务以外的全面继承的规定，从一开始就明确了新中国的成立不是新国家的建国而是新政府的成立。因此他字斟句酌，阐明中国新国号（中华人民共和国）、新政府（中央人民政府）的由来是国内战争的结果，人民意志的体现；绝无"建国"、"开国"等字样，而是明确宣告："本政府为代表中华人民共和国全国人民的唯一合法政府。"这就在法理上依据国际法关于领土、主权、继承等的规定，确立了"一个中国"原则，明确了这"一个中国"只能是中华人民共和国，明确了中华人民共和国政府是在既有的中国国际法主体地位没有任何改变也不容改变的情况下，依法对前政府即国民党政府实行的政府继承，因此是对包括台湾在内的全部中国领土主权实行的合法继承，有这一原则的成立，则在法理上使"两个中国"或"一中一台"之类谬论统统成为非法，决定了台湾必须统一于祖国的怀抱。①

中国大陆目前官方文件和有关国际法教科书作如是观与当下的"台独"问题严峻的语境有密切关系。虽然中国大陆目前的国际法教科书多叙称政府继承的内容大体上与国家继承的内容一致，但两者所导致的法

---

① 胡大牛：《毛泽东与现代国际法》，《西南师范大学学报》2005 年第 1 期。

律效力之不同却是大相径庭的，故而联合国国际法委员会对于国家继承和政府继承的法律问题的处理具有明确的界线。如果中华人民共和国的继承属于政府继承，那么用殖民地新独立国家"白板规则"等国家继承法律解释中国历史疆域继承问题则显然凿枘不合。事实上，国家继承与政府继承的区分相当困难，特别是第二次世界大战以后，众多新兴国家的建立使对这两者之间在技术上加以区分尤错综复杂，以至于为应对此种复杂情形而主张不需区分国家继承与政府继承的理论遂应运而生。奥康奈尔建议："假使有任何规范原则，可赖以为准作为解决因一领土之政治变革所引起的问题，那个原则可能会是如此：变革应以所发生的政治上、经济上与社会上割裂中断的程度来衡量；所以解决问题的方案应像光谱般多元，而绝非单一的。"[1]"从前那种区分主权变更与政府转变之勉强、不自然方式，应该加以修正，因为这样的划分只适用于从前，现在若如此划分，常会导致对转变程度及实际情形的错误主权。"[2]许多大不列颠国协的新成员，提供了混合国家继承与政府继承法律效力的实例。国外的国际法学界通常认为，苏联和中华人民共和国为典型的国家继承和政府继承不分的案例，[3]似乎游移于国家继承和政府继承之间，一切以对自己最有利为准。外国国际法学家的这种论断并非诬妄之辞。《中共党史资料》第57辑刊载《中国恢复在联合国合法席位的历史回顾》一文后，曾作为新中国代表团成员首次出席联合国大会的老外交家、老革命家熊向晖亲自撰文纠正其中一些不甚准确的说法，指出：《回顾》一文称"根据'国际组织惯例中的政府继承原则'，'中国在联合国中的合法席位应由中华人民共和国人民政府来继承'，这一说法是不对的。全中国人民的中华人民共和国中央人民政府，同被中国人民推翻了的、代表帝国主义、封建主义、官僚资本主义的蒋介石反动政府，根本

---

① D. O'Connell, State Succession in Municipal Law and International Law, *Internal Relations*, vol. 1, 1967.

② D. O'Connell, *International Law*, Dobbs Ferry, NY: Oceana Publications, 1965, p. 426.

③ Rosalyn Higgins, *The Development of International Law Through the Political Organs of the United Nations*, Oxford: Oxford University Press, 1963, p. 131; A. Doak Barnett, *Communist China in Perspective*, New York: Praeger, 1962, p. 27.

不是'继承'关系。在争取恢复中国在联合国席位的长期斗争中，中国政府始终坚持自己的原则立场，从未提出过什么'政府继承原则'"①。在政治变革程度不剧烈时，国家继承与政府继承的区分是明确而有用的，但若政治变革程度剧烈时，两者之间的分隔将微小到几乎不存在。因此，任何为解决复杂的政治的、经济的与法律的问题所作的牵强划分、归类，每每治丝益棼，国际法学界多主张以灵活不僵化的处理方式以应对国家继承和政府继承的各种问题。中华人民共和国作为一个国际法主体，它是历史中国的自然延续，是一个既存国际法主体，理所当然是新中国成立前中国政府固有国际权利的继承者，但从历史类型上看，它又是一个新型的国家。如毛泽东所宣告的那样："中国人民从此站起来了！"新中国是从过去被压迫的半殖民地的地位新站起来的国家，清楚地意识到自己属于亚非拉新独立的殖民地国家组成第三世界。据此，诉诸当代殖民地国家独立后解决领土问题的国际法原则和惯例，谭其骧等人的"标准论"进行的历史论证和法律解释亦其宜也，并没有说不通的理障。

诚如伊恩·布朗利（Ian Brownlie，1932—2010）在论及国家继承问题时所说："学者们一个共同的错误就是首先把各种问题按'继承'归类，然后脱离有关主题（可能包括例如条约法、国籍法）各种规则的母体孤立地考虑各具体问题。"② 国际法的各种规则经纬交织，相互作用，法律规则的竞合与冲突可谓司空见惯，不能为我所用地撷取某些单独的法律原则和规则进行特别生硬的衔接式论证。尽管当代的国际法已接受不平等条约无效的规范，但这并不意味着不平等条约的解除终止就不成其为问题了，并且事实上目前并没有一个普遍被接受已确定的不平等条约无效的准则规范。有学者指出，为保存"对特定条约决定的自由，继承国采取可能危害到所有的条约的政策行动，反而造成在行政上、技术上或外交上得不偿失的困难害处"③。尽管长期以来国际法存

---

① 熊向晖：《恢复中国在联合国席位的斗争》，中共中央党史研究室编：《中共党史资料》第 59 辑，中共党史出版社 1996 年版，第 45 页。

② 伊恩·布朗利：《国际公法原理》，曾令良等译，法律出版社 2003 年版，第 725 页。

③ D. O'Connell, *State Succession, in Municipal Law and International Law, vol. 1: Internal Relations*, Cambridge：Cambridge University Press, 1967, p. 24.

在"战后财产恢复权"（Postliminium），但对于过去通过条约割让领土的"追溯性恢复权"（retroactive reversion of title）主张却一般不予承认。所谓"归复学说"（the principle of reversion）或"恢复历史上失地的理论"（theory of historical irredentism）的逻辑结果势必威胁法律关系的安全性。法律如众所知往往具有惰性。早在希腊时代的思想家就深悉"法律根本上是保持现状和社会秩序的一种办法"①。事实表明，当代国际法实际上以保持世界和平为首务，所以国际法庭的大多数判例对不平等国界条约的继续的质疑往往是颇为踌躇的，国际法庭在创造新的法律规范或建立新的司法判例方面诚为一个追随者而非倡导者。按照归复学说，一个国家有权要求归还以前所拥有的事物或领土，尤其是该权利涉及民族自决的权利，但我们应该看到，当代国际法承认民族自决原则的同时，大量遵循的却是保持占有原则（the uti possidetis principle，或译为占有原则，承认现状原则），并且这个原则与民族自决原则相矛盾，冲突的原则被认为符合殖民地国家利益的明智选择。在罗马法中，占有权不同于与所有权，属于类物权制度。当无权原占有者按照诚实信用原则善意占有而非通过暴力或欺诈手段时，则罗马执政官可以适用著名的"如你拥有就继续拥有"（uti possidetis ita possidetis，或 as you possess, so you possess）法则。随着占有原则从私法范畴逐渐演进扩展到国与国之间关系，其内涵和形式亦发生明显变化。中世纪欧洲各王国划分领土是建立在类似于私人财物所有权的观念基础之上，占有的形态呈现为事实意义上已占有（uti possidetis de facto）。现代国际法所谓的占有则是一种法律意义上已占有（uti possidetis juris），其占有原则源起于拉丁美洲，是与民族自决原则和不干涉别国内政原则相互作用的产物。拉美国家在 19 世纪为了防止各国独立后由于彼此领土边界纠纷招致欧洲列强乘机干涉而诉诸保持占有原则，这一区域性原则被视为门罗主义（monroe doctrine）的一种延续，后来在 20 世纪非洲大陆被广泛认同和接受。这项目前已具有普遍效力的国际法原则给予原先占有者一项以国家主权为基础的有效占有的法律权利，其主要目的是保证尊重国家独立对既存

---

① James V. Calvi, *American Law and Legal System*, 4th ed. , Harlow：Pearson Education Inc. , 2000, p. 22.

在的领土界限。如果按照保持占有原则或所谓边界持久性原则（the principle of stability of boundaries），那么这是与中华人民共和国要求恢复历史性领土权利的主张存在内部张力的，一些与我国存在领土利益纠纷的国家亦正是以此为法律武器否定我国提出的合理领土主张。

　　国际法学界关于国家继承条约的理论主要有：（1）全部继承说。此种学说根据国内法的继承概念来解释国际法上的继承问题，认为继承国直接继承了被继承国的人格与所有的法律关系，正如罗马法规定的死亡者的人格与法律关系一样，被继承国的所有法律上的权利义务毫无例外或修正地为继承国所继承。（2）继承否定说。这种学说从国家主权出发，否认继承国对被继承国对外签订的国际条约的继承，认为：随着国家的独立，被继承国所有的条约权利义务已失去了一个负责的主体，新国家对被继承国的条约可谓了无关系，不应受被继承国以前所作的承诺的束缚。（3）公法继承说。这种学说是全部继承说和否定继承说的折中，认为国际法上的继承与私法上的继承在主体、客体和引起的法律事实上是完全不同的。国家变更后，虽然原来的国际法主体资格消失了，但它的领土和居民仍然存在，该领土上的权利和义务随领土转换是事实存在的，问题是继承什么以及如何继承。依照此种学说，对于被继承国对外签订的国际条约的继承，首先必须加以分析，然后在分析的基础上区别对待。① 当代国际社会的实践表明，对条约的继承并没有一个单一的模式，陈隆丰《国家继承与不平等条约》将条约继承模式归纳为五大类：（1）以以色列为代表的全盘否认。（2）以英国在第二次世界大战所创立的适用于英国属地独立的继承协议模式。（3）由赞比亚和坦桑尼亚创立的发表暂时援用宣言的模式，即由继承国自己作出声明或通知联合国秘书长，表示在一定期限内暂时接受被继承国的权利和义务，在条约经过审查以后再作出继承与否的决定。此又被称为奈瑞尔主义（the Nyerere Doctrine）或赞比亚方式。（4）以刚果共和国（Léopoldville）为代表的选择接受模式，即挑选被继承国的一些条约以为有效，同时将其他条约一律宣告失效、无效。（5）以马达加斯加为

---

　　① 陈隆丰：《国家继承与不平等条约》，台北三民书局股份有限公司 2003 年版，第 32—37 页。

代表的不置可否模式，即新国家独立伊始对条约的继承不作任何决定性的承诺或政策宣示，而是等到问题发生时才加以处理。早在中华人民共和国成立前，中国共产党中央委员会就在 1947 年 2 月 1 日声明中庄严宣布：中国共产党"现在和将来都不承认任何外债、任何有辱于中国、剥夺其权利的条约，不承认国民党政府在 1946 年 1 月 10 日以后达成的任何上述协定和协议，也不承认今后未经政治协商会议通过或未取得我党和参加政治协商会议的其他党派同意的、属于上述性质的外交谈判"①。1949 年 9 月 29 日《中国人民政治协商会议共同纲领》第五十五条明确规定："对于国民党政府与外国政府所订立的各项条约和协定，中华人民共和国中央人民政府应加以审查，按其内容分别予以承认，或废除，或修改，或重订。"② 这些文件，预先表明了中华人民共和国对于旧中国所签订的条约和协定所采取的原则和立场，即既不承认一切旧条约继续有效，也不承认一切旧条约当然失效。按照这一原则，条约是否继承是以条约的性质和内容为依据的。③ 所以，任何旧条约在没有经中国政府表示承认之前，外国政府不得据以提出来对抗中华人民共和国。

在国际法学史上，条约曾往往被划分为"契约性条约"（Vertrag，traités-contrats）和"立法性条约"（Vereinfarung，traités-lois，亦被称为 law–making treaties，即造法条约）两类。④ 德国国际法学者特里派尔（Heinrich Triepel，1868—1946）在 1899 年出版的名著《论国际法与国家法》（*Völkerrecht und Landesrecht*，Verlag Anton Hain，1899）中认为，契约性条约表现缔约者意志的差别，他认为契约性条约的缔约双方共同目的仅在于解决当前的一个具体问题，而不在于为将来制定共同行为规则。例如，在两国缔结割让领土条约的情形下，割让国的目的乃在于割让领土，其意思表示的内容是承诺把领土移转于受让国，而受让国的目

---

① 《解放日报》1947 年 2 月 4 日。

② 世界知识出版社编辑：《中华人民共和国对外关系文件集》第 1 集，世界知识出版社 1957 年版，第 1 页。

③ 《解放日报》1947 年 2 月 4 日。

④ Peter Malanczuk，Michael Barton Akehurst，*Akehurst's Modern Introduction to International Law*，London and New York：Routledge，1997，p. 37.

的是受让该领土，其意思表示的内容是同意受让该领土。一旦领土让渡行为完成，该条约的目的也已完成，从而他认为该条约不能构成当事国双方此后行为的准则，因而该条约不是国际法的渊源。在 1978 年《关于国家在条约方面的继承的维也纳公约》（1978 *Vienna Convention on the Succession of States in Respect of Treaties*；1978 VCSST）亦诚然在第十一条明确规定国家继承的事实，不能改变或影响条约边界及条约所规定的同边界制度有关的权利和义务。但是，这并不意味着不平等国界条约的法律效力是不可挑战的，并不意味着作为旧日帝国主义遗留物的领土割让条约应该继续用来作为领土界线的法律依据。《奥本海国际法》强调按照国际法不发生一般继承自动继承不平等国界条约的规范原则是不能期待会受到遵行的。需要指出的是，亚洲的历史传统和被殖民化的历史与非洲、拉丁美洲是存在明显区别的，在殖民时代之前多已经形成比较固定的历史疆域，实行民族自决乃以恢复前殖民时代边界状况为目标，其奉行的"保持占有原则"与非洲和拉美国家的含义和功能颇有歧异，恰立足于恢复历史疆域的参照框架而不是承认殖民者强加的不平等条约。在这一点上，两者并无不同之处。

第三节　中国历史疆域的政治支援意识

在 20 世纪影响广泛的"语言学转向"潮流涌动中，维特根斯坦（Ludwig Josef Johann Wittgenstein，1889—1951）的言语行为论使语言的意义问题彻底地摆脱了句法—语义学的分析模式，代之以彻底的语用化模式。这种模式将语言的"意义"等同于用法，即"意义就是用法（Meaning is use）"，在用法之外并不独立存在某种被称之为意义的东西。从语用学角度而言，表达行为是有意向性的，语句的意义取决于该语句的所有构成要素（包括语词、语序、语法和语调等）。

对中国历史疆域的表述有两种通常约略相似的定言命题，一为"清朝奠定了中华人民共和国版图和基本格局"，一为"中华人民共和国版图基本格局奠定于清"（或"中华人民共和国版图是从清朝继承过来的"）。然若细籀两种不同的表达句式，仍可见其间细微的差别，前者主要是一个已然历史事实的陈述，后者则主要从当代中国的角度进行回溯式谱系建构。如贝奈戴托·克罗齐（Benedetto Croce，1866—1952）所说："没有叙事，就是没有历史。"（Where there is no narrative，there is no history.）① 而历史叙述的功能并不是"再现"（represent），而是要去建构一种景观。黑格尔认为，法律、历史性和叙事性之间存在密切的关系；没有某种合法主体的观念，"历史性"和"叙事性"都是不可能。事实上，"任何历史编纂形式的作者，他的历史自觉性越强，社会制度与支撑它的法律问题、这种法律的权威性及其合理性问题以及法律所面临的威胁问题等，这一系列问题就会越发占据他的注意力。正如黑格尔所认为的那样，如果作为人类存在之明确模式的历史性，不以与能够构成特定合法主体相关的法律制度为先决条件就不可想象的话，那么，历史自觉性这样一种能够设想把实在作为历史来再现之需要的意识，就只有根据它对法律、法律性和合法性等等的兴趣才是可以想象的"②。尽管法律往往自称以存在的某种先验领域或某种绝对起源为基础，但实际上无不建立在有限度的和有限制的人群的权力基础之上，而历史则因此充当起如同"自然"之类的绝对基础功能，为法律系统提供合法性依据，并在自身的合法化建构的过程中与法律系统的合法化与时俱进。"中华人民共和国版图是从清朝继承过来的"这一判言命题本身是特定语境的产物，其系肯定清朝在中国历史上的地位、褒扬少数民族对缔造统一多民族的现代中国版图的贡献而言，但对中华人民共和国版图历史继承的谱系以挨明继清的话语策略形式呈现，则系与国内法法统重建的意向性相关联使然。

庄子云：万世毕异毕同。"自其异者之，肝胆楚越也；自其同者视之，万物皆一也。"③ 尽管中国与西方历史发展相差很大，被梁漱溟描

---

① Rick Altman, *A Theory of Narrative*, New York：Columbia University Press, 2008, p. 1.

② Hayden White, *The Content of the Form, Narrative Discourse and Historical Representation*, Baltimore：The Johns Hopkins University Press, 1987, p. 14.

③ 张耿光：《庄子全译》，内篇，"德充符"，贵州人民出版社 1991 年版，第 83 页。

述为两种不同的生活"样态"，但正如郭沫若 20 世纪 30 年代所说："中国人不是神，也不是猴子，中国人所组成的社会不应该有什么不同。"① 中国学术界常常将传统中国称为"统一多民族封建集权专制主义国家"，这个概念是颇存牴牾之处的，既谓之"封建"，则势必不可能"集权"和"专制"。封建者，封邦建国、众建多封之谓也。据布洛赫等人考证，西方所谓"封建的"和"封建制度"最早乃源自日耳曼法学家指称易北河等地区土地法律制度的术语，后来才形成"封建主义"（feudalism）、"封建社会"（feudal society）等概念。中国与西方的历史发展的相同性表现在两者的轨迹大体相仿。如果说西方社会的发展轨迹是从封建主义国家到绝对主义国家再到宪政主义国家，那么中国的历史发展轨迹则是从封建主义国家到专制主义国家到宪政主义国家。西方的绝对主义（absolutism）国家与中国的专制主义（despotism）国家在性质上没有不同，唯西方学术界长期以来习惯用"despotism"指称中国传统的社会政治特征，而用"absolutism"指称西方的 17—18 世纪社会政治制度。中国学术界长期以来致力于探讨的所谓"中国封建社会为何持续特别漫长"实际上是一个伪问题。中国真正的封建社会仅存在于西周时期，较诸西方而言不是"特别漫长"而是"特别短暂"，相反中国专制主义国家时期持续甚长而较晚进入宪政主义国家时期，西方则表现为绝对主义国家时期颇短暂而进入宪政主义国家的时间早且宪政主义非常成熟。

　　法统是一个不断发展变化的概念，但其与法系的区别还是明显的。如果说，法系包含法规范、法制度、法思想等层面，那么，法统则是法系内部长期形成的、相对稳定的居支配地位的指导法律实践的价值基础，为法系的内在的核心灵魂，这种广义上的"法统"相当于历史法学派萨维尼等所说的法律的"民族精神"，亦可谓法系的法意之所在。而法统这个概念为中国人所逐渐接受始自清末立宪以后，与宪政主义密切相关。所以有学者指出："法统这个概念，确切说来，与中国无缘。虽然它也有通过法律统治的意思，但并不代表用法律作为统治手段的国家就有法统。这里的法统主要指依靠法律获得统治地位，再将概念细化

---

① 郭沫若：《中国古代社会研究》，人民出版社 1954 年版，自序，第 1 页。

一些，即依靠一部根本大法来获得统治的合法性。说白了，就是宪政。在宪政国家，衡量一个政权合法与否，参考标准就是宪法。从这个意义上说，辛亥革命的成功，就在于孙中山推翻了由血统和旧道统组成的清王朝，结束了由单纯血统和旧道统组成的专制社会，并且从法律和国家基本框架上，建立起了法统。而辛亥革命的失败，也在于没能坚守和巩固住这个法统。"① 法统的概念被广泛使用，恰反映了近代中国宪政实施道路的坎坷与风波迭起的动荡历史，犹如正统观的凸现每每集中在王朝鼎革和各国并立纷争的年代一般。20 世纪 40 年代末，南京国民党在行将覆亡之际提出以维持其所谓"法统"作为与共产党谈判的条件，实际含有将"法统"概念扩大化的意味，指称以《六法全书》为主体的法律体系，这种语用效力亦是共产党执政后反其道而行之将《六法全书》一举沦葬的诱因。由此可见，"法统"的概念外延与内涵随使用者的语境和意图呈现漂移不定的现象，狭义的法统概念实际上是一个宪法学上的概念。

　　传统中国汉族农耕文化中的法的概念与西方近代法的概念并不尽相同。严复曾云："西文'法'字，于中文有理、礼、法、制四者之异译，学者审之。"② 笔者在《中国经济法历史渊源原论》一书就反对那种将《尚书·洪范》断言为中国历史上第一部宪法的寡和之说，宪法断然是清末立宪运动时期才从国外梯山航海的舶来品。③ 中国历代王朝所实行的君主制政治合法性（political legality）④ 建立在民意（世俗）、

---

　　① 资料来源 http：// www. blogcn. com/user35/ainiblues/blog 29179709. html，访问时间 2005 年 5 月 21 日。

　　② 孟德斯鸠：《孟德斯鸠法意》，严复译，商务印书馆 1981 年版，第 7 页。

　　③ 参见张世明：《中国经济法历史渊源原论》，中国民主法制出版社 2002 年版，第 188 页。

　　④ 第二次世界大战，后德国法哲学中合理性（德文 Legitimität，英文 legitimacy）与合法性（德文 Legalität，英文 legality）成为讨论的重要主题话语（Rede）。在德语中，Legitimität 与 Legalität 二词含义极相近，在现今汉译文献中许多人笼统地将两者均译为"合法性"，如《哈贝马斯的"批判理论"》一书中将 legitimacy（英文）译为"合法性"，将 legitimation（英文）译为"合法性"。但从英文来看 legitimacy 较德文 Legitimaität 更能体现汉语"合理性"的含义。"合理性"与"合法性"的概念可参阅 Jargen Habermas, *Zur Rekonstruktion des Historischen Materialismus*, Frankfurt a. M.：Suhrkamp, 1982, S. 9。

超越（神圣）、文化（传统）三方面的基础之上，服膺民心、配享天眷、绍承道统三者相维相系，彼此之间存在渗透关系。尽管牟宗三认为传统中国文化仅存在治统而不在政统，但关于王朝政治合法性的正统论蔚成庞大的体系却是不争的事实。在传统王朝体制下，一国之统，由创本而传者与继体而承者相构成，这种开统与继统的一统相承始终关系为统内之继，以宗法血统为基础。内继的大统、国统实指宗统而言，继统者之正与不正最后的检定厥在宗法，即创本之开统者与继体之承统者应是一脉嫡系相传。至于此国与前一朝代及后一朝代的始终承转关系，则为统之外继，常以五行说、三统说等理论为基础。晋人习凿齿所言"创本之君，须大定而后正已；篡统之主，俟速建以系众心"①，即此之谓也。按照孟子"天人推移说"理论，天子受天命而王天下，天意以民意为依据，民意因统治者的行为设施而产生；统治者因本身的行为设施创作了条件而获得民心，进而获得上天的垂青授命。② 在笔者看来，中国传统王朝国家的政治合法性的论述固然被文饰以气运、符瑞、谶纬等等神秘主义的话语，但其理论内核仍然是一种"王政主义"③。尽管这种"王政主义"受"天命神授"的观念制约，不具有当代"宪政主义"的"主权在民""权为民授"的"民权"思想，但如《孟子·万章篇》所引《泰誓》云："天视自我民视，天听自我民听"，其民本理念则是昭然若揭的。易言之，得民而王，其统即正，此乃王朝国家正统之实质内容所在。故而汉代"天人感应"之说和晋人习凿齿所谓晋朝"积勋累功，静乱宁众，数之所录，人之所兴……有定天下之大功，为天下之所推"云云，均将外王的事功、民心和天意参伍错综而言不为无因。

中国传统王朝国家所依恃正统论等政治合法性话语，不可否认可以具有维护江山一统的功能，而且这种家天下的血统世袭亦对逐鹿问鼎之虞不无定纷止争的抑制效应，尤其经过漫长岁月在可溯性时间里反复打磨历练成熟的中国传统王朝政治体制，往往表现出极强的抗御政治危机的能力，所以历祚一二百年的王朝并非鲜见。不过，中国传统社会的

---

① 陈寿：《三国志》卷四十一，中华书局香港分局 1971 年版，第 1016 页。

② 参见雷家骥：《中古史学观念史》，台北学生书店 1980 年版，第 147—168 页。

③ 此概念系笔者自创，以与通常所谓"宪政主义"（constitutionalism）相对举。

"王政主义"毕竟存在致命的缺陷。首先，这种"家天下"的私产性质本身即容易诱发"风水轮流转，皇帝大家做""彼可取而代之"的政治抱负和"王侯将相宁有种乎"的历史诘问，一旦时机成熟便会出现"舍得一身剐敢把皇帝拉下马"的揭竿而起和黄袍加身的逼宫自立。其次，这种体制属于"人治"，皇帝口含天宪，以圣旨纶音威行天下，人存政举，人亡政息，造成"其兴也勃、其亡也忽"的王朝治乱相寻的循环怪圈。且王朝依恃的奉天承运的符命之说本身即内在地包含着"受命改制"的天定革命的逻辑，即：如果君主以德配天，其统治自具有合法性；如果君主失德无道，则难邀天麻，改朝换代的革命便势不可遏，于是每每释放出现锋镝满天、流血漂杵的暴力和血腥，以黜霸道而倡王道为目的的正统论解释权又颇为吊诡地紧紧操诸沾满鲜血的铁腕人物之手而淆然难分，政权的嬗递无法遵循任何刚性的法律程序和实体规则。再次，如萧公权所说："孟子贵民之说，与近代之民权有别，未可混同。简言之，民权思想必含民享、民有、民治之三观念。故人民不只为政治之目的，国家之主体，必须具有自动参与国政之权利。以此衡量，则孟子贵民，不过由民享以达于民有，民治之原则与制度皆为其所未闻。"①据西方学者从语义学角度考证，在近代以前，各种语言都没有"权利"这一词汇，②中国亦不例外，更何况中国儒家所谓"民贵君轻""民为邦本"并不否认君之纲常和主导地位。民本所倡导的"重民""爱民"

---

① 萧公权：《中国政治思想史》，新星出版社2005年版，第62页。"夷西洋之民族主义（democracy）乃以人民为主体，林肯所谓由民（by people）而非为民（for people）者，是也。所谓民视民听，民贵君轻，所谓民为邦本，皆以君主之社稷——即君主祖遗之家产为本位。此等仁民爱民为民之民本主义，皆自根本上取消国民之人格，而与以人为主体，由民族主义之民主政治，绝非一物。"（陈崧：《五四前后东西文化问题论战文选》，中国社会科学出版社1985年版，第95页。）

② A. J. M. 米尔恩《人的权利与人的多样性：人权哲学》（夏勇、张志铭译，中国大百科全书出版社1995年版，第5页）引阿拉斯代尔·麦金太尔《遵循美德》（Alasdair Chalmers MacIntyre, *After Virtue*, University of Notre Dame Press, 1981）云："直至中世纪结束前夕，任何古代或中世纪的语言里都不曾有过可以准确地译成我们所谓'权利'词句。大约在1400年前，这一概念在希伯来语、希腊语、拉丁语、阿拉伯古典或中古语里缺乏任何表达方式方法，更不用说在古英语里或晚至19世纪中叶的日语里了。"

与神化君主、君权的关系如同硬币的两面，一方面要求君主尊天、敬德、爱民，一方面又要求臣民的驯化、绝对服从，尊君、敬祖、孝忠。① 中国传统的法律词汇中只有"子民""臣民"而无"公民"，君则为"君父"，民之视君如仰天然，所以有学者称这种"法自君出"的法律文化下只存在"主民"政治，而不是"民主"政治，芸芸众生只能匍匐于皇权自上而下赐予的阳光雨露，并叩谢皇恩浩荡的际遇。正如美国学者王国斌所说，民本概念中所表述的"民贵君轻"并非是一种事实陈述，而是蕴含着中华帝国"要认真解决大众温饱问题"这样一种意识形态，它为皇权统治提供基本的合法性。②

　　中国近代倡导宪政主义改革的重要动机和冀图亦在于改善君主与臣民天壤悬隔、上下离心的格局。以郑观应为例，他在《盛世危言》提出："议院者，公议政事之院也。集众思，广众益，用人行政一秉至公，法诚良、意诚美矣。无议院，则君民之间势多隔阂，志必乖违。力以权分，权分而力弱，虽立乎万国公法之中，必至有公不公、法不法，环起交攻之势。故欲借公法以维大局，必先设议院以固民心。"③ 又云："欲行公法，莫要于张国势；欲张国势，莫要于得民心；欲得民心，莫要于通下情；欲通下情，莫要于设议院。中国而终自安卑弱，不欲富国强兵为天下之望国也则亦已耳，苟欲安内攘外，君国子民持公法以永保太平之局，其必自设立议院始矣！"④ 当时许多倡导政治改革的有识之士均将设议院和颁行宪法作为合君民为一体、通上下为一心的有效措施，认为"苟得君主于上，民主于下，则上下之交固，君民之分亲矣。内可以无乱、外可以无侮。而国本犹如苞桑磐石焉"⑤。这种思想后来为清朝各省督抚、出洋考察宪政的亲贵王公乃至皇帝下旨预备立宪的诏书所认

---

① 王人博：《中国近代的宪政思潮》，法律出版社 2003 年版，第 65 页。

② 参见王国斌：《转变的中国——历史变迁与欧洲经验的局限》，李伯重等译，江苏人民出版社 1998 年版，第 89 页。

③ 郑观应：《盛世危言·议院上》，夏东元编：《郑观应集》上册，上海人民出版社 1982 年版，第 311 页。

④ 郑观应：《盛世危言·议院上》，夏东元编：《郑观应集》上册，上海人民出版社 1982 年版，第 314 页。

⑤ 王韬：《弢园文录外编》卷四，中华书局 1959 年版，第 24 页。

同。中国近代宪政思想之发轫是受到西方文化的输入和由此激发的民族主义思想和情感的影响所萌蘖，为清王朝最终认可亦与纾解"排满"民族主义风起云涌所导致的政治合法性危机密切相关。有学者指出："宪政主义与民族主义的诉求事实上有相当大的重合。民族主义为这个国家争取生存空间，宪政主义则在一个无君主的时代试图为这个生存空间加冕和命名。"① 然而，中国的宪政主义近百年来的发展历程之所以命运多舛，亦恰在于民族主义思潮的制约因素甚巨。对于一向富于实用理性思维的中国人而言，宪政被作为臻于国家富强的民族主义目标重要的器具，主要被预期为解决中国的生存困境问题。在这种预设的价值取向下，民族危机祸不旋踵的现实语境和追求国家富强的现实目标往往有意识地消除和置换了宪法本身价值的关切。就西方宪政起源而言，宪政者，"限政"也，系通过防御性的制度设计，对国家权力加以制度化的制衡和驯服，以便为个人的自由和权利保有一个充分的私人空间。尽管中国近代通向宪政之路亦标举民权和民主政治，但民族主义思潮对国家富强迫切渴求的支配性集体心理意识，使自由主义的价值受到遮蔽，自由主义的诉求总是被挤压到最边缘的位置。宪政与民族主义（Nationalism，梁启超先后译作国家主义和民族主义）以及宪政与民主之间的差异甚至冲突，都在相当的程度上被有意无意地加以忽略。并且与中国传统社会的集体本位法律文化精神相耦合，作为宪政主义价值基础的自由主义始终发育不良，宪政本身亦因此每每命遭阳九。孙文就坚持认为中国人的"自由"不是太少而是太多了，甚至多到了让国人一盘散沙的地步，因此在其三民主义中，民族主义（国家主义）才是第一位的，民权主义不过是一面统战的旗帜。被誉为"中华民国宪法之父"、于1947年起草《中华民国宪法》的张君劢的思想亦很能说明问题。张君劢的思想既有明显的民族主义成分，又有清晰的宪政自由主义成分，既恪守民主的法律共同体建立于自由主义基础之上的社会政治秩序理念，又致力于通过文化民族主义形成拥有本土价值认同的民族文化道德共同

---

① 王怡：《宪政主义：中国宪法的瓷婚纪念》，资料来源：http://www.fsou.com/html，访问时间：2005年5月2日。

体。张君劢的宪法理念固然陈义甚高，但亦极易被党派文化思想专制等政治黑手所假借役使。这是因为，民族主义与民主理论联系在一起时，很可能将民主政治中的专制倾向表现出来，人民主权的概念很可能被置换为所谓民族的至上利益和统一的集体意志，个体性的价值和公民的自由权利被淹没在民族主义和民主主义联手的政治凯旋之中，以至于使民族主义成为暴政的发源地。作为自由主义者的政治理论家，阿克顿就曾有感于历史中的民主政治和民族主义运动的现实情况而指出："在民主理论中，民族主义的基础是集体意志永恒至上，民族统一是这种意志的必要条件，其他任何势力都必须服从这种意志，对抗这种意志的任何义务都不享有权威，针对这种意志的一切反抗都是暴政。在这里，民族是一个以种族为基础的理想单位，无视外部因素、传统和既存权利不断变化着的影响。它凌驾于居民的权利和愿望之上，把他们形形色色的利益全都纳入一个虚幻的统一体；它为了满足更高的民族要求，牺牲他们的个人习惯和义务，为了维护自己的存在，压制一切自然权利和一切既定的自由。无论何时，只要某个单一的明确目标成为国家的最高目的，无论该目标是某个阶级的优势地位、国家的安全或权力、最大多数人的最大幸福，还是对一个抽象观念的支持，此时国家走向专制就是不可避免的。"①

　　自清末以来，国人梦寐以求的宪政目标可以说尚未真正实现。目前中国法学界已经对"宪法"和"宪政"两个概念加以严格区分，认为有宪法未必有宪政。从 1908 年的《钦定宪法大纲》到 1949 年的《共同纲领》短短四十年间，中国历史上共出台了十六部宪法或宪法性法律文件。在这些宪法中，近现代西方宪法中出现过的、并且正在运行的政治制度几乎在中国大地上被输入引进。在国家层面上，"君主立宪制"（见 1911 年 11 月 3 日《十九信条》）、"民主共和制"（见 1912 年《中华民国临时约法》）、"总统制"和"三权分立制"（见 1914 年《中华民国约法》，即臭名昭著的"袁记约法"）、"责任内阁制"和"两院制"（见 1923 年《中华民国宪法》，即"贿选宪法"）、"两院制"、"违

---

　　① 参详《论民族主义》，阿克顿：《自由与权力：阿克顿勋爵论说文集》，侯健、范亚峰译，商务印书馆 2001 年版，第 125 页。

宪审查制"（见1946年《中华民国宪法》）；在社会层面上，西方现行宪法中的国民各项基本权利和自由，如人身自由、言论出版自由、集会结社自由；选举和被选举权以及罢免、创制、复决等政治权利，私有财产权，平等权等，甚至西方国家早期曾实行过的有限选举权，都在近代中国被冠冕堂皇地入宪垂法。① 所以，有学者将近代中国称为一个世界性的"宪法博览会"和"行宪试验场"。但是，宪法与宪政，于中国而言，是"一字之差，百年之别"。② 立宪法易，行宪政难，百年中国宪政史失败多而成功少、教训多而经验少，一路逦迤而行，将无限唏嘘嗟叹留给历史。在中国王朝国家体制下，蓄谋"彼可取而代之"的窥伺神器大位者，毕竟是犯上作乱的非法举动，"君权神授"的卡里斯玛化令皇位万世一袭传承的归与身份（ascribed status）看上去天经地义，但君主制在近代进入历史博物馆之后，不仅世袭制在天赋人权声殷天地的年代为世人所唾弃，而且即便作为及身而终获致身份（achieved status）的终身制亦大受质疑难以容身，届期任满的职位制成为势不可遏的民心所向。然而王纲解纽以后，旧辙既破，新轨难立，国事蜩螗，生灵涂炭。从西方国家的宪法上照账誊录过来的民主权利只不过是一纸空文，窃国大盗筅袍登场，军阀肇乱殆无宁日，"猪仔"议员行秽如妓，犹如清初大儒王夫之所言，"王不成王，霸不成霸，而可不愤乱者也"③。陈志让虽不是法学家，但他却入木三分地剀切指出："传统的标准——有道无道；现代的标准——合法违法。这两个标准不一定完全相同，这是中国有了宪法以后的第一个大问题。所有的法都要用道德来保护，孤立的法是极其危殆的法。加之以中国的宪法并非完整的宪法，其中没有详细规定的事，仍然而且不可避免地用'有道''无道'来判断。那是中国有了宪法以后的第二个大问题。民国成立以后有一九一二年的临时约

---

① 戚渊：《也论法治》，浙江大学公法与比较法研究所编：《公法研究》第1辑，商务印书馆2002年版，第281—282页。

② 张学仁、陈宁生主编：《20世纪之中国宪政》，武汉大学出版社2002年版，第1页。

③ 王夫之：《读通鉴论》卷十一，王云五主编：《万有文库》第二集，第七百种，商务印书馆1936年版，第515页。

法，一九一四年的袁世凯约法，一九一七年流产了的安福宪法，一九二三年的曹锟宪法。这些宪法中不同的地方，矛盾的地方，产生新的政治上的问题，那是第三个大问题。最后，第四个大问题是政治行动的程序手续问题——这当中包括宪法的制定程序和遵守宪法的手续。"① 清朝宗社为墟之后，"瓦砾狼藉，器物播散"，中国政治处于梁启超所谓如驾一扁舟，初离海岸线，放于中流而两头不到岸的过渡时代，在"城头变幻大王旗"的分崩云扰之际，宪法既乏道德伦理的辅翼，又无社会力量纵深壕堑工事作为依托，往往在军阀混战的枪炮声中"总把新符换旧符"，成为以暴易暴的统治者"现代化"的黄袍加身后昭告天下的宣言书。所谓民选，实为兵选；所谓中华民国，实为中华军警共和国。中国近代宪法如是之多，新的"合法性"代表总是习惯于将自身的确立建立在对于其所否定的旧合法性的痛诋基础之上，统治者冒天下之大不韪而肆意违反宪法、动辄修改宪法、轻率废弃宪法几成政治惯例，恰恰举政施治长期无法放置于一个堪当凭侍的新型合法性基础之上。

　　日本学者家近亮子（いえちかりょうこ）在研究蒋介石南京国民政府成立初期内部的权力之争后指出："在南京国民政府制度化的过程中。蒋介石主张的'忠实地继承与实践'孙文理论的方针受到排斥。胡汉民引进权力均衡制约制度与集体领导体制，虽多少脱离了孙文主义，但重视避免权力集中于个人，获得党内统一，并以之为制度化正当性的根据。因此，南京国民政府在某种意义上不得不以宪政机构行训政之实。由于中央这种制度化的混乱和偏差，地方的制度化被忽略了。但是，这反而从制度上强化了地方权力。因此，显然成为阻碍中央权力渗透的主要原因。"② 按照家近亮子的研究，南京国民政府成立伊始在正统性方面即存在致命的缺陷，蒋介石与阎锡山、冯玉祥、张学良等对军事实力派人物的合作，使南京国民政府具有明显的复合政治权力联盟的性质，这种体制一直持续到 1949 年南京国民政府的覆亡，是阻碍其向全国渗

---

① 陈志让：《军绅政权——近代中国的军阀时期》，生活·读书·新知三联书店 1980 年版，第 107 页。

② 家近亮子：《蒋介石与南京国民政府》，王士花译，社会科学文献出版社 2005 年版，第 101 页。

透的重要因素。有学者称："国民政府的真正版图，不出长江下游一带，其他各省只是'奉国民党正朔'而已。"① 费正清认为中华民国是覆盖在旧中国上的薄薄的一层皮，而在黄仁宇看来，"蒋介石及国民党构造了新国家的高层机构"，蒋介石努力将传统中国改造为现代化国家，但无力进行社会基层的重塑。晋人习凿齿等的正统论实际上包括政治上的"一统"与"继统"两大时、空问题，前者属空间的统合问题，后者属时间的承传问题。② 南京国民政府有效统治范围既实际上不过东南一隅，而且统治大陆时间并不很长，多统并存的派系斗争的痼疾复与其统治形影不离，无怪乎中国共产党执政后将之视为清帝国衰亡后民族国家建构的中间过渡阶段，颇意其不过是不克居正的"闰统"而已。

在解放战争后期，国民党军队兵败如山倒，蒋介石于1949年元旦发表的《新年文告》提出与中共谈判求和的"五项条件"，表示"只要和议无害于国家的独立完整，而有助于人民的休养生息，只要神圣的宪法不由我而违犯，民主宪政不因此而破坏，中华民国的国体能够确保，中华民国的法统不至中断，军队有确实的保障，人民能够维持其自由的

---

① 王真文：《史家眼中的国民党中国》，《知识分子》（美国）1985年春季号。转引自许纪霖：《许纪霖自选集》，广西师范大学出版社1999年版，第25页。

② 中国古代素以成败衡论帝王将相的合法性和正统性，俗有"成者为王，败者为寇"之说。不宁唯是，统治时间的长短亦为合法性和正统性的检验标准之一。殷海光就曾说："在中国历史上，统治了一年叫做'寇'，统治了一百年便成天子。逻辑是没有时间性的；但是权力却有时间性。中国社会文化向来不注重逻辑。"其实，杜赞奇征引鲁迅在《阿Q正传》的"导言"（Prasenjit Duara, *Rescuing History from the Nation: Questioning Narratives of Modern China*, Chicago: The University Chicago Press, 1995, p.29）所言朝代长短对历史评价的影响那段精彩议论与殷海光的观点可谓交相辉映、互为补充，表明即使统治版图这一空间方面的指标权重首屈一指，但时间因素的考量绝非无关紧要。需要指出的是，合法性并非与生俱来，它需要自身不断地证明，并且往往是一个逐渐习得的过程。正如外国学者所说："学习合法性的一个方法是通过举动。有武力威胁为后盾的法律引起行为，行为经多次重复，变得很熟悉了就变成了习惯，建立起一种行为的珊瑚礁。""一般情况下只有当人民对某政权'具有相当时期的经验'之后，受了它的训练，从它得到'象征性奖赏'之后，该政权才取得合法性。"（参见劳伦斯·弗里德曼：《法律制度：从社会科学角度观察》，李琼英、林欣译，中国政法大学出版社1994年版，第144—146页。）

生活方式和目前最低生活水准，则我个人更无复他求"①。此后两周发表的《中共中央毛泽东主席关于时局的声明》针锋相对提出了包括"废除法统"在内的"八项条件"。在革命战争如火如荼的年代，国共两党的最高决策层关注的多是现实的政治，尤其是军事方面的力量对比。至于"法统"和"名分"，他们都未遑审思，蒋氏在军事失利情形下以"法统"为强撑门面、讨价还价筹码，颇显横生突兀；毛泽东处于历史大转折时期的特定场景的随机应对自有其合理性。如果说毛泽东在宣布"废除旧法统"时对"伪法统"究属何指并不甚明确，那么其后中共中央发布的由时任中共中央法律委员会主任王明起草的《关于废除国民党六法全书和确定解放区司法原则的指示》则明确指出"伪法统"即"六法全书"。1949 年 3 月，新华社在"关于废除伪法统"答记者问时，解释了"法统"的三种含义：第一，"法统"就是"合法的正统"，是指"统治权力在法律上的来源而言"。第二，法统就是法律体系，或者叫"宪法和法律系统"。"有了什么样性质的国家政权，才有什么样的宪法和法律系统，才有什么样的法统……革命的阶级必须废除反革命统治阶级的反革命法统，重新建立自己的革命法统。"第三，法统就是法律传统。"旧统治阶级及其辩护者常散布一种欺骗，似乎先有一定的法统，一定的宪法和法律传统，然后根据这种传统的宪法和法律而产生某种国家政权。"② 这一解释实际上是对之前进行的《中央关于废除〈六法全书〉和确定解放区司法原则的指示》的正当性论证：《六法全书》既然是"伪法统"的产物，"伪法统"已经废除，《六法全书》当然就应该废除。按照《关于废除国民党六法全书和确定解放区司法原则的指示》，法律和国家一样，只是保护一定统治阶级利益的工具，国民党的全部法律只能是保护地主与买办官僚资产阶级反动统治的工具、镇压与束缚广大人民群众的武器，不能因国民党《六法全书》有某些似是而非的所谓保护全体人民利益的条款，便把它看作只是一部分而不是在基本上不合乎广大人民利益的法律，而应当把它看作是在基

---

① 引自梁余主编：《中国革命史参考资料精选》下，《蒋介石新年文告》，重庆大学出版社 1988 年版，第 271 页。

② 新华社：《〈关于废除伪法统〉答记者问》，《解放日报》1935 年 3 月 15 日。

本上不合乎广大人民利益的法律。时任华北人民政府主席的董必武在1949年3月21日签署的《废除国民党的六法全书及其一切反动法律》训令中亦云：国民党的法律是为了保护封建地主买办、官僚资产阶级的统治与镇压广大人民的反抗；人民要的法律则是为了保护人民大众的统治与镇压封建地主买办、官僚资产阶级的反抗，阶级利益既反，因而在法律的本质上就不会相同，不要以为国民党法律有些似乎是保护人民的条文，因而就值得留恋，要知道国民党统治阶级和世界各国资产阶级一样，为着缓和劳动人民的反抗，不能不假装公正，以掩蔽其阶级专政的实质，这是老虎的笑脸，其笑脸是为着吃人，不要以为新法律尚不完全，旧法律不妨暂时应用，要知道这是阶级革命，国民党反动统治阶级的法律是广大劳动人民的枷锁，现在我们已经把这枷锁打碎了，枷锁的持有者——国民党的反动政权也即将完全被打垮了；难道我们又要从地上拾起已毁的枷锁，来套在自己的颈上吗？反动的法律和人民的法律，没有什么"'蝉联交代'可言，而是要彻底地废除国民党的反动法律，旧的必须彻底粉碎，新的才能顺利成长"①。中国共产党在中华人民共和国成立初期废除《六法全书》是以马列主义经典作家的有关论述为理论指导的，革命导师们关于国家的经典理论都认为国家是暴力的机器，是维护阶级统治的机关，无产阶级不能简单地夺取国家政权，用列宁的话说就是"不能只是把旧的国家机构转到新的人手中，而应当打碎、摧毁这个机构，用新的机构来代替它"②。彭真在1952年《关于司法部门的改造与整顿问题》一文中指出："法律属于上层建筑，它为一定的经济基础即一定的生产关系所决定；反过来，它又为自己的经济基础服务，保护它，巩固它。反动的旧法是反映三大敌人的利益和意志的。取得了革命胜利的中国大众，决不能以反动的旧法来为自己服务，就像狼牙绝对不能安在人的嘴里一样。在法律观点上，革命的和反革命的，人民的和反人民的，这是两种对立的思想体系，决不能和平共存。我们如果不批判、不肃清反动的旧法观点，它们就必然是侵蚀我们、俘

---

① 参见董必武：《法学文集》，法律出版社2001年版，第14—15页。

② 《列宁选集》第3卷，中共中央马克思恩格斯列宁斯大林著作编译局编，人民出版社1960年版，第269页。

虏我们。因此，旧法观点必须彻底肃清。"①

美国学者哈罗德·伯尔曼（Harold Joseph Berman，1918—2007）在其《法律与革命》（*Law and Revolution: The Formation of the Western Legal Tradition*，Cambridge MA：Harvard University Press，1983）一书中描述了西方法律传统在历史过程中经历的1075—1172年教皇革命（Gregorian Reform）、新教改革运动、英国革命、美国革命、法国革命和俄国革命六次重大革命，认为西方历史上每次重大革命都具有"革命的千禧年主义"（revolutionary millenarianism）情愫，每次革命都在一种预示世界最终命运的未来的信念中寻求合法性。本尼迪克特·安德森《想象的共同体》，在论述民族国家产生时美国革命和法国大革命期间那种新世界纪元年时间断裂难以想象的崭新感，恰足以与伯尔曼的观点相印证。中华人民共和国的成立是中国近代以来民族国家建构过程中的重要里程碑。中国共产党人认为不是一种"改朝换代"的变革，而是消灭剥削制度实行公有制的"翻天覆地"的崭新革命，新旧国家和新旧法律在阶级性质上截然不同，因此不能因循守旧，必须另起炉灶，除旧布新。当毛泽东在国际法方面宣布不承认旧中国遗留的不平等条约而先清扫房间再请客的时候，素来认为"革命不是请客吃饭"的中国共产党人从血雨腥风的白色恐怖中走出来，深知如果不将旧政权法律机器彻底打破，则有可能导致敌对势力的卷土重来，所以在国内法方面遂将国民党的《六法全书》一举沦葬。目前，中国法学界从法律继承的角度对新中国成立初废除《六法全书》和"司法改革运动"多所诟责，但笔者认为考虑到当时的历史场景应该予以同情式理解，迫于形势，偏颇在所难免而已。这可以从中华人民共和国在联合国恢复合法席位时，党和国家领导人的高度重视与喜盈于怀看出，合法性的斗争不是一般民众所能完全理解的。洵如张友渔在晚年所说："解放初，我们废除国民党的《六法全书》，这是完全正确的，因为《六法全书》代表国民党的法统，不废除这个法统我们就不能确立自己的革命法制。但是，废除《六法全书》，并不意味它的所有规定，我们一概不能加以利用。对《六法全

---

① 彭真：《论新中国的政法工作》，中央文献出版社1992年版，第70—71页。

书》作具体分析，有些东西部分要否定，部分可以用。情况不是完全一样的。"①

有些人认为，之所以称"中华人民共和国版图是从清朝继承过来的"，是因为"辛亥革命后的民国对中国的版图、经济等等损害远超过清朝末期的总和"。这种说法没有使用任何证据进行论证，不足为信，也没有捕捉到问题的实质。在废除国民党"伪法统"的语境下，声称"中华人民共和国版图是从清朝继承过来的"是不难理解，何况这处话语与强调作为少数民族的满族对统一多民族国家形成的历史贡献相联系。在解放战争敌我力量对比发生根本性改变之后，长缨在手志缚苍龙的中国共产党遂将敌对的国民党政府称之为"伪政府"，其法律则为"伪法统"，这种政治上的不承认主义流风所及，包括抗战期间国民党正面战场在民族国家建构过程中的功绩均长期被避而不提，实际上，1912年《中华民国临时约法》第三条规定："中华民国领土，为二十二行省，内外蒙古、西藏、青海。"② 1914年的《中华民国约法》第三条规定："中华民国之领土，依从前帝国所有之疆域。"③ 1923年《中华民国宪法》专设国土一章，规定："中华民国国土，依其固有之疆域。国土及其区域，非依法律，不得变更之。"④ 实事求是地说，国民政府在维护中国领土主权方面曾经作出过不少努力，其历史功绩不应被一笔勾销。例如，尽管盛世才制造冤案屠杀共产党以作为投靠国民政府的见面礼血债累累，但国民政府在世乱时梦之际收服盛世才，的确对国家领土主权的完整具有非同寻常的意义。1942年12月31日，蒋介石在当年的总反省中说："新疆省主席兼督办盛世才于7月间公开反正，归服中央，河西走廊马步青军队亦完全撤回青海。于是，兰州以西直达伊犁直

---

① 张友渔：《关于法制史研究的几个问题》，《法学研究》编辑部：《〈法学研究〉一百期优秀论文》，1995年版，第4页。

② 韩剑飞编著：《中国宪政百年要览：1840—1954》，附录，山西人民出版社2008年版，第333页。

③ 韩剑飞编著：《中国宪政百年要览：1840—1954》，附录，山西人民出版社2008年版，第348页。

④ 韩剑飞编著：《中国宪政百年要览：1840—1954》，附录，山西人民出版社2008年版，第355页。

径 3000 公里之领土（古代亚欧主要交通路线所经过之地区）全部收复，此为国民政府自成立以来最大之成功，其面积实倍于东三省也。……此非上帝赐予中华民族之恩泽绝不至此也。"① 唐纵对蒋介石在收服盛世才过程中的运计施策大加称颂，谓"不但时下无人可及，即历代贤君良臣亦少有如此英明者"② 云云，显系溢美之词，但蒋氏在此问题上的应对方略应该说是颇合机宜的，使当时中国在新疆地区危机丛生的领土主权化险为夷。另外，领土属性（territoriality）的研究在目前的国内外学术界均属于起步阶段，③ 近代领土属性是一种历史的产物，既涉及观念和意识形态，也关系权力制度的运作，堪称透视现代性的一扇窗户。南京国民政府致力于收回领事裁判权（Extra-territoriality）的动机之一，即在于确立其作为建设近代国家的政权的正统性，尽管南京国民政府的正统性在时、空两个维度均不无可訾议者，但其统治大陆期间是中国领土属性的现代转型极为重要的阶段。最后需要说明的是，解构并不等于完全抛弃和否定的代名词，对解构主义的理解应该较为全面为宜。笔者希望对南京国民政府进行客观的解读，对"中华人民共和国版图是从清朝继承过来的"这种话语的语境和语脉进行解构，但并不意味着对这种话语的否定。

---

① 古屋奎二：《蒋总统秘录：中日关系八十年之证言》第 13 册，台北"中央日报社"译，台北"中央日报"出版部 1986 年版，第 64 页。

② 公安部档案馆编注：《在蒋介石身边八年——侍从室高级幕僚唐纵日记》，群众出版社 1991 年版，第 294—295 页。

③ territorialism（疆域主义）和 territoriality（疆域性）在概念上的差异为："territorialism"比较偏向意识形态性，例如领土疆域、主权国家等；"territoriality"在某种程度上是一种疆域的特性，像是动植物之生长环境的气候性或地域性，是为一种地域性之概念。

第十二章　思者无疆：中国边疆学发展前景蠡测

第一节　吉登斯关于空间、疆域等问题的论述

英国社会学家吉登斯的《民族—国家与暴力》（Anthony Giddens, *The Nation-State and Violence, Volume Two of a Contemporary Critique of Historical Materialism*, Berkeley：University of California Press，1987） 一书对中国边疆学理论的建构不无借鉴意义。吉登斯在该书中从西方现代地理学奠基人物拉策尔的疆界理论作为切入点展开其论述。吉登斯对拉策尔理论的概括是：环绕国家的"边地"（border margins）包括三个地带，其中两个地带为毗邻国家的边缘地带，另一个地带则是融合两个国家的社会和政治特征为一体的自主地带（autonomous zone），国家领土的边缘必须像其更接近于中心的地域一样被看成是国家的重要组成部分，边境系作为生物有机体的国家力量的动态表征和尺度，大凡活力充沛的国家均致力于扩张其空间范围，而衰颓中的国家则蹙缩于自然地理上易于防卫的疆域。吉登斯认为拉策尔的观点除了带有明显的决定论意味外，其作为一种普适性的理论亦难如人意。在辨析传统国家与现代民族国家领土权时，明白传统国家的边疆（frontier）与现代民族国家的国界（borders）的迥然不同是至关重要的。政治地理学在两重含义上使用"边疆"这一术语：或指两个或多个国家之间确切的分界，或指一国内部人口聚居区和无人居住区之间的分界，后者还可以进一步细分为：初位聚落边疆（primary settlement frontiers），指国家向先前事实上无人居住或仅有部落共同体居住的区域扩张所达到的地带；次位聚落边疆（secondary settlement frontiers），指位于国家版图之内却由于这样或那样

的原因（通常是由于土地贫瘠或这些地域普遍不适于居住）而人烟稀疏的地带。无论如何，"初位聚落边疆"和"次位聚落边疆"均是指国家中心区的政治权威波及或控驭脆弱的边缘地区（不一定与他国毗邻）。与传统的国家"边疆"不同，"边界"则是使两个或多个国家分隔并相邻的众所周知的地理界线，尽管在边境地区生活的群体可能会并实际上经常是呈现出混合的社会和政治特色，但他们均划然清楚地分别隶属于边界线两侧的国家。在吉登斯看来，边界只是在民族国家出现以后的产物。

　　吉登斯对传统的"边疆"和现代"边界"的比较是建立在这样的理论前提之下的，即传统国家的存在依赖于权威性资源和配置性资源的产生，其国家机器可以维持的行政权威非常有限，其在本质上是裂碎性（segmentary）的，国家的行政范围没有延伸到地方社会的实践之中，甚至也没有延伸到在这空间上远离国家权力中心的某些城市，其行政监控能力和掌握的时—空伸延水平与现代民族国家不可同日而语，所以，如果"政府"（government）指的是国家专注于对其声称归自己所有的全部领土实施正规化的行政管理，那么，将非现代国家中所见到的典型的统治形式称为"政府"，就会对人们产生误导。传统国家并不实行这种意义上的"统治"。它们的"政治组织"主要只限于管理统治阶级内部的以及主要城市中心内部的冲突。传统国家有边疆而无边界；与此相对照，现代民族国家是一种"权力集装器"（power containers），如韦伯所言"束缚之笼"（shell of bondage）① 被构建出来。大多数民族国家内部都实现了绥靖，以至于垄断暴力工具通常仅仅是统治者用以维持其统治的间接资源，尽管民族国家内部亦是高度域化的，但它确乎变成了具有领土边界的行政实体，民族国家在监控的最大化方面与传统国家有着根本的差别，监控的最大化与国内绥靖一道创造了一个确定边界的行政统一体。正是这样，吉登斯依循马克斯·韦伯对国家定义中所凸现的暴力（violence）和领土权（territoriality）两个维度认为：凡是国家就都有地域范围的一面，但在民族国家产生以前，国家机构的行政力量很少能与

---

　　① 参见 Anthony T. Kronman, *Max Weber*, Stanford, California：Stanford University Press，1983，p. 175。

业已划定的疆界保持一致，唯有现代国家才能准确地使其行政管辖范围，同具有明确边界的领土对应起来。吉登斯进一步分析论证说：传统国家通过建造人为分界的情形并不多见，罗马帝国和中国古代的长城确属例外，不过并不能把这些建筑与现代意义上的国界等而同之，因为在非现代国家中，这种边墙仍属于远逾中央权力机构的常规监控之外的边疆，国家越大，则情况越是如此。无论罗马帝国还是中华帝国，其边墙均不能对应于当今所谓的"国家主权"的界线，确切地说，它们是颇具纵深度的防御体系的向外延伸。现代国家边界也许与自然防御界线相重叠，尽管这对在战时保护国家财产可能至关重要，但与边界的特性并无关联。边界仅仅是使各国主权得以划分开来的界线，其特性与所经过的陆地类型或海洋没有内在联系。作为主权界线的边界必须获得与之相关的所有国家的一致同意。

吉登斯《民族—国家与暴力》是其历史唯物主义当代批判的第二卷，其总体目标乃在于通过对相对于配置性资源（allocative resources）的权威性资源（authoritative resources）格外关注、对工业主义（indus-trialism）与资本主义（capitalism）之间诸多差异的梳理，使自己对现代性（modernity）的解释成为超越马克思主义的理论建构。他在该书中理论建构的努力是一清二楚的事实，不过他采取的方式很大程度上仍是历史学叙述，是一种对包括政治、经济、军事、文化在内的全面的近现代世界史的粗线条勾勒和诠释。首先，他认为传统社会的帝国建构主要依靠于运用军事力量，而嵌入国际经济贸易体系之中的现代民族国家的持久存在，恰是以这种贸易体系为基础的。他指出："我们不应将'经济领域'看成是一个剩余领域，一个仅仅是残留在现代国家的宪政形式之外的空间，一个未被纳入的'市民社会'。"① 吉登斯敏锐地捕捉到本质上具有"跨国"特征的资本主义活动，与在领土上具有边界性的绝对主义国家的巩固以及民族国家在全球的兴起过程之间错综复杂的关系。其次，吉登斯强调民族国家只存在于与其他民族国家的体系性关系之中，国际关系（international relations）与民族国家具有同源性。他认

---

① Anthony Giddens, *The Nation State and Violence: Volume 2 of a Contemporary Critique of Historical Materialism*, Cambridge: Polity Press, 1985, p. 150.

为，欧洲国家之间的"势力理论，在民族国家体系的形成过程中意义深远，可获致的力量均势理论与经济关系领域中"看不见的手"（the hidden hand）理论，对现代社会的发展实具同等重要的历史意义。①　而帝国在自己的版图之内具有普遍化的特征，认为自己的制度原则上可以普遍推行于世界上已知的其他地区。帝国是不会以政体之国为邻的，凡是毗邻其边疆的都是帝国的"下国"，帝国往往将其视为蛮夷番邦，因此即使与这些邻国凭借和约建立的边界，亦不具有内在的稳定性。奥斯曼帝国即将其边疆视为"战场"边缘的标识。再次，吉登斯指出：现代国家有别于传统国家并非仅仅由于边疆被边界所取而代之，伴随着国家主权理论的出现，国家领土权的性质实已发生转变。"主权国家"的概念过去被当做纯粹的内部事务加以讨论，但在国家与他国共处的情境之下，这一概念实具有外部的意味。正是基于国家在其领土内具有无上权威，而其他权力均由主权赋予和撤销的特征，不同国家权威之间得以明确厘清，国家之间领土划分被赋予新的内涵，与传统国家不同，对某个现代国家领土的威胁，不论该部分领土如何贫瘠无用，均属对该国行政与文化完整性的强烈挑战。吉登斯对欧洲绝对主义国家时代，在从传统国家的边疆向现代民族国家的边界转型过程中的特殊意义极其重视，用颇有力度的笔触展现了这种时代嬗变的历史感。吉登斯的历史叙述使我们可以看到中世纪欧洲统治者的领地往往支离破碎，而与绝对主义相联系的政治权力集中，并不是对那些名义上已属于自己治下的地区的有效控御的简单扩大过程，它要求对国家内外边疆予以彻底变革。主权的发展本质上意味着可能引发严重冲突，至少应对国家领土进行和平的重新划分。一系列战争的爆发以及由此导致的 17、18 世纪召开的一系列会议，促使边疆合理地过渡为边界。吉登斯这样写道："从边疆发展为地图上彼此同意的边界直到 18 世纪才出现：第一次以书面形式划定的边界乃在 1718 年作为关于佛兰德（Flander）的条约一部分而确立的。"②

---

①　Anthony Giddens, *The Nation State and Violence: Volume 2 of a Contemporary Critique of Historical Materialism*, Cambridge: Polity Press, 1985, p. 87.

②　Anthony Giddens, *The Nation State and Violence: Volume 2 of a Contemporary Critique of Historical Materialism*, Cambridge: Polity Press, 1985, p. 90.

戈登·伍德（Gordon S. Wood）指出："思想给我们的行为注入含义。没有任何一种人类行为不被我们赋予一种含义。……这些含义是我们行为的成分和外装，它们构成我们的思想、信仰、意识及文化。"① 按照伍德的观点，思想是人们借以观察、判断和使其行为具有含义的手段。思想在人类历史中的作用不是因果性的，而是功能性的。它们不但通过给予行为以含义，而使社会行为可为人们所理解，而且通过给予行为者以观察的手段而促动社会行为的产生。吉登斯写道："如果思想确实具有重大的启迪，那么，更重要的任务不是穷究它们的根源，而是进一步对这些思想加以磨砺，展示它广泛的用途，哪怕所采用的概念框架截然不同于原先孕育它们的那种。"② 吉登斯往往依照其所谓"双重解释学"（double hermeneutic）对西方既有社会理论进行批判性清理的同时对现代社会进行创造性阐释，并且认为社会科学与自己的活动构成社会科学研究主题的人之间存在着交互解释，社会科学的理论和结论与其所探讨的意义及行动世界并不能截然分开，有关社会过程的思考（包括理论及其相关省察）持续不断地介入、脱离、再介入它们所描述的事件世界，社会科学对社会世界的影响较诸自然科学对物质世界的影响有过之而无不及。吉登斯以 17 世纪欧洲思想家提出的主权理论为例，指出："这些理论来自对社会趋势的反思与研究，又反过来卷入这些社会趋势。不借助以话语形式阐述的现代主权国家理论，就不可能产生现代主权国家。西方现代性的一个总体特征，就是国家政权在政治上'自我监督'方面明显的扩张趋势。这种趋势孕育出的社会气候与知识氛围，正是产生社会科学专业化、'职业化'话语的源泉，而后在表述前者的同时，又推动着前者的发展。"③ 在吉登斯看来，社会科学中的理论和结论不像自然科学那样和"它们的世界"是绝缘的，很容易对实践生活产生影响，而不论社会观察者或政策制定者是否决定将其"运用于"某一

---

① 引自满运龙：《思想·意识形态·语言——共和修正派与美国思想史学》，资料来源：http://www.jianwangzhan.com，访问时间：2005 年 7 月 2 日。

② Anthony Giddens, *The Constitution of Society: Outline of the Theory of Structuration*, Cambridge: Polity Press, 1984, p. XXII.

③ Anthony Giddens, *The Constitution of Society: Outline of the Theory of Structuration*, Cambridge: Polity Press, 1984, p. XXXII.

特定实际问题。假如这些社会科学理论重新融入行动，其原创性或许因此荡然无存以致成为老生常谈，它们参与了我们所置身的世界，已经成为社会实在的一部分。吉登斯这样写："社会科学的'发现'，即便是极具启发性的，也难以始终保持新颖性。实际上，这些'发现'越是具有启发性，人们就越可能在他们的行动时考虑这些'发现'，从而使这些'发现'成为习以为常的社会生活准则。"[1] 吉登斯引述斯金纳（Quentin Skinner）《现代政治思想的基础》（*The Foundations of Modern Political Thought*，Cambridge University Press，1978）的研究表明，中世纪以后的西方现代国家的话语形式本身就成为构成这些国家性质的重要因素。吉登斯的研究使我们认识到现代民族国家的兴起，是如何与各种话语变迁交织在一起，这些话语变迁都是普通社会实践的组成部分，民族国家作为一种社会世界的"事实性"，是一种截然不同于自然界的"既定性"的现象，具有话语实践建构的物化性。

　　吉登斯理论的出发点正如其自己所言乃系现代社会发展的"断裂论"解释，或者说是致力于现代性的理论图景描述。他以"结构化"（structuration）理论著称于世，力图在"强行动而弱结构"的行为主义和"强结构而弱行动"的帕森斯的功能主义以及法国的结构主义之间寻求合适的平衡与调和，从而解决长期以来未臻妥善的社会结构（social structure）概念与个人能动性（agency）概念之间的张力问题。吉登斯的结构化理论强调，"社会系统的时空构成恰恰是社会理论的核心"，理解现代性的关键之一乃在于认识时间—空间的伸延和分离。他指出："现代性的动力机制派生于时间和空间的分离和它们在形式上的重新组合，正是这种重新组合使得社会生活出现了精确的时间—空间的'分区制'，导致了社会体系（一种与包含在时—空分离中的要素密切联系的现象）的脱域（disembedding）；并且通过影响个体和团体行动的知识的不断输入，来对社会关系进行反思性定序与再定序。"[2] 时间与空间的分离被吉登斯视为脱域的初始条件。易言之，现代社会不仅使

---

① Anthony Giddens，*The Constitution of Society: Outline of the Theory of Structuration*，Cambridge：Polity Press，1984，p. 351.

② 安东尼·吉登斯：《现代性的后果》，田禾译，译林出版社2000年版，第14页。

时间与空间相分离，而且亦使空间与场所相分离。由于邮件通讯、电报电话、互联网等科学技术日新月异的发展，人类的生活方式发生了翻天覆地的变化，在场的东西的直接作用正越来越被在时——空意义上缺场的东西所取代。现代性是"非地域化"的，不过这并不意味着单纯的地域性影响的日渐式微并变成更具非个人化的抽象体系，而是指组织空间的经验的形式发生了前所未有的变化，熟悉感通常都是以时——空延伸为中介的产物，而非由地域化地点的特殊性所派生。

吉登斯的"时空延展"（time-space distanciation）理论必须置于当代西方学术发展的脉络和场景中才能得以较为透彻的理解。长期以来，空间和时间并不被列入社会的范畴中，尤其是空间往往被置之度外。如爱德华·索亚（Edward William Soja）所说，在19世纪历史主义盛行的思潮影响下，空间性被边缘化为一种近乎机械的外在性，"把空间列入时间名下的做法极为普遍，时间的征服活动甚至渗透到了词典之中"①。《牛津英语小词典》（Shorter Oxford English Dictionary）将"空间"解释为"指时间或持续"（denoting time or duration）即其明证。"空间转向"被认为是20世纪后半叶知识和政治发展举足轻重的事件之一，西方学术界对人文生活中的"空间性"开始刮目相待，把过去给予时间和历史的青睐纷纷转移到空间上来，一改昔日重时间轻空间、重历史性轻空间性的偏弊。例如，福柯认为："历史曾被赋予太多的特权，这一历史性享有的特权程度之高，已经吞没了批判性的空间思想制衡权力，令其鸦雀无声。"② 福柯将那些顽固怀抱着19世纪之迷恋的人们称之为"时间的虔诚子孙"。尽管这种"空间转向"并不是否定历史想象已被证实的力量，也不是以一种空间主义替代历史主义，但空间为从实践和理论上理解现状提供了颇具启发性的批评观点，乃是有目共睹的事实。

西方学术界对现代性的时空型构概括堪称诸子竞相争鸣。例如，与吉登斯强调现代性的时空延展不同，齐格蒙特·鲍曼（Zygmunt Bau-

---

① Edward W. Soja, *Thirdspace: Journeys to Los Angeles and Other Real-and-Imagined Places*, Oxford and Malden, MA: Blackwell Publishers Ltd., 1996, p. 176.

② Edward W. Soja, *Thirdspace: Journeys to Los Angeles and Other Real-and-Imagined Places*, Oxford and Malden, MA: Blackwell Publishers Ltd., 1996, p. 15.

man）、大卫·哈维（David Harvey）等则将现代性的时空组织结构变化概括为"时—空压缩（time-space compression）"。按照大卫·哈维的观点，现代性改变了时间与空间的表现形式，并进而改变了我们经历与理解时间与空间的方式。现代主义促进了时间与空间的压缩，而且这个过程在后现代时期已被大大加速，从而导致时空压缩的强化阶段。"强大的发明潮流，集中聚焦在加快和快速的周转时间上。决策的时间范围（现在已经是国际金融市场上分秒必争）缩短了，而且生活方式的风尚变换迅速。这一切伴随了空间关系的激烈重组、空间障碍的进一步消除，以及一个资本主义发展的新地理形势的浮现。这些事件，引发了强烈的时空压缩的感受，影响了文化和政治生活的每个面向。"①

尽管诸学者对时空型构概括人言各殊，但所有论述的中心都集矢于对空间与社会关系的关注。涂尔干早在《宗教生活的基本形式》（David Émile Durkheim, *Les Formes élémentaires de la vie religieuse: Le système totémique en Australie*, Paris：Alcan, 1912）中即已指出时间和空间都是社会构造物。布迪厄认为，时空、个人与制度在社会中一起运作，并与社会再生产的过程相纠结。易言之，社会行动在时空结构中展开，而行动的后果及其特征映射于空间形态的重构之中，社会行动和空间结构之间形成一种互相纠结的关系，行动可以改变空间结构，但行动必须与空间结构的特征相结合，从而形成行动的"空间性"。法国社会学家亨利·列斐伏尔在其名作《空间的生产》（Henri Lefebvre, *La Production de l'espace*, Paris：Anthropos, 1974）里对空间予以空前关注，提出了著名的由空间实践、空间之表征和表征性空间构成的三位一体组合概念（la triade conceptuelle），因此，有学者称列斐伏尔空间是为社会所生产同时也生产了社会的理论。列斐伏尔这种一元化思想的灵感部分来源于物理学中空间、时间和能量相互关联的理论，同时还受到超现实主义者寻找人类内在和外在世界的结合点的启发。列斐伏尔将空间的生产、历史的制作、社会关系或社会结构紧密联系起来，认为空间是一种历史性的生产，既是社会存在的中介，又是其结果，"生产的社会关系是一种社会存在，以至于是一种空间存在；它们将自身投射到空间里，在其中

---

① 包亚明主编：《现代性与空间的生产》，上海教育出版社2003年版，第392页。

留下烙印，与此同时又生产着空间。"① 社会现实不是偶然成为空间的，不是存在"于"空间的，它在先决条件上和本体论上就是空间的。不存在没有空间化的社会现实，也不存在非空间的社会过程。② 社会的和空间的彼此相互建构，没有哪一方先天就拥有决定性的特权。可以说，空间即是社会，空间的形式与过程是由整体社会的动态所塑造的。与列斐伏尔一样，大卫·哈维亦强调，时间与空间概念是社会地建构起来的，在社会再生产过程中扮演着重要角色，在资本主义兴起成为一种特殊的社会经济体系中具有根本性地位，不能脱离社会行动来理解。哈维发挥马克思关于社会劳动时间的观念，认为时间是资本主义的重要量度，并且同样的命题也可以运用到空间的经验上。他指出：空间障碍的消除和"借由时间来消灭空间"的斗争，对于资本积累的整体动态至关重要，并且在资本过渡积累的危机中表现得格外明显，依凭进入新地盘的地理扩张和一组全新的空间关系的建构以吸收资本或劳动力的剩余，已成为屡见不鲜的现象，吉登斯吸收了诸如列斐伏尔、福柯、哈维等人关于社会理论与空间结构，以及关于社会与空间性的辩证关系的部分精辟思想，并以极强的综合能力加以翻新利用，其时空型构的分析亦同样服务于其社会理论的巧妙衔接和构架。

第二节　中国边疆学的肇兴

中国边疆发展史十分悠久，中国边疆研究的内容涉及历史、地理、政治、军事、民族、宗教、法律诸领域，甚至还包括生态环境等自然科学领域研究，往往与历史学、经济学、民族学、民俗学、政治学、法学等学科相交叉。20 世纪 80 年代以来，从事中国边疆民族问题相关研究

① Edward W. Soja, *Thirdspace: Journeys to Los Angeles and Other Real-and-Imagined Places*, Oxford and Malden, MA: Blackwell Publishers Ltd. , 1996, p. 46.

② Edward W. Soja, *Thirdspace: Journeys to Los Angeles and Other Real-and-Imagined Places*, Oxford and Malden, MA: Blackwell Publishers Ltd. , 1996, p. 46.

的学人不可谓少，许多高校都有关于边疆研究的专门机构，该领域亦出版了许多有分量的研究成果，然而遗憾的是，中国边疆民族研究的整体学术水准不尽如人意，中国边疆民族问题研究可以说目前仍处于学术的边缘地带，不为主流学术所看重，其原因无非两方面：一是由于自身研究成果确实每每没有思想结晶，没有学术震撼力；一是由于中国目前主流学术界唯洋是崇，唯新是骛，国外学者一研究夜壶、睡眠与缠足，中国学者便闻风而动，竞相追逐，仿佛舍此皆不足以称真学问，自以为是地根本对边疆民族等传统研究领域不屑一顾，所以尽管何伟亚、罗友枝等的研究成果在中国学术界广有市场，而中国学人自身一些真知灼见却由于缺乏学术营销力而好酒藏于深巷不为人识。

　　近十余年来，构筑中国边疆学的呼声一浪高过一浪。"中国边疆学"概念的最早提出尚难考证确凿，不过我们从文献中可知，1939 年 6 月 5 日昆明《益世报》边疆第 24 期所刊伯平《我国边疆学之内外研究略史》即已昭然揭橥之，而中国边疆学会也于 1941 年在成都宣告成立。[①] 20 世纪 90 年代以来，中国社会科学院中国边疆史地研究中心的马大正、邢玉林等以一种强烈的历史使命感，积极呼吁为创建中国边疆学这门新兴边缘学科而努力。马大正指出："人们一般将学术的分类称

----

　　① 在一个偶然的机会，笔者随意翻阅曹聚仁的《天一阁人物谭》，颇觉有趣味。其中有一篇关于拉铁摩尔的短文，这样写道："我说过，我四十岁以后，专心一志研究史地之学，却不是传统的史地知识，而是边疆学，在中国是一种冷门专题。……要谈边疆学，那真说来话长，我在杭州西湖图书馆任职时，也曾读清代羁人的许多笔记……"（曹聚仁：《天一阁人物谭》，曹雷编，上海人民出版社 2000年版，第 450—452 页。）曹聚仁是一位大写手，"书生有笔曰如刀"可谓其一生的真实写照。据其晚年回忆，平生所作文字达四千万之多。这段文字引起我注意的是，在 20 世纪 70 年代，曹聚仁就在大谈特谈"边疆学"，甚至在青年时代就有这方面的兴趣，而且立志在人生四十岁之后专心研究边疆学。他所谓的边疆学不是"传统的史地知识"，而是像拉铁摩尔那样从边疆解释中国历史，颠覆汉族中心论，重建边疆观念。实事求是说，曹聚仁这些出手不凡的名人的眼光令人油然而生敬意，其实已经对当今后现代主义思潮新锐人物所表达的一些观点早有先见之明。紧接着，笔者又检读曹聚仁的其他一些作品，发现在《曹聚仁杂文集》中还专门有篇文章叫作《谈边疆学——答一读者》。在这篇文章中，曹聚仁重申了边疆学的重要性，强调边疆观念的重建。参见曹聚仁：《曹聚仁杂文集》，生活·读书·新知三联书店 1994 年版，第 528—532 页。

为学科，指一定的科学领域或一门科学的分支。例如，研究和阐述人类
社会发展的具体过程及其规律性的科学为历史学；研究地球表面，即人
类生活在其中的地理环境的科学为地理学；研究人类的社会生活及其发
展的科学为社会学；等等。如果对这些学术活动做进一步的分类，我们
即可观察到两种情况，一是几乎所有学科都有自己的分支学科，所以产
生分支学科是因为一门学科领域总会有其不同的方面，分支学科就是在
研究这些不同方面时形成的；二是一门学科的不同方面通常又有与其性
质相近的其他学科，而这些相应学科的研究方法对于该分支学科来讲又
有其重要意义，从而往往被引用过来，这样就出现交叉学科。"① "在现
代学术研究领域还可常见另一种学术分类与发展的情况，这就是在特定
的学术领域将相关部门的知识结合起来而形成的学科。例如人们所熟悉
的满学、蒙古学、阿尔泰学、藏学、傣学、敦煌学、吐鲁番学等就是这
一类型的学术分类。这种学术分类在国际学术界也很流行，例如在世界
古典文明研究领域就有著名的埃及学、亚述学等。"② 马大正比较了上
述两类学科的特点，即 "在研究对象方面，前者针对的是抽象的领域，
而后者则有具体的范围；在研究方法方面，前者有独特的学科方法体
系，而后者则多利用多种前一类学科方法组合而成；在学科价值方面，
前者在其特定及其相关领域具有普通的价值，而后者则在明确的范围内
具有特殊的价值"③。显然，马大正认为中国边疆学与敦煌学、吐鲁番
学等都属于后一种类型的综合性学科。2003 年，在庆祝中国边疆史地
研究中心成立二十周年之际，马大正又发表《关于构筑中国边疆学的断
想》一文，将中国边疆学的基本功能概括为描述功能、解释功能、预测
功能、教育功能四方面，将中国边疆学的学科研究特点概括为综合性、
现实性、实践性三方面，并根据中国边疆学的学科特点将这一学科内涵
划分为 "中国边疆学·基础研究领域" 和 "中国边疆学·应用研究领

---

① 　马大正、刘逖：《20 世纪的中国边疆研究——一门发展中的边缘学科的演
进历程》，黑龙江教育出版社 1997 年版，第 276 页。

② 　马大正、刘逖：《20 世纪的中国边疆研究——一门发展中的边缘学科的演
进历程》，黑龙江教育出版社 1997 年版，第 276—277 页。

③ 　马大正、刘逖：《20 世纪的中国边疆研究——一门发展中的边缘学科的演
进历程》，黑龙江教育出版社 1997 年版，第 277 页。

域”两大部分，而“中国边疆学·基础研究领域”包括中国边疆理论、中国历代疆域、历代治边政策、边疆经济、边疆人口、边疆社会、边疆立法、边疆民族、边疆文化、边疆考古、边疆地理、边疆国际关系、边疆军事、边疆变迁、边疆人物等诸多研究方面。“中国边疆学·应用研究领域”则是在基础研究的基础上对当今及未来中国边疆的发展与稳定的战略性、预测性的宏观与微观相结合的研究。① 马大正特别强调：“中国边疆理论研究和边疆学理论研究，无论从当前社会发展而言，还是从学科建设与发展而言，均具有重大意义。前者包括陆疆、海疆与边界的理论问题，通过中西理论的比较、历史与现实的贯通和理论与实际的结合，探索中国边疆历史发展与统一多民族国家形成的发展规律。后者侧重基础理论，包括概念与范畴、学科性质和任务、体系的功能等，建立以马列主义为指导的、有中国特色的中国边疆学理论体系。”② 马大正在分析当代中国疆域理论研究相对薄弱的现状时阐述很是到位，云：由于受政治因素的制约，禁区的存在使多数学者长期钻研于专题性、实证性、微观性的具体史实研究，不愿改变研究方向，不敢在理论上“冒险”；现已提出的疆域理论问题尚不广泛，而各家见解并不完备、系统。

对于马大正等前辈学者的登高而呼，已经从 20 世纪 80 年代跑马圈地学术雾障中走出的中国学术人似乎不以为然，但笔者凭多年师从马大正等前辈学者的经验深知，这些老先生力倡中国边疆学洵非企图捷足先登争夺学科命名权的猎誉行动，而是他们长期以来为之孜孜努力的夙愿。尽管对构筑中国边疆学口号的情感非三言两语所能赅备，但笔者恪守的态度是与其坐而谈道不如脚踏实地以潜心研究的行动和效绩为对马大正等人号召的响应。在此，笔者有两点意见需要表明。

其一，马大正等提出构筑中国边疆学实际上是学科的“分门划界活动”（boundary-work），企图确定中国边疆学的学科领地和学科边界。卡尔·波普尔声称，所有的科学都建立在流沙之上。吉登斯对此加以引申云：按照科学的观点，没有什么东西是确定的，也没有什么东西能够

---

① 马大正：《关于构筑中国边疆学的断想》，《中国边疆史地研究》2003 年第 3 期。

② 马大正：《中国边疆研究论稿》，黑龙江教育出版社 2002 年版，第 43 页。

被证明，尽管科学一直尽力地在提供我们所渴求的关于这个世界的最可靠的信息，在不容怀疑的科学的心脏地带，现代性自由地漂移着。① 我们应该承认现代学科体制是不断建构和不断变革的，学科之间的边界纷争史如国家之间的边界纷争史一般起伏跌宕，不应该将呼吁构筑中国边疆学视为无根浮谈。学科空间的建构实际上是话语/权力的建构动态过程和结果。中国边疆学既非马大正等首创，民国时期如前所述即已有之，此可谓"有开必先"，马大正等人仅前于后喁地"照着讲"和"接着讲"而已，况且无独有偶，边疆学无非是日本所谓"边境学"者也，日本学者岩田孝三（いわたこうぞう）《疆界政治地理学》（『境界政治地理学—わが国、国界藩界に就いての政治地理学の研究』帝国書院、1956 年）、《国境地政学》（『国境の地政学—国際紛争の原点』日本工業新聞社、1982 年）都属这一范畴的著作。不过，我们不应该像莎士比亚笔下哈姆雷特式提问"生存还是死亡？这是一个问题"（To be or not to be, that is the question）那样凝重地设问："成为一个学科还是不成为一个学科？这是一个问题。"（To discipline or not to discipline? That is a question.）问题的关键在于我们边疆民族领域的研究者不要做扶不起的阿斗，能够贡献出沉甸甸的科研成果证明自己的生存价值，唯其如此，中国边疆学才能在开放的学术场域中逐渐明晰地呈现出自己的学科领地和疆界，如俗语所言：草鞋没样，越打越像。如果用领土国际法学的眼光来审视，提出构筑中国边疆学仍是一种对学科的"初步权利"（inchoate title）的主张，而对该领域的"有效占领"（effective occupation）才是关键所在。在后结构主义思想弥漫的年代里，波普尔"零碎工程"和哈耶克"自发秩序"理论，都警诫我们不要将中国边疆学摸着石头过河的经验主义式结构化过程，误作在舒适的安乐椅上想象出的静态体系。在我们看来，中国边疆学实际上没有"范围"（extension）唯有"方向"（directions）。英国著名法学家戴雪（Albert Venn Dicey, 1835—1922）曾以蜜蜂构巢以譬英宪曰："譬诸蜜蜂构巢，八面玲珑，极尽人工之巧，但群蜂穷年矻矻，意匠天成；初未尝根据任何建筑原

---

① Anthony Giddens, *The Consequence of Modernity*, Cambridge: Polity Press, 1991, p. 39.

理，以作准规。"① 这用来譬喻中国边疆学的建构亦颇为恰切。殆学问不是一手一足之烈，各人按照自己的性情和学术资源努力朝着构筑边疆学的目标躬耕于一畦陇亩，有恒无已，那么中国边疆学的构筑才能有朝一日真正实现争奇夺妍的万紫千红壮丽景观，聚合效应由此得以呈现，否则终属画饼充饥。

　　其二，笔者完全同意马大正等关于加强中国边疆理论研究的倡导，但理论研究不是夸夸其谈、向壁虚造的心成之学，不是空对空导弹乱射，理论创建亦是实学或者朴学工作。② 目前中国边疆民族领域的研究确实存在对理论问题的忽视，但是，理论如利奥塔（Jean-François Lyo-tard，1924—1998）所说应该是"悬置和推迟话语的终止（closure）"③，以神奇的速度炮制出的所谓"理论"在"宏大叙事"已被人们所扬弃的年代只能为同行方家所窃笑。有学者曾言："今之操觚者，求惊人而不求服人，求媚世而不求维世，此海内所以无文宗也。"④ 而"西学格

---

　　① 戴雪：《英宪精义》，雷宾南译，中国法制出版社 2001 年版，第 86 页。

　　② 佛经中强调"戒、定、慧三学"。由戒而定，因定而慧。佛教中还主张修炼从凡身修息、修气、修脉、修心到修最细微心。常言俗语亦谓："真细微处见功力。"因此学问的增益必须修最细微心。异言天开的妄想不具备科学的理性，天马行空地乱想不能够深入致远。思想是学术的灵魂，如游丝般稍纵即逝。过去我们学会如何学习，今天更应学会如何思维，通过对"最细微心"的体认抽丝剥茧地寻演学术的诠解，通过思想体操的锻炼修习，使自己的学术思维行为训练有素。学术的发展是由混沌到专业化，再由专业化到细分化。现代学术的潮流表现形式是细分化而不是综合化，综合化仅仅是细分化的手段。细分化按黑格尔正—反—合的三段论的发展逻辑理解，理所当然是在更高阶段上对混沌化的复归，但混沌化已是不可能复辟的老皇历。由此可见，现在许多人认为美国学术界研究有细碎化的倾向，这似乎不足为训，其实大而化之的粗放经营时代已经过去，学术必然走向精耕细作的集约化经营。现代物理学由分子而原子，由原子而粒子，其他诸如化学、医学领域的微观世界，大举挺进，搞社会科学的中国人仍驻足不前，岂能不讲求"最细微心"的修炼？学术只能以分化为前进的主动力，综合通常为同水平的影响或表现为分化的另一体相，学术的分蘖不能用龚自珍《病梅馆记》所言"斫之伐之"。

　　③ 秦喜清：《让—弗·利奥塔：独树一帜的后现代理论家》，文化艺术出版社 2002 年版，第 94 页。

　　④ 冯时可：《冯元成选集》卷六七，《谈艺录》，《四库禁毁书丛刊》编纂委员会编：《四库禁毁书丛刊补编》61—64，北京出版社 2005 年版，第补 63—682 页。

致……一理之明，一法之立，必验之物物事事而皆然而后定之为不易……成见必不可居，饰词必不可用，不敢丝毫主张，不得稍行武断，必勤必耐"①。胡适亦言："吾国旧论理，但有据而无证。"② 从洞见到理论体系的形成存在漫长的如蚂蚁负食跋涉征程，绝非一蹴而就。只有经过论证的知识才获得科学知识的资格，科学知识的确定性来自于论证。在当今学术范式下，我们不能再以子思"率性谓之道"为信口雌黄的野狐禅之挡箭牌。空文相尚，只不过制造学术泡沫而已，著论弥多，学术弥蔽。

第三节　在全球化背景下中国边疆学的研究方略

吉登斯在《现代性后果》（Anthony Giddens，*The Consequence of Modernity*，Cambridge：Polity Press，1991）中指出："在现代，时—空伸延的水平比任何一个前现代时期都要高得多，发生在此地和异地的社会形式和事件之间的关系都相应地'延伸开来'。不同的社会情境或不同的地域之间的连接方式，成了跨越作为整体的地表的全球性网络，就此而论，全球化本质上是指这一延伸过程。"③ 无论是吉登斯的"时空延展"概念还是哈维等人阐发的"时空压缩"概念，均旨在展示"天涯若比邻"的全球化图景，无怪乎有学者将吉登斯称为"全球化理论的领导人物"。据法国学者埃克托尔·吉扬·罗莫（Hector Guillén Romo）云，"全球化"一词在20世纪80年代初出现于盎格鲁—撒克逊世界，确切说最初诞生于以跨国公司为题材的文学作品中。英美知识分子和新闻工作者在这一时期率先开始谈论全球化，这一术语后来被用来指称政

---

① 严复：《救亡决论》，《严侯官全集》第一卷，光绪二十九年石印本，页十。

② 胡适：《胡适留学日记》下，安徽教育出版社2006年版，第130页。

③ Anthony Giddens，*The Consequence of Modernity*，Cambridge：Polity Press，1991，p.56.

治界限的开放，和旨在促进全球经济活动进展的自由贸易现象。① 目前全球化的话语本身已经"全球化"，涉及经济学、社会学、伦理学、政治学、法学等诸多领域，众说纷纭，亦有学者对全球化理论的风靡一时提出尖锐批评。美国学者莱斯利·辛克莱（Leslie Sklair）在《相互竞争之中的多种全球化概念》（Competing Conceptions of Globalisation）一文中对"国际"（interstate）和"全球"（globle）两个概念的清晰界分，对我们谨慎使用"全球化"和"国际化"的术语不无警示意义。他声称："'国际'指的是以现存甚至变化中的民族国家体系为基础的使人困惑的全球化概念；而'全球'指的是不以民族国家体系为基础的过程的凸现和社会关系体系。"② 作者亦认为全球化（globalization）系指所谓"去边界化"的关系，不等同于传统的国际化（internationalization），而是出现了另一个层面的跨越疆界（transborder）的关系和现象。换言之，所谓的"globality"不同于"internationality"，因为"global relation"就等于是"supraterritorial relation"，而非过去传统的国际关系。在当今世界不可阻挡的经济全球化正有力地突破文化风俗以及意识形态划出的传统疆域，对传统的领土主权构成严峻的挑战。正如英国学者罗伯特·吉尔平（Robert Gilpin）所指出的："无论是支持全球化的人还是批评全球化的人都认为，各国的日益一体化导致了民族国家在经济、政治和文化上独立程度的降低或者国家主权的丧失。各种团体

① 埃克托尔·吉扬·罗莫：《对全球化的若干质疑》，梁展编选：《全球化话语》，上海三联书店 2002 年版，第 212 页。

② Leslie Sklair, Competing Conceptions of Globalisation, *Journal of World-Systems Research*, vol. 5, No. 2, Summer 1999, pp. 143 - 162. 法文"全球化"（la globalisation）和属于法国的"全球化"（la mondialisation）在法文里也有不同的表示，代表着不一样的全球化现象。有位著名的法国学者提出一个定义，认为"全球化"就是"地球上的每一个人的生活，事实上有部分或全部是依赖其他不在他的国家内的其他人所下的决定，被其他人的决定所影响"，也许和"互赖"的意思雷同，有形的疆界已然不存在，承续此脉络便可能涉及全球化与治理的关系。再者，"l'internationalisation"（法文）在过去表示国家与国家间的双向关系，但是"la globalisation"（法文）已经是复边的或全面的，在法国则涉及意识形态的讨论，"国际化"是共产主义或社会主义的观点；"全球化"在当时多为社会主义者所谈论，认为是资本主义下的产物，这些便是意识形态上的相对性。

和个人都说全球化引起经济独立的结束、政治民主的消融和文化趋同的衰落。他们甚至指责说，各国经济一体化意味着本国团体，甚至整个社会，不再能把握自己的命运而要受制于外部强大的经济和技术力量。"① 乌尔里希·贝克（Ulrich Beck）也说："人们既可以否定、攻击全球化，也可以为它欢呼，但是无论人们如何评价全球化，涉及的都是这样一种强势理论：以领土来界定的社会领域的时代形象，曾在长达两个世纪的时间里，在各个方面吸引并鼓舞了政治、社会和科学的想象力，如今这种时代形象正在走向解体。"② 正是这样，"民族国家终结论""国家主权过时论""国家主权弱化论"等诸说蜂起。有的学者直接将全球化的过程定义为"非民族国家化"的过程，将全球化与民族国家视为不可调和的对立面，声称这种"非民族国家化"正在成为我们这个时代的特征，断言"民族国家正在终结"，一个"社会的世界"正在取代"国家的世界"。例如，有的学者虽然肯定国家在现代政治生活中的核心地位，但认为全球化使大量的跨国界力量日益膨胀，传统的国家主权已经成为一个过时的概念，国际政治的"后威斯特伐利亚"时代已经来临。贝克称，国家主权如今已遭遇严重困境，在全球性的时代，国家主权只有通过放弃国家主权才能实现。让·阿尔特·朔尔特（Jan Aart Scholte）云：正是跨地域的资本主义的发展使现代国家失去了主权这一首要的标志，也就是说，失去了对国家货币和相关的金融市场的彻底的、唯我独尊的控制。全球资本的许多具体形式也轻易地压倒了国家的主权。在资本主义的全球化条件下，主权消失了，现代国家也已失去了单方面实行全面的宏观经济政策的能力。美国学者、"新治理"论的代表人物詹姆斯·罗西瑙（James N. Rosenau）的观点更具有代表性。他说："国家主权的减退是当今世界一大潮流。当然，国家在自身领域内仍占主导地位，国家利益、国家之间的冲突、交涉和制度仍规定着政治、军事和经济外交方面的事务。但由于运输和电子技术扩大了多中心

---

① 罗伯特·吉尔平：《全球资本主义的挑战：21世纪的世界经济》，杨宇光、杨炯译，上海人民出版社2001年版，第311页。

② 乌·贝克、哈贝马斯等：《全球化与政治》，王学东等译，中央编译出版社2000年版，第14页。

世界中不同联合体的自主权，国家的主导地位不断削弱，而在跨越边界的大量多种交易中，国家既不能参与其中也无法施加影响。"① 让·阿尔特·朔尔特在《全球化：一个批判的引论》（Jan Aart Scholte, *Globalization: A Critical Introduction*, London：Macmillan，2000）一书中则明确提出：全球化造成了"领土主义"（territorialism）的终结。"对于电话和计算机通讯来说，空间距离不仅仅是减少的意义，空间实际上已没有任何意义，因而它们是'超越领土性的'。'全球同时性'以前所未有的方式允许（某些）社会关系在领土空间规律之外进行运作。"②

吉登斯对"民族国家终结论"和"国家主权过时论"等不以为然。他在《民族—国家与暴力》中强调："20 世纪跨国界的全球交往得以持续迅猛地发展，但本质上这不应被视为国家主权的削弱过程。恰恰相反，它本质上正是当今民族—国家体系在全球范围得以扩张的主要条件。"③ 他认为，"我们时代的一个巨大错觉"，就是相信迅速增长的经济与技术的相互依赖助长了主权的消失，似乎国将不国已经历历在目，而事实上，全球化社会关系的发展，既有可能削弱与民族国家相关的民族感情的某些方面，也有可能增强更为地方化的民族主义情绪，当社会关系横向延伸并成为全球化过程的一部分时，地方自治与地区文化认同性的压力日益增强的势头亦昭然可见。与吉登斯一样执持这种论断的学者在学术界不乏其人，主要理据是：其一，全球化本身就是国家推动的，这一过程恰恰就是国家功能得到强化的证明。资本主义全球化是一个借助国家的支持才得以发生的过程；国家赋予全球化以意义，在一些重要的方面甚至还创造着全球化；全球化包含了国家之间权力关系的转换，这种转换经常体现为国家权力的集权化和集中化，它们是全球市场规则的必要条件和伴随物。跨国资本所引起的权力集中并没有减损国家

---

① 詹姆斯·罗西瑙：《没有政府的治理》，张胜军、刘小林等译，江西人民出版社 2001 年版，第 326 页。

② Jan Aart Scholte, *Globalization: A Critical Introduction*, London：Macmillan, 2000，pp. 44 – 46.

③ Anthony Giddens, *The Nation-State and Violence: Volume Two of a Contemporary Critique of Historical Materialism*, Berkeley：University of California Press, 1987, p. 5.

的权力；相反，"国家恰恰介入了这一集中的过程"。其二，尽管最大的跨国公司营业额可能比多数国家的 GDP 还要多，拥有巨大的经济权力，但在一些关键性方面的权力不可能与国家相抗衡，所有现代国家均在自己的领土内成功垄断了对暴力工具的控制，而跨国公司不可能把自己建成统治着某一特定领土的政治和法律实体。其三，世界军事秩序是影响国家主权的最重要因素，所有当代国家所拥有的军事实力，都大大超过了历史上最大的传统帝国体系所能达到的水平，其主权大于任何存在过的单个国家。

　　笔者基本上赞同吉登斯的上述判断。目前全球化的话语洋洋盈耳，在场（present）与不在场（absence）的界线发生全面位移，恰如哈维所引用德国诗人海涅（Heinrich Heine, 1797—1856）的话所云："我们看待事情的方式，我们的观念，现在发生多么大的改变！即使时间和空间这么基本的概念，都开始动摇了。空间被铁路杀死。我觉得所有乡野的山林好像都在往巴黎逼近。甚至现在我都可以闻到德国菩提树的气味；而北海的拍岸碎浪，就在面前翻滚。"① 国际法学界长期以来即对传统的绝对主权观念的流弊扼腕痛惜，而近年来随着知识经济、网络经济突飞猛进等新现象的涌现，所谓由国家领土、资源构成的"领土权力"（territorial power）正日益受到由科学技术力量决定的"遥感权力"

---

① Heine, *Lutetia* (Ⅱ), SW, Bd. Ⅻ, S. 65. 原文为：Welche Veränderungen müssen jetzt eintreten in unserer Anschauungsweise und in unsern Vorstellungen! Sogar die Elementarbegriffe von Zeit und Raum sind schwankend geworden. Durch die Eisenbahnen wird der Raum getötet, und es bleibt uns nur noch die Zeit übrig. Hätten wir nur Geld genug, um auch letztere anständig zu töten! In vierthalb Stunden reist man nun nach Orléans, in ebensoviel Stunden nach Rouen. Was wird das erst geben, wenn die Linien nach Belgien und Deutschland ausgeführt und mit den dortigen Bahnen verbunden sein werden! Mir ist, als kämen die Berge und Wälder aller Länder auf Paris angerückt. Ich rieche schon den Duft deutscher Linden; vor meiner Türe brandet die Nordsee。资料来源：http://www.wsws.org/de/2006, 访问时间：2010 年 7 月 24 日。英文译文可参详 Wolfgang Schivelbusch, *The Railway Journey: the Industrialization of Time and Space in the 19th Century*, Berkeley, CA: University of California Press, 1986, p. 37。亦可参见 Wolfgang Schivelbusch, Railroad Space and Railroad Time, *New German Critique*, No. 14 (Spring, 1978), pp. 31–40。

（telemetrical power）的挑战，"地球村"的气息无处不在，因此"世界大同""世界政府"等蓝图似乎变得触手可及，"领土概念过时""虚拟国家的兴起"等主张此起彼伏，国外学者所说的"Deterritorialization"（去疆界）或"Supraterritoriality"（超疆界）的研究方兴未艾。我们观察事物必须具有空间感和时间感，易言之，即时刻注意空间性和时间性，但人们对时空的感觉往往存在偏差。我们既不能不理会当今时空的转换、局势的变迁，以不变应万变，甚至刻舟求剑，也不能盲目乐观，对全球化所引发的诸多变革夸大其词进行煽情式宣传。当西方似乎对民族国家感到厌倦努力建造面向全球的各种跨国组织、实行欧洲统一货币的同时，在世界其他地区却似乎对民族国家情有独钟，大量种族的族群冲突接连不断，"裂土建国"竟成流行的口号。基于此，正确体认全球化扑朔迷离形势下中国疆域与边疆面临的新问题，是我们从事边疆理论研究必须直面的现实，否则，我们的边疆理论研究就有可能如陈寅恪所说不能"预流"，在几十年后再蓦然回首便显得不值一提。依笔者陋见，中国边疆理论研究对以下新动向予以足够的关注：

首先，中西方的边疆理论都告诉我们，边疆不仅具有分隔功能，同时也具有沟通功能。吉登斯在《社会的构成》中指出，社会性总体只存在于沿时空边缘（time-space edge）分布的跨社会系统（intersocietal systems）情景之中。[1] 吉登斯所谓"时空边缘"，指的是构成跨社会系统的不同社会类型之间存在的相互关联和权力差别。吉登斯认为，所有的社会都既是社会系统，又同时由多重复合的社会系统交织构成。这种多重复合的系统既可能完全"内在于"社会，又可能跨越社会的"内部"与"外部"，在社会总体与跨社会系统之间形成多种可能有的关联形态。[2] 边疆地区往往在普通人的空间想象中一般都是贫困、落后的偏僻之地。在各国交流日趋频繁的世界格局下，边疆地区往往成为国际经贸、文化的要冲之地，具有得天独厚的区位优势。中国目前许多边境口

---

① Anthony Giddens, *The Constitution of Society: Outline of the Theory of Structuration*, Cambridge: Polity Press, 1984, p. 164.

② Anthony Giddens, *The Constitution of Society: Outline of the Theory of Structuration*, Cambridge: Polity Press, 1984, p. 164.

岸地区经济的腾飞即是明证。美国历史学家弗雷德里克·杰克逊·特纳大约一个世纪之前就曾提出，把当时尚在西移的美国边疆视为机会地区（a region of opportunity）的看法。目前中国边疆学界一些目光敏锐的有识之士"已经充分注意到世界文化在 20 世纪末叶发生的重大变化，这就是与近代以来的那种突出中心、原则先行、理性过分的文化趣味不同，越是文化发达国家的文化工作者，越是极力鼓吹消解中心、拆除框架、推崇边缘、扶助弱小。而且在他们看来，人类文化的原型和基因并不在风行的中心文化地带，也不在人们津津乐道的文化中心体系中，而在一些边缘的文化事物和那些偏远的尚未受当今趋炎附势之风污染的边疆区域的文化中。这正合乎所谓'世之有奇伟瑰怪非常之观，常在于险远'（王安石《游褒禅山记》）的说法，所以很多文化思想家竞相打起背包，到边疆来进行知识和文化考古研究，由此大大改变了人们的发展观念"①。这些学者指出，"从前，人们常说边疆天高皇帝远，意思是可以有很大的自主性和独立性。现在由于信息和交通工具的发达，此话已大打折扣。我们毕竟已经步入市场经济时代，凡事要核算成本，就此来说中央政府也确有鞭长莫及、照顾不到的时候。服从中央政府的领导、维护民族的统一和国家稳定是天经地义的，但除此以外，如甘居'末梢'，一切仍皆以看中原的天气定寒暑，则势必晚了发展的三春，永无出头之日。中国之大，各地情况不同，发展又不平衡，因此必须站好方位，采取灵活自主的政策"②。这些学者将边疆问题的凸显和发展边疆地区视为处于边缘地位的地区寻回自我权利，走向地缘民主的崭新机遇。

其次，传统法学将国家疆域视为一个国家的领陆（陆疆）、领海和内水（水疆）、领空（空疆）的总和。近代科学技术的发展促进了疆域观念的不断演化。航海术没有发达以前，陆地几乎等同于疆域的全部范围，为疆域观内容的主体部分；航海技术进后，海洋的重要性不断上升，海权的重要性方成为举世瞩目的焦点；飞机的出现又一次改变了人类的疆域观，领空重要性之彰显时在第一次世界大战前后。此外，各种

---

① 刘啸霆：《现代边疆与边疆学初论》，《哈尔滨学院学报》1999 年第 1 期。

② 刘啸霆：《现代边疆与边疆学初论》，《哈尔滨学院学报》1999 年第 1 期。

资源的开发利用亦是不断改变人们对特定国土地位和作用的认知的重要因素。许多中国人的疆域观念在潜意识层面仍处于前现代的水准，往往以领陆为疆域之全部，而海疆则被置于无足轻重的境地，对领空的重视尤无从谈起。这显然是落后于时代的。在全球化时代，电脑网络技术和航天技术等高科技正改变着人类社会的疆域观念，国与国之间正在形成一些新的国家疆域：网疆和天疆，因此有学者呼吁"后领土时代"来临后应重视"网上国土"和加强对"天疆"的开拓，将天疆和网疆称为继陆、海、空之后的"第四空间""第五空间"或"第四疆域""第五疆域"。"与传统疆域不同的是，首先，新国家疆域的边界在某种意义上仅仅处于想象之中。虽然就其最终性质而言，它们都是一种物质存在，但至少就现有的观察而言，新国家疆域并不存在某种类似边界的东西，我们很难将它们进行物质上的定量。决定其边界的更多的是一个国家现有的综合实力而不是其光辉的历史。其次，新国家疆域实际上是无形、无垠的，其权利形式主要表现为国家对其拥有和平开发、利用的法定权利。"① 随着计算机网络技术的发展，网络社会逐渐形成，尽管俗语云"因特网无国界"，但从法律上言，国家必须保持利用网疆这一延伸疆域的权利以保障其国家安全，网上国土已成为国家主权管辖下领土的一部分，这是目前国内外刑法、民法、国际法等部门法学者已基本达成的共识。不过，网上国土并不具有明确划定的边界，任何网络用户都可以自由进入这一空间并进行活动。太空疆域（天疆）亦具有类似特征，其在法律上与领空不同，既非一个有形的空间，亦不依赖于一国的领陆、领海、内水而存在，天疆将随着开疆拓土的航天设施这一空间基础设施的延伸而无限延伸，如《外空条约》（*The Outer Space Treaty*，全称为 *The Treaty on Principles Governing the Activities of States in the Exploration and Use of Outer Space, including the Moon and Other Celestial Bodies*）规定：国家对外层空间不拥有主权，但各国拥有根据国际法自由探索和利用外层空间的权利。在网络时代，网络安全已成为国家安全必备的、新的安全观的重要指标，一个国家的网络如果严重依赖于引进技术而在核心产品上缺乏自主开发能力势必仰人鼻息，寄人篱下，长此以往不但

---

① 刘小冰：《中国国家疆域的宪法定位》，《学海》2004 年第 3 期。

有丧失"国家制网络权"之虞，网上领土也必将沦为网上"殖民地"。目前，我国90%以上的计算机硬、软件核心技术都掌握在美国人手中，我国的信息系统几乎处于无防御状态，其中安全隐患令人岌岌可危，必须防微杜渐，不可泄泄视之。同样，在新一轮太空竞赛的角逐中，谁在未来控制了外层空间，谁就更容易高屋建瓴地控制大气层内的领空、陆地和海洋，因此美国早在20世纪后半期即提出并实施所谓"高边疆战略"，已经在制天权方面独着先鞭，捷足先登，并在海湾战争、伊拉克战争等军事行动中充分展示了其利用天疆方面无与伦比的优势地位，毛泽东壮志凌云赋诗云："世上无难事，只要肯登攀"，"可上九天揽月，可下五洋捉鳖"，应成为当代中国人奋力开拓天疆的座右铭。

再次，"国家领土""国家领土边界安全"与"国家安全边界"是有联系但又不同的三个概念，不能将一个国家安全边界的扩展等同于领土边界的扩张。所谓领土边界安全是指国家对其主权范围内的领土的可控制和保卫的程度；而国家安全边界则是指国家对其分布于主权范围之外的利益的可控制和保护的程度。领土边界为国际法公认的主权国家行使对内最高管辖权的范围界线，往往以边界线的形式表现出来，该边界线内外有着判然的法律意义，而安全边界则不具有明确的地域指向性。如果说，国家领土是一个常数，领土边界安全则是一个基于国家安全边界推展的近乎无限的变数：国家领土边界安全取决于该国的安全边界在世界范围推延的广度和深度，一国领土边界安全系数与国家安全边界的系数的比值便是该国的国家安全值。例如，一国的国家安全边界系数与领土边界安全的系数比值大于1，那么，这个国家则相对比较安全；如果小于1，则说明该国处于非安全状况。比如目前的伊拉克就是这样。如果等于1则说明该国安全边界与领土边界重合，国家的边界安全处于底限，处于被动防卫的境地，并具有相当程度的脆弱性。只要不扩张领土边界和侵犯他国主权，那么在全球化时代，各国在尊重国际法基本原则的基础上为自己在全球范围延展其安全边界的行为，就应当被视为正常合理的国家行为。对一个国家而言，安全边界与边界安全是互相影响的：安全边界离领土边界越远，领土边界安全度即越高；如果安全边界与边界安全完全重合，则该国家安全已到了退无可退的底线，必将使国家作为战略主体失去必要的运筹空间。国家安全边界所至，为国家利益

697

范围所在。长期以来，美国因其战略的进攻性一直遵循着"战略前沿随战略利益而动"的原则，始终将战略前沿抵近别国疆界，使其安全边界覆盖全球。中国疆域范围与美国相差无几，但中国由于综合国力与美国相比存在巨大的落差，且长期奉行本土防御性国家安全战略，往往注重边界安全而忽视安全边界。有学者认为，当代中国在世界地缘政治体系中的地位及中国所拥有的地缘政治空间，奠定于毛泽东时期；中国目前利益边界扩展很远，但没有保障，安全边界在东海海区方面甚至有所虚化、萎缩和后退，在一个时期内出于"韬光养晦"的权宜，一味对敌对势力的叫嚣和侵凌仅仅停留在口头上软弱无力的"表示遗憾"，使绥靖主义思潮滋长蔓延，潜伏着极大的国家风险。改革开放后，中国已从一个封闭的自守家门的国家，变为一个开放的世界性的国家，国家利益内涵的扩大带来了国家安全边界扩展的需要。因为中国经过 20 多年的经济高速发展，中国国内支撑经济的资源已面临枯竭危险，不能一如既往在国内无限制地大规模"采掘"下去，要维持可持续发展，不能不依赖海外资源并维持海外市场，必须具有一种大国的思维和战略胸襟，保护自己已被融于世界的国家利益边界，不能一味将目光局限于边界安全。

　　笔者自然对未来的中国边疆学乐观其成，亦正在通过自己的不懈努力推动其繁荣发展，但一个向提倡中国边疆学的同仁大泼冷水的扫兴预言始终如同鲠骨在喉不吐不快，即：中国边疆学也许将来不可能得到学术界普遍认同。目前，东北地区的吉林大学、东北师范大学，西北地区的兰州大学、西北大学，西南地区的云南大学，北京地区的中国社会科学院、中央民族大学均有关于中国边疆民族的专门研究机构，南京大学甚至利用一级学科博士点自主设立了"边疆学"的二级学科博士点，关于倡导中国边疆学的宣传文章层出不穷，这固然形势喜人，但倡导中国边疆学的学者都清楚国外边疆理论和实证研究的著作固然很多，但一般都不以专门的"边疆学"名之，于是目前倡导中国边疆学的学者遂以中国边疆地区广大、历史边疆问题研究资料丰富和现实边疆问题极其复杂为主张理由。每个国家都有广袤的边疆，俄罗斯、美国的边疆地区幅员不亚于中国，然而所谓"边疆学"者在这两个国家未之闻也。西方国家之所以不将"边疆学"别列一门专学，殆因其民族国家同质性状况良好所致。当美国西进运动落下帷幕之际，美国政府便宣布"边疆消失"。

民国时期学者对中国边疆的定义和界说不一，主要有：（1）民族边疆说：凡汉族以外其他各族聚居之地。（2）历史边疆说：其范围为东北九省、内蒙古（热、察、绥、宁、青）、新疆、西康、西藏、外蒙古等地区。（3）文化边疆说：凡具有汉族文化以外之文化的地区。（4）政制边疆说：具有省县以外政制之地区或与省县重复其他政制之地区。（5）地理边疆说：位于国家领土边缘地带的区域。但有的将沿海区域包括在内，有的则认为沿海地区经济发达，不在此列。刘文辉在《建设新西康十讲》一书中对于边区与边疆两个概念加以厘清，指出："沿海如江浙的人民，为什么不称边民呢？因为'边区'与'边疆'不相同的。许多人总是把它弄不清楚，所以有谓开发西北为开发边疆者。殊不知边疆应该是指国疆而言，要国与国交界之处，才得谓之曰边疆。今日所谓开发西北的重心的甘肃，它简直是深入在中国的内部。以自然地理而论，甘肃的省会兰州，恰是全国的中心，揆诸情理，按诸事实，绝无国界摆在一国之中心者。西北多边民，谓之为边区则可，呼之为边疆则不可。如四川之松、理、懋、茂、雷、马、屏、峨等县，皆非与外国相连。以交通不便，而为少数其他民族所杂居，谓之为边区则可，呼之曰边疆则不可。江浙为中国交通便利、文化发达而为人聚居之区，谓之为边疆则可，呼之为边区则不可，谓所在地之民为边民则更不可。边区，确是与交通不便有密切的关系，其他少数民族之所以聚居于边区者，自然有几千年民族斗争的历史因素存乎其间。因为其他民族多住在这交通不便的边区，所以不如直截了当就称之曰'边民'，这与古昔称其他民族为'远人'的意思，大体相同。不过，还是以民族为主要条件，边区所住的汉人，就不在此列了！"① 与此不同，周昆田则认为："有的地区，既为历史上的、地理上的边疆，亦为民族上的、文化上的、政制上的边疆，如蒙古（外蒙）与西藏是。有的地区是历史上的、地理上的、

<hr>

① 刘文辉：《建设新西康十讲》，赵心愚、秦和平、王川编：《康区藏族社会珍稀资料辑要》下，巴蜀书社2006年版，第598—599页。感谢秦和平教授惠赠此套资料，笔者由此获益匪浅。

民族上的、文化上的边疆，而不是政制上的边疆，如新疆省、西康省与东北沿边的少数地区是。有的地区，是历史上的、民族上的、文化上的边疆，而不是地理上的、政制上的边疆，如察哈尔、绥远、宁夏、青海等省非蒙旗地区以及台湾省山地同胞聚居之处是。有的地区，是民族上的、文化上的边疆，而不是历史上的、地理上的、政制上的边疆，如甘肃的拉卜楞、卓尼，四川的松理茂雷马屏峨，及贵州、湖南、广东等省苗傜夷各族同胞聚居之地区是。有的地区仅是地理上的边疆，略具民族文化的边疆气氛，而不是历史上的、政制上的边疆，如云南、广西等省是。有的地区，是历史上的、地理上的边疆，而不是民族上的、文化上的、政制上的边疆，如安东、松江、合江等省是。"① 吴文藻《边政学发凡》中认为，所谓边疆，一为政治意义的边疆，特指一国的国界或边界，亦即地理上的边疆；一为文化意义的边疆，特指国内语言、风俗、信仰、生活方式不同的边缘民族，亦即民族上的边疆。"边政学是从政治学与人类学同时着眼，所以边疆的定义，亦应该同时包括政治上及文化上两种意义，兼而有之，才属恰当。例如以往沿用'蒙疆''藏疆''回疆''苗疆'诸名称，本含有双重的意义，一面是国界上的边疆，一面是民族上的边疆"②。马大正《中国边疆研究论稿》也指出：

> 边疆是一个地理概念。中国的边疆包括陆疆和海疆。陆疆是指沿国界内侧有一定宽度的地区，必须具备下述条件的地区才可称之为陆疆地区，即一要有与邻国相接的国界线，二要具有自然、历史、文化诸多方面的自身特点。据此，当代中国的陆疆省区包括：黑龙江省、吉林省、辽宁省、内蒙古自治区、甘肃省、新疆维吾尔自治区、西藏自治区、广西壮族自治区和云南省。严格地说，我们不能把整个内蒙古自治区、广西壮族自治区和黑龙江、吉林、辽宁、云南等省都视为陆疆地区。因为内蒙古自治区虽然从人文方面看是蒙古族普遍居住的地区，从历史方面看也有它发展的整体性和特殊性，

---

① 转引自田炯锦：《边疆政治概述》，《边疆论文集》编纂委员会编纂：《边疆论文集》第1册，台北"国防研究院"1964年版，第642页。
② 吴文藻：《边政学发凡》，《边政公论》1942年第1卷第5、6合期。

但阴山山脉横贯其间，使山南与山北地区在自然条件、历史与人文特点和经济发展水平方面，实际上都存在着较大的差异。因此，将阴山山脉以北地区作为边疆地区并考虑到行政区域的完整性，应把横跨阴山山脉的锡林郭勒盟、乌兰察布盟、巴彦淖尔盟也都作为边疆地区，是较为适合的。广西壮族自治区东北部深入内地的桂林、梧州地区，亦不应作为边疆地区。黑龙江省南部哈尔滨市及其周缘地区，吉林省延边朝鲜族自治州、长白朝鲜族自治县和集安市以外地区，辽宁省丹东地区以外地区和云南省沿国境线诸州和地区以外地区，亦不应视之为边疆地区。简言之，凡是有国境线的边境县的总和是当代中国狭义的边疆地区。顺便提及，在当今人们习惯中，也有将宁夏回族自治区、青海省、贵州省等称之为"边疆地区"，其实这是不确切的。我们可以称它们为"边远地区"，但不能称之为边疆地区，因这些省区均不具备与邻国相接的国界线。[①]

笔者一直坚持这样的观点：边疆之所以成其为边疆，不单纯由其地理位置所决定，其作为区域单位的空间观念建构实际上是以其"边疆属性"（或者笔者过去在《另类社会空间：中国边疆移民社会主要特殊性透视（1644—1949）》[②] 等文章使用的"边疆性""边疆特性"）为基础。由此推衍，随着吉登斯所说"时空延展"的加速，特别由于目前中国政府制定的依靠市场经济为动力的西部大开发战略的实施等，一旦将来边疆与内地的一体化真正变为现实，则中国边疆学亦必皮之不存而毛将焉附。美国以特纳为代表的边疆学派从在美国学术界如风偃草到目前偃旗息鼓堪为明证。台湾地区在 20 世纪 80 年代末以前以台北政治大学边政所等为代表的边政学研究继承民国时期边政学研究传统，人才辈出，成就斐然，但近二十年已名改人散，这其中除受美国族群理论研究

---

① 马大正：《中国边疆研究论稿》，黑龙江教育出版社 2002 年版，第 2—3 页。

② 张世明：《另类社会空间：中国边疆移民社会主要特殊性透视（1644—1949）》，《中国边疆史地研究》2006 年第 1 期。此文系本书写作过程中的阶段性成果，目前经过修订已收入本书第五卷。

影响而出现研究者改弦易辙等原因外，"台湾意识"崛起和与大陆认同感的淡化等亦是不容忽视的因素。在这种空间意象中，台湾既不为边疆，面积有限的台湾岛近一个世纪的一体化过程亦基本上消除了自身的"边疆"，而中国大陆地区的广大边疆地区已渐成梦里依稀的遥远之乡，所以昔日的云蒸霞蔚、俊驰星彩变为如今的星散云消不为无故。吉登斯等人反复强调"流动的现代性"是有一定道理的，现代学科体系的建构是变动不居的，目前中国边疆学倡导者心目中的体系灿然大备的中国边疆学或许期成无望，或许最终阒然以泯亦未可知。

　　笔者坦承自己的观点存在很大的内部紧张性：一方面笔者对中国边疆学的未来前景保持谨慎的怀疑，另一方面笔者又对目前建构中国边疆学的必要性深信不疑并脚踏实地地身体力行。笔者认为目前建构中国边疆学的最重大的意义即在于重绘中国学术地图。长期以来，学者和普通民众提及中国传统文化时动辄云儒家文化，但当代中国版图60%以上都属于边疆少数民族地区。在空间上，除儒家文化圈之外，还应该充分认识藏传佛教文化圈、伊斯兰教文化圈的并存现象。"文化中国"是多元的。尤其在清帝国"修其教不易其俗，齐其政不易其宜"政策支配下，文化的多元与政治的多元乃不争的事实。国民党统治时期，蒋介石不承认各少数民族的平等独立地位，当时官方以"大宗"与"小宗"关系定义汉族与少数民族关系。中华人民共和国成立以后，中国共产党人力矫其弊，在大规模民族调查基础上进行民族识别，分别于1954、1965、1982年确认三十八、十五和两个少数民族，可以说当时边疆民族研究的重点在于"识异"。但民族主义是一柄众所周知的双刃剑，过分强调民族主义实际上反而容易加深民族对立与分裂倾向。进入20世纪80年代以后，中国边疆民族研究的重心乃在于"求同"，即如何建构一整套适合中国多民族统一国家的民族理论，这正是费孝通"中华民族多元一体格局"理论推出和被广泛宣传的时代背景。费孝通"中华民族多元一体格局"理论，受特定背景的支配，虽然表面上既强调"多元"又重视"一体"，但稍具汉语常识的人都明白所谓"多元一体"者乃为复合偏义词语，其重心在于"一体"，"多元性"在费孝通的著名演讲中是被偏忽的。这一点与法国年鉴学派代表人物布罗代尔《法兰西特性》一书恰成鲜明的对照。法国以所谓"六边形"国土著称的统一性在中国人乃至法国人本身的空间意象中是毋庸置疑的，但布罗代尔在书中所强调的则是其地域、民族和文化的差异性。这种有趣的学术取向值得中国学者三思其异。费孝通在《中华民族多元一体格局》一书修订版的序言中叙述其师史禄国（Сергей Михайлович Широкогӧров，Sergei Mikhailovich Shirokogorov，1887—1939）名为 *Ethnos* 小册子的妙旨，[①] 即对自己理论的不足有自觉的反思。在目前处于主流地位的学术话语中，中国边疆地区是不被倡导传统文化复兴、鼓吹区域社会史研究等诸多颐指气使的权威和大师纳入视野之内的，目无余子的权威和大师并不因自己的无知无识而愧怍，傲慢地对中国边疆地区不屑一顾。他们的学术霸权对中国现实和历史思考所造成的蔽障如此之厚重，欲加廓清非朝夕之功。

　　中国边疆学的建构是一个未来的目标，是一个摸着石头过河的过程。其生命力在于开放性。如果我们现在以预设的体系框架进行框定，则势必如同孙悟空一个筋斗凌云驾雾抵达时间的彼岸，以致"时空错置"，势必会禁锢中国边疆学的发展。美国当代著名后现代地理学家爱德华·索亚继 1989 年发表对福柯、吉登斯、列斐伏尔等人理论进行剖析的《后现代地理学重申批判社会理论中的空间》（Edward W. Soja，

---

　　① 费孝通主编：《中华民族多元一体格局》（修订本），中央民族大学出版社 1999 年版，第 17 页。在西方社会内部，长期以来为各种著作所重复着的那种民族一致的理念，就已经被各个民族国家内部分歧性的主流观点所取代之。麦克·哈林顿（Michael Harrington，1928—1989）的《另一个美国：美国的贫困》（*The Other America: Poverty in the United States*，Baltimore：Penguin Books，1962）勾绘出了与历史学家丹尼尔·博尔斯汀（Daniel Joseph Boorstin，1914—2004）的《美国政治的天才》（*The Genius of American Politics*，Chicago：The University of Chicago Press，1953）、社会学家丹尼尔·贝尔（Daniel Bell）的《意识形态的终结：论五十年代政治思想的枯竭》（*The End of Ideology: On the Exhaustion of Political Ideas in the Fifties*，Glencoe：The Free Press，1960）等作品呈现的乐观主义观点大为不同的另一幅美国社会的画面。在 20 世纪后半期，人们的历史兴趣不是衰退了，相反，我们看到了一场历史著作的真正爆炸：各色人等都在力图脱离更大的、传统的民族整体之外而确立自己的身份。参见 Georg G. Iggers，*Historiography in the Twentieth Century: From Scientific Objectivity to the Postmodern Challenge*，Hanover and London：Wesleyan University Press，1997，pp. 6，8。

Postmodern Geographies: The Reassertion of Space in Critical Social Theory，Verso，1989）之后，又于1996年年发表《第三空间：去往洛杉矶和其他真实和想象地方的旅程》（*Thirdspace: Journeys to Los Angeles and Other Real-and-Imagined Places*，Blackwell，1996）。该书所使用的"第三空间"概念受到列斐伏尔影响，是一个有意识的灵活的尝试性术语，其目的在于鼓励人们使用不同的方式来思考空间的意义和意味，保持一种开放性以面向新的可能性。在马丁·海德格尔的术语中，边界意味着某物开始出场的位置。索亚在《第三空间》中实际上也是采取一种边界写作方式，对贝尔·瑚克斯（Bell Hooks）、郑明河（Trinh T. Minh-ha）等选择边缘性为一种激进开放的空间极为赞赏，认为这种激进开放性和刻意边缘性实为一剂解毒药，缓解了那些狭窄且又咄咄逼人的中心主义和本质主义。索亚高度评价格梅兹帕（Guillermo Gómez-Peöa）"在解领土化和再领土化的动力内部探讨了边界问题，将它视为一个穿越、变数、对立、共生、分裂的地带，缝合着永远的流亡，视为一种生活方式、一种表达模式、一根断裂的线条、一种政治美学、一个表演实验室、一个抵制的社群"①，并引述郑明河的话云：边界是"我们的战斗阵地"，但也是"他们（指中心。——引者注）的朝圣之地……而我们转过来声称它们是我们独有的领土，他们高高兴兴答应了，因为边界和中心的分野应当保留，而且尽可能要划得清楚，如果两块阵地在它们的权力关系之中，要留得原封不动的话"②。反观中国边疆研究的境遇，"事实上，在传统中国史学中，有关边疆史地的研究一直在正统史学的边缘，即使在清中叶后虽一度成为显学，但大部分时代则是不受重视的"③。

时至今日，许多在中国边疆研究领域内深耕浅拓的学者，仍然是这片冷土的寂寞守望者。但是当代中国学术版图的拓展很大程度上取决于

① Edward W. Soja, *Thirdspace: Journeys to Los Angeles and Other Real-and-Imagined Places*, Blackwell Publishers Ltd, 1996, p. 131.

② Edward W. Soja, *Thirdspace: Journeys to Los Angeles and Other Real-and-Imagined Places*, Oxford and Malden, MA: Blackwell Publishers Ltd, 1996, p. 118.

③ 彭明辉：《历史地理学与现代中国史学》，台北东大图书公司1995年版，第237—238页。

中国边疆学的开辟草莱，中国边疆学的实质性发展必将重新绘制中国学术的地图。中国边疆学人并不以长期守望边疆而黯然神伤，相反应该对自己如索亚在《第三空间》中所说的边缘性空间站位矢志不移，甘居边缘而怡然自得。索亚这样写道：列斐伏尔等人"在坚定的边缘立场中获得了一种特殊的中心地位和永久的全局性地位，这是一种战略性的站位，是对中心—边缘关系的打破、粉碎和超越"[①]。我们也可以这样说：边疆是中国边疆学人可以大有作为的广阔天地，是彻底开放的"第三空间"和意义深远的学术边锋，对重建中国图像无疑将具有重要的学术意义。笔者同意赵毅衡的观点，即"知识分子欲执行其文化使命，就不能进入主流。知识分子个人的雄心，应是在文化批判的深度下工夫，在同行圈中比能力争短长。如果每个人都不希冀圈外的'全民性'名声，不去做时代英雄精神导师，那么知识分子的纯批判就不至于从学院中溢出，进入街头进入社会，这样反而能保持知识分子的独立性"[②]。知识分子明心见性的学问修行，本身是要求宁静致远的社会边缘化生存状态的。面对现代信息社会的传媒权力运作下一些学术界风流人物的神说巫说，中国边疆学人最好还是恪守范文澜"板凳要坐十年冷，文章不写半句空"的训诫，将边缘作为纵横捭阖的有利地形。

吉登斯"时空延展"理论给我们的启示是，在全球化时代，学术的跨国际交流日益密切，"他山之石，可以攻玉"的理念在当今学术界已显得落伍于时代发展，攻玉之石不仅是一种充分条件，更应该说是一种必要条件。学术乃天下之公器，自设畛域无异于刻舟求剑。在近代以来，中国学者如傅斯年等人为了与西方学术的"学战"中"与之角胜"，避免"与洋人拖泥带水"，主张在一些"全汉"的"比较纯粹中国学问"方面致力用功。其实，近代以来全球一体化以来，与"西学"相对而言的"中学"或"国学"在其进化过程中发生异化，在其自我认同（identification）的肯定的同时因为与西学的交融渗透亦改变自我的疆界，而出现认同祛除（disidentification）的移步挪位。对边疆这一

---

①　Edward W. Soja, *Thirdspace: Journeys to Los Angeles and Other Real-and-Imagined Places*, Oxford and Malden, MA: Blackwell Publishers Ltd, 1996, p. 84.

②　赵毅衡：《走向边缘》，《读书》1994年第1期。

问题通透明达的认知，其要着乃在于突破吉尔兹所谓"地方性知识"的束缚瓶颈，超越井底之蛙式狭窄视野限制，以一种全球性的多元化的眼光臻于中西会通。自近代以来，西学东渐，欧风美雨的洗礼使中国学术从外貌格局到内在风骨均发生沧桑巨变，西方强势文化的地位令国人时觉异常郁闷。中国学术的全面崛起必须以中国经济在世界上傲然屹立为支柱，即便中国经济鹤立鸡群且学术水准大幅度跃升之后，西方学术界在很长一段时间内受惯性力量支配亦未必能对中国学术屈尊予以认可。正如冯友兰所言，我们只有先"照着讲"，然后才能"接着讲"。当代中国学术界在总体格局上目前只能"被殖民化"，尽管我们经常强调中国人自身的问题意识和提问方式、提倡学术的本土化，但事实上这种所谓"问题意识"和"提问方式"都是借助于西方的概念、理论和话语模式才得以产生，名中实西，甚至离开西方学术的话语和术语就难免出现"失语症"。试看那些鼓吹上述研究路径的所谓"学术明星"，有几个不是满口洋腔洋味，倘若不然，非但受众不足以敬信，自己亦不免为之气短。因此，杨乃乔这样写道："只有被西方的后殖民理论后殖民化，才能发现东方大陆自身文化艺术中的后殖民倾向，这是一种怎样令人难堪的理论表达式啊！但事实正是如此。当心！不要谈'后殖民'，当你谈'后殖民'时，你已经被'后殖民'了！这真是一个悖论。"① 目前，我们只有通过对国外边疆理论的考镜源流与前沿成果追踪，以虚心的态度加入国际边疆理论这个兼听则明的学术研讨班，才能开拓中国学术界边疆理论的学术视野，提升中国学术界边疆理论的水准，为有中国特色的边疆学理论发展奠定坚实的基础。

中国边疆学人对于国外边疆理论相关原典性著作，只能以蚂蚁啃骨头的精神一点一点地咬破语言隔阂形成的理障。在全球化与本土化相互激荡与冲突的大环境中，中国学人一方面无法与国际学术相隔绝而"躲进小楼成一统"，一方面亦极力企图在与国际学术接轨过程中让自己有足够的主体性与尊严，每每拿捏不准如何在世界体系中做出恰当的定

---

① 杨乃乔：《后现代性、后殖民性与民族性——在世纪之交，艺术创作与批评应该追寻一种比较的视野》，王杰主编：《东方丛刊》1998 年第 1 辑，广西师范大学出版社 1998 年版，第 14 页。

位，在这处十字路口彷徨抑郁，或者袭取拾撷西方学术的新名词以至于郢书燕说、生吞活剥。笔者对那种自己不学无术却以所谓"看不懂"讥笑一些积极吸纳新知者以贬人彰己的手法（善意的玩笑和批评除外）亦极为"看不起"，笔者知道这些不学无术的人仅仅能以村妇俚语极其刻薄卑鄙之能事，在此为其提供心欲言之而腹笥俭吝、不知引经据典的堂而皇之的理据："道不远人，远人非道。"但笔者亦须补充一句：斯人自远道，犹粪土之墙不可污也、朽木不可雕也，为何不反躬检讨自己嘴尖皮厚腹中空？不过，我们必须以"知彻为德"，对西方理论的学习和借鉴万万不能鲁莽灭裂，浮皮潦草，浅尝辄止，否则稍涉其樊，便加论列，"见道不笃，则荣华术语日多"，仅仅唯名词之新而无济于学术发展。钱穆在《中国史学名著》中反复强调"读书"与"查资料"是两个概念。罗马城不是一天所建的，饭要一口一口地吃，书要一本一本地读。我们只有对西方边疆理论方面的著作一本一本地反复研读精熟，积之以渐，有恒无间，自然可以臻于化境，像当年张骞凿通西域般展辟出新的学术天地，否则泛滥百书对每一本都是雾里看花，朦朦胧胧，自己谈起来难免心虚，经不起深入叩问。过去人们多强调"由博返约"，但笔者认为"约一则博"是我们治学之繄要。我们在研读国外边疆理论原典性著作过程中，必须心中具有自己拟攻关的原点性问题，这样就会具有定力，固志不分，参伍错综，八面受敌，沛然应之而裕如，不至于思出其位，与世沉浮，随波逐流茫无津涯，最终倾困竭棐，收效甚微。

此外，对于西方边疆理论的原典性著作，我们应该"站着读"而不是"跪着读"。过去中国人均将著书立说视为名山大业，有所谓立德、立功、立言三不朽之说，但后现代主义却郑重宣告：写作令作者死亡。于是，后现代主义者宣布，作者已经死亡了。在这同时，我们又说，作者的死亡便意味着读者诞生。在传统的阅读理论中，读者原来不受重视，是被动的接受者，是知识传播的对象而已。这也就是所谓的"他者"。作者写作的目的就是如何赢得读者，即俘虏他们。读者几乎是作者的战利品、牺牲品。因为过去人们通常认为文本的权威属于自明之理，而读者的角色仅仅是一个外在的观察者。而在当代，彼特拉克的个人式有再创造能力、诠释性的阅读方式被普遍接受，对文本作者权威的尊重已经销声匿迹。作者创造完成作品之后，作品进入公共领域，即与作者脱离拥有关系，读者的阅读不是一种捕获文本的自动过程，如同感光纸捕获光线一般，是一种千姿百态的具有个人色彩的重新建构过程，具有自己经验的投射。易言之，理解本身即表明自己是一个独立的事件。作者的死亡实际上意味着读者的诞生。"作者之死"正是留下了为读者诠释空间，诠释的极限和文本的权利一致。正是在这个意义上，每部著作都必须是未完成的，人们读作品的唯一原因即在于其尚未完成，这令他们有发挥想象的空间。中外经典性著作的思想虽然本身具有超越时代的质素，但如果没有读者的解读，只能成为盖甑之物。恰恰是由于代复一代的读者的阅读和诠释，不断地注入以新鲜的活力，从而使这些原典性文本永生不衰，并且这种读者的阅读是累积式的，以几何式的进展来增加，每种新阅读都是建立在先前所读的基础之上，从而使这些原典性文本历久弥新。由是论之，我们对西方边疆理论原典性著作的学习过程中保持自己的独立思考，保持自己的主体性极有必要。

进一步说，当今的后殖民主义思潮对中国边疆学抗拒西方中心主义的话语霸权和审理我们自身文化身份实具启发意义。后殖民主义与后现代主义之间的关系颇为复杂暧昧。按照吉安·普拉卡斯（Gyan Prakash）的说法，后殖民主义是一种话语，它"迫使人们对那些被殖民主义和西方统治者创造与认可的知识形式和社会身份进行激进的反思和重构"[①]。这种界定实际上在后殖民主义和后现代主义之间画出一条明晰的界限，即后殖民主义断然将后现代认定并指责为新帝国主义，认为"后现代主义远不是非中心的，而恰恰是中心的"[②]。但另一方面，后殖民主义又与后现代主义相互渗透和呼应，后殖民理论话语实践利用的仍然是诸如福柯的权力理论、葛兰西的霸权理论等源自西方学术文化的资源，并不是以将西方权力话语颠倒过来为目的，而是不再承诺重新设立新的中心权力并重新书写文化神话。理论被引入中国后面临橘逾淮

[①]　谢少波：《边界上的写作：霍米·芭芭近来的尝试》，饶芃子主编：《思想文综》5，中国社会科学出版社2000年版，第41页。

[②]　徐贲：《走向后现代与后殖民》，中国社会科学出版社1996年版，第173页。

为枳的变异，被视为一种向西方"说不"的民族主义，甚至是东方文化的重新复兴的契机。汪晖指出："在'中国后现代主义'的文化批评中，后殖民主义理论却经常被等同于一种民族主义的话语，并加强了中国现代性话语中的那种特有的'中国/西方'的二元对立的话语模式。例如没有一位中国的后殖民主义批评家采取边缘立场对中国的汉族中心主义进行分析，而按照后殖民主义的理论逻辑这倒是题中应有之义。具有讽刺意味的是，有些中国后现代主义者利用后现代理论对西方中心主义进行批判，论证的却是中国重返中心的可能性和他们所谓'中华性'的建立。在这种典型的现代性宏伟叙事中（虽然打着后现代的旗号），中国的所谓后现代主义者对中华性的未来性预见不仅没有触及中国在'全球化'进程中的位置变化，而且与传统主义者有关 21 世纪的预言和期待完全一致。"① 在历史学界，孙江等人呼吁突破目前研究现状的"新社会史"，并倡导研究诸如民族等等属于后现代主义所关注而被近代主导叙事所排斥的一些对象，而不是那种表面上的地方史、区域史和下层社会史等边缘性课题。② 这种研究思路是有一定道理的。中国边疆学作为一个开放性的思考空间，利用后殖民理论这面镜子对自身意识深层的汉族中原中心主义进行涤涮清理，而不是借反对西方话语霸权之名顾影自怜地重建所谓"中国中心论"，真正以博大的襟怀广纳百川，形成兼容并蓄的"第三空间"。当然，这种对汉族中原中心主义的解构并不是跟风于西方汉学，采取中国电影界某些先锋导演走一条自我卑贱化的路线（self-subalternization）、以一种自我戏剧化表演（self-dramatization）③ 的立场孜孜于满足西方人"看（seeing）"的口味，从而跻身于世界主流文化的"主动后殖民"。中国边疆学人不应该看到外国人搞什么就自己跟着搞什么。只有将"买办学术"的劣根性祛除，中国边疆学才能不卑不亢与世界进行平等的对话。

---

① 汪晖：《死火重温》，人民文学出版社 2000 年版，第 68—69 页。

② 孙江主编：《事件·记忆·叙述》，浙江人民出版社 2004 年版，第 22 页。

③ Rey Chow, *Writing Diaspora: Tactics of Intervention in Contemporary Cultural Studies*, Bloomington: Indiana University Press, 1993, p. 13.